상법강의

김택주 저

국민대학교 출판부
KOOKMIN UNIVERSITY PRESS

머 리 말

상법은 진보적 성격을 가지고 변화가 빨리 이루어진다. 이러한 상법의 성격을 반영하여 상사관련법의 개정이 신속하게 이루어지는 특징을 가진다. 특히 1997년 IMF 이후 회사법을 중심으로 상사법 분야는 많은 변화가 이루어졌고, 이에 따른 법개정도 더욱 빈번하게 이루어지게 되었다. 이러한 변화를 따라잡기도 벅찬데 교과서를 내는 것이 적절한가도 우려스럽기도 하다. 그러나 수업을 하면서 기존 교과서의 단순한 전달만으로 법학을 학습시키는데 한계가 있고, 부족하나마 자신의 글을 가지고 학생들과 생각을 나누는 것이 좀 더 효율적일 것이라는 생각을 가지게 되었다. 이에 따라 부족하나마 상법총칙 · 상행위, 회사법 분야를 포함한 상법강의(상)을 기존에 발간하였고, 이번에 상법강의(상) 부분을 보완하고 이에 유가증권법, 보험법 분야를 더하여 상법 개설서로 상법강의를 발간하게 되었다.

이 책은 기본적으로 강의를 위한 의도로 기술되었다. 따라서 일반 서론적인 부분은 최대한 배제하고, 상법총칙 · 상행위, 회사법, 유가증권법, 보험법 중에도 쟁점이 될 수 있는 분야를 중심으로 기술하였다. 책의 기술에 있어서 다툼이 있는 분야는 다양한 학설을 가능한 한 반영하였으며, 오늘날 판례의 중요성이 갈수록 커지고 있으므로 관련 판례도 최대한 소개하였다. 이 책을 통하여 학생들이 좀 더 쉽게 상법을 이해하는데 조금이나마 도움이 되었으면 하는 기대를 해 본다.

책을 발간하고 보니 여전히 부족하다는 생각을 떨칠 수 없다. 이는 추후 독자들의 충고와 조언을 통해서 보완이 이루어질 것으로 기대한다. 독자의 관심이 책의 질적 향상에 도움을 주는 것으로, 항상 열린 마음으로 독자의 지적을 듣고자 한다.

2020. 2. 10.

김 택 주 씀

Contents

Contents

제4편 어음·수표법

Contents

제5편 보험법

Contents

참고서적 약어표

■ 강위두, 「상법총칙 · 상행위법(제2전정판)」, 형설출판사(2003), 강위두(총)
「회사법(제3전정판)」, 형설출판사(2002), 강위두(회)
「어음 · 수표법」, 형설출판사(1996), 강위두(어)

■ 김성태, 「상법총칙 · 상행위법강론」, 법문사(1998), 김성태(총)
「보험법강의」, 법문사(2001), 김성태(보)

■ 서돈각 · 정완용, 「상법강의(상)(제4전정판)」, 법문사(1999), 서돈각 · 정완용(상)
「상법강의(하)(제4전정판)」, 법문사(1996), 서돈각 · 정완용(하)

■ 서헌제, 「사례중심체계 회사법」, 법문사(2000), 서헌제(회)

■ 손주찬, 「상법(상)(제15보정판)」, 박영사(2004), 손주찬(상)
「상법(하)(제11정증보판)」, 박영사(2005), 손주찬(하)

■ 송옥렬, 「상법강의(제5판)」, 홍문사(2015), 송옥렬

■ 양승규, 「어음법 · 수표법」, 대경문화사(1994), 양승규(어)
「보험법(제5판)」, 삼지원(2004), 양승규(보)

■ 이기수 · 최병규, 「상법총칙 · 상행위법(제6판)」, 박영사(2008), 이기수 외(총)

■ 이기수 · 유진희 · 이동승, 「회사법」, 박영사(2002), 이기수 외(회)

■ 이기수·최병규·김인형, 「보험 · 해상법(제8판)」, 박영사(2008), 이기수 외(보)

■ 이범찬, 「개정 상법강의」, 국민서관(1984), 이범찬

■ 이철송, 「상법총칙 · 상행위(제8판)」, 박영사(2009), 이철송(총)
「회사법강의(제22판)」, 박영사(2014), 이철송(회)
「어음 · 수표법(제11판)」, 박영사(2011), 이철송(어)

■ 임재연, 「회사법」, 박영사(2012), 임재연(회)

■ 임홍근, 「회사법」, 법문사(2000), 임홍근(회)

■ 장덕조, 「보험법(제3판)」, 법문사(2016), 장덕조(보)

■ 정경영, 「상법학강의」, 박영사(2007), 정경영

■ 정동윤, 「상법총칙 · 상행위법」, 법문사(1996), 정동윤(총)
「회사법(제6판)」, 법문사(2000), 정동윤(회)
「어음 · 수표법(제3판)」, 법문사(1992), 정동윤(어)

■ 정찬형, 「상법강의(상)(제18판)」, 박영사(2015), 정찬형(상)
「상법강의(하)(제17판)」, 박영사(2015), 정찬형(하)
「회사법강의(제3판)」, 홍문사(2003), 정찬형(회)

- 정희철, 「상법학(상)」, 박영사(1989), 정희철(상)
  「상법학(하)」, 박영사(1990), 정희철(하)
- 채이식, 「상법강의(상)」, 박영사(1996), 채이식(상)
  「개정판 상법강의(하)」, 박영사(2003), 채이식(하)
- 최기원, 「상법학신론(상)(제15판)」, 박영사(2004), 최기원(상)
  「상법학신론(하)(제13판)」, 박영사(2004), 최기원(하)
  「신회사법론(제13대정판)」, 박영사(2009), 최기원(회)
- 최준선, 「회사법(제9판)」, 삼영사(2014), 최준선(회)
- 한창희, 「보험법」, 국민대학교 출판부(2011), 한창희(보)

제 1 편 상법총칙

제1장 서론
제2장 상인
제3장 상업사용인
제4장 영업소
제5장 상호
제6장 상업장부
제7장 상업등기
제8장 영업양도

제1장

서 론

상법의 의의

1. 형식적 의의의 상법

형식적 의의의 상법은 성문법전으로 되어 있는 상법전 자체를 말한다. 우리 상법전은 제1편 총칙, 제2편 상행위, 제3편 회사, 제4편 보험, 제5편 해상, 제6편 항공운송으로 구성되어 있다.

2. 실질적 의의의 상법

실질적 의의의 상법에 대하여는 상법의 규율대상을 통일적으로 파악하고자 대상설에 의한다. 즉 상법의 대상이 되는 것은 무엇인가의 문제로 파악한다. 이에 의할 때 고유의 상(장사 : 재화전환의 중개) 이외에 운송업, 공중접객업 등 어디까지를 상법의 대상으로 볼 것인가가 문제된다. 이에 대하여 기업설은 상법의 대상으로 기업이라는 개념을 이끌어 내어 '상법은 기업에 관한 법'으로 본다.

기업설에 의하여 상법을 보았을 때 상법은 "기업에 관한 특별사법"이다. 상법은 기업의 주체 및 형태, 기업의 성립·변경·소멸, 기업의 운영·관리, 기업의 자금조달, 기업의 회계, 기업의 활동 등에 관한 법률관계를 규율하는 법이다.

관련사항 **기업**

- 일정한 계획에 따라 계속적 의도로서 영리활동을 실현하는 경제적 조직체로서 법률상 독립된 인격체로 취급되는 것이다.
- 개인기업과 회사기업이 있다.
- 기업의 주체는 상인이다.

상법의 이념

상법은 기업에 관한 법이므로 기업의 건전한 발전을 이념으로 한다. 이를 다음과 같이 나누어볼 수 있다.

1. 기업활동의 안전·신속화

기업은 영리성을 본질로 한다. 기업의 영리성은 기업의 거래활동에 의하여 실현되는 것이므로, 영리성의 확보를 위하여 기업의 거래활동의 안전·신속화가 확보되어야 한다.

2. 기업의 유지·강화

기업은 국민재산의 관리자요, 국민다수의 노동의 장이며, 국민이 필요로 하는 상품 또는 서비스의 제공자로서 지위를 가지므로 국민 경제상 중요하다. 그러므로 상법은 기업의 형성을 용이하게 하고 그 유지·발전을 기하도록 해야 한다. 예를 들면 IMF이후 대우의 부도사태와 같이 대기업의 부도는 국민경제를 위기에 빠뜨린다.

3. 경제주체간의 이익의 조화

기업은 이익추구를 목적으로 하므로, 기업관계에 있어서 상법은 이해가 대립된 경제주체간의 이익을 조정해야 할 필요가 있다.

4. 소비대중의 보호

오늘날 기업의 사회적 책임이 강조된다. 특히 대기업에 대해서 사회적 제약을 가하여 대기업의 상품과 용역을 구입하는 소비대중을 보호해야 할 필요가 있다. 상법은 소비대중의 보호도 그 이념으로 하고 있다.

상법의 특색

상법의 이념을 구현하기 위하여 상법에는 여러 가지 이에 특유한 법적 수단이 강구되고 있는데, 이를 상법의 특색이라 한다.

1. 기업활동의 안전·신속화

(1) 공시주의

기업활동의 안전·신속화를 위해서는 기업의 조직, 자산상태, 경영기구, 경영담당자 등과 같이 기업의 기초가 되는 중요사항을 신속·정확하게 확인할 수 있어야 한다. 상법은 이러한 사항을 공시하도록 하여 기업의 거래활동의 안전·신속화를 기하고 있다. 공시주의를 구체화한 대표적인 것으로 상업등기제도를 들 수 있다. 그 외에도 정관, 주주총회·이사회 의사록, 주주명부, 사채원부도 공시주의를 반영하고 있다.

(2) 외관주의

외관주의(영미법계에서는 '표시에 의한 금반언의 법리')란 거래안전보호의 요청에 의하여 일정한 표현적 사실을 신뢰하고 법률행위를 한 자는 보호를 받아야 한다는 것이다. 외관주의에 의할 때 공시된 사실이 진실에 부합하지 않은 경우에도 외관대로의 효과가 발생하게 된다.

상법상 외관주의를 구체화한 제도로는, 표현지배인(상법 제14조), 명의대여자의 책임 (상법 제24조), 부실등기의 공신력(상법 제39조), 상호속용의 영업양수인의 책임(상법 제42조), 영업양수인의 채무인수광고에 의한 책임(상법 제44조), 상호의 사용을 허락한 익명조합원의 책임(상법 제81조), 합명회사의 자칭사원의 책임(상법 제215조), 유사발기인의 책임(상법 제327조), 표현대표이사(상법 제395조) 등이 있다.

(3) 엄격책임주의

기업과 소비자간 그리고 기업상호간에 있어서도 거래의 안전·신속화를 위하여 기업에 대해서 엄격한 책임과 의무를 부과하여 기업과의 거래의 안전을 기하고 있다.

상법상 엄격책임주의를 구체화한 제도로는 상사매매에 있어서 매수인의 목적물검사의무와 하자통지의무(상법 제69조), 공중접객업자의 책임(상법 제152조), 합명회사의 사원의 무한책임(상법 제212조), 합자회사의 무한책임사원의 무한책임(상법 제269조), 발기인의 자본충실의 책임(상법 제321조), 발기인의 손해배상책임(상법 제322조), 회사불성립시의 발기인의 책임(상법 제326조), 주식회사 이사의 회사 및 제3자에 대한 손해배상책임(상법 제399조, 제401조), 이사의 주식인수담보책임(상법 제428조) 등이 있다.

(4) 기존상태존중주의

기업이 성립한 후에 다시 이를 무효화 하는 것은 막대한 경제적 손실을 가져오므로 경제적 손실을 방지하고, 기존상태를 신뢰하고 거래한 자의 이익을 보호하기 위하여 기존상태를 존중하는 제도를 두고 있다.

상법상 기존상태존중주의를 구체화한 것으로 사실상의 회사(상법 제190조 : 설립무효판결의 불소급효), 주주총회결의하자 주장의 제한(상법 제376조 : 다만 주주총회결의취소·무효의 소는 소급효 인정), 회사의 설립·합병·신주발행·자본금감소 등에 대한 무효주장의 제한(상법 제184조, 제236조, 제429조, 445조) 등이 있다.

(5) 간이·신속주의

기업의 거래활동의 효과가 오랫동안 불확정이면 거래활동의 안전을 기할 수 없다. 상법은 기업의 법률관계를 간이·신속하게 처리할 수 있게 하여서 기업의 거래활동의 안전을 기하고 있다.

이를 구체화한 것으로 상사채권의 단기소멸시효(상법 제64조), 대화자간의 청약의 구속력(상법 제51조), 확정기매매의 해제(상법 제68조), 매도인·운송인·창고업자·선박소유자의 공탁권 및 경매권(상법 제67조, 제142조~145조, 제165조, 제803조, 제804조) 등이 있다.

(6) 권리의 증권화

기업거래의 안전·신속을 위하여 권리를 유가증권화 하고 있다. 이를 위해 주권(상법 제355조), 사채권(상법 제478조 이하), 화물상환증(상법 제128조), 창고증권(상법 제156조 이하), 선하증권(상법 제813조 이하) 등의 규정을 두고 있다. 이들 유가증권에 대하여는 문언성(상법 제131조, 제157조), 배서의 자격수여적 효력(상법 제65조, 민법 제513조), 선의취득(상법 제65조, 민법 제514조) 등의 규정을 두어 거래의 신속·확실을 기하고 있다.

관련사항 어음·수표

- 어음·수표는 기업이외에 일반인에게도 널리 개방되어 있음
- 기업에 관한 법률관계가 아님

(7) 계약의 정형화

기업의 계약은 대량적으로 계속·반복된다. 이러한 계약이 안전·신속하게 처리되어야 하므로 계약의 정형화가 요구된다.

특히 운송업, 보험업, 은행업, 창고업 등에서 그 필요성이 크고, 이들 분야는 운송약관, 보통보험약관, 은행예금약관, 창고임치약관 등의 보통거래약관에 의하여 거래가 이루어지고 있다.

2. 기업의 유지·강화

(1) 영리성의 확보

영리는 기업의 목적이며 기업의 존립의 기초이다. 그러므로 기업의 영리성을 확보해 주는 것이 기업의 유지·강화를 위해서는 필수적이다. 상법상 영리성을 확보하는 제도로 상인의 보수청구권(상법 제61조), 상사법정이율(상법 제54조), 소비대차 및 체당금의 법정이자청구권(상법 제55조) 등이 있다.

(2) 자본집중의 촉진과 자본금조달의 원활화

상법은 자본집중을 촉진하여 기업의 형성을 용이하게 하고, 자본금조달을 용이하게 하여 기업활동을 활발하게 함으로써 기존 기업의 유지·강화를 기하고 있다.

상법상 자본집중의 촉진을 위한 제도로는 각종 회사제도, 익명조합(상법 제78조), 선박공유(상법 제753조 이하) 등이 있다. 자본금조달의 원활을 위한 제도로는 수권자본제도(상법 제289조), 종류주식제도(상법 제344조 이하), 신주의 발행(상법 제416조 이하), 사채(상법 제469조 이하), 선박저당(상법 제871조) 등이 있다.

(3) 노력의 보충

기업활동을 혼자 하기에는 어려움이 있으므로 노력의 보충이 필요하게 된다. 상법은 노력을 보충하기 위하여 상업사용인(상법 제10조 이하), 대리상(상법 제87조 이하), 중개인(상법 제93조 이하), 위탁매매인(상법 제101조 이하), 운송주선인(상법 제114조 이하) 등의 제도를 두고 있다.

(4) 위험의 분담과 책임의 한정

기업활동에는 위험과 책임이 따른다. 기업을 유지·강화하기 위해서는 이러한 위험을 분산하여 분담하게 하고, 그 책임을 한정하여 부담하게 할 필요가 있다.

상법상 위험의 분담에 관한 제도로 각종 회사, 보험이 있고, 기타 공동해손(상법 제832조 이하), 선박공유자의 손실분담(상법 제755조), 익명조합원의 손실분담(상법 제82조) 등이 있다.

(5) 기업의 독립성의 확보

기업의 유지·강화를 위해서는 기업가 개인의 성쇠와 관계없이 기업 그 자체가 독자적으로 영속할 수 있어야 한다. 상법상 기업의 독립성 확보와 관련한 제도로는 회사에 대한 법인격 부여(상법 제169조), 개인상인의 경우 상호(상법 제18조), 상인이 영업에 관하여 부여한 대리권의 본인 사망 후의 존속(상법 제50조) 등이 있다.

(6) 기업의 해소방지

기업의 유지를 위해서 기업의 해소원인을 억제하고, 또 일단 기업에 해소원인이 발생한 경우에는 그 회복이 가능하도록 하여야 한다.

상법상 기업의 해소원인을 억제하는 제도로는 주식회사에 있어서 1인회사의 인정(상법 제517조), 주식회사, 유한회사에 있어서 해산결의요건의 가중(상법 제518조, 제609조), 각종 회사에 있어서 설립무효의 주장 및 취소의 제한(상법 제184조, 제269조, 제328조, 제552조),

합명회사에 있어서 설립무효 및 취소의 소의 하자보완시 사정판결(상법 제189조), 주식회사에 있어서 발기인의 주식인수 및 납입담보책임(상법 제321조), 이사의 인수담보책임(상법 제428조) 등이 있다.

상법상 기업회복에 관하여는 각종 회사의 계속(상법 제229조, 제269조, 제519조, 제610조), 각종 회사의 조직변경(상법 제242조, 제286조, 제604조, 제607조) 등이 있다.

3. 경제주체간의 이익의 조화

(1) 이익충돌의 방지

상법은 경제주체간의 이익의 충돌이 예상되는 법률관계에 대하여 이를 규제하는 규정을 두어 이익충돌을 예방하고 있다. 상법상 이익충돌의 방지를 위한 제도로는 상업사용인의 경업금지(상법 제17조), 영업양도인의 경업금지(상법 제41조), 대리상의 경업금지(상법 제89조), 주식회사이사의 경업금지(상법 제397조) 등이 있다.

(2) 부정경쟁의 방지

공정한 거래를 이끌기 위하여 상법은 부정경쟁을 방지하기 위한 제도를 두고 있다. 이를 위한 제도로는 각종 회사에 있어서 회사의 종류에 따른 상호사용(상법 제19조), 비회사의 회사상호의 사용금지(상법 제20조), 주체를 오인시키는 상호의 사용금지(상법 제23조), 상호의 부정사용에 대한 제재(상법 제28조) 등이 있다.

4. 소비대중의 보호

오늘날 독점기업으로부터 소비대중을 보호할 필요성이 커지고 있다. 그리하여 기업자가 일방적으로 작성하는 보통거래약관에 대해서 주무관청의 인가 등을 요구하고 있다.

상법의 법원

상법의 법원이란 법의 존재형식, 즉 실질적 의의의 상법이 어떤 형식으로 존재하고 있는가에 대한 것이다.

상법 제1조에서 "상사에 관하여 본법의 규정이 없으면 상관습법에 의하고 상관습법이 없으면 민법의 규정에 의한다."고 규정하고 있다. 이에 대하여 민법도 상법의 법원인가가 다투어진다. 이를 긍정하는 견해는 위 조항은 상법의 법원과 법원의 적용순서를 정한 것이라고 본다. 이에 대하여 부정하는 견해는 민·상법 2법 분리를 전제로 위 조항은 상법의 법원을 정한 것이 아니고 상사에 관한 적용법규의 순서를 정한 것에 불과하다고 한다.

보건대, 민법도 상법의 법원으로 볼 것이며, 실제 민법규정이 상사관계에 적용되는 경우가 많다. 예를 들면 합명회사에 대하여 민법상 조합규정의 준용(상법 제195조) 등 민법규정이 준용되는 경우가 많다.

상사제정법

상사제정법은 상법의 법원으로 법적 안정성, 명료성을 가진다. 기업관계는 이해관계자가 다수이며, 고도의 기술적·복합적 관계이므로 상사제정법은 중요한 의미를 가진다.

상사제정법에는 상법전, 상사특별법령, 상사조약, 민법전이 있다. 상사특별법령은 상법의 규정을 시행 또는 구체화하기 위해 제정된 부속특별법령으로 상법시행령, 시행규칙 등이 있으며, 상법의 규정을 보충 또는 변경하기 위한 독립특별법령으로 자본시장법, 은행법, 보험업법, 약관규제법, 공정거래법 등이 있다. 상사조약은 비준하면 바로 법원이 되는 선박충돌, 해난구조에 관한 통일조약 등이 있고, 특정 내용의 법률을 제정할 의무만 부담하는 어음법, 수표법 통일조약 등이 있다.

상관습법

1. 의의

상관습법은 상사에 특유한 관습법을 말한다. 기업생활관계는 가변적이고 진보적인 성격을 지녀 상관습법이 용이하게 성립한다. 상관습법의 예로는 백지어음, 무역거래에 있어서 보증도, 주금납입영수증에 의한 권리주의 양도 등이 있다.

2. 상관습법과 사실인 상관습

상관습과 관련하여 관행의 존재외에 법적 확신을 얻은 것을 상관습법이라 하여 사실인 상관습과 구별할 것인가가 문제된다.

① 구별설 : 법적 확신을 가지지 못하여 법적 규범력을 가지지 아니한 상관습을 사실인 상관습이라 하고, 법적 확신에 의하여 지지되어 법적 규범력을 가지는 상관습을 상관습법이라 한다. 여기서 법적 확신은 소급적용되는 것으로, 법원의 판결에서 관습법의 존재가 인정되는 때에 그 관습이 법적 확신을 얻어 사회에서 행하여지게 된 때에 소급하여 관습법으로 존재하고 있었던 것이 된다고 한다. 상관습법은 상법의 법원이나 상관습은 의사해석의 자료로서 사실상의 관행에 불과한 것으로서 양자는 다음과 같이 차이가 있

다고 한다. 첫째, 상관습법은 당사자의 의사불문하고 적용됨에 반하여, 사실인 상관습은 그 의사에 반할 수 없다. 둘째, 관습법은 법원이 적용하지 않을 때 상고이유가 됨에 반하여, 사실인 상관습은 사실인정의 문제에 불과하다. 셋째, 상관습법은 임의법규 등 상법의 규정에 반할 수 없음에 반하여, 사실인 상관습은 "임의규정과 다른 관습이 있는 경우 당사자의 의사가 명확하지 않는 경우 관습에 의한다."는 민법 제106조의 규정에 의하여 임의법에 우선한다.

② 비구별설 : 양자는 존재양식의 차이에 지나지 않으며, 법적 확신이라는 것은 객관성을 결한다고 본다. 양자를 구별할 때 사실인 관습은 임의법에 우선하나, 상관습법은 임의법에 우선할 수 없으므로 법원의 적용순서에 있어서 상관습이 상관습법보다 우선하는 모순된 결과가 된다고 한다.

③ 검토 : 기업관계에서 사실인 관습과 관습법을 구별할 필요는 없다. 사실인 관습의 임의규정에 우선적용을 인정하는 민법 제106조를 상관습에 적용하는 것을 배척하고, 사실인 상관습을 상관습법에 포함시켜 규정하였다고 보는 것이 타당하다.

보통거래약관

1. 의의

보통거래약관이란 계속적·대량적 기업거래에 획일적으로 적용하기 위해서 미리 정형적으로 작성된 계약조항이다. 기업거래관계는 복잡한 다수계약관계의 형태를 띠므로 이의 간이·신속한 처리를 위해서는 계약내용을 정형화해야 한다. 보통거래약관은 계약내용을 정형화한 것으로써 위 취지에 부합한다.

2. 보통거래약관의 효력

보통거래약관의 구속력이란 계약당사자를 구속하는 효력을 의미하는데, 구속력의 근거에 대하여는 법률행위설과 법규범설의 대립이 있다.

(1) 법률행위설(의사설)

① 전통적 법률행위설 : 보통거래약관이 당사자를 구속하는 것은 보통의 계약과 같이 당사자가 약관의 조항을 알고 계약을 체결하였기 때문에 당사자를 구속한다는 견해이다. 여기서는 그 근거로 "사업자가 약관의 교부·설명의무에 위반하여 계약을 체결할 때에는 당해 약관을 계약의 내용으로 주장할 수 없다."고 규정한 약관규제법 제3조 제4항을 든다.

이 견해에 의할 때 당사자의 주관적 사정에 따라서 계약의 효력이 달라진다는 문제가 있다. 이는 법률관계의 획일적 확정이라는 보통거래약관의 본래의 목적에 반한다.

② 의사추정설 : 전통적 법률행위설의 문제점을 보완하고자 제기된 견해로, 당사자 쌍방이 특별히 보통거래약관에 의하지 않는다는 뜻의 의사를 표시하지 않고 계약을 체결한 때에는 그 보통거래약관에 의할 의사로 계약을 체결한 것으로 추정 또는 의제되므로, 보통거래약관이 당사자를 구속한다고 한다.

판례에 따르면 보통보험약관에 따라 보험계약의 청약을 한다는 보험계약청약서를 작성한 이상 특별한 사정이 없는 한 그 약관의 구속력을 인정한다. 이는 의사의 추정설에 가깝다. 다만 추정은 반증에 의해서 깨어지므로 여전히 법적 안정성의 문제가 해소된 것은 아니다.

참조판례

"보통보험약관이 계약당사자에 대하여 구속력을 갖는 것은 그 자체가 법규범 또는 법규범적 성질을 가진 약속이기 때문이 아니라 보험계약당사자 사이에서 약속내용에 포함시키기로 합의하였기 때문이라고 볼 것인바, 일반적으로 당사자 사이에서 보통보험약관을 계약내용에 포함시킨 보험계약서가 작성된 경우에는 계약자가 그 보험약관의 내용을 알지 못하는 경우에도 그 약관의 구속력을 배제할 수 없는 것이 원칙이나 다만 당사자 사이에서 명시적으로 약관에 관하여 달리 약정한 경우에는 위 약관의 구속력은 배제된다." (대법원 1985.11.26. 선고 84다카2543 판결).

(2) 규범설

규범설은 보통거래약관의 구속력의 근거를 보통거래약관 자체의 규범성에서 찾는다.

① 자치법설 : '사회있는 곳에는 법이 있다'는 법언을 원용하여 보통거래약관을 그 거래권 안의 자치법으로 본다. 즉 보통거래약관은 거래권이라는 부분사회의 법이라는 것이다. 다만 법이념의 지지를 받는 약관에 대해서 규범력을 인정하며, 독점기업의 일방적 이익을 위한 불공정약관의 경우는 규범력을 인정하지 않는다.

이에 대하여 보통거래약관이란 다수 거래의 간이·신속한 처리를 위한 것이지 자치법으로 보기에는 어려움이 있다는 반론이 제기된다.

② 상관습법 : 약관 자체가 상관습이라는 견해가 있으나 신종보통거래약관을 채택한 경우에 문제가 되므로, 백지상관습법설에 의하여 '그 거래는 약관에 의한다'는 사실인 관습 또는 상관습법이 존재하는 결과 구속력을 가진다고 본다.

(3) 검토

보통거래약관을 하나의 규범으로 보는 것은 약관 작성자에게는 유리하지만 상대방의 입장에서는 자신도 모르는 약관의 내용에 의해서 구속되는 결과가 되어 적절하지 않다. 따라서 법률행위설의 입장이 타당하다고 본다. 다만 전통적 법률행위설은 계약조항이 당사자에 따라 달리 적용되는 문제가 있으므로 의사추정설의 입장이 타당하다고 본다.

그런데 오늘날에 있어서는 약관이 구속력을 가지기 위한 구체적 요건이 중시된다. 약관이 구속력을 가지기 위해서는 ① 내용적법 ② 교부·설명의무 이행 ③ 인가기관의 규제의 충족 등이 요구된다.

3. 보통거래약관의 교부·설명

보통거래약관에 의하여 거래를 하는 경우에 계약자가 그 내용을 알 수 있어야 한다. 이에 따라 약관규제법 제3조에서 "사업자는 계약을 체결할 때에 고객에게 약관의 내용을 계약의 종류에 따라 일반적으로 예상되는 방법으로 분명하게 밝히고, 고객이 요구할 경우 그 약관의 사본을 고객에게 내주어 고객이 약관의 내용을 알 수 있게 하여야 한다. 또한 약관의 중요한 내용을 고객이 이해할 수 있도록 설명해야 한다."고 규정하고 있다. 이에 위반한 경우 약관을 계약내용으로 주장할 수 없다(약관규제법 제3조 제4항).

4. 규제

(1) 필요성

보통거래약관은 대개 기업이 계약내용을 일방적으로 정하는 부합계약의 성질을 가진다. 이때 기업의 일방적 이익을 추구할 가능성이 있으므로 소비자보호의 요청에 의하여 이를 규제할 필요가 있다.

(2) 입법적 규제

약관규제법에 따를 때 신의성실의 원칙에 반하여 공정을 잃은 계약조항은 무효이다(약관규제법 제6조). 상법에서도 보험계약자 등의 불이익변경금지의 원칙(상법 제663조), 당사자의 특약에 의하여 운송인의 책임의 감면금지(상법 제799조 제1항) 등의 규정을 두어 약관을 규제하고 있다.

(3) 행정적 규제

약관은 행정관청에 의한 약관의 인가 등 행정적 규제에 따른다. 예를 들면 보험약관의 경우 약관의 작성·변경·사용에 있어서 기획재정부장관의 감독을 받게 되며(약관의 변경 : 기재부장권의 인가가 요구되며, 기재부장관은 약관의 변경을 명할 수 있음), 운송약관의 경우 국토부장관의 인가 등 감독을 받게 된다.

(4) 사법적 규제

약관의 유효성의 판단이나 해석에 의문이 있을 때 최종적으로 재판에서 법원의 판단에 맡기게 된다.

5. 보통거래약관의 해석

① 신의성실의 원칙 : "약관의 내용이 신의성실의 원칙에 따라 공정하게 해석되어야 하며, 고객에 따라 다르게 해석되어서는 아니 된다."(약관규제법 제5조 제1항).

② 객관적 해석(평등해석) : 약관은 일반적인 법해석의 원칙에 의해서 해석되어져야 한다.

③ 개별약정우선의 원칙 : "약관에서 정하고 있는 사항에 관하여 사업자와 고객이 약관의 내용과 다르게 합의한 사항이 있을 때에는 그 합의사항은 약관보다 우선한다."(약관규제법 제4조).

④ 작성자 불이익의 원칙(불명확조항해석의 원칙) : 약관의 뜻이 명백하지 않을 때에는 고객에게 유리하게 해석하여야 한다(약관규제법 제5조 제2항).

관련사항

- 상사자치법 : 회사의 정관, 거래소의 업무규정 → 법적 구속력이 있음
- 판례(판례의 축적은 상관습법의 발생을 촉구), 학설, 조리 : 법원으로 인정하지 않음
- 조리 : 단지 법관의 보충적 입법권을 의미(성문법주의 하에서 법의 흠결은 불가피 → 법관은 재판을 거부할 수 없다) ↔ 법원은 법의 존재형식

제2장 상 인

상인은 기업의 주체로서 형식적으로는 기업활동의 권리의무의 귀속자이고 명의인이며, 실질적으로는 기업활동을 추진하는 원동력으로서의 의미를 가진다.

상인의 입법주의

관련사항

- 상인의 입법주의 : ① 형식주의 ② 실질주의 ③ 절충주의
- 상행위의 입법주의 : ① 주관주의 ② 객관주의 ③ 절충주의
- 양자를 분리해서 고찰(입법주의가 일치하지 않음) → 내용이 유사하여 엄격하게 분리해서 볼 필요는 없을 것이다.

1. 상인주의(형식주의)

먼저 영업의 종류나 경영의 형태 등을 고려한 형식적 기준에 의하여 상인의 개념을 정하고 이러한 상인의 영업상의 행위를 상행위라고 하는 것이다. 여기서 상인이란 행위의 내용과 관계없이 형식적으로 상인적 방법으로 영업을 하는 자이다.

그러나 형식의 한계를 정하기 어렵다. 결국 형식주의에 의한 상인개념은 대다수의 전통적인 상인이라고 할 수 있는 실질주의에 의한 고유상인의 경영방법을 기준으로 하게 된다.

2. 상행위주의(실질주의)

행위의 주체가 누구인가를 불문하고 오로지 행위의 객관적 성질에 의하여 상행위를 정하고 이러한 상행위를 영업으로 하는 자를 상인이라고 하는 것이다. 여기서 상인이란 특정한 행위를 영업으로 하는 자이다. 상행위주의에 의할 때 상인의 개념을 떠난 상행위가 있을 수 있다. 즉 영업과 관계없는 절대적 상행위를 인정하게 된다.

상행위주의에 의할 때 외관상 상인과 동등시되는 자가 상인이 되지 않아 거래의 안전을 해치기 쉽다. 또한 새로운 경영형태의 출현에 즉시 대응할 수 없는 문제가 있다.

관련사항 상행위에 관한 입법주의

- 상인주의(주관주의) : 먼저 상인의 개념을 정하고 이에서 상행위의 개념을 도출하는 입법주의
- 상행위주의(객관주의) : 먼저 상행위의 개념을 정하고 이에서 상인의 개념을 도출하는 입법주의

3. 절충주의

실질에 의한 상인과 경영의 형식 또는 방법에 의한 상인의 두 종류를 인정하는 것이다.

4. 우리나라 학설

① 상인주의설 : 당연상인의 개념을 정함에 있어서 기초가 되는 기본적 상행위 중에서 절대적 상행위(상인과 관계없는 상행위)[1]가 폐지되고 영업적 상행위만 인정된다. 영업적 상행위는 영업 또는 영업의 주체인 상인과의 관련 하에서만 상행위가 되므로 우리나라는 상인주의 입법이라고 한다.

② 절충주의설 : 상법 제4조는 영업적 상행위를 기초로 하여 상인의 개념을 정하고 있고, 제5조는 상행위와는 무관하게 영업의 설비 또는 조직에 착안하여 상인의 개념을 정하고 있으므로 우리나라는 절충주의적인 입법이라고 한다.

③ 상인주의적 절충주의(다수) : 상법 제5조에서 상인의 범위를 넓게 정하고 있어 제4조의 당연상인은 당연히 여기에 포함된다고 할 수 있으므로 상인의 개념은 상인주의에 가까운 입법이라고 한다.

④ 검토 : 우리나라는 당연상인에 관한 규정과 의제상인에 관한 규정을 따로 두고 있고, 의제상인의 경우 당연상인보다 상인의 범위를 더 넓게 인정하므로 상인주의적 절충주의 입법이라고 볼 수 있다. 이에 따를 때 제4조 무용론이 나올 수 있다. 그러나 입법의 체계나 제46조의 상행위가 제한적·열거적이므로 그렇게 보기 어렵다. 즉 상행위를 기초로 하는 제4조의 당연상인의 개념과 영업을 하는 상인을 전제로 하는 제46조의 상행위의 개념이 일종의 순환론에 빠져 있는 상법은 순수한 상인주의적 입법이 아니다.

당연상인

당연상인은 자기의 명의로 상행위를 하는 자이다(상법 제4조). 자기의 명의란 이익의 귀속

---

1 상행위와 관련하여 우리 상법에서는 절대적 상행위를 폐지하고 있다. 특별법상의 상행위로서 담보부사채신탁법에 의한 사채총액의 인수는 절대적 상행위이다.

과 상관없이 권리·의무의 귀속주체를 말한다. 당연상인은 상행위를 하는 자이다. 상법 제46조는 '영업으로 할 때' 상행위를 인정한다.2 영업이란 영리를 목적으로 동종의 행위를 반복·계속하는 것을 말한다.

의제상인

1. 의의

상법은 상행위와 관계없이 경영의 설비와 기업의 형태에 착안하여 일정한 자를 상인으로 의제한다(상법 제5조). 의제상인으로 설비상인과 민사회사가 있다.

2. 설비상인

점포 기타 유사한 설비에 의하여 상인적 방법으로 영업을 하는 자는 상행위를 하지 않아도 상인으로 본다(상법 제5조 제1항). 상인적 방법이란 당연상인이 영업을 하는 것과 같은 방법, 즉 인적 설비(상업사용인 등)과 물적 설비(영업소, 상호, 상업장부 등)를 갖추어 영업을 하는

---

2 상법 제46조(기본적 상행위) 영업으로 하는 다음의 행위를 상행위라 한다. 그러나 오로지 임금을 받을 목적으로 물건을 제조하거나 노무에 종사하는 자의 행위는 그러하지 아니하다.
1. 동산, 부동산, 유가증권 기타의 재산의 매매
2. 동산, 부동산, 유가증권 기타의 재산의 임대차
3. 제조, 가공 또는 수선에 관한 행위
4. 전기, 전파, 가스 또는 물의 공급에 관한 행위
5. 작업 또는 노무의 도급의 인수
6. 출판, 인쇄 또는 촬영에 관한 행위
7. 광고, 통신 또는 정보에 관한 행위
8. 수신·여신·환 기타의 금융거래
9. 공중(公衆)이 이용하는 시설에 의한 거래
10. 상행위의 대리의 인수
11. 중개에 관한 행위
12. 위탁매매 기타의 주선에 관한 행위
13. 운송의 인수
14. 임치의 인수
15. 신탁의 인수
16. 상호부금 기타 이와 유사한 행위
17. 보험
18. 광물 또는 토석의 채취에 관한 행위
19. 기계, 시설, 그 밖의 재산의 금융리스에 관한 행위
20. 상호·상표 등의 사용허락에 의한 영업에 관한 행위
21. 영업상 채권의 매입·회수 등에 관한 행위
22. 신용카드, 전자화폐 등을 이용한 지급결제 업무의 인수

것을 말한다.

설비상인의 예로 원시생산업자를 들 수 있다. 원시생산업자 중 '광물 또는 토석의 채취에 관한 행위'만 유일한 상행위로 인정하는데(상법 제46조 18호),[3] 다른 원시생산업자도 상인적 설비를 갖춘 경우에 상인으로 의제되어 그 거래에 상법이 적용되게 된다.

3. 민사회사

민사회사란 민법상의 영리법인으로 상행위 이외의 영리를 목적으로 설립된 법인을 말한다. 회사는 상행위를 하지 아니하더라도 상인으로 본다(상법 제5조 제2항). 민사회사로는 농업회사 등을 들 수 있다. 이도 상법상의 회사로서(상법 제169조) 민사회사에 대하여 상사회사에 관한 규정이 준용되므로(민법 제39조 제2항), 상행위를 영리의 목적으로 하는 상사회사와 구별할 실익이 없다.

소상인

소상인이란 자본금 1천만원에 미달하는 상인으로 회사가 아닌 자를 말한다. 소상인에 대하여는 지배인, 상호, 상업장부와 상업등기에 관한 규정이 적용되지 않는다(상법 제9조). 예를 들면 소상인이 상호를 선정하여 사용하여도 상법에 의한 보호가 되지 않는다.

상인자격

상인자격이란 권리능력자가 상법 제4조 또는 제5조의 요건을 갖추어 상인으로서 권리·의무의 주체가 될 수 있는 자격이다. 이는 자연인의 상인자격과 법인의 상인자격으로 나누어 살펴볼 필요가 있다.

자연인의 상인자격

1. 상인적격

상인적격은 상인자격을 취득할 수 있는가의 문제로서, 자연인은 모두 권리능력을 가지고

---

3 상법 제46조 1호의 매매는 유상취득한 것을 유상양도하는 것이다.

상인적격이 있으므로 상인자격을 취득할 수 있다.

2. 상인자격의 득실

(1) 상인자격의 취득

자연인은 영업을 개시한 때에 상인자격을 취득하고 영업을 종료한 때에 상인자격을 상실한다. 기본적 상행위 전이라도 개업준비행위를 한 경우(영업자금의 차입, 점포의 임차, 상업사용인의 고용 등), 이는 영업의 불가분적 일부를 구성하므로 상인자격을 취득하는 것으로 본다(통설). 개업준비행위는 보조적 상행위가 된다.

(2) 개업준비행위의 시기

① 영업의사표백설 : 행위자가 상호의 등기라든지 개업신고 또는 간판의 게양 등과 같은 특별한 방법으로 일반적·대외적으로 영업의사를 표백한 때에 개업준비행위를 한 것으로 본다. 이 견해에 의할 때 개업광고와 안내장의 배포 등이 있을 때 비로소 상인자격을 취득하게 되나, 이는 상인자격의 취득시기가 너무 늦어진다는 문제가 있다.

② 영업의사주관적실현설 : 행위자가 영업의사를 주관적·내면적으로 실현한 행위를 한 때에 개업준비행위를 한 것으로 본다. 점포의 임차, 자금의 조달, 상업사용인의 고용, 집기의 구입 등의 행위를 한 경우에도 행위자의 주관적 사정에 따라 상인자격의 취득이 인정된다. 이처럼 영업의사를 주관적으로 실현하면 되므로 상대방이 모를 수도 있다. 그럼에도 영업의 개시가 인정되므로 시효 등 선의의 상대방 보호에 문제가 있을 수 있다.[4]

③ 영업의사객관적인식가능설(다수·판례) : 객관적으로 보아 영업의 수단적 행위로서 의도된 것임을 거래의 상대방이 알 수 있는 행위를 한 때에 개업준비행위를 한 것으로 본다. 이에 따를 때 점포의 임차, 상업사용인의 고용, 집기의 구입 등의 행위는 개업준비행위로 인정함에 반하여, 자금의 조달, 일용품의 구입은 개업준비행위로 인정하지 않는다. 후자의 경우에는 상인자격의 취득을 상대방이 알더라도 이를 주장하지 못한다.[5]

④ 검토 : 거래의 안전의 관점에서 영업의사객관적인식가능설이 타당하다고 하겠다.

---

4 상사법정이율, 대리 등 상대방이 유리한 것도 있다.

5 판례는 "영업자금 차입행위는 행위 자체의 성질로 보아서는 영업의 목적인 상행위를 준비하는 행위라고 할 수 없지만, 행위자의 주관적 의사가 영업을 위한 준비행위이고 상대방도 행위자의 설명 등에 의하여 그 행위가 영업을 위한 준비행위라는 점을 인식한 경우에는 상행위에 관한 상법의 규정이 적용된다."고 판시하였다(대법원 2012.7.26. 선고 2011다43594 판결).

관련사항 단계설을 주장하기도 한다.

첫째 : 영업의사의 주관적 실현단계 – 상대방만 상인자격 취득 주장 가능
둘째 : 영업의사가 상대방에게 인식된 단계 – 상인도 주장 가능
셋째 : 영업의사가 일반적으로 인식된 단계 - 상인자격 취득한 것으로 추정되며 이를 부인하는 자가 증명해야 함

(3) 상인자격의 상실

영업을 종료한 때에 상인자격을 상실한다. 영업은 영업활동의 폐지 또는 기타 유사한 설비의 폐지에 의하여 종료한다. 여기서 영업활동은 기본적인 영업활동뿐만 아니라 잔무처리까지 포함된다. 잔무처리는 보조적 상행위가 된다.

법인의 상인자격

1. 상인적격

(1) 공법인

1) 일반공법인(국가나 지방자치단체)

일반공법인은 그 존재목적이 한정되어 있지 않고 또한 그 존립목적을 수행하는 수단에도 제한이 없으므로 상인적격이 인정된다. 다만 그 성질상 지배인, 상호, 상업장부 및 상업등기에 관한 규정은 적용되지 않는다. 예를 들면 철도, 지하철, 수도사업 등을 들 수 있다.

2) 특수공법인

특수공법인은 법률상 존재목적이 특정되어 상인적격이 없다. 예를 들면 농지법 제6조의 '농지기반공사'를 들 수 있다.

(2) 사법인

1) 영리법인(회사)

영리법인은 영리를 목적으로 하는 법인으로 상인적격이 있다. 영리성을 갖는다는 것은 영리사업에서 얻은 이익을 구성원에게 분배한다는 것을 의미한다. 재단법인은 영리를 목적으로 할 수 없으므로 사단법인만이 영리법인이 될 수 있다.

영리법인에는 상행위를 목적으로 하는 상사회사와 상행위 외의 영리를 목적으로 하는 민사회사가 있다.

2) 비영리법인

비영리법인이란 학술, 종교, 자선, 기예, 사교 기타 영리 아닌 사업을 목적으로 하는 법인을 말한다(민법 제32조).

(가) 공익법인

공익법인은 학술, 종교, 자선, 기예 등과 같은 공익사업을 목적으로 하는 법인으로서, 이에 대하여 긍정설(통설)은 공익법인이 그 목적을 달성하기 위하여 필요한 범위에서 부수적으로 영리사업을 하는 것은 그 목적에 위반되는 것이 아니므로 상인적격을 인정한다. 부정설은 공익법인의 사업은 공익에 한정되므로 상인적격을 인정하지 않는다.

보건대, 영리사업을 하여도 그 이익을 구성원에게 분배하지 않으면 공익성에 반하지 않으므로 상인적격을 인정할 것이다.

(나) 중간법인

농협중앙회, 수협중앙회, 축협중앙회와 같은 중간법인은 특별법에 의하여 그 목적이 특정되어 있고(조합원 상호간의 상호부조 내지 공동의 이익증진을 목적) 그 사업은 영리사업으로 인정되어 있지 않으므로, 영리사업을 할 수 없고 상인적격이 없다.

다만 농협중앙회(단위 농협과 구분),[6] 수협중앙회가 비회원에 대해서 신용사업 등을 하는 경우에는 그 범위내에서 상인적격을 가진다. 이때는 특별법인 은행법이 적용되므로 상인과 같이 취급된다.

2. 상인자격의 득실

회사는 회사의 성립에 의하여 상인자격을 취득하고 소멸에 의하여 상인자격을 상실한다. 따라서 설립등기에 의하여 상인자격을 취득하고 청산의 종결에 의하여 상인자격을 상실한다. 이때 설립 중의 회사의 행위에 대하여 보조적 상행위로 인정하여 이에 상법을 적용할지라도 상인성이 연장되는 것은 아니라는 견해도 있으나,[7] 설립 중의 회사에 대해서도 상인성을 인정할 것이다.

상인적격을 가지는 일반공법인과 공익법인의 경우 상인자격의 취득·상실은 자연인의 상인자격의 취득·상실과 같게 본다.

---

6 농협중앙회의 구조개편에 의하여 NH 농협금융지주회사(농협중앙회가 100% 출자)와 농협경제지주회사를 두고 있다.

7 정찬형, (상)74면.

영업능력

1. 의의

영업능력이란 상인이 단독으로 유효한 영업행위를 할 수 있는 능력을 말한다. 법인의 경우 그 권리능력의 범위 내에서 전면적인 영업능력을 가지고 있다. 자연인의 경우 민법상의 행위능력에 대비하여 그 영업능력의 제한이 인정된다.

2. 미성년자

미성년자는 법정대리인의 동의없이는 직접 영업행위를 할 수 없다(민법 제5조 제1항). 미성년자가 법정대리인의 동의없이 영업행위를 한 때에는 그 자신이나 대리인 또는 승계인이 취소할 수 있다(민법 제140조).[8]

(1) 법정대리인의 허락을 얻어 영업을 하는 경우

미성년자가 특정의 영업에 관하여 법정대리인의 허락을 얻은 경우에는, 그 특정의 영업에 대해서 성년자와 동일한 영업능력이 있다(민법 제8조 제1항). 이때에는 상대방을 위하여 상업등기부에 등기하여야 한다(상법 제6조). 그러나 미성년자가 결혼한 경우에는 성년자로 보므로(성년의제)(민법 제826조의 2), 이때에는 성년자와 동일한 영업능력을 가진다.

(2) 법정대리인의 허락을 얻어 무한책임사원이 되는 경우

미성년자가 법정대리인의 허락을 얻어 무한책임사원이 되는 경우에 그 사원자격에 기한 행위에 대해서는 능력자로 본다(상법 제7조). 사원자격에 기한 행위로는 출자의무의 이행, 지분의 양도, 의결권의 행사 등을 들 수 있다.

이와 달리 대표행위는 기관자격에 기한 행위이므로 이에 포함되지 않는다.

---

8 이에 대하여 상대방 보호를 위한 규정도 두고 있다.
민법 제15조(제한능력자의 상대방의 확답을 촉구할 권리) ① 제한능력자의 상대방은 제한능력자가 능력자가 된 후에 그에게 1개월 이상의 기간을 정하여 그 취소할 수 있는 행위를 추인할 것인지 여부의 확답을 촉구할 수 있다. 능력자로 된 사람이 그 기간 내에 확답을 발송하지 아니하면 그 행위를 추인한 것으로 본다.
민법 제16조(제한능력자의 상대방의 철회권과 거절권) ① 제한능력자가 맺은 계약은 추인이 있을 때까지 상대방이 그 의사표시를 철회할 수 있다. 다만, 상대방이 계약 당시에 제한능력자임을 알았을 경우에는 그러하지 아니하다.
② 제한능력자의 단독행위는 추인이 있을 때까지 상대방이 거절할 수 있다.

(3) 법정대리인이 영업을 대리하는 경우

법정대리인은 그 대리권에 의하여 미성년자를 위하여 영업을 대리할 수 있다(상법 제8조). 이때에는 상법등기부에 등기하여야 한다(상법 제8조 제1항). 법정대리인이 영업을 대리하는 경우에 상인은 미성년자이다. 법정대리인이 후견인인 경우에는 친족회의의 동의가 요구된다(민법 제950조 제2항).

법정대리인의 대리권에 대한 제한은 선의의 제3자에 대항하지 못한다(상법 제8조 제2항).

3. 피성년후견인

피성년후견인[9]은 원칙적으로 영업능력이 없으므로(민법 제9조), 후견인이 피성년후견인을 대리하여 영업할 수밖에 없다. 이때에도 이를 등기하여야 한다(상법 제8조 제1항).

4. 피한정후견인

피한정후견인[10]은 원칙적으로 영업능력이 있다(민법 제12조). 다만 가정법원이 한정후견인의 동의를 받아야 하는 행위(영업)의 범위를 정한 경우에는 한정후견인의 동의를 받아 영업을 할 수 있다.

---

9 민법 제9조(성년후견개시의 심판) ① 가정법원은 질병, 장애, 노령, 그 밖의 사유로 인한 정신적 제약으로 사무를 처리할 능력이 지속적으로 결여된 사람에 대하여 본인, 배우자, 4촌 이내의 친족, 미성년후견인, 미성년후견감독인, 한정후견인, 한정후견감독인, 특정후견인, 특정후견감독인, 검사 또는 지방자치단체의 장의 청구에 의하여 성년후견개시의 심판을 한다.
민법 제10조(피성년후견인의 행위와 취소) ① 피성년후견인의 법률행위는 취소할 수 있다.
② 제1항에도 불구하고 가정법원은 취소할 수 없는 피성년후견인의 법률행위의 범위를 정할 수 있다.
④ 제1항에도 불구하고 일용품의 구입 등 일상생활에 필요하고 그 대가가 과도하지 아니한 법률행위는 성년후견인이 취소할 수 없다.

10 민법 제12조(한정후견개시의 심판) ① 가정법원은 질병, 장애, 노령, 그 밖의 사유로 인한 정신적 제약으로 사무를 처리할 능력이 부족한 사람에 대하여 본인, 배우자, 4촌 이내의 친족, 미성년후견인, 미성년후견감독인, 성년후견인, 성년후견감독인, 특정후견인, 특정후견감독인, 검사 또는 지방자치단체의 장의 청구에 의하여 한정후견개시의 심판을 한다.
민법 제13조(피한정후견인의 행위와 동의) ① 가정법원은 피한정후견인이 한정후견인의 동의를 받아야 하는 행위의 범위를 정할 수 있다.
④ 한정후견인의 동의가 필요한 법률행위를 피한정후견인이 한정후견인의 동의 없이 하였을 때에는 그 법률행위를 취소할 수 있다. 다만, 일용품의 구입 등 일상생활에 필요하고 그 대가가 과도하지 아니한 법률행위에 대하여는 그러하지 아니하다.

제3장 상업사용인

상업사용인은 특정의 상인에 종속하여 대외적인 영업상의 업무를 보조하는 자이다.

1. 특정의 상인에의 종속

특정의 상인은 영업주로 개인상인 이든 회사상인이든, 행위능력자이든 무능력자이든, 완전상인이든 소상인(지배인은 적용되지 않음)이든 불문한다. 다만 상업사용인은 자연인에 한한다.

종속한다는 것은 기업조직의 내부에서 상인의 지휘에 복종하는 관계를 말한다. 이와 달리 독립하여 기업의 외부에서 보조하는 상인으로는 대리상, 중개인, 위탁매매인, 운송주선인, 운송인, 창고업자 등이 있다.

상인에 대한 종속관계는 고용관계 뿐만 아니라 위임관계에 의해서도 존재한다(통설). 예를 들면 영업주의 처, 친족 또는 친구와 같이 고용관계는 없으나 위임관계가 있을 수 있다.

2. 대외적인 영업상의 업무의 보조

영업상의 업무는 단순히 영업을 위한 노무가 아니고, 상인에 특유한 상업기술적인 업무로서 상품의 매매, 금전의 출납·회계 또는 통신 등에 관한 업무이다. 따라서 제조업자의 기사, 공원 등은 상업사용인이 아니다.

또한 상업사용인은 대외적인 영업상의 업무를 보조하는 자이므로 대외적 대리권을 가지고 그 업무는 대외적 대리권에 관한 업무이어야 한다. 따라서 순내부적인 업무에 종사하고 대리권을 가지지 아니하는 회계계, 현금출납계 등은 상업사용인이 아니다.

상법은 대리권의 광·협에 따라 상업사용인을 지배인, 부분적·포괄적 대리권을 가진 사용인, 물건판매점포의 사용인의 3가지로 분류하여 규정하고 있다.

지배인

1. 의의

지배인은 영업주에 갈음하여 그 영업에 관한 재판상 또는 재판외의 모든 행위를 할 수 있는 상업사용인이다(상법 제11조 제1항). 영업주는 광범위한 대리권을 가진 지배인을 둠으로써 제2의 자기라는 유력한 보조자를 얻고, 거래상대방은 대리권의 유무와 정도를 조사하는 번거로움을 덜 수 있다.

지배인 여부의 결정기준에 대하여는 견해가 나뉜다.

① 형식설 : 지배인 여부는 본점·지점의 지점장 등 지배인으로 인정할 수 있는 명칭을 가졌는가의 여부에 따라 결정한다.

② 실질설 : 지배인 여부는 영업에 관한 재판상·재판외의 행위를 할 실질상의 권한을 가졌는가 여부에 따라 결정한다.

③ 검토 : 상업사용인을 대리권의 광·협에 따라 구분하고 있는 현행법의 체계로 보나, 지배인이 아니면서(즉 대리권한 없으면서) 지배인과 같은 명칭을 사용하는 자는 표현지배인으로 보호하고 있기 때문에 지배인 자체는 대리권을 기준으로 하는 것이 타당하다.

관련사항

대표관계(주주가 권한을 위임) : 단체법상의 대표관계 – 영업전반
지배인 : 개인법상의 대리관계 – 특정의 영업소

2. 지배인의 선임 및 종임

(1) 선임

1) 선임자

지배인은 영업주인 상인 또는 그 대리인이 선임한다. 지배인이 다른 지배인을 선임함에는 영업주의 특별한 수권이 있어야 하고, 당연히 다른 지배인을 선임할 수 있는 것이 아니다. 회사의 경우에는 그 대표기관이 지배인을 선임하며, 일정한 내부절차를 거쳐야 한다. 합명회사는 총사원의 과반수의 동의(상법 제203조: 유한책임회사도 동일(상법 제287조의 18)), 합자회사는 무한책임사원의 과반수의 동의(상법 제274조), 주식회사는 이사회의 결의(상법 제393조), 유한회사는 이사 과반수의 동의 또는 사원총회의 결의(상법 제564조)가 요구된다.

청산 중의 회사나 파산회사는 영업을 계속하는 것이 아니므로 지배인을 선임할 수 없다.

2) 자격

지배인은 의사능력을 가진 자연인이어야 하지만, 대리인이므로 행위능력자임을 요하지 않는다(민법 제117조). 익명조합의 익명조합원, 합자조합의 조합원, 주식회사나 유한회사의 이사나 합명회사 또는 합자회사, 유한책임회사의 업무집행사원은 지배인을 겸할 수 있다. 그러나 주식회사나 유한회사의 감사는 지배인을 겸할 수 없다(상법 제411조, 제570조).

3) 선임행위의 법적 성질

지배인의 선임행위는 수권행위와 결합한 고용계약 또는 위임계약이다.

4) 등기

지배인의 선임과 종임은 등기사항으로 영업주는 그 지배인을 둔 본점 또는 지점의 소재지에서 등기를 하여야 한다(상법 제13조). 영업주가 이를 등기하지 아니하면 이로써 선의의 제3자에 대항할 수 없다(상법 제37조).

(2) 종임

지배인은 대리권을 가지는 자이므로 대리권의 소멸사유에 의하여 종임한다. 그리하여 지배인의 사망, 파산, 성년후견의 개시, 영업주의 해임 또는 지배인의 사임, 영업주의 파산에 의하여 지배인은 종임한다. 상인이 그 영업에 관하여 수여한 대리권은 본인이 사망하여도 소멸하지 않으므로 영업주의 사망은 종임사유가 되지 않는다(상법 제50조).

영업주와 지배인 사이에 고용관계가 존재하는 경우에는 고용기간의 만료, 고용계약의 해지에 의하여 고용관계가 종료하면 지배인은 종임한다. 또한 지배인은 영업을 전제로 하므로 영업의 폐지, 회사의 해산에 의하여도 종임한다. 그 외 영업주의 인적 신뢰를 기초하므로 영업의 양도에 의하여 종임한다는 견해도 있으나, 영업양도에 의하여 상업사용인의 지위가 이전하고 다만 상업사용인이 고용계약에 대한 해지권을 보류한다고 보므로 지배인은 종임되지 않는다고 본다. 이때 영업양수인은 언제든지 지배인의 선임행위를 철회하고 해임할 수 있다.

지배권

1. 의의

지배인의 대리권은 다음의 성격을 가진다.

① 포괄적 권한 : 지배인은 영업주의 영업에 관한 재판상 또는 재판외의 모든 행위를 대리할 수 있다. 이처럼 지배권은 민법상의 대리권과 같이 구체적·개별적인 권한이 아니고 영업주의 영업 전반에 걸친다.

② 정형적 권한 : 대리권이 법률에 의하여 그 범위가 정형화되어 있으므로 영업주도 임의로 이것을 증감할 수 없다.

③ 획일적 권한 : 영업주가 이에 제한을 가하여도 선의의 제3자에 대항할 수 없다(상법 제11조 제3항).

지배권의 포괄적·정형적·획일적 성격은 거래상대방을 보호하고 거래의 안전을 보호하기 위한 것이다.

2. 내용

(1) 영업에 관한 행위의 대리

영업에 관한 행위인가 여부는 객관적으로 판단해야 하며, 주관적 의사에 의하여 결정할 것은 아니다. 따라서 개인적 목적을 위한 대출도 포함된다(통설·판례).

(2) 소송상 행위의 대리

소송에 있어서 소송당사자는 영업주이지만 지배인은 소송상 행위를 대리할 수 있다. 지배인은 영업주를 위한 소송대리인으로 소송을 수행할 수도 있고, 소송대리인의 선임도 가능하다.

(3) 재판외의 행위의 대리

재판외의 행위는 사법상의 적법행위를 말하며, 영업목적인 행위뿐만 아니라 영업에 필요한 행위도 포함된다.

3. 대리권의 범위

(1) 영업주의 영업에 관한 행위

지배인의 대리권은 영업주의 영업에 관한 행위에 한하므로 영업에 관한 행위가 아닌 영업주의 입양, 혼인과 같은 신분행위는 포함되지 않는다. 서명이나 기명날인(사실행위)은 영업주의 일신전속적 행위로 보아 지배인이 대리할 수 없다. 지배인의 대리권은 영업의 존재를 전재로 하므로 영업의 폐지, 영업의 양도, 영업의 처분, 지점의 설치 등의 행위도 할 수 없다. 다른 지배인의 선임·해임도 영업주로부터 특별한 수권을 받아야 가능하다.

(2) 영업주가 수개의 상호 하에 수종의 영업을 하는 경우

지배인의 대리권은 그 상호에 의하여 개별화된 특정의 영업에 한한다. 실제 지배인선임등기의 신청서에 지배인이 대리할 영업과 그 사용할 상호를 기재하여야 한다. 수종의 영업에 대한 총지배인을 둘 수 있으나 이는 1인의 지배인이 수개의 대리권을 가지는 것이다.

(3) 1개의 영업에 대하여 수개의 영업소를 가지는 경우

지배인의 등기는 그 지배인을 둔 본·지점에서 등기하여야 하고, 지배인선임등기의 신청서에 지배인을 둔 장소를 기재하므로 지배인의 대리권은 지배인을 둔 영업소에 한한다.

4. 대리권의 제한

지배인에 대한 대리권의 제한으로 선의의 제3자에 대항할 수 없다(상법 제11조 제3항). 판례는 악의나 중대한 과실이 있는 제3자에 대하여는 대항할 수 있다고 본다.[11] 지배인이 대리권의 제한에 위반한 행위를 한 경우에 해임 또는 손해배상청구의 사유가 될 것이다.

공동지배

1. 의의

영업주는 수인의 지배인에게 공동으로 대리권을 행사하게 할 수 있다(상법 제12조). 공동지배는 수인의 지배인을 두어 지배인 상호간에 견제를 통하여 그 오용 또는 남용을 방지하고자 하는 것이다. 이는 지배인의 대리권행사의 방식에 대한 제한이지 대리권 자체에 대한 제한은 아니다.

2. 대리권행사의 방식

(1) 수동대리

수동대리의 경우에는 대리권의 남용의 우려가 적고, 각 공동지배인의 단독 대리권행사를 인정하는 것이 거래의 원활과 신속을 기할 수 있으므로 각 공동지배인의 단독 대리권행사를 인정한다(상법 제12조 제2항). 수동대리의 예로 상대방의 변제의 제공, 서류의 송달, 어음의 제시 등을 들 수 있다.

(2) 능동대리

능동대리는 공동지배인이 공동으로 대리하여야 한다. 한 지배인이 의사표시를 하고 다른 지배인이 내부적으로 동의하거나 추인하는 것은 인정되지 않는다. 그렇다고 시기적으로 동시에 대리행위를 해야 하는 것은 아니다.

공동지배인 중의 1인에 대한 대리권의 위임이 가능한가가 문제된다. 이는 특정의 행위에 대한 대리권의 위임을 인정할 것인가의 문제이다. 이에 대한 견해는 갈린다.

① 긍정설 : 대리권을 포괄적으로 위임하지 않는 한 대리권이 오용되거나 남용되는 것이 아니므로 이를 인정한다. 대리권의 위임을 인정함으로써 공동지배제도의 엄격한 적용에서 오는 불편을 제거할 수 있다고 한다.

---

11 대법원 1997.8.26. 선고 96다36753 판결.

② 부정설 : 대리권을 위임하는 것은 대리권의 오용 내지 남용의 방지라는 공동지배제도의 본래의 취지에 반한다.

③ 검토 : 공동지배인 중에는 개인적 사정에 의하여 대리권을 행사하지 못하는 경우도 있으므로 포괄적으로 위임하지 않는 한 공동지배제도의 편의를 위하여 대리권의 위임을 인정할 것이다.

3. 등기

공동지배는 등기사항이므로, 영업주는 공동지배에 관한 사항과 그 변경·소멸을 등기하여야 한다(상법 제13조).

4. 표현지배인의 성부

공동지배인 중 단독으로 거래를 하고 거래상대방이 선의인 경우 표현지배인의 성립을 인정할 것인가가 문제된다. 대리권이 없는 경우에도 표현지배인의 성립이 인정되므로, 대리권은 있고 그 행사방법에 제한이 있는 것에 불과한 공동지배의 경우 표현지배인의 성립을 인정할 것이다.

표현지배인

1. 의의

본점 또는 지점의 본부장, 지점장, 그 밖에 지배인으로 인정될 만한 명칭을 사용하는 자는 본점 또는 지점의 지배인과 동일한 권한이 있는 것으로 본다(상법 제14조 제1항). 다만, 재판상의 행위에 관하여는 그러하지 아니하다.

지배인인가 여부는 대리권유무의 실질에 의해서 결정되며 그가 사용하는 명칭에 의해서 정하여지는 것 아니다. 그러나 지배인이 아닌 자가 지점장 등의 명칭을 사용하는 경우 그 외관을 신뢰한 제3자를 보호할 필요가 있어 영업주에 대하여 표현지배인의 책임을 인정하고 있다. 이는 외관주의의 적용 예에 속한다.

2. 요건

(1) 외관의 존재

1) 본점 또는 지점의 사용인

1개의 영업에 관하여 수개의 영업소를 가지는 경우 전영업소를 총괄하는 주된 영업소를 본점, 본점에 종속하나 일정한 범위의 영업에 관하여 어느 정도 독자적으로 영업활동을 결정하고 대외적 거래를 하는 영업소를 지점이라고 한다.

표현지배인의 성립을 위해서는 사용인이 근무하는 장소가 본점이나 지점으로서의 실질을 가져야 하는가의 문제가 있다. 영업소의 실체필요 여부에 대하여는 견해가 갈린다.

① 실체필요설(통설) : 연혁적으로 상법 제14조는 지배인을 둘 수 있는 영업소인데도 영업주가 사용인에게 지배권을 부여하지 않고 지배인으로 오인할 수 있는 명칭, 즉 본부장 등의 명칭을 부여한 경우에 거래의 안전을 위하여 영업주에게 책임을 과한 것으로서, 본 조의 본점 또는 지점은 지배인을 둘만한 실체를 갖추어야 한다는 견해이다.

② 실체불요설 : 사용인의 근무장소인 영업소가 본점 또는 지점으로서의 실체를 갖추고 있지 않더라도 일반거래의 관념상 본점 또는 지점으로서 외관을 갖추고 있는 경우에는 표현지배인의 성립을 인정할 수 있다는 견해이다. 이 견해는 거래의 안전이라는 관점에서 본점 또는 지점의 외관 또는 표시를 신뢰한 상대방도 보호하고자 한다.

③ 검토 : 실체불요설은 표현지배인이 외관주의에 입각한 것이므로 표현적 명칭은 물론 영업소도 외관보호의 대상이 된다고 한다. 그러나 상법 제14조는 지배인을 두려면 둘 수 있는 장소에서 영업책임자임을 나타내는 명칭을 사용한 경우에 그 명칭의 외관에 대한 신뢰를 보호하려는 것이지, 그 외에 영업소의 외관에 대한 신뢰까지 보호하려는 것은 아니므로 실체필요설이 타당하다.

2) 본부장, 지점장, 그 밖에 지배인으로 인정될 만한 명칭

표현지배인이 성립하기 위해서는 본부장, 지점장, 그 밖에 지배인으로 인정될 만한 명칭을 사용해야 하는데, 이는 영업의 책임자임을 나타내는 명칭을 의미한다. 어떤 명칭이 영업의 책임자임을 나타내는 것인가는 일반거래의 통념에 의해서 결정하여야 한다. 예를 들면 본부장, 지점장, 지사장, 영업소장, 출장소장, 사무소장 등을 들 수 있다. 그러나 보험회사의 지사장, 영업소장의 경우 그 근무하는 장소가 지점의 실질을 갖추고 있지 않으므로 표현지배인의 성립이 인정되지 않는다. 지점차장, 지점장대리의 경우도 상위자가 존재하는 것을 전제로 하므로 표현지배인의 성립이 인정되지 않는다.

(2) 외관의 부여

표현지배인이 성립하기 위해서는 영업주에게 사용인의 명칭외관에 대한 귀책사유가 있어야 한다. 이를 위해서는 영업주가 명칭사용을 허락하여야 하는데, 여기에는 사용을 묵인한 경우도 포함된다.

(3) 외관의 신뢰

상대방은 선의여야 한다. 선의라 함은 사용인이 지배인이 아니라는 것을 상대방이 알지

못한 경우를 말한다. 대리권이 없다는 것을 알지 못한 경우로 보기도 하지만 이는 같은 의미이다. 선의의 결정시기는 거래시를 기준으로 한다.

상대방이 선의이지만 이를 알지 못한데 중과실이 있는 경우에도 표현지배인의 성립을 인정하여 보호할 것인가의 문제가 있다. 이에 대한 학설의 태도를 보면 다음과 같다.

① 부정설 : 상거래에 있어서 중대한 과실은 악의와 동등하게 평가되므로 상대방은 표현지배인제도에 의하여 보호받지 못한다고 한다.

② 긍정설(단순선의설) : 민·상법상 악의 외에 중대한 과실을 요건으로 하는 경우에는 이를 부가하여 규정하고 있는데 본 조의 경우에 따로 중대한 과실이 포함된다고 하는 것은 부당하며, 거래의 안전·신속의 관점에서도 표현지배인의 성립을 인정한다.

③ 검토 : 민법상의 표현대리의 성립을 위해서는 상대방의 선의·무과실이 요구된다(민법 제125조, 제126조, 제129조). 그러나 상사거래에는 거래안전과 신속의 관점에서 외관존중과 상대방의 신뢰보호가 더 강하게 요구되어 그 요건을 완화해서 해석할 것이고, 반면에 상사거래에 있어서 중대한 과실은 악의와 같은 것으로 보는 경향이 있으므로 여기서 선의에는 중대한 과실이 없어야 보호를 받는다고 본다.

3. 효과

표현지배인은 재판외의 행위, 즉 사법상의 적법행위에 관하여는 본점 또는 지점의 지배인과 동일한 권한이 있는 것으로 본다(상법 제14조 제1항). 따라서 영업주는 표현지배인의 영업주의 영업에 관하여 행한 모든 행위에 대하여 책임을 진다. 영업주의 영업에 관한 모든 행위란 영업목적인 행위뿐만 아니라 영업을 위하여 필요한 행위도 포함된다.

부분적·포괄대리권을 가진 사용인

1. 의의

영업의 특정한 종류 또는 특정한 사항에 관하여 위임을 받은 사용인은 이에 관한 재판외의 모든 행위를 대리할 수 있다(상법 제15조 제1항). 이러한 사용인을 부분적·포괄대리권을 가진 사용인이라 한다. 그 예로는 회사에 있어서 영업부장, 자재부장, 창고계장, 대부주임 등과 같은 부장, 과장, 계장, 주임 등을 들 수 있다.

2. 선임

부분적·포괄대리권을 가진 사용인은 상인뿐만 아니라 지배인도 선임이 가능하다. 또한 이는 등기사항이 아니므로 등기를 요하지 않는다.

3. 대리권

부분적·포괄대리권을 가진 사용인은 위임받은 특정한 종류 또는 특정한 사항에 관하여는 포괄성, 정형성, 획일성을 가진 대리권을 가진다. 여기서 위임받은 특정한 종류 또는 특정한 사항인가의 여부는 주관적으로 판단할 것은 아니고, 객관적 성질에 의해서 판단한다.

영업주의 부분적·포괄대리권을 가진 사용인의 대리권에 대한 제한은 선의의 제3자에게 대항하지 못한다(상법 제15조 제2항, 제11조 제3항).

4. 표현지배인규정의 유추적용 여부

부분적 포괄대리권을 가지지 못한 자가 차장·과장 등과 같이 표현적 명칭을 사용하여 거래한 경우에 표현지배인 규정을 유추적용 할 수 있는지가 문제된다. 이에 대하여 학설이 갈리고 있다.

① 긍정설 : 민법규정만으로는 제3자 보호가 불충분하다며 표현지배인에 관한 규정의 유추적용을 인정한다.[12]

② 부정설 : 민법상 표현대리 규정에 따라 영업주의 거래상의 책임을 묻거나, 그 요건을 충족하지 못하는 경우에 민법 제756조의 사용자책임을 물을 수 있을 뿐 명문 규정이 없는 이상 표현지배인 규정을 유추적용 할 수 없다고 한다.[13]

③ 검토 : 표현지배인은 영업의 책임자임을 나타내는 명칭을 사용한 경우에 책임을 인정하는 것이므로, 차장·과장과 같은 영업의 하위 책임자임을 나타내는 명칭을 사용할 때에는 표현지배인의 성립을 부정할 것이다.[14]

5. 민법상의 표현대리의 성립 여부

부분적 포괄대리권을 가진 사용인이 영업범위를 벗어나서 행위를 한 경우도 문제된다. 부분적 포괄대리권을 가진 사용인의 경우 그 권한범위는 영업의 특정한 종류 또는 특정한 사항에만 미친다. 그 범위를 벗어나서는 특별한 수권이 없는 한 대리권이 없다. 그러나 거래 상대방이 부분적 포괄대리권을 가진 사용인에게 그 권한이 있다고 믿을 만한 정당한 이유가 있는 때에는 민법상의 표현대리가 성립되어 영업주는 그 행위에 대하여 책임을 질 수 있다

---

12 정찬형, (상)98면.

13 이철송, (총)108면.

14 판례는 부분적 포괄대리권을 가진 상업사용인의 경우에도 표현지배인의 성립을 부정한다(대법원 2007. 8.23.선고2007다23425판결).

(민법 제126조).

참조판례

"부분적 포괄대리권을 가진 상업사용인이 특정된 영업이나 특정된 사항에 속하지 아니하는 행위를 한 경우, 영업주가 책임을 지기 위하여는 민법상의 표현대리의 법리에 의하여 그 상업사용인과 거래한 상대방이 그 상업사용인에게 그 권한이 있다고 믿을 만한 정당한 이유가 있어야 한다." (대법원 2006.6.15. 선고 2000 다13117 판결).

물건판매점포의 사용인

물건판매점포의 사용인은 물건을 판매하는 점포의 사용인으로서 그 판매에 관하여 모든 대리권이 있는 것으로 본다(상법 제16조 제1항). 이는 물건판매점포의 사용인이 그 판매에 관한 권한을 가지고 있다고 신뢰하는 거래상대방을 보호하기 위한 것으로, 외관을 신뢰한 거래상대방을 보호함으로써 거래의 안전을 보호하고자 하는 것이다.

물건을 판매하는 점포의 사용인에는 물건의 판매뿐만 아니라 임대·교환 등의 거래를 하는 점포의 사용인도 포함된다.

거래상대방은 선의가 요구되므로, 점원이 대리권을 가지고 있지 않다는 것을 알고 있는 경우에는 적용되지 않는다(상법 제16조 제2항).

물건판매점포의 사용인은 판매에 관한 모든 대리권을 가지며, 현실매매에 한하지 않고 관행적인 한 외상매매, 대금의 감액, 대금의 추심, 변제의 연기 등을 할 수 있다.

상업사용인의 의무

상법은 영업주의 이익과 상업사용인의 이익이 상호 충돌할 염려가 있는 경우에 상업사용인이 영업주의 이익을 희생하면서 자기의 이익을 꾀하는 것을 방지하고, 또 상업사용인으로 하여금 영업주를 위하여 전심전력을 다하여 근무하도록 상업사용인에게 경업거래금지의무와 겸직금지의무(특정지위취임금지)를 부과하고 있다(상법 제17조). 이것을 상업사용인의 경업금지의무(경업피지의무)라고 한다.

경업거래금지의 경우 이해충돌의 방지의 측면이 강하게 나타나고, 겸직금지의무는 정력분산의 방지를 위한 것으로 고용계약에 의한 성실의무의 구체적 표현으로 볼 수 있다.

이러한 경업금지의무는 민법상의 위임관계에 의한 선관의무를 더욱 적극화시켜 어느 정도의 충실의무를 반영하였다고 본다(다수설).

경업금지의무는 상업사용인뿐만 아니라 대리상(상법 제89조), 합명회사의 사원(상법 제198조), 합자회사의 무한책임사원(상법 제269조), 주식회사의 이사(상법 제397조), 유한회사의 이사(상법 제567조) 등의 경우도 부담하지만, 이들의 겸직금지의무는 동종영업을 목적으로 하는 것에 한정된다는 점에서 제한없이 겸직이 금지되는 상업사용인의 경업금지의무는 이들의 경업금지의무보다 범위가 넓다.

영업양도인의 경우는 경업거래금지의무만 있다(상법 제41조). 이는 영업양도의 실효성을 보장하기 위해서 부과되는 것으로서 그 목적에 있어서도 상업사용인의 경업금지의무와 차이가 난다.

관련사항

- 상업사용인의 겸직금지(특정지위취임금지) : 회사의 무한책임사원 + 이사 + 다른 상인의 상업사용인
- 회사의 이사 등의 경우 : (이사회의 승인없이)동종영업회사의 무한책임사원 또는 이사
- 감사 : (당해)회사나 자회사의 이사·지배인 기타 사용인의 직무를 겸할 수 없다 ↔ (업무집행권을 가지지 않음)경업거래금지의무나 자기거래제한의무는 없다.

경업거래금지의무

1. 의무의 내용

상업사용인은 영업주의 허락없이 자기 또는 제3자의 계산으로 영업주의 영업부류에 속하는 거래를 하지 못한다(상법 제17조 제1항). 상업사용인의 경업거래의 금지는 영업주와의 이익충돌의 방지를 위한 것으로, 영업주의 고객유지와 영업기밀유지 등의 목적을 가진다.

여기서 영업부류에 속하는 거래란 영업목적인 거래를 말하며, 이익충돌의 염려가 없는 거래, 예를 들면 부동산매매업을 하는 상인의 상업사용인이 자기의 주택을 구입하는 행위 등은 금지의 대상이 아니다.

자기 또는 제3자의 계산이란 경제적 효과의 귀속을 의미하며 명의는 누구의 명의로 하든 상관하지 아니한다.

2. 의무위반의 효과

(1) 개입권

1) 의의

경업거래금지의무에 위반한 경우에 그 거래가 상업사용인 자기의 계산으로 한 것인 때에는

영업주는 이것을 영업주의 계산으로 한 것으로 볼 수 있고, 또 제3자의 계산으로 한 것인 때에는 영업주는 상업사용인에 대하여 이로 인한 이득의 양도를 청구할 수 있다(상법 제17조 제2항). 후자의 경우 이득양도청구권이라 하여 구별하여 설명하기도 하지만 그 성질 등에서 차이가 없다.

개입권을 인정하는 것은 영업주가 손해배상의 청구를 하는 경우에 그 손해가 기대이익의 상실인 경우가 많으므로 증명이 어렵고, 고객유지의 필요에서 이를 인정한다.

상업사용인의 개입권은 채권적 효과를 가지는 실질적 개입권이다.

관련사항 **전면적 개입권 : 직접당사자의 지위를 가진다.**

① 위탁매매업(상법 제107조: 자기의 명의, 타인의 계산) : 거래소 시세 있는 물건의 매매의 위탁 → 직접 매도인 또는 매수인이 될 수 있다

② 운송주선인(상법 제116조) : 운송주선인은 다른 약정이 없으면 직접 운송할 수 있다.

2) 성질

영업주의 개입권은 형성권이다. 따라서 영업주는 일방적 의사표시로서 개입권을 행사할 수 있다.

3) 행사

개입권 행사의 효과는 채권적이다. 상업사용인은 자기의 계산으로 한 거래상의 경제적 효과를 영업주에게 귀속시켜야 할 의무가 있고, 제3자의 계산으로 한 때에는 그 거래로 인하여 얻은 재산상의 이익을 양도할 의무가 있다. 이익의 양도란 상업사용인이 받은 보수 등을 청구할 수 있다는 의미이며, 제3자의 이익을 청구할 수 있다는 취지는 아니다.

개입권 행사시 상업사용인은 그 취득한 금전, 물건, 채권 등을 양도할 의무가 있게 된다. 영업주도 거래로 인하여 상업사용인이 부담한 채무를 변제하고 지출한 비용을 상환하여야 한다.

4) 행사기간

개입권은 영업주가 그 거래를 안 날로부터 2주간, 거래가 있은 날로부터 1년을 경과하면 소멸한다(제척기간)(상법 제17조 제4항).

(2) 계약해지권 · 손해배상청구권

상업사용인이 영업주의 허락없이 자기 또는 제3자의 계산으로 영업주의 영업부류에 속하는 거래를 한 경우에는 영업주는 상업사용인에 대하여 개입권 외에 계약해지권과 손해배상청구권을 행사할 수 있다.

계약해지권이란 영업주와 상업사용인간의 고용계약 등을 해지할 권리를 말하며, 영업주는 개입권·계약해지권·손해배상청구권을 중첩적으로 행사할 수 있다.

겸직금지의무

상업사용인은 영업주의 허락없이 회사의 무한책임사원 · 이사 또는 다른 상인의 상업사용인이 되지 못한다(상법 제17조 제1항).

상업사용인의 겸직금지의무는 동종영업 여부를 불문하는데, 이는 이익충돌의 방지뿐만 아니라 상업사용인이 영업주를 위하여 전심전력으로 정력을 집중하여 충실히 근무하여야 하는 충실의무가 반영된 것이다.

겸직금지의무에 위반하여도 그 취임행위 자체는 유효하다. 이때 영업주는 상업사용인과의 계약을 해지할 수 있고, 또 겸직금지의무의 위반으로 손해가 생긴 때에는 그 손해의 배상을 청구할 수 있다.

제4장 영업소

1. 의의

영업소란 상인의 영업활동의 본거인 일정한 장소이다. 영업소는 기업활동의 중심지가 된다. 영업활동의 본거란 영업에 관한 지휘·명령이 발하여지고 영업활동의 성과가 통일되는 장소를 말한다.

영업소는 대외적인 영업활동에 속하는 법률행위를 대상으로 한다. 따라서 공장이나 창고 등은 영업소가 아니다.

또한 영업소는 독자적인 결정과 시행을 내부적으로 할 수 있는 곳이다. 출장소, 분점, 매점 등과 같이 영업소의 결정 또는 명령에 따라 구체적인 거래를 기계적으로 하거나 사실행위를 하는 것에 불과한 경우는 영업소에 해당하지 않는다.

2. 태양

(1) 본점과 지점

상인이 동일한 영업에 관하여 수개의 영업소를 가지는 경우에 주된 영업소를 본점이라 하고 종된 영업소를 지점이라 한다. 지점도 일정한 범위에서 영업에 관한 지휘·명령이 발하여지고 영업활동의 성과가 통일되는 장소로서의 실질을 갖추어야 한다. 즉 어느 정도 독자적인 영업활동을 결정하고 대외적 거래를 하여야 하므로, 본점·지점의 지휘·감독하에 기계적으로 제한된 보조적 업무만을 처리하는 보험회사의 영업소는 상법상 영업소로서의 독자성이 인정되지 않는다.[15]

(2) 주소

자연인은 주소가 일반생활의 중심지이며, 기업은 영업소가 기업활동의 중심지이다. 자연인인 개인상인의 경우 주소와 영업소를 동시에 가지며, 주소가 영업활동의 본거로 되는 경우가 많다. 이때에는 주소와 영업소가 일치한다. 그러나 오늘날에는 개인상인의 경우에 주소와는 별도로 영업소를 설치하는 경우가 일반적이다.

---

15 대법원 1978.12.13. 선고 78다1567 판결.

개인상인의 경우 영업소는 등기사항이 아니다. 그러나 상호나 지배인선임등기(영업, 상호, 장소)를 하게 되면 영업소도 등기하게 된다.

이와 달리 회사는 주소와 본점이 일치한다(상법 제171조 : 주소는 본점 소재지에 있는 것으로 한다). 회사의 경우 영업소(본점)는 정관에 기재, 또 등기하여야 한다. 정관에 기재된 영업소를 정관상의 영업소라 하며, 영업활동의 본거인 실질상의 영업소와 다른 경우도 있다. 이때에는 기업활동에 관한 사항은 실질상의 영업소를 회사의 영업소로 취급하여야 할 것이며, 기업조직에 관한 사항(관할법원, 주주총회 소재지 등)은 형식적 기준에 따를 것이다.

3. 영업소의 설치·이전 및 폐지

(1) 영업소의 설치

개인상인의 경우 영업소의 설치는 자유롭다. 이는 영업소 설치에 절차적인 제약이 없다는 의미이며, 설치 여부가 자유롭다는 의미는 아니다. 회사의 경우 본점의 소재지가 정관의 절대적 기재사항이므로 반드시 본점을 두어야 한다.

회사의 경우 영업소의 설치는 일정한 절차를 거쳐야 한다. 본점은 주식회사의 경우 발기인 전원의 동의(상법 제289조 제1항), 그 외 회사는 총사원의 동의가 요구된다(상법 제179조, 제269조, 제287조의 18, 제543조 제2항). 지점은 합명, 합자회사, 유한책임회사는 사원의 과반수의 동의(상법 제195조, 제269조, 제287조의 18, 민법 제706조 제2항), 주식회사는 이사회의 결의(상법 제393조 제1항), 유한회사는 이사의 과반수의 결의가 요구된다(상법 제564조 제1항).

(2) 이전과 폐지

개인상인의 경우 자유롭게 영업소의 이전과 폐지를 할 수 있다. 회사는 본점의 이전시 본점의 소재지가 정관의 절대적 기재사항이므로 정관변경의 절차를 거쳐야 한다. 회사의 경우 본점의 폐지는 영업의 폐지 후에 가능하다.

4. 영업소의 효과

(1) 영업소 일반의 효과

① 채무변제의 장소 : 영업소는 영업에 관한 채무변제의 장소이다. 영업에 관한 채무의 변제는 당사자간에 다른 약정이 없는 한 채권자의 현 영업소에서 하여야 한다(민법 제467조 제2항).

② 표현지배인의 결정 : 표현지배인의 성립을 위해서는 그가 근무하는 장소가 영업소의

실질을 가져야 한다.

③ 상업등기소의 결정 : 상업등기는 등기신청자의 영업소 소재지의 법원의 상업등기부에 하여야 한다(상법 제34조).

④ 재판적의 결정 : 회사의 보통재판적은 그 주된 영업소에 의하여 정하여진다(민소 제4조).

⑤ 소송서류송달의 장소 : 소송서류의 송달은 그 소송서류를 받을 자의 영업소에 한다(민소 제170조 제1항).

(2) 지점의 효과

① 지점거래의 채무변제의 장소 : 지점에서 한 거래에 관한 채무는 그 지점에서 변제하여야 한다.

② 상업등기소의 결정 : 본점 소재지에서 등기할 사항은 원칙적으로 지점 소재지에서도 등기하여야 한다(상법 제35조). 이때 본점 등기의 원용은 인정되지 않는다.

③ 지배인 선임의 단위 : 각 지점의 영업에 관하여 지배인을 선임할 수 있다(상법 제10조).

④ 영업양도의 단위 : 지점의 영업은 본점의 영업과 분리하여 양도할 수 있다(영업의 일부양도). 그러나 다른 약정이 없으면 본점의 영업의 양도에 의하여 지점의 영업도 양도된다.

⑤ 정관·주주총회의사록의 비치 장소 : 주식회사에 있어서 이사는 정관과 주주총회의 의사록을 본점과 지점에 비치하여야 한다(상법 제396조 제1항).

⑥ 외국회사의 지점의 등기 : 외국회사가 우리나라에 지점을 두는 경우, 그 지점의 설치에 관하여 대한민국에서 설립되는 동종의 회사 또는 가장 유사한 회사의 지점과 동일한 등기를 하여야 한다(상법 제614조 제2항).

제5장 상 호

1. 의의

상호란 상인이 영업상 자기를 표시하기 위하여 사용하는 명칭이다. 이는 기업활동상 사용하는 명칭으로 자연인을 표시하는 성명과는 구별된다.

(1) 명칭

상호는 명칭이므로 구두로 호칭할 수 있어야 하고, 문자로 표기할 수 있어야 한다. 명칭이 아닌 기호나 도형의 경우 상표는 될 수 있다.

상호는 외국어라도 상관이 없다. 외국어 상호를 등기하려는 경우 외국문자로 된 상호는 등기할 수 없고 그 발음을 한글로 표시하는 경우에만 상호로 등기할 수 있다.[16] 자연인인 상인의 경우 외국어를 미등기상호로 사용할 수 있고 상법상의 보호도 받는다고 해석한다.

(2) 상인의 명칭

상호는 상인의 명칭으로 상인이 아닌 협동조합과 같은 명칭은 상법상의 상호가 아니다. 소상인의 경우 상호에 관한 규정이 적용되지 않는다. 따라서 상호를 사용하여도 상법상 보호를 받지 못한다.

(3) 상인을 표시하는 명칭

상호가 무엇을 표시하는가에 대하여 견해가 갈린다.

① 상인표시설(다수설) : 상호는 사회·경제적으로 보면 기업(영업) 그 자체를 표시하는 명칭이나, 법률상으로 보면 기업 그 자체는 상호의 사용으로 인한 거래의 권리·의무의 주체가 될 수 없으므로 상호에 의한 거래에서 생긴 권리·의무는 영업에 귀속되지 않고 영업의 소유자인 상인에 귀속되므로 상인의 명칭이라고 한다.

② 기업표시설 : 상호가 무엇을 나타내는 가와 상호의 귀속 주체가 누구인가는 구별하여야 한다. 상인은 상호권의 귀속 주체에 불과하며, 사회적·경제적 기능면에서 볼 때 분명히

---

16 상업등기규칙 제2조(등기기록 등에 사용할 문자 등) 등기를 하거나 신청서, 그 밖의 등기에 관한 서면(「전자서명법」 제2조의 전자문서를 포함한다)을 작성할 때에는 한글과 아라비아숫자를 사용하여야 한다. 다만, 대법원예규로 정하는 바에 따라 한글 또는 한글과 아라비아숫자로 기록한 다음 괄호 안에 로마자, 한자, 아라비아숫자 그리고 부호를 병기할 수 있다.

기업 그 자체의 명칭으로서 기업의 신용의 표적이 되는 것이다. 회사기업의 경우에는 상호와 회사(상인)의 명칭이 동일하기 때문에 상호는 바로 상인의 명칭으로 생각될 수 있으나, 개인기업의 경우에는 기업의 경영담당자인 상인의 명칭(성명의 의미)과 기업 그 자체의 명칭인 상호는 쉽게 구별된다는 것이다.

③ 검토 : 기업표시설은 기업의 이름과 상인의 이름(성명)을 구별하고 있지만, 여기서 말하는 상인의 이름이란 영업활동상 사용하는 상호이므로 그 성명과 다르며, 따라서 기업의 명칭과 상인의 명칭(성명)을 쉽게 구별할 수 있다는 것은 타당하지 않다. 상호를 기업의 명칭이라고 하든 상인의 명칭이라고 하든 동일한 사실을 형식과 실질의 양면에서 본 것에 불과하다. 상호의 내용의 면에서 보면 기업의 명칭이며, 상호권의 형식적 귀속의 면에서 보면 상인의 명칭이다.

(4) 영업상의 명칭

상호는 상인의 영업상의 명칭으로 상인이 영업과 상관없이 자기를 표시하기 위하여 사용하는 명칭은 상호가 아니다. 성명이나, 아호, 예명, 별명 등은 상호가 아니다. 그러나 개인상인은 상호를 사용해야 할 의무가 있는 것은 아니며, 영업활동에 상호가 아닌 개인의 성명을 사용한 경우에 영업상의 활동이라는 실질관계의 증명이 있으면 유효하다. 운송장(상법 제126조), 화물상환증(상법 제128조)의 경우 '성명 또는 상호'를 기재할 수 있도록 규정하고 있다.

상호의 선정

1. 입법주의

상인의 성명 또는 영업의 내용이 상호와 일치하여야 하는가에 대하여 상호자유주의, 상호진실주의, 절충주의의 다른 입법주의가 있다.

(1) 상호자유주의

상호자유주의는 상호의 선정에 제한을 두지 않는다. 이것은 영미법계에서 채택하고 있다.

(2) 상호진실주의

상호진실주의는 상인의 성명 또는 영업의 내용이 상호와 일치할 것을 요구하는 입법주의이다. 상호진실주의는 일반 공중 즉 거래의 상대방의 신뢰를 보호하는 면에서는 타당하다. 그러나 영업의 주체·장소·내용 등이 변경되는 경우에는 상호를 그대로 사용할 수 없는 단점이 있다.

(3) 절충주의

새로운 상호의 선정에는 상인의 성명 또는 영업의 내용이 상호와 일치할 것을 요구하나, 기존영업의 상속이나 양도 또는 변경의 경우에는 종전의 상호의 속용을 허용하는 입법주의이다.

(4) 우리나라

상호선정의 자유를 인정하면서 동시에 상호의 진실을 위하여 약간의 제한을 가하고 있다. 이는 엄격한 의미에서 절충주의는 아니지만 자유주의에 가까운 절충주의라고 할 수 있다.

2. 상호자유의 원칙

"상인은 그 성명 기타의 명칭으로 상호를 정할 수 있다."(상법 제18조)고 하여 상호자유의 원칙을 채택하고 있다.

3. 상호자유의 원칙에 대한 제한

(1) 회사의 상호에 대한 제한

회사는 반드시 상호를 선정하여야 하고, 상호에는 회사의 종류를 표시하는 문자를 사용하여야 한다(상법 제19조). 회사의 상호에는 그 종류에 따라 합명회사, 합자회사, 유한책임회사, 주식회사 또는 유한회사의 문자를 사용하여야 한다.

은행·보험·신탁·증권 등의 영업을 경영하는 회사는 그 상호 중에 회사의 종류를 표시하는 문자 외에 은행, 보험, 신탁, 증권 등의 문자를 부가하여야 하고, 특히 보험업을 경영하는 회사는 보험사업의 종류를 표시하여야 한다.

(2) 비회사의 상호에 대한 제한

회사가 아닌 상인은 그 상호에 회사임을 표시하는 문자를 사용하지 못한다(상법 제20조). 회사가 아닌 상인이 회사의 영업을 양수한 경우에도 동일하다. 회사임을 표시하는 문자에는 예를 들면 합명상회 등과 같이 회사라고 오인할 염려가 있는 문자도 포함된다.

은행·보험·신탁을 영업목적으로 하지 아니하는 상인은 그 상호 중에 은행·보험·신탁 등의 문자를 사용할 수 없다.

(3) 상호전용권에 의한 제한

누구든지 부정한 목적으로 타인의 영업으로 오인할 수 있는 상호를 사용하지 못한다(상법 제23조).

(4) 부정경쟁방지법에 의한 제한

부정경쟁방지법에 의할 때 국내에서 널리 인식된 상호(주지의 상호)와 동일 또는 유사한 것을 사용하여 타인의 영업상의 시설 또는 활동과 혼동을 일으키게 하는 행위는 부정경쟁행위에 속하고(공정거래법 제2조), 이러한 부정경쟁행위로 인하여 자신의 영업상의 이익이 침해되거나 침해될 우려가 있다고 인정하는 자는 그 행위의 금지 또는 예방을 청구할 수 있고, 아울러 상호의 폐기, 간판의 제거, 기타 필요한 조치를 함께 청구할 수 있다(공정거래법 제4조). 여기서는 상법상 상호전용권에서 요구되는 부정한 목적을 요건으로 하지 않는다.

4. 상호단일의 원칙

상인이 하나의 영업을 경영하는 경우에는 하나의 상호만을 사용하여야 한다(상법 제21조 제1항). 하나의 영업에 수개의 상호를 사용하는 경우 타인의 상호선정의 자유를 제한하므로 이를 규제하는 것이다.

개인상인의 경우 수개의 영업을 경영하는 경우 각 영업에 대해서 별개의 상호사용이 가능하다. 그러나 회사의 상호는 전인격을 표시하는 유일한 명칭이므로 수개의 영업을 해도 상호는 하나이어야 한다.

상호의 등기

1. 개인상인의 경우

개인상인의 경우 상호등기의 의무는 없고, 상인의 자유에 맡겨져 있다. 그러나 일단 상호를 등기한 경우에는 그 상호의 변경·폐지시에 등기하여야 할 의무가 있다.

2. 회사의 경우

회사의 경우 상호는 절대적 등기사항이다. 이때 상호는 상호등기부에 하는 것이 아니고 회사의 설립등기를 하면 상호를 등기한 것으로 된다.

상호의 가등기

1. 의의

상호의 가등기란 상호의 본등기의 요건을 갖추지 못한 경우에 미리 상호의 본등기의 순위를 보전하기 위하여 하는 등기이다.[17]

2. 적용대상

상호의 가등기는 회사의 상호에만 적용이 된다. 회사의 설립 전에는 주식회사와 유한회사의 상호에만 적용되고, 설립 후에는 각종 회사의 상호나 목적을 변경하고자 하는 경우 또는 본점을 이전하고자 하는 경우에 적용된다(상법 제22조의 2).

3. 요건

(1) 회사의 성립 전

주식회사나 유한회사를 설립하고자 할 때에는 설립등기를 하기 전에 상호의 가등기를 할 수 있다. 이 경우에 상호의 가등기는 본점 소재지를 관할하는 등기소에 신청하여야 한다(상법 제22조의 2 제1항).

(2) 회사의 성립 후

1) 상호·목적의 변경

회사가 상호나 목적 또는 상호와 목적을 변경하고자 할 때에는 정관변경과 그 본등기를 하기 전에 상호의 가등기를 할 수 있다(상법 제22조의 2 제2항). 상호는 정관의 절대적 기재사항으로 상호변경을 위해서는 정관변경절차를 거쳐야 한다. 그러나 정관변경 등의 절차를 위하여 주주총회결의 등을 거쳐야 하고, 상호변경등기까지 상당한 기간이 소요된다. 따라서 상호변경의 본등기 전의 가등기를 허용하는 것이다.

목적의 변경에도 가등기를 허용하는데, 이는 등기상호의 등기배척효력은 동종영업의 상호에 한하므로 변경될 영업에 대해서 미리 상호권을 확보할 필요가 있기 때문이다.

---

17 일본에서 널리 알려진 대회사의 본점 이전계획을 안 자가 그 예정지에 미리 동일 유사한 상호를 등기하여 회사의 이전등기가 방해된 사건에서 그 다른 회사의 상호사용을 폐지시킬 수 있다고 하였다.

2) 본점을 이전하고자 하는 경우

본점의 이전 전에 가등기가 가능하다. 등기상호의 동일·유사상호에 대한 등기배척효력은 동일지역에 한하므로 새 본점 소재지에 미리 상호권을 확보할 필요가 있게 된다. 따라서 가등기를 허용한다.

4. 효력

(1) 사전등기배척

상호의 가등기는 등기상호의 등기배척력에 있어서 상호의 등기로 본다(상법 제22조의 2 제4항). 따라서 상호의 가등기가 있는 경우에 동일한 특별시·광역시·시·군에서 동종영업의 상호로 등기하지 못한다(상법 제22조).

(2) 사후등기배척

가등기된 상호와 유사한 상호가 등기(후 등기)된 경우에 가등기를 신청한 회사가 후 등기의 말소를 청구할 수 있는가가 문제된다. 이에 대하여 등기상호의 등기배척력의 성질에 대해서 등기법설과 실체법설의 견해 대립이 있다. 등기법설은 등기상호와 동일 또는 유사한 상호의 등기신청이 있는 때에는 등기공무원이 그 신청을 각하하여야 하는 등기법상의 효력만 있다는 설로서 등기말소청구를 부정하고, 실체법설은 등기상호와 동일 또는 유사한 상호의 등기신청이 있는 때에는 등기법상의 효력 외에 등기의 말소를 청구할 수 있는 실체법상의 효력도 있다는 설로서 등기말소청구를 인정한다. 실체법적 효력을 인정하는 것이 다수·판례의 태도이다.

실체법설은 등기상호권자의 보호에도 제22조의 입법목적이 있다고 보는데 반해, 등기법설은 등기의 말소와 같은 실체법적 효력은 제22조가 아닌 상호전용권에 관하여 규정한 제23조에 의한다는 점을 든다. 그러나 상호를 아직 사용하지 않는 가등기의 경우 제23조가 적용될 수 없으며, 공무원의 과실에 의하여 우연히 등기되어 버리면 구제수단이 없게 되는 문제가 있다.[18] 이처럼 가등기권자 보호가 실효를 거두지 못할 우려가 있게 되므로 상호권자 보호의 관점에서 실체법설이 타당하다고 본다.

---

18 가등기의 경우 제22조의 적용과 관련해서만 인정되는데, 이는 입법의 착오라면서 상호의 가등기를 상호의 사용을 개시한 것으로 의제하여 상호전용권(제23조)의 행사도 가능하다고 보는 견해도 있다(이철송, (총)136면).

상호권

1. 의의

상호권에는 상호사용권과 상호전용권이 있다. 상호사용권은 상인이 적법하게 상호를 선정한 때에는 타인의 방해를 받지 않고 상호를 자유로이 사용할 수 있는 권리이며, 상호전용권은 타인이 부정한 목적으로 자기의 영업으로 오인할 수 있는 상호를 사용하는 경우에 그 상호의 폐지와 손해의 배상을 청구할 수 있는 권리이다.

2. 법적 성질

① 재산설 : 상호권은 상인의 인격 또는 신분으로부터 분리하여 양도할 수 있고, 또 상호권은 그 자체 경제적 가치를 가지므로 일종의 무체재산권으로서의 재산권에 속한다고 한다.

② 인격권적 성질의 재산권설 : 상호권의 침해는 인격권의 침해와 같은 결과로 되고, 또 상호권은 경제적 가치와 양도성이 있으므로 상호권은 인격권적 성질을 겸해서 가지는 재산권이라고 한다.

③ 특수권설 : 상호권은 권리의 껍질인 지배권적 기능의 면에서 보면 인격권적 성질을 가지나 그 지배의 내용인 이익의 면에서 보면 재산권적 성질을 가지므로 상호권은 전통적 인격권도 아니고 재산권도 아닌 특수한 권리라고 한다. 이 견해는 인격권적 성질의 재산권설과 같은 것이라 볼 수 있다.

④ 검토 : 상호권은 상인의 신용과 명성을 지배하는 권리이기도 하므로 순수한 재산권으로 보기는 어렵다. 상호권을 인격권적 성질의 재산권이라고 보는 견해는 상호권을 인격권적 성질과 재산권적 성질을 겸해서 가지는 것이라고 본다. 그런데 상호권의 양도는 후자만이 양도되고, 인격권은 양도를 인정하기가 어렵다. 우리 상법이 상호권의 양도를 인정함(제25조)은 상호의 재산권적 성격을 의미한다. 그러나 상호는 원칙적으로 영업과 함께 하는 경우에 한하여 양도할 수 있다고 한 것은 인격권적 성질을 반영한 것이며, 예외적으로 영업이 폐지된 경우에 상호만을 양도할 수 있도록 규정한 것은 상호의 재산권적 성질을 반영한 것이다. 따라서 상호권이란 인격권적 성질의 재산권이라 보겠다.

상호사용권

상호권자는 상호의 등기의 유무에 관계없이 상호사용권을 가진다. 상호권자가 이미 상호를 적법하게 선정하여 사용하는 경우에는 비록 후에 타인이 그와 동일한 상호를 선정하여 등기하여도 부정한 목적이 없는 한 계속하여 상호사용권을 가진다.

개인상인의 경우 상호를 사용하여야 할 의무가 있는 것이 아니므로 영업관계에 있어서도 상호를 사용하지 않고 성명 기타의 명칭을 사용하여도 무방하다. 이때 영업상의 활동이라는 실질관계의 증명이 있으면 그 거래는 유효하다.

상호전용권

1. 의의

상호권자는 부정한 목적으로 타인의 영업으로 오인할 수 있는 상호를 사용한 자에 대하여 상호의 사용폐지와 손해배상을 청구할 수 있다(상법 제23조 제1항, 제2항, 제3항). 상호전용권은 상호부정사용자의 고의·과실과 같은 불법행위의 요건을 갖추지 아니한 경우에도 부정한 목적이 있으면 그 행사가 인정된다. 이때 불법행위의 요건을 갖추면 불법행위에 관한 일반원칙에 따라 권리행사를 할 수 있지만 상호전용권의 요건이 완화된 것으로 이는 별 의미가 없다.

상호전용권은 상호의 등기의 유무를 불문한다.

2. 요건

① 부정한 목적이 있어야 한다. 부정한 목적이란 일반 공중으로 하여금 자기의 영업을 타인의 영업으로 오인시켜 자기의 영업활동을 유리하게 전개시키고자 하는 의사를 말한다. 부정한 목적의 존재에 대하여는 상호권자가 증명하여야 한다. 그러나 등기상호의 경우 타인이 등기한 상호를 동종영업이며, 동일 특별시·광역시·시·군에서 사용시에는 부정한 목적으로 사용하는 것으로 추정되므로(상법 제23조 제4항), 상대방이 부정한 목적의 부존재를 증명해야 한다.

② 타인의 영업으로 오인할 수 있는 상호이어야 한다. 오인할 수 있는 상호란 일반거래상 자기의 영업을 타인의 영업으로 혼동·오인할 염려가 있는 상호를 말한다. 여기에는 유사한 상호도 포함된다. 유사한 상호인가 여부는 거래계의 실정을 고려하여 판단할 것이다.

③ 손해를 받을 염려가 있어야 한다(상법 제23조 제2항). 손해는 현실적으로 생길 필요는 없고 그 발생의 객관적·추상적 가능성을 의미한다. 손해를 받을 염려도 미등기상호에 있어서 요구되는 요건이며, 등기상호의 경우에는 요건이 아니다.

④ 지역적인 제한이 없다. 전국적인 규모에서 영업의 동일성에 관한 오인이 생겨날 수 있는 지는 영업의 규모와 범위, 성격, 고객의 지역성 등을 고려하여 결정한다.

3. 효과

상호권자는 부정한 목적으로 타인의 영업으로 오인할 수 있는 상호를 사용한 자에 대하여 상호사용폐지를 청구할 수 있다(상법 제23조 제2항). 상호사용폐지청구권에는 장래의 상호사용폐지의 청구뿐만 아니라 간판의 철거청구라든지 등기말소청구와 같은 상호사용의 폐지에 필요한 모든 작위·부작위의 청구가 포함된다.

또한 상호권자는 손해가 있는 때에는 상호부정사용자에 대하여 손해배상의 청구를 할 수 있다(상법 제23조 제3항). 상호권자의 손해배상청구권은 상호부정사용자의 고의·과실을 불문하므로, 불법행위(민법 제750조)의 요건을 갖추지 않아도 인정된다.

상호등기의 효력

1. 의의

상호를 등기하게 되면 상호권이 강화된다. 등기상호의 경우에 동일 또는 유사한 상호의 등기가 금지되며, 상호전용권의 행사에 있어서 부정목적사용이 추정되고 손해 받을 염려가 요건이 아니게 된다.

2. 동일상호의 등기금지

타인이 등기한 상호는 동일한 특별시·광역시·시·군에서 동종영업의 상호로 등기하지 못한다(상법 제22조). 여기서 동종영업이란 영업목적의 중요 부분이 중복되면 인정된다(예 : 양품점과 의상실).

3. 등기금지위반의 효력

후 등기가 잘못되어 이루어진 경우에 선 등기자가 후 등기자에게 상호등기의 말소를 청구할 수 있는지 여부가 문제된다.

① 등기법설 : 상법 제22조는 등기소에 대해서 등기상호와 동일 또는 유사한 상호의 등기신청이 있는 때에는 그 신청을 각하하도록 하는 등기법상의 효력을 규정한 것이라고 한다.

② 실체법설 : 후 등기가 동일·유사상호의 등기금지에 위반하여 등기한 경우에는 선 등기자가 그 등기의 말소를 청구할 수 있어야 할 것이므로 상법 제22조는 이 한도에서 실체법상의 효력도 있는 것으로 인정해야 한다는 견해이다(다수·판례).

③ 상법 제23조에 의하여 등기말소를 청구할 수 있으므로 상법 제22조에 굳이 등기말소청구권을 인정할 실익이 없다. 그러나 상호가등기의 경우에는 아직 상호를 사용하지 않아

상호권이 인정되지 않으므로 문제다. 상호권자를 보호하여야 할 것이며, 등기공무원의 과실 등에 의한 등기로 인한 손해를 상호권자가 부담함은 부당하다. 따라서 상법 제22조에도 실체법적 효력을 인정할 것이다.

4. 부정목적사용의 추정

상호전용권 행사에 있어서 동일한 특별시·광역시·시·군에서 동종영업으로 타인이 등기한 상호를 사용하는 자는 부정한 목적으로 사용하는 것으로 추정한다(상법 제23조 제4항).

상호의 양도

1. 의의

상호권의 법적 성질을 재산권으로 보는 경우에는 상호의 양도가 가능하다. 상호를 상인의 명칭이라고 볼 때 기업의 객관적 존재가 확립되면 상호권은 상인의 일신전속적 권리로서의 성격이 희박해진다. 따라서 상호권의 귀속자가 바뀌어도 기업의 존속에 영향을 미치지 않게 되고, 상인과 분리하여 양도가 허용된다. 그러나 상호를 기업의 명칭이라고 볼 때는 기업과 분리하여 양도할 수 없을 것이다.

2. 상호양도의 제한

상호는 영업을 폐지하거나 영업을 양도하는 경우에만 양도할 수 있다(상법 제25조 제1항). 영업과 함께 양도할 수 있도록 한 것은 상호의 인격권적 성질을 반영한 것이다. 만일 상호만의 양도를 인정할 때 일반 공중의 오인을 초래할 염려가 있기 때문에 이를 규제하는 것이다. 여기서 영업의 양도는 영업전부의 양도를 의미하며, 영업일부의 양도시 상호의 양도는 할 수 없다.

3. 상호양도의 방법

상호의 양도는 상호양도인과 상호양수인간의 의사표시만으로 효력이 생긴다. 등기상호의 경우에 상호의 양도는 등기하지 않으면 제3자에게 대항하지 못한다(상법 제25조 제2항). 여기서 제3자의 선의·악의를 불문한다. 이는 상업등기의 대항력에 관하여 규정한 상법 제37조 제1항에 대한 예외규정이다.

이에 대하여 소수설에서는 상법 제25조의 상호양도의 등기는 상호양도의 물권적 관계에 관하여 의의가 있는 것이므로, 상호를 2중으로 양도한 경우에는 선등기자가 상호권을 취득하며, 이와 달리 상법 제37조 제1항은 대공중적 책임관계의 공시에 관한 규정으로, 양수상호로 인한 각종 채무의 책임(기업공시에 따른 책임)에 관하여 규정한 것이므로 양자는 별개의 규정으로 본다.

그러나 상법 제25조에서 상호의 양도는 물권법적 공시와 상사법적 공시의 양 원칙의 적용을 받는 것으로, 제3자에 대한 대항력을 물권적·채권적 면을 가리지 않고 획일적으로 해결하는 것이 타당하다(통설).

개인상인의 상호의 경우 미등기상호를 양도한 경우에는 상호양도의 등기를 하지 아니하여도 제3자에게 대항할 수 있다.

4. 상호양도의 효력

(1) 당사자간의 효력

상호양수인은 상호권자로서 상호사용권과 상호전용권을 가진다.

(2) 제3자에 대한 효력

영업의 양도와 함께 상호를 양도한 경우에 상호양수인은 상호양도인의 영업상의 채무에 대하여 채무의 인수 기타 채무부담행위를 하지 않았더라도 상호양도인과 함께 변제할 책임이 있다(상법 제42조 제1항). 이 조항은 외관이론의 적용 예에 속하는 것으로, 상호속용에 의한 영업양도의 경우에 채권 추구의 기회를 상실할 우려가 있는 상호양도인의 채권자를 보호하기 위한 것이다.

속용되는 상호는 동일한 경우뿐만 아니고 유사한 경우에도 채권자의 입장에서 양도인의 영업으로 오인할 가능성이 있기 때문에 양수인의 책임을 인정할 것이다. 여기서 유사한 상호인가 여부는 일반적으로 상호를 전체적으로 관찰해서 주요 부분이 유사하여 일반거래상 일반인이 혼동 내지 오인의 우려가 있는가를 기준으로 해서 판단하면 된다.

보호되는 채권자는 선의의 채권자에 한한다. 채권자가 영업양도의 사실을 몰랐거나, 알았다고 하더라도 채무불인수의 사실을 몰랐다면 이 규정에 의하여 보호를 받는다.

상호를 속용하는 영업양수인은 영업양도인의 채무에 대하여도 책임을 지게 되는데, 이때 영업양도인의 채무가 없어지는 것이 아니므로 양자는 부진정연대채무관계에 있게 된다. 그러나 양수인이 책임이 없음을 등기하거나 채권자에 대해서 지체없이 그 뜻을 통지한 때에는 변제할 책임이 없다(상법 제42조 제2항).

영업의 양도와 함께 상호를 양도한 경우에 상호양도인의 채무자가 상호양수인에게 변제한 때에는 선의이며 중대한 과실이 없는 한 유효하다(상법 제43조).

> **참조판례**
>
> "상법 제42조 제1항이 상호를 계속 사용하는 영업양수인에게 양도인의 영업으로 인한 채무에 대하여도 변제할 책임이 있다고 규정하고 있는 것은, 일반적으로 채무자의 영업상 신용은 채무자의 영업재산에 의하여 실질적으로 담보되는 것이 대부분인데 채무가 승계되지 아니함에도 상호를 계속 사용함으로써 영업양도의 사실 또는 영업양도에도 불구하고 채무의 승계가 이루어지지 않은 사실이 대외적으로 판명되기 어렵게 되어 채권자에게 채권 추구의 기회를 상실시키는 경우 양수인에게도 변제의 책임을 지우기 위한 것이므로, 영업양도인이 사용하던 상호와 양수인이 사용하는 상호가 동일할 것까지는 없고 다만 전후의 상호가 주요 부분에 있어서 공통되기만 하면 상호를 계속 사용한다고 보아야 한다." (대법원 1998.4.14. 선고 96다8826 판결).

명의대여자의 책임

1. 의의

타인에게 자기의 성명 또는 상호를 사용하여 영업을 할 것을 허락한 자는 자기를 영업주로 오인하여 거래한 제3자에 대하여 그 타인과 연대하여 변제할 책임이 있다(상법 제24조). 이 명의대여자의 책임은 명의대여자의 명의인 외관을 신뢰하여 거래한 상대방을 보호함으로써 거래의 안전을 기하기 위한 것으로서 외관이론의 한 적용례에 속한다.

이러한 명의대여자의 책임이 인정되기 위하여서는 명의차용인이 명의대여자의 명의 등을 사용하는 외관이 존재해야 하고, 그러한 명의사용에 명의대여자의 귀책사유, 즉 허락이 있어야 하며, 그러한 외관을 제3자가 오인하여 거래하는 관계가 있어야 한다.

2. 성립요건

(1) 외관의 존재

1) 명의대여자의 성명 또는 상호의 사용

명의대여자의 책임이 인정되기 위해서는 명의차용인이 명의대여자의 성명 또는 상호를 사용하는 관계가 존재해야 하는데, 여기서 성명은 통칭, 아호, 예명 등을 포함한다고 본다.

명의와 관련하여 판례는 "대한여행사가 타인에게 대한여행사 외국부 국제항공권 판매처라는 간판 하에 항공권 판매행위를 그에게 대행 혹은 대리케 한 경우"[19]에는 명의대여자의 책임

19 대법원 1957.6.27. 선고 4290민상178 판결.

을 인정하였으나, "타인의 상호 아래 대리점이란 명칭을 붙여 사용하는 것을 허락하거나 묵인한 경우"[20]에는 그 아래 지점, 영업소, 출장소 등을 붙인 경우와는 달리 타인의 영업을 종속적으로 표시하는 부가부분이라고 보기 어렵다고 하여 명의대여자의 책임을 부정하였다.

2) 영업상의 사용

(가) 영업의 동일성 여부

명의대여자의 책임제도는 외관의 신뢰자를 보호하기 위한 것이고 명의차용인의 영업이 명의대여자의 영업인 것처럼 보이는 외관은 양자의 영업이 동일한 경우에 한하므로, 명의대여자의 책임이 성립하기 위해서는 양자의 영업이 동일하여야 한다는 견해가 있다(영업동일성필요설).

그러나 개인상인은 하나의 상호로 수종의 영업이 가능함에 비추어 영업의 동일성을 외관구성의 본질적 요소로 볼 필요는 없다. 오히려 영업이 동일하지 않는 경우 오인에 있어 상대방의 중과실을 인정하는 하나의 근거로 제시할 수 있다(영업동일성불요설 : 다수설).

(나) 상인성 여부

명의대여자의 책임은 명의대여자의 성명 또는 상호를 사용하여 영업을 하여야 하기 때문에 명의차용자는 상인이어야 한다. 문제는 명의대여자도 상인이어야 하는가인데, 이에 대하여 판례는 명의대여자의 상인성을 요구하지 아니한다.[21]

(2) 외관의 부여

명의대여자의 책임이 인정되기 위해서는 그 귀책사유로서 명의대여자에 의한 명의사용의 허락이 있어야 하는데, 여기서 허락에는 명시적 허락 외에 묵시적 허락도 포함된다는 것이 통설적 견해이다.

(3) 외관의 신뢰

명의대여자의 책임이 발생하기 위해서는 상대방의 '오인거래'가 있어야 한다. 즉 상대방의 선의가 요구되는데, 이때 상대방이 명의대여자를 영업자로 오인한 데에 과실이 있는 경우 그 과실있는 선의의 상대방도 보호할 것인가가 문제가 된다. 이에 관하여 학설이 대립되어 있다.

① 단순선의설 : 명의대여자의 책임은 명의대여자가 외관을 부여한데 대하여 그 명의대여자의 책임을 묻는 것이므로, 상대방은 선의인 한 과실 또는 중과실의 유무를 불문한다.

---

20 대법원 1989.10.10. 선고 8다카8354 판결.
21 대법원 1987.3.24. 선고 85다카2219 판결.

② 무경과실설 : 명의대여자의 책임은 표현영업주에 대한 상대방의 신뢰를 보호하려는 것이므로 상대방의 신뢰가 객관적 기초를 결한 경우까지 보호할 필요가 없다. 따라서 상대방은 선의·무과실이어야 한다.

③ 무중과실설(다수설) : 거래법에 있어서 중대한 과실은 악의와 동등하게 평가되므로 명의대여자의 책임이 성립하기 위해서는 상대방은 중대한 과실이 없는 선의이어야 한다.

④ 검토 : 이러한 학설대립은 표현책임제도의 중점을 어디에 두는가에 따른 것으로, 표현책임제도를 '외관에 대한 상대방의 신뢰의 보호'에 중점을 두어 이해하게 되면 그 신뢰가 보호할 가치가 있는가 없는가가 문제되어 상대방의 오인 내지 선의에 과실 또는 중과실이 없는 것을 요구하게 되나, '외관을 작출한데 대한 책임' 즉 상대방이 오인을 생기게 한 명칭의 부여라는 귀책사유에 중점을 두어 이해하게 되면 결과인 오인만이 문제로 되어 상대방의 오인 내지 선의에 과실의 유무를 불문하게 된다(단순선의설). 상법상 거래안전을 보호하기 위한 외관주의란 외관을 신뢰한 자를 보호하는 데에 주안점이 두어졌다고 보며, 명의대여자의 책임을 인정한 것도 외관을 믿고 거래한 제3자를 보호하기 위한 것이므로 전자의 입장에서 보는 것이 타당할 것이다. 다만 민법상의 표현책임제도인 표현대리에는 상대방의 선의에 무과실을 요구한다고 하나 상사거래에는 거래안전과 신속의 관점에서 외관존중과 상대방의 신뢰보호가 더 강하게 요구되어, 그 요건을 완화해서 해석할 것이고, 반면에 상사거래에 있어서 중대한 과실은 악의와 같은 것으로 보는 경향이 있으므로 상대방의 오인거래에는 중대한 과실이 없어야 보호를 받는다고 본다. 판례도 무중과실설의 입장이다.[22]

3. 명의대여자의 책임

(1) 책임의 범위

1) 영업상의 거래와 관련한 채무

명의대여자의 책임은 명의차용자와 상대방과의 영업상의 거래로 인하여 생긴 채무에 한하고, 또한 명의차용자와 상대방과의 거래는 명의대여자가 허락한 범위내의 거래이어야 한다.

여기에서 거래로 인하여 생긴 채무는 거래 자체에서 생긴 채무뿐만 아니라 거래와 관련하여 생긴 채무도 포함된다. 판례는 명의자에게 계약상의 이행채무와 함께 채무불이행으로 인한 손해배상책임도 인정한다.[23]

---

22 대법원 1969.3.31. 선고 68다2270 판결, 대법원 1992.8.18. 선고 91다30699 판결, 대법원 1991.11.12. 선고 91다18309 판결 등.

23 대법원 1993.4.27. 선고 92다43432 판결.

다만 명의대여자는 명의차용자의 영업상의 거래로 인한 책임을 부담하는 것이므로 그 피용자의 행위에 대하여서는 책임이 부정된다. 판례는 명의차용자의 사용인인 공사현장소장의 금전차용행위에 대하여 명의대여자의 책임을 부정하였다.[24]

2) 명의차용자가 어음·수표행위를 한 경우

영업에 대하여 명의를 대여한 경우에 명의차용자가 어음·수표행위를 한 경우에 판례는 그 책임을 인정하였다.[25] 이에 대하여 어음법상 명의차용자가 어음채무를 부담하지 않는데 명의차용자와 연대책임을 지는 것은 모순이라며, 이 경우는 어음위조에 관한 일반이론에 의해 해결할 일이고, 상법 제24조의 적용대상으로 삼을 것은 아니라는 견해도 있다.[26] 그런데 명의대여의 관계가 있을 때 어음위조가 아닐 것인데 이를 어음위조의 문제로 보는 것은 타당하지 않다고 본다.

어음거래에 대하여만 명의대여를 한 경우에도 학설이 갈리고 있다. 긍정하는 견해는 상법 제24조는 외관을 신뢰하고 거래한 상대방을 보호하기 위한 것이므로 그 취지를 살려 어음거래에도 외관이 존재하는 경우에는 이를 유추적용하여 명의대여자와 명의차용자가 어음상의 책임을 지는 것이 타당하다고 한다.[27] 우리 상법상 어음행위는 상행위가 아니므로 어음행위를 위한 명의대여에 상법을 적용하는 것 자체가 모순이고, 이 경우는 어음행위의 대리이론으로 해결할 사항이고 상법 제24조의 입법취지와는 무관하다는 견해도 있다.[28]

보건대, 어음거래는 대부분 상거래와 연관되어 이루어지므로 이때는 명의대여자의 책임을 유추적용하는 것이 타당할 것이다.

3) 불법행위책임

명의대여자의 책임은 명의차용자의 영업상의 거래와 관련하여 생긴 채무에 한한다. 따라서 명의차용자의 불법행위 등으로 생긴 채무나 단순한 개인적인 채무와 같이 거래관계 이외의 원인으로 인하여 생긴 채무에 대하여서는 책임을 지지 않는다.

이같이 불법행위로 인한 손해배상채무에 대해서는 명의대여자에 대해서 책임이 없다고 풀이하는 것이 통설이지만, 이를 나누어 고찰하는 견해도 있다. 즉, 자동차사고와 같이 순수한 사실행위로서의 불법행위의 경우에는 명의대여자의 외관적 영업주체성에 대한 신뢰와 피해자의 손해 사이에는 인과관계가 없으므로 명의대여자의 책임을 인정할 여지가 없지만, 사기적 행위와 같이 거래행위의 외형을 가지는 불법행위의 경우에는 외관의 신뢰와 손해 사이에 인과

---

24 대법원 1989.9.12. 선고 88다카26390 판결, 대법원 1987.11.24. 선고 87다카1379 판결.
25 대법원 1969.3.31. 선고 68다2270 판결.
26 김성태, (총)269면.
27 강위두, (총)142면 ; 정찬형, (상)131면 ; 손주찬, (상)129면 ; 정경영, 76면.
28 이철송, (총)182면 ; 이기수 외, (총)157면 ; 김성태, (총)269면 ; 정동윤, (총)160면 ; 최기원, (상)139면.

관계가 인정되므로 명의대여자의 책임을 긍정하는 것이 타당하다고 한다.[29]

판례는 명의차용인의 불법행위에 대하여는 명의대여자의 책임을 부정하였다.[30]

(2) 책임의 내용

명의대여자는 명의차용자와 연대하여 변제할 책임이 있다(상법 제24조). 이 연대책임은 부진정연대책임이다. 따라서 명의대여자가 상대방에게 그 채무를 변제한 때에는 명의차용자에 대하여 그 전액을 구상할 수 있다.

---

29 정동윤, (총)158면.

30 대법원 1998.3.24. 선고 97다55621 판결.

제6장 상업장부

관련사항 기업회계
① 상법총칙 : 상업장부
② 회 사 법 : 물적회사의 경우 결산에 대한 재무제표(+ 부속명세표)와 영업보고서(전영업연도의 영업의 경과나 상황의 설명서 : 재무제표는 아님)의 제도를 규정 → 주주총회 등의 승인 → 비치·공시(상업장부도 작성해야 함)

1. 의의

상업장부란 상인이 그 영업상의 재산 및 손익의 상황을 명백하게 하기 위하여 상법상의 의무로서 작성하는 장부이다(상법 제29조). 상업장부는 장래 영업계획의 수립 등에 도움을 얻고자 작성한다.

상업장부는 ① 상인이 작성하는 장부이다. 따라서 상인이 아닌 상호보험회사나 각종의 협동조합이 작성하는 장부는 상업장부가 아니다. ② 상인의 영업상의 재산 및 손익의 상황을 명백하게 하기 위하여 작성하는 장부이다. 주주명부, 사채원부, 주주총회 또는 이사회의 의사록, 중개인의 일기장 등은 상업장부가 아니다. 영업경과나 영업상황을 설명하는 영업보고서도 상업장부는 아니다. 손익계산서에 대하여는 학설이 갈리지만, 상업장부는 재산 및 손익의 상황을 명백하게 하기 위한 것인데 반해 손익계산서는 손익의 상황만을 나타내는 것으로서 상업장부가 아니다. ③ 상법상의 의무로서 작성하는 장부이다. 소상인의 장부는 임의로 작성하는 것으로서 상업장부가 아니다.

2. 상업장부의 작성의무

(1) 작성원칙

상업장부는 상법에 다른 규정이 없는 한 일반적으로 공정·타당한 회계관행에 의하여 작성하여야 한다(상법 제29조 제2항).

일반적으로 공정·타당한 회계관행으로서 2010년까지 기업회계기준이 있었는데, 2011년 이후에는 이에 갈음한 한국채택국제회계기준(KIFRS)과 일반기업회계기준이 있다. 금융위원회는 증권선물위원회의 심의를 거쳐 위와 같이 구분하여 회사의 회계처리기준을 정한다(외감법 제13조 제1항). 주식회사의 외부감사에 관한 법률상의 지배회사의 이사는 연결재무제표를 작성하여 이사회의 승인을 받아야 한다(상법 제447조 제2항). 외감법에 따르면 2011.1.1.부터 주권상장법인, 은행, 투자매매업자, 보험회사, 신용카드업자 등은 한국채택국제회계기준(KIFRS)을 적용하여 재무제표 또는 연결재무제표를 작성하여야 한다(외감법 제13조 제1항 1호, 동시행령 제7조의 2).[31] 외감법의 적용대상[32]인 주권비상장법인은 일반기업회계기준을 적용하여 재무제표 또는 연결재무제표를 작성하여야 한다(외감법 제13조 제1항 2호, 제3항).

(2) 작성의무자

소상인을 제외한 상인은 모두 상업장부를 작성하여야 할 의무가 있다(상법 제29조 제1항).

(3) 상업장부의 확정

개인상인의 경우 상업장부를 작성하면 바로 확정된다. 주식회사와 유한회사에 있어서 대차대조표와 손익계산서는 이사가 작성하고(이사회의 승인), 감사(유한회사는 임의기관)나 감사위원회의 감사를 거쳐, 주주총회 또는 사원총회의 승인을 얻어야 비로소 확정된다.

3. 상업장부의 보존의무

상인은 10년간 상업장부와 영업에 관한 중요서류를 보존하여야 한다(상법 제33조 제1항). 영업에 관한 중요서류란 분쟁이 생긴 경우에 증거로 하기 위한 것이므로 증거가치가 있어야 한다. 예를 들면 영업에 관하여 발송 또는 수령한 신서, 주문서, 영수증 등이다 .

전표 기타 이와 유사한 서류는 5년간 보존하여야 한다(상법 제29조 제1항). 전표로는 입출고전표, 금전출납전표 등이 있다.

보존의무의 기산점은 상업장부의 폐쇄일 즉 결산의 마감일이다.

---

31 외감법 시행령 제7조의 2(회계처리기준의 적용) ① 법 제13조 제1항 각 호 외의 부분 후단에 따라 다음 각 호의 어느 하나에 해당하는 회사는 한국채택국제회계기준을 적용하여 재무제표 및 연결재무제표를 작성하여야 한다.

1. 주권상장법인. 다만, 코넥스시장상장법인은 제외한다.
2. 제4조 제9항 제1호 각 목 외의 부분 본문에 따른 주식회사. 다만, 코넥스시장에 주권을 상장하려는 법인은 제외한다.
3. 「금융지주회사법」에 따른 금융지주회사. 다만, 같은 법 제22조에 따른 전환대상자는 제외한다.
4. 「은행법」에 따른 은행
5. 「자본시장과 금융투자업에 관한 법률」에 따른 투자매매업자, 투자중개업자, 집합투자업자, 신탁업자 및 종합금융회사
6. 「보험업법」에 따른 보험회사
7. 「여신전문금융업법」에 따른 신용카드업자

32 외감법상 외부감사인의 감사를 받아야 할 대상은 ① 자산총액 100억 이상인 회사, ② 상장회사 ③ 부채총액 70억 이상, 자산총액 70억 이상, ④ 종업원수 300인 이상, 자산총액 70억 이상의 회사이다(외감법 제2조, 시행령 제2조 제1항).

상업장부는 마이크로필름 기타의 전산정보처리조직에 의하여 보존할 수 있다(상법 제29조 제3항).[33] 이때도 보존기간은 10년이다.

4. 상업장부의 제출의무

법원은 신청에 의하여 또는 직권으로 소송당사자에게 상업장부 또는 그 일부분의 제출을 명할 수 있다(상법 제32조). 그러나 영업에 관한 중요서류는 제출해야 할 장부에 포함되지 않는다.

상업장부의 종류

상업장부에는 회계장부와 대차대조표의 두 가지가 있다.

손익계산서가 상업장부에 속하는가에 대하여는 학설이 갈린다.

① 부정설 : 상업장부는 '영업상의 재산 및 손익의 상황'을 나타내는 장부인데 손익계산서는 영업성적만 나타내고 영업재산의 상황을 나타내는 것이 아니라고 한다.

② 긍정설 : 영업상의 재산이나 손익 중 어느 하나만을 나타내는 것도 상업장부라고 보고 손익계산서는 영업상의 손익을 나타내는 것이므로 상업장부라고 한다.

③ 검토 : 상업장부는 영업상의 재산과 손익의 상황을 명백하게 하여 장래의 영업에 관한 판단과 계획수립에 필요한 자료를 제공하기 위한 것인데 반하여, 손익계산서는 영업상의 손익을 명백히 하여 이익배당 내지 처분을 적정하게 하기 위한 것이다. 또한 상업장부와 달리 손익의 상황만을 나타내는 것이므로 상업장부로 보기는 어렵다.

---

33 상법 시행령 제3조(전산정보처리조직에 의한 보존) 법 제33조 제1항에 따른 상업장부와 영업에 관한 중요서류(장부와 서류)를 같은 조 제3항에 따라 마이크로필름이나 그 밖의 전산정보처리조직(전산정보처리조직)에 의하여 보존하는 경우에는 다음 각 호의 어느 하나에 해당하는 방법으로 보존하여야 한다. 다만, 법에 따라 작성자가 기명날인 또는 서명하여야 하는 장부와 서류는 그 기명날인 또는 서명이 되어 있는 원본을 보존하여야 한다.

1. 「전자문서 및 전자거래 기본법」 제5조 제2항에 따라 전자화 문서로 보존하는 방법
2. 제1호 외의 경우에는 다음 각 목의 기준에 따라 보존하는 방법
   가. 전산정보처리조직에 장부와 서류를 보존하기 위한 프로그램의 개발·변경 및 운영에 관한 기록을 보관하여야 하며, 보존의 경위 및 절차를 알 수 있도록 할 것
   나. 법 및 일반적으로 공정·타당한 회계관행에 따라 그 내용을 파악할 수 있도록 보존할 것
   다. 필요한 경우 그 보존 내용을 영상 또는 출력된 문서로 열람할 수 있도록 할 것
   라. 전산정보처리조직에 보존된 자료의 멸실·훼손 등에 대비하는 조치를 마련할 것

관련사항 **재산목록**

- 개업재산목록과 결산재산목록은 폐지
- 비상재산목록만 인정(상업장부로 존속) : 청산재산목록, 파산재산목록(교환가격 : 청산가격, 양도가격), 정리재산목록

회계장부

1. 의의

회계장부는 상인의 거래와 기타 영업상의 재산에 영향이 있는 사항을 기재하는 장부이다(상법 제30조 제1항). 이는 대차대조표와 달리 영업의 동적상태를 표시하는 동태장부이다.

2. 종류

단식부기의 경우에 주요부로 일기장과 원장이 있다. 일기장은 일상의 거래를 발생의 순서에 따라 기재하는 것이고, 원장은 일기장에 기재된 거래를 구좌별로 전기한 것이다. 보조부로는 현금출납부, 상품수도부, 어음부 등이 있다.

복식부기의 경우에 주요부로서 분개장(분개일기장)과 원장이 있다. 분개장은 일상의 거래를 대변·차변 양변으로 정리하여 기재한 것이다. 전표가 분개장에 대용되는 경우에는 전표가 주요부가 된다. 원장은 분개장에 기재된 거래를 구좌별로 전기한 것이다. 보조부로는 구입장, 매출장, 어음기입장 등이 있다.

3. 기재사항

(1) 상인의 거래와 기타 영업상의 재산에 영향이 있는 사항

영업상의 거래뿐만 아니라 기타 법률행위나 불법행위 또는 천재지변과 같은 자연사건도 회계장부에 기재한다. 영업상의 재산으로는 유체재산, 무체재산권, 고객관계·영업상의 비결 등과 같은 사실관계 등의 적극재산과 채무 등의 소극재산이 있다.

영향이 있는 사항은 법률상의 의미가 아니고 일반회계관행상의 의미이다. 따라서 영업상의 재산에 현실적인 변동을 미치는 사항을 기재한다. 예를 들면 매매계약시가 아니고 대금의 지급 또는 상품의 인도시 회계장부에 기재하게 된다.

(2) 개인상인의 사용재산의 제외

상법상 회계장부의 기재사항으로 영업상의 재산이라고 규정하고 있고, 회계장부에 사용재산을 기재하게 되면 영업재산과 사용재산이 혼돈되어 영업상의 재산과 손익의 상황을 명확하게 하려는 상업장부의 본래의 취지에 반하므로 사용재산은 기재사항에서 제외한다.

대차대조표

1. 의의

대차대조표는 일정한 시점에서의 상인의 영업용 재산을 자산의 부와 자본금 및 부채의 부로 나누어 대조하여 상인의 재산상태의 개요를 표시하는 일람표이다. 이는 일정한 시점에서 상인의 재산의 정적상태를 표시하는 정태장부이다.

대차대조표는 그 표시의 형식에 따라 보고식과 계정식이 있다. 우리나라는 계정식에 의한다. 계정식에 따를 때 좌측에는 자산을 우측에는 자본과 부채를 기입한다. 양측에 차액이 생기면 이것이 손실 또는 이익이 되며, 이 차액을 소액 측에 기입하여 양측이 균등하게 한다.

2. 작성시기

개인상인에 있어서는 대차대조표를 개업시와 매년 1회 이상 일정한 시기에 작성하고, 회사에 있어서는 성립시와 매결산기에 작성하여야 한다(상법 제30조).

개업대차대조표와 결산대차대조표를 통상대차대조표라고 하고, 회사의 합병, 청산, 자본금감소, 파산, 회사정리 등의 경우에 작성하는 것을 비상대차대조표라고 한다. 비상대차대조표의 경우에 자산평가의 방법은 합병대차대조표와 회사정리대차대조표는 회사의 계속을 전제로 하므로 통상대차대조표와 같이 하지만, 파산·청산대차대조표는 교환가격(청산가액)에 의한다.

3. 작성방법

(1) 기본방법

1) 재산목록법

채권자보호의 관점에서 채권자는 기업이 해체될 때 그 재산의 평가가액이 어느 정도인가가 주관심사이므로 대차대조표는 이러한 재산상태를 표시해야 한다. 그리하여 기말에 기업이 가지는 총재산목록을 작성하고 이 재산목록의 요약으로 대차대조표를 작성하는 방법이 재산목록법이다.

2) 유도법

기업회계의 목적은 채권자보호뿐만 아니라 주주 기타의 투자자, 경영자, 종업원 등 모든 이해관계자의 이익을 조정하는데 있다. 따라서 대차대조표에는 기업재산의 표시보다는 기업의 계속을 전제로 기업의 수익력의 표시가 있어야 한다. 이를 위하여 회계장부를 작성하고 이에 의하여 손익계산서를 작성하며 또 자산·부채 및 자본금 항목을 집계하여 대차대조표를 작성하는 방법이 유도법이다.

(2) 평가

유도법에 의할 때 대차대조표는 회계장부를 기초로 작성한다. 따라서 대차대조표에 기재하는 자산과 부채의 평가는 회계장부의 평가에 의하여야 한다. 여기서 통상대차대조표와 청산가격을 기준으로 하는 청산·파산대차대조표와의 사이에 자산평가의 기준에 차이가 난다.

제7장 상업등기

1. 의의

기업공시주의를 구체화한 대표적인 제도로 상업등기제도를 들 수 있다. 상업등기란 상법의 규정에 의하여 상업등기부에 등기하는 것이다. 상업등기부에는 상호등기부, 미성년자등기부, 법정대리인등기부, 지배인등기부, 합명회사등기부, 합자회사등기부, 유한책임회사등기부, 주식회사등기부, 유한회사등기부, 외국회사등기부가 있다.

상업등기부란 등기기록을 저장한 보조기억장치, 즉 자기디스크, 자기테이프, 그 밖에 이와 유사한 방법에 의하여 일정한 등기사항을 기록·보관할 수 있는 전자적 정보저장매체를 말한다(상등법 제2조 제3호). 이 상업등기부는 영원히 보존하여야 한다(상등법 제5조 제2항).

2. 등기사항

등기사항으로는 절대적 등기사항과 상대적 등기사항이 있다. 절대적 등기사항은 반드시 등기하여야 하는 사항이고, 상대적 등기사항은 등기 여부가 당사자의 자유에 맡겨져 있는 사항이다. 상대적 등기사항으로 개인상인의 상호등기를 들 수 있다. 그러나 개인상인의 상호등기도 그 변경·소멸은 절대적 등기사항이다.

3. 상업등기의 절차

(1) 신청주의

상업등기는 원칙적으로 당사자의 신청에 의한다(상법 제34조, 상등법 제17조 제1항). 일정한 경우 법원의 촉탁이나 등기공무원의 직권에 의해 등기하기도 한다. 촉탁에 의한 등기의 예로 ① 법원의 해산명령, 해산판결에 의해 회사가 해산된 때 ② 회사의 설립무효, 설립취소, 합병무효의 판결이 확정된 때 ③ 등기사항인 총회결의의 취소, 무효 또는 부존재, 부당결의의 취소나 변경의 판결이 확정된 때 ④ 주식회사의 주식의 교환 및 이전의 무효의 판결이 확정된 때 등이 있다. 등기공무원의 직권에 의한 등기로 휴면회사가 해산의제 된 때(상법 제520조의 2)를 들 수 있다.

(2) 전산정보처리조직에 의한 상업등기

상업등기사무는 전산정보처리조직에 의하여 처리하여야 한다(상등법 제6조 제1항). 따라서 등기부란 등기기록을 저장한 자기디스크, 자기테이프와 같은 보조기억장치를 말한다.

4. 등기소의 심사권

등기소는 등기의 신청이 상법 또는 상업등기법의 규정에 적합하지 않은 때에는 이유를 붙인 결정으로 각하하여야 한다. 이때 등기소가 어느 범위까지 심사할 권한이 있는가에 대하여 견해가 갈린다.

(1) 형식적심사주의

등기소는 신청인의 등기신청이 형식상 적법한가 여부에 관하여서만 심사하여야 한다는 것이다. 예를 들면 법정의 등기사항, 관할권, 적법한 신청인인가 여부 등에 대하여만 심사한다는 것이다.

그 근거로는 ① 등기공무원은 법관이 아니고 단순한 기록관에 불과하다. ② 등기사항이 많아서 실질적 심사는 실현하기 어렵다. ③ 등기에 일반적인 공신력이 인정되어 있지 않다. ④ 등기의 지연을 가져온다는 점을 들고 있다.

(2) 수정형식적 심사주의

형식적 심사주의를 취하면서 신청사항의 진실성에 관하여 의심이 있는 때에는 등기소는 공무원의 충실의무에 의하여 신청사항의 실질적 진실성까지 심사할 직무권한이 있다고 한다.

(3) 실질적 심사주의

등기소는 신청인의 등기신청의 형식적 적법성뿐만 아니라 그 실질적 진실성까지 심사할 권한이 있다고 한다.

그 근거로는 ① 등기제도의 원래의 목적은 진실한 객관적 사실을 공시하는데 있다. ② "등기소는 등기한 후 그 등기에 착오나 유류가 있는 것을 발견한 때에는 지체없이 등기한 자에게 그 뜻을 통지하여야 한다."(상등법 제115조)고 규정한 점에 비추어 실질적 심사권을 가진다고 한다.

(4) 수정실질적 심사주의

실질적 심사주의를 취하지만 등기소가 신청사항의 실질적 진실성까지 심사할 직무권한이 있다고 하더라도 그것은 신속을 요하는 상업등기의 성질에 비추어 현저한 의심이 있는 경우에 한하고, 따라서 등기소가 현저한 의심이 있는데도 실질적 진실성의 심사를 하지 않으면 직무 위반이 되고 또 현저한 의심이 없는데도 심사를 이유로 등기를 지연하는 것은 직권남용으로 된다고 한다.

(5) 검토

형식적 심사주의는 진실한 사실의 공시에 의하여 일반 공중을 보호하고자 하는 등기제도의 목적에 반하고 실질적 심사주의는 등기의 신속을 저해할 우려가 있다.

상업등기업 제27조는 등기공무원의 심사대상을 원칙적으로 형식적 적법성에 한정하고 있다.[34] 그러나 실질적 진실성에 의문이 있을 때 실질적 진실성에 대한 심사는 등기공무원의 의무로 보아야 할 것이다. 따라서 수정형식적 심사주의의 태도가 타당하다고 본다.

5. 등기의 공시

누구든지 등기부의 열람을 청구할 수 있으며, 또 이해관계 있는 부분에 한하여 등기부의 부속서류의 열람을 청구할 수 있고, 또 누구든지 등기부의 등본이나 초본의 교부를 청구할 수 있다(상등법 제10조).

6. 등기기록의 폐쇄

해산의 등기를 한 후 또는 해산된 것으로 된 후 10년이 지난 회사의 등기기록은 폐쇄할 수 있다(상등법 제15조). 폐쇄한 등기기록은 폐쇄한 날로부터 50년간 보존하여야 한다(상등법 제14조 제2항).

상업등기부의 효력

상업등기부는 상인의 영업상의 중요한 사항을 일반 공중에게 공시하여 거래의 상대방 기타 공중의 이익을 보호하며, 상인의 신용을 유지하고 대항력을 가지게 되며, 궁극적으로 거래의 안전과 신속을 가져온다.

상업등기부의 효력에 관한 상법의 규정은 다음의 세 가지로 나누어 볼 수 있다. 첫째, 모든 상업등기의 공통된 효력인 일반적 효력. 예를 들면 이사의 선임등기와 같은 것을 들 수 있다.

---

34 등기신청의 각하 사유로 관할에 속하지 아니한 때, 등기사항이 아닌 때, 신청권한이 없는 자에 의한 신청 등을 들고 있다. 다만 등기할 사항에 관하여 무효 또는 취소의 원인이 있는 때(10호)를 들고 있는데, 이는 실질적 심사주의를 반영한 것이다.

이때 이사의 선임은 등기의 효력이 아니고 대항력이 등기의 효력이다. 둘째, 일정한 등기사항에 관하여 등기 자체에 따르는 효력인 특수적 효력. 이때는 등기함으로써 특별한 효력이 발생한다. 셋째, 공신력에 관한 부실등기의 효력.

상업등기의 일반적 효력

1. 의의

상법 제37조에 따를 때 등기 전에는 등기할 사항으로 선의의 제3자에 대하여 대항할 수 없고, 등기 후에는 제3가 정당한 사유로 알지 못한 경우 외에는 선의의 제3자에 대해서도 대항할 수 있게 된다.

상업등기의 일반적 효력이란 등기에 의하여 선의·악의를 불문하고 제3자에 대해서 대항할 수 있는 효력을 말한다.

2. 등기 전의 효력(상업등기의 소극적 공시력)

(1) 의의

등기 전에는 등기할 사항으로 악의의 제3자에게는 대항할 수 있으나, 선의의 제3자에게는 대항할 수 없다. 악의의 자에 대한 대항력이란 등기 자체의 효력이 아니라 등기사항 자체가 사실로서 가지는 효력이다. 예를 들면 지배인이 해임된 경우에 등기를 하지 않아도 악의의 자에 대하여는 해임의 사실을 대항할 수 있다.

(2) 요건

등기 전이어야 하고, 제3자는 선의여야 한다. 여기서 제3자는 등기신청인 이외의 자라는 것이 아니고 등기사항인 법률관계의 당사자 이외의 자를 말한다. 예를 들면 지배인의 선임등기에 있어서 지배인과 영업주 외의 자가 된다.

선의는 등기사항인 사실이 존재하는 것을 모르는 것을 말한다. 중과실로 몰랐던 경우는 악의로 볼 것이다. 악의는 주장하는 자가 증명하여야 한다.

(3) 효력

등기 전의 효력으로 당사자는 등기할 사항으로 선의의 제3자에 대항할 수 없다. 제3자는 선택적 권리행사가 가능하므로 등기사항을 주장할 수도 있다. 당사자간과 제3자간에는 객관적 사실관계에 따라서 결정된다.

2. 등기 후의 효력(상업등기의 적극적 공시력)

(1) 원칙

등기사항의 등기 후에는 당사자는 이로써 선의의 제3자에 대해서도 대항할 수 있다. 즉 악의의제가 되어 선의의 자도 등기사항의 존재를 안 것으로 된다. 이러한 상업등기의 적극적 공시력은 등기 자체의 효력이다.

(2) 예외

정당한 사유로 등기사항을 알지 못한 경우에는 예외를 인정한다. 정당한 사유에 대하여는 엄격하게 해석하여 여행, 질병과 같은 주관적 장애는 포함되지 않고, 등기사항을 알지 못한 객관적 장애가 있는 경우에 한하여 이를 인정한다. 즉 상업등기부를 열람할 수 없거나 등·초본을 교부받을 수 없는 사정이 있는 때에 한하여 정당한 사유를 인정한다.

정당한 사유에 대하여는 제3자가 증명하여야 한다.

(3) 적극적 공시력과 외관보호법리에 관한 규정과의 관계

예를 들면 지배인 갑을 해임하고 해임등기를 한 후에 계속 갑에게 지배인명칭을 부여한 경우에 표현지배인제도가 적용될 수 있는데, 등기 후에도 외관보호법리에 관한 규정이 우선하는 근거에 대하여 학설이 갈리고 있다.

① 예외규정설 : 외관보호법리에 관한 규정이 상법 제37조의 예외규정이라고 본다.

② 정당사유설 : 외관보호법리에 관한 규정이 상법 제37조 제2항의 정당사유가 되기 때문이라고 본다.

③ 이차원설 : 이들은 다른 차원에서 외관을 보호한다고 본다.

④ 검토 : 상업등기는 등기된 사항에 대한 신뢰를 보호는 것이고, 외관보호법리에 관한 규정, 예를 들면 표현지배인제도는 명칭의 외관에 대한 신뢰를 보호하는 것으로 신뢰보호의 면을 달리하고 있다고 본다(다수·판례).[35]

3. 일반적 효력이 미치는 범위

(1) 등기사항

상업등기의 일반적 효력은 등기사항에 한하여 인정된다. 등기사항이면 절대적 등기사항,

---

35 판례도 표현대표이사에 관한 제395조는 상업등기와 다른 차원에서 회사의 표현책임을 인정하는 규정이며, 이 책임을 판단함에 있어서 상업등기가 되어 있는지는 고려하지 말아야 한다는 입장이다(대법원 1979.2.13. 선고 77다2436 판결).

상대적 등기사항, 면책적 등기사항(지배인, 대표이사의 해임 등), 설정적 등기사항(지배인 선임 등) 여부를 불문한다.

(2) 법률관계

상업등기의 일반적 효력은 거래관계뿐만 아니라 소송관계에도 적용된다(통설). 예를 들면 해임되었으나 해임등기 전에 한 이사 또는 지배인에 대한 소장송달도 유효하다.

그 외 사무관리, 부당이득, 불법행위 등과 같은 비법률행위적 법률관계에도 적용되는가 여부에 대하여는 견해가 갈린다.

① 긍정설 : 기업이 광범위한 활동을 하고 있어 등기사항에 대한 등기의 유무와 불법행위의 성립이 전혀 관계가 없다고 할 수 없으므로, 상법 제37조는 기업의 거래행위뿐만 아니라 널리 기업활동 일반에 적용되어야 한다고 본다.

② 부정설 : 거래관계에 있어서는 등기사항의 지·부지나 등기의 유무가 제3자의 행위에 영향을 미치지만 불법행위에 의한 손해배상청구권과 같은 비법률행위적 법률관계는 등기의 유무와 전혀 관계가 없으므로 그 적용을 제외한다. 예를 들면 합명회사의 차에 치인 피해자는 동회사의 사원이었다가 퇴사한 사원에게 퇴사등기를 하지 않았다 하여 책임을 물을 수 없다는 것이다.36

③ 수정부정설 : 상법 제37조는 외관법리의 표현이므로 외관과 직접 관계가 없는 비법률행위적 법률관계에는 적용되지 않고(순수사실행위적 불법행위), 다만 거래행위의 외형을 가지는 불법행위에는 적용을 인정한다. 예를 들면 해임된 지배인이 해임등기가 되기 전에 지배인이라고 자칭하여 사기행위를 한 경우에는 등기의 일반적 효력이 미친다고 본다.

④ 검토 : 비법률행위적 법률관계에는 등기된 사항에 대한 신뢰가 형성되지 않고, 등기의 유무가 영향을 미치지 않으므로 상업등기의 일반적 효력이 미치지 않는다고 본다.

(3) 영업소 단위

지점의 거래에서는 지점 소재지에서의 등기의 유무를 기준으로 제37조가 적용되고, 본점의 거래에 관하여서는 본점 소재지에서의 등기의 유무를 기준으로 상법 제37조가 적용된다(상법 제38조). 지점거래에서 본점 소재지에서의 등기를 원용하는 것은 인정되지 않는다.

---

36 퇴사원의 책임 : 퇴사한 사원도 퇴사 등기 전에 생긴 회사채무에 대하여 등기 후 2년 내에는 다른 사원과 동일한 책임이 있다(상법 제225조 제1항).

상업등기의 특수적 효력

1. 의의

상업등기의 일반적 효력이 생기는 등기사항의 대부분은 이미 성립한 법률관계의 공시를 위해서 등기를 하여야 하지만, 등기를 함으로써 특수한 효력이 생기는 경우가 있다. 이를 상업등기의 특수적 효력이라고 하며, 특수한 등기사항은 등기하면 특별규정에 의하여 제3자의 선의·악의를 불문하고 대항력, 창설적 효력, 강화적 효력, 보완적 효력, 해제적 효력이 생긴다.

2. 상호양도의 대항력

상호양도의 대항력은 엄격하게 말하면 상업등기의 특수적 효력이기보다는 상업등기의 일반적 효력에 대한 예외적 상황이라고 할 수 있다. 상호양도의 대항력에 대하여 상법은 "상호의 양도는 등기하지 않으면 제3자에게 대항하지 못한다."(상법 제25조 제2항)고 규정하고 있는데, 통설은 대항할 수 없는 제3자는 선의·악의를 불문하는 것으로 이는 상법 제37조의 예외규정이라고 한다.

이에 대하여 소수설은 상호양도의 등기에 있어서 법률관계는 물권에 준하는 일종의 무체재산권인 상호권의 득실에 관한 면과 양수상호 하에 행하여지는 거래상 책임의 귀속의 면이 있다면서, 전자는 제25조 제2항이 적용되고 후자는 제37조가 적용되는 것으로 양자는 적용의 면에 있어서 차이가 있다고 한다.[37]

그러나 상법 제25조에서 상호의 양도는 물권법적 공시와 상사법적 공시의 양 원칙의 적용을 받는 것으로, 제3자에 대한 대항력을 물권적·채권적 면을 가리지 않고 획일적으로 해결하는 것이 타당하다.

3. 창설적 효력

등기에 의하여 새로운 법률관계가 창설되는 효력이 발생하는 것을 등기의 창설적 효력이라고 한다. 예를 들면 회사의 설립등기에 의하여 회사가 성립되고(상법 제172조), 합병등기에 의하여 합병의 효력이 생기는 것이다. 이러한 창설적 등기사항을 등기한 때에는 상법 제37조의 적용이 배제되지만 선의·악의를 불문하고 모든 제3자에게 대하여 대항할 수 있다는 점에서 위 규정과 효과는 동일하다.

---

37 상법 제25조에서의 상호양도의 등기는 상호양도의 물권적 관계에 관하여 의의가 있는 것이므로, 상호를 2중으로 양도한 경우에는 선 등기자가 상호권을 취득한다. 이와 달리 제37조 제1항은 대공중적 책임관계의 공시에 관한 규정으로 양수상호로 인한 각종 채무의 책임에 관하여 규정하고 있다고도 한다.

4. 강화적 효력

등기에 의하여 등기사항인 법률관계에 대한 법적 보호가 강화되는 효력이 발생하는 것을 등기의 강화적 효력이라고 한다. 예를 들면 상호의 등기에 의하여 상호전용권이 강화되는 효력이 생긴다. 외국회사가 우리나라에서 영업을 하고자 하는 경우에 영업소를 설치하고 영업소설치의 등기를 하여야 하며(상법 제614조), 그 등기를 하기 전에는 우리나라에서 계속하여 거래를 하지 못한다(상법 제616조 제1항). 이처럼 외국회사의 영업소 설치의 등기도 강화적 효력을 가진다.

5. 보완적 효력

등기의 외관력에 의하여 등기사항인 법률관계에 존재하는 하자가 치유되어 그 하자를 주장할 수 없게 되는 것을 등기의 보완적 효력이라고 한다. 예를 들면 주식회사의 설립등기 후에는 주식인수인은 주식청약서의 요건의 흠결을 이유로 그 인수의 무효를 주장하거나 사기·강박 또는 착오를 이유로 그 인수를 취소하지 못하고(상법 제320조), 신주발행의 변경등기 후 1년이 경과한 후(상법 제427조)에도 마찬가지의 효력이 발생하는데, 이는 등기의 보완적 효력이다.

6. 해제적 효력

등기가 있으면 일정한 제한 또는 책임이 해제되는 것을 등기의 해제적 효력이라고 한다. 예를 들면 주식회사 설립등기에 의하여 주권발행이 가능해지고(상법 제355조 제2항), 합명·합자회사의 사원의 책임은 퇴사등기 후 2년(상법 제225조, 제269조), 해산등기 후 5년(상법 제267조, 제269조)이 경과하면 소멸한다.

상업등기의 추정력과 공신력

1. 상업등기의 추정력

상업등기의 추정력이란 등기사항을 등기하면 법률상 진실한 것으로 추정되어 제3자가 소송상 원용하는 경우에 이를 부인하는 자가 증명책임을 지는가의 문제이다. 이에 대하여는 견해가 갈린다.

① 긍정설 : 상업등기에 대한 신뢰의 보호를 위해서 상업등기에 법률상의 추정력이 인정된다고 한다.

② 부정설 : 상업등기는 일응 진실하다는 사실상의 추정력은 있지만 엄격한 심사를 거쳐서 행하는 것이 아니어서 고도의 진실성을 인정할 수 없으므로 법률상의 추정력은 인정되지 않는다고 한다.

③ 검토 : 상업등기의 추정력은 등기소의 심사권과 관련이 있다. 이에 대하여 실질적 심사주의를 취하면 상업등기의 법률상 추정력을 인정할 수 있지만, 형식적 심사주의를 취하면 등기에 등기사항의 진실을 반영할 수 없으므로 이를 인정할 수 없고, 수정실질적 심사주의도 등기사항의 진실을 반영하는 데는 한계가 있다. 우리나라 등기소의 심사가 실질적 심사주의를 취한다고 보기 어려우므로 상업등기의 추정력을 부정할 것이다.

2. 공신력

(1) 의의

등기는 등기한 사항인 사실이 존재하는 것을 전제로 하므로 등기가 사실과 부합하지 않거나 등기의 기초가 되는 사실이 존재하지 않으면 아무런 효력도 발생하지 않는다. 판례도 상업등기의 공신력을 인정하지 않는다.

그러나 상업등기의 공신력을 전적으로 부정하면 상업등기제도의 효용이 줄어들 것이므로 상법은 "고의 또는 과실로 사실과 상위한 사항을 등기한 자는 그 상위로서 선의의 제3자에게 대항하지 못한다."(상법 제39조)고 규정하여 부실등기의 공신력을 인정하고 있다.

이는 외관이론의 적용 예에 속한다.

(2) 요건

1) 외관의 존재

부실등기의 공신력이 인정되기 위해서는 사실과 상위한 사항의 등기가 있어야 한다. 이것은 작위에 의하여 부실등기를 한 경우를 의미하는 것이고, 소극적 부작위 즉 이미 등기된 사항에 대하여 변경·소멸의 등기를 하여야 하는데도 부작위로 그 변경·소멸의 등기를 하지 아니하여 결과적으로 등기가 사실과 상위하게 된 경우(상법 제40조), 예를 들면 대표이사를 해임하였으나 그 해임등기를 하지 아니한 경우에는 본 조가 적용되지 아니한다.

대표이사선임결의가 취소되거나 이사들을 선임한 주주총회결의가 취소되거나 부존재한 것으로 확인된 후에 그 선임등기의 말소를 해태한 경우에도 부실등기의 공신력이 인정된다.

2) 외관의 부여

부실등기의 공신력이 인정되기 위해서는 부실등기자가 고의·과실로 사실과 상위한 사항을 등기해야 한다. 부실등기자는 부실등기를 신청한 등기신청인을 말하나, 그 대리인과 등기신청인이 부실등기를 하는 것을 승낙한 자도 포함한다. 등기신청인의 고의·과실에 의한 부실등기가 있어야 하는데, 회사의 경우에는 대표사원을 기준으로 고의·과실 유무를 판단할 것이다.[38]

3) 외관의 신뢰

제3자의 선의가 요구된다. 선의에는 무중과실설의 입장에 따라 중대한 과실이 없어야 한다.

(3) 부실등기자의 책임

부실등기자는 그 상위로써 선의의 제3자에 대하여 대항하지 못하고 부실등기된 사항에 따라 책임을 진다. 그러나 부실등기자가 제3자에 대항하지 못할 뿐이므로 제3자는 부실등기된 사항과 진실한 사실관계의 어느 것이나 주장할 수 있다.

부실등기의 방치

1. 의의

부실등기의 공신력에 관한 상법 제39조는 등기명의인이 부실의 등기를 한 경우뿐만 아니라 제3자가 부실등기를 한 것을 등기명의인이 방치한 경우에도 그 유추적용을 인정할 것인지 여부가 문제 된다.

2. 학설

첫째, 부정설 : 등기명의인이 부실등기된 것을 알면서 방치한 것은 고의 또는 과실로 부실등기를 신청한 것과 동일시 할 수 없으므로 이 경우에는 본 조를 유추적용할 수 없다고 한다.

둘째, 긍정설 : 긍정설의 입장은 여러 갈래로 나뉘는데, 이는 다음과 같이 나누어 볼 수 있다. ① 등기신청인이 고의 또는 중대한 과실로 이를 방치한 경우에는 본 조를 유추적용할 수 있다.[39] ② 등기신청인이 부실의 등기를 알고 방치한 경우뿐만 아니라 부실등기상태를 발견하여 시정하지 못한데 과실이 있는 경우에도 유추적용이 인정된다.[40] ③ 원래 본 조가

---

38 대법원 1981.1.27. 선고 79다1618, 1619 판결, 대법원 1971.2.23. 선고 70다1361, 1362 판결.

39 최기원, (상)180면 ; 정찬형, (상)160면 : 그리하여 등기신청인이 부실등기를 안 후에 말소 또는 경정의 등기를 밟지 않는 경우에는 본 조에 따른 책임을 부담해야 할 것이라고 한다.

등기의무자의 고의·과실에 의한 작위를 규정하고 있으므로 제3자의 작위에까지 유추적용하려면 적어도 본인이 직접 작위를 하는 경우에 비견될 만한 귀책사유가 있어야 한다. 따라서 알면서 단순히 방치하는 것만으로는 부족하고, 등기명의인이 부실등기가 된 것을 알고 방치한 것이 등기명의인의 과실로 평가되는 경우에는 본 조를 적용하여야 한다.[41]

3. 검 토

긍정설은 다양하게 제기되고 있으나, 대별하면 ①, ②의 경우는 등기명의인이 모르고 방치한 경우에도 위 규정의 유추적용을 인정하며, ③의 경우는 알면서 방치한 경우에만 유추적용을 인정하고 있다.

보건대, 상법 제39조가 거래의 안전의 관점에서 두어진 규정이므로, 비록 등기명의자가 알지 못하였다 하더라도 부실등기의 존속에 관하여 등기명의자가 이를 알고도 묵인한 경우에 비견되는 중대한 과실이 있는 경우에는 본 조를 유추적용할 수 있다고 해석함이 타당할 것이다. 즉 상법상 중과실은 대체로 악의와 같이 보는 경향이 있으므로 부실등기의 사실을 안 경우에는 과실만 있어도 책임을 지게 되나, 모른 경우에는 중과실이 있을 때 그 등기에 기한 책임을 진다고 하겠다.

그러나 법원은 상당히 제한적으로 해석하고 있다. 법원은 "알면서 방치한 것이 아니고, 알지 못하여 부실등기 상태가 존속된 경우"에는 비록 등기신청권자에게 부실등기의 상태를 발견하여 이를 시정하지 못한 점에 있어서 정도가 어떠하던 과실이 있다하여 상법 제39조를 유추적용할 것은 아니라고 하고 있다.[42] 그러나 법원도 명백하게 밝히고 있지는 않지만, 알면서 부실등기를 방치한 경우에는 제39조가 유추적용될 수 있다고 판단한 것으로 보인다.

---

40 이철송, (총)209면.
41 강위두, (총)189면 ; 정동윤, (총)204면.
42 대법원 1975.5.27. 선고 74다1366 판결.

제8장 영업양도

관련사항 영업의 개념
- 주관적 의의 : 영업상의 활동 전체
- 객관적 의의 : 영업의 목적을 실현하기 위하여 결합된 재산
- 영업양도의 경우 : 객관적 의의의 영업의 양도
- 영업 : 권리주체성(영업주인 상인이 가짐)이나 권리객체성(물권의 객체)이 인정되지 않는다. ↔ 공장저당법, 광업재단저당법(영업이 저당권의 객체)

1. 영업양도의 개념

영업양도의 법률구성에 대하여는 양도의 대상인 영업을 어떻게 보는가에 따라 여러 견해로 나뉜다. 양도처분설는 영업양도의 대상을 영업재산 등 물적요소에 중점을 두는 학설이고, 경영자지위교체설은 영업주체인 인적요소에 중점을 두는 견해이며, 절충설은 이 양자에 모두 중점을 두는 견해이다.

(1) 양도처분설

양도처분설은 영업양도란 영업재산을 양도하는 것이라 한다. 이는 다음으로 나뉜다. ① 영업재산양도설 : 영업재산일체(객관적 의미의 영업)를 양도하는 것을 영업양도로 본다 ② 영업조직양도설 : 영업양도란 영업에 고유한 사실관계 및 영업조직의 양도로 본다 ③ 영업유기체양도설 : 유기체로서의 영업 위에 1개의 물권이 성립하는 것을 인정하여 이의 양도를 영업양도로 본다.

(2) 경영자지위교체설

영업양도란 양도인이 양수인으로 하여금 자기에 대신하여 경영자의 지위에서 영업활동을 하게 할 목적으로 그 경영자의 지위를 양수인에게 양도하는 것이라고 한다.

(3) 절충설

영업양도란 영업재산을 일괄하여 이전하고 경영자의 지위를 이전하는 채권계약이라고 한다.

(4) 검토

이 중 영업재산양도설의 입장이 우리나라의 통설적 견해이며, 판례도 표현은 조금씩 차이가 나지만 기본적으로 이 입장에 따르고 있다. 이에 따를 때 영업의 양도란 영업목적을 위하여 조직화된 유기적 일체로서의 기능적 재산을 인적·물적 동일성이 유지된 채 일괄이전하는 채권계약이라고 할 수 있다.

이를 나누어 보면, ① 양도의 대상인 재산은 고객, 영업상의 비결, 경영조직 등의 사실관계까지 포함하여 일정한 영업목적을 위하여 조직화된 유기적 일체로서의 기능적 재산이다. ② 영업재산을 일괄하여 이전하는 것이므로 양도를 전후하여 물적 시설과 인적 조직을 포함한 영업의 동일성이 유지되어야 한다. ③ 영업양도는 채권계약이므로 양도인과 양수인은 영업재산의 이전에 대한 권리를 가지고 이에 의하여 물권행위로서 개개의 영업재산의 이전행위가 행하여진다.

영업의 일부의 양도도 인정되는데, 영업의 일부라도 그것이 일정한 영업목적을 위하여 조직된 유기적 일체로서의 기능적 재산인 경우에는 영업의 일부양도가 된다. 예를 들면 지점과 같이 독립하여 영업할 수 있는 경우에는 그 양도가 인정된다.

관련사항

- 합병 : 상법의 특별규정에 의하여 회사가 합일하는 것으로(청산절차를 거치지 않음 – 권리의무의 포괄적 이전) 사단법적인 현상
- 영업양도 : 보통의 채권계약으로서 거래법상의 현상

2. 영업양도의 절차

(1) 계약의 당사자

영업양도계약의 당사자는 양도인(영업의 주체로서 상인)과 양수인이다. 양수인은 상인이든 비상인이든 불문한다. 양수인이 비상인인 경우 영업의 양수는 개업준비행위(보조적 상행위)가 되며, 이에 따라 상인자격을 취득한다.

(2) 계약의 절차

영업양도계약을 체결하는 경우에 개인상인의 경우에는 특별한 절차가 요구되지 않지만, 회사의 경우에는 일정한 절차를 거쳐야 한다.

회사가 양도인인 경우, 합명 또는 합자회사는 총사원의 동의가 요구되며(상법 제204조, 제269조, 제287조의 16), 해산 후(청산 중)에 영업양도를 하는 경우 총사원의 과반수의 결의가

있어야 한다(상법 제257조, 제269조, 제287조의 45). 주식회사 또는 유한회사가 영업의 전부 또는 중요한 일부를 양도하는 때에는 회사의 해산의 전·후를 불문하고 주주총회 또는 사원총회의 특별결의가 있어야 한다(상법 제374조, 제576조).

회사가 양수인인 경우에, 주식회사 또는 유한회사가 다른 회사의 영업의 전부 또는 일부를 양수하는 때에는 주주총회 또는 사원총회의 특별결의가 있어야 한다(상법 제374조, 제576조). 합명 또는 합자회사의 경우 이를 유추하여 총사원의 동의가 요구된다는 견해와 특별규정이 없다면서 보통의 업무집행으로 보아서 사원의 과반수의 동의로 된다는 견해가 있다.

영업양도에 총사원의 동의가 요구된다는 것은 정관의 변경에 총사원의 동의가 요구된다는 규정에 따른 것이므로(상법 제204조, 제269조, 제287조의 16), 영업양수의 경우에도 목적의 변경에 따라 정관의 변경이 요구되므로 마찬가지로 총사원의 동의가 요구된다고 하겠다.

3. 영업양도의 자유와 제한

상법상으로는 영업의 양도·양수가 자유이지만 특별법상의 제한이 있다. 공정거래법상 영업양도가 실질적 경쟁을 제한하는 행위가 될 때는 할 수 없다(공정거래법 제7조). 그 대상은 자본금 50억원 이상 총자산 200억원 이상인 기업이다. 보험업법상 보험사업자의 영업양수를 금지하므로(보험업법 제133조), 보험회사는 영업을 양도하지 못한다. 이는 대주주의 지분변경과는 구분되는 것으로, 지배권을 양수받아 보험사업을 할 수는 있다. 자본시장법상 금융투자업자가 영업을 양수하거나 양도하는 경우에는 금융위원회의 승인을 얻어야 한다(자본시장법 제417조).

4. 영업양도의 효과

(1) 영업재산의 이전의무

영업양도는 영업재산을 일괄하여 이전할 것을 목적으로 하는 채권계약이므로, 영업양도가 있는 때에는 양도인은 영업재산에 속하는 각종의 재산을 일괄하여 양수인에게 이전하여야 할 의무가 있다. 여기서 이전되는 재산의 내용에는 물건과 권리는 물론 고객관계, 영업상의 비결, 경영조직 등 재산적 가치가 있는 사실관계도 포함이 된다. 다만 영업재산은 하나의 물권의 객체로 인정되지 아니하므로 양도인은 개개의 재산을 각각 따로 이전하여야 한다.

영업양도는 채권계약이므로 양도인이 재산이전의무를 이행함에 있어서는 상속이나 회사의 합병의 경우와 같이 포괄적 승계가 인정되지 않고, 특정승계의 방법에 의하여 재산의 종류에 따라 개별적으로 이전행위를 하여야 한다. 재산의 이전에 효력발생요건이나 대항요건을 필요로 하는 때에는 그 요건을 갖추어 이전하여야 한다. 예를 들면 동산의 경우에는 인도, 부동산의 경우에는 등기의 요건을 갖추어야 한다.

(2) 고용계약상의 권리

양도인의 상업사용인 등 고용계약상의 권리도 영업의 동일성을 유지하기 위하여 필요하기 때문에 영업양도시에 이전된다고 본다. 다만 고용계약상의 권리의 이전에 "사용자는 노무자의 동의없이 그 권리를 제삼자에게 양도하지 못한다."는 민법 제657조 1항이 적용되는가? 즉 상업사용인의 동의가 있어야 하는가에 대해서 학설이 대립되어 있다. 이에 대해서 통설적 입장은 양도인과 그 상업사용인 사이의 고용계약관계는 사용인의 동의없이 자동적으로 양수인에게 이전되며, 다만 상업사용인이 양수인과의 관계를 원하지 아니한 때에는 고용계약해지권을 가진다고 본다.

판례도 영업양도시에 근로자의 동의없이 근로관계가 이전된다고 보며, 다만 이미 해고된 경우는 그 이전을 부정한다.

참조판례

① 일반적으로 "영업양도가 이루어진 경우에는 원칙적으로 해당 근로자들의 근로관계가 양수하는 기업에 승계된다."(대법원 1994.11.18. 선고 93다18938 판결 외 다수)고 하여 근로관계가 당연히 승계된다는 태도를 취하고 있다.
② 다만 해고된 근로자의 경우에는 "영업의 양도·양수계약을 체결하면서 물적 시설과 함께 인적 시설도 포괄승계하기로 했어도 계약체결일 이전에 해고된 근로자로서 해고효력을 다투는 근로자와의 근로관계까지 승계되는 것은 아니다."(대법원 1995.9.29. 선고 94다54245 판결 등) 하여 이미 해고된 근로자의 경우 승계의 대상에서 제외하고 있다.

(3) 사실관계

양도되는 영업재산에 사실관계도 포함되는 것으로, 양도인은 양수인에게 고객·거래처를 소개·추천하고 또 영업상의 비결을 전수하여야 한다.

5. 영업양도인의 경업피지의무

(1) 의의

영업을 양도한 후에 양도인이 동종의 영업을 다시 개시하는 경우에는 영업양도는 그 실효를 얻을 수 없기 때문에 상법은 영업양도인에게 경업피지의무를 부과하고 있다. 상법에서는 당사자간에 특약이 없는 경우(상법 제41조 1항 : 10년)와 특약이 있는 경우(상법 제41조 2항 : 20년)로 나누어 일정기간동안 양도인의 동종영업을 금하고 있다.

(2) 경업피지의무의 근거

지위교체설에 따를 때 영업양도는 양도인이 양수인으로 하여금 자기와 같은 상태에서 영업을 할 수 있는 지위를 인도하는 것으로, 이를 위해 양도인은 동종영업을 해서는 된다. 따라서 경업피지의무는 영업양도의 당연한 효과라고 한다. 영업재산양도설에 따를 때 양도인은 영업재산을 양도할 의무만을 부담하므로, 여기서 경업피지의무는 영업양도의 실효를 얻기 위하여 부여된 법률 또는 의사표시에 의한 의무라고 하고 있다.

보건대, 경업피지의무에 대하여 당사자간에 다른 약정을 할 수 있음에 비추어 경업피지의무를 영업양도의 당연한 효과로 보기에는 무리가 있다. 통설의 입장인 후자의 견해가 타당하다 하겠다.

(3) 경업피지의무의 승계

경업피지의무를 부담하는 자는 영업양도인이다. 영업양도인의 상속인은 직업선택의 자유가 보장되어야 하므로 경업피지의무를 지지 않는다. 그런데 경업피지의무를 회피하기 위하여 개인상인이 영업양도 후에 회사를 설립하여 동종영업을 하거나 회사가 영업양도 후에 합병하여 존속회사나 신설회사가 동종영업을 하는 경우 또는 회사의 사원이 개인적으로 동종영업을 하는 경우 등이 있을 수 있는데, 이때에는 법인격부인의 법리 또는 권리남용금지의 원칙에 의하여 양도인의 경업피지의무의 승계를 인정해야 할 것이다.

반면에 영업양수인이 영업을 다시 타인에게 양도한 경우에는 영업양수인의 양도인에 대한 경업금지청구권은 영업재산을 이루어 영업양도와 함께 승계되므로, 영업양도인은 영업을 승계한 제3자에 대하여 경업피지의무를 진다. 다만 영업양도인에게 그 승계를 주장하기 위하여서는 지명채권양도의 방법에 따라 통지·승낙의 대항요건을 갖추어야 한다.[43]

(4) 위반의 효과

이러한 경업피지의무에 위반한 경우 영업양수인은 영업양도인의 비용으로써 그 위반한 것을 제거하고 장래에 대한 적당한 처분을 법원에 청구할 수 있고(민법 제389조 3항), 이로 인하여 영업양수인이 손해를 입은 경우에는 영업양수인은 영업양도인에 대해서 손해배상청구를 할 수 있다(민법 제390조, 제393조).

---

43 이철송, (총)244면.

6. 제3자에 대한 효력

(1) 영업상의 채권자의 보호

1) 상호를 속용하는 영업양수인의 책임

(가) 의의

영업의 양도가 있었음에도 불구하고 채무인수가 없었고 또한 양수인이 양도인의 상호를 계속 사용하는 경우에는, 채권자의 입장에서는 영업양도의 사실을 알지 못하거나 알았어도 양수인의 채무인수가 있었다고 보는 것이 보통이다. 따라서 채권자가 채권을 회수할 기회를 상실할 가능성이 있다. 이같이 상호를 속용하는 영업양도가 있는 때에는 영업의 양수에 의하여 마치 채무를 인수한 것과 같은 외관을 보이므로 외관이론을 적용하여 채권자를 보호할 필요성이 있다. 이를 반영하여 상법 제42조에서 "양도인의 영업으로 인한 제3자의 채무에 대하여 양수인도 변제할 책임이 있다."고 하여 영업양수인의 연대책임을 인정하고 있다.[44]

(나) 요건

① 영업의 양수가 있어야 한다. 본 조의 책임이 발생하기 위해서는 영업의 양수가 있어야 하는데, 이때 양수인의 책임은 영업양도에 따른 책임이 아니고 양수인이 채무인수를 한 것과 같은 외관을 신뢰한 채권자를 보호하기 위한 것이므로 영업양도의 유효를 전제로 하지 않는다. 따라서 영업양도가 무효이거나 취소되어도 영향이 없다고 본다. 영업을 출자한 경우에도 판례는 본 조의 유추적용을 인정한다.[45]

② 영업양수인의 상호속용이 있어야 한다. 상호속용이 요구되지만, 속용되는 상호가 동일한 경우뿐만 아니고 유사한 경우에도 본 조의 책임이 인정된다. 여기서 유사한 상호인가 여부는 일반적으로 상호를 전체적으로 관찰해서 주요 부분이 유사하여 일반거래상 일반인이 혼동 내지 오인의 우려가 있는지 등을 기준으로 해서 판단하면 될 것이다.

③ 영업으로 인하여 발생한 채무이어야 한다. 본 조는 영업양도로 인해 채권회수의 기회를 놓친 영업상의 채권자를 보호하는데 그 규정의 취지가 있으므로 영업과 무관하게 발생한 채권은 그 대상이 아니다. 다만 영업으로 인하여 발생한 채무인 한 그것이 거래상의 채무이든, 채무불이행이나 불법행위로 인한 채무이든 불문하고, 영업활동과 관련한 모든 채무가 대상이 된다.

④ 채권자의 선의가 요구된다. 상호불속용의 경우 영업양수인은 원칙적으로 양도인의 영업

---

44 민법상의 채무인수 → 채무자와의 계약(채무인수의 합의 + 채권자의 승낙요)(민법 제454조) ; 면책적 채무인수 → 채권자와의 계약(민법 제453조).

45 대법원 1996.7.9. 선고 96다13767 판결.

으로 인한 채무에 대하여 책임이 없음에 비추어, 상호속용으로 인한 영업양수인의 책임은 상대방이 선의인 경우에만 인정된다. 다만 채권자가 영업양도의 사실을 몰랐거나, 알았다 하더라고 채무불인수의 사실을 몰랐다면 선의로 인정하여 본 조의 의한 보호를 받는다고 본다.

(다) 영업양수인의 책임

상호를 속용하는 영업양수인은 영업양도인의 채무에 대하여도 책임을 지게 되는데, 이때 영업양도인의 채무가 없어지는 것이 아니므로 양자는 부진정연대채무관계에 있게 된다. 이는 양수인이 중첩적 채무인수를 한 것으로 의제하는 것이 된다.

다만 상호를 속용하는 영업양수인도 양도인의 채무에 대하여 책임이 없음을 등기한 때와 양도인과 양수인이 제3자에 대하여 책임이 없음을 통지한 때에는 면책된다(상법 제42조 2항).

양도인의 채무는 영업양도 후 2년이 경과하면 소멸한다(상법 제45조). 양수인의 채무는 별도의 소멸시효에 걸린다.

2) 상호불속용의 경우

(가) 원칙

채무의 인수 기타의 채무부담행위가 없는 한 양수인은 양도인의 영업으로 인한 채무를 변제할 책임이 없다.

(나) 예외

양도인의 영업으로 인하여 생긴 채무를 인수한다는 의사를 광고한 경우에는 양수인은 그 채무를 변제할 책임이 있다(상법 제44조). 그 입법취지는 채무인수행위가 존재하지 않음에도 불구하고 양수인이 채무인수의 광고를 한 표현적 사실로 인하여 양수인에게 책임을 지우는 것으로, 이는 외관이론의 적용 예에 속한다. 일반적으로 영업양도의 경우에 채무인수의 절차를 밟아야 하지만, 채권자가 다수인 경우에 이들에 대한 절차를 개별적으로 밟는 것이 사실상 곤란하고 번잡하다. 따라서 포괄적 채무인수의 광고를 한 그 의사표시에 채무인수의 절차를 밟은 것과 같은 법적 효력을 인정하는 것이다. 양수인이 채권자에게 이를 개별적으로 통지한 경우에도 변제책임을 인정한다(통설).

양도인과 양수인의 채무는 부진정연대채무관계이다.

양수인이 채무인수의 광고·통지 후 2년이 경과한 경우 양도인의 채무는 소멸한다(상법 제45조). 이와 달리 양수인의 채무는 별도의 시효에 걸린다.

(2) 영업상의 채무자의 보호

1) 상호속용의 경우

양도인의 영업으로 인하여 생긴 채권의 채무자가 선의이며 중대한 과실없이 양수인에게 변제한 때에는 그 변제는 유효하다(상법 제43조).

2) 상호불속용의 경우

민법의 일반원칙에 따른다. 채무자는 채권양도의 대항요건을 구비한 경우에 양수인에게 변제하고, 채권양도의 절차를 밟지 않은 경우에는 원래의 채권자인 양도인에게 변제하여야 한다.

제 2 편 상행위법

제1장 서 론

상행위에 대한 입법주의

1. 의의

상행위의 개념은 상인의 개념과 함께 상법의 적용한계를 정하는데 중요한 의미를 가진다. 상행위 개념의 정립에 관한 입법주의를 상인 개념의 정립에 관한 입법주의와 구별하여 파악하기도 하지만, 양자의 구별이 본질적인 것은 아니고 유사성을 가진다. 그 입법주의를 구별하여 보면 다음과 같다.

2. 상인주의

상인의 개념을 정하고 이에서 상행위의 개념을 도출하는 입법주의이다. 영업의 종류[46]나 경영의 형태 등을 고려한 형식적 기준에 의하여 상인의 개념을 정하고, 이러한 상인의 영업상의 행위를 상행위라고 하는 것이다.

여기서는 상인의 개념을 떠난 상행위, 즉 절대적 상행위를 인정하지 않는다.

3. 상행위주의

상행위의 개념을 정하고 이에서 상인의 개념을 도출하는 입법주의이다. 상행위는 그 행위의 객관적 성질에 의하여 정한다. 여기서 상인이란 상행위를 영업으로 하는 자이다.

상행위주의에 의할 때 상인과 무관한 상행위가 존재할 가능성이 있게 된다. 즉 영업으로 하지 않는 절대적 상행위를 인정하게 된다.

4. 절충주의

절충주의는 상인주의와 상행위주의를 절충한 입법주의이다. 상인주의적 절충주의와 상행위주의적 절충주의로 나눌 수 있다.[47]

---

46 일정한 영업을 하는 경우 이미 상행위의 개념이 고려되어 있다.
47 일본도 절충주의를 취하고 있지만 절대적 상행위를 인정하는 특색이 있다.

5. 우리나라

우리나라는 절대적 상행위를 폐지하고 있는데, 그렇다면 상행위는 상인과 연관하에서만 인정되므로 상인주의적 입법이라고 할 수 있다. 그러나 당연상인의 개념(상행위를 기초)과 기본적 상행위의 개념(영업을 전제 : 상인과 관련)이 일종의 순환론에 빠져 있는 우리 상법은 순수한 상인주의로 볼 수 없다. 오히려 상행위주의와 상인주의를 절충한 입법주의라고 할 수 있겠는데, 의제상인으로서 설비상인과 민사회사를 인정하여 형식에 의한 상인을 넓게 정하고 있으므로 상행위의 개념은 상인주의에 가까운 절충주의, 즉 상인주의적 절충주의를 취하고 있다고 볼 수 있다.

관련사항 **상행위의 종류**

① 기본적 상행위 : [영업적 상행위(상법 제46조) + 절대적 상행위(우리나라 인정X)] + 특별법상의 상행위(담보부사채신탁법에 의한 사채총액의 인수)

② 보조적 상행위 : 상인이 영업을 위하여 하는 행위 – 상행위로 본다(상법 제47조).

③ 일방적 상행위와 쌍방적 상행위[상인간의 유치권(상법 제58조), 상사매매(상법 제67조 이하) 등]

④ 준상행위 : 고유의 상행위는 아니나 상행위법상의 통칙의 규정이 적용되는 행위(설비상인이나 민사회사의 영업으로 하는 행위) ↔ 영업을 위하여 하는 행위는 보조적 상행위가 된다.

⑤ 절대적 상행위와 상대적 상행위(영업적 상행위 + 보조적 상행위)

제2장 상행위법 총론

Ⅰ. 상행위법 통칙

상행위의 영리성

1. 상인의 보수청구권

민법에 있어서 위임 또는 사무관리 등 타인을 위하여 하는 행위는 원칙적으로 무상이다[민법 제686조, 제739조(비용상환청구권만 인정)]. 그러나 상인의 영업에 관한 행위는 영리를 목적으로 하므로, 상인이 그 영업의 범위내에서 타인을 위하여 행위를 한 때에는 이에 대하여 상당한 보수를 청구할 수 있다(상법 제61조).

상인이 보수청구권을 행사하기 위해서는 그 영업의 범위내에서 행위를 하여야 한다. 그 행위는 영업으로 한 행위이든 영업을 위하여 한 행위이든 불문한다.

상인이 타인을 위하여 행위를 한 때에는 보수의 청구가 가능하지만, 중개인은 당사자간에 법률행위가 성립되어도 결약서를 교부한 후가 아니면 보수를 청구할 수 없다(상법 제100조).

상인의 보수청구와 비용청구는 별개의 것이므로, 체당금 등의 비용을 지급한 때에는 보수와 별도로 그 비용의 청구도 할 수 있다.

일정한 경우에는 보수청구권의 행사에 대한 적용제외가 인정되는데, 상품의 포장이나 배달 등은 유상채무를 이행하기 위한 부수적 행위에 불과하므로 보수를 청구할 수 없다. 또한 운송주선인(상법 제119조 : 보수청구권), 창고업자(상법 제162조 : 보관료청구권)의 경우에는 별도의 규정이 있으므로 본 조는 적용되지 않는다.

2. 법정이자청구권

(1) 소비대차의 이자

민법은 소비대차의 경우에 무이자가 원칙이다(민법 제397조). 이와 달리 상인이 그 영업에 관하여 금전을 대여한 경우에는 법정이자를 청구할 수 있다(상법 제55조 제1항). 구 상법상으로는 “상인간에 금전소비대차를 한 때에는 대주는 법정이자를 청구할 수 있다.”고 하여 쌍방적 상행위를 요건으로 하고 있었다. 그러나 체당금의 이자와 비교해서 비상인에게 소비대차를 한 경우에도 법정이자청구권을 인정해야 한다는 입법론이 제기되었는데, 이를 반영하여 금전소비대차에 있어서 일방적 상행위의 경우에도 법정이자청구권을 인정하게 되었다.

(2) 체당금의 이자

상인이 영업의 범위내에서 타인을 위하여 체당을 한 때에는 체당한 날 이후의 법정이자를 청구할 수 있다(상법 제55조 제2항).

여기서 상인과 타인과의 관계는 위임, 고용, 도급이든 사무관리이든 불문한다. 상인이 금전체당을 한 때에는 체당금에 대한 이자청구권과 체당행위에 대한 보수청구권을 가지게 된다.

(3) 상사법정이율

상행위로 인한 채무의 법정이율은 연 6%로 한다(상법 제54조). 여기서 채권자가 상인이든 채무자가 상인이든 불문한다. 또한 직접 상행위로 인한 채무뿐만 아니라 이와 동일성을 가지는 채무도 포함한다. 예를 들면 상행위로 인한 채무의 불이행으로 인한 손해배상청구권에 대하여도 연 6%의 법정이율이 적용된다.

3. 무상수치인의 주의의무

상인이 그 영업의 범위내에서 물건의 임치를 받은 경우에는 보수를 받지 않는 때에도 선량한 관리자의 주의로 그 임치물을 보관하여야 한다(상법 제62조). 이는 상거래의 안전을 위한 것으로 민법상 무상수치인이 자기의 재산과 동일한 주의의무를 지는 것(민법 제695조)에 대한 예외이다.

이와 달리 공중접객업자의 경우에 더 엄격한 책임이 부과되어, 임치한 물건의 멸실이나 훼손에 대하여 주의를 게을리하지 않았음을 증명하지 아니하면 책임을 지고(상법 제152조), 창고업자도 임치물의 멸실이나 훼손에 대하여 주의를 해태하지 않았음을 증명하지 아니하면 임치책임을 진다(상법 제160조).

상행위의 대리

1. 의의

상인의 영업활동은 반드시 상인이 직접 하여야 하는 것은 아니고 대리인으로 하여금 하게 할 수도 있다. 대리인에는 특정한 사항에 대하여 대리하는 대리인도 있고, 상업사용인과 같이 계속적인 관계에서 대리하는 대리인도 있다.

2. 대리의 방식

(1) 비현명주의

상행위의 대리인이 본인을 위한 것임을 표시하지 아니하여도 본인에 대하여 효력이 발생한다(상법 제48조). 이와 달리 민법에서는 현명주의를 취하여 대리인이 본인을 위한 것임을 표시하여야 한다(민법 제114조).

상행위의 대리에 비현명주의를 취하는 것은 거래의 안전과 신속을 위해서이며, 상행위의 경우에는 대체로 상대방이 영업주와의 관계를 알고 있기 때문이다. 즉 민사대리와 달리 상행위의 대리는 계속적·대량적인 거래에 이루어지므로 그 거래에 일일이 본인을 위한 것임을 표시하여야 한다면 거래의 번잡을 가져와 신속성에 반하기 때문이다.

이와 달리 어음행위나 수표행위의 대리에 있어서는 어음과 수표의 외관존중의 성질상 대리인이 본인을 위한 것임을 표시하여야 한다(어음법 제8조).

(2) 상대방이 본인을 위한 것임을 알지 못한 경우

상대방이 본인을 위한 것임을 알지 못한 경우에는 상대방이 대리인을 행위의 주체로 생각하고 거래할 염려가 있기 때문에 대리인에 대해서도 그 이행을 청구할 수 있도록 하고 있다(상법 제48조 단서). 본인과 대리인은 이행에 관하여 부진정연대채무관계에 있게 된다.

본인을 위한 것임을 알지 못한 사실은 상대방이 증명하여야 한다.

상대방이 과실로 알지 못한 경우에도 대리인에게 이행청구가 가능한가에 대하여는 견해가 갈린다.

① 긍정설 : 상법 제48조 단서의 규정은 상대방을 보호하기 위한 규정이므로 과실있는 상대방도 보호된다고 한다.

② 부정설 : 상법 제48조 단서의 규정은 선의·무과실의 상대방을 보호하기 위한 규정이며, 또한 증명책임이 상대방에 있음에 비추어 과실있는 상대방은 대리인에 대한 이행청구를 할 수 없다고 한다.

③ 검토 : 본 조는 상대방 보호를 위한 규정이지만 예외적 규정이므로 과실있는 상대방까지 보호할 필요는 없다고 본다.

3. 대리권의 범위

상행위의 위임을 받은 자는 위임의 본지에 반하지 않는 범위내에서 위임을 받지 아니한 행위를 할 수 있다(상법 제49조). 예를 들면 물품구입의 위임을 받은 경우에 가격폭락의 우려가 있는 경우 구입한 물품을 전매할 수 있다.

민법에서는 수임인은 위임의 본지에 따라 선량한 관리자의 주의의무로 위임사무를 처리해야 한다고 규정하고 있는데(민법 제681조), 양자의 관계를 어떻게 볼 것인가가 문제된다.

① 확장설 : 상법 제49조는 상행위의 대리인이 그 위임받은 사무를 임기응변으로 조치할 수 있도록 한 예외규정으로서 민법상의 수임인의 위임사무처리에 관한 권한보다 확장한 것이라고 한다.

② 동일설 : 민법상 수임인이 위임의 본지에 따라 선량한 관리자의 주의로 위임사무를 처리할 수 있다고 하는 것에는 수임인이 임기응변의 조치를 할 수 있는 권한도 당연히 포함되어 있는 것이므로 상법 제49조는 민법 제681조와 같은 것으로서 주의적 규정에 불과한 것이라고 한다.

③ 검토 : 위임의 본지에 반하지 않는 범위내의 조치행위는 선관주의의무에 따른 조치와 실질적으로 같은 것이므로 동일설의 입장이 타당하다.

4. 대리권의 존속

상인이 그 영업에 관하여 수여한 대리권[48]은 본인이 사망하여도 소멸하지 않는다(상법 제50조). 이때는 그 상속인의 대리인이 된다.

이것은 영업에 있어서 대리인은 본인보다는 영업 자체에 직접 연결되어 있고, 또한 대리권의 소멸로 인한 영업활동의 중단을 피하고 나아가 거래의 안전을 기하기 위한 것이다. 본 조항은 회사에는 적용될 여지가 없다.

여기서 상인이 그 영업에 관하여 수여한 대리권이란 예를 들면 상인이 지배인을 선임하는 경우와 같이 대리권을 수여하는 행위가 영업과 관련된 것을 말하며, 대리권 수여의 목적인 행위가 상행위인 상행위의 대리와는 구별된다.

5. 상법상 특수한 대리인

전술한 상행위의 대리에 관한 규정은 상행위의 대리에 일반적으로 적용되는 특칙이다. 그 외 상법상 특수한 대리인제도를 두고 있는데, 상업사용인·선장·선박관리인은 계속적·종속적 관계에서 상인의 영업활동을 대리하는 대리인이고, 체약대리상은 계속적·독립적 관계에서 상인의 영업활동을 대리하는 대리인이다.

---

48 구 상법에서는 "상행위의 위임에 의한 대리권"으로 규정하고 있었다.

상사계약의 성립

1. 청약의 효력

(1) 대화자간의 구속력(상대방이 의사표시를 즉시 알 수 있는 경우)

대화자간의 계약의 청약은 상대방이 즉시 승낙을 하지 않은 때에는 그 효력을 잃는다(상법 제51조). 민법의 경우 대화자·격지자의 구별없이 승낙기간을 정하지 않은 계약의 청약은 청약자가 상당한 기간내에 승낙의 통지를 받지 못한 때 효력이 상실하고(민법 제529조), 승낙기간을 정한 경우에 그 기간내에 통지를 받아야 한다(민법 제528조).

이는 상거래의 신속을 위한 것으로, 이 특칙이 적용되기 위하여 청약자 또는 승낙자의 어느 일방의 행위가 상행위이면 충분하다.

(2) 격지자간의 구속력(법개정으로 삭제)

2. 계약의 청약을 받은 상인의 의무

(1) 낙부통지의무

상인이 상시거래관계에 있는 자로부터 그 영업부류에 속한 계약의 청약을 받은 때에는 지체없이 낙부의 통지를 발송하여야 하고, 이를 해태한 때에는 승낙한 것으로 본다(상법 제53조). 상인의 낙부통지의무는 불완전의무이다.

보험계약의 청약(보험료와 함께)의 경우에는 상시거래관계가 없어도 30일 내에 낙부통지의무를 지게 되며, 의무해태시에 승낙한 것으로 본다(상법 제638조의 2).

(2) 물건보관의무

상인이 그 영업부류에 속한 계약의 청약을 받으면서 견품 기타의 물건을 받은 때에는 그 청약을 거절한 때에도 청약자의 비용으로 그 물건을 보관하여야 한다. 그러나 그 물건의 가액이 보관비용을 상환하기에 부족하거나 보관으로 인하여 손해를 받을 염려가 있는 때에는 그러하지 아니하다(상법 제60조).

물건보관의무는 완전의무로서 보관의무위반으로 손해가 생긴 경우에는 손해배상책임을 진다(통설).

상사채권의 인적담보(상사채무의 연대책임)

1. 다수채무자의 연대책임

수인이 그 1인 또는 전원에게 상행위가 되는 행위로 인하여 채무를 부담한 때에는 연대하여 변제할 책임이 있다(상법 제57조 제1항). 다수채무자의 연대책임이 인정되기 위하여서는 채무자 중의 1인 이상이 상인일 것이 요구된다. 이렇게 연대채무를 인정하는 것은 채권자보호를 위한 것으로 상거래의 신용을 유지하고 상거래의 안전을 도모하기 위한 것이다.

다수채무자의 연대책임이 인정되기 위해서는 채무가 수인의 공동행위로 인하여 생겼어야 한다. 다수인의 개별적 행위에 대하여 연대채무가 인정되지는 않는다.

연대책임이 인정되는 것은 상행위로 인한 채무뿐만 아니라 그와 동일성이 있는 채무도 포함된다. 예를 들면 상행위로 인한 채무관계에서 생긴 계약의 해제로 인한 원상회복의무, 채무불이행으로 인한 손해배상채무도 포함된다.

2. 보증인의 연대채무

(1) 의의

보증인이 있는 경우에 그 보증이 상행위이거나 주채무가 상행위로 인한 것이면 주채무자와 보증인은 연대하여 변제할 책임이 있다(상법 제57조 제2항). 민법에 있어서 보증인은 최고·검색의 항변권(민법 제437조), 분별의 이익(민법 제439조)을 가지나, 상법은 보증인의 연대책임을 원칙으로 하고 있다.

(2) 요건(일방적 상행위와 쌍방적 상행위를 포함)

1) 보증이 상행위인 경우

보증이 상행위인 경우는 보증이 보증인에게 상행위로 되는 경우와 채권자에게 상행위로 되는 경우가 있다.

(가) 보증이 보증인에게 상행위인 경우

은행이 고객을 위하여 보증을 하는 경우와 같은 것이다.

(나) 보증이 채권자에게만 상행위인 경우

채권자의 보증채권의 취득이 상행위인 경우, 예를 들면 은행이 대출을 할 때에 보증인을 세우게 하는 경우를 들 수 있는데, 이때에도 연대책임이 인정되는가에 대하여 견해가 갈린다.

① 긍정설 : 상법 제57조 제2항에 '보증이 상행위'인 때라고만 규정하고 있고 다른 제한이 없으므로 이때에도 보증인의 연대채무가 인정된다고 한다.[49]

② 부정설 : 본 조항은 채무자의 신용을 강화하기 위하여 채무자측에 엄격책임을 과한 것이므로 채권자에게만 상행위로 되는 경우에는 적용되지 않는다고 한다. 채권자만이 상인인 경우 다수채무자의 연대책임에 관한 상법 제57조 제1항이 적용되지 않는데, 상법 제57조 제2항도 마찬가지로 해석할 것이라고 한다.

③ 검토 : 보증인의 연대책임은 채무자인 상인의 신용을 강화하여 거래의 안전을 기하기 위한 것이므로 채권자에게만 상행위가 되는 경우에는 적용되지 않는다고 보겠다.

2) 주채무가 상행위로 인한 때

주채무가 상행위로 인한 때란 상인이 영업자금을 차용하는 것과 같이 주채무가 주채무자의 상행위로 인하여 생긴 경우를 말한다. 여기서 상행위에는 보조적 상행위의 경우도 포함한다(통설).

(3) 효과

상사보증인은 주채무자와 연대하여 변제할 책임이 있다.

여기서 보증인 상호간에 연대책임이 인정되는가도 문제된다.

① 긍정설 : 본 조가 상사채무의 이행의 확실을 기하고자 하는 취지에서 인정되므로 보증인 상호간에도 연대채무관계가 인정된다고 본다.

② 부정설 : 연대책임은 법률이나 당사자간의 특약이 있는 경우에만 인정되는 것이므로 보증인 상호간에 특약이 없는 경우에 인정하기 어렵다고 한다.

③ 검토 : 보증인은 주채무자와 연대책임을 지는데, 수인의 보증인 상호간에는 분별의 이익이 있다는 것은 의미가 없으므로 연대책임을 인정할 것이다.

상사채권의 물적담보

상인간의 유치권(일반상사유치권)

1. 의의

상인간의 상행위로 인한 채권이 변제기에 있는 때에는 채권자는 변제를 받을 때까지 그

---

49 판례도 긍정설을 취하여 쌍방적 상행위나 채권자 또는 채무자의 상행위로 인하여 생긴 경우도 보증이 상행위가 되는 경우에 포함한다(대법원 1959.8.27. 선고 4291민상407 판결).

채무자에 대한 상행위로 인하여 자기가 점유하고 있는 채무자 소유의 물건 또는 유가증권을 유치할 수 있다(상법 제58조). 이는 상인간의 유치권으로서 민법상의 유치권(민법 제320조)에 대한 특칙으로서 그 요건을 변경·완화하고 있다.

이와 달리 대리상(상법 제91조), 위탁매매인(상법 제111조), 운송주선인(상법 제120조), 육상운송인(상법 제147조), 해상운송인(상법 제800조) 등의 유치권에 대해서는 특별규정을 두고 있다. 이들을 특별상사유치권이라 하며, 당사자가 상인인가, 피담보채권과 어느 정도의 견련관계를 요구하는가 등에서 일반상사유치권과 요건에 차이가 난다.

2. 요건

(1) 당사자

상인간의 유치권이 성립하기 위해서는 채권자와 채무자가 모두 상인이어야 한다. 당사자의 상인자격은 유치권 성립시(유치물점유시)에 있으면 되고, 나중에 상인자격을 상실해도 유치권 성립은 인정된다.

이 점에서 대리상의 유치권(상법 제91조)과 같고, 다른 유치권과 차이가 난다.

(2) 피담보채권

피담보채권은 상인의 쌍방적 상행위로 생긴 채권이어야 하고, 그 피담보채권이 변제기에 있어야 한다. 피담보채권은 금전채권이든 물권적 청구권이든 불법행위로 인한 손해배상청구권이든 불문한다.

(3) 목적물

유치권의 대상이 되는 목적물은 채권자가 채무자에 대한 상행위로 인하여 자기가 점유하고 있는 채무자 소유의 물건 또는 유가증권이다.[50] 여기서 물건에는 동산, 부동산을 포함한다.

물건 또는 유가증권은 채무자 소유이어야 한다. 다만 이는 유치권의 존속요건은 아니며, 유치권 성립 후 제3자에게 이전하여도 무방하다.

목적물의 점유취득원인이 채권자에게 상행위일 것을 요구된다. 그러나 점유취득원인인 상행위와 피담보채권을 발생시키는 상행위가 같아야 하는 것은 아니다. 예를 들면 창고업자가

---

50 "상사유치권의 대상이 되는 목적물을 '채무자소유의 물건'에 한정하는 취지는, 상사유치권의 경우에는 목적물과 피담보채권 사이의 견련관계가 완화됨으로써 피담보채권이 목적물에 대한 공익비용적 성질을 가지지 않아도 되므로 피담보채권이 유치권자와 채무자 사이에 발생하는 모든 상사채권으로 무한정 확장될 수 있고, 그로 인하여 이미 제3자가 목적물에 관하여 확보한 권리를 침해할 우려가 있어 상사유치권의 성립범위 또는 상사유치권으로 대항할 수 있는 범위를 제한한 것으로 볼 수 있다."(대법원 2013.2.28. 선고 2010다57350 판결).

미리 채권이 있는 경우에 채무자인 임치인(상인) 소유의 물건을 제3자(상인이 아님)가 채권자인 창고업자의 창고에 반입한 경우에도 임치는 상행위가 되고 상인간의 유치권이 성립한다. 그리고 청약하지 않은데도 송부된 상품(우연한 점유)에 대해서도 유치권행사가 가능하다.

목적물에 대한 점유는 직접점유이든 선하증권, 화물상환증에 의한 간접점유이든 불문한다.

(4) 목적물과 피담보채권의 견련성의 불요

피담보채권이 목적물에 관하여 생긴 것임을 요구하지 않는다. 우연히 점유하게 된 물건 또는 유가증권을 이와 관련없이 발생한 채권을 위하여 유치할 수 있다.

3. 유치권 배제의 특약

유치권은 채권자를 위한 것으로서 채권자는 유치권을 포기할 수 있으므로 당사자간의 특약으로 상인간의 유치권을 배제할 수 있다(상법 제58조 단서).

4. 효력

상인간의 유치권의 효력에 대하여 상법에 다른 규정이 없는 경우에는 민법(민법 제320조 이하)에 의한다. ① 유치 : 유치권자는 그 채권의 변제받을 때까지 목적물을 유치할 수 있다. 이에 따라 실질적인 우선변제권의 효력을 가진다. ② 환가 : 유치권자는 피담보채권의 변제를 받기 위하여 목적물을 환가할 수 있다. 환가는 경매가 원칙이나, 간이변제충당도 가능하여 감정인의 평가에 의하여 직접변제에 충당할 것을 법원에 청구할 수 있다(민법 제322조). ③ 과실수취권 : 유치권자는 목적물의 과실을 수취하여 우선변제에 충당할 수 있다(민법 제323조), ④ 비용상환청구권 : 유치권자가 유치물에 관하여 필요비를 지출한 때에는 소유자에게 그 상환을 청구할 수 있다(민법 제325조 제1항). 유치권자가 유치물에 관하여 유익비를 지출한 때에는 그 가액의 증가가 현존한 경우에 한하여 소유자의 선택에 좇아 그 지출한 금액이나 증가액의 상환을 청구할 수 있다. 그러나 법원은 소유자의 청구에 의하여 상당한 상환기간을 허여할 수 있다(민법 제325조 제2항).

5. 소멸

상인간의 유치권은 ① 피담보채권이 소멸한 때, ② 목적물의 점유를 상실한 때(민법 제328조), ③ 유치권자의 의무위반의 경우 : 유치권자는 선관주의의무로 목적물을 보관해야 하며(민법 제324조 제1항), 채무자의 승낙없이 목적물의 사용, 대여나 담보제공하지 못한다

(민법 제324조 제2항). 이에 위반한 경우에 채무자가 유치권의 소멸을 청구한 때, ④ 채무자가 상당한 담보를 제공하고 유치권의 소멸을 청구한 때(민법 제327조)에 소멸한다.

참조판례

"유치권 성립 당시에 이미 목적물에 대하여 제3자가 권리자인 제한물권이 설정되어 있다면, 상사유치권은 그와 같이 제한된 채무자의 소유권에 기초하여 성립할 뿐이고, 기존의 제한물권이 확보하고 있는 담보가치를 사후적으로 침탈하지는 못한다고 보아야 한다. 그러므로 채무자 소유의 부동산에 관하여 이미 선행저당권이 설정되어 있는 상태에서 채권자의 상사유치권이 성립한 경우, 상사유치권자는 채무자 및 그 이후 채무자로부터 부동산을 양수하거나 제한물권을 설정받는 자에 대해서는 대항할 수 있지만, 선행저당권자 또는 선행저당권에 기한 임의경매절차에서 부동산을 취득한 매수인에 대한 관계에서는 상사유치권으로 대항할 수 없다."(대법원 2013.2.28. 선고 2010다57350 판결).

특별상사유치권

1. 성립요건상의 차이

(1) 대리상·위탁매매인(상법 제91조, 제111조)

위탁매매인의 유치권 성립에 대하여는 대리상에 관한 규정을 준용하고 있으므로 대리상을 중심으로 검토한다.

대리상이나 위탁매매인은 대리나 중개 또는 물권·유가증권의 매매로 인한 채권이 변제기에 있는 때에는 그 변제를 받을 때까지 본인이나 위탁자를 위하여 점유하는 물건 또는 유가증권을 유치할 수 있다(상법 제91조, 제111조).

피담보채권은 단순히 거래의 대리나 중개 또는 물권·유가증권의 매매로 인하여 생긴 채권일 것을 요구한다. 대리상의 경우 상인을 위하여 상시 그 영업부류에 속하는 거래의 대리 또는 중개하는 자로서 당사자 쌍방이 상인이 되어 피담보채권은 쌍방적 상행위로 인하여 발생하게 된다.

목적물의 점유취득원인이 본인·대리상 또는 위탁자·위탁매매인간의 상행위이어야 하는 것도 아니고 또 채무자 소유의 물건·유가증권이어야 하는 것도 아니다. 단지 본인을 위하여 점유하는 물건 또는 유가증권도 가능하다.

피담보채권과 목적물의 점유 사이에 개별적 견련관계를 요하지 않는다.

그 외 채권이 변제기에 있어야 하고, 목적물이 물건 또는 유가증권일 것 등은 일반상사유치권과 공통된다.

(2) 운송주선인·운송인의 유치권

운송주선인이나 운송인은 운송물에 관하여 받을 보수, 운임, 기타 위탁자를 위한 체당금이나 선대금에 관하여서만 그 운송물을 유치할 수 있다(상법 제120조, 제147조).

여기서 유치권의 성립요건은 민사유치권과 유사하다. 피담보채권이 운송물에 관하여 받을 보수, 운임, 기타 위탁자를 위한 체당금이나 선대금에 한정되는 것으로서, 피담보채권과 목적물 사이에 개별적 견련관계가 요구된다.

목적물과 관련하여 운송물이 채무자의 소유일 것을 요구하지 않는다. 예를 들면 채무자인 송하인이 운송물의 소유자가 아닌 경우에도 유치권이 성립한다.

2. 일반상사유치권외에 중첩적으로 행사가능

특별상사유치권의 대상이 일반상사유치권의 성립요건을 충족하는 경우에는 중첩적 행사가 가능하다.

유질계약의 허용

상행위로 인하여 생긴 채권을 담보하기 위하여 설정한 질권에는 민법 제339조의 유질계약금지의 원칙이 적용되지 않는다(상법 제59조). 민법에 따를 때 질권자가 권리행사시에 원칙적으로 경매하거나, 간이변제충당을 할 수 있으며(민법 제338조), 변제에 갈음하여 질물의 소유권을 취득하거나 법률에 정한 방법에 의하지 않고 질물을 처분하는 유질계약은 금지된다(민법 제339조).

유질계약이 허용되기 위하여는 피담보채권이 상행위로 인한 채권이어야 한다. 여기서 상행위로 인한 채권에 관하여 학설은 채권자·채무자 어느 일방에만 상행위로 되는 행위로 인하여 생긴 채권도 포함된다고도 하고, 또는 채무자에게 상행위로 되는 행위로 인하여 생긴 채권에 한한다고도 한다. 후자는 채무자의 연대책임이나 보증인의 연대책임은 채무자에게 상행위일 것을 요구하므로 적어도 채무자에게 상행위일 것이 요구된다고 한다. 그러나 실정법상 제한이 없고, 실제 전당포 영업 등에서 유질계약이 인정됨에 비추어 채권자만이 상인인 경우에도 유질계약을 허용할 것이다.

상사채권의 소멸

1. 상사채무의 이행

(1) 채무이행의 장소

① 특정물의 인도채무 : 채무의 성질 또는 당사자의 의사표시로 변제장소를 정하지 아니한

때에는 특정물의 인도는 채권성립당시에 그 물건이 있던 장소에서 하여야 한다(민법 제467조 제1항).

② 특정물인도 외의 채무(지참채무) : 특정물인도 이외의 채무변제는 채권자의 현주소에서 하여야 한다. 그러나 영업에 관한 채무의 변제는 채권자의 현영업소에서 하여야 한다(민법 제467조 제2항).

③ 지시채권·무기명채권(추심채무) : 지시채권·무기명채권의 경우 채무의 이행은 채무자의 현영업소에서 하여야 하고, 채무자의 영업소가 없는 경우에는 채무자의 현주소에서 하여야 한다(민법 제516조, 제524조).

(2) 채무의 이행과 이행청구의 시기

법령 또는 관습에 의하여 영업시간이 정하여져 있는 때에는 채무의 이행이나 이행청구는 그 시간 내에 하여야 한다(상법 제63조).

2. 상사채권의 소멸시효

상행위로 인하여 생긴 채권은 상법에 다른 규정이 있는 경우 또는 다른 법령에 이보다 단기의 소멸시효기간의 정함이 있는 경우 외에는 원칙적으로 소멸시효기간이 5년이다(상법 제64조).

상사채권의 소멸시효는 상행위가 채권자를 위한 것이든 채무자를 위한 것이든 불문하며, 영업적 상행위이든 보조적 상행위이든 불문한다. 상사채권의 소멸시효는 상행위로 인한 채권이 변형된 채권에도 적용된다. 예를 들면 상행위로 인하여 생긴 채무의 불이행으로 인한 손해배상청구권 등에도 단기소멸시효가 적용된다.

보증채무는 주채무와 별개의 행위로 발생한 것이므로 각각 따로 소멸시효를 정해야 한다. 경개로 인한 신채무는 구채무와 별개의 것이므로 신채무가 상사채무가 아니면 단기소멸시효는 적용되지 않는다.

위의 상사채권의 소멸시효에 규정은 다른 단기소멸시효의 규정이 없어야 적용이 되는데, 상법과 민법[민법 제163조(3년), 제164조(1년)]에서 다양한 별도의 단기소멸시효를 규정하고 있으므로, 5년의 소멸시효 규정이 적용되는 것은 소비대차에 의한 채권 정도에 불과하다.

Ⅱ. 상사매매

1. 의의

매매는 영업활동의 최초의 형태로서 기업활동의 중심을 이룬다. 그런데 상법상 매매에 관한 규정은 단지 5개 조문에 불과한 것으로 그 외의 것은 기본적으로 민법의 계약법(민법 제563조~제596조)에 의한다. 상사매매의 특질은 매도인을 보호하고, 매매거래의 신속한 결제를 위한 것이다.

상사매매에 관한 규정은 당사자 쌍방이 상인인 경우, 즉 그 매매가 당사자 쌍방에게 상행위로 되는 경우에 적용된다. 매매는 기본적 상행위뿐만 아니라 영업을 위하여 하는 보조적 상행위(예 : 공장기계매각)도 포함된다.

2. 매도인의 권리

관련사항

- 민법의 일반원칙 : 매수인이 목적물의 인도를 받지 아니하거나 받을 수 없는 때에는 ① 목적물을 공탁하여 그 인도의무를 면할 수 있고 ② 목적물이 공탁에 적당하지 아니하거나 멸실·훼손의 염려가 있거나 공탁에 과다한 비용을 요하는 경우에는 매도인은 법원의 허가를 얻어 경매 또는 시가로 방매(자조매각)하고 그 대금을 공탁하여 목적물의 인도의무를 면할 수 있다.
- 상법 : 매도인의 공탁권과 간이한 절차의 경매권(자조매각권 : ① 대금공탁 ② 변제기에 있는 경우 전부, 일부를 매매대금에 충당)을 선택적으로 행사할 수 있다. 매수인이 목적물의 수령을 거부하거나 이를 수령할 수 없는 때에는 ① 매도인은 그 물건을 공탁하거나 ② 상당한 기간을 정하여 최고한 후 경매할 수 있다. ③ 매수인에 대하여 최고할 수 없거나 목적물이 멸실 또는 훼손될 염려가 있는 때에는 최고없이 경매할 수 있다.

(1) 요건

상인간의 매매에 있어서 ① 매수인이 목적물의 수령을 거부하거나 이를 수령할 수 없는 때에는 공탁권을 행사할 수 있다(상법 제67조 제1항). 여기서 공탁권의 대상에는 변제자가 과실없이 채권자를 알 수 없는 경우(민법 제487조)도 포함한다. ② 수령지체 외에 상당한 기간을 정하여 최고하여(상법 제67조 제1항), 최고할 수 없거나 목적물이 멸실 또는 훼손될 염려가 있는 때에는 최고없이 경매할 수 있다(자조매각권)(상법 제67조 제2항).

매도인이 공탁 또는 경매시에는 지체없이 매수인에게 그 통지를 발송하여야 한다(상법 제67조 제1항). 통지를 해태시에는 손해배상책임을 진다.

(2) 공탁권

매도인은 목적물을 공탁하여 인도의무를 면할 수 있다. 민법상으로도 매도인의 공탁권이 인정되는 것으로서, 여기서는 공탁의 통지 정도가 특칙이라고 할 수 있다. 공탁의 통지를 함에 있어서, 민법상으로는 도달주의(민법 제488조 제3항)에 의하므로 부도달의 위험은 매도인이 부담함에 반하여 상법은 발송주의에 의한다.

(3) 자조매각권

매도인이 경매한 때에는 그 대금에서 경매비용을 공제한 잔액을 공탁하여야 한다. 그러나 매매대금채권이 변제기에 있는 때에는 그 경매대금의 전부 또는 일부를 매매대금에 충당할 수 있다(상법 제67조 제3항). 민법상으로는 경매도 공탁의 준비단계에 불과하며 대금을 공탁하여야 한다(민법 제490조). 그러나 상법에서는 매도인의 변제충당권을 인정함으로써 매도인을 보호하고 있다.

3. 매수인의 의무

(1) 목적물검사·하자통지의무(상법 제69조)

1) 의의

민법에 따를 때 매매의 목적물에 하자가 있는 경우에 하자담보책임(계약해제나 손해배상청구)을 사실을 안 때로부터 6개월 내에 물을 수 있으며(민법 제580조, 제575조 제1항, 제582조), 수량부족의 경우에 선의의 매수인은 하자담보책임(대금감액, 계약해제, 손해배상청구)을 사실을 안 때로부터 1년 내에 물을 수 있다(민법 제574조, 제573조).

그러나 상사매매의 경우에도 위와 같이 장기간에 걸쳐 거래관계를 불안한 상태로 두는 것은 부당하다. 그 이유는 ① 전매의 기회 상실 ② 매도인이 인도 당시에 목적물에 하자 또는 수량부족이 없었다는 것을 반증하기가 곤란 ③ 매수인이 1년중에 가격의 변동에 따라 자기에게 유리한 시기를 선택하여 계약의 해제나 대금의 감액 또는 손해배상을 청구를 하여 부당하게 투기를 할 염려가 있기 때문이다.

2) 요건

① 상인간의 매매이어야 한다.

② 목적물의 수령이 요구된다. 목적물은 매수인이 검사할 수 있는 상태로 수령하여야 한다. 따라서 화물상환증 등에 의한 수령은 포함되지 않는다. 수령은 특정물의 수령을 의미하며, 종류로 지정한 경우 매수인이 수령하여 목적물이 특정된 때에는 적용된다.

③ 목적물에 하자 또는 수량부족이 있어야 한다.

④ 매도인의 선의가 요구된다. 즉 매도인은 하자 또는 수량부족을 몰라야 한다. 매도인이 악의인 경우에는 하자검사·통지하지 않고도 담보책임의 추궁이 가능하다.

3) 의무의 내용

① 목적물검사의무 : 매수인이 목적물을 수령시 지체없이 이를 검사하여야 한다. 지체없이란 하자나 수량부족의 발견에 상당한 기간내에 하여야 함을 의미한다. 다만 매매의 목적

물에 즉시 발견할 수 없는 하자가 있는 경우에는 목적물의 수령 후 6월 내에 검사하여야 한다(상법 제69조 제1항 단서).

② 하자통지의무 : 매수인이 하자 또는 수량부족을 발견한 때에는 즉시 매도인에게 하자 또는 수량부족의 통지를 발송하여야 한다(상법 제69조 제1항). 하자통지의무의 입법취지가 매도인에게 적절한 대책을 강구할 수 있는 기회를 주기 위한 것이므로 매도인이 용이하게 알 수 있는 정도의 내용을 통지하면 된다.

매매의 목적물에 즉시 발견할 수 없는 하자가 있는 경우에 매수인이 6월 내에 이를 발견한 때에도 매수인은 즉시 매도인에게 그 통지를 발송하여야 한다.

4) 의무위반의 효과

하자통지의무 위반시에는 목적물의 하자·수량부족으로 인한 계약해제권, 대금감액청구권, 손해배상청구권 등을 행사할 수 없다(상법 제69조 제1항). 이는 담보책임을 물을 수 없는 불이익을 받는 것으로서 간접의무에 해당한다.

기타 이러한 권리뿐만 아니라 하자있는 목적물의 수령거절, 종류매매에 있어서 대물청구, 하자보수청구, 부족분추가청구 등과 같은 완전이행의 청구도 할 수 없다. 즉 하자통지의무 위반시에는 계약이 약정한 대로 이행된 것과 같은 효과를 인정한다.

5) 적용의 범위

하자·수량부족이 6월 내에 발견할 수 없는 것인 경우에 6월을 경과한 후에도 매수인이 그 통지를 하고 권리를 행사할 수 있는가에 대하여 견해가 갈리지만, 이 의무가 상사매매의 간이·신속한 처리를 위한 것이므로 권리행사를 부정할 것이다.

상사매매에 관한 규정이 다른 유상계약에도 적용되는가 여부가 문제되는데, 교환계약은 대체로 인정하지만 나머지에 대하여는 견해가 갈린다. 보건대, 민법 567조에 다른 유상계약에 대한 준용규정이 있지만 상법에는 없으므로 다른 유상계약에는 적용되지 않는다고 보겠다. 다만 제작물공급계약의 경우 목적물이 대체물인 경우에만 이를 매매로 보아 유추적용을 인정하겠다. 부대체물인 경우 그 법적 성격이 도급에 가까우므로 상사매매의 규정이 적용되지 않고 민법의 일반원칙에 따를 것이다.

참조판례

"당사자의 일방이 상대방의 주문에 따라 자기 소유의 재료를 사용하여 만든 물건을 공급할 것을 약정하고 이에 대하여 상대방이 대가를 지급하기로 약정하는 이른바 제작물공급계약은 그 제작의 측면에서는 도급의 성질이 있고 공급의 측면에서는 매매의 성질이 있어 이러한 계약은 대체로 매매와 도급의 성질을 함께 가지고 있는 것으로서, 그 적용 법률은 계약에 의하여 제작·공급하여야 할 물건이 대체물인 경우에는 매매로 보아서 매매에 관한 규정이 적용된다고 할 것이나, 물건이 특정의 주문자의 수요를 만족시키기 위한 부대체물인 경우에는 당해 물건의 공급과 함께 그 제작이 계약의 주목적이 되어 도급의 성질을 강하게 띠고 있다 할 것이므로 이 경우에는 매매에 관한 규정이 당연히 적용된다고 할 수 없다."(대법원 1987.7.21. 선고 86다카2446 판결).

(2) 목적물의 보관·공탁의무(상법 제70조, 제71조)

1) 의의

민법에 따를 때 하자담보책임을 물어 계약해지시에 원상회복, 즉 반송하면 끝이다(민법 제548조 제1항). 그러나 그렇게 하면 ① 물건이 방치될 우려 ② 소재지에서 전매될 수 있는 경우에 불필요한 반송비용의 부담 ③ 전매의 기회를 상실할 염려 등의 문제가 있다.

그리하여 상법은 매도인의 보호와 상거래의 원활을 위하여 매수인은 매도인으로부터 수령한 목적물을 보관·공탁하거나 이를 경매하여 그 대가를 보관·공탁하여야 하는 것으로 정하고 있다.

2) 요건

① 상인간의 매매이고, 격지매매(동일 특별시, 광역시, 시, 군이 아님)여야 한다.

② 하자 또는 수량부족으로 인한 계약해제(상법 제70조) 또는 목적물 상위 또는 수량초과(상법 제71조)여야 한다. 그 외 약정해제권의 행사로 인한 해제, 확정기매매에 있어서 이행시기의 경과로 인한 해제에도 유추적용된다.

③ 매도인은 선의이어야 한다. 매도인이 악의인 경우에는 하자의 검사·통지를 하지 않고도 계약해제권이 인정된다. 따라서 계약해제에 따른 목적물의 보관·공탁의무를 인정할 여지가 있지만, 이때는 보호의 필요가 없기 때문에 보관·공탁의무도 없다고 본다.

3) 의무의 내용

① 보관·공탁의무 : 매도인의 비용으로 수령한 매매의 목적물 및 상위 또는 수량초과의 물건을 보관하거나 공탁하여야 한다. 그 선택은 매수인의 자유이다. 보관기간은 매도인이 적절한 조치를 취할 수 있을 때까지의 상당기간으로 해석한다.

② 긴급매각 : 목적물이 멸실 또는 훼손될 염려가 있는 때에는 목적물 소재지의 지방법원의 허가를 얻어 경매하여 그 대가를 보관 또는 공탁하여야 한다. 긴급매각시에는 지체없이 매도인에게 통지를 발송하여야 한다.

4) 의무위반의 효과

매도인에 대하여 손해배상책임을 진다. 따라서 매수인의 보관·공탁 또는 경매의무는 진정한 의무에 속한다.

확정기매매

1. 의의

확정기매매란 계약의 성질이나 당사자의 의사표시에 의하여 일정한 시기 또는 일정한 기간 안에 이행하지 않으면 계약의 목적을 달성할 수 없는 매매이다.[51]

민사계약의 경우 채무불이행시에 이행을 최고하고 계약을 해제할 수 있으며(민법 제544조), 민사정기행위는 이행의 최고없이 계약의 해제가 가능하다(민법 제545조). 이와 달리 상사확정기매매는 상대방이 이행청구를 하지 않으면 해제된 것으로 간주한다(상법 제68조). 이는 상거래의 신속한 처리를 위한 것이다.

2. 요건

① 상인간의 매매이어야 한다. 즉 쌍방적 상행위를 요구한다. 예를 들면 상인이 결혼 예복을 주문하는 것은 영업에 관한 행위가 아니므로 상행위가 아니며, 본 조가 적용되지 않는다.
② 매매의 성질(절대적 정기행위) 또는 당사자의 의사표시(상대적 정기행위)에 의하여 일정한 일시 또는 일정한 기간내에 이행하여야 한다. 당사자의 의사표시에 의한 확정기매매는 주관적 동기를 표시하고 매도인도 이를 인정해야 한다.
③ 당사자 일방(채무자)의 채무불이행이 있어야 한다.
④ 상대방이 즉시 이행의 청구를 하지 않아야 한다. 채권자가 즉시 이행청구한 때에는 해제로 간주하지 않는다. 이는 이행기가 경과한 채무의 이행이 채권자에게 이익이 되는 경우에 채권자가 이를 선택하여 행사할 수 있도록 하기 위한 것이다.

3. 효력

위의 요건이 구비되면, 매매는 당연해제된 것으로 간주된다. 이에 따라 상대방은 원상회복

---

51 판례는 "가격변동에 심한 원자재를 계약목적물로 한 국제중개무역이라는 사유만으로는 정기행위라고 인정할 수 없다."(대법원 2009.7.9. 선고 2009다15565 판결)고도 하고 ⇔ "가격변동이 심한 원자재인 알루미늄에 의하여 운송계약을 체결하고 선적기일내 선적하기로 한 매매계약은 정기행위이다."(대법원 1995.5.26. 선고 93다61543 판결)고도 하였다.

청구와 손해배상청구가 가능하게 된다.

Ⅲ. 상호계산

1. 의의

상호계산이란 상인간 또는 상인과 비상인간 상시 계속적으로 거래를 하고 그 거래로 인하여 서로가 다수의 채권을 취득하는 경우에, 계약에 의하여 일정한 시기까지 서로 지급을 유예하고 그 시기까지 생긴 채권·채무의 총액을 상계하여 그 차액만을 일방이 지급함으로써, 대차결제를 간이화하게 하는 기술적 제도이다.

상호계산에 의하여 상인은 다음의 이점을 가진다. ① 거래할 때마다 지급하는 절차의 번잡을 덜 수 있다. ② 송금에 드는 비용과 위험을 회피할 수 있다. ③ 지급의 유예에 의하여 그 시기까지 자금을 유용하게 이용할 수 있다. 즉 상호계산은 신용기능을 가진다.[52]

2. 개념

(1) 법적 성질

상호계산은 민법이 예정하는 계약유형과는 다른 상법상의 특수한 계약이고, 당사자의 의사표시만으로 성립하는 낙성계약이며, 적어도 일방이 상인이므로 보조적 상행위에 속한다.

(2) 종류

1) 기간상호계산

기간상호계산이란 차감계산을 일정한 기간별로 하는 것이다. 기간상호계산에 의할 때 당사자의 거래에서 생기는 개개의 채권·채무는 상호계산에 계입되어 유예상태에 있고 그 독립성을 상실하여 불가분의 전체에 융합되며, 또 당사자가 상호 취득하는 채권·채무의 총액은 상호계산기간의 종료 후에 정기적으로 일괄 차감 계산되어 일방이 그 잔액을 지급할 것을 약정하는 것이다.

기간상호계산에서 상호계산불가분의 원칙은 상호계산의 본질적 요소가 된다. 따라서 상호계산기간 중에 생긴 개개의 채권·채무는 그 독립성을 상실하여 개별적인 행사와 처분이 금지된다. 여기서 당사자가 상호간에 가지는 반대채권은 자기채권의 담보로 되므로 기간상호계산

---

52 상호계산기간 중에도 이자를 붙일 수 있으므로 신용기능을 가진다고 보기 어렵다는 견해도 있다(정동윤, (총)362면).

은 담보적 기능을 가진다.

상호계산불가분의 원칙이 적용되지만, 상호계산기간 중에도 당사자가 상호계산을 해지하고 잔액의 지급을 청구할 수 있으므로, 제3채권자가 채권자대위권에 의하여 상호계산에 대한 해지권을 행사한 후 잔액에 대하여 압류를 행함으로써 그 이익을 확보하는 것이 가능하다.

2) 단계상호계산

단계상호계산은 차감계산을 개개의 채권·채무가 발생할 때마다 수시로 행하는 것이다. 단계상호계산에 의할 때 당사자간의 거래에서 생기는 개개의 채권·채무는 발생할 때마다 계속적으로 결제되고 잔액채권에 계입되어 소멸된다. 따라서 단계상호계산에서는 상호계산불가분의 원칙이 부정되며, 언제나 어느 일방의 잔액채권만 존재하므로 당사자를 위한 담보적 기능은 크게 줄어들고, 일정한 상호계산기간을 설정하는 것이 본질적으로 필요한 것이 아니게 된다.

단계상호계산에서 개개의 채권은 발생할 때마다 잔액채권에 계입되어 소멸되므로 당사자는 개개의 채권을 임의로 처분하거나 압류할 수 없고, 제3채권자는 채권자대위권에 의한 해지를 하지 않아도 잔액채권을 수시로 압류할 수 있다.

단계상호계산에 대하여 원칙적으로 상법상의 상호계산이 아니라는 견해가 있다. 다만 계약자유의 원칙에 의해 단계상호계산의 약정이 가능하며, 이때 상법의 규정이 유추적용 된다고 한다. 그러나 상호계산의 취지가 당사자의 채권을 개별적으로 행사·처분하지 않고 이것을 일괄하여 차감 계산함으로써 독립의 잔액채권을 산출하여 정기적으로 확인하려는 것이므로, 같은 취지를 가진 단계상호계산도 상호계산에 포함할 것이다.

3. 요건

(1) 당사자의 자격

상호계산이란 상인간 또는 상인과 비상인간에 성립되는 계약이므로 적어도 일방이 상인이어야 한다.

(2) 당사자간에 상시거래관계의 존재

상호계산은 각 채권·채무를 일괄 차감하는 계약이므로 계속적 채권·채무의 발생이 가능한 상시거래관계에 있어야 한다. 예를 들면 도매상과 소매상, 은행과 고객, 운송업자 상호간, 보험회사와 그 대리점간의 관계 등을 들 수 있다.

(3) 상호계산기간

상호계산기간이란 정기로 상계해야 하는 기간을 말하는 것으로 다른 약정이 없으면 6월로 한다(상법 제74조).

(4) 당사자상호간에 채권·채무의 발생가능

상호계산은 채권·채무의 총액에 대하여 상계하고 잔액을 지급할 것을 약정하는 것이므로 당사자상호간에 채권·채무의 발생가능성이 있어야 한다. 다만 후에 일방에게만 채권이 생겨도 무방하다.

(5) 상호계산능력 있는 채권·채무

상호계산에 계입대상이 될 수 있는 것을 상호계산능력이라고 한다. 상호계산능력 있는 채권·채무는 ① 상호계산기간내에 발생하고 ② 그 기간내에 변제기가 도래하고 ③ 거래로 인하여 발생하여야 한다. 즉 사무관리, 부당이득이나 불법행위로 인한 것은 포함되지 않는다.

결과적으로 금전채권 외는 총액상계에 부적당하므로 실제상 상호계산의 목적은 금전채권에 한한다.

이와 달리 상호계산능력 없는 것으로는 성질상 즉시 이행되어야 하는 것이나 어음 기타 유가증권상의 권리를 들 수 있다. 어음 기타 유가증권상의 권리는 그 권리의 행사에 증권의 소지 등 특별한 방법을 요하므로 그 목적이 될 수 없다. 다만 어음수수로 인한 대가지급의 채권은 포함된다.

4. 효력

(1) 상호계산기간 중의 효력(소극적 효력)

상호계산기간 중에는 상호계산의 대상인 채권·채무를 각별로 행사·처분하거나 변제하여서는 안 된다.

1) 채권·채무의 자동계입

상호계산에 의하여 정해진 범위내의 채권·채무는 상호계산에 자동계입된다.

2) 상호계산불가분의 원칙

(가) 내용

상호계산기간 중에 당사자간의 거래로 인하여 생긴 모든 채권·채무는 상호계산에 당연히 계입되어 결산기에 일괄하여 상계될 때까지 유예상태에 있게 되고, 또 모든 채권·채무는 독립성을 상실하여 따로 분리하여 처분하지 못한다. 이에 따라 개개의 채무이행을 청구할 수 없고, 개개의 채권의 소멸시효진행도 정지되고, 채무의 이행지체도 생기지 않으며, 개개의 채권을 독립시켜 양도·입질하거나 압류할 수 없고, 채무를 변제할 수 없다.

(나) 예외

어음 기타의 상업증권으로 인한 채권·채무를 상호계산에 계입한 경우에 그 증권채무가 변제되지 않는 때에는 당사자는 그 채무의 항목을 상호계산에서 제외할 수 있다(상법 제73조).

여기서 어음 기타의 상업증권으로 인한 채권·채무는 어음 기타 상업증권의 수수로 인한 대가지급의 채권·채무이다. 그 증권채무자는 상호계산의 당사자가 아닌 제3자(지급인)가 된다. 예를 들어 100만원의 약속어음을 상대방에게 배서·양도하면서 대가를 상호계산에 계입한 경우에 약속어음의 발행인인 제3자가 어음금을 지급하지 않을 때 그 대가 항목을 제외할 수 있다.

(다) 제3자에 대한 효력

상호계산불가분의 원칙이 제3자에게도 미치는가 여부, 즉 상호계산불가분의 원칙에 위반한 경우(양도, 입질 또는 압류)의 효력을 어떻게 볼 것인가가 문제된다.

① 긍정설 : 상호계산의 불가분성은 거래의 간이결제를 위한 제도로서 강행규정성을 가지므로 이 원칙의 효력은 제3자에게도 미친다. 따라서 이에 위반한 양도·입질 또는 압류는 무효라고 한다.

② 부정설 : 상호계산은 계약관계이고 상호계산불가분의 원칙은 당사자의 의사표시에 의하여 채권의 처분을 금지하는 것이므로, 당사자의 일방이 이에 위반하여 채권을 양도·입질하여도 상대방에 대하여 손해배상책임을 질 뿐이고, 당사자는 선의의 제3자에 대하여 처분금지를 대항할 수 없다고 한다. 당사자에 의한 채권처분의 금지가 국가의 강제집행력을 배척할 수 없으므로 제3채권자에 의한 채권압류는 유효하다고 한다.

③ 검토 : 상호계산은 당사자간의 편의를 위하여 인정된 계약법상의 제도이고, 강행규정성을 가진다고 보기 어렵다. 또한 제3자가 압류를 할 수 없다고 하면 당사자간의 합의에 의하여 강제집행을 받지 않는 재산을 조작할 염려도 있다. 따라서 부정설의 입장이 타당하다.

(2) 상호계산기간경과 후의 효력(적극적 효력)

1) 잔액채권의 성립

(가) 성립시기

① 계산서승인시설 : 상호계산기간이 경과한 후에 당사자의 일방이 채권·채무의 각 항목과 잔액을 기재한 계산서를 제출하여 다른 당사자가 이를 승인함으로써 잔액채권이 성립된다고 한다.

② 계산폐쇄일설 : 상호계산기간이 종료된 때에 다른 특별한 의사표시를 요하지 않고 자동적으로 잔액채권이 생긴다고 한다.

③ 검토 : 계산서승인시설은 상호계산기간의 종료 후에도 당사자의 계산서 승인의 의사표시가 없으면 잔액채권이 생기지 않아 불합리하다. 상호계산계약에는 처음부터 상호계산기간종료시에 채권·채무의 잔액채권을 성립시키려는 합의가 있었다고 보겠다. 상법 제76조도 "상계로 인한 잔액에 대하여 계산폐쇄일 이후 법정이자의 청구가 가능하다."고 하여 잔액채권의 법정이자의 개시시점에 대하여 계산폐쇄일 이후로 하고 있다.

(나) 잔액채권의 성질

① 신채권설 : 잔액채권은 상호계산기간 중의 채권·채무가 소멸되고 경개에 의하여 새로 생긴 채권이라고 한다. 신채권설에 의할 때 상호계산기간 중의 채권에 부수되었던 담보·보증은 소멸된다.

② 유인채권설 : 잔액채권은 상호계산기간 중의 채권·채무를 기초로 하여 생긴 것이므로 유인적 잔액채권이라고 한다. 따라서 상호계산기간 중의 채권에 부수되었던 담보·보증은 그대로 잔액채권의 담보·보증으로 된다고 한다. 다만 그 시효는 위의 성립시기와 관련되게 된다.

③ 검토 : 잔액채권은 상호계산기간 중의 채권·채무와 유인성을 가지는 것으로 보는 것이 타당하다. 다만 계산서 승인의 법적 성질을 무인적 채무승인으로 보는 견해에 의할 때, 잔액채권은 자동적으로 성립하는 것과 승인에 의하여 성립하는 것이 있게 된다. 전자는 유인적 채권이 되며, 이때는 잔액채권 산정의 기초로 된 개개의 채권·채무 다툴 수 있다. 그러나 후자는 무인적 채권이다. 계산서 승인 후 양자는 병존하게 된다.

(다) 잔액채권의 이자

잔액채권에 대하여 계산폐쇄일 이후의 법정이자를 청구할 수 있다(상법 제76조 제1항). 또한 당사자는 상호계산에 계입된 채권에 관하여 계입된 날부터 이자를 붙일 것을 약정할 수 있으며(상법 제76조 제2항), 양자는 중리가 가능하다.

2) 계산서의 승인

(가) 의의

상호계산기간이 종료되면 당사자는 채권·채무의 각 항목과 잔액을 기재한 계산서를 작성하고 승인하는 절차를 갖는다. 계산서의 승인은 쌍방의 채무의 승인을 목적으로 하는 계약으로, 당사자의 일방이 계산서를 상대방에게 제출하고(승인을 구하는 청약), 상대방이 이에 대하여 승인하는 것이다.

(나) 승인의 효력

당사자가 계산서를 승인한 경우에는 그 각 항목에 대하여 이의를 하지 못한다(상법 제75조). 계산서 승인 이후에는 무인적 잔액채권이 되게 되며, 당사자는 각 항목에 존재하는 하자(예 : 채권발생의 원인인 매매계약이 무효)를 이유로 계산서의 효력, 즉 잔액채권의 발생에 대하여 이의를 제기할 수 없다. 다만 항목의 하자를 이유로 따로 부당이득청구는 가능할 것이다. 또한 계산서의 승인행위 자체에 허위표시나 착오·사기·강박 등의 사유가 있는 경우에 이러한 하자에 의하여 그 승인의 효력을 다툴 수 있다.

(다) 계산서에 착오·탈루가 있는 경우

계산서를 승인한 경우에도 계산서에 착오·탈루가 있는 경우 이의를 제출할 수 있다(상법 제75조 단서). 그 성질에 대하여는 다음과 같은 견해의 대립이 있다.

① 승인행위무효설 : 상법 제75조 단서의 해석상 계산서에 착오 또는 탈루가 있는 경우에는 계산서의 승인이 무효로 되어 잔액채권은 확정되지 않는다고 한다. 부당이득반환청구권설은 상법 제75조 단서를 무의미하게 한다고 주장한다.

② 부당이득반환청구권설 : 계산서에 착오 또는 탈루가 있는 경우에 계산서의 승인에는 영향을 미치지 않고 다만 부당이득을 이유로 부당이득 반환을 청구할 수 있다고 한다. 그리하여 착오·탈루가 민법상의 무효·취소 사유에 해당하면 그에 따라 승인은 무효·취소될 것이나, 그렇지 않으면 상법 제75조 단서만을 근거로 승인행위의 무효·취소를 구할 수 없다. 즉 이 조항은 사소한 착오나 탈루에 대하여만 의의를 가진다고 본다.

③ 검토 : 계산서에 착오·탈루가 있는 경우에 잔액채권을 다툴 수 있는 것이 아니고 부당이득으로 반환을 요구할 수 있다고 해석할 것이다.

5. 종료

상호계산 계약존속기간을 정한 때에는 그 기간의 만료에 의하여 당연히 종료한다. 이는 상호계산기간과는 차이가 나는 것으로 상호계산기간이 만료되어도 계약이 존속하는 경우 잔액채권은 다음의 상호계산의 한 항목이 된다.

상호계산은 당사자의 해지에 의하여 종료한다. 상호계산은 당사자간의 신용을 기초로 하는 계약이므로 신용에 변경 등이 생긴 경우에 임의해지가 가능하다.

기타 당사자의 일방의 파산선고, 회사정리절차의 개시 등에 의하여도 종료한다.

6. 종료의 효과

상호계산이 종료된 때에는 각 당사자는 즉시 계산을 폐쇄하고 잔액의 지급을 청구할 수 있다. 이때에도 계산서의 승인절차를 거쳐야 하며, 승인이 없으면 유인적 잔액채권으로 존속한다.

Ⅳ. 익명조합

1. 의의

익명조합은 익명조합원(자본금 제공자)이 영업자(기업 경영자)에게 출자를 하고 영업자가 영업에서 생기는 이익을 익명조합원에게 분배할 것을 약정하는 계약이다(상법 제78조).

익명조합은 중세 코멘다계약에서 유래하는 것으로, 코멘다계약은 자본가가 영업자에게 상품·금전·선박 등을 위탁하고, 영업자는 무역을 하여 그 이익을 분배할 것을 약정하는 것이었다. 이것이 자본가가 드러나는 합자회사와 드러나지 않는 익명조합으로 분화되게 되었다.

2. 당사자

익명조합은 영업자와 익명조합원간의 계약이다. 익명조합에서 영업자는 단독으로 기업경영을 하고 익명조합원의 출자도 영업자의 재산으로 되며, 또한 기업활동으로 생기는 권리·의무도 영업자에게 귀속된다. 익명조합원은 단지 업무감시권만 가진다.

3. 익명조합의 효력

(1) 대내관계

1) 이익의 분배

이익의 분배는 익명조합의 본질적 요소이다. 이익을 불문하고 분배하는 것은 이자나 임대차가 되므로 익명조합의 본질에 반한다.

이익의 분배비율은 민법의 조합에 관한 규정을 준용한다(민법 제711조). 따라서 그 분배는 ① 당사자간의 약정 ② 손실분배비율(이익분배비율로 추정) ③ 출자액과 영업자의 투하재산, 노무의 투하액에 비례하여 결정한다.

2) 손실의 분담

손실의 분담은 익명조합의 본질적 요소는 아니나 이익분배를 받으므로 손실도 분담하여야 한다. 손실의 분담율은 다른 약정이 없으면 이익분배율과 같은 것으로 추정한다(민법 제711조 제2항).

손실의 분담은 그의 출자액이 손실액만큼 감소하는 것이며, 이는 계산상의 분담으로 다른 약정이 없는 한 현실로 전보할 필요는 없다. 그러나 손실을 전보한 후가 아니면 이익배당을 청구하지 못한다(상법 제81조 제1항). 손실의 누적으로 익명조합원의 출자액이 영으로 되거나 마이너스로 된 경우에 당사자간에 다른 약정이 없으면 익명조합원은 이미 받은 이익을 반환하거나 증자할 의무가 있는 것은 아니다(상법 제82조 제2항, 제3항).

(2) 대외관계

익명조합은 대외적으로 영업자 단독의 기업이므로 그 재산은 영업자의 개인적 채권자에 대하여 책임재산으로 되고, 익명조합원은 제3자에 대하여 아무런 권리·의무도 가지지 아니한다(상법 제80조).

그러나 익명조합원이 자기의 성명을 영업자의 상호 중에 사용하거나 자기의 상호를 영업자의 상호로 사용할 것을 허락한 때에는 익명조합원은 그 사용 이후의 채무에 대하여 영업자와 연대하여 변제할 책임이 있다(상법 제81조).

4. 종료

(1) 존속기간을 정한 때

익명조합의 존속기간을 정한 때에는 기간만료에 의하여 익명조합은 종료한다. 다만 조합의 존속기간의 약정에 불구하고 부득이한 사유가 있으면 언제든지 계약을 해지할 수 있다(상법 제83조 제2항).

(2) 당사자의 해지

조합계약으로 조합의 존속기간을 정하지 아니하거나 어느 당사자의 종신까지 존속할 것을 약정한 때에는 각 당사자는 영업연도 말에 계약을 해지할 수 있다. 그러나 이 해지는 6월전에 상대방에게 예고하여야 한다(상법 제83조 제1항). 존속기간 약정이 있어도 부득이한 사유가 있으면 언제든지 해지가 가능하다(상법 제83조 제2항).

(3) 법정종료원인

다음의 경우에는 익명조합관계가 종료된다(상법 제84조). ① 영업의 양도 또는 폐지 : 익명조합은 영업의 존속을 전제로 한다. ② 영업자의 사망 또는 성년후견개시 : 익명조합원의 사망은 종료사유가 아니고 상속인에게 승계된다. ③ 영업자 또는 익명조합원의 파산

V. 합자조합

1. 의의

합자조합은 조합의 업무집행자로서 조합의 채무에 대하여 무한책임을 지는 조합원과 출자가액을 한도로 하여 유한책임을 지는 조합원이 상호출자하여 공동사업을 경영할 것을 약정하는 것이다(상법 제86조의 2).

합자조합은 합자회사와 달리 법인격이 없고, 그 운영에 보다 많은 사적 자치를 인정한다는 점이 특색이다.[53] 이러한 합자조합은 특히 사모투자펀드 등에 적합한 기업형태가 될 것으로 본다.

2. 합자조합의 설립

합자조합은 합자조합의 설립을 위한 조합계약 만에 의하여 설립될 수 있다. 다만 조합계약서에 법정기재사항을 적고, 총조합원이 기명날인하거나 서명하여야 한다(상법 제86조의 3).

조합계약의 법정기재사항을 다음과 같다. ① 목적 ② 명칭 ③ 업무집행조합원의 성명 또는 상호, 주소 및 주민등록번호 ④ 유한책임조합원의 성명 또는 상호, 주소 및 주민등록번호 ⑤ 주된 영업소의 소재지 ⑥ 조합원의 출자에 관한 사항 ⑦ 조합원에 대한 손익분배에 관한 사항 ⑧ 유한책임조합원의 지분의 양도에 관한 사항 ⑨ 둘 이상의 업무집행조합원이 공동으로 합자조합의 업무를 집행하거나 대리할 것을 정한 경우에는 그 규정 ⑩ 업무집행조합원 중 일부 업무집행조합원만 합자조합의 업무를 집행하거나 대리할 것을 정한 경우에는 그 규정 ⑪ 조합의 해산 시 잔여재산 분배에 관한 사항 ⑫ 조합의 존속기간이나 그 밖의 해산사유에 관한

---

53 업무집행조합원과 유한책임조합원의 권리·의무에 대하여 조합계약에서 달리 규정할 수 있도록 하고 있다(상법 제86조의 8 제2항, 제3항).

사항 ⑬ 조합계약의 효력 발생일

3. 출자

합자조합의 모든 조합원은 반드시 출자를 하여야 한다. 조합원의 출자에 관한 사항은 조합계약에 정하여야 한다(상법 제86조의 3 6호). 업무집행조합원은 재산·노무 또는 신용을 출자의 목적으로 할 수 있으나, 유한책임사원은 신용 또는 노무를 출자의 목적으로 하지 못한다(상법 제86조의 8, 상법 제272조). 다만 조합계약에 의하여 이와 달리 규정할 수 있다.

4. 조합원의 지위

(1) 업무집행조합원

업무집행조합원은 조합계약에 다른 규정이 없으면 각자가 합자조합의 업무를 집행하고 대리할 권리와 의무가 있다(상법 제86조의 5 제1항). 둘 이상의 업무집행조합원이 있는 경우에 조합계약에 다른 정함이 없으면 그 각 업무집행조합원의 업무집행에 관한 행위에 대하여 다른 업무집행조합원의 이의가 있는 경우에는 그 행위를 중지하고 업무집행조합원 과반수의 결의에 따라야 한다(상법 제86조의 5 제3항).

(2) 유한책임조합원

유한책임조합원은 조합계약에 다른 규정이 없으면 조합의 업무집행이나 대표행위를 하지 못한다(상법 제86조의 8, 상법 제278조). 유한책임조합원은 조합계약에서 정한 출자가액에서 이미 이행한 부분을 뺀 가액을 한도로 하여 조합채무를 변제할 책임이 있다(상법 제86조의 6 제1항). 이 경우 합자조합에 이익이 없음에도 불구하고 배당을 받은 금액은 변제책임을 정할 때에 변제책임의 한도액에 더한다(상법 제86조의 6 제2항).

(3) 조합원의 의무

1) 선관주의의무

업무집행조합원은 선량한 관리자의 주의로써 업무를 집행하여야 한다(상법 제86조의 5 제2항).

2) 경업피지의무

합자조합의 업무집행조합원은 조합계약에 다른 규정이 없으면 합자회사의 무한책임사원과 같이 다른 모든 조합원의 동의가 없으면 경업피지의무를 부담한다(상법 제86조의 8, 상법 제198조). 이때의 업무집행조합원에는 조합계약에 의하여 업무집행권이 부여된 유한책임조합원을 포함한다.

이와 달리 유한책임조합원의 경우에는 원칙적으로 업무집행을 하지 않으므로 경업피지의무를 부담하지 않는다.

3) 자기거래금지의무

합자회사의 업무집행조합원은 조합계약에 다른 규정이 없으면 합자회사의 무한책임사원과 같이 다른 조합원 과반수의 결의가 있는 때에 한하여 자기 또는 제삼자의 계산으로 조합과 거래를 할 수 있다(상법 제86조의 8 제2항, 상법 제199조). 이때의 업무집행조합원에는 조합계약에 의하여 업무집행권이 부여된 유한책임조합원을 포함한다.

합자조합의 유한책임조합원도 자기거래금지의무가 인정된다(상법 제86조의 8 제3항, 상법 제199조).

(4) 지분의 양도

업무집행조합원은 다른 조합원 전원의 동의를 받지 아니하면 그 지분의 전부 또는 일부를 타인에게 양도하지 못한다(상법 제86조의 7 제1항).

이와 달리 유한책임조합원의 지분은 조합계약에서 정하는 바에 따라 양도할 수 있다(상법 제86조의 7 제2항). 유한책임조합원의 지분을 양수한 자는 양도인의 조합에 대한 권리·의무를 승계한다(상법 제86조의 7 제3항).

(5) 책임

업무집행조합원은 조합의 재산으로 조합의 채무를 완제할 수 없는 때에는 각 조합원은 연대하여 변제할 책임이 있다(상법 제86조의 8 제2항, 제212조). 조합재산에 대한 강제집행이 주효하지 못한 경우에도 마찬가지이다. 여기서 업무집행조합원의 책임은 인적·연대·무한·직접의 성격을 가진다.

이에 반해 유한책임조합원은 조합계약에서 정한 출자가액에서 이미 이행한 부분을 뺀 가액을 한도로 하여 조합채무를 변제할 책임이 있으므로(상법 제86조의 6 제1항), 그 책임은 인적·연대·유한·직접의 성격을 가진다.

5. 해산

합자조합의 해산사유는 조합계약에서 정하여지는데(상법 제86조의 2 12호), 조합계약에 상관없이 업무집행조합원 또는 유한책임조합원의 전원이 퇴사한 때에는 해산사유가 된다(상법 제86조의 8 제1항, 제285조),

합자조합이 해산된 때에는 합병과 파산의 경우 외에는 그 해산사유가 있은 날로부터 본점 소재지에서는 2주간내, 지점 소재지에서는 3주간내에 해산등기를 하여야 한다(상법 제86조의 8 제1항, 제228조).

합자조합에 해산사유가 발생하면 파산의 경우 외에는 청산절차가 개시되는데, 청산절차는 청산인이 진행한다. 합자조합의 청산인은 무한책임사원 과반수의 의결로 선임한다. 이를 선임하지 아니한 때에는 업무집행사원이 청산인이 된다(상법 제86조의 8 제2항, 제287조).

청산인이 선임된 때에는 그 선임된 날로부터, 업무집행사원이 청산인이 된 때에는 해산된 날로부터 본점 소재지에서는 2주간내, 지점 소재지에서는 3주간내에 청산인의 성명 등 일정 사항을 등기하여야 한다(상법 제86조의 8 제1항, 제253조). 청산이 종결된 때에도 위의 기간 내에 청산종결의 등기를 하여야 한다(상법 제86조의 8 제1항, 제264조).

제3장 상행위법 각론

Ⅰ. 대리상

1. 의의

대리상은 상업사용인이 아니면서 일정한 상인을 위하여 상시 그 영업부류에 속하는 거래의 대리 또는 중개를 영업으로 하는 자이다(상법 제87조).

(1) 일정한 상인을 위한 영업보조

일정한 상인을 대리상에 대하여 본인이라고 한다. 대리상은 일정한 상인을 위하여 영업을 보조하는 자이므로 불특정다수인을 위하여 영업을 보조하는 중개인이나 위탁매매인과 다르다.

(2) 계속적 위임관계

대리상은 일정한 상인을 위하여 상시 상인의 영업을 보조하는 자이다. 이 점에서 1회 또는 수회에 한하여 개별적 대리를 하는 상행위의 대리인과 구별된다.

(3) 본인의 영업부류에 속하는 거래의 대리·중개

거래의 대리는 대리상이 본인을 대리하여 상대방과 계약을 체결하는 자이고, 거래의 중개는 본인을 위하여 본인과 상대방간에 개재하여 양자간에 계약이 성립되도록 매개하는 것이다. 일정한 상인을 위하여 상대방과 거래를 대리하는 대리상을 체약대리상이라 하고, 일정한 상인과 상대방간에 거래가 성립되도록 중개하는 대리상을 중개대리상이라고 한다. 전자는 대리권을 가짐에 반하여 후자는 대리권이 없다.

(4) 독립의 상인

대리상은 독립된 상인으로서, 특정한 상인에 종속하여 영업을 보조하는 상업사용인과 구별된다.

2. 대리상계약

대리상과 본인간의 계약을 대리상계약이라고 한다. 대리상계약은 거래의 대리를 위탁하거나 거래의 중개를 위탁하는 위임계약이다.

> **관련사항** **특약점**
> 상품공급자와 계속적인 상품공급계약을 체결하고 그 상품공급자로부터 상품을 매입하여 자기의 명의와 자기의 계산으로 판매하는 자의 영업소(실제 : 대리점이라는 이름을 사용) : 상품공급계약은 매매

3. 대리상의 권리·의무

(1) 대리상과 본인의 관계

대리상계약은 위임이므로 상법에 달리 규정한 경우를 제외하고 위임에 관한 민법과 상법의 일반규정에 의해서 규율된다.

1) 의무

(가) 일반적 의무

대리상은 수임인으로서 사무처리에 있어서 선관주의의무(민법 제681조)를 진다.

(나) 통지의무

대리상이 거래의 대리 또는 중개를 한 때에는 지체없이 본인에게 그 통지를 발송해야 한다(상법 제88조). 민법은 위임인인 본인의 청구가 있을 때 보고하여야 하지만(민법 제683조), 대리상의 경우 본인이 일일이 보고를 청구할 수 없으므로 대리상의 통지의무를 인정하고 있다.

(다) 경업금지의무

대리상은 본인의 허락없이 자기 또는 제3자의 계산으로 본인의 영업부류에 속하는 거래를 하지 못하고(경업거래금지), 동종영업을 목적으로 하는 회사의 무한책임사원 또는 이사가 되지 못한다(겸직금지)(상법 제89조 제1항).

경업금지의무는 이익충돌의 방지를 위한 것으로, 대리상이 본인의 영업에 관한 기밀을 알 수 있는데 이를 이용하여 자기의 이익을 추구할 가능성이 있으므로 이를 방지하기 위하여 인정되는 것이다.

경업거래금지는 대리상이 본인과 경업관계에 서는 것을 방지하는 것이고, 겸직금지는 정력분산을 방지하기 위한 것이다. 겸직금지의 경우 대리상이 상업사용인과 달리 충실의무를 지는 것이 아니므로 그 범위를 동종영업내로 제한하고 있다.

경업금지의무에 위반한 경우, 대리상의 행위가 무효가 되는 것이 아니고, 대리상에 대하여 대리상계약의 해지 또는 손해배상청구가 가능할 뿐이다. 다만 손해배상청구에 있어서 손해의

증명 등에 어려움이 있으므로 본인을 보호하기 위하여 개입권을 인정한다. 그리하여 대리상이 자기의 계산으로 거래를 하였으면 본인은 이것을 본인의 계산으로 한 것으로 볼 수 있고(취득한 금전, 물건, 채권 등을 양도할 의무), 제3자의 계산으로 거래를 하였으면 본인은 대리상에 대하여 이로 인한 이득의 양도를 청구할 수 있다(상법 제89조 제2항, 제17조 제4항). 여기서 이득의 양도란 대리상이 받은 보수 등의 양도를 청구할 수 있다는 의미이다.

2) 권리

(가) 보수청구권

대리상도 상인이므로 본인을 위하여 거래의 대리 또는 중개를 한 때에는 보수청구권을 가진다(상법 제61조).

(나) 유치권

① 의의 : 대리상은 거래의 대리 또는 중개로 인하여 생긴 채권이 변제기에 있는 때에는 그 변제를 받을 때까지 본인을 위하여 점유하는 물건 또는 유가증권을 유치할 수 있다(상법 제91조).

② 당사자 : 대리상의 유치권의 당사자는 대리상과 본인으로 양 당사자가 상인이다. 이 점에서 상인간의 유치권과 같다.

③ 피담보채권 : 유치권에 의하여 담보되는 피담보채권은 대리상이 거래의 대리 또는 중개로 인하여 생긴 채권으로 수수료채권이나 체당금상환채권 등이다.

④ 목적물 : 유치권의 대상인 목적물은 대리상이 본인을 위하여 적법하게 점유하는 물건 또는 유가증권이면 충분하고, 본인 소유의 물건 또는 유가증권일 필요는 없다. 또한 점유취득원인이 상행위일 필요도 없다. 이 점에서 상인간의 유치권과 차이가 난다.

⑤ 견련관계 : 피담보채권과 목적물간의 견련관계가 요구되지 않는다. 따라서 피담보채권이 목적물에 관하여 생긴 것임을 요구하지 않는다.

⑥ 유치권배제의 특약이 없어야 한다.

(2) 대리상과 상대방의 관계

1) 대리권

체약대리상의 경우 본인을 위한 대리권을 가진다. 따라서 대리권의 범위내에서 한 행위는 그 효과가 당연히 본인에게 미치게 된다.

2) 통지수령권

상사매매에 있어서 매수인이 하자담보책임을 묻기 위해서는 통지의무를 이행하여야 하는데(상법 제69조), 이때 물건의 판매나 그 중개의 위탁을 받은 대리상은 매매의 목적물의 하자 또는 수량부족 기타 매매의 이행에 관한 통지를 받을 권한이 있다(상법 제90조). 이는 대리상의 수동대리권을 의제하는 것이다. 그런데 체약대리상의 경우 위임받은 행위를 하기 위하여 필요한 범위에서 대리권을 가지므로 일반적으로 수동대리권도 가진다고 볼 것이다. 따라서 이 규정은 중개대리상의 경우에 의미가 있다.

4. 종료

(1) 사유

대리상계약은 위임이므로 위임의 종료사유인 당사자 일방의 파산, 대리상의 사망, 성년후견개시의 심판을 받으면 대리상계약은 종료한다(민법 제690조). 다만 대리상은 상인이 영업에 관하여 수여한 대리권을 가지는 자로서, 본인의 사망은 대리상계약의 종료원인이 아니다(상법 제50조).

대리상계약은 본인의 영업을 전제로 하는 것이므로 본인이 영업의 폐지 또는 양도한 경우에도 대리상계약은 종료된다.

대리상계약은 계약의 해지에 의하여도 종료하는데, 대리상계약의 존속기간을 정하지 않은 경우에는 각 당사자는 2월전에 예고하고 대리상계약을 해지할 수 있다(해지예고)(상법 제92조 제1항). 존속기간의 약정의 유무를 불문하고 부득이한 사유가 있는 때에는 각 당사자는 언제든지 대리상계약을 해지할 수 있다(즉시해지)(상법 제92조 제2항, 제83조 제2항).

(2) 종료의 효과

1) 대리상의 보상청구권

대리상의 활동으로 본인이 새 고객을 획득하거나 영업상의 거래가 현저하게 증가하고, 이로 인하여 대리상계약의 종료 후에도 본인이 이익을 얻고 있는 경우에는 상당한 보상을 청구할 수 있다(상법 제92조의 2). 대리상은 대리상계약이 존속하는 동안에는 보수청구권을 종료 후에는 보상청구권을 가지게 된다.

2) 대리상의 영업비밀준수의무

대리상은 대리상계약의 종료 후에도 대리상계약과 관련하여 알게 된 본인의 영업상의 비밀을 준수하여야 한다(상법 제92조의 3).

Ⅱ. 중개인

1. 의의

중개인은 타인간의 상행위의 중개를 영업으로 하는 자이다(상법 제93조). 중개인은 유가증권 기타 상품의 매매, 금융거래, 고용계약, 해상보험 등의 분야에서 이용되고 있다.

(1) 중개

중개란 당사자간의 법률행위가 성립하도록 진력하는 사실행위이다. 즉 거래상대방을 소개하고 신용에 대한 조언, 시장의 상황에 대한 조사보고, 상품의 감정 또는 거래조건에 대한 조언 등을 하는 것이다.

(2) 상행위의 중개

중개인은 상행위의 중개를 하는 자이다. 영업으로 하는 상행위의 중개를 예정하고 있으므로 영업적 상행위에 한하고 보조적 상행위로서의 중개는 포함되지 않는다(통설). 따라서 영업적 상행위가 아닌 행위를 중개하는 것을 영업으로 하는 자, 예를 들면 혼인의 중개나 부동산 중개는 포함되지 않는다. 부동산의 중개를 영업으로 하는 민사중개인은 여기서의 중개인은 아니나 민사중개를 영업으로 할 때 상인이 된다.

(3) 타인간의 상행위의 중개

중개인은 타인간의 상행위를 중개하는 자로서 그 당사자가 특정될 필요가 없다. 이 점에서 중개대리상과 차이가 난다.

2. 종류

중개의 위탁자와 중개인간에 중개위탁의 계약으로서 중개계약을 맺게 되는데, 중개계약을 다음으로 나누어 볼 수 있다.

(1) 쌍방적 중개계약

쌍방적 중개계약은 중개인이 당사자간의 계약의 성립에 진력할 의무를 부담하고 또 계약이 성립된 경우에는 위탁자가 중개인에게 보수를 지급하여야 할 의무를 부담하는 것이다. 이때 중개계약은 위임계약으로 본다. 중개계약은 당사자간에 별다른 특약이 없으면 원칙적으로 쌍방적 중개계약으로 본다.

(2) 일방적 중개계약

일방적 중개계약은 중개인이 당사자간의 계약의 성립에 진력할 의무를 부담하지 않으나 그가 당사자간의 계약의 성립에 진력하여 계약이 성립된 때에는 위탁자가 중개인에게 보수를 지급할 의무를 부담하는 것이다.

그 성질에 대하여 위임계약으로 보는 견해, 도급계약과 유사한 특수한 계약으로 보는 견해가 있다. 중개계약은 위탁자가 중개인에게 중개를 위탁하는 계약이므로 위임계약으로 보겠다. 위임계약으로 볼 때 계약에 따른 주의의무로서 계약의 성립을 위해 노력해야 할 의무가 인정되게 된다.

3. 중개인의 권리·의무

(1) 중개인과 당사자간의 관계

중개계약은 당사자 쌍방이나 일방과 체결이 가능한데, 당사자의 일방하고만 맺은 경우에도 다른 당사자에게 일정한 법률관계가 생긴다. 예를 들면 중개인은 타방 당사자에 대하여도 견품보관의무(상법 제95조), 결약서보관의무(상법 제96조), 장부의 등본의 교부의무(상법 제97조 제2항) 등의 의무를 지게 된다. 이러한 중개인과 계약관계가 없는 타방 당사자간의 법률관계는 법률이 특별히 인정한 효과(법정효과설)로 본다.

(2) 의무

1) 일반적 의무

중개계약을 위임계약으로 보면 중개인은 수임인으로서 위탁자에 대하여 선량한 관리자의 주의로 계약의 성립에 진력하여야 한다. 또한 중개인은 이해가 상반된 당사자간에서 중개하는 것이므로 어느 일방의 이익에 치중하여서는 안 되고, 중립적인 지위에서 객관적으로 중개하여야 한다(중립성의 원칙).

2) 분쟁방지의무

(가) 견품보관의무

중개인이 그 중개한 행위에 관하여 견품을 받은 때에는 그 행위가 완료될 때까지 견품을 보관하여야 한다(상법 제95조). 이는 견품을 받고 견품매매를 중개한 경우에 증거를 보관한다는 의미를 가진다.

견품보관의무는 중개한 행위가 완료될 때까지 존속한다. 중개한 행위가 완료될 때까지란 중개한 행위가 성립된 때가 아니고, 계약상의 권리·의무가 소멸되어 목적물의 품질에 대한 분쟁이 발생하지 아니할 것이 확실하게 된 때까지를 말한다.

견품보관의무에 위반한 경우에 손해배상책임을 진다.

(나) 결약서교부의무

당사자간의 계약이 성립된 때에는 중개인은 지체없이 각 당사자의 성명 또는 상호, 계약연월일과 그 요령을 기재한 서면을 작성하여 기명날인한 후 각 당사자에게 교부하여야 한다(상법 제96조 제1항). 중개인이 계약성립 후 작성하는 이 서면을 결약서라고 한다. 이는 계약이 성립된 후 중개인이 작성하는 것이므로 계약서가 아니며, 또한 계약의 성립요건이나 효력발생요건이 아니고 단지 계약의 성립과 내용에 대한 증거로서 증거서면에 불과하다.

당사자간에 계약이 성립된 때에는 중개인은 결약서를 작성하여 각 당사자에게 교부하여야 한다. 이때 당사자의 일방이 결약서의 수령을 거부하거나 결약서에 기명날인을 하지 않을 때에는 중개인은 지체없이 상대방에게 그 통지를 발송하여야 한다(상법 제96조 제3항).

(다) 장부작성의무·등본교부의무

① 장부작성의무 : 중개인은 장부를 비치하고, 장부에 결약서의 기재사항 즉 당사자의 성명 또는 상호, 계약연월일과 그 요령을 기재하여야 한다(상법 제97조 제1항). 이것을 중개인 일기장이라고 한다. 중개인의 장부는 타인간의 거래에 관한 증거를 보전하기 위하여 작성하는 장부이다.

② 등본교부의무 : 당사자는 언제든지 자기를 위하여 중개한 행위에 관한 장부의 등본의 교부를 청구할 수 있다(상법 제97조 제2항).

3) 성명묵비·개입의무

(가) 성명묵비의무

당사자가 그 성명 또는 상호를 상대방에게 표시하지 않을 것을 요구한 때에는 중개인은 상대방에게 교부할 결약서와 그 장부의 등본에 그 성명 또는 상호를 기재할 수 없다(상법 제98조). 다만 중개인의 장부(중개인 일기장)에는 그 성명 또는 상호를 기재하여야 한다.

(나) 개입의무

중개인이 임의로 또는 당사자의 요구에 의하여 당사자 일방의 성명이나 상호를 상대방에게 표시하지 않은 때에는 그 상대방은 중개인에 대하여 이행을 청구할 수 있다(상법 제99조). 이러한 중개인의 상대방에 대한 이행책임을 개입의무라고 한다. 이는 법정담보책임으로 중개인은 개입의 의사표시를 하지 않아도 상대방에 대하여 당연히 이행의 책임을 진다.

중개인이 이행책임을 져도 계약의 당사자는 당사자 일방과 상대방이고 중개인이 계약의 당사자가 되는 것은 아니며, 중개인이 이행을 하여도 상대방에 대하여 반대급부를 청구할 수 없다. 이 점에서 위탁매매인의 개입과 차이가 난다. 다만 중개인은 묵비의 당사자에 대하여 구상할 수 있다.

(3) 권리

1) 보수청구권

중개인은 상인이므로 다른 약정이 없어도 상당한 보수의 청구가 가능하다. 보수청구권을 행사하기 위하여는 ① 당사자간의 계약이 유효하게 성립하여야 한다. ② 계약의 성립과 중개 간에 인과관계가 있어야 한다. 중개인이 중개에 착수한 후에 당사자가 중개료지급의무를 면하기 위하여 중개계약을 해지하고 당사자가 직접 교섭하여 계약을 체결한 경우, 이는 조건의 성취를 신의칙에 반하여 방해하는 것이 되므로 조건의 성립을 인정할 것이고(민법 제150조), 그에 따른 중개료청구가 가능하다. ③ 결약서교부절차가 종료되어야 한다(상법 제96조). 민사중개의 경우에는 계약의 이행을 조건으로 중개료 지급하기로 특약을 하거나 그러한 관습이 있는 경우가 많다.

중개료는 다른 약정이나 관습이 없는 한 당사자 쌍방이 균분하여 부담한다(상법 제100조 제2항). 이때 일방이 지급하지 않아도 중개인은 상대방에게 지급청구할 수 없다.

2) 급여수령권의 부존재

중개인은 계약의 당사자나 대리인이 되지 못하므로 다른 약정이나 관습이 없는 한 그 중개한 계약에 관하여 당사자를 위하여 지급 기타의 이행을 받지 못한다(상법 제94조).

3) 비용상환청구권의 부존재

중개비용은 보수에 포함되므로 다른 약정이나 관습이 없는 한 각 당사자에 대하여 그 지출한 중개비용의 상환을 청구할 수 없다.

Ⅲ. 위탁매매업

1. 의의

위탁매매인은 자기의 명의로 타인의 계산으로 물건 또는 유가증권의 매매를 영업으로 하는 자이다(상법 제101조).

(1) 주선업자

위탁매매인은 자기의 명의로 타인의 계산으로 법률행위를 하는 것이다. 이같이 자기의 명의로 타인의 계산으로 법률행위를 하는 것을 주선이라고 한다.

위탁매매인은 위탁의 인수를 영업으로 하는 자이다. 그 영업적 상행위는 주선계약이고 실행행위로서 제3자와 체결하는 매매계약은 영업을 위하여 하는 행위로서 보조적 상행위이다(통설). 이 점에서 매매계약을 영업으로 하는 일반 매매상과 차이가 난다.

위탁매매인은 상인이지만 위탁자는 상인이거나 특정인이어야 하는 것은 아니다.

(2) 주선의 목적인 행위

위탁매매인의 주선의 목적인 행위는 물건 또는 유가증권의 매매이다. 여기서 부동산도 포함되는가 여부에 대하여 견해가 갈린다. 긍정설은 물건에 부동산이 포함되므로 부동산의 주선도 포함된다고 본다. 부정설은 부동산은 보통 상거래의 대상으로 되지 않기 때문에 부동산의 주선은 포함되지 않는다고 한다. 보건대, 부동산을 제외할 이유가 없기에 포함된다고 본다.

무체재산권과 채권(유가증권이 아닌 채권)은 제외한다. 무체재산권은 다음에 보는 준위탁매매의 대상이 된다.

매매는 매도 또는 매수의 어느 한쪽만으로도 충분하다. 매매를 대상으로 하기에 매매 또는 물건운송(운송주선인으로 별도 규정) 외의 행위를 하는 준위탁매매인과 다르다.

2. 위탁매매업의 법률관계

(1) 내부관계

위탁매매업의 내부관계는 위탁자와 위탁매매인간의 관계를 말한다. 위탁매매계약은 매매의 주선의 위탁을 인수하는 것으로서 그 법적 성질은 위임이다. 따라서 위탁매매에 관한 규정 외에 위임에 관한 규정이 적용된다(상법 제112조).

위탁매매에 있어서 매도위탁의 경우 그 목적물을 위탁매매인에게 인도하고 매수위탁의 경우 위탁자가 그 대금을 위탁매매인에게 교부하여야 하지만, 위탁매매계약은 낙성계약으로 당사자간의 합의에 의하여 성립한다.

매수위탁자가 상인인 경우에 위탁자와 위탁매매인 사이는 매수인과 매도인과 유사하다. 따라서 이때는 상사매매에 관한 규정이 준용된다(상법 제110조).

(2) 외부관계

위탁매매업의 외부관계는 위탁매매인과 상대방간의 관계를 말하는 것으로, 이는 보통의 매매이다. 그 매매계약의 성립 및 효력에 영향을 미치는 사항이나 상대방이 위탁매매인에 대하여 대항할 수 있는 항변의 존부는 모두 위탁매매인을 기준으로 한다.

위탁자와 상대방간에는 아무런 관계가 없다. 상대방이 채무를 이행하지 않으면 위탁자가 손해를 보게 되나, 위탁매매인이 위탁자에 대하여 이행담보책임(상법 제105조)을 지므로 위탁자는 보호된다.

(3) 위탁물의 귀속

위탁매매인은 위탁매매로 인하여 취득한 권리나 물건을 위탁자에게 이전해 주어야 할 의무를 부담하는데(민법 제684조 : 수임인의 취득물건의 이전의무), 위탁매매인이 그 의무를 이행하지 않는 한 그 권리나 물건은 위탁자에게 이전하지 않는다.

그러나 이러한 법률적 형식에 따를 때, 위탁매매인이 이전의무를 이행하기 전에 파산한 경우에는 그 권리나 물건이 파산재산에 귀속하여 위탁자가 환취권을 행사할 수 없는 등 불합리한 결과가 발생할 수 있다. 따라서 상법은 위탁자와 위탁매매인 또는 위탁매매인의 채권자간의 관계에서 위탁물 등의 귀속에 관하여 "위탁매매인이 위탁자로부터 받은 물건 또는 유가증권이나 위탁매매로 인하여 취득한 물건, 유가증권 또는 채권(매도위탁의 경우 : 대금채권 등)은 위탁자와 위탁매매인 또는 위탁매매인의 채권자간의 관계에서는 이를 위탁자의 소유 또는 채권으로 본다."고 규정하여 위탁자를 보호하고 있다(상법 제103조).

이에 따라 매도위탁의 경우 매도 후 대금이나 대금채권에 대하여 위탁매매인의 채권자가 강제집행하는 경우에 위탁자는 제3자이의의 소를 제기할 수 있다. 또한 위탁매매인이 파산한 경우에 위탁자는 환취권의 행사가 가능하며, 매수위탁의 경우 인도받은 물건이나 물건인도청구권에 대하여 마찬가지의 효과가 있다.

여기서 말하는 위탁매매인의 채권자에서 거래상대방은 제외한다는 것이 다수의 견해이다. 위탁매매인을 신뢰하여 거래한 상대방을 위탁자보다는 더 보호하여야 할 것이므로 제외하는 것이 타당할 것이다.

3. 위탁매매인의 권리·의무

(1) 위탁매매인의 의무

위탁매매인과 위탁자간의 관계는 위임이므로 위탁매매인은 수임인으로서 위임의 본지에 따라 선량한 관리자의 주의로 사무를 처리하여야 한다. 기타 위탁매매인의 의무로서 상법은 통지의무·계산서제출의무(상법 제104조), 지정가액준수의무(상법 제106조), 위탁물의 하자통지의무·처분의무(상법 제108조), 이행담보책임(개입의무)(상법 제105조) 등에 관하여 규정하고 있다.

① 통지의무·계산서제출의무 : 위탁매매인은 위임받은 매매를 한 경우 지체없이 위탁자에

대하여 계약의 요령과 상대방의 주소·성명의 통지를 발송하여야 한다(상법 제104조).

② 지정가액준수의무 : 위탁자가 가액을 지정한 경우에는 위탁매매인은 그 지정가액을 준수하여야 한다(민법 제681조). 그러나 차액부담부 염가매도 또는 고가매수의 경우, 즉 차액을 위탁매매인이 부담하는 경우에는 그 매매는 위탁자에 대하여 효력이 있다(상법 제106조). 반대로 고가매도 또는 염가매수의 경우에 다른 약정이 없는 한 그 차액은 위탁자의 이익으로 된다(상법 제106조 제2항). 가격의 지정은 그보다 유리한 가격으로 매도 또는 매수를 위한 것이므로 고가매도 또는 염가매수의 경우 위탁자의 이익으로 본다.

③ 위탁물의 하자통지의무·처분의무 : 위탁매매인이 위탁매매의 목적물을 인도받은 후에 그 물건의 훼손 또는 하자를 발견하거나 그 물건이 부패할 염려가 있는 때 또는 가격저하의 상황을 안 때에는 지체없이 위탁자에게 그 통지를 발송해야 한다(상법 제106조). 이때 위탁자의 지시를 받을 수 없거나 지시가 지연되는 때 위탁매매인은 위탁자의 이익을 위하여 적당한 처분을 할 수 있다. 처분의 예로는 공탁·경매·반송 등을 들 수 있다. 여기서의 위탁물은 위탁자로부터 받은 물건 또는 유가증권뿐만 아니라 위탁매매로 인하여 취득한 물건 또는 유가증권도 포함된다.

④ 이행담보책임(개입의무) : 위탁매매인은 다른 약정이나 관습이 없는 한 위탁자를 위한 매매에 관하여 상대방이 채무를 이행하지 않는 경우에는 위탁자에 대하여 이를 이행할 책임이 있다(상법 제105조). 이러한 이행담보책임은 상법상 특별히 인정된 손해담보책임으로서 무과실책임이다.

(2) 위탁매매인의 권리

① 일반적 권리 : 위탁매매인은 상인으로 보수청구권을 가지므로 상당한 보수의 지급을 청구할 수 있다(상법 제61조). 또 위탁자와 위탁매매인은 위임관계에 있으므로 위임사무의 처리에 필요한 비용의 선급 및 상환청구권을 가지며(민법 제687조, 제688조), 비용을 체당한 때에는 체당금과 그 이자의 지급을 구할 수 있다(민법 제688조 제1항).[54]
기타 상법은 위탁물에 대한 유치권(상법 제111조, 제91조), 매수주선위탁의 경우 공탁권·자조매각권(상법 제109조), 위탁매매인이 거래소의 시세있는 물건의 매매의 주선을 위탁받은 때에는 자신이 직접 그 거래 상대방이 될 수 있는 개입권(상법 제107조) 등에 관하여 규정하고 있다.

② 위탁물에 대한 유치권 : 위탁매매인은 위탁매매로 인한 채권이 변제기에 있는 때에는

---

54 이는 필요비 청구에 관한 규정인데 비용을 갚았으니 그 이자의 청구가 가능하다는 취지이다. 그 외 체당금에 관한 상법 제55조 제2항도 적용이 가능할 것이다.

위탁자를 위하여 점유하는 물건 또는 유가증권을 유치할 수 있다(상법 제111조, 제91조). 이는 대리상의 유치권과 같다. 위탁자가 상인인 경우에는 상인간의 유치권도 가능하다.

③ 매수주선위탁의 경우에 공탁권·자조매각권 : 위탁자가 매수한 물건의 수령을 거부하거나 이를 수령할 수 없는 때에는, 위탁매매인은 그 물건을 공탁하거나 상당한 기간을 정하여 최고한 후 경매할 수 있다(상법 제109조, 제67조 제1항). 매수인에 대하여 최고를 할 수 없거나 목적물이 멸실 또는 훼손될 염려가 있는 때에는 최고없이 경매할 수 있다(상법 제109조, 제67조 제2항).

이는 위탁자가 상인이 아니어도 적용된다. 만일 위탁자가 상인인 때에는 공탁 · 자조매각권을 제외한 상인간의 매매에 관한 규정을 유추적용하므로(상법 제68~71조), 매수인의 목적물 검사와 하자통지의무, 목적물 보관 · 공탁의무 등이 인정된다.

④ 개입권 : 위탁매매인이 거래소의 시세있는 물건의 매매의 주선을 위탁받은 때에는 자신이 직접 그 거래 상대방이 될 수 있는 개입권을 가진다(상법 제107조). 이는 전면적 개입권으로 운송주선인의 개입권과 같다. 거래소의 시세있는 물건의 매매의 예로는 농수산물도매시장, 유가증권시장 등에서의 매매를 들 수 있다.

4. 종료

위탁매매계약은 위임이기 때문에 위임의 종료사유에 의하여 종료된다. 그리하여 위탁자와 위탁매매인의 사망 또는 파산, 위탁매매인의 성년후견개시 등에 의하여 종료된다. 기타 위탁매매계약을 해지하거나 위탁매매의 목적을 달성한 경우에도 종료한다.

5. 준위탁매매업

자기의 명의로 타인의 계산으로 매매 아닌 행위를 하는 것을 영업으로 하는 자를 준위탁매매인이라고 한다(상법 제113조).

다만 물건운송의 주선을 영업으로 하는 자는 운송주선인으로 특별규정이 있으므로 준위탁매매인이 아니다. 무체재산권의 매매를 하는 자는 규정에는 반하지만 해석상 준위탁매매인으로 인정한다. 준위탁매매업의 예로는 출판·광고의 주선업, 보험계약의 주선업, 임대차의 주선업, 여객운송의 주선업, 임치의 주선업 등을 들 수 있다.

준위탁매매업의 경우 성질상 허용될 수 없는 것을 제외하고 위탁매매업에 관한 규정이 준용된다(상법 제113조).

Ⅳ. 운송주선업

1. 의의

운송주선인은 물건운송의 주선을 영업으로 하는 자이다(상법 제114조). 운송주선인은 송하인과 운송인간에서 송하인을 위해서 적당한 운송인과 운송의 경로·방법 등을 선택하여 저렴하고 안전·신속하게 운송을 할 수 있게 주선해 준다.

운송주선인은 운송업을 겸업하는 경우가 많고, 운송에 관한 기타의 영업, 즉 창고업, 준위탁매매업, 보험대리점 등을 겸업하기도 한다. 운송주선에 관하여는 실제 입법이 그 수요를 따를 수 없어 운송주선인은 스스로 그의 이해관계인과 공동으로 다양한 보통거래약관을 작성하여 거래하고 있다.

운송주선업은 위탁매매업을 기원으로 한다. 위탁매매인이 위탁자에게 물건을 운송하기 위하여 위탁자계산으로 운송인과 운송계약을 체결하였다. 그러나 운송업이 발달하면서 운송주선업은 위탁매매업에서 분리되어 하나의 독립된 영업으로 발달하였다.

2. 개념

(1) 주선을 하는 자

운송주선인은 주선을 하는 자로서 자기의 명의로 타인의 계산으로 법률행위를 하는 자이다.

그런데 운송주선인이 운송주선을 하는 경우에 자기의 명의로 하지 않고, 위탁자가 자기를 송하인으로 하여 운송증권의 발행을 받아 은행의 신용을 얻고자(화환어음의 할인) 위탁자의 명의로 운송계약을 체결하기도 한다.

(2) 운송의 주선을 하는 자

운송주선인은 운송계약의 체결뿐만 아니라 운송의 실현을 위해서 필요한 행위 즉, 운송물의 수령·검사·포장·보관·운송인에게로의 인도, 운송에 필요한 서류의 작성, 보험계약의 체결, 운송중계의 연결, 적환, 도착지에서의 운송물의 수령, 통관절차 등 각종의 업무를 처리한다. 여기서 운송은 육상, 해상, 항공을 포함한다.

운송주선인에는 도착지운송주선인과 중계지운송주선인도 있다. 이들은 발송지의 운송주선인의 위탁을 받아 업무를 처리하는 자로서 상법상으로는 운송주선인이 아니나, 이들에게도 성질이 허용하는 한 운송주선에 관한 규정을 유추적용할 것이다.

(3) 물건운송의 주선을 하는 자

운송주선인은 물건운송의 주선을 하는 자로서 여객운송의 주선은 준위탁매매업이 된다.

(4) 물선운송의 주선을 영업으로 하는 자

물건운송의 주선을 영업으로 한다는 것은 물건운송의 주선을 위한 위탁의 인수를 영업으로 한다는 것이다.

3. 위탁매매업에 관한 규정의 준용

운송주선인은 주선을 영업으로 하는 점에서 위탁매매인과 같으므로, 운송주선인에 대하여 다른 규정이 없으면 위탁매매인에 관한 규정이 준용된다(상법 제123조).

운송주선계약은 운송주선인이 위탁자로부터 운송계약 체결의 위탁을 인수하는 계약이므로 위탁매매업과 같이 일종의 위임이다.

4. 운송주선인의 권리·의무

(1) 운송주선인의 의무

1) 일반적 의무

운송주선계약은 위임이므로 운송주선인은 수임인으로서 선량한 관리자의 주의로 운송의 주선을 하여야 한다(민법 제681조). 운송주선인이 운송의 주선에 관하여 선량한 관리자의 주의의무를 해태하여 위탁자에게 손해가 생긴 때에는, 운송주선인은 위탁자에 대하여 채무불이행으로 인한 손해배상책임을 진다.

2) 손해배상책임

(가) 의의

운송주선인은 자기나 그 사용인이 운송물의 수령·인도·보관, 운송인이나 다른 운송주선인의 선택 기타 운송에 관하여 주의를 해태하지 아니하였음을 증명하지 아니하면 운송물의 멸실, 훼손 또는 연착으로 인한 손해를 배상할 책임을 면하지 못한다(상법 제115조).

(나) 법적 성질

운송인의 손해배상책임에 관한 규정은 민법상의 채무불이행의 일반원칙에 대한 특별규정(예외규정)으로 보는 견해와 민법상으로도 채무자는 이행보조자의 과실에 대하여도 책임을 지고, 채권자는 채무불이행의 사실만 증명하면 되고 무과실의 증명책임은 채무자에게 전가되므로 주의적 규정에 불과하다는 견해(다수설)가 있다.

(다) 손해배상액

운송주선인의 손해배상의 경우에는 운송인의 손해배상의 경우와 같은 정액배상에 관한 특칙(상법 제137조)이 없으므로, 운송주선인의 손해배상액은 일반원칙(민법 제393조)에 의하여 상당인과관계가 있는 모든 손해이다(통설).

(라) 상법 제115조의 책임을 지지 않는 경우

운송인의 고가물에 대한 책임이 운송주선인에게 준용되므로(상법 제124조, 제136조), 송하인이 운송을 위탁할 때에 그 종류와 가액을 명시한 경우에 한하여 운송주선인은 그 손해를 배상할 책임을 진다.

그리고 운송주선인의 손해배상책임에 관한 규정은 임의 규정이므로, 그 면책약관은 불공정약관이 아닌 한 유효하다.

(마) 책임의 단기소멸시효

운송주선인의 책임은 수하인이 운송물을 수령한 날로부터 1년을 경과하면 소멸시효가 완성한다(상법 제121조 제1항). 운송주선인의 손해배상책임에 관한 단기소멸시효는 운송물의 멸실·훼손 또는 연착으로 인하여 생긴 손해에 한한다(통설). 위 기간은 운송물이 전부멸실한 경우에는 그 운송물을 인도할 날로부터 기산한다(상법 제121조 제2항).

운송주선인이나 그 사용인이 악의인 경우에는 운송주선인의 손해배상책임은 1년의 단기소멸시효에 의하지 않고(상법 제121조 제3항), 5년의 상사소멸시효에 의하여 소멸된다(상법 제64조).

(2) 운송주선인의 권리

1) 보수청구권

운송주선인은 보수에 관한 다른 약정이 없더라도 위탁자에 대하여 상당한 보수를 청구할 수 있다(상법 제61조). 그러나 운송주선계약에서 운임의 액을 정한 경우, 즉 이른바 확정운임운송주선계약의 경우에는 그 운임 속에 보수도 포함되어 있는 것이 보통이므로, 확정운임운송주선계약의 경우에 운송주선인은 다른 약정이 없으면 보수를 청구하지 못한다(상법 제119조 제2항).

2) 비용선급·비용상환청구권

운송주선인이 운임의 지급 등 위탁사무의 처리에 비용을 요하는 때에는 위탁자에 대하여 비용의 선급을 청구할 수 있고(민법 제687조), 또 운송주선인이 운임 기타 운송을 위하여 비용을 지출한 때에는 이는 위임사무의 처리를 위하여 지출한 비용이므로 위탁자에 대하여 그 상환을 청구할 수 있다(민법 제688조).

3) 유치권

운송주선인은 운송물에 관하여 받을 보수, 운임, 기타 위탁자를 위한 체당금이나 선대금에 관하여서만 그 운송물을 유치할 수 있다(상법 제120조).

4) 개입권

운송주선인은 다른 약정이 없으면 직접 운송할 수 있다. 이 경우에는 운송주선인은 운송인과 동일한 권리의무가 있다(상법 제116조 제1항). 운송주선인에게 개입권을 인정하는 것은 운송의 경우에는 대체로 운임이 일정하므로 운송주선인에게 개입권을 인정하여도 위탁자에게 피해가 없고, 또 운송주선인이 운송업을 겸업하고 있는 경우가 많아 운송주선인의 개입권을 인정하는 것이 거래 실정에도 부합하기 때문이다.

운송주선인이 위탁자의 청구에 의하여 화물상환증을 작성한 때에는 직접 운송하는 것으로 본다(상법 제116조 제2항). 이는 운송주선인이 화물상환증을 발행한 경우에는 운송주선인이 직접 운송하는 것으로 보아 운송주선인의 개입을 의제한 것이다.

5) 채권의 단기소멸시효

운송주선인의 위탁자 또는 수하인에 대한 채권은 1년간 행사하지 아니하면 소멸시효가 완성한다(상법 제122조). 여기서의 채권은 운송의 주선에 있어서 운송물에 관하여 생긴 채권으로서, 운송물에 관하여 받을 보수, 운임 기타 위탁자를 위한 체당금 또는 선대금(상법 제120조), 운송물의 보관비용, 통관절차비, 해상보험료 등이다.

5. 순차운송주선

(1) 의의

순차운송주선이란 동일한 운송물에 관하여 수인의 운송주선인이 순차로 운송주선하는 것이다. 국제무역에서 순차운송이 활발해지고, 이에 따라 운송주선인도 순차로 운송주선하게 된다.

(2) 형태

1) 부분운송주선

부분운송주선은 수인의 운송주선인이 각각 독립하여 각 특정구간의 운송주선을 인수하는 경우이다. 여기서는 각 운송주선인과 위탁자간에는 운송주선에 관한 규정이 적용되고, 각 운송주선인간에는 아무 관계가 없다.

2) 하수운송주선

하수운송주선은 제1의 운송주선인이 위탁자로부터 전구간의 운송의 주선을 인수하고, 그 인수한 운송주선업무의 전부 또는 일부를 자기의 계산으로 다른 운송주선인에게 위탁하는 경우이다.

운송주선계약의 당사자는 원수운송주선인과 위탁자이고, 하수운송주선인은 원수운송주선인의 이행보조자에 불과하다.

3) 중간운송주선(협의의 순차운송주선)

중간운송주선은 운송물의 중계운송을 요하는 경우에 제1의 운송주선인이 운송주선 즉 자기명의로 위탁자의 계산으로 최초 구간의 운송주선을 인수하고, 자기명의로 위탁자의 계산으로 중계지운송주선인에게 운송의 주선을 위탁하여 이들이 운송주선을 인수함으로써 순차로 도착지에 이르는 경우이다.

중계지운송주선인과 도착지운송주선인을 중간운송주선인이라고 한다. 제1의 운송주선인과 제2 이하의 운송주선인간의 법률관계는 복위임이다.

위탁자 ↔ 제1의 운송주선인 : 운송주선계약체결 제1의 운송주선인 ↔ 중간운송주선인 : 제2의 운송주선계약(제1의 운송주선인명의, 위탁자 계산)

(3) 순차운송주선인의 권리·의무(협의의 순자운송주선)

중간운송주선을 하는 경우에 중간운송주선인은 자기의 전자인 전 운송주선인에 갈음하여 그 운송주선인의 권리를 행사할 의무가 있다(상법 제117조 제1항). 운송주선인의 권리는 보수·비용 등의 지급청구권, 운송인 또는 다음 중간운송주선인에 대한 지시, 운송물의 처분권·유치권·공탁권·경매권 등이다.

후 운송주선인이 전 운송주선인에게 변제한 때에는 그 변제한 후 운송주선인은 전 운송주선인의 권리를 취득한다(상법 제117조 제2항). 전 운송주선인의 권리란 위탁자에 대한 권리로서, 후 운송주선인이 보수·운임·체당금 등을 그 전 운송주선인에게 변제한 경우에 그 전 운송주선인의 위탁자에 대한 권리를 취득하는 것이다.

중간운송주선인이 운송인에게 변제한 때에는 운송인의 권리를 당연히 승계취득한다(상법 제118조). 여기서 운송인은 중간운송주선인의 이전구간 운송인을 의미한다(보통 중간운송주선인은 이전구간 운송인에게 운임·비용 등을 지급하고 운송물을 수령한다). 중간운송주선인이 운임 기타 비용을 운송계약의 당사자인 전 운송주선인에 갈음하여 운송인에게 변제한 때에는, 그 변제한 중간운송주선인은 운송인이 전 운송주선인에 대하여 가지는 운임 기타 비용의 청구권을 가지게 된다.

V. 운송업

1. 의의

운송은 물건 또는 여객을 일정한 장소에서 다른 장소로 이동시키는 것을 말하고, 운송업은 이러한 운송의 인수를 영업으로 하는 것을 말한다.

2. 종류

(1) 물건운송·여객운송·통신운송

운송은 그 목적물에 따라 물건운송·여객운송·통신운송으로 구분된다. 통신운송은 신서의 송달과 전화·전신사업을 말한다.

(2) 육상운송·해상운송·항공운송

운송은 그 행하여지는 장소에 따라 육상운송·해상운송·항공운송으로 구분된다. 이는 위험의 정도에 따른 분류라고도 할 수 있다. 육상운송은 육상 또는 호천·항만에서의 운송이고, 해상운송은 호천·항만 외의 해상에서의 운송이고, 항공운송은 공중에서의 운송이다.

상행위편에서 운송이라고 하면 육상운송을 말한다. 해상운송에 대하여는 제5편에, 항공운송에 대하여는 제6편에 따로 규정하고 있다.

(3) 통운송·복합운송

통운송이란 동일한 운송물을 수인의 운송인이 지리적 구간을 달리하여 운송하는 것이다. 통운송에는 육상통운송, 해상통운송, 항공통운송, 해륙통운송, 공륙통운송, 해공륙통운송 등이 있다.

복합운송이란 이 중 2개 이상의 운송수단을 이용하는 해륙통운송, 공륙통운송, 해공륙통운송을 말한다.

운송인

1. 의의

운송인은 육상 또는 호천·항만에서 물건 또는 여객의 운송을 영업으로 하는 자이다(상법 제125조).

(1) 운송을 하는 자

운송이란 물건 또는 여객을 일정한 장소에서 다른 장소로 이동시키는 것이다. 물건운송에 있어서는 운송의 성질상 그 목적물이 운송인의 보관하에 있어야 한다. 따라서 예인선과 같이 단순히 운송물의 이동만을 목적으로 할 때는 단순한 도급 또는 고용계약으로 본다.

(2) 물건 또는 여객의 운송

운송인은 물건 또는 여객의 운송을 하는 자이다. 운송의 목적물이 물건인가 여객인가에 따라 물건운송과 여객운송으로 구분된다. 신서도 물건이지만 신서의 운송은 국가의 독점사업이므로 국가의 위탁을 받은 외에 신서는 상법상의 운송의 목적물이 될 수 없다.

(3) 육상 또는 호천·항만에서 운송

운송인은 육상 또는 호천·항만에서 운송을 하는 자이다. 육상은 지면과 지중을 말하고 공중은 제외된다.

(4) 운송을 영업으로 하는 자

운송을 영업으로 한다는 것은 운송의 인수를 영업으로 한다는 의미이다. 운송행위 자체는 사실행위로서 이로부터 상인성이 발생할 수 없으므로, 법률행위인 운송의 인수를 영업으로 해야 상인이 된다.

2. 운송계약의 성질

운송계약은 운송인이 물건 또는 여객의 운송을 인수하고 이에 대하여 상대방이 운임을 지급할 것을 약정하는 계약이다.

(1) 도급계약

운송계약은 운송이라고 하는 일정한 일의 완성을 목적으로 하는 계약이므로 도급에 속한다. 따라서 운송계약에 대하여는 상법의 다른 규정이 없으면 민법의 도급에 관한 규정이 적용된다.

(2) 낙성·불요식계약

운송계약은 낙성·불요식의 계약이다. 따라서 물건운송에 있어서 운송장이나 화물상환증의 작성·교부 또는 여객운송에 있어서 승차권의 발행은 운송계약의 성립요건이 아니다.

(3) 부합계약

운송계약은 보통 보통거래약관에 의하여 체결되므로, 운송계약은 대체로 부합계약적 성격을 지닌다.

3. 당사자

물건운송계약에 있어서 운송계약의 당사자는 운송인과 운송의 위탁자(송하인)이다. 운송주선계약이 체결된 경우에는 운송주선인이 운송의 위탁자(송하인)가 된다. 수하인은 운송의 진행에 따라 운송인에 대하여 권리·의무를 가지나 운송의 당사자는 아니다.

물건운송

1. 운송인의 의무

(1) 일반적 의무

운송계약이 성립되면 운송인은 운송계약에 따라 운송물을 수령하여 선량한 관리자의 주의로 멸실·훼손되지 않도록 보관하고, 또 상당한 시기에 운송을 개시·종료하여 운송물을 수하인에게 인도하여야 할 의무가 있다.

(2) 화물상환증교부의무

화물상환증이란 운송인이 운송물을 수령하였다는 것을 승인하고 도착지에서 증권소지인에게 증권과 상환으로 그 운송물을 인도할 의무를 표창하는 유가증권이다. 운송인은 운송물을 수령한 후 송하인의 청구가 있으면 송하인에게 화물상환증을 교부하여야 한다(상법 제128조 제1항).

(3) 운송물처분의무

송하인 또는 화물상환증소지인은 운송인에 대하여 운송의 중지, 운송물의 반환 기타의 처분을 청구할 수 있고(운송물처분권)(상법 제139조 제1항), 이 경우에 운송인은 그 지시에 따라야 한다(운송물처분의무). 이것은 운송계약의 체결 후 물가의 변동이나 매매계약의 해제와 같은 사유가 발생한 경우에 송하인 등이 이러한 사정변경에 신속하게 대처할 수 있도록 하기 위한 것이다.

운송인이 송하인 등의 지시에 따라 운송물을 처분한 경우에 운송인은 이미 운송한 비율에 의한 운임, 체당금 및 처분으로 인한 비용의 지급을 청구할 수 있다(상법 제139조 2문). 그러나 운송의 중지는 송하인의 임의에 의한 것인데 비율운임만 청구할 수 있다는 것은 문제이다.

(4) 운송물인도의무

1) 화물상환증이 발행된 경우

운송인은 화물상환증이 발행된 경우에는 화물상환증의 소지인에게 운송물을 인도하여야 한다. 화물상환증은 제시증권성·상환증권성을 가진다.

관련사항 **보증도(가도)**

- 화물상환증이 나중에 도착하는 경우에 수하인이 전매하기 위하여나 운송물의 보관비용의 절감을 위하여 화물상환증과 상환하지 않고 운송물을 인도하기도 한다. 이 경우에 운송인은 "증권과 상환하지 않고 운송물을 인도함으로써 생기는 모든 손해에 대한 책임을 진다."는 내용의 보증장[55]을 받는 경우를 보증도라 하고, 보증장없이 운송물을 인도하는 경우를 가도라고 한다.
- 보증도는 화물상환증의 진정한 소지인에 대한 관계에서 위법한 행위로서 불법행위를 구성한다. 판례는 보증도의 상관습성을 인정하지만[56] "보증도의 상관습이 있다고 하여 운송인의 행위가 정당한 행위로 된다거나 주의의무가 경감된다고 볼 수 없다."고 하여 운송인의 불법행위책임을 인정한다.[57]

2) 화물상환증이 발행되지 않은 경우

화물상환증이 발행되지 않은 경우에는 운송물이 도착지에 도착한 때에 수하인이 송하인과 동일한 권리를 취득하므로(상법 제140조 제1항) 운송물의 인도청구권자는 수하인이다. 이때에도 수하인이 운송물의 인도청구권을 행사하기 전에 송하인이 운송물처분권을 행사할 수 있으므로 송하인의 권리가 우선한다.

---

55 보증장은 화물선취보증서라고도 한다. 실제 화물상환증은 발행되지 않으므로 보증도는 해상운송에서 선화증권을 발행한 경우에 이루어진다. 보증장은 신용장개설은행이 발급해 주는 경우가 대부분이다. 이때는 은행과 연대하여 보증장을 발행하게 되는데, 이 보증장에는 보증은행이 연대하여 손해를 배상할 것을 약정하는 담보계약이 포함된다.

56 대법원 1974.12.10. 선고 74다376 판결.

57 대법원 1992.2.25. 선고 91다30026 판결 등.

운송물이 도착한 후 수하인이 그 인도를 청구한 때에는 수하인의 권리가 송하인의 권리에 우선한다.

(5) 손해배상책임

1) 의의

운송인은 자기 또는 운송주선인이나 사용인 기타 운송을 위하여 사용한 자가 운송물의 수령·인도·보관과 운송에 관하여 주의를 게을리하지 않았음을 증명하지 않으면 운송물의 멸실·훼손 또는 연착으로 인한 손해를 배상할 책임을 면하지 못한다(상법 제135조).

원래 운송인의 손해배상책임은 로마법 이래 인정되어 온 레셉툼책임에서 유래된 것이다. 이 레셉툼책임은 운송인이나 숙박업자 등이 위탁자로부터 운송물이나 휴대물을 수령한 경우에는 절대적 책임을 지는 것이다. 그러나 이는 운송인에게 너무 가혹하여 그 책임이 완화되어 왔는데, 우리나라는 과실책임주의에 의하고 있다.

2) 법적 성질

운송인의 손해배상책임에 관한 규정은 민법상의 채무불이행의 일반원칙에 대한 특별규정(예외규정)으로 보는 견해와 민법상으로도 채무자는 이행보조자의 과실에 대하여도 책임을 지고, 채권자는 채무불이행의 사실만 증명하면 되고 무과실의 증명책임은 채무자에게 전가되므로 주의적 규정에 불과하다는 견해(다수설)가 있다.

3) 책임원인

① 운송인과 이행보조자의 과실 : 운송인·운송주선인 또는 사용인 기타 운송을 위하여 사용한 자가 주의를 해태하여야 한다.

② 운송물의 수령·인도·보관 및 운송에 관한 과실 : 운송물의 수령·인도·보관 및 운송에 관한 주의의무위반이 있어야 한다.

③ 운송물의 멸실·훼손 또는 연착으로 인한 손해의 발생 : 이는 손해의 발생원인의 구체적인 예시에 불과하고, 이외에 화물상환증교부의무의 위반이나 처분의무위반의 경우에도 운송인이 손해배상책임을 진다(주의규정설). 즉 다른 채무불이행유형에 의해 다른 손해가 발생한 경우에도 손해배상책임을 인정한다.

4) 증명책임의 전환

운송인은 자기 또는 이행보조자에게 고의·과실이 없었다는 것을 증명하여야 한다(상법 제135조).

5) 손해배상액

(가) 정액배상주의

① 의의 : 운송업은 대량의 운송물을 저렴한 운임으로 신속하게 운송하여야 한다. 이러한 운송업의 특수성을 고려하여 운송인을 보호하고 법률관계의 획일적 처리를 위하여 정액배상주의를 취하고 있다.

② 전부멸실의 경우 : 운송인의 손해배상액은 인도할 날의 도착지의 가격에 의하여 정한다(상법 제137조 제1항). 도착지의 가격은 대체로 도착지의 시장가격과 일치한다.

③ 일부멸실 또는 훼손의 경우 : 운송인의 손해배상액은 인도한 날의 도착지의 가격에 의하여 정한다(상법 제137조 제2항).

④ 연착된 경우 : 운송인의 손해배상액은 인도할 날의 도착지의 가격에 의하여 정한다(상법 제137조 제1항). 연착된 경우에는 일부멸실 또는 훼손된 채로 연착된 경우도 포함한다. 그러나 장기간의 연착이 아니면 시장가격의 변동이 크지 않을 것이므로 손해배상책임이 발생할 가능성은 크지 않다. 여기서 운송물이 연착으로 제3자와의 매매계약이 해제되는 등의 손해를 입은 경우에는 특별손해로서 채무불이행의 일반원칙에 의하여야 한다.[58]

(나) 이중이득의 금지

운송물의 멸실 또는 훼손으로 인하여 지급을 요하지 않는 운임 기타의 비용은 운송인의 손해배상액에서 공제하여야 한다(상법 제137조 제4항). 연착된 경우에는 대체로 운임을 지급하므로 공제하지 않는다.

(다) 정액배상주의의 배제

운송물의 멸실·훼손 또는 연착이 운송인의 고의나 중대한 과실로 인한 때에는 운송인은 모든 손해를 배상하여야 한다(상법 제137조 제3항). 운송인의 고의·중과실에 대한 증명책임은 주장자에게 있다.

6) 고가물에 대한 특칙

(가) 의의

화폐·유가증권 기타의 고가물에 대하여서는 송하인이 운송을 위탁할 때에 그 종류와 가액을 명시한 경우에 한하여 운송인이 손해를 배상할 책임이 있다(상법 제136조).

---

58 특별한 사정으로 인한 손해는 채무자가 그 사정을 알았거나 알 수 있었을 때에 한하여 배상의 책임이 있다(민법 제393조 제2항).

물건운송인의 책임에 있어서 고가물이란 그 용적이나 수량에 비하여 가격이 현저하게 높은 물건을 말하는 것으로서, 예를 들면 귀금속이나 예술품 또는 골동품 등을 들 수 있다. 이러한 고가물을 운송할 때에는 운송인이 고가물로서 특별한 주의를 기울이고, 그에 상응하는 비싼 운임을 청구하고, 또한 보험에 붙일 것이므로 이를 명시한 경우에만 운송인의 책임을 인정한다.

(나) 책임의 내용

가) 고가물의 명시를 한 경우

운송인은 송하인에 대하여 손해배상책임을 진다. 이때 명시된 가액이 손해배상액으로서 운송인을 당연히 구속하는 것이 아니므로 실제가액이 낮을 때에는 이를 증명하여 실제가액의 범위에서 배상하면 되며, 반대로 높을 때에는 명시가액에 금반언의 효력이 인정되어 그 초과액을 배상할 책임이 없다.

나) 고가물의 명시를 하지 않은 경우

이때는 원칙적으로 보통물로서도 책임을 지지 않는다. 그러나 예외적으로 운송인이 우연히 고가물임을 안 경우나 고의·중과실로 운송물이 멸실·훼손된 경우에 어떻게 볼 것인가가 문제된다.

① 우연히 고가물임을 안 경우

㉠ 면책설 : 운송과 같은 대량거래에 있어서 운송인의 우연한 지·부지의 주관적 사정을 문제삼는 것은 부당하고 또 고가물에 대하여 명시를 촉구하는 취지에서 보아도 송하인으로 하여금 위험을 부담하게 하는 것이 타당하므로 운송인은 면책된다고 한다.

㉡ 고가물책임부담설 : 운송인이 고가물임을 안 이상 당연히 고가물로서의 책임을 져야 한다는 입장이다.

㉢ 절충설 : 운송인이 전혀 모르고 있는 경우와 같다고 할 수 없으므로 보통물로서 주의를 해태한 경우에만 고가물로서 책임을 져야 한다는 입장이다(다수).

② 고의·중과실로 멸실·훼손된 경우

이 경우는 나중에 보는 운송인의 불법행위에 따른 책임을 묻는 경우에 고가물면책조항이 적용되는가의 문제로 볼 것이다. 판례는 면책조항이 적용되지 않는다고 보아 불법행위책임을 인정한다.[59]

---

59 대법원 1991.8.23. 선고 91다15409 판결.

7) 손해배상책임의 소멸

(가) 특별소멸사유

가) 의의

운송인의 손해배상책임은 수하인 또는 화물상환증소지인이 유보없이 운송물을 수령하고 운임 기타의 비용을 지급한 때에는 소멸된다((상법 제146조). 이것은 대량의 운송물을 신속하게 운송하여야 하는 운송업에 있어서 그 증거보전이 어려우므로 증거보전의 곤란을 경감하여 줌으로서 운송인을 보호하기 위한 것이다.

나) 요건

① 운송물의 훼손 또는 일부멸실이 있어야 한다. 전부멸실의 경우에는 비용지급하지 않을 것이다. ② 수화인 또는 화물상환증소지인이 유보없이 운송물을 수령하여야 한다. ③ 운임 또는 비용의 지급이 있어야 한다.

다) 예외

① 즉시 발견할 수 없는 훼손 또는 일부멸실이 있는 경우 : 수하인 또는 화물상환증소지인이 그 운송물을 수령한 날로부터 2주간 내에 운송인에게 그 통지를 발송한 때에는 운송인의 손해배상책임이 소멸하지 않는다.

② 운송인 또는 그 사용인에게 악의가 있는 경우 : 악의가 있는 경우란 고의로 운송물을 일부멸실 또는 훼손한 경우는 물론 일부멸실 또는 훼손을 알면서 수하인·화물상환증소지인에게 알리지 않고 인도한 경우를 포함한다.

(나) 단기소멸시효

가) 멸실·훼손·연착의 경우

운송인의 손해배상책임은 수하인 또는 화물상환증소지인이 운송물을 수령한 날로부터, 또 운송물이 전부멸실한 경우에는 그 운송물을 인도할 날로부터 1년을 경과하면 운송인에게 악의가 없는 한 소멸시효가 완성되어 소멸한다(상법 제147조, 제121조).

상행위로 인한 채무는 원칙으로 5년의 소멸시효에 걸리나, 운송물의 멸실·훼손·연착의 경우에 증거인멸의 우려가 있으며, 계속·반복적으로 운송을 하는 운송인으로서 증거를 오래 보전하기가 어려우므로 단기소멸시효를 인정한다.

나) 다음의 경우는 5년의 시효

① 운송계약에 부수되는 의무의 위반으로 인하여 생긴 손해배상책임, 운송인의 처분의무의 위반이나 화물상환증교부의무의 위반으로 인하여 생긴 운송인의 손해배상책임

② 운송인이나 사용인이 악의인 경우

8) 운송인의 채무불이행책임과 불법행위책임

(가) 양책임의 경합

보통 운송물이 멸실·훼손되는 경우에는 운송인의 채무불이행책임과 불법행위책임이 경합되는 경우가 보통이다. 이 양자의 관계를 어떻게 볼 것인가에 대해서는 견해가 나뉜다.

① 청구권경합설 : 채권자는 어느 권리든 임의로 선택하여 행사하는 것이 가능하다는 입장이다(다수설).

② 법조경합설 : 채무불이행은 계약관계라는 특수관계에 있는 당사자간의 문제로서 특별법의 관계이므로 우선 적용되어야 한다는 입장이다.

③ 수정청구권경합설 : 운송물의 취급상 통상적으로 수반되는 원인에 의하여 운송물이 멸실·훼손되는 경우에는 운송인의 불법행위책임이 묵시적으로 면제되나, 운송인이나 이행보조자의 고의 또는 중대한 과실로 인하여 운송물이 멸실·훼손된 경우와 같이 운송계약에서 예상한 정도를 일탈하여 운송물이 멸실·훼손된 경우에는 운송인의 불법행위책임이 인정된다고 한다.

④ 검토 : 이에 대하여 판례는 일관되게 청구권경합설의 입장을 취하고 있다.[60] 송하인을 보호한다는 입장에서 볼 때 청구권경합설의 입장을 취한 판례의 태도가 타당하다.

(나) 불법행위책임과 고가물불고지로 인한 면책규정의 관계

운송계약상이나 상법상의 고가물불고지로 인한 면책조항이 불법행위로 인한 손해배상을 청구하는 경우에도 적용되는가의 문제이다.

가) 육상운송

판례는 고가물불고지의 경우에도 청구권경합설의 입장에서 고가물불고지로 인한 면책규정의 적용을 배제하고 운송인이나 그 이행보조자의 불법행위에 기한 손해배상책임을 인정한다.[61]

그러나 청구권경합설을 취한다고 하여도 고가물의 경우에 판례와 같은 입장에 따르면 운송인은 책임을 면하기 어렵게 되고, 이렇게 해서는 상법 제136조의 입법취지가 거의 사라지게 된다. 사실 운송물이 멸실·훼손되는 경우란 자동차사고와 같이 채무불이행책임과 불법행위책임이 경합되는 경우가 일반적이다. 그런데 고가물임을 알리지 아니한 송하인은 보호하고 운송인은 모든 경우에 다 책임을 부담한다는 것은 형평에도 맞지 않는다. 따라서 양자를 조정할

---

60 대법원 1983.3.22. 선고 82다카1533 판결 외 다수.

61 대법원 1991.8.23. 선고 91다15409 판결.

필요가 있는데, 운송인 등이 고의로 사고를 일으킨 경우에만 고가물면책에 관한 규정의 적용을 배제함이 타당하리라 본다.

나) 해상운송

① 의의 : 이전에는 상법 제789조의 3 제1항에서 운송인의 책임에 관한 규정은 불법행위에도 적용된다는 규정을 두었으나, 지금은 삭제되고, 개품운송에 있어서 운송인의 책임과 관련하여 제798조에서 운송인의 책임에 관한 규정은 불법행위로 인한 손해배상책임에도 적용된다는 취지의 규정을 두고 있다.

② 운송약관상의 면책규정 : 대법원은 "운송약관상의 채무불이행책임과 불법행위로 인한 책임이 병존하는 경우에 상법 소정의 1년의 단기소멸시효나 고가물불고지에 따를 면책 등의 규정 또는 운송약관규정은 운송계약상의 채무불이행으로 인한 청구에만 적용되고 불법행위로 인한 손해배상청구에는 그 적용이 없다."고 판시하였다.[62]

③ 선하증권에 기재된 면책약관 : 판례는 면책약관의 효력이 소유권침해로 인한 불법행위책임에도 적용된다고 하고 있다.[63] 그러나 면책약관은 고의 또는 중대한 과실로 인한 불법행위의 책임을 추궁하는 경우에는 적용되지 아니한다고 하였다.[64]

보건대, 선하증권의 소지인의 경우 운송계약상의 권리를 취득함과 동시에 목적물의 점유를 인도받은 것이 되어 운송물의 소유권도 취득하므로 목적물의 멸실·훼손의 경우 채무불이행책임과 소유권침해로 인한 불법행위책임을 아울러 추궁할 수 있게 되는 점에 비추어 판례는 선하증권상의 면책약관은 소유권침해로 인한 불법행위책임을 추궁하는 경우에도 적용된다고 하고 있다. 다만 고의 또는 중대한 과실로 인한 경우는 제외되므로 그 범위는 경과실로 인한 침해에 한정한다. 이러한 판례의 태도에 따를 때 불법행위책임 추궁에 있어서 경과실의 해상운송인만 면책조항이 적용되므로 그 적용가능성은 매우 제한되게 된다. 즉 운송사고에 있어서 대부분 중과실이 인정됨에 비추어 실제 적용에 있어서 운송약관상의 면책조항과 큰 차이가 없게 된다.

판례의 태도는 선하증권의 물권적 효력과 채권적 효력을 근거로 면책약관의 효력을 인정하는 것이므로 육상운송에 있어서도 화물상환증이 발행된 경우에는 이 판례의 취지가 그대로 타당할 것이다.

(다) 불법행위책임과 정액배상주의

정액배상주의는 운송인을 보호하기 위한 것이므로 불법행위책임에도 인정되어야 한다.

---

62 대법원 1977.12.13. 선고 75다107 판결.

63 대법원 1983.3.22. 선고 82다카1533 판결.

64 대법원 1991.8.27. 선고 91다8012 판결, 대법원 1991.4.26. 선고 90다카8098 판결.

2. 운송인의 권리

(1) 운송물인도청구권

운송인이 운송계약에 따라 운송을 실행하기 위하여서는 운송물을 인도받아야 하므로, 운송인은 송하인에 대하여 운송물의 인도를 청구할 수 있는 권리가 있다. 운송물의 인도를 지체시에는 송하인에 대하여 손해배상청구가 가능하다.

이때 송하인은 손해를 배상하고 계약을 해제할 수 있다.

(2) 화물명세서교부청구권

화물명세서란 송하인이 운송인의 청구에 의하여 작성·교부하는 서면으로서 운송에 관한 법정기재사항을 기재하고 송하인이 기명날인한 것이다.

화물명세서는 운송계약의 성립과 내용을 증명하는 증거증권으로서 의미를 가진다. 화물명세서에는 다음 사항을 기재하여야 한다(상법 제126조). ① 운송물의 종류, 중량 또는 용적, 포장의 종별, 개수와 기호 ② 도착지 ③ 수하인과 운송인의 성명 또는 상호, 영업소 또는 주소 ④ 운임과 그 선급 또는 착급의 구별 ⑤ 화물명세서의 작성지와 작성년월일

송하인이 화물명세서에 허위 또는 부정확한 기재를 한 때에는 운송인에 대하여 이로 인한 손해를 배상할 책임이 있다(상법 제127조 제1항). 다만 운송인이 악의인 경우에는 손해배상책임을 부담하지 않는다(상법 제127조 제2항).

(3) 운임 기타 비용의 청구권

1) 운임청구권

(가) 원칙

운송인이 도착지에서 수하인에게 운송물을 인도할 때에 다른 약정이 없어도 운임을 청구할 수 있다(상법 제141조).

(나) 운임청구권의 상실

① 원칙 : 운송인의 책임있는 사유는 물론 송하인의 책임없는 사유로 운송물의 전부가 멸실하여 운송물을 도착지에서 수하인에게 인도할 수 없게 된 때에는 운송인은 그 운임을 청구할 수 없고(상법 제134조 제1항), 운임을 이미 받은 경우에는 반환하여야 한다.

② 예외 : 첫째, 운송물의 전부 또는 일부가 운송물의 성질이나 하자로 인하여 멸실되었거나 또는 송하인의 과실로 인하여 멸실된 때에는 운송인은 운임의 전액을 청구할 수 있다(상법 제134조 제2항). 둘째, 송하인 또는 화물상환증소지인이 운송인에 대하여 운송의

중지·운송물의 반환 기타의 처분을 청구한 때에는 운송인은 이미 운송한 비율에 따른 운임을 청구할 수 있다(상법 제139조 제1항).

2) 비용상환청구권

운송인이 수하인에게 운송물을 인도한 때에는 운송인은 그 수하인에 대하여 운임 외에 기타 운송에 관한 비용과 체당금의 지급을 청구할 수 있다(상법 제141조).

수하인은 운송계약의 당사자가 아니므로 수하인의 비용상환의무는 법이 특별히 인정한 의무이다. 이때 송하인의 비용상환의무가 소멸되는 것이 아니므로 수하인의 비용상환의무는 송하인의 비용상환의무와 부진정연대관계라고 볼 것이다.

3) 채권의 단기소멸시효

운송인의 송하인 또는 수하인에 대한 채권은 1년의 단기소멸시효에 의하여 소멸된다(상법 제147조, 제122조).

(4) 유치권

운송인은 운송물에 관하여 받을 보수·운임 기타 위탁자를 위한 체당금이나 선대금에 관하여서만 그 운송물을 유치할 수 있다(상법 제147조, 제120조). 여기서 유치의 목적물은 운송물이고 피담보채권과 유치의 목적물 사이에 견련관계가 요구된다. 유치의 목적물은 송하인 등의 소유물일 것을 요구하지 않는다.

(5) 운송물의 공탁·경매권

운송인은 운송물을 수하인 등에게 인도함으로써 책임을 면한다. 그런데 수취인 불명 등으로 운송물을 인도할 수 없는 경우에도 그 의무를 계속 부담하는 것은 부당하다. 이때 운송물을 공탁·경매함으로써 의무를 면하게 하고 있다.

1) 공탁권

운송인은 수하인(화물상환증소지인도 포함)을 알 수 없는 경우 또는 수하인이 운송물의 수령을 거부하거나 수령할 수 없는 경우에는 운송물을 공탁하여 그 의무를 면할 수 있다(상법 제142조, 제143조). 운송인이 운송물을 공탁한 때에는 지체없이 송하인에게 그 통지를 발송하여야 한다(상법 제142조 제3항, 제143조 제1항).

2) 경매권

수하인을 알 수 없는 경우, 수하인이 운송물의 수령을 거부하거나 수령할 수 없는 경우 또는 송하인·수하인 및 화물상환증소지인의 모두를 알 수 없는 경우에, 운송인은 다음의 요건을 갖춘 때에 목적물을 경매할 수 있다(상법 제142조, 제143조, 제145조).

(가) 수하인을 알 수 없는 경우

① 송하인에 대하여 상당기간내에 운송물의 처분에 대한 지시를 할 것을 최고 ② 최고에도 불구하고 처분지시를 하지 않을 때 경매할 수 있다. 최고할 수 없거나 운송물이 멸실 또는 훼손될 염려가 있는 때에는 최고없이 경매할 수 있다(상법 제145조, 제67조 제2항).

(나) 수령거부·수령불능의 경우

① 수하인에 대하여 수령을 최고 ② 다시 송하인에 대하여 상당기간내에 처분에 대한 지시를 할 것을 최고 ③ 최고에도 불구하고 처분지시가 없을 때에 경매할 수 있다. 최고할 수 없거나 운송물이 멸실 또는 훼손될 염려가 있는 때에는 최고없이 경매할 수 있다(상법 제145조, 제67조 제2항).

(다) 송하인·수하인과 화물상환증소지인 불명의 경우

개별적인 최고를 할 수 없는 경우에는 공시최고를 한 후에 경매를 할 수 있다(상법 제144조 제3항). 경매를 위하여 운송인은 관보나 일간신문에 2회 이상 권리자에 대하여 6월 이상의 기간을 정하여 그 기간 내에 권리를 주장할 것을 공고하여야 한다(상법 제144조 제1항, 제2항). 최고할 수 없거나 운송물이 멸실 또는 훼손될 염려가 있는 때에는 공시최고없이 경매할 수 있다(상법 제145조, 제67조 제2항).

(라) 송하인에 대한 통지

운송인이 경매한 때에는 지체없이 송하인에게 그 통지를 발송하여야 한다(상법 제142조 제3항, 제143조 제1항).

(마) 경매의 효과

운송인이 운송물을 경매한 때에는 그 대금에서 경매비용을 공제한 잔액을 공탁하여야 하고, 다만 그 전부 또는 일부를 운임·체당금 기타 비용에 충당할 수 있다(상법 제145조, 제67조 제3항).

3. 수하인의 지위

(1) 의의

수하인은 물건운송계약에서 도착지에서 자기의 명의로 운송물을 수령할 자이다. 수하인은 반드시 자기의 계산으로 수령하여야 하는 것도 운송물의 소유자일 필요도 없다. 수하인은 운송계약시에 반드시 확정되어야 하는 것이 아니고 운송물의 인도시까지 확정되면 된다.

수하인의 확정되면 운송장, 화물상환증, 선하증권 등에 그 성명과 상호를 기재하여야 한다.

(2) 수하인 지위의 법리구성

수하인은 운송의 단계에 따라 일정한 권리·의무를 진다. 수하인의 권리취득의 근거에 대하여 견해가 갈리고 있다.

① 송하인대리설·사무관리설·권리이전설 : 송하인대리설은 수하인을 송하인의 대리인으로 보아 수하인이 송하인의 대리인으로서 권리를 행사하는 것이라고 하고, 사무관리설은 수하인이 송하인을 위하여 사무관리를 한다고 보아 수하인이 송하인의 사무관리자로서 권리를 행사하는 것이라고 하며, 권리이전설은 송하인의 운송물에 관한 권리가 수하인에게 이전되어 수하인이 그 운송물에 대한 권리를 행사하는 것이라고 한다.

② 제3자를 위한 계약설 : 운송인과 송하인간의 물건운송계약이 제3자인 수하인을 위한 계약이라고 한다. 여기서 수하인은 수익자가 된다.

③ 특별규정설(다수설) : 공간적 장애의 극복을 목적으로 하는 물건운송계약에 있어서는 출발지에서 멀리 떨어져 있는 도착지에 운송물을 수령할 자가 필요하므로, 상법은 물건운송의 이러한 특수성을 고려하여 특별히 수하인의 존재를 인정하고 수하인에게 일정한 권리·의무를 부여한 것이라고 한다.

④ 검토 : 수하인은 수익의 의사표시없이도 운송물 도착으로 권리취득하고 의무도 부담한다. 제3자를 위한 계약의 경우에 제3자의 권리가 발생한 후에는 이를 변경 또는 소멸시킬 수 없는데, 수하인이 권리를 취득한 후에도 수하인이 운송물의 인도를 청구할 때까지는 송하인이 운송물처분권을 행사하여 수하인에게 운송물의 인도를 못하게 할 수 있다. 따라서 제3자를 위한 계약으로 보기에는 어려움이 있다.

보건대, 물건운송계약은 운송인과 송하인간에 이루어지지만 그 종료는 운송인과 수하인간에 이루어지므로, 수하인에게 도착지에서 운송물수령권 등의 권리를 행사하고 운임지급 등의 의무를 부담하게 할 필요에서 특별히 수하인에게 일정한 권리·의무를 부여한 것이라고 하겠다.

(3) 수하인의 권리취득

1) 운송물이 도착하기 전

수하인은 운송물에 대하여 아무런 권리·의무를 가지지 않고, 송하인만이 운송의 중지, 운송물의 반환 기타 운송물처분권을 가진다(상법 제139조).

2) 운송물이 도착한 후

이때는 수하인은 송하인과 동일한 권리를 취득한다(상법 제140조 제1항). 따라서 수하인도 운송물인도청구권, 운송물처분권과 손해배상청구권 등의 권리를 가진다. 이때는 송하인의 권리와 병존하지만 송하인은 운송물처분권을 행사하여 운송물인도청구권의 행사를 저지할 수 있으므로 송하인의 권리가 우선한다.

3) 운송물의 인도청구를 한 때

수하인이 운송물의 인도를 청구한 때에는 수하인의 권리가 송하인의 권리에 우선한다(상법 제140조 제2항).

4) 운송물을 수령한 때

수하인은 운송인에 대하여 운임 기타 운송에 관한 비용과 체당금을 지급할 의무를 부담한다(상법 제141조). 송하인의 운임 등의 지급의무는 운송계약상의 의무이나, 수하인의 운임 등의 지급의무는 법정의 의무이다. 이때 양자는 부진정연대관계에 있게 된다.

(4) 화물상환증이 발행된 경우의 수하인의 지위

화물상환증이 발행되면 화물상환증에 운송물인도청구권이 표창되게 되며, 화물상환증소지인이 운송물처분권도 행사하게 된다. 이때는 물건운송계약상의 권리·의무와 운송물처분권 등의 송하인의 지위가 모두 화물상환증소지인에게 귀속되고 또 운송물을 수령할 수 있는 수하인의 지위도 화물상환증소지인에게 귀속되므로, 결국 송하인의 지위와 수하인의 지위가 모두 화물상환증소지인의 지위에 흡수된다. 따라서 수하인은 의미가 없다.

순차운송

(1) 의의

동일운송물을 수인의 운송인이 지리적 구간을 달리하여 운송하는 경우를 통운송(광의의 통운송)65이라고 한다.

광의의 통운송에는 부분운송, 하수운송, 동일운송, 연대운송의 네가지 형태가 있으며, 특히 연대운송을 순차운송이라 하고 협의의 통운송이라 한다.

65 이러한 통운송은 여러 운송수단을 달리하는 복합운송의 형태를 띨 수 있다.

(2) 통운송의 형태

1) 부분운송

부분운송이란 수인의 운송인이 각각 독립하여 각 특정 구간의 운송을 인수하는 경우이다. 이때 각 운송계약 상호간에는 아무런 관계가 없다. 이때는 수인의 운송인의 연대책임에 관한 규정(상법 제138조)이 적용되지 않는다.

2) 하수운송

하수운송이란 제1의 운송인이 전운송구간의 운송을 인수하고 그 일부 또는 전부의 운송을 다른 운송인에게 위탁하는 경우이다. 제1의 운송인을 원수운송인, 제2 이하의 운송인을 하수운송인이라 한다.

이때 운송계약 당사자는 송하인과 원수운송인이며, 하수운송인은 원수운송인의 이행보조자에 불과하여 송하인에 대하여 아무런 책임을 지지 않는다. 이때에도 상법 제138조가 적용되지 않는다.

3) 동일운송

동일운송이란 수인의 운송인이 처음부터 운송계약의 당사자로 되어 송하인으로부터 공동하여 전운송구간의 운송을 인수하고, 다만 내부관계에 있어서 각 담당운송구간을 나누어 정하는 경우이다.

이때는 운송인이 송하인에 대하여 연대책임을 지지만 이는 상법 제57조(다수채무자간의 연대책임)에 의한 것이다.

4) 연대운송(공동운송)

연대운송은 수인의 운송인이 각 운송구간에 관하여 공동으로 운송을 인수하는 경우이다. 이는 송하인과 제1의 운송인간에 전구간에 관한 운송계약이 체결되고 제1의 운송인은 제2의 운송인 등과 자기의 명의와 송하인의 계산으로 운송계약을 체결함으로써 제2의 운송인이 제1의 운송인의 운송구간을 제외한 나머지의 구간의 운송을 인수하는 등 수인의 운송인이 법률상 하나의 운송관계에 순차적으로 참가하는 것을 말한다. 여기서 제1의 운송인은 전운송구간 중의 일부의 운송구간에 대하여만 운송하고 운송물을 제2의 운송인에게 인도하며, 제2 이하의 운송인이 각각 그 다음의 운송인에게 인계할 때에 제1의 운송인이 인수한 운송관계에 가입하게 된다.

연대운송은 수인의 운송인이 서로 운송상의 연결관계를 가지고 있을 때 이용되는 것으로, 상법 제138조의 '수인이 순차로 운송할 경우'는 이 연대운송이며, 일반적으로 순차운송은 이 연대운송을 의미한다.

동일운송의 경우에는 송하인이 수인의 운송인과 전구간에 대한 하나의 운송계약을 체결하지만 부분운송장을 교부하나, 공동운송의 경우에는 송하인은 제1의 운송인과 전구간에 대한 운송계약을 체결하고 통운송장을 교부하는 점이 다르다.

(3) 순차운송인의 손해배상책임

1) 연대책임

순차운송의 경우에는 각 운송인은 운송물의 멸실·훼손 또는 연착으로 인한 손해를 연대하여 배상할 책임이 있다(상법 제138조). 순차운송의 경우에는 손해의 원인이 누구에게 속하는지 분명하지 않는 경우가 많다. 이때 송하인의 증명의 곤란을 면하게 하고, 누구에 대해서든지 손해배상청구가 가능하도록 이들에 대하여 연대책임을 부과하는 것이다.

2) 구상권·손해분담

손해배상을 한 운송인은 그 손해의 원인이 된 행위를 한 운송인에 대하여 구상할 수 있다(상법 제138조 제2항). 손해의 원인이 된 행위를 한 운송인을 알 수 없는 때에는 각 운송인은 그 수령한 운임액에 비례하여 손해를 분담한다(상법 제138조 제3항 본문). 다만 운송인이 손해가 자기의 운송구간에서 발생하지 않았음을 증명한 때에는 분담하지 않는다(상법 제138조 제3항 단서).

3) 책임제한약관

위의 순차운송인의 손해배상책임에 관한 규정은 임의규정이므로, 실제에 있어서는 운송계약에서 운송인이 자기의 운송구간에서 손해가 생긴 경우에만 손해배상책임을 진다는 특약을 정하는 것이 보통이다.

(4) 순차운송인의 대위

순차운송의 경우 후 운송인은 전 운송인에 갈음하여 그 권리를 행사할 의무가 있다(상법 제147조, 제117조). 전 운송인은 수하인 등으로부터 지리적으로 떨어져 있어서 권리행사에 어려움이 있으므로 후 운송인에 대하여 권리의 대위행사를 인정하고 있다. 예를 들면 전 운송인이 운임 등의 채권에 기하여 운송물에 대하여 유치권을 행사하고자 하는 경우에 운송물을 점유하고 있는 후 운송인이 그 권리를 행사하여야 한다는 것이다. 이때의 권리행사는 전자의 법정대리인으로서 행사하는 것이다.

전 운송인이 송하인에 대하여 청구할 수 있는 운임·체당금 기타 비용상환 등의 채권을 후 운송인이 전 운송인에게 변제한 때에는 후 운송인이 전 운송인의 권리를 취득한다(상법 제147조, 제117조).

위의 대위에 관한 규정은 후 운송인이 운송물을 점유하고 있는 점에 착안하여 인정되는 것이므로 연대운송의 경우뿐만 아니라 부분운송·하수운송 및 동일운송의 경우에도 적용된다(통설).

화물상환증

1. 의의

화물상환증은 육상운송에 있어서 운송인이 운송물을 수령하였다는 것을 증명하고 도착지에서 증권소지인에게 그 운송물을 인도할 의무를 표창하는 유가증권이다. 화물상환증은 운송물에 대체하여 유통된다는데 의미를 가지는데, 선하증권과 달리 운송기간이 짧아 실제 거의 이용되지 않는다.

2. 화물상환증의 발행

운송인은 송하인의 청구가 있으면 화물상환증을 작성하여 교부하여야 한다(상법 제128조).

화물상환증의 법정기재사항은 다음과 같다(상법 제128조 제2항). ① 운송물의 종류, 중량 또는 용적, 포장의 종별, 개수와 기호 ② 도착지 ③ 수하인과 운송인의 성명 또는 상호, 영업소 또는 주소 ④ 송하인의 성명 또는 상호, 영업소 또는 주소 ⑤ 운임 기타 운송물에 관한 비용과 그 선급 또는 착급의 구별 ⑥ 화물상환증의 작성지와 작성년월일

3. 화물상환증의 양도

화물상환증은 기명식, 지시식, 무기명식 또는 선택무기명식의 발행이 가능하다. 기명식이어도 화물상환증은 법률상 당연한 지시증권성을 가지므로 배서에 의하여 양도가 가능하다. 다만 배서금지문구가 기재되어 있는 경우에는 지명채권양도의 방법에 의한다.

4. 화물상환증의 효력

화물상환증은 운송물인도청구권을 표창하는 채권증권으로 채권적 효력이 있고, 상법은 운송물의 처분에 관하여 화물상환증에 물권적 효력을 인정하고 있다(상법 제133조).

(1) 채권적 효력(문언증권성)

화물상환증소지인이 운송인에 대하여 운송계약상의 채무(운송물인도의무)의 이행을 청구

할 수 있고, 또 채무불이행의 경우에는 손해배상을 청구할 수 있다.

1) 요인증권성

화물상환증은 운송계약에 기한 운송물의 수령을 원인으로 하여 발행하는 요인증권성을 가진다. 운송인과 운송계약을 체결한 자는 송하인이므로 운송에 관한 법률관계는 원칙적으로 운송계약에 의하여 정하여진다. 따라서 운송인이 화물상환증을 발행한 경우에도 그 화물상환증은 운송계약에 원인을 두고 있으므로 송하인과 운송인간에는 운송계약 이상의 구속력이 없다.

2) 문언증권성

화물상환증은 원래 운송계약상의 당사자(송하인) 이외의 수하인 또는 제3자에게 유통될 것을 목적으로 발행된다. 화물상환증이 유통된 경우 송하인과 운송인간의 운송계약관계와 절단된 증권소지인과 운송인간의 운송계약관계가 생기게 된다. 이때 제3자로서는 운송계약에 관한 모든 사항에 관하여 증권에 기재된 내용 이상을 알지 못하므로, 선의의 증권소지인에 대한 관계에서는 운송에 관한 사항에 관하여서는 이 증권의 기재를 기초로 하여 결정할 필요가 있게 된다.

이에 따라 운송인과 송하인 사이에 화물상환증에 적힌 대로 운송계약이 체결되고 운송물을 수령한 것으로 추정한다(상법 제131조 제1항). 화물상환증을 선의로 취득한 소지인에 대하여 운송인은 화물상환증에 적힌 대로 운송물을 수령한 것으로 보고, 화물상환증에 적힌 바에 따라 운송인으로서 책임을 진다(상법 제131조 제2항).

3) 요인증권성과 문언증권성의 관계(공권)

① 요인증권중시설(불법행위책임설) : 화물상환증에 표창된 권리가 증권 외의 실질적인 원인 즉 운송계약에 기한 운송물수령의 영향을 받는 것이라고 보아, 화물상환증은 운송계약에 기하여 현실로 수령한 운송물의 인도청구권을 표창하는 유가증권이라고 한다.
따라서 운송물을 수령하지 않고 발행한 공권은 원인을 결하여 무효이므로 운송인은 화물상환증에 기재된 운송물을 인도할 의무가 없고 다만 증권소지인에 대하여는 공권의 발행으로 인한 불법행위책임을 질 뿐이라고 한다. 또한 운송물상위의 경우에는 운송인은 현실로 수령한 운송물을 반환하면 되고 증권소지인에 대하여는 부실기재로 인한 불법행위책임을 진다고 한다.

② 문언증권성중시설(채무불이행책임설) : 문언증권중시설은 운송인은 "운송물을 수령하였기 때문에 책임을 지는 것이 아니고 기재하였기 때문에 책임을 진다."는 입장이다. 공권 또는 운송물상위의 경우에도 그 소지인은 운송인에 대하여 화물상환증에 기재된 문언대

로 운송물의 인도를 청구할 수 있고, 운송인이 이러한 인도를 하지 않은 때에는 채무불이행으로 인한 손해배상책임을 진다고 한다(통설).

요인증권성에 대하여는 증권상의 권리의 원인을 화물상환증에 기재할 것을 요구하고 그 기재에 따른 책임을 진다는 의미 정도로 해석한다.

③ 절충설 : 화물상환증의 요인증권성은 화물상환증의 실질관계를 고려하여 인정된 것이고, 문언증권성은 화물상환증의 유통관계를 고려하여 선의의 증권취득자를 위하여 인정된 것으로서 그 접촉의 면이 다를 뿐이며 상호 배척관계는 아니라고 한다. 여기서는 화물상환증의 유통성 때문에 요인성이 문언성에 의하여 수정을 받는 결과가 될 뿐이라고 한다. 공권은 원인관계의 흠결로 당연히 무효이나, 화물상환증의 작성자는 선의의 증권취득자에 대하여서는 화물상환증의 기재에 따라 책임(채무불이행책임)을 지고, 스스로 그 무효를 주장할 수 없다고 보는 것이 금반언의 법리에 적합하다고 한다.

④ 검토 : 화물상환증은 유통을 전제로 발행된 것인데 요인증권성을 중시하면 선의의 제3자가 불측의 손해를 입게 된다. 또한 불법행위에 기한 손해배상청구권을 인정하지만 이를 위하여 운송인의 고의·과실을 증명하여야 하는 어려움이 있게 된다. 따라서 운송인은 자기가 발행한 화물상환증의 문언에 따라 책임을 져야 한다고 본다. 다만 아직 유통이 되지 않은 단계에서 당사자간에는 실제 운송계약관계에 따라 그 지위가 정해진다.

참조판례

"선하증권은 운송물의 인도청구권을 표창하는 유가증권인바, 이는 운송계약에 기하여 작성되는 유인증권으로 상법은 운송인이 송하인으로부터 실제로 운송물을 수령 또는 선적하고 있는 것을 유효한 선하증권 성립의 전제조건으로 삼고 있으므로 운송물을 수령 또는 선적하지 아니하였는데도 발행한 선하증권은 원인과 요건을 구비하지 못하여 목적물의 흠결이 있는 것으로서 무효이다." (대법원 2008.2.14. 선고 2006다47585 판결 등).

(2) 물권적 효력(인도증권성)

1) 의의

화물상환증에 의하여 운송물을 받을 수 있는 자에게 화물상환증을 교부한 때에는, 운송물 위에 행사하는 권리의 취득에 관하여 화물상환증에 기재된 운송물을 인도한 것과 같은 효력이 있다(상법 제133조).

이에 따라 화물상환증의 교부가 동산의 물권변동에 있어서 운송물의 점유의 이전과 동일한 효력이 인정되는 것이다.

2) 발생요건

① 운송물의 수령 : 물권적 효력이 인정되기 위하여서는 운송인이 운송물을 수령하여야 한다. 공권의 경우나 운송물상위의 경우에는 물권적 효력이 인정되지 않는다.

② 운송물의 존재 : 운송물멸실의 경우에는 물권적 효력이 인정되지 않는다. 다만 다음에 보는 바와 같이 운송물을 운송인이 직접 점유해야 하는가에 대해서는 학설이 갈린다.

③ 화물상환증의 유효 : 화물상환증의 본질적 기재사항을 결하여 무효인 경우에는 물권적 효력이 인정되지 않는다.

④ 운송물수령권자에 대한 화물상환증의 교부 : 화물상환증에 의하여 '운송물을 받을 수 있는 자'에게 화물상환증을 교부하여야 한다. '운송물을 받을 수 있는 자'란 화물상환증의 정당한 소지인으로서 형식적 자격과 실질적 권리를 가진 자를 말하지만, 상속·합병 등의 경우 형식적 자격이 없어도 실질적 권리의 이전을 증명하면 물권적 효력이 생긴다. 형식적 자격을 가진 자는 배서가 연속된 화물상환증의 최후의 피배서인이고, 무기명식 또는 선택무기명식인 경우에는 화물상환증의 소지인이 된다.

3) 물권적 효력의 내용

화물상환증을 교부하면 권리의 취득에 관하여 운송물을 인도한 것과 동일한 효력이 있게 된다. 즉 소유권, 질권, 유치권 등의 권리를 취득함에 있어서 운송물의 점유를 이전하는 것과 동일한 효력이 있다.

4) 물권적 효력의 이론구성

화물상환증의 교부가 운송물의 인도와 동일한 효력이 있는 이유의 법리구성에 대하여 학설이 나뉘고 있다.

① 절대설 : 화물상환증의 교부는 민법상의 점유이전원인과는 별도로 상법이 특별히 인정하는 점유이전원인으로서, 운송인이 운송물을 직접점유하고 있는지를 불문하고 화물상환증의 교부만 있으면 화물상환증의 소지인이 절대적으로 운송물의 점유를 취득하게 된다고 한다.

즉 화물상환증의 교부는 민법 제190조(목적물반환청구권의 양도)와는 무관하게 운송물에 대한 물권변동을 일으키는 것이며, 이러한 증권의 교부에 민법 450조에 의한 대항요건(지명채권양도의 대항요건)은 필요가 없다고 한다.

② 상대설 : 운송인이 운송물을 직접점유를 하고 화물상환증소지인이 운송물을 간접점유하고 있어, 화물상환증소지인이 화물상환증을 교부하면 운송물의 간접점유가 이전된다고 한다. 다만 대표설에서는 운송인이 직접점유를 하고 있지 않더라도 그가 점유회수소권(민법 제204조)을 가지고 있는 동안은 증권의 소지가 운송물의 간접점유를 대표한

다고 하여 증권의 교부에 물권적 효력을 인정한다.

이는 민법 제190조와 관계에서 엄정상대설과 대표설로 나누어진다.

ⓐ 엄정상대설 : 화물상환증의 교부를 상법상의 특별한 점유이전원인으로 보지 않고 목적물반환청구권의 양도에 의한 간접점유의 이전의 한 방법이라고 보아 상법 제133조는 민법 제190조의 예시규정에 불과하다고 한다. 따라서 운송물의 간접점유의 이전을 위하여서는 지명채권양도에 관한 민법 제450조에 의한 대항요건을 갖추어야 한다는 입장이다.

ⓑ 대표설(다수설) : 화물상환증은 운송인이 점유하고 있는 운송물을 대표한다고 보아 화물상환증의 교부가 있으면 운송물의 간접점유가 이전되는 효력이 생긴다고 하고, 운송물의 간접점유의 이전에는 화물상환증의 교부 외에 채무자에게 통지 또는 채무자의 승낙이 요구되지 않는다고 한다. 여기서 상법 제133조는 민법의 특별규정이라고 한다.

③ 검토 : 운송인이 운송물을 직접점유하고 있어야 하는가에 대하여 절대설은 부정하고, 상대설은 긍정한다. 다만 절대설은 운송인에 의한 운송물의 점유를 요구하지 않을 뿐 운송물의 존재를 전제로 하므로, 화물상환증이 공권이거나 운송물이 멸실 또는 제3자에 의하여 선의취득된 경우에는 물권적 효력이 생기지 않는다. 따라서 운송인이 일시 운송물의 점유를 잃은 경우에만 이 설의 장점이 인성되는데, 이에 대하여 대표설에서도 운송인이 직접점유를 하고 있지 않더라도 그가 점유회수소권(민법 제204조)을 가지고 있는 동안은 증권의 교부에 물권적 효력을 인정하므로 결과적으로는 같아진다. 화물상환증이 요인증권이라는 점에서 보면 운송인의 운송물점유를 전제로 이론구성하는 것이 타당할 것이다.

상대설 중에 엄정상대설에 의할 때 상법의 규정이 공문화되며, 이는 화물상환증의 유통보호를 해하게 할 우려가 있게 된다. 대표설에 의할 때 운송인이 도난·분실 등의 사유로 운송물의 직접점유를 상실한 경우에는 이를 전제로 하는 간접점유도 이전되지 않으므로 화물상환증소지인의 보호 내지 화물상환증의 유통보호를 기할 수 없다는 비판이 제기될 수 있다. 그러나 앞에서 본 바와 같이 직접점유를 상실한 경우에도 점유회수소권을 가지고 있으면 증권의 소지인이 보호되므로, 이 견해에 의할 것이다.

여객운송

1. 의의

여객운송은 육상 또는 호천·항만에서 여객을 일정한 장소에서 다른 장소로 이전하는 것이다(상법 제125조). 따라서 여객운송은 해상여객운송과 항공여객운송을 제외한 육상여객운송을 말하는 것이다.

여객운송인은 여객운송계약에 따라 여객의 운송을 인수하게 된다.

2. 승차권

승차권은 여객운송계약의 성립·내용 및 운임의 지급 등을 증명하는 증권으로서, 운송인이 여객에게 발행하는 것이다. 승차권에는 일반승차권, 정기승차권, 회수승차권 등이 있다.

승차권은 여객운송계약의 존재를 증명하는 증거증권으로서 의미를 가지지만, 기타 운송청구권을 표창하는 유가증권으로서의 성질을 가지는가에 대하여는 견해가 갈린다. 통설은 유가증권성을 인정하며, 일반승차권은 운송청구권이 표창된 것으로 보고 정기승차권은 포괄적 운송청구권이 표창된 것으로 본다.

3. 손해배상책임

(1) 여객의 손해에 대한 책임

여객운송인은 선량한 관리자의 주의로 여객을 안전하게 도착지에 운송하여야 할 운송계약상의 의무가 있다. 따라서 운송인의 과실로 인하여 여객에게 손해가 발생한 경우에는 운송인의 채무불이행이 되어 손해배상책임을 지게 된다. 이에 대하여 상법은 "운송인은 자기 또는 사용인이 운송에 관한 주의를 해태하지 아니하였음을 증명하지 아니하면 여객이 운송으로 인하여 받은 손해를 배상할 책임을 면하지 못한다." (상법 제148조 제1항)고 규정하여, 과실에 대한 증명책임의 전환을 인정하고 있다.

이때 손해배상의 액을 정함에 있어서 법원은 피해자와 그 가족의 정상을 참작하여야 한다(상법 제148조 제2항).

(2) 수하물에 대한 책임

1) 탁송수하물에 대한 책임

여객운송인은 여객으로부터 인도받아 그의 보관하에 운송하는 수하물 즉 탁송수하물에 관하여는 운임을 받지 않은 경우에도 물건운송인과 동일한 책임을 진다(상법 제149조 제1항). 여객의 수하물에 대하여 따로 물건운송계약이 체결되지 않으나, 여객운송의 운임에 수하물운송의 대가가 포함되어 있다고 보아 인도를 받은 수하물에 대한 여객운송인의 책임을 인정하고 있다.

2) 휴대수하물에 대한 책임

여객으로부터 인도를 받지 아니한 수하물에 대하여 운송인은 멸실 또는 훼손에 대하여는 자기 또는 사용인의 과실이 없으면 손해를 배상할 책임이 없다(상법 제150조).

3. 여객운송인의 권리

(1) 운임청구권

여객운송인은 여객의 운송에 대한 보수로서 여객에 대하여 운임의 지급을 청구할 수 있다(상법 제61조).

(2) 탁송수하물의 공탁·경매권

수하물이 도착지에 도착한 날로부터 10일 내에 여객이 그 인도를 청구하지 아니한 때에는 여객운송인은 상사매매에 있어서 매도인과 같이 목적물에 대하여 공탁·경매권을 행사할 수 있다(상법 제149조 제2항, 제67조). 이 경우에는 지체없이 여객에 대하여 그 통지를 발송하여야 한다. 그러나 주소 또는 거소를 알지 못하는 여객에 대하여는 최고와 통지를 요하지 아니한다(상법 제149조 제2항 단서).

Ⅵ. 공중접객업

1. 의의

공중접객업이란 극장, 여관, 음식점, 목욕탕 등 다수가 모이기에 적합한 물적·인적 시설을 갖추어 공중이 일정한 장소에 모이게 하여 영업을 하는 것을 말한다(상법 제151조).

공중접객업의 거래내용은 업태에 따라 매매, 임대차, 도급 기타 혼합계약 등 다양하므로 공중접객업의 거래에 관하여 전반적이고 공통적인 규정을 두지 않고 보통거래약관이나 관습에 맡기고, 다만 객의 휴대품에 대해서만 공중접객업자에게 엄격한 임치책임을 과하고 있다. 즉 공중접객업의 경우 다수의 객이 모이므로 소지품이 분실되거나 도난당할 위험이 많으므로 상법은 객의 물건이 멸실 또는 훼손된 경우에 공중접객업자에게 엄격한 책임을 부과하여 그 시설의 이용자를 보호하고 있다.

2. 공중접객업자의 보호의무

공중접객업은 다중을 대상으로 영업을 하기 때문에 그 다수의 고객이 안전하게 시설을 이용할 수 있도록 보호해야 할 일정한 의무를 부담한다. 판례도 공중접객업자의 신의칙상 주의의무를 인정하고 있다.

참조판례

여관에 투숙 중 화재가 발생하였으나 숙박업자가 화재발생사실을 제대로 통보하지 않아 대피하지 못하고 질식하여 사망한 사안에서 "공중접객업인 숙박업을 경영하는 자가 투숙객과 체결하는 숙박계약은 숙박업자가 고객에게 숙박을 할 수 있는 객실을 제공하여 고객으로 하여금 이를 사용할 수 있도록 하고 고객으로부터 그 대가를 받는 일종의 일시사용을 위한 임대차계약으로서, 여관의 객실 및 관련시설, 공간은 오로지 숙박업자의지배 아래 놓여 있는 것이므로 숙박업자는 통상의 임대차와 같이 단순히 여관의 객실 및 관련시설을 제공하여 고객으로 하여금 이를 사용·수익하게 할 의무를 부담하는 것에서 한 걸음 더 나아가 고객에게 위험이 없는 안전하고 편안한 객실 및 관련시설을 제공함으로써 고객의 안전을 배려하여야 할 보호의무를 부담하며, 이러한 의무는 숙박계약의 특수성을 고려하여 신의칙상 인정되는 부수적인 의무로서 숙박업자가 이를 위반하여 고객의 생명, 신체를 침해하여 손해를 입힌 경우에 불완전이행으로 인한 채무불이행책임을 부담한다." (대법원 1994.1.28. 선고 93다43590 판결)고 판시하였다.

3. 공중접객업자의 책임

공중접객업자의 책임은 대별해서 물건을 임치받은 경우의 책임과 임치받지 않은 경우의 책임으로 나누어 볼 수 있다.

(1) 임치한 물건에 대한 책임

공중접객업자는 자기 또는 그 사용인이 고객으로부터 임치받은 물건의 보관에 관하여 주의를 게을리하지 아니하였음을 증명하지 아니하면 그 물건의 멸실 또는 훼손으로 인한 손해를 배상할 책임이 있다(상법 제152조 제1항).[66] 여기서의 임치란 명시적 임치뿐만 아니라 묵시적 임치도 포함한다.

---

66 구 상법 제152조 제1항에서 공중접객업자는 객으로부터 임치받은 물건의 멸실이나 훼손이 불가항력에 의한 것임을 증명하지 않으면 그 손해를 배상할 책임을 면하지 못한다고 하여 다른 상인에 비해 그 책임이 무거웠다. 공중접객업자의 책임과 관련하여 특징적인 것은 불가항력에 의한 손해만 면책이 된다는 것이었다. 이는 공중접객업자의 책임에 관한 규정의 연혁이 수취한 물건에 대하여 안전하게 반환해야 할 절대적 의무를 부과한 고대 로마법상의 레셉툼책임에서 유래한 것에 근거한 것이다.

참조판례

① "…이 사건 수정 원석의 도난사고는 도적이 외부로부터 피고 경영의 호텔의 비상문을 부수고 침입하여 동 호텔의 유숙객의 일반휴대물을 평소에 보관하여 두고 있던 2층 숙직실 창고에 들어있던 위의 물건을 절취하여 간 것이라 하므로 이러한 경우에 있어서는 피고로서는 일반사회의 평상인으로서 지켜야 할 주의의무를 태만히 하였다고는 볼 수 없다."(대법원 1965.2.23. 판결, 64다1724 판결).

② "피고(목욕탕주인)가 원고에게 열쇠로 된 번호표를 주는 것만으로는 목욕 중의 보관에 대한 주의의무를 다하였다고 볼 수 없고, 피고는 원고가 목욕을 마치고 목욕탕을 나올 때까지 옷장에 넣어 둔 물건에 대하여 선량한 관리자의 주의의무를 다 하여야 할 책임이 있다."(대법원 1968.5.14. 선고 68가3214 판결).

(2) 임치하지 아니한 물건에 대한 책임

공중접객업자는 임치하지 아니한 경우에도 그 시설내에서 휴대한 물건이 자기 또는 그 사용인의 과실로 인하여 멸실 또는 훼손된 때에는 그 손해배상의 책임을 지게 된다(상법 제152조 제2항). 이때에는 객이 스스로 휴대한 물건을 관리할 수 있으므로 임치한 물건에 비해 공중접객업자의 책임을 경감시킨 것이다.

여기서의 공중접객업자의 책임은 시설의 이용관계를 고려하여 법이 부수적으로 인정한 법정책임으로 보겠다.

수취하지 아니한 물건에 대한 책임이 인정되기 위한 요건으로 공중접객업자나 그 사용인의 과실이 요구되는데, 여기서 사용인은 공중접객업자와의 사이에 고용관계가 있는 자에 한하지 아니하고 공중접객업자가 시설의 운영에 사용한 모든 사람을 말한다. 또한 과실은 선량한 관리자의 주의의무를 해태한 것을 말하고, 공중접객업자 또는 그 사용인의 과실에 대한 증명책임은 객이 부담한다.

4. 면책의 게시

공중접객업자의 손해배상책임에 관한 규정은 임의규정이므로 당사자간의 다른 약정에 의하여 그 책임을 감면할 수 있다. 그러나 고객의 휴대물에 대하여 책임이 없음을 알린 경우에도 공중접객업자는 책임을 면하지 못한다(상법 제152조 제3항). 즉 단순한 게시를 면책의 특약으로 볼 수 없다.

5. 고가물에 대한 특칙

화폐·유가증권 기타의 고가물에 대해서는 고객이 그 종류와 가액을 명시하여 임치하지 않으면, 공중접객업자는 그 물건의 멸실 또는 훼손으로 인한 손해를 배상할 책임이 없다(상법 제153조).

6. 책임의 단기소멸시효

공중접객업자의 책임은 공중접객업자가 임치물을 반환하거나 고객이 휴대물을 가져간 후 6개월이 지나면 소멸시효가 완성된다(상법 제154조 제1항). 물건이 전부 멸실된 경우에는 위 기간은 고객이 그 시설에서 퇴거한 날부터 기산한다(상법 제154조 제2항). 다만 공중접객업자나 그 사용인이 악의인 경우에는 위 규정은 적용하지 아니한다(상법 제154조 제3항).

Ⅶ. 창고업

1. 의의

타인을 위하여 창고에 물건을 보관함을 영업으로 하는 자를 창고업자라 한다(상법 제155조).

물건의 임치인과 창고업자 사이에는 창고임치계약을 체결하게 되는데, 이는 창고업자가 물건을 보관할 것을 인수하는 계약이다. 창고임치계약은 임치계약이고, 불요식계약이며, 또 물건의 보관을 인수하는 계약으로 낙성계약이고, 유상·쌍무계약이다.

2. 창고업자의 의무

(1) 창고증권의 교부의무

창고업자는 임치인의 청구에 의하여 창고증권을 교부하여야 한다(상법 제156조).

(2) 임치물의 보관의무

창고업자는 창고임치계약에 의하여 임치물을 보관하여야 한다. 구체적인 보관의무의 내용은 창고임치약관 등에 의하여 정하여질 것이나, 그렇지 않은 경우에는 창고임치계약이 유상인 경우에는 물론 무상인 경우에도 창고업자는 선량한 관리자의 주의로 임치물을 보관하여야 한다(상법 제62조). 민법상 무상수취인은 '자기재산과 동일한 주의'로 보관해야 할 주의의무를 지지만(민법 제695조), 창고업자에 대하여 보다 엄격한 임치책임을 부과한 것이다.

(3) 임치물의 검사·견품적취·보존처분에 따를 의무

임치인 또는 창고증권소지인은 영업시간 내에 언제든지 창고업자에 대하여 임치물의 검사 또는 견품의 적취를 요구하거나 그 보존에 필요한 처분을 할 수 있으므로(상법 제161조),

창고업자는 이에 따라야 할 의무가 있다. 이것은 임치물의 거래, 즉 임치물의 매매 또는 입질의 편의를 제공하고 또 그 보존의 완전을 기하기 위한 것이다.

(4) 임치물의 훼손·하자 등의 통지의무

임치인이 임치물을 인도받은 후에 그 물건의 훼손 또는 하자를 발견하거나 그 물건이 부패할 염려가 있는 때 또는 가격저락의 상황을 안 때에는 지체없이 임치인 또는 창고증권소지인에게 그 통지를 발송하여야 한다(상법 제168조, 제108조 제1항).

위의 경우에 임치인 또는 창고증권소지인의 지시를 받을 수 없거나 그 지시가 지연되는 때에는 창고업자는 임치인 또는 창고증권소지인의 이익을 위하여 적당한 처분을 할 수 있다(상법 제168조, 제108조 제2항).

(5) 임치물의 반환의무

창고증권이 발행되지 않은 경우에 창고업자는 임치인의 청구가 있는 때에는 보관기간의 약정에도 불구하고 임치물을 반환하여야 한다(민법 제698조 단서, 제699조). 반면에 임치기간을 정하지 아니한 때에는 창고업자는 임치물을 받은 날로부터 6월을 경과한 후에는 언제든지 이를 반환할 수 있다(상법 제163조 제1항). 위의 경우에 임치물을 반환함에는 2주간 전에 예고하여야 한다(상법 제163조 제2항). 부득이한 사유가 있는 경우에는 창고업자는 전조의 규정에 불구하고 언제든지 임치물을 반환할 수 있다(상법 제164조).

창고증권이 발행된 경우에는 이와 상환하지 아니하면 임치물의 인도를 청구할 수 없으므로(상법 제157조, 제129조), 창고업자는 창고증권과 상환해서 임치물을 반환할 의무가 있게 된다.

(6) 손해배상책임

창고업자는 자기 또는 사용인이 임치물의 보관에 관하여 주의를 해태하지 아니하였음을 증명하지 아니하면 임치물의 멸실 또는 훼손에 대하여 손해를 배상할 책임을 면하지 못한다(상법 제160조).

(7) 창고업자의 책임의 소멸

창고업자의 책임은 임치인 또는 창고증권소지인이 유보없이 임치물을 수령하고 보관료 기타의 비용을 지급한 때에는 소멸한다. 그러나 임치물에 즉시 발견할 수 없는 훼손 또는 일부 멸실이 있는 경우에 임치물을 수령한 날로부터 2주간내에 창고업자에게 그 통지를 발송한 때에는 그러하지 아니하다(상법 제168조, 제146조 제1항). 다만 창고업자 또는 그 사용인이 악의인 경우에는 적용하지 아니한다(상법 제168조, 제146조 제2항).

3. 창고업자의 권리

(1) 임치물의 인도청구권

창고임치계약이 성립한 때에는 창고업자는 임치인에 대하여 임치물의 인도를 청구할 수 있다. 임치인이 임치물을 지체없이 인도하지 않으면, 창고업자는 임치계약을 해제할 수 있고 손해배상을 청구할 수 있다.

(2) 보관료 · 비용상환청구권

창고업자는 임치물을 출고할 때가 아니면 보관료 기타의 비용과 체당금의 지급을 청구하지 못한다. 그러나 보관기간경과 후에는 출고 전이라도 이를 청구할 수 있다(상법 제162조 제1항). 임치물의 일부출고의 경우에는 창고업자는 그 비율에 따른 보관료 기타의 비용과 체당금의 지급을 청구할 수 있다(상법 제162조 제2항).

(3) 임치물의 보관 · 공탁권

임치인 또는 창고증권소지인이 임치물의 수령을 거부하거나 이를 수령할 수 없는 경우에 창고업자 그 물건을 공탁하거나 상당한 기간을 정하여 최고한 후 경매할 수 있다. 이 경우에는 지체없이 임치인 또는 창고증권소지인에 대하여 그 통지를 발송하여야 한다(상법 제165조, 제67조 제1항). 다만 임치인 또는 창고증권소지인에 대하여 최고를 할 수 없거나 목적물이 멸실 또는 훼손될 염려가 있는 때에는 최고없이 경매할 수 있다(상법 제165조, 제67조 제2항).

(4) 창고업자의 책임의 시효

임치물의 멸실 또는 훼손으로 인하여 생긴 창고업자의 책임은 그 물건을 출고한 날로부터 1년이 경과하면 소멸시효가 완성한다(상법 제167조). 이 기간은 임치물이 전부 멸실한 경우에는 임치인과 알고 있는 창고증권소지인에게 그 멸실의 통지를 발송한 날로부터 기산한다(상법 제167조 제2항). 그러나 창고업자 또는 그 사용인이 악의인 경우에는 그러하지 아니한다(상법 제167조 제3항).

4. 창고증권

(1) 의의

창고증권이란 창고업자가 임치물을 수령하였다는 것을 증명하고 증권소지인에게 임치물을 반환해 줄 의무를 표창하는 유가증권이다.

(2) 기재사항

창고증권에는 다음의 사항을 기재하고 창고업자가 기명날인 또는 서명하여야 한다(상법 제156조 제2항). ① 임치물의 종류, 품질, 수량, 포장의 종별, 개수와 기호 ② 임치인의 성명 또는 상호, 영업소 또는 주소 ③ 보관장소 ④ 보관료 ⑤ 보관기간을 정한 때에는 그 기간 ⑥ 임치물을 보험에 붙인 때에는 보험금액, 보험기간과 보험자의 성명 또는 상호, 영업소 또는 주소 ⑦ 창고증권의 작성지와 작성년월일

(3) 창고증권의 효력

창고증권이 발행된 경우에는 창고업자와 임치인 또는 창고증권소지인 사이에 창고증권에 적힌 대로 창고계약이 체결되고 임치물을 수령한 것으로 추정한다(상법 제157조, 제131조 제1항). 창고증권을 선의로 취득한 소지인에 대하여 창고업자는 창고증권에 적힌 대로 임치물을 수령한 것으로 보고 창고증권에 적힌 바에 따라 창고업자로서 책임을 진다(상법 제157조, 제131조 제2항).

(4) 상환증권성 · 지시증권성

창고증권을 작성한 경우에는 이와 상환하지 아니하면 임치물의 인도를 청구할 수 없다(상법 제157조, 제129조). 창고증권은 기명식인 경우에도 배서에 의하여 양도할 수 있다. 그러나 창고증권에 배서를 금지하는 뜻을 기재한 때에는 그러하지 아니하다(상법 제157조, 제130조).

(5) 분할부분에 대한 창고증권의 청구

창고증권소지인은 창고업자에 대하여 그 증권을 반환하고 임치물을 분할하여 각 부분에 대한 창고증권의 교부를 청구할 수 있다(상법 제158조 제1항). 이때 임치물의 분할과 증권교부의 비용은 증권소지인이 부담한다(상법 제158조 제2항).

(6) 창고증권에 의한 입질과 일부출고

창고증권으로 임치물을 입질한 경우에도 질권자의 승낙이 있으면 임치인은 채권의 변제기 전이라도 임치물의 일부반환을 청구할 수 있다. 이 경우에는 창고업자는 반환한 임치물의 종류, 품질과 수량을 창고증권에 기재하여야 한다(상법 제159조).

Ⅷ. 금융리스업

1. 의의

리스는 기계·설비 기타 물건을 이용하는 자가 선정한 물건을 리스회사가 공급자로부터 취득하거나 대여받아 그 리스물건에 대한 유지·관리책임을 지지 않으면서 리스이용자에게 일정한 기간 사용·수익하게 하고 리스기간 중에 정기적으로 일정한 대가를 분할·지급 받으며 리스기간 종료 후의 리스물건의 처분에 관하여는 당사자간의 약정으로 정하는 물적 금융이다.

상법에서는 "금융리스이용자가 선정한 기계, 시설, 그 밖의 재산(금융리스물건)을 제3자(공급자)로부터 취득하거나 대여받아 금융리스이용자에게 이용하게 하는 것을 영업으로 하는 자를 금융리스업자라 한다."고 규정하고 있다(상법 제168조의 2). 또한 리스에 대하여 "기계·시설 기타 재산의 물융에 관한 행위"라 하여 기본적 상행위로 규정하고 있다(상법 제46조 19호).

2. 리스계약의 법적 성질

(1) 학설

① 임대차계약설(특수임대차계약설) : 임대차계약설은 리스계약의 형식적(법률적)인 면인 임대차의 성격을 강조하는 견해로, 이 설에서도 리스계약을 민법상의 순수한 임대차계약으로 보는 견해는 거의 없고 대부분 리스계약이 민법상의 임대차계약과는 다른 면을 인정하여 특수한 임대차계약이라고 한다. 즉, 민법 중 임대차에 관한 규정은 민법 제652조에서 강행규정으로 규정한 것을 제외하고는 원칙적으로 임의규정이므로 임대차계약 당사자들은 자유로이 그 조건을 약정할 수 있는바, 리스계약은 임대차의 조건을 특수하게 변형시킨 특수임대차에 불과하다고 한다. 이 이론에 따르게 되면 리스계약 중에 임차인의 보호를 위한 강행규정에 위반되는 약정이 있는 경우 그 효력을 인정할 수 없게 된다.

② 무명계약설(비전형계약설) : 무명계약설은 리스계약의 실질적(경제적)인 면인 물적 금융의 성격을 강조하는 견해로, 리스계약의 법적 성질이 우리 민법상 전형계약 가운데 꼭 들어맞는 것이 없다는 점에 착안하여, 임대차·소비대차·매매 등의 요소가 혼합된 특수한 내용의 무명계약으로 보는 견해이다. 즉, 리스계약은 임대차나 소비대차·매매 등 어느 하나에 속할 수가 없는바, 그 독특한 성질로서는 대여물건에 대한 하자담보책임을 대여인이 부담하지 아니하고, 리스물건의 보수·관리책임을 이용자가 부담하며, 계약부

대비용도 이용자의 부담이 되고, 이용자의 기한이익상실사유가 폭 넓게 인정되는 점 등을 지적하고 있다. 이 설에 의하면 리스계약에는 민법상의 임대차에 관한 규정이 원칙적으로 적용되지 않으므로, 민법상의 임대차에 관한 강행규정에 반하는 리스계약상의 면책약관은 유효하게 된다(다수설).

(2) 판례

대법원은 1986.8.19. 선고 84다카503·504 판결 이래 일관되게 리스계약에 대하여 무명계약설을 취하여 "리스계약에 대하여는 민법의 임대차에 관한 규정이 바로 적용되지 아니한다."고 하고 있다.

(3) 검토

리스계약은 실제 고가의 기업설비나 기자재의 조달을 위한 금융으로서의 성격이 크므로 무명계약설의 입장이 타당하리라 본다. 또한 여신전문금융업법 제2조 10호에서도 '금융'임을 명시하고 있다.

3. 리스계약의 특색

(1) 리스회사의 하자담보책임의 배제

1) 하자담보책임배제의 특약의 효력

리스회사의 약관에 따르면 대체로 리스물건에 하자가 있더라도 리스회사는 리스이용자에 대하여 하자담보책임을 지지 않는다고 규정하고 있다. 이러한 하자담보책임배제의 특약의 효력에 대하여 리스계약의 법적 성질을 임대차계약이라고 보는 입장에서는 무효라고 하는데 반하여, 무명계약이라고 보는 견해는 리스계약의 성질상 당연히 요청되는 것으로서 유효라고 한다.

판례는 후자의 입장을 명백히 하고 있다. 판례는 하자담보책임에 대하여 "대여시설이용자가 물건인도·인수확인서를 발급하였을 때는 물건의 상태 및 성능이 정상적인 것을 확인한 것으로 간주한다."는 계약서 조항을 근거로, 이용자가 별다른 이의없이 리스물건인도·인수확인서를 발급하면 시설대여 회사의 하자담보의무는 충족된 것으로 보는 범위내에서의 책임이라고 하여,[67] 사실상 리스물건의 이용 후에는 하자담보책임을 배제하고 있다.

2) 손해배상청구권의 행사

위의 해석에 따를 때 리스이용자가 물건의 하자에 의하여 자신의 종국적인 목적인 물건의

---

67 대법원 1996.8.23. 선고 95다51515 판결.

사용과 수익을 하지 못할 수도 있는데, 이때에는 어떠한 방법으로 보호하겠는가라는 문제가 생긴다. 그 방안으로 제기되는 것이 손해배상청구권의 행사이다. 즉, 리스물건에 하자가 있는 경우에 리스회사는 공급자에 대하여 매수인으로서 손해배상청구권을 가지게 되는데, 리스회사의 약관에는 일반적으로 이러한 손해배상청구권에 대한 양도의 특약을 두고 있다. 위 약관에 따라 리스이용자로 하여금 리스회사로부터 이 손해배상청구권을 양도받아 공급자에 대하여 직접 손해배상청구권을 행사하도록 하면 리스이용자도 어느 정도 보호가 된다고 하겠다.

(2) 해지권의 제한

리스회사의 약관에는 일반적으로 리스계약해지권을 제한하는 규정을 두고 있는데, 이는 리스계약을 해지하여 리스물건을 반환하면 리스회사가 그 리스물건을 그와 동일한 조건으로 다른 사람에게 리스할 수 없기 때문이다. 그런데 이러한 계약해지권을 제한하는 규정이 들어 있음에도 불구하고 계약해지권을 행사하려는 경우에 이를 인정할 것인가가 문제되는데, 이는 리스계약의 법적 성질을 어떻게 볼 것인가에 달려 있다.

만일 이를 임대차계약의 일종으로 본다면 민법의 임대차에 관한 규정이 적용될 것이고, 리스계약 규정 중 리스회사에 일방적 이익을 위한 것은 '임대차에 관한 규정에 위반한 약정으로 임차인이나 전차인에 불리한 것은 무효'라는 민법 제652조의 규정에 의해서 무효가 될 것이므로 계약해지권의 행사가 가능해진다. 그러나 만일 임대차와 다른 계약으로 본다면 위 규정이 적용되지 않을 것이기 때문에 위 약정은 유효하게 될 것이고, 계약해지권의 행사가 불가능해진다. 앞에서 본 바와 같이 리스계약에 대하여 무명계약설을 취할 때 약정이 있는 경우에 리스계약에 대한 해지권은 인정되지 않는다고 보겠다.

상법은 해지권 행사와 관련하여 금융리스이용자는 중대한 사정변경으로 인하여 금융리스물건을 계속 사용할 수 없는 경우에는 3개월 전에 예고하고 금융리스계약을 해지할 수 있다(상법 제168조의 5 제3항)고 하여 이를 인정하고 있다. 이 경우 금융리스이용자는 계약의 해지로 인하여 금융리스업자에게 발생한 손해를 배상하여야 한다(상법 제168조의 5 제3항).

또한 금융리스이용자의 책임 있는 사유로 금융리스계약을 해지하는 경우에는 금융리스업자는 잔존 금융리스료 상당액의 일시 지급 또는 금융리스물건의 반환을 청구할 수 있다(상법 제168조의 5 제1항)고 하여 금융리스업자를 보호하고 있다.

이러한 금융리스업자의 청구는 금융리스업자의 금융리스이용자에 대한 손해배상청구에 영향을 미치지 아니한다(상법 제168조의 5 제2항).

4. 리스계약관계자의 권리·의무

(1) 의의

리스계약의 법률구조를 보면 리스회사와 공급업자 그리고 리스이용자의 삼각관계가 형성되게 되는데 이들 각 당사자의 기본적인 권리·의무를 보면, 먼저 리스회사는 리스이용자로부터 리스료를 받고 그가 선정한 물건을 구입해서 이를 공급해주어야 할 의무를 부담하게 되고, 리스이용자는 리스회사에 대하여 리스료를 지급하고 공급업자로부터 리스물건을 수령하여 이를 사용·수익할 권리를 가지게 되고, 리스이용자는 리스물건을 수령한 때에는 지체없이 검사하고 수령증을 리스회사에 교부하여야 하며 리스기간이 종료한 때에는 리스물건을 리스회사에 반환하여야 한다.

그리고 리스물건에 대한 매매계약은 리스회사와 공급자 사이에 이루어지게 되는데, 공급자는 리스물건을 리스이용자에게 인도하여야 하고, 리스이용자로부터 리스물건의 수령증을 교부받은 때에는 리스회사에 대하여 대금지급청구권을 가진다.

(2) 금융리스업자와 금융리스이용자의 의무

금융리스업자는 금융리스이용자가 금융리스계약에서 정한 시기에 금융리스계약에 적합한 금융리스물건을 수령할 수 있도록 하여야 한다(상법 제168조의 3 제1항). 금융리스이용자는 제1항에 따라 금융리스물건을 수령함과 동시에 금융리스료를 지급하여야 한다(상법 제168조의 3 제2항). 금융리스물건수령증을 발급한 경우에는 금융리스계약 당사자 사이에 적합한 금융리스물건이 수령된 것으로 추정한다(상법 제168조의 3 제3항). 금융리스이용자는 금융리스물건을 수령한 이후에는 선량한 관리자의 주의로 금융리스물건을 유지 및 관리하여야 한다(상법 제168조의 3 제4항).

(3) 공급자의 의무

금융리스물건의 공급자는 공급계약에서 정한 시기에 그 물건을 금융리스이용자에게 인도하여야 한다(상법 제168조의 4 제1항). 금융리스물건이 공급계약에서 정한 시기와 내용에 따라 공급되지 아니한 경우 금융리스이용자는 공급자에게 직접 손해배상을 청구하거나 공급계약의 내용에 적합한 금융리스물건의 인도를 청구할 수 있다(상법 제168조의 4 제2항).

금융리스업자는 금융리스이용자가 위의 권리를 행사하는 데 필요한 협력을 하여야 한다(상법 제168조의 4 제3항).

Ⅸ. 가맹업

1. 의의

가맹업이란 자신의 상호·상표 등을 제공하는 것을 영업으로 하는 자인 가맹업자가 그의 상호 등을 사용할 것을 허락받은 가맹상에게 그가 지정하는 품질기준이나 영업방식에 따라 영업을 할 것을 약정하고, 이에 대하여 가맹상은 가맹업자에게 일정한 사용료를 지급하기로 약정하는 계속적 채권계약관계라고 할 수 있다(상법 제168조의 6). 상법은 가맹업에 대하여 "상호·상표 등에 사용허락에 의한 영업에 관한 행위"라고 하여 기본적 상행위로 규정하고 있다(상법 제46조 20호).

2. 가맹업계약의 법적 성질

가맹업자와 가맹상간의 가맹업계약은 일정한 기간 계속적 이행이 요구되는 계약이므로 계속적 채권계약관계이고, 가맹업자가 가맹상에게 영업표식의 사용을 허락하고 영업에 관한 지원·통제를 하는데 대하여 일정한 사용료를 지급할 것을 약정하는 계약이므로 유상·쌍무계약이다.

가맹업계약은 라이센스계약과 노무제공계약이 포함되고, 가맹업자가 가맹상에게 상품이나 원료를 공급할 것을 약정한 경우에는 매매계약도 포함된다. 따라서 가맹업계약은 어느 전형계약에도 속하지 않는 비전형계약이고, 여러 가지의 계약요소가 포함된 혼합계약이다.

3. 가맹업계약의 법률관계

(1) 내부관계

1) 가맹업자의 의무

① 영업표식사용 허락의무 : 가맹업자는 가맹상에게 자신의 상호·상표 등을 제공하여 이를 사용하도록 허락하여야 한다.

② 영업의 지원의무 : 가맹업자는 가맹상의 영업을 위하여 필요한 지원을 하여야 한다(상법 제168조의 7 제1항).

③ 경업피지의무 : 가맹업자는 다른 약정이 없으면 가맹상의 영업지역 내에서 동일 또는 유사한 업종의 영업을 하거나, 동일 또는 유사한 업종의 가맹계약을 체결할 수 없다(상법 제168조의 7 제2항).

2) 가맹상의 의무

① 가맹업자의 영업에 관한 권리를 침해하지 않을 의무 : 가맹상은 가맹업자의 영업에 관한 권리가 침해되지 아니하도록 하여야 한다(상법 제168조의 8 제1항).

② 영업상의 비밀준수의무 : 가맹상은 계약이 종료한 후에도 가맹계약과 관련하여 알게 된 가맹업자의 영업상의 비밀을 준수하여야 한다(상법 제168조의 8 제2항).

③ 사용료 지급의무 : 가맹상은 가맹업자에게 사용료를 지급하여야 한다.

3) 가맹상의 영업양도

가맹상은 가맹업자의 동의를 받아 그 영업을 양도할 수 있다(상법 제168조의 9 제1항). 가맹업자는 특별한 사유가 없으면 영업양도에 동의하여야 한다(상법 제168조의 9 제2항).

4) 계약의 해지

가맹계약상 존속기간에 대한 약정의 유무와 관계없이 부득이한 사정이 있으면 각 당사자는 상당한 기간을 정하여 예고한 후 가맹계약을 해지할 수 있다(상법 제168조의 10).

(2) 외부관계

가맹상은 가맹업자와는 별개의 독립된 상인이므로, 가맹상이 제3자와 거래를 하거나 제3자에 대하여 불법행위를 하여도 가맹업자는 제3자에 대하여 아무 책임을 지지 않는다.

다만 가맹상이 가맹업자의 상호나 상표를 사용하기에 외관주의에 의하여 제3자에 대하여 책임을 지는 경우가 있는데, 이는 민법상의 표현대리(민법 제125조)나 상법상의 명의대여자의 책임(상법 제24조)에 따르는 것이다.

그 외에도 가맹업자가 상품 등을 가맹상에게 공급하는 경우에는 제조물책임의 법리에 따라 가맹업자가 제3자에 대하여 책임을 질 수 있다.

X. 채권매입법

1. 의의

채권매입업이란 거래기업이 물건·유가증권의 판매나 용역의 제공 등에 의하여 취득하였거나 취득할 영업상의 외상채권을 채권매입업자에게 매도하고, 채권매입업자는 거래기업에 갈음하여 영업채권의 채무자로부터 영업채권을 회수하는 형태의 영업을 말한다.

상법에서는 "타인이 물건·유가증권의 판매, 용역의 제공 등에 의하여 취득하였거나 취득할 영업상의 채권(영업채권)을 매입하여 회수하는 것을 영업으로 하는 자를 채권매입업자라 한다."고 규정하고 있다(상법 제168조의 11). 채권매입업은 "영업상 채권의 매입·회수 등에 관한 행위"로 기본적 상행위에 속한다(상법 제46조 21호).

채권매입업에 의하면 거래기업(물건판매상인)은 채권매입업자로부터 영업채권액에 따라 자금의 대부를 받을 수 있고, 또 채권매입업자가 채무자(물품매수인)에 대한 신용조사, 판매장부의 정리, 컨설턴트, 대금회수 등의 업무를 대신 처리해 주므로 편리하다.

2. 채권매입업의 종류

채권매입업은 여러 가지 기준에 의하여 분류가 가능한데, 상환청구권의 유무에 따라 분류하면, 채권매입업자가 매수하는 영업채권을 채무자로부터 회수하지 못하는 경우에 거래기업에 대하여 이를 상환할 수 있는 '상환청구권이 있는 채권매입업'과 상환청구할 수 없는 '상환청구권이 없는 채권매입업'으로 나눌 수 있다.

우리나라는 "영업채권의 채무자가 그 채무를 이행하지 아니하는 경우 채권매입업자는 채권매입계약의 채무자에게 그 영업채권액의 상환을 청구할 수 있다. 다만, 채권매입계약에서 다르게 정한 경우에는 그러하지 아니하다."(상법 제168조의 12)라고 하여, 상환청구권이 있는 채권매입업을 원칙으로 하고 있다. 또한 채권매입업자가 매입한 영업채권의 변제기 전에 거래기업에 그 대가를 선급하는 '선급채권매입업'의 형태를 취한다.

3. 채권매입거래의 법적 성질

채권매입거래의 법적 성질에 대하여 우리나라에서 주로 취득되는 채권매입업은 상환청구권이 인정되고, 선급채권매입이므로 이를 '소비대차의 담보를 위하여 하는 영업채권의 양도'로 보는 소비대차설이 다수의 입장이다.

4. 채권매입거래의 구조

(1) 당사자

채권매입거래에는 기본적으로 채권매입업자, 거래기업 및 채무자의 3 당사자가 있다.

(2) 채권매입거래의 과정

① 채권매입업자와 거래기업 간 채권매입계약의 체결 ② 채권매입업자에 의한 거래기업의

채무자에 대한 신용조사 후 거래기업에 통지 ③ 거래기업과 채무자간의 상품의 외상거래 ④ 거래기업 영업채권의 채권매입업자에 대한 매도(채무자로부터 영업채권의 양도에 관하여 이의없이 승낙한다는 뜻의 확정일자 있는 서면을 받고 또 거래기업으로부터 영업채권에 관하여 채무자가 발행한 어음을 받는다) ⑤ 거래기업의 요청시 채권매입업자에 의한 영업채권 변제기 전의 채권대금의 선급 ⑥ 영업채권의 변제기에 채무자로부터 채권매입업자에 대한 지급 ⑦ 채권매입업자에 의한 거래기업에 대한 영업채권 회수와 관련한 회계·장부정리 및 기타 서비스의 제공

5. 채권매입거래의 법률관계

(1) 채권매입업자와 거래기업간의 법률관계

거래기업이 채권매입업자에 영업채권을 양도하는 방법에는 포괄적 일괄양도의 방법과 개별적 양도의 방법이 있다. 전자는 채권매입계약의 이행행위로서 하는 방법으로 별개의 양도행위를 요하지 않으나, 후자는 영업채권이 발생할 때마다 개별적인 양도행위를 요한다. 이들 중 당사자의 의사가 명백하지 않는 경우에는 포괄적 일괄양도로 해석한다. 그러나 실제로 채권매입업자에게 양도되는 것은 주로 어음채권이고 외상매출채권은 많지 않으므로 개별적 양도가 많다.

(2) 채권매입업자와 채무자간의 법률관계

거래기업이 채권매입업자에게 영업채권을 매도하는 것은 민법상의 채권양도이므로 채권양도의 대항요건을 갖추어야 채권매입업자는 채무자에게 대항할 수 있다(민법 제450조 제1항). 그러나 일반매출채권이 아닌 어음채권의 경우에는 배서가 있어야 한다. 그런데 실제 채권매입거래에서는 채권매입업자가 거래기업으로부터 채무자가 당해 채권양도를 이의 없이 승낙하였다는 내용의 확정일자 있는 서면을 요구하고 있다고 한다. 이에 따라 채무자가 거래기업에 대하여 대항할 수 있는 사유를 가지고 있어도 이를 가지고 채권매입업자에게 대항하지 못한다(민법 제451조 제1항).

제3편 회사법

제1장 총 설

회사의 경제적 기능

상법은 기업에 관한 특별사법이다. 이때의 기업은 개인기업과 회사기업으로 나눌 수 있다. 개인기업에 대비한 회사의 경제적 기능으로는 다음을 들 수 있다.

> **관련사항** 기업
>
> 일정한 계획에 따라 계속적 의도로서 영리적 활동을 실현하는 경제적 조직체로서 독립된 인격을 가지는 것

1. 자본과 노동의 결합

회사는 자본과 노동의 결합을 통하여 개인기업이 엄두도 못내는 대규모의 사업을 경영할 수 있다. 이때 자본과 노동의 결합 기능은 회사의 종류에 따라 다르다. 인적회사(합명회사 등)는 노동력의 결합에 중점이 두어지고, 물적회사(주식회사 등)는 자본의 결합 기능이 완전히 이루어진다.

2. 위험의 분산·경감

회사는 기업규모가 확대됨으로써 경기변동을 극복하는 기능을 가지게 된다. 회사에 있어서 출자자가 다수인 경우에 손실을 입어도 그 손실이 복수인에게 분산된다. 특히 물적회사는 출자자가 유한책임을 지므로 위험이 경감되게 된다.

3. 기업의 유지

회사는 기업가의 사망 등 개인적 사정이 회사에 영향을 미치지 않는다. 따라서 기업의 유지 기능을 가지게 된다. 기업의 영속성을 확보하기 위하여 회사에 대하여 법인격을 인정하고, 소유와 경영의 분리가 이루어진다. 그러나 회사기업도 대부분의 경우 평균수명이 20년이 불과한 것이 현실이다.

회사의 사회적 작용과 폐해

1. 사회적 작용

회사, 특히 주식회사의 경우에 자본주의 경제체제의 지주로서 의미를 가진다. 회사는 단순한 영리단체의 영역에서 벗어나 국민재산의 관리자요, 국민다수의 노동의 장이며, 국민이 필요로 하는 상품 또는 서비스의 제공자로 중요한 사명을 띤다. 따라서 공공성을 띠게 되고, 회사법과 관련된 규정은 강행법적 성격을 가지게 된다.

2. 폐해

회사는 영리를 추구하는 단체이므로 이기심이 적나라하게 노출된다. 때로는 자신의 이익을 얻기 위하여 타인의 이익을 희생시키게 된다. 예를 들면 회사내부에 있어서 대주주, 이사의 소수주주, 종업원에 대한 압박이 있고, 회사외부에 있어서 회사채권자나 소비대중의 이익을 침해하는 현상이 발생한다.

3. 사회적 책임

회사의 사회적 책임이란 상당한 규모의 자본을 가진 대회사에 대하여 오로지 구성원인 사원의 이윤추구만을 행할 것이 아니라, 그 정책을 결정함에 있어서 종업원, 소비대중 나아가 국민전체의 이익도 균형있게 고려하고, 그 축적된 부를 사회에 환원하도록 요구하는 것을 말한다.

이와 관련하여 독일의 Rathenau 교수는 기업자체의 사상을 주장하여 "대기업은 단순히 사리를 위한 단체가 아니고 오히려 개별적이나 전체적으로 국민경제적 요소임과 동시에 전체에 속하는 요소이다. 따라서 사경제적 제약으로부터 벗어나서 국가적 제약을 받아야 한다. 그러므로 기업은 그 자체가 구성원으로부터 독립된 존재를 가지며, 구성원의 자의로부터 국민경제적 입장에서 그 보호유지가 꽤하여져야 한다."고 하였다. 이러한 기업자체의 사상 영향 아래 독일에 있어서 공동결정법이 이루어졌으며, 이에 따라 노동자의 감사회 참여(노무이사)가 보장되게 되었다.

미국에 있어서 기업의 사회적 책임과 관련하여 Berle와 Dodd의 충실의무에 관한 논쟁이 주목된다. 이는 회사의 교육기관, 자선단체, 병원 등에 대한 기부행위의 효력을 둘러싸고 그것이 회사의 능력범위내인가, 이사의 충실의무를 위반한 것이 아닌가? 라는 것이 다투어졌다. 이에 대하여 Berle는 회사의 경영진은 주주이익만 보호해야 한다는 입장이고, Dodd는 구성원, 사회 이익 등도 고려해야 한다는 입장이었다. 오늘날에 있어서 경영진은 단지 주주의 이익만을 고려해야 하는 것은 아니고, 지역사회 등의 이익을 고려할 수 있다는 것이 일반적 견해이다.

제2장 통 칙

I. 회사의 개념

"회사"란 상행위나 그 밖의 영리를 목적으로 하여 설립한 법인을 말한다(상법 제169조). 상법상 회사는 합명회사, 합자회사, 유한책임회사, 주식회사와 유한회사의 5종으로 한다.

영리성

회사는 영리성을 목적으로 한다. 상사회사는 상행위를 영업으로 하는 것이고, 민사회사는 그 이외의 영리회사를 말한다.

여기서 영리성이란 대외적 영리활동으로 경제적 이익을 획득하여 그 획득한 이익을 사원에게 분배하는 것을 말한다. 회사는 영리의 목적을 가져야 하지만 그것은 회사가 그 정관에 영리성을 정하고 있는 것으로 족하고 실제에 있어서 이익을 획득하여 분배하였는가는 불문한다. 또한 오늘날 영리성의 형해화 경향이 있어 정관에 영리사업을 내건 이상 영리사업에 부수하여 비영리사업을 겸하는 것은 상관없다.

영리성의 요건에 대하여는 학설이 나뉘고 있는데, ① 영리사업설 : 영리성이란 영리사업을 회사사업으로 하는 것이라는 견해이다. ② 이익분배설(통설) : 영리성이란 영리사업을 경영해서 그 이익귀속의 주체가 되는 것만으로 부족하고 다시 그 이익을 사원에게 분배해야 하는 것이라는 견해이다. 통설에 따를 때 협동조합, 상호회사의 경우 구성원의 복리를 증진하는 것을 목적으로 하는 것으로 단체의 내부적 활동에 의하여 그 구성원에게 직접 이익을 주는 것이며, 이익을 조합원에게 분배시키지 않는다. 따라서 이들은 영리성을 가진다고 볼 수 없다. 그러나 협동조합기본법의 제정으로 협동조합이 향후 소규모기업형태로 이용될 수 있을 것이다.

관련사항 **협동조합기본법의 제정(2012년 12월 발효)**

- "협동조합"이란 재화 또는 용역의 구매·생산·판매·제공 등을 협동으로 영위함으로써 조합원의 권익을 향상하고 지역 사회에 공헌하고자 하는 사업조직을 말한다(제2조 제1항 1호).
- "사회적협동조합"이란 제1호의 협동조합 중 지역주민들의 권익·복리 증진과 관련된 사업을 수행하거나 취약계층에게 사회서비스 또는 일자리를 제공하는 등 영리를 목적으로 하지 아니하는 협동조합을 말한다(제2조 제1항 3호).
- 협동조합 등은 법인으로 한다(제4조 제1항). 사회적협동조합 등은 비영리법인으로 한다(제4조 제2항).

사단성

구 상법상 회사는 사단일 것이 요구되었으나, 상법개정으로 회사의 개념에서 사단성 요건은 삭제되었다.

1 인회사

1. 종류

1인회사는 순수한 1인회사와 실질상의 1인회사로 나눌 수 있다. 순수한 1인회사는 회사의 모든 주식이 1인에게 귀속되어 있는 것을 말한다. 실질상의 1인회사는 명의상으로는 복수의 주주가 존재하나 실제에 있어서 회사의 전주식이 1인의 주주에게 귀속되어 있는 것을 말한다. 실질상의 1인회사는 특정 주주가 다른 주주의 주권에 백지위임장을 붙여 이것을 자기의 수중에 두는 방법으로 이용한다. 이는 주식의 거의 전부를 1인이 소유하고 나머지는 구 상법상의 회사의 성립요건을 갖추기 위하여 분할해서 소유할 때 실질상의 1인회사가 되는 경우가 많았다.[68] 그러나 구 상법상의 발기인 수에 대한 제한이 삭제되어 앞으로는 이러한 의미의 1인회사는 존재의의를 가지기 어렵게 되었다.

2. 이용목적

1인회사의 이용목적으로 다음을 들 수 있다. ① 개인기업의 법인화를 통하여 책임의 한정, 절세, 신용의 획득 ② 회사의 분할을 통하여 영업의 일부를 별도회사로 독립시켜 자회사로 하고자 할 때 ③ 외국회사의 경우 현지법인화 함으로써 외국회사로서의 불이익을 피하고자 할 때

3. 인정여부

합명회사, 합자회사의 경우에는 사원이 1인이 된 때에는 해산사유로 규정하고 있다(상법 제227조 3호, 제285조 제3항 준용). 이와 달리 주식회사는 다음에 보는 바와 같이 1인 설립이 인정되며, 주주가 1인이 되어도 해산하지 않는다. 유한회사도 상법 제227조 3호가 준용되지 않으며,[69] 유한책임회사도 사원이 없게 된 때에 해산한다(상법 제287조의 38).

---

68 구 상법상 주식회사의 설립을 위해서는 일정수 이상의 발기인이 요구되었다.
69 사원의 수를 50인 이하로 제한한 제545조도 삭제되었다.

주식회사의 경우 2001년 상법 개정으로 발기인수에 대한 제한을 삭제됨으로써 주식회사의 1인설립이 인정되게 되었다. 이는 법상으로 1인설립과 1인회사의 존속을 인정한다는 의미이다.

주식회사에 있어서 1인회사를 인정하는 동기로 다음을 들 수 있다. ① 공정거래법상 지주회사의 설립(제8조)이 허용됨에 따라 상법상 지주회사의 전형인 완전지주회사의 설립에 관한 규정이 필요하게 되어 주식의 포괄적 교환 및 이전에 의한 완전지주회사설립에 관한 규정을 두게 되었고(상법 제360조의 2), 이때 지주회사가 자회사의 모든 주식을 소유하게 되어 1인회사가 만들어지게 된다. 또한 회사분할에 있어서 물적분할(상법 제530조의 12)의 경우도 분할회사가 단순분할신설회사의 주식의 총수를 취득한다. ② 종래 학설과 판례도 1인회사를 인정하고 있었다.

4. 1인회사에 있어서 문제점

1인회사는 1인의 물적회사를 인정하는 것으로써 유한책임의 개인기업을 인정하는 것과 다름없다. 1인회사에서 단독사원이 회사를 완전히 지배하고 법인의 현황과 능력에 관하여 우월한 지식을 가지고 있으므로 이를 조작할 우려가 많다. 영미에서는 1인회사를 사기의 다산자로 평하기도 한다. 이런 1인사원에게 유한책임의 혜택을 주는 것은 문제가 되며, 만일 그 법인격이 남용되면 다음에 보는 법인격부인론으로 연결되게 된다.

관련사항 **1인회사 인정여부에 대한 구 상법상의 논의**

1. 긍정설(통설·판례)
   긍정설은 ① 상법이 다른 회사에 대하여는 1인의 사원을 회사의 해산사유로 규정하고 있으면서 주식회사에 대하여는 이러한 규정을 두고 있지 않다. ② 1인의 주주가 전주식을 보유하고 있더라도 이것은 어디까지나 일시적·우연적 결과이고 주식양도자유의 원칙에 의하여 1인회사는 다시 복수의 주주로 될 수 있는 잠재적 가능성이 있다. ③ 오늘날에는 주식회사의 신용의 기초가 자본에 있고 또 자본은 인적 색채를 떠나 주식으로 분산되어 있어 주주의 수를 주식회사의 본질적인 것이라고 할 수 없으므로, 주식회사에 있어서 사단은 주주의 복수로 볼 것이 아니고 주식의 복수로 보아 1인회사의 존재를 인정할 것이라는 점 등을 논거로 들고 있다.
2. 부정설
   부정설은 ① 상법 제169조에서 회사를 사단으로 규정하고 있으므로 주식회사의 주주가 1인으로 된 때에는 당연히 해산사유가 된다. ② 상법 제227조 3호는 체제상 전회사에 관한 규정인데도 주식회사에 관하여 그 준용규정이 없다는 이유로 반대해석을 하여 1인회사를 인정하는 것은 부당하다는 점 등을 논거로 한다.

- 1인회사의 사단성 : ① 사단성부정설 ② 사단성 긍정설(구 상법 제169조 : 물적회사도 사단으로 규정) : 첫째, 잠재적 사단설(주식의 양도에 의하여 주주가 복수로 될 가능성이 있다) 둘째, 주식복수설(1인주식회사의 주주의 지위인 주식은 복수이므로 이 복수개념에 사단성의 근거를 인정하며, 사원의 복수가 아니라 주식의 복수가 요구된다고 함)

5. 1인회사에 있어서 법률관계

(1) 주주총회

주주총회의 소집에 관한 부분을 보면, 1인회사의 경우에도 법정의 기관인 주주총회를 가지고 상법상 주주총회에 관한 규정이 적용된다. 그러나 상법상 주주총회의 소집과 결의에 관한 규정은 복수의 주주를 전제로 하고 있으므로, 이는 1인회사에 적합하도록 제한적 내지 수정적으로 해석·적용하여야 한다. 따라서 1인회사의 경우에는 별도의 주주총회의 소집절차를 거치지 않아도 되며, 1인회사에 있어서 소집절차를 결한 주주총회의 결의도 그 효력이 인정된다.

1인회사에서 주주총회의 소집절차가 필요 없다고 하여 주주총회의 결의가 필요 없는 것은 아니다. 그러므로 주주총회의사록은 작성되어야 한다. 다만 판례는 주주총회의사록이 작성되지 아니한 경우라도 증거에 의하여 주주총회결의가 있었던 것으로 볼 수 있다고 한다.[70] 이에 대해서 기관의 분화가 무의미해진다면서 비판하는 견해도 있다.[71] 그러나 1인회사의 경우 결국은 1인주주의 책임과 의사에 의하여 운영될 것이므로 굳이 이를 부인할 필요는 없을 것이다. 그러나 이와 달리 조금이라도 지분이 분산되어 있다면 이는 1인회사의 법리가 적용되지 않고 주주총회의 소집절차를 거쳐야 한다.

(2) 이사

이사에 관한 부분을 보면, 이에 관련된 규정은 원칙적으로 1인회사에도 적용되며, 다만 일정한 경우 수정적용이 인정된다. 이사의 자기거래제한의 경우를 보면, 이사의 자기거래는 이사회의 승인을 거쳐야 하는데(상법 제398조), 단독주주인 이사의 자기거래에도 이사회의 승인이 필요한가 여부가 문제된다. 이에 대하여 회사채권자 보호의 필요성이 있다면서 이사회 승인이 필요하다는 견해가 있다.[72] 회사의 재산은 모든 회사채권자에 대한 담보로 되므로 1인주주라 할지라도 반드시 회사와 이해관계가 일치된다고 할 수 없다는 것이다. 그러나 회사의 이익과 단독주주의 이해가 일치하므로 단독주주인 이사와 회사간에는 이해충돌관계가 없다. 이사의 자기거래를 제한하는 취지가 회사의 이익을 보호하기 위한 것이므로 1인주주의 경우에는 적용되지 않는다고 본다. 실효성의 관점에서 볼 때도, 그 위반으로 인한 이사의 회사에 대한 책임은 총주주의 동의로 면제가 가능하므로 이를 규제해도 규제가 실효성을 갖기 어렵다.

---

70 대법원 2004.12.10. 선고 2004다25213 판결.

71 이철송, (회)501면.

72 개정 상법상 주요 주주와 회사간의 거래도 이사회의 승인이 요구되므로, 그가 비록 이사가 아니어도 1인주주와 회사간의 거래는 이사회의 승인이 요구된다고 한다(정찬형, (상)447면).

참조판례

"주식회사에 있어서 총 주식을 한 사람이 소유한 이른바 1인회사의 경우 그 주주가 유일한 주주로서 주주총회에 출석하면 전원 총회로서 성립하고 그 주주의 의사대로 결의가 될 것임이 명백하므로 따로 총회소집절차가 필요 없으며, 실제로 총회를 개최한 사실이 없었다 하더라도 그 1인주주에 의하여 의결이 있었던 것으로 주주총회의사록이 작성되었다면 특별한 사정이 없는 한 그 내용의 결의가 있었던 것으로 볼 수 있고, 이 점은 한 사람이 다른 사람의 명의를 빌려 주주로 등재하였으나 총 주식을 실질적으로 그 한 사람이 모두 소유한 경우에도 마찬가지라고 할 수 있으나, 이와 달리 주식의 소유가 실질적으로 분산되어 있는 경우에는 상법상의 원칙으로 돌아가 실제의 소집절차와 결의절차를 거치지 아니한 채 주주총회의 결의가 있었던 것처럼 주주총회의사록을 허위로 작성한 것이라면 설사 1인이 총 주식의 대다수를 가지고 있고 그 지배주주에 의하여 의결이 있었던 것으로 주주총회의사록이 작성되어 있다 하더라도 도저히 그 결의가 존재한다고 볼 수 없을 정도로 중대한 하자가 있는 때에 해당하여 그 주주총회의 결의는 부존재하다고 보아야 한다."(대법원 2007.2.22. 선고 2005다73020 판결)고 하여 주식이 일부라도 분산되어 있다면 1인회사의 법리를 적용할 수 없다는 태도를 취하고 있다.

법인성

1. 의의

회사에 법인격을 부여하는 것은 그 단체가 활동하는데 있어서 구성원이나 업무담당자의 다수성 및 변동성에 구애받지 않고 단일 개체로서 영속성을 유지하고 거래관계의 간명화를 도모하려는 취지에서이다.

다음에 보는 법인의 속성은 조합적 색채가 짙은 합명회사에서 희박하고, 주식회사에서 가장 뚜렷하다.

2. 법인의 속성

법인의 속성으로 다음을 들 수 있다. ① 법인의 명의로 권리·의무의 주체가 된다. ② 법인 자체의 명의로 소송당사자가 된다. ③ 법인 자체의 채무명의에 의해서만 법인 재산에 강제집행이 가능하다. ④ 법인의 재산이 법인 구성원 개인의 채권자의 책임재산이 되지 않는다. ⑤ 법인의 채권자에 대해서는 법인 자체의 재산만이 책임재산이 되며 법인 구성원의 재산은 책임재산이 되지 않는다.

그러나 합명회사와 합자회사의 경우 마지막 두 가지 속성이 없다. 무한책임사원이 있으므로 회사의 채무에 대하여도 사원이 책임을 지고, 합명회사의 경우 사원의 지분을 압류하여 영업연도 말에 그 사원을 퇴사시킬 수 있으며, 이 경우에 퇴사에 의한 지분반환청구권에 지분 압류의 효력이 미치므로(상법 제224조) 회사의 재산이 사원의 채권자의 책임재산이 된다.

법인격부인론

1. 의의

법인격부인론이란 회사의 법인으로서의 존재를 인정하면서 단지 법인격이 남용된 특정의 법률관계에 관하여서만 회사의 법인격을 부인하고 그 배후에 있는 실체를 파악하여 그 실체를 법적 취급의 대상으로 하는 것이다. 이는 법인격의 박탈을 위한 제도인 회사설립의 무효·취소, 해산명령, 해산판결 등과 구별된다.

이러한 법인격부인의 법리는 미국의 판례에서 비롯된 것으로서 독일에서는 실체파악이론(주로 유한회사에 대한 판결을 중심), 일본에서는 법인격형해론으로 발전되어 오고 있다. 미국에 있어서 법인격부인의 법리의 이론적 근거로 회사가 주주의 대리인, 회사와 주주가 동일체, 회사가 주주의 도구에 불과하다는 점 등을 들고 있다. 독일의 실체파악이론은 주주나 친회사가 문제의 회사를 지배하고 그와 분리할 수 없는 일부분으로 된 경우 이들을 망라한 새로운 실체를 창조할 수 있다고 한다.

참조판례

① 우리나라의 법원에서는 서울고법(1974.5.8. 선고 72나2582 판결)에서 처음으로 형해에 불과한 회사에 대하여 법인격을 부인하였으나, 대법원은 "이른바 법인형해론의 입장에서 회사의 법인격이 부인되기에 이르렀다고 보려면 회사의 대표이사가 회사의 운영이나 기본재산의 처분에 있어서 주식회사 운영에 관한 법적절차 등을 무시하고 위법·부당한 절차에 의하여 외형상 회사형태를 유지하는데 불과한 경우를 말한다"(대법원 1977.9.13. 선고 74다954 판결)라고 하며 이 사건의 경우 형해에 이르렀다고 보기 어렵다고 하여 원심을 파기·환송하였다.

② 대법원은 편의취적 사건에서 처음으로 법인격부인의 법리를 인정하였다(대법원 1988.11.22 선고 87다카1671 판결). 여기서 갑과 을은 병이 편의취적을 위해 설립한 회사, 병은 홍콩에 있는 회사였는데, 그 소유선박을 정 조선에 병 명의로 수리를 의뢰하였고, 대금이 미납되자 정 조선에서 선박을 가압류하였다. 그런데 갑이 자기가 소유자라며 이의를 제기하였다. 이에 대하여 대법원은 "갑 회사가 법률의 적용을 회피하기 위하여 병 회사가 갑 회사와는 별개의 법인격을 가지는 회사라는 주장을 내세우는 것은 신의성실의 원칙에 위반하거나 법인격을 남용하는 것으로 허용될 수 없다."고 하여 이를 인정하지 않았다.

③ A회사의 주식은 甲을 포함한 4인 명의로 분산되어 있었으나 실질적으로 甲이 그 대부분을 소유하고 있고, 甲 개인의 의사대로 회사가 운영되어 왔으며, 분양대금도 회사에 귀속되지 않고 甲이 임의로 건물의 부지 대금으로 사용하고 그 부지도 甲 명의로 소유권등기를 하였으며, 위 건물의 공사대금은 166억 원에 이르고 분양대금 총액도 수백억 원에 이르는데 반해 A회사 자본금은 5천만 원에 불과하고 또 A회사 사무실은 그곳에 근무하는 직원도 없는 상태였다. 위 A회사가 분양한 상가를 분양받은 원고가 공사는 자금부족으로 완공되지 못하고 A회사가 도산하자 그 배후에 있는 甲에게 책임을 물은 사안에서 "회사가 외형상으로는 법인의 형식을 갖추고 있으나 이는 법인의 형태를 빌리고 있는 것에 지나지 아니하고 그 실질에 있어서는 완전히 그 법인격의 배후에 있는 타인의 개인기업에 불과하거나 그것이 배후자에 대한 법률적용을 회피하기 위한 수단으로 함부로 쓰여지는 경우에는, 비록 외견상으로는 회사의 행위라 할지라도 회사와 그 배후자가 별개의 인격체임을 내세워 회사에게만 그로 인한 법적 효과가 귀속됨을 주장하면서 배후자의 책임을 부정하는 것은 신의성실의 원칙에 위반되는 법인격의 남용으로서 심히 정의와 형평에 반하여 허용될 수 없고, 따라서 회사는 물론 그 배후자인 타인에 대하여도 행위에 관한 책임을 물을 수 있다고 보아야 한다."고 판시하였다(대법원 2001.1.19. 선고 97다21604 판결).

2. 적용 예

(1) 예시

법인격이 남용된 경우로 채무자가 강제집행을 면하기 위하여 전재산을 출자하여 회사를 설립하거나, 회사명의로 채무를 부담하고 회사재산을 빼돌려 자기 재산으로 은닉하거나 하여 채권자를 해하는 경우를 들 수 있다.

(2) 대응

인적회사나 유한회사의 경우에는 사해행위취소에 해당하는 회사설립취소제도가 있고, 합명·합자회사의 경우에는 무한책임사원이 존재하므로 그 책임을 물을 수 있다. 그러나 주식회사의 경우에는 설립취소제도도 없고, 사원의 책임이 출자의무를 한도로 하는 유한책임이므로 채권자는 속수무책으로 희생될 수밖에 없는 법제도상의 모순이 있다. 이를 시정하기 위하여 법인격부인론의 이론이 발전하게 되었다.

3. 실정법적 근거

법인격부인론의 실정법적 근거에 대하여 ① 회사의 법인격의 한계를 정하는 문제로 보아 상법 제169조에서 구하는 견해 ② 법인격부인의 법리는 법인격이 법에 의하여 시인되지 않는 부당한 목적을 위하여 남용되는 경우에 이것을 시정하는 이론이라며 권리남용금지에 관한 민법 제2조 제2항에서 구하는 견해 ③ 이 이론이 회사와 거래하는 자의 신뢰보호를 위해 회사의 거래상의 책임을 사원에게 전가하는 것을 목적으로 한다면 근거를 신의성실의 원칙에 관한 민법 제2조 제1항에서 찾아야 한다는 견해 등이 있다.

대법원은 법인격부인의 법리의 근거를 신의성실의 원칙과 권리남용금지의 원칙에서 그 근거를 찾고 있다. 이렇게 법인격부인의 법리의 근거를 민법상의 일반조항에서 구하는 한 그 적용에 신중을 기해야 할 것이다.

4. 적용요건

(1) 학설

법인격부인의 법리가 적용되기 위한 요건에 대하여도 통일된 견해는 없으나, 대표적인 것으로 다음과 같은 점을 제시할 수 있을 것이다.

① 회사의 지배가 있어야 한다.[73] 즉 특정의 사원에 의하여 회사가 완전히 지배되어 회사가

---

73 지배요건을 형태요건, 자본금불충분요건을 공정요건이라고도 한다(정찬형, (상)448면). 자본금불충분 요

그 자체의 독자적인 의사 또는 존재를 상실하여 사원의 영업의 일부라고 볼 수 있을 정도이어야 한다.

② 사원과 회사간에 재산·영업·경영기구·회계 등이 확연히 구분되지 아니하고 상호 혼융되어 있어야 한다.

③ 회사의 자본금이 영업의 규모에 비하여 또는 영업의 성질로 보아 현저하게 적어야 한다. 이처럼 과소자본금도 하나의 요건이 되는데, 이를 공정요건이라고도 한다.[74]

이러한 객관적 요건 외에 법인이 불공정한 목적으로 남용되어야 한다는 주관적 요건이 요구된다고도 하지만, 이러한 주관적 요건은 증명이 곤란하므로 채택하기가 어렵고, 주관적 남용설이 주장된 독일에서도 곧 후퇴하고 객관적 남용만으로 충분하다고 하고 있다.

(2) 판례

대법원은 법인격이 형해되어 실질상의 개인기업에 불과한 때에는 법인격을 부인하고, 형해에 이르지 아니하여도 법인격의 남용이 있는 경우에는 법인격의 부인을 인정한다. 여기서 법인격의 남용을 위해서는 지배요건(형태요건)의 충족과 법인제도의 남용행위가 요구된다고 한다.[75]

또한 주관적 남용설을 취하여 법인격 남용의 의사가 있어야 한다는 입장이다.[76]

(3) 보충성

이에 덧붙여 보충성을 요건으로 들기도 한다. 법인격부인의 법리는 위의 요건이 충족된다고 하여도 기존의 법리나 법규 또는 해석에 의하여 해결할 수 없는 예외적인 경우에 보충적으로 적용되어야 한다는 것이다. 즉 대리·허위표시·사해행위취소 등의 거래법적 법리에 의하여 해결이 가능한 경우에는 그 법리를 우선하여 적용해야 할 것이며, 바로 법인격부인의 법리를 적용하여 해결을 시도하여서는 안 된다는 것이다. 이는 법인격부인론에 의할 때 주식회사법의 근본원칙인 주식회사의 법인성과 주주의 유한책임의 원칙이 깨어지므로 그 적용에 신중을 기하자는 관점에서 주장된다.

건을 적용함에 있어서는 상대방의 '인식 또는 상대적 인식'을 고려하고, 그에게 엄격한 입증책임을 부과해야 하며, 상대방이 합리적으로 조사했더라면 발견했을 경우(따라서 대주주의 보증을 요구한 경우 등)에 법인격부인이 인정되기 어렵다고 한다.

74 이에 대해서 자본금이 과소하다는 것은 회사의 무자력을 유도하는 중요한 요인이라 하겠으나 이를 법인격부인의 적극적 요건으로 삼은 것은 동 이론의 적용대상을 부당히 축소시키는 결과가 될 것이라며 '회사의 무자력으로 인해 회사채권자가 변제받지 못하는 손실을 입어야 함'을 요건으로 제시하는 견해도 있다. 여기서는 자본금이 형식적으로 충분하더라도 실제적으로 부실한 경우도 있고 주주에게 부당하게 유출되는 경우도 많다고 한다. 그러나 이후 외국학자의 입장을 소개하는 것으로 견해를 변경하였다(이철송, (회)55면).

75 대법원 2008.9.11. 선고 2007다90982 판결 등.

76 대법원 2004.11.12. 선고 2002다66892 판결 등.

그러나 법인격부인론을 전통적 사법이론이 전혀 적용될 수 없는 경우에만 보충적으로 적용될 수 있다고 하면, 결과적으로 법인격부인론을 부정하는 것과 같게 되어 타당하지 않다. 따라서 일정한 사안이 법인격부인의 요건에 해당하는 경우에 다른 사법이론에 명백히 상충되지 않는 한 그 적용이 인정되어야 한다.

5. 적용범위

법인격부인론은 계약사례에서 적용되는 것이 가장 전형적인 예이다. 그러나 법인격부인론은 법인격이 남용된 경우 형평의 관념에서 타당한 결론을 이끌어 내려는 것이므로, 이에 한정되지 않고 불법행위에 따른 책임을 묻는 경우에도 적용이 된다.

6. 효과

(1) 실체법상의 효과

회사의 법인격이 부인되면 구체적인 특정의 법률관계에 한하여 회사의 법인격이 없는 것으로 취급된다. 즉 법인격의 속성인 권리주체성·재산독립성·인격독립성 등의 속성 중에서 인격독립성이 부인되어 회사와 사원의 실질적인 동일성이 인정된다. 따라서 회사의 채무는 바로 사원의 채무가 되고, 사원의 채무는 회사의 채무가 된다. 이에 따라 사원의 유한책임이 배제되고 회사의 채무에 대하여 무한책임을 지게 된다.

(2) 소송법상의 효과

법인격부인의 법리의 적용 효과와 관련하여 문제가 되는 것은 이 법리가 기판력 및 집행력의 확장을 가져오는가는 점이다. 이에 대하여 다수설·판례는 동 절차의 형식성·명확성·안정성의 요청에 비추어 이를 부정하고 있다.[77] 이렇게 될 때 회사(사원)에 대한 채무명의로서 사원(회사)의 재산에 대하여 강제집행을 할 수 없으며, 그에 대한 채무명의를 다시 얻어야만 그 재산에 대한 강제집행이 가능해지게 된다.

---

77 대법원 1995.5.12. 선고 93다44531 판결.

Ⅱ. 회사의 종류

상법상 회사의 종류

상법상 회사는 합명회사, 합자회사, 유한책임회사, 주식회사, 유한회사의 5종이 있다(상법 제170조). 이것은 사원, 사원의 책임, 업무집행기관, 사원지위의 양도성 등의 차이를 기준으로 하여 구별한 것이다.

합명회사

합명회사는 회사채권자에 대하여 직접·연대·무한의 변제책임을 부담하는 무한책임사원으로 구성된 회사를 말한다(상법 제212조). 합명회사는 인적 신뢰를 바탕으로 하는 소수가 결합하여 소규모의 공동기업을 경영하는데 적합한 기업형태이다. 합명회사에 있어서 사원은 정관에 다른 규정이 없는 한 회사의 업무집행권과 대표권을 가지며, 사원의 지위는 전사원의 동의가 없는 한 타인에게 양도할 수 없다(상법 제197조). 합명회사는 그 실질이 조합이므로 그 내부관계에 대하여는 상법 또는 정관에 다른 규정이 없는 한 민법의 조합에 관한 규정이 준용된다(상법 제195조).

합자회사

합자회사는 무한책임사원과 유한책임사원으로 구성되는 회사이다(상법 제268조). 무한책임사원은 회사채권자에 대하여 직접·연대·무한의 변제책임을 지고, 정관에 다른 규정이 없는 한 회사의 업무집행권과 대표권을 가지며, 그 지위는 다른 사원의 동의가 없는 한 양도할 수 없다. 이에 대하여 유한책임사원은 회사채권자에 대하여 직접·연대이지만 출자액을 한도로 하는 유한의 변제책임을 지고,[78] 회사의 업무집행권이나 대표권은 없으며, 유한책임사원의 지위는 무한책임사원 전원의 동의가 있으면 타인에게 양도할 수 있다(상법 제276조).

합자회사는 유한책임사원이 있는 것을 제외하고 합명회사와 동일하므로, 합자회사에는 상

---

78 합자회사의 유한책임사원도 출자가액 중 이미 이행한 부분을 제외한 잔액을 한도로 회사채무를 변제할 책임이 있으므로(상법 제279조) 직접·유한책임을 진다.

법에 다른 규정이 있는 경우 외에는 합명회사에 관한 규정이 준용된다(상법 제269조).

유한책임회사

새로운 사업형태, 즉 스마트폰 앱 개발 등 모바일 사업, 바이오·생명공학 등 친환경 녹색성장 산업을 비롯한 지식기반사업은 물적 시설보다는 창의적인 아이디어가 중요한데, 기존의 획일적이고 경직된 주식회사는 지식기반산업을 발전시키는데 한계가 있었다. 이를 극복하고자 유한책임회사제도가 도입되었는데, 유한책임회사를 이용할 때 쉽게 만들 수 있고, 사원이 유한책임을 누리면서 스스로 업무집행을 할 수도 있는 등 사적 자치가 허용되며, 다양한 지배구조를 자율적으로 설계하는 것이 가능하게 된다.[79]

미국의 경우 유한책임회사(Limited Liability Company)를 이용할 때 회사는 법인세를 물지 않아 2중 과세를 피할 수 있다. 그러나 우리나라의 경우 유한책임회사는 상법상 법인이기 때문에 법인세를 내야 하므로 세금에 대한 큰 혜택은 없다.[80] 또한 일본은 유한회사제도를 폐지하고 주식회사화 하면서 이를 대·소회사로 구분하여 규정함에 반하여, 우리나라는 유한회사가 공존하므로 유한책임회사를 도입한 의미가 제한된다.[81]

유한책임회사의 사원의 책임은 그 출자금액[82]을 한도로 한다(상법 제287조의 7). 사원은 다른 사원의 동의를 받지 아니하면 그 지분의 전부 또는 일부를 타인에게 양도하지 못한다(상법 제287조의 8). 그러나 업무를 집행하지 아니한 사원은 업무를 집행하는 사원 전원의 동의가 있으면 지분의 전부 또는 일부를 타인에게 양도할 수 있다. 이러한 지분양도에 관하여 정관에서 달리 정할 수 있으므로 지분양도가 자유로울 수 있다(상법 제287조의 8 제3항).

유한책임회사의 업무집행기관은 정관에 업무집행자로 정하여지는 자인데(상법 제287조의 3 4호), 이러한 업무집행자는 사원뿐만 아니라 사원이 아닌 자도 될 수 있다(상법 제287조의 12 제1항). 법인도 업무집행자가 될 수 있으며, 이 경우 직무수행자를 선임하여야 한다(상법 제287조의 15 제1항). 업무집행자는 유한책임회사를 대표한다(상법 제287조의 19). 업무집행자가 아닌 사원은 합자회사의 유한책임사원과 같이 업무집행자에 대한 업무감시권을 가진다(상법 제287조의 14).

유한책임회사의 내부관계에 관하여는 정관이나 이 법에 다른 규정이 없으면 합명회사에

---

79 미국의 대표적 영화사 드림웍스도 스티븐 스필버그가 유한책임회사로 시작하여 현재의 회사로 발전시켜 간 것이다.

80 유한책임회사에 대한 일정한 과세특례의 적용 가부가 문제된다.

81 상법총칙상 새로 도입된 합자조합은 법인격이 없는 것으로 이는 익명조합에 대비되는 것이다.

82 사원은 신용이나 노무를 출자의 목적으로 하지 못한다(상법 제287조의 4).

관한 규정을 준용한다(상법 제287조의 18).

주식회사

주식회사는 주주로 구성되는 회사이다. 주주는 주식의 인수가액을 한도로 하는 출자의무만을 부담하며, 회사채권자에 대하여는 간접·유한의 변제책임을 진다. 주주의 지위는 원칙적으로 자유양도성이 있으며, 회사의 기관으로서는 최고의사결정기관인 주주총회, 업무집행기관인 이사회, 대표이사, 감독기관인 감사, 감사위원회 등이 있다. 주식회사에 대하여는 따로 검토한다.

유한회사

유한회사는 유한책임사원으로 구성되는 회사이다(상법 제553조). 구 상법상으로는 사원총수의 제한이 있어서 50인을 초과하지 못하였으나(구 상법 제545조 제1항), 이에 대한 규정이 삭제됨으로써 사원총수에 대한 제한은 없다. 유한회사의 사원은 주식회사의 주주와 같이 출자가액을 한도로 하는 출자의무만 부담하고 회사채권자에 대하여 변제책임을 지지 않으므로 간접·유한의 변제책임을 지는 것이다. 유한회사의 사원의 지위는 원칙적으로 자유양도성이 인정된다(상법 제556조). 유한회사의 기관으로는 의사결정기관인 사원총회가 있고, 업무집행기관인 이사가 있으며, 주식회사와 달리 감사는 임의기관이다.

인적회사·물적회사

1. 분류의 기준

인적회사와 물적회사의 구별은 사원과 회사와의 관계가 밀접한가 아닌가에 따라서 결정된다. 즉 사원과 회사간의 결합정도의 강약, 사원의 개성의 중시 여부에 따라 구분된다.[83] 인적회사는 회사의 대외관계에서 사원의 개성이 짙고(지위 이전의 곤란), 사원이 누구냐 하는 회사

83 독일은 대외관계에서 회사신용의 기초가 사원의 인적사정과 회사재산 중 어디에 있는가를 기준으로 하며, 프랑스는 대내관계에서 사원의 지위이전의 곤란 여부를 기준으로 한다. ⇒ 둘 다 포함하여 포괄적으로 평가해야 할 것이다.

의 인적요소에 중점이 두어지는 회사이다. 물적회사는 사원의 개성이 희박하고, 회사재산이라는 회사의 물적 요소에 중점이 두어지는 회사이다.

2. 본질적 차이

(1) 성질

인적회사는 실질상으로 조합인데 반하여 물적회사는 실질상으로 사단에 속한다.

(2) 책임

인적회사는 사원상호간에 신뢰관계가 있고, 대외적으로 직접·무한책임을 진다. 이에 반해서 물적회사는 사원상호간에 신뢰관계가 없고, 대외적으로 간접·유한책임을 진다.

(3) 사원의 출자의무에 있어서 차이

인적회사는 노무와 신용출자도 인정된다(합자회사의 유한책임사원, 유한책임회사는 안됨). 그러나 물적회사는 재산출자만 인정된다.

(4) 회사경영에 대한 관여정도의 차이

인적회사는 사원자격과 기관자격이 결합되어 자기기관을 가진다. 합명회사의 사원은 정관에 다른 규정이 없으면 업무집행권을 가지고(상법 제200조), 합자회사의 무한책임사원도 마찬가지이다(상법 제273조). 이에 반하여 물적회사는 사원자격과 기관자격이 분리되어 제3자 기관을 구성한다.

(5) 사원의 교체에 관한 차이

인적회사는 지위 이전이 곤란하고, 물적회사는 사원의 지위 이전이 용이하다. 인적회사의 경우, 합명회사의 무한책임사원의 지분양도에는 다른 사원의 동의가 요구되며(상법 제197조), 합자회사의 유한책임사원의 지분양도에는 무한책임사원 전원의 동의가 요구되며(상법 제276조), 유한책임회사의 사원의 지분의 양도에는 다른 사원의 동의가 요구되며, 업무비집행사원의 지분양도에는 업무집행사원 전원의 동의가 요구된다(상법 제287조의 8).

(6) 해산·청산 등에 있어서 차이

인적회사의 경우 사원이 1인이 된 때 해산하며, 해산의 경우에 임의청산이 인정된다. 그러나 물적회사의 경우는 이와 반대이며, 청산시에 법정청산절차에 따라야 한다. 물적회사의 경우, 주식회사는 1인설립과 1인존속을 인정하며, 유한회사도 사원이 1인이 된 때 해산한다는 합명회사의 규정을 준용하지 않으며(상법 제609조 제1항 1호), 유한책임회사도 사원이 없어야 해산사유가 된다(상법 제287조의 38 1호).

Ⅲ. 회사의 능력

1. 일반적 권리능력

회사는 모두 법인격이 있고 일반적 권리능력이 있다.

2. 개별적 권리능력

(1) 성질상의 제한

회사는 자연인에 특유한 권리·의무에 대한 권리능력을 가지지 못한다. 예를 들면 생명·신체에 관한 권리, 친권·부양의무, 상속권 등의 신분상의 권리·의무를 가질 수 없다. 또한 상업사용인과 업무집행사원은 인적 요소가 중시되므로 될 수 없다. 그러나 대리인 등은 된다. 기타 주주, 발기인, 청산인 등에 대해서는 권리능력을 인정하지만, 이사나 감사에 대해서는 견해가 갈린다. 긍정하는 견해는 업무를 담당하지 않는 이사나 감사는 될 수 있다고 본다.

(2) 법률에 의한 제한

회사는 다른 회사의 무한책임사원이 되지 못한다(상법 제173조). 청산 중의 회사는 청산의 목적범위에서만 권리·의무를 가지고(상법 제245조), 파산선고를 받은 회사는 파산의 목적범위 내에만 권리의무를 가진다.

그 외 각종의 특별법령에 의하여 겸업 또는 특정행위가 제한되는 경우에도 권리능력이 제한된다. 예를 들어 은행은 업무용이 아닌 부동산의 보유나 직원에 대한 대출(소액대출은 제외) 등이 금지되는데(은행법 제38조), 그 규정을 효력규정으로 보는 견해와 단속규정으로 보는 견해가 있다. 이때는 그 제한목적과 일반 공중의 이익을 고려하여 효력규정으로 보아야 할지 여부를 결정하고, 효력규정으로 해석될 때 특별법에 의한 권리능력의 제한으로 볼 것이다.

관련사항 청산인의 직무범위(상법 제254조)

- 현존사무의 종결, 채권의 추심과 채무의 변제, 재산의 환가처분, 잔여재산의 분배

회사의 목적에 의한 권리능력의 제한

1. 의의

회사의 목적에 의한 권리능력의 제한을 인정할 것인가는 "법인은 정관으로 정한 목적의 범위내에서 권리와 의무의 주체가 된다."는 민법의 규정(민법 제34조 : 영국회사법상 판례에 의하여 발전된 능력외의 이론을 도입한 것)이 상법에도 적용될 것인가의 문제이다. 실제 기부행위(정치헌금 등)를 허용할 것인가와 관련되어 논의되고 있다.[84]

이는 회사가 성립하여 해산할 때까지의 완전 활동기에 관한 문제이며, 설립 중의 회사나 청산회사는 일정한 사항에 대하여만 실질적 권리능력을 가지므로 논의의 대상이 아니다.

2. 인정여부

(1) 학설

1) 제한긍정설

이는 회사의 재산이 정관의 목적에 따라 사용될 것을 믿은 사원의 이익을 보호해야 한다는 점에 중점을 두고 있는 견해로서,

① "법인은 법률의 규정에 좇아 정관으로 정한 목적의 범위내에서 권리와 의무의 주체가 된다."고 규정한 민법 제34조는 법인 일반에 관한 원칙규정이므로 당연히 회사에도 적용되어야 한다.

② 회사는 자연인과 달리 특정의 목적을 위하여 설립된 법인이므로 그 목적의 범위내에서 권리능력을 가지는 것은 당연하다.

③ 회사의 정관상의 목적은 등기에 의하여 공시되어 있어 회사의 정관 소정의 목적에 의한 권리능력의 제한을 인정하여도 회사와 거래하는 제3자는 불측의 손해를 입지 아니하므로 이를 인정하여도 무방하다는 점 등을 논거로 한다.

다만 목적의 범위에는 목적의 달성에 필요하거나 유익한 사업도 포함된다고 하여 거래의 안전을 고려하고 있다.

2) 제한부정설(통설)

이는 법인실재설에 입각하며, 거래의 안전에 주안점을 두고 있는 견해로서,

---

84 미국의 회사법은 적법한 기부행위는 가능하다는 명문규정을 두고(MBCA §3.04), 일본 재고재판소도 합리적인 범위내의 정치헌금은 가능하다고 하였다.

① 민법 제34조는 비영리법인에 관한 규정이고 또 이를 영리법인인 회사에 준용한다는 규정이 없으므로 적용할 수 없다.

② 목적에 의한 권리능력의 제한을 인정하면 거래의 안전을 심히 해치게 된다. 회사의 활동범위가 넓은 오늘날의 현실에서 거래의 안전을 해치면서까지 사원의 이익을 보호할 필요가 없다.

③ 회사의 목적이 등기되어 있더라도 거래할 때마다 일일이 등기를 조사하는 것은 번잡할 뿐만 아니라, 등기를 조사하더라도 목적의 범위내인가 아닌가를 판단하기가 반드시 용이한 것이 아니라는 점 등을 논거로 한다.

여기서 정관 소정의 목적은 단지 내부적으로 회사기관의 직무수행의 권한을 제한하는 의미를 가질 뿐이라고 한다.

(2) 판례

판례는 기본적으로 정관상의 목적범위에 의한 제한을 인정하고 있다. 다만 판례는 목적 자체를 완화해서 해석하여 거래의 안전을 도모하고 있는데, 목적범위내의 행위에 대해서 '목적을 수행하는데 있어 직접, 간접으로 필요한 행위'라고 하고 있다. 이에 따라 실제 적용에 있어서 무제한설과 결과적으로 거의 동일하다.

참조판례

"회사의 권리능력은 회사의 설립근거가 된 법률과 회사의 정관상의 목적에 의하여 제한되나, 그 목적범위 내의 행위라 함은 정관에 명시된 목적 자체에 국한되는 것이 아니라 그 목적을 수행하는데 있어 직접, 간접으로 필요한 행위는 모두 포함되고, 목적수행에 필요한지의 여부는 행위의 객관적 성질에 따라 판단할 것이고, 행위자의 주관적·구체적 의사에 따라 판단할 것은 아니다." (대법원 1987.9.8. 선고 86다카1349 판결).

(3) 검 토

회사와 거래하는 거래상대방은 정관상의 목적을 염두에 두지 않고 거래를 하게 되며, 또한 정관상의 목적을 확인한다는 것도 신속을 요하는 상사거래에 있어서 쉽지 않은 일이다. 따라서 정관상의 목적범위에 의한 권리능력의 제한을 인정하게 되면 결국 거래의 안전을 해치게 된다. 또한 목적에 의한 회사의 권리능력의 제한을 인정하는 근거로 작용하였던 능력외이론이 영·미에서도 점차 완화되는 경향에 있다. 이러한 점에 비추어 그 제한을 부정하는 것이 타당할 것이다. 그런데 제한긍정설을 취하는 견해나 판례도 '목적의 범위'를 엄격하게 보지 않고 그 범위를 넓게 해석하고 있으므로 실질적으로는 제한부정설과 별 차이가 없다.

2. 목적범위 외의 행위의 효력

정관상의 목적범위를 벗어난 행위의 효력에 대하여는 제한부정설의 입장에서는 회사에 대하여 유효하다고 한다. 다만 그로 인한 사원의 구제는 회사의 기관에 대한 책임추궁으로 보호될 수 있다고 하며, 상대방이 악의인 경우 "대표권의 제한은 선의의 제3자에 대항하지 못한다"(상법 제389조 제3항, 제209조)는 규정의 반대해석 또는 권리남용의 법리나 신의칙에 의하여 대항할 수 있다고 한다.

이에 대하여 제한긍정설의 입장에서는 그 행위는 회사에 대하여 무효라고 하고 있다.

판례는 앞에서 본 바와 같이 후자의 입장을 취하고 있는데, 회사의 대표이사가 회사의 사업목적범위에 속하지 아니하는 손해배상의무를 연대보증한 경우 "그 보증은 회사에 대하여 효력이 없다"고 판시하고 있다.[85]

Ⅳ. 회사의 구조조정

회사의 구조조정이란 회사의 존속 중 그 기구를 변경하는 것이다. 이에는 상법상 영업양도·양수, 조직변경, 합병, 기업결합(모·자회사관계 형성), 회사의 분할(상법 제530조의 2~12)과 자본시장법상의 기업매수(M&A) 등이 있다.

2001년 상법 개정으로 지주회사 설립 등을 통한 회사의 구조조정을 원활히 하도록 주식의 포괄적 교환 및 이전제도를 신설하였다. 이전의 지주회사의 설립방법은 현물출자 등에 의한 자회사 설립, 지주회사(신회사)에 의한 사업회사의 주식의 매수, 지주회사(신회사)가 제3자배정방식에 의하여 신주발행하는 경우에 사업회사의 주주가 자기회사의 주식을 현물출자의 방법으로 참여, 회사의 물적분할(상법 제530조의 12) 등이 있는데, 모두 불편하여 새로운 제도를 신설하게 되었다.

금융지주회사의 경우 금융지주회사법이 별도로 제정되어 있다. 상법상 주식의 포괄적 교환 및 이전에 관한 규정이 도입됨으로써 금융지주회사법상의 관련 규정은 삭제되었다.

---

85 대법원 1975.12.13. 선고 75다1479 판결.

조직변경

1. 의의

조직변경이란 회사가 그 법인격의 동일성을 유지하면서 다른 종류의 회사로 그 법률상의 조직을 변경하는 것이다. 기존회사가 영업에 적합하지 않게 되어 다른 종류의 회사로 변경하고자 하는 경우, 기존회사를 해산하고 다른 종류의 회사를 신설하는 방법을 이용할 수 있지만 이는 매우 불편하므로 회사의 법인격을 유지하는 조직변경제도를 인정하고 있다.

조직변경은 무한책임의 문제 등으로 인하여 성질이 비슷한 회사간, 즉 인적회사·물적회사 상호간에만 인정한다.

조직변경을 위해서는 대내적으로 총사원의 동의 또는 전원일치에 의한 주주(사원)총회의 결의를 거쳐야 하며, 대외적으로 회사채권자의 이익을 보호하는 조치를 취하여야 한다.

2. 유형

(1) 합명회사에서 합자회사로 조직변경

유한책임사원의 가입(채권자보호절차 불필요)과 총사원의 동의로 일부의 사원을 유한책임사원으로 함으로써(채권자보호절차 필요) 조직변경 할 수 있다. 무한책임사원에서 유한책임사원이 된 자는 등기 후 2년 내에는 무한책임사원의 책임을 부담한다(상법 제244조).

(2) 합자회사에서 합명회사로 조직변경

유한책임사원을 무한책임사원(총사원의 동의)으로 혹은 유한책임사원 전원이 퇴사한 경우 무한책임사원 전원의 동의로 가능하다(상법 제286조). 이때에는 별도의 채권자보호절차가 없다.

(3) 주식회사에서 유한책임회사로 조직변경

총주주의 동의가 요구된다(상법 제287조의 43 제1항).

(4) 유한책임회사에서 주식회사로 조직변경

총사원의 동의가 요구된다(상법 제287조의 43 제2항).

(5) 주식회사에서 유한회사로 조직변경

① 사채상환이 완료되어야 한다. ② 순재산액전보책임이 인정된다. 즉 유한회사의 자본금의 총액이 주식회사의 현존하는 순재산액보다 많은 경우 이사와 주주는 회사에 대하여 연대하여 그 부족액을 지급할 책임이 있다(상법 제605조 : 회사에 현존하는 순재산액이 자본금의 총액에 부족하는 때에는 연대책임을 진다). ③ 합병에서와 같은 채권자보호절차가 필요하다.

(6) 유한회사에서 주식회사로 조직변경

① 법원의 인가가 요구된다(상법 제607조). ② 순재산액전보책임이 인정된다. 즉 회사에 현존하는 순재산액이 조직변경시에 발행하는 주식의 발행가액의 총액에 부족하는 때에는 결의 당시의 이사, 감사와 사원은 연대책임을 진다(상법 제607조 : 주식발행가액의 총액은 회사에 현존하는 순재산액을 초과할 수 없다). ③ 채권자보호절차가 요구된다.

합 병

1. 의의

합병은 상법의 특별규정에 의하여 복수의 회사가 당사자가 되어 그 일부 또는 전부가 해산하고, 그 재산은 청산절차를 거치지 않고 포괄적으로 존속회사 또는 신설회사에 이전하는 법률행위이다. 즉 복수의 회사가 청산절차를 거치지 않고 하나의 회사가 되는 것이라 할 수 있다. 합병으로 1개 이상의 회사의 소멸과 권리·의무의 포괄적 이전이 생긴다.

	합병	영업양도
행위의 성질	단체법상의 행위	개인법상의 거래행위
당사자	회사	회사, 개인상인, 비상인(양수인의 경우)
방식	절차의 법정	특별한 방식 불요
재산의 이전	포괄승계	특정승계
사원의 지위	해산회사의 사원이 원칙적 존속회사에 수용	불변
회사의 존폐	해산회사의 소멸	양도회사의 존속
채무의 이전	당연이전(채권자보호절차)	채무인수에 의한 이전(채권자보호규정)
무효의 주장	소의 방법으로 제한	일반원칙에 따름

2. 종류

(1) 신설합병과 흡수합병

신설합병은 모든 합병당사회사가 해산하고 동시에 신회사를 설립하여 신회사가 소멸회사의 사원과 재산을 수용하는 것이다. 흡수합병은 하나의 합병당사회사만 존속하고 다른 합병당사회사는 해산하여 그 존속회사가 소멸회사의 사원과 재산을 수용하는 것이다. 실제에 있어서 주로 흡수합병이 이용된다.

(2) 간이합병과 소규모합병

합병을 위해서는 주주총회결의가 요구되므로 번거롭다. 간이합병과 소규모합병은 합병의 신속과 편의를 위해서 주주총회결의를 이사회결의로 대체하는 것이다.

간이합병은 흡수합병을 하는 경우에 소멸회사의 총주주의 동의가 있거나 존속회사가 소멸회사의 발행주식총수의 100분의 90 이상에 해당하는 주식을 소유하고 있는 때에는 이사회(소멸회사)의 승인결의로 주주총회의 승인결의에 갈음하는 것이다(상법 제527조의 2).[86]

소규모합병은 흡수합병시 존속회사가 합병으로 인하여 발행하는 신주의 총수가 그 발행주식총수의 100분의 10을 초과하지 않고 또 존속회사가 소멸회사의 주주에게 지급할 합병교부금을 정한 경우에 그 합병교부금이 존속회사의 최종의 대차대조표상의 순재산액의 100분의 5를 초과하지 않은 때에는 이사회(존속회사)의 승인결의로 주주총회의 승인결의에 갈음하는 것이다(상법 제527조의 3). 이때 존속회사의 발행주식총수의 100분의 20 이상에 해당하는 주식을 가진 주주가 소규모합병에 대하여 반대하지 않아야 한다.

3. 경제적 효용

합병의 경제적 효용과 목적으로는 ① 규모의 경제의 실현(영업비용의 절감) ② 산업합리화정책의 일환(기업의 경쟁력 강화) ③ 2중 투자의 회피 ④ 피합병회사의 기술의 활용(새산업에 진출하고자 할 때 참여의 장애를 극복하고, IT산업의 경우 특허소송에 대비하기 위하여 이용된다) ⑤ 경영부실회사의 구제 ⑥ 시장의 독점지배(독금법상으로 규제) 등을 들 수 있다. 옛날에는 산업합리화정책에 의하여 국가가 유도하였으나, 오늘날 생존전략 등으로 자발적으로 합병을 행한다.

---

86 상법개정으로 간이영업양도, 양수, 임대 등에 관한 규정이 신설되어 "제374조 제1항 각호의 어느 하나에 해당하는 행위를 하는 회사의 총주주의 동의가 있거나 그 회사의 발행주식총수의 100분의 90 이상을 해당 행위의 상대방이 소유하고 있는 경우에는 그 회사의 주주총회의 승인은 이를 이사회의 승인으로 갈음할 수 있다."(상법 제374조의 3 제1항).

법률적 관점에서 합병은 해산하는 회사의 청산절차를 생략하고, 재산의 이전에 따르는 세금을 감경할 수 있고, 또 영업권의 상실을 방지하는 의미를 가진다.

4. 합병의 법적 성질

(1) 학설

① 인격합일설(다수설) : 합병은 복수의 회사가 하나의 회사로 되는 조직법상(단체법상)의 특별한 계약이고, 합병에 의하여 병합되는 것은 회사라는 법인격 자체이며 회사재산의 포괄승계나 사원의 수용은 그 결과에 지나지 않는다고 한다. 여기서는 사단(단체)법적 요소를 중시하고 있다.

② 현물출자설 : 합병이란 소멸하는 회사가 영업전부를 존속회사 또는 신설회사에 현물출자함으로써 이루어지는 자본금증가 또는 회사설립이라고 한다. 흡수합병은 현물출자에 의한 자본금증가이고 또 신설합병은 현물출자에 의한 회사의 설립이며, 다만 합병의 경우에는 보통의 현물출자와는 달리 출자자가 소멸회사이고 소멸회사의 전재산이 출자의 목적으로 되며, 소멸회사의 사원이 존속회사 또는 신설회사의 사원으로 되는 특수성이 있으므로 상법은 합병에 관하여 특별규정을 두는 것이라고 한다. 여기서는 재산법적 요소를 중시하고 있다.

그러나 이 견해에 대하여 사단법적 계기를 무시하며, 채무초과회사의 합병과 무증자합병(존속회사가 소멸회사의 전주식을 보유하는 경우)을 설명할 수 없고, 현물출자는 회사가 하는데 신설회사의 사원이 되는 것은 소멸회사의 사원이 되는 점을 설명할 수 없다는 비판이 제기된다.

③ 사원현물출자설 : 합병은 소멸회사의 전사원이 그 지분을 존속회사 또는 신설회사에 현물출자하여 당해 회사의 해산과 동시에 그 재산 전부의 포괄적 이전이 생기는 것이라고 한다. 현물출자설의 문제점을 극복하기 위하여 주장되었다.

④ 재산합일설 : 합병은 소멸회사의 재산이 존속회사 또는 신설회사에 반드시 포괄적으로 합일되는 것이라고 한다. 합병은 사단법적 계기인 사원의 합일과 재산법적 계기인 재산의 합일이 함께 이루어지는 것이나, 여기에서 주주의 합일은 최소한도로 요구되는 것이고 재산의 합일이 보다 본질적인 것이라고 한다.

이 견해는 현물출자설의 난점인 적극재산만이 현물출자의 대상이 되어 자본금의 증가가 없는 회사의 합병을 설명할 수 없는 점을 해결하기 위한 것이다(마이너스의 재산도 합일할 수 있다). 다만 이는 주식회사에 치중한 설명이다.

(2) 검토

합병의 본질을 계약이나 현물출자 또는 재산의 합일로 보는 것에 의하여 충분히 설명될 수 없다. 합병은 법인격으로서 회사의 합체이며, 소멸회사의 재산의 포괄적 승계는 그 당연한 효과라고 보는 인격합일설이 타당하다.

5. 합병계약의 법적 성질

합병계약에 있어서 당사자는 회사이며 사원이 아니다. 합병계약은 총사원의 동의 또는 합병결의를 정지조건으로 한 본계약 또는 합병의 예약이다. 이는 개인법상의 계약이 아니고 단체법상에서만 생길 수 있는 특별한 채권계약으로서 계약당사회사는 계약에 따른 합병절차를 진행시킬 채무를 부담한다.

6. 합병의 자유와 제한

(1) 자유

회사는 그 종류, 목적의 여하를 불문하고 자유로이 합병할 수 있다. 그러나 인적회사는 임의청산이 인정되므로 합병의 실용성이 크지 않다. 실제 합병은 주식회사간 혹은 주식회사와 유한회사간에 이루어진다.

(2) 제한

1) 상법상의 제한

합병하는 회사의 일방 또는 쌍방이 주식회사 또는 유한회사 또는 유한책임회사인 경우에는 합병 후 존속하는 회사 또는 신설되는 회사는 주식회사 또는 유한회사 또는 유한책임회사이어야 한다(상법 제174조 제2항). 주식회사나 유한회사의 사원의 유한책임이 인정되므로 무한책임이 인정되는 인적회사가 되기 위해서는 개별적인 동의를 얻어야 하는 문제가 있으므로 이를 인정하지 않는다.

주식회사와 유한회사가 합병하는 경우에는 합병 후의 존속회사 또는 신설회사는 주식회사로도 할 수 있고 유한회사로도 할 수 있으나, 주식회사로 하는 경우에는 법원의 인가를 얻어야 하고 유한회사로 하는 때에는 주식회사의 사채상환을 완료하여야 한다(상법 제600조).

해산 후의 청산 중인 회사는 존립 중의 회사를 존속회사로 하는 경우에 한하여 합병할 수 있다(상법 제174조 제3항). 청산 중인 회사는 청산의 목적범위내에서 영업의 양도, 회사의 계속 등을 할 수 있으므로 합병도 허용된다.

2) 특별법상의 제한

파산절차가 진행 중인 회사는 합병할 수 없고(채무자회생법 제329조 제1항), 회사회생절차가 진행 중인 회사는 채무자회생 및 파산에 관한 법률에 의해서만 합병할 수 있다(채무자회생법 제193조 제2항). 은행, 신탁회사, 보험회사 등이 합병하는 경우에는 기획재정부장관의 허가를 받아야 한다(은행법 제55조 등). 합병이 일정한 거래분야에 있어서 경쟁을 실질적으로 제한하는 경우에는 허용되지 않는다(공정거래법 제7조 제1항 3호).

7. 합병의 절차

(1) 합병계약서의 작성

합병계약의 당사자는 합병당사회사이고, 합병계약은 합병당사회사의 대표기관에 의하여 체결된다. 합병계약서에는 법정기재사항을 기재하여야 한다(상법 제523조, 제524조).[87]

인적회사가 합병하는 경우에는 합병계약서를 작성할 필요가 없다. 총사원의 동의에 의한 합병결의만 있으면 된다. 그러나 합병당사회사의 일방 또는 쌍방이 인적회사라도 존속회사 또는 신설회사가 주식회사인 경우에는 총사원의 동의를 얻어 합병계약서를 작성하여야 한다

---

87 상법 제523조(흡수합병의 합병계약서) 합병할 회사의 일방이 합병 후 존속하는 경우에는 합병계약서에 다음의 사항을 적어야 한다.

1. 존속하는 회사가 합병으로 인하여 그 발행할 주식의 총수를 증가하는 때에는 그 증가할 주식의 총수, 종류와 수
2. 존속하는 회사의 증가할 자본금과 준비금의 총액
3. 존속하는 회사가 합병 당시에 발행하는 신주의 총수, 종류와 수 및 합병으로 인하여 소멸하는 회사의 주주에 대한 신주의 배정에 관한 사항
4. 존속하는 회사가 합병으로 소멸하는 회사의 주주에게 제3호에도 불구하고 그 대가의 전부 또는 일부로서 금전이나 그 밖의 재산을 제공하는 경우에는 그 내용 및 배정에 관한 사항
5. 각 회사에서 합병의 승인결의를 할 사원 또는 주주의 총회의 기일
6. 합병을 할 날
7. 존속하는 회사가 합병으로 인하여 정관을 변경하기로 정한 때에는 그 규정
8. 각 회사가 합병으로 이익배당을 할 때에는 그 한도액
9. 합병으로 인하여 존속하는 회사에 취임할 이사와 감사 또는 감사위원회의 위원을 정한 때에는 그 성명 및 주민등록번호

상법 제524조(신설합병의 합병계약서) 합병으로 회사를 설립하는 경우에는 합병계약서에 다음의 사항을 적어야 한다.

1. 설립되는 회사에 대하여 제289조 제1항 제1호부터 제4호까지에 규정된 사항과 종류주식을 발행할 때에는 그 종류, 수와 본점 소재지
2. 설립되는 회사가 합병 당시에 발행하는 주식의 총수와 종류, 수 및 각 회사의 주주에 대한 주식의 배정에 관한 사항
3. 설립되는 회사의 자본금과 준비금의 총액
4. 각 회사의 주주에게 지급할 금액을 정한 때에는 그 규정
5. 전조 제5호와 제6호에 게기한 사항
6. 합병으로 인하여 설립되는 회사의 이사와 감사 또는 감사위원회의 위원을 정한 때에는 그 성명 및 주민등록번호

(상법 제525조).

합병계약서에 법정기재사항을 기재하지 않는 등 하자가 있는 경우, 합병의 효력이 발생하기 전에는 제3자의 보호를 고려할 필요가 없으므로 합병계약이 무효로 된다고 볼 것이다. 이때는 비록 주주총회에서 승인하여도 효력이 없다. 그리고 합병효력이 발생한 후에도 합병무효의 소의 대상이 된다.

(2) 합병결의

각 합병당사회사는 합병계약서에 정한 기일에 주주(사원)총회를 소집하여 합병의 승인을 받아야 한다. 결의방법은 주식회사의 경우 특별결의(상법 제522조), 인적회사의 경우 총사원의 동의(상법 제230조 : 합자회사나 유한책임회사는 준용)에 의한다. 그 외 주식회사의 경우 종류주주총회의 결의를 얻어야 할 때도 있다.[88]

합병당사회사의 일방이 주주총회에서 합병계약서의 승인을 거부하거나 합병계약이 무효인 때는 합병계약의 효력이 생기지 아니한다.

주주총회결의에 대한 예외로 간이합병(상법 제527조의 2)와 소규모합병(상법 제527조의 3)의 경우 이사회의 승인결의로 주주총회의 결의에 갈음한다.

(3) 합병관계서류의 공시

1) 합병계약서 등의 비치, 열람 및 등·초본의 교부

주식회사가 합병하는 경우에 이사는 합병승인결의를 위한 주주총회의 회일의 2주 전부터 합병한 날 이후 6월이 경과하는 날까지 본점에 ① 합병계약서 ② 소멸회사의 주주에게 발행하는 주식의 배정에 관하여 그 이유를 기재한 서면 ③ 각 회사의 최종의 대차대조표와 손익계산서 등을 비치하여야 한다(상법 제522조의 2).

이는 합병계약서 등의 합병결의 전 사전공시로서 의미를 가지는 것으로, 합병승인결의에서 찬성 여부를 판단할 수 있게 도움을 주고자 하는 것이다.[89]

2) 채권자보호절차의 경과 등에 관한 서류의 사후공시

주식회사가 합병하는 경우에 이사는 채권자보호절차의 경과, 합병을 한 날, 소멸회사로부터 승계한 가액과 채무액 기타 합병에 관한 사항을 기재한 서면을 합병을 한 날로부터 6월간 본점에 비치하여야 한다(상법 제527조의 6 제1항).

---

88 수종의 주식을 발행한 경우에 합병으로 인하여 어느 종류의 주주가 손해를 보게 된 때에는 주주총회의 특별결의 외에 그 종류의 주주총회의 결의가 있어야 한다(상법 제436조).

89 이에 더하여 회사채권자가 합병에 이의를 제기할 것인지 여부를 사전에 판단할 수 있게 한다고도 하는데, 이는 일반적으로 채권자보호절차에서 따로 규정하여 설명하고 있지만 그 판단에는 도움이 될 것이다.

(4) 합병반대주주의 주식매수청구권

1) 의의

합병에 관한 이사회의 결의가 있은 경우에 합병에 반대하는 주주(의결권이 없거나 제한되는 주주를 포함한다)는 합병승인결의의 주주총회 전에 회사에 서면으로 합병에 반대하는 의사를 통지하면 주식의 매수를 청구할 수 있고, 그 주식매수청구권자는 주주총회의 합병승인결의일로부터 20일 이내에 회사에 대하여 주식의 종류와 수를 기재한 서면으로 그 소유주식의 매수를 청구할 수 있다(상법 제522조의 3).

간이합병의 경우 합병에 반대하는 주주가 간이합병의 공고 또는 통지를 한 날로부터 2주 내에 회사에 대하여 서면으로 합병에 반대하는 의사를 통지하면 주식의 매수를 청구할 수 있고, 그 주식매수청구권자는 합병반대의 통지기간이 경과한 날로부터 20일 이내에 회사에 대하여 주식의 종류와 수를 기재한 서면으로 주식의 매수를 청구할 수 있다(상법 제522조의 3 제2항).

이와 달리 소규모합병의 경우에는 주식매수청구권이 인정되지 않는다.

2) 주식매수가액의 결정

① 주식매수청구자와 회사간의 협의에 의하여 결정한다(상법 제530조의 2, 제374조의 2 제3항) ② 청구를 받은 날로부터 30일 이내에 협의가 이루어지지 않은 경우에 회사 또는 주식의 매수를 청구한 주주는 법원에 대하여 매수가액의 결정을 청구할 수 있다(상법 제374조의 2 제4항). 법원은 회사의 재산상태 그 밖의 사정을 참작하여 공정한 가액으로 이를 산정하여야 한다(상법 제374조의 2 제5항).

이와 달리 상장기업의 경우에는 ① 협의 ② 대통령령으로 정하는 방법에 따라 산정된 가액[90] ③ 법인이나 주주가 반대하는 경우 법원에 의한 결정에 따른다(자본시장법 제165조의 5).

3) 주식매수청구권 불이행의 효력

주주의 주식매수청구권 행사에 따른 이행을 하지 않았다고 하여 합병무효의 원인이 되지는 않는다. 왜냐하면 합병결의 자체는 유효하므로 합병절차에 하자가 있는 것이 아니고, 또 주식매수청구권은 적법하게 성립한 결의에 반대한 주주의 이익을 보호하고자 하는 것이지 합병자체의 유·무효를 다투는 것이 아니기 때문이다.

---

90 자법 시행령 제176조의 7
1. 거래소 시세가 형성된 주식
① 이사회결의일 전 과거 2개월 가중평균가격 ② 과거 1개월 가중평균가격 ③ 과거 1주일 가중평균가격의 산술평균가격
2. 거래가 형성되지 않는 경우
· 자산가치와 수익가치를 가중평균한 가액과 상대가치의 가액을 산술평균한 가액

참조판례

"주권상장법인의 합병 등에 반대하는 주주가 구 증권거래법 제191조 제1항에 의하여 당해 법인에 대하여 상장주식의 매수를 청구하고 주주와 당해 법인간에 매수가격에 대한 협의가 이루어지지 아니하여 주주 또는 당해 법인이 법원에 매수가격 결정을 청구한 경우, 일반적으로 주권상장법인의 시장주가는 유가증권시장에 참여한 다수의 투자자가 법령에 근거하여 공시되는 당해 기업의 자산내용, 재무상황, 수익력, 장래의 사업전망 등 당해 법인에 관한 정보에 기초하여 내린 투자판단에 의하여 당해 기업의 객관적 가치가 반영되어 형성된 것으로 볼 수 있고, 주권상장법인의 주주는 통상 시장주가를 전제로 투자행동을 취한다는 점에서 시장주가를 기준으로 매수가격을 결정하는 것이 당해 주주의 합리적 기대에 합치하는 것이므로, 법원은 원칙적으로 시장주가를 참조하여 매수가격을 산정하여야 한다. 다만 이처럼 시장주가에 기초하여 매수가격을 산정하는 경우라고 하여 법원이 반드시 구 증권거래법 시행령 제84조의 9 제2항 제1호에서 정한 산정 방법 중 어느 하나를 선택하여 그에 따라서만 매수가격을 산정하여야 하는 것은 아니고, 법원은 공정한 매수가격을 산정한다는 매수가격결정신청사건의 제도적 취지와 개별사안의 구체적 사정을 고려하여 이사회결의일 이전의 어느 특정일의 시장주가를 참조할 것인지, 또는 일정기간 동안의 시장주가의 평균치를 참조할 것인지, 그렇지 않으면 구 증권거래법 시행령 제84조의 9 제2항 제1호에서 정한 산정 방법 중 어느 하나에 따라 산정된 가격을 그대로 인정할 것인지 등을 합리적으로 결정할 수 있다. 나아가 당해 상장주식이 유가증권시장에서 거래가 형성되지 아니한 주식이거나(구 증권거래법 시행령 제84조의 9 제2항 제2호) 시장주가가 가격조작 등 시장의 기능을 방해하는 부정한 수단에 의하여 영향을 받는 등으로 당해 주권상장법인의 객관적 가치를 제대로 반영하지 못하고 있다고 판단되는 경우에는, 시장주가를 배제하거나 또는 시장주가와 함께 순자산가치나 수익가치 등 다른 평가요소를 반영하여 당해 법인의 상황이나 업종의 특성 등을 종합적으로 고려한 공정한 가액을 산정할 수도 있으나, 단순히 시장주가가 순자산가치나 수익가치에 기초하여 산정된 가격과 다소 차이가 난다는 사정만으로 위 시장주가가 주권상장법인의 객관적 가치를 반영하지 못한다고 쉽게 단정하여서는 아니 된다." (대법원 2011. 10.13.자 2008마264 결정).

(5) 채권자보호절차

합병결의 후에는 채권자보호절차를 거쳐야 하는 것으로, 특히 인적회사의 경우 물적회사에 흡수합병되는 경우에는 인적회사의 사원이 합병 후에 유한책임을 지게 되어 그 채권자가 불리하게 되므로 채권자보호절차가 더욱 중요하다.

회사는 합병결의를 한 날로부터 2주 내에 회사채권자에 대하여 합병에 이의가 있으면 1월 이상의 일정한 기간 내에 이의를 제출할 것을 공고하고 또 알고 있는 회사채권자에 대하여 이를 각각 따로 최고하여야 한다(상법 제527조의 5, 제232조). 간이합병, 소규모합병의 경우에는 이사회결의일을 기준으로 한다.

이의를 제출하지 않은 경우에는 합병을 승인한 것으로 본다. 이의를 제출한 때에는 회사는 회사채권자에 대하여 변제 또는 상당한 담보를 제공하거나 이를 목적으로 상당한 재산을 신탁하여야 한다.

(6) 기타의 절차

신설합병의 경우에는 설립위원을 선임한다. 이들은 공동으로 회사의 설립에 관한 행위를 하여야 하는 것으로 발기인이 하는 행위를 한다(정관의 작성 기타 설립에 관한 행위).

합병계약서에 정하여진 합병기일에 소멸회사는 존속회사 또는 신설회사에 재산·관계서류 일체를 인도하고, 소멸회사의 주주는 그 날 주식을 배정받게 되어 합병은 실행된다. 여기서 합병을 할 날(합병기일)은 실제로 당사회사가 합해지는 날로서 합병의 효력발생을 위한 합병 등기의 날과 구별된다.

주식의 병합·분할도 가능한 것으로 주식배정비율이 1:1이 아닌 경우 동수의 주식을 배정할 수 있도록 소멸회사의 주식을 병합 또는 분할하는 것이 가능하다(상법 제530조 제3항).91

단주의 처리와 관련하여 원칙은 경매이지만 거래소 시세 있는 주식은 증권거래소를 통하여, 시세없는 주식은 법원의 허가를 얻어 경매 외의 방법으로 매각(임의매각)하는 것이 가능하다 (상법 제530조 제3항, 제443조).

(7) 합병보고총회·창립총회

존속회사 또는 신설회사가 물적회사인 경우에 흡수합병인 경우에는 합병보고총회를 신설 합병인 경우에는 창립총회를 소집하여야 한다.

1) 합병보고총회

흡수합병의 경우 합병보고총회를 개최한다. 이사회는 공고로서 합병보고총회에 대한 보고에 갈음할 수 있다. 이는 합병보고총회가 합병절차의 경과와 결과에 대하여만 보고하는 것이고, 합병 승인결의를 번복하거나 합병계약의 내용을 변경할 수 없으므로 공고로 대체를 허용하는 것이다.

합병보고총회에서는 보고의 청취뿐만 아니라 정관의 개정, 재무제표의 승인, 이사·감사의 선임도 가능하다. 그러나 합병폐지의 결의는 할 수 없다.

2) 창립총회

신설합병의 경우에 신설회사의 설립위원은 창립총회를 소집하여야 한다. 이사회는 공고로써 창립총회의 보고에 갈음할 수 있다(상법 제524조 6호). 이 규정에 대하여 대법원은 창립총회 자체를 이사회 공고로 대체할 수 있다는 취지로 본다.92 그런데 이사·감사는 선임

---

91 자본금감소와 주식병합의 규정을 준용한다(상법 제440조~제444조).

92 "상법 제527조 제4항은 신설합병의 경우 이사회의 공고로써 신설합병의 창립총회에 대한 보고에 갈음할 수 있다고 규정하고 있고, 상법 제528조 제1항은 신설합병의 창립총회가 종결한 날 또는 보고에 갈음하는 공고일로부터 일정기간 내에 합병등기를 하도록 규정하고 있으므로, 상법 제527조 제4항은 신설합병의 창립총회 자체를 이사회의 공고로써 갈음할 수 있음을 규정한 조항이라고 해석된다. 한편, 상법 제527조 제2항은 신설합병의 창립총회에서 정관변경의 결의를 할 수 있되 합병계약의 취지에 위반하는 결의는 하지 못하도록 규정하고 있는바, 정관변경은 창립총회에서 할 수 있다는 것이지 반드시 하여야 하는 것은 아니고, 주식회사를 설립하는 창립총회에서는 이사와 감사를 선임하여야 한다는 상법 제312조의 규정이 상법 제527조 제3항에 의해서 신설합병의 창립총회에 준용되고 있다 하더라도, 상법 제524조

하여야 하므로 창립총회를 개최하지 않는 경우에 합병계약서에서 이를 정하여야 할 것이다.

창립총회에서는 설립위원이 창립에 관한 사항을 서면으로 보고하고 이사와 감사를 선임하여야 한다. 또한 정관변경도 가능하지만 합병의 폐지를 결의할 수 없다. 기타 절차는 회사설립시의 창립총회와 같다.

(8) 합병등기

존속회사 또는 신설회사는 합병등기 즉 존속회사에 관하여는 변경등기, 소멸회사에 관하여는 해산등기, 신설회사에 대하여는 설립등기를 하여야 한다.

합병은 합병등기를 함으로써 효력이 생기는 것으로, 상업등기의 창설적 효력이 인정되는 경우이다.

8. 합병의 효력

(1) 당사회사의 일부 또는 전부의 소멸

합병등기가 있는 때에는, 흡수합병의 경우에는 합병당사회사의 일부가 또 신설합병의 경우에는 합병당사회사의 전부가 소멸한다. 소멸회사에 대해서는 보통의 회사해산의 경우와는 달리 청산절차를 거치지 않는다.

(2) 정관의 변경 또는 신회사의 성립

합병등기에 의하여 흡수합병의 경우에는 정관이 변경되고, 신설합병의 경우에는 신회사가 성립한다.

(3) 소멸회사의 사원의 원칙적 수용

1) 의의

합병등기가 있는 때에는 존속회사 또는 신설회사는 원칙적으로 소멸회사의 주주(사원)에게 그가 가진 주식의 수에 따라 신주를 발행하며(상법 제523조 3호), 대신에 그 대가의 전부 또는 일부로서 금전이나 그 밖의 재산을 제공할 수 있다(상법 제523조 4호).

이에 대한 예외는 ① 소멸회사의 주주가 주식매수청구권을 행사한 경우 ② 존속회사가 소멸회사의 주식을 보유하고 있는 경우(신주를 배정하면 존속회사가 자기주식을 원시취득하는

제6호에 의하면 합병으로 인하여 설립되는 회사의 이사와 감사 또는 감사위원회 위원을 정한 때에는 신설합병의 합병계약서에 그 성명 및 주민등록번호를 기재하게 되어 있고, 그 합병계약서가 각 합병당사회사의 주주총회에서 승인됨으로써 합병으로 인하여 설립되는 회사의 이사와 감사 등의 선임이 이루어지는 만큼, 이러한 경우에는 굳이 신설합병의 창립총회를 개최하여 합병으로 인하여 설립되는 회사의 이사와 감사 등을 선임하는 절차를 새로이 거칠 필요가 없고 이사회의 공고로 갈음할 수 있다." (대법원 2009.4.23. 선고 2005다22701 판결)

것이 된다) ③ 소멸회사가 자기주식을 보유하고 있는 경우가 되며, 이때는 합병과 동시에 주식은 소멸하게 되고 존속회사의 주식이 교부되지 않는다.

구 상법상 합병계약서의 기재사항으로 "존속하는 회사가 합병으로 인하여 소멸하는 회사의 주주에게 지급할 금액을 정한 때에는 그 규정" (구 상법 제523조 4호)을 들고 있어, 이를 합병교부금의 지급에 관한 사항으로 보아 사원의 수용은 필수적인 것으로 해석하였으나, 상법 개정으로 현금·현물 등 합병대가의 유연화가 인정되므로 사원의 수용은 원칙적인 사항으로 되었다.

2) 합병교부금

합병교부금은 소멸회사의 주주에게 그 대가의 전부 또는 일부를 금전으로 지급하는 것이다. 그 대가의 전부를 금전으로 지급할 수 있도록 함으로써 사원의 수용이 이루어지지 않는 합병도 인정된다.

기타 단주금액, 이익배당액 등(영업연도 중간에 합병)도 합병교부금이 된다. 예를 들어 존속회사가 일할배당을 하고 소멸회사의 결산기 전에 합병기일이 정해지는 경우에 합병기일 전일까지 주주(소멸회사)에게 이익배당을 하기 위하여 합병교부금을 지급한다.93

관련사항 **일할배당**

일할배당은 보유날짜에 비례해서 배당하는 것으로 실제로는 거의 시행되지 않는다. "신주에 관한 이익이나 이자의 배당에 관하여는 정관이 정하는 바에 따라 그 청구를 한 때가 속하는 영업연도의 직전 영업연도말에 전환된 것으로 할 수 있다." (상법 제350조 제3항 후단(전환주식))고 하며, 이는 신주발행에 있어서 주주가 되는 시기에 관한 상법 제423조에서 준용한다. 이 규정의 적용에 의하여 실제 이익배당에 있어서 신·구주 사이에 차이를 두지 않는다.

3) 합병대가의 유연화

합병계약서의 기재사항으로 존속하는 회사가 합병으로 소멸하는 회사의 주주에게 제3호에도 불구하고 그 대가의 전부 또는 일부로서 금전이나 그 밖의 재산을 제공하는 경우에는 그 내용 및 배정에 관한 사항(상법 제523조 4호)을 들고 있는데, 이는 기업조직의 확장 또는 변경을 용이하게 하도록 합병대가의 유연화를 입법한 것이다.

이를 통하여 최대주주의 지분율을 희석시키지 않으면서도 합병을 할 수 있으므로 기업매수(M&A)를 활성화시킬 유인으로 작용할 수 있다.

---

93 이에 대하여 사원의 일부의 수용만도 있을 수 있으나, 사원의 일부도 수용하지 않는 것은 합병이 아니라고도 한다. 그 예로 소멸회사의 주주에게 합병교부금만 교부하고 주주가 되는 것이 배제된 경우를 든다(정찬형, (상)501면). 그러나 사원의 수용을 요구하던 상법규정이 개정됨으로써 의미가 없어졌다.

이때 소멸하는 회사의 주주에게 제공하는 재산이 존속하는 회사의 모회사주식일 수도 있다(상법 제523조의 2). 이것은 삼각합병의 도입으로서 모회사는 소멸회사의 법률상의 권리·의무나 책임을 승계하지 않으면서도 경제적인 통합을 달성할 수 있다.

관련사항 **삼각주식교환, 삼각분할합병, 삼각합병, 역삼각합병**

- 삼각주식교환: ① 완전자회사가 되는 회사의 주주에게 제공하는 재산이 완전모회사가 되는 회사의 모회사주식을 포함하는 경우에는 완전모회사가 되는 회사는 그 지급을 위하여 그 모회사의 주식을 취득할 수 있다(상법 제360조의 3 제6항). ② 완전모회사가 되는 회사는 그 취득한 그 회사의 모회사주식을 주식교환 후에도 계속 보유하고 있는 경우 주식교환의 효력이 발생하는 날부터 6개월 이내에 그 주식을 처분하여야 한다(상법 제360조의 3 제7항).
- 삼각분할합병: ① 분할회사의 주주에게 제공하는 재산이 분할승계회사의 모회사주식을 포함하는 경우에는 분할승계회사는 그 지급을 위하여 모회사주식을 취득할 수 있다(상법 제530조의 6 제4항). ② 분할승계회사는 취득한 모회사의 주식을 분할합병 후에도 계속 보유하고 있는 경우 분할합병의 효력이 발생하는 날부터 6개월 이내에 그 주식을 처분하여야 한다(상법 제530조의 6 제5항).
- 삼각합병: 회사가 합병시에 소멸하는 회사의 주주에게 대가로 존속하는 회사의 모회사주식을 제공하는 경우를 말한다. 소멸회사의 권리 · 의무나 책임은 승계하지 않으면서 경제적인 통합을 달성할 수 있다.
- 역삼각합병: 역삼각합병이란 갑회사의 자회사인 을회사가 병회사와 합병을 하는 경우에 병회사의 주주에게 모회사인 갑회사의 주식을 교부하면서 병회사를 존속회사로 하는 합병을 말한다. 이는 만일 병회사에 양도할 수 없는 독점사업권이나 상표권이 있는 경우에 이를 그대로 보유할 수 있는 이점이 있다.

(4) 소멸주식에 대한 물상대위

소멸회사의 주식에 설정된 질권은 소멸회사의 주주가 받을 존속회사 또는 신설회사의 주식 또는 금전 위에 존재하고 또 등록질권자는 존속회사 또는 신설회사에 대하여 소멸회사의 주주가 받을 주권의 교부를 청구할 수 있다(상법 제530조, 제339조).

(5) 권리·의무의 이전

소멸회사의 권리·의무는 존속회사에 포괄승계(공법상의 권리도 포함)된다. 권리·의무가 포괄적으로 승계되므로 개개의 재산에 대하여 이전행위를 따로 할 필요가 없고, 별도의 채무인수절차도 필요하지 않다. 다만 승계한 권리를 처분하기 위해서는 등기·등록 등 대항요건을 갖추어야 할 경우가 있으며, 제3자에 대항하기 위해서 대항요건을 갖추어야 할 경우도 있다(기명주식의 경우에 명의개서를 하여야 회사에 대항이 가능하다).

채무불승계의 특약은 합병의 효력에 관한 규정에 반하므로 그 특약만 무효이다.

9. 합병의 무효

(1) 의의

합병의 절차에 하자가 있는 경우 무효주장이 가능하다. 다만 소의 남용을 방지하기 위해서 일정한 규제가 적용되는데, 반드시 소에 의하여야 하고 제소권자와 제소기간이 제한된다.

합병무효판결에 대하여는 대세적 효력을 인정하고, 합병무효판결의 소급효를 제한한다.

(2) 원인

합병무효의 소의 원인으로는 합병계약에 일반 사법상의 하자가 있는 경우(착오, 사기, 강박 등)와 채권자보호절차를 결한 경우 등이 있다.

물적회사의 합병의 경우에는 이 외에 합병계약서를 작성하지 않았거나 합병계약서의 법정기재사항을 기재하지 않은 경우, 합병결의에 무효 또는 취소의 원인이 있는 경우, 합병보고총회나 창립총회를 소집하지 않은 경우, 종류주주총회를 개최하지 않은 경우, 독금법 위반의 경우 등도 합병무효의 소의 원인이 된다.

합병비율의 불공정에 대하여는 판례는 현저하게 불공정한 경우만 합병무효의 사유로 인정한다.

참조판례

"합병비율을 정하는 것은 합병계약의 가장 중요한 내용이고, 그 합병비율은 합병할 각 회사의 재산상태와 그에 따른 주식의 실제적 가치에 비추어 공정하게 정함이 원칙이며, 만일 그 비율이 합병할 각 회사의 일방에게 불리하게 정해진 경우에는 그 회사의 주주가 합병 전 회사의 재산에 대하여 가지고 있던 지분비율을 합병 후에 유지할 수 없게 됨으로써 실질적으로 주식의 일부를 상실케 되는 결과를 초래하므로, 현저하게 불공정한 합병비율을 정한 합병계약은 사법관계를 지배하는 신의성실의 원칙이나 공평의 원칙 등에 비추어 무효이고, 따라서 합병비율이 현저하게 불공정한 경우 합병할 각 회사의 주주 등은 상법 제529조에 의하여 소로써 합병의 무효를 구할 수 있다." (대법원 2008.1.10. 선고 2007다64136 판결).

(3) 합병무효의 소

합병무효의 소는 형성의 소로서, 제소권자는 ① 인적회사의 경우에는 사원, 청산인, 파산관재인 또는 합병을 승인하지 않은 회사채권자가 되고(상법 제236조 제1항) ② 물적회사는 각 회사의 주주, 이사, 감사, 청산인, 파산관재인 또는 합병을 승인하지 않은 회사채권자, 공정거래위원회가 된다(상법 제529조 제1항, 공정거래법 제16조 제2항).

제소기간은 합병등기가 있는 날로부터 6월 내이다(상법 제529조 제2항).

(4) 판결의 효력

원고 승소시에는 대세적 효력과 불소급효가 인정된다(상법 제530조 제2항). 따라서 합병 후의 배당이나 주주총회결의 등에 영향을 미치지 않는다. 합병무효에 의하여 소멸회사는 부활되고 존속회사는 원상으로 회복되며 신설회사는 소멸된다. 이에 따라 합병무효의 등기(존속회사의 변경등기, 신설회사의 해산등기, 소멸회사의 회복등기)를 하게 된다.

원고 패소시에는 그 효력은 소송당사자에게만 미친다. 이때 제소권자에게 악의나 중과실이 있을 때 연대손해배상책임이 인정된다(상법 제530조 제2항, 제240조, 제191조).

(5) 합병의 부존재

합병의 절차를 전혀 취하지 않고 단지 합병의 등기만 있는 경우를 말한다. 이때는 누구든지 어떤 방법이든지 그 부존재를 주장할 수 있다.

회사의 분할

1. 의의

회사의 분할이란 1개의 회사가 2개 이상의 회사로 나누어져, 분할회사의 권리·의무가 분할 후 회사에 포괄승계되고(분할회사가 소멸하는 경우에는 청산절차를 거치지 않는다), 원칙적으로 분할회사의 사원이 분할 후 회사의 사원이 되는(물적분할의 경우에는 회사가 지분을 가짐) 회사법상의 법률요건이다.

회사의 분할에 의하여 분리된 영업재산을 자본금으로 회사를 신설하거나 다른 회사와 합병하게 된다. 예를 들면 전자회사가 회사를 가전 부분과 반도체 부분으로 나누는 것을 들 수 있다.

회사의 분할은 주식회사만 인정되는 것으로서, 상법에서는 "회사는 분할에 의하여 1개 또는 수 개의 회사를 설립하거나(단순분할), 또는 1개 또는 수 개의 존립 중의 회사와 합병하는 것(분할합병)"이라고 규정하고 있다(상법 제530조의 2).

관련사항 **용어의 정리**

분할 전 회사(분할회사), 단순분할로 새로 설립되는 회사(단순분할신설회사), 분할흡수합병의 존속회사(분할승계회사), 분할신설합병으로 설립되는 회사(분할합병신설회사).

2. 경제적 목적

회사의 분할은 규모가 비대한 회사(대기업)에 있어서 특정사업부문의 기능별 전문화, 부진사업이나 적자사업의 분리에 의한 경영의 효율화, 이익분산에 의한 절세, 주주들 간의 이해조정, 소규모 회사의 내분 해결이나 상속의 방법 등의 목적으로 이용된다.

3. 분할의 종류

(1) 단순분할·분할합병

1) 단순분할 : 분할된 부분으로 새로이 회사(단순분할신설회사)를 설립하는 것이다.

① 완전분할(분할회사 소멸) : 한 회사가 분할하여 그의 전재산이 2개 이상의 분할 후 회사인 신설회사에 현물출자되어 포괄승계되며, 분할회사는 청산절차없이 소멸되는 회사분할을 말한다. 영업의 전부양도와 유사하다. 그러나 영업양도는 권리·의무가 개별적 승계된다는 점에서 차이가 난다.

② 불완전분할(분할회사 존속) : 분할되지만 분할회사의 재산의 일부만이 분할 후 회사에 이전되고 분할회사는 존속하는 회사분할을 말한다. 영업의 일부양도와 유사하다.
단순분할의 분류는 기존회사의 관점에서 접근한 것이다.

2) 분할합병: 분할된 부분을 다른 회사와 합병하는 것이다.

① 흡수분할합병 : 분할된 부분이 다른 회사에 흡수합병되는 것이다. 분할회사가 소멸하는가 여부에 따라 소멸(완전)분할합병과 존속(불완전)분할합병이 있다.

② 신설분할합병 : 분할된 부분이 다른 기존회사 또는 다른 회사의 분할된 부분과 합쳐져 신설합병되는 것이다. 소멸(완전)분할합병과 존속(불완전)분할합병이 있다.
분할합병은 분할된 부분의 관점에서 접근한 것이다.

③ 삼각분할합병 : 분할합병의 경우에도 합병대가의 유연화가 인정되어 "분할승계회사가 분할회사의 주주에게 그 대가의 전부 또는 일부로서 금전이나 그 밖의 재산을 제공하는 경우에는 그 내용 및 배정에 관한 사항"을 분할합병계약서에 기재하도록 하고 있다(상법 제530조의 6 제1항 4호). 또한 삼각분할합병도 인정되어 ① 분할회사의 주주에게 제공하는 재산이 분할승계회사의 모회사 주식을 포함하는 경우에는 분할승계회사는 그 지급을 위하여 모회사 주식을 취득할 수 있으며(상법 제530조의 6 제4항), ② 분할승계회사는 취득한 모회사의 주식을 분할합병 후에도 계속 보유하고 있는 경우 분할합병의 효력이 발생하는 날부터 6개월 이내에 그 주식을 처분하여야 한다(상법 제530조의 6 제5항).

우리 상법은 단순분할과 분할합병을 결합하여 행사할 수도 있음을 규정하고 있다(상법 제530조의 2) : a, b, c → a는 기존 A와 합병(a, A), B설립(b), c는 계속

(2) 인적분할 · 물적분할

분할회사의 사원이 분할 후 회사의 사원이 되는지 여부에 따른 분류이다.

① 인적분할 : 분할부분에 해당하는 지분을 분할회사의 사원에게 배당하는 형태이다.

② 물적분할 : 분할부분에 해당하는 지분을 분할회사의 사원에게 배당하지 않고 분할회사가 취득하는 형태이다. 이때 단순분할의 경우에 단순분할신설회사는 분할회사의 완전자회사가 된다.

(3) 보통분할 · 간이분할 · 소규모분할

분할회사의 주주총회특별결의에 의한 승인을 얻어야 하는가 아니면 이사회결의로 가능한가에 따른 분류이다.

간이분할[94] · 소규모분할[95]은 이사회결의로 주주총회결의를 대체할 수 있다. 간이분할의 경우 분할합병 전 회사의 총주주의 동의가 있거나 그 회사의 발행주식총수의 100분의 90이상을 분할합병 후 존속하는 회사가 소유하고 있는 때에는 분할합병 전 회사의 주주총회의 승인은 이를 이사회의 승인으로 갈음할 수 있다(상법 제530조의 11 제2항, 제527조의 2 제1항).

소규모분할의 경우 분할합병 후 회사가 분할합병으로 인하여 발행하는 신주의 총수가 그 회사의 발행주식총수의 100분의 10을 초과하지 아니하는 때에는 그 분할합병 후 회사의 주주총회의 승인은 이를 이사회의 승인으로 갈음할 수 있다. 다만, 분할합병 전 회사의 주주에게 지급할 금액을 정한 경우에 그 금액이 분할합병 후 회사의 최종 대차대조표상으로 현존하는 순자산액의 100분의 5를 초과하는 때에는 그러하지 아니하다(상법 제530조의 11 제2항, 제527조의 3 제1항).

---

94 분할합병 전 회사의 총주주의 동의가 있거나 그 회사의 발행주식총수의 100분의 90이상을 분할합병 후 존속하는 회사가 소유하고 있는 때에는 분할합병 전 회사의 주주총회의 승인은 이를 이사회의 승인으로 갈음할 수 있다(상법 제530조의 11 제2항, 제527조의 2 제1항).

95 분할합병 후 회사가 분할합병으로 인하여 발행하는 신주의 총수가 그 회사의 발행주식총수의 100분의 10을 초과하지 아니하는 때에는 그 분할합병 후 회사의 주주총회의 승인은 이를 이사회의 승인으로 갈음할 수 있다. 다만, 분할합병 전 회사의 주주에게 지급할 금액을 정한 경우에 그 금액이 분할합병 후 회사의 최종 대차대조표상으로 현존하는 순자산액의 100분의 5를 초과하는 때에는 그러하지 아니하다(상법 제530조의 11 제2항, 제527조의 3 제1항).

4. 법적 성질

합병은 인격합일설이 통설이다. 이에 비추어 회사의 분할은 인격의 분할로 본다.

5. 분할의 자유와 제한

회사의 분할은 원칙적으로 자유이다. 다만 해산 후의 회사는 분할 전 회사가 존립할 수 없으므로 존립 중의 회사를 존속회사로 하거나 새로 회사를 설립하는 경우에 한하여 분할할 수 있다(상법 제530조의 2, 4항).

6. 분할의 절차

① 분할계획서 또는 분할합병계약서의 작성 ② 분할대차대조표 등의 작성·비치·공시 ③ 대내적 절차로서 주주총회에서의 분할결의(특별결의) : 의결권이 배제되는 주주도 의결권이 있다(상법 제530조의 3 제3항). 이때 분할합병시에 이사회결의로 대체되는 간이분할, 소규모 분할이 인정된다. ④ 대외적 절차로서 회사채권자의 보호 : 분할결의 후의 절차로서 채권자이의는 분할합병과 단순분할의 경우에는 채무제한시에만 인정된다. ⑤ 분할등기

그리고 주식매수청구권은 분할합병의 경우에만 인정된다.

7. 분할의 효과

(1) 권리·의무의 이전

분할로 인하여 설립되는 회사 또는 존속하는 회사는 분할회사의 권리와 의무를 분할계획서 또는 분할합병계약서가 정하는 바에 따라 승계한다. 권리·의무의 이전은 법률의 규정에 의한 이전이므로 따로 이전 절차를 거칠 필요는 없다. 이 점에서 영업양도와 차이가 난다.

이러한 권리·의무의 이전을 포괄승계로 본다. 다만 분할계약서가 정하는 바에 의하므로 부분적 포괄승계로 보는 견해[96]도 있다.

분할의 경우 사원의 원칙적 이전이 있다. 그러나 물적분할(단순분할의 경우)의 경우에는 회사가 지분을 받는 것으로서 사원이 이전하지 않는다.

(2) 분할 후 회사의 책임

분할로 인하여 설립되는 회사 또는 존속하는 회사는 분할회사의 모든 채무를 원칙적으로 연대하여 변제할 책임이 있다(상법 제530조의 9 제1항).

---

96 최기원, (상)1277면.

이때 분할승인 주주총회의 결의로 분할 후 회사의 책임을 제한할 수 있다(상법 제530조의 9 제2항). 이에 따라 분할회사의 채무 중에서 출자한 재산에 대한 채무(현물출자)만을 부담하는 것으로 정할 수 있다. 예를 들어 분할회사가 분할 후 회사의 부담을 덜어준다는 의미로 그 책임을 출자가액을 한도로 한다고 결의할 수 있다. 이에 대하여 회사의 채무를 출자한 재산에 대한 것으로 나누는 것이 가능한지 의문이라는 비판이 제기되기도 한다.

판례는 채무제한으로 인하여 분할회사의 채무는 분할채무로 바뀐다고 본다. 다만 분할계약서에 채무제한의 취지가 기재되어 주주총회결의를 거치고, 공고나 알고 있는 채권자에 대해서 개별적인 최고절차를 거쳐야 그 채무제한을 인정한다.97

채무제한시에 채권자이의제출권이 인정된다(상법 제530조의 9 제4항). 분할합병의 경우에는 분할합병결의 후 채권자보호절차로서 위와 상관없이 채권자이의제출권이 인정된다(상법 제590조의 11).

참조판례

"상법은 회사가 분할되고 분할되는 회사가 분할 후에도 존속하는 경우에, 특별한 사정이 없는 한 회사의 책임재산은 분할되는 회사와 신설회사의 소유로 분리되는 것이 일반적이므로 분할 전 회사의 채권자를 보호하기 위하여 분할되는 회사와 신설회사가 분할 전의 회사채무에 관하여 연대책임을 지는 것을 원칙으로 하고, 이 경우에는 회사가 분할되더라도 채권자의 이익을 해할 우려가 없으므로 알고 있는 채권자에 대하여 따로 이를 최고할 필요가 없도록 한 반면에, 다만 만약 이러한 연대책임의 원칙을 엄격하게 고수한다면 회사분할제도의 활용을 가로막는 요소로 작용할 수 있으므로 연대책임의 원칙에 대한 예외를 인정하여 신설회사가 분할되는 회사의 채무 중에서 출자받은 재산에 관한 채무만을 부담할 것을 분할되는 회사의 주주총회의 특별결의로써 정할 수 있게 하면서, 그 경우에는 신설회사가 분할되는 회사의 채무 중에서 그 부분의 채무만을 부담하고, 분할되는 회사는 신설회사가 부담하지 아니하는 채무만을 부담하게 하여 채무관계가 분할채무관계로 바뀌도록 규정하였다고 해석된다."(대법원 2004.8.30. 선고 2003다25973 판결).

8. 분할의 무효

합병무효의 소에 관한 규정을 준용한다.

기업매수

기업매수란 기업의 인수·합병이라고 할 수 있는데, 대상회사의 지배권(경영권)을 취득하는 것을 목적으로 한다. 기업매수는 우호적 기업매수와 적대적 기업매수로 나눌 수 있는데, 특히

97 판례는 "회사가 자신이 알고 있는 채권자에게 개별적인 최고절차를 제대로 거치지 않은 경우에는 원칙으로 돌아가 수혜회사와 분할되는 회사가 연대하여 변제할 책임을 지게 된다."고 하였다(대법원 2011.9.29. 선고 2011다38516 판결).

적대적 기업매수의 경우에 이를 방어하기 위한 다양한 방어수단이 마련되기도 한다.

자본시장법에서 기업매수를 위한 수단으로 공개매수와 위임장 권유(Proxy)에 관하여 규정하고 있다.

기업결합

기업결합이란 기업이 경제적 목적을 위해서 결합하는 현상으로 각 기업이 법적 독립성을 유지하는 것을 말한다. 기업결합시에는 기업간에 자본참가에 의한 지배·종속관계98 등이 이루어진다. 또한 기업결합에 의하여 기업집단이 이루어지는데, 기업집단이란 "동일인이 일정한 기준에 의하여 사실상 그 사업내용을 지배하는 회사의 집단"을 말한다(공정거래법 제2조 2호). 기업결합에 있어서 계열회사는 "둘 이상의 회사가 동일한 기업집단에 속하는 경우에 이들 회사는 서로 상대방의 계열회사"가 된다(공정거래법 제2조 3호). 기업집단이나 계열회사 등의 개념은 공정거래법상 기업결합을 제한하기 위해 사용되고 있다.

해산·청산·해산명령(판결)

1. 해산

회사의 해산이란 회사의 법인격을 소멸시키는 원인이 되는 법률요건이다. 해산에 의하여 법인격이 바로 소멸하는 것은 아니고 청산절차가 필요하고(합병, 파산 외의 경우), 청산사무가 종결되어야 법인격이 소멸한다.

해산사유로는 존립기간의 만료(정관에 정해진 경우) 기타 정관소정사유의 발생, 총사원의 동의(주주총회의 특별결의), 사원이 1인이 된 때(인적회사),99 합병, 파산(청산절차가 아닌 파산절차를 밟게 된다), 해산명령, 해산판결, 주식회사의 경우 휴면회사의 해산의제(상법 제520조의 2 제1항)100 등이 있다.

---

98 지배·종속관계는 「주식회사의 외부감사에 관한 법률」 상의 기준에 의하여 결정되는데, 「외감법」 에 따를 때 지배·종속관계란 주식회사가 경제활동에서 효용과 이익을 얻기 위하여 다른 회사(조합 등 법인격이 없는 기업을 포함한다)의 재무정책과 영업정책을 결정할 수 있는 능력을 가지는 경우로서 그 주식회사(지배회사)와 그 다른 회사(종속회사)의 관계를 말한다. 이 경우 지배·종속관계는 「외감법」 제13조 제1항 제1호에 따른 회계처리기준(한국채택국제회계기준) 또는 「외감법」 제13조 제1항 제2호에 따른 회계처리기준에 따라 판단하여야 한다(외감법 시행령 제1조의 3 제1항).

99 합자회사의 경우 무한책임사원 또는 유한책임사원의 전원이 퇴사한 때에도 해산사유가 된다(상법 제285조 제1항).

100 휴면회사란 영업을 폐지하여 사실상 존재하지 않고 단지 등기부상으로만 존재하면서 최후의 등기 후 5

2. 청산

회사의 청산이란 회사가 해산 후 그 재산적 권리·의무를 정리한 후 회사의 법인격을 소멸시키는 것이다. 청산절차에서 청산인의 직무권한은 현존사무의 종결, 채권의 추심과 채무의 변제, 재산의 환가처분, 잔여재산의 분배이다(상법 제542조, 제254조).

3. 해산명령

해산명령이란 공익상 회사의 존속이 허용될 수 없는 경우에 법원이 직권 또는 신청에 의하여 회사의 해산을 명하는 재판이다(상법 제176조). 이는 모든 회사에 공통된다.

해산명령의 사유는 설립목적의 불법, 설립 후 1년 내에 영업을 개시하지 않거나 1년 이상 영업을 휴지한 경우, 이사 또는 회사의 업무를 집행하는 사원이 법령 또는 정관에 위반하여 회사의 존속을 허용할 수 없는 행위를 한 때 등이다.

4. 해산판결

해산판결이란 사원의 이익을 보호하기 위하여 회사의 존속이 사원의 이익을 해하는 경우에, 사원의 청구에 의하여 법원이 판결로서 회사의 해산을 명하는 재판이다(상법 제241조, 제520조).

해산판결의 사유로는 ① 인적회사의 경우에는 부득이한 사유가 있는 경우이며 ② 물적회사의 경우에는 회사의 업무가 현저한 정돈상태를 계속하여 회사에 회복할 수 없는 손해가 생긴 때 또는 생길 염려가 있는 때, 재산의 관리나 처분의 현저한 실당으로 회사의 존립을 위태롭게 한 때, 부득이한 사유가 있는 경우이다.

회사의 계속

1. 의의

회사의 계속이란 일정한 해산사유로 인하여 해산된 회사가 상법의 규정과 사원의 의사에 의하여 다시 해산 전의 회사로 복귀하여 존속하는 것이다.

이는 기업유지의 이념에서 인정한 제도이다.

년간 전혀 회사를 등기를 하지 않은 회사를 말한다.

2. 각종 회사의 계속사유 및 절차

(1) 합명회사

합명회사는 존립기간의 만료 기타 정관으로 정한 사유의 발생으로 인하여 해산되거나 총사원의 동의로 해산되는 경우에는 사원의 전부 또는 일부의 동의로 회사를 계속할 수 있다(상법 제229조 제1항). 동의하지 않은 사원은 퇴사한 것으로 본다.

사원이 1인이 되어 해산한 경우 새로 사원을 가입시켜 회사를 계속할 수 있다(상법 제229조 제2항).

(2) 합자회사

합자회사는 존립기간의 만료 기타 정관으로 정한 사유의 발생으로 인하여 해산되거나 총사원의 동의로 해산되는 경우에는 사원의 전부 또는 일부의 동의로 회사를 계속할 수 있다(상법 제269조).

무한책임사원 또는 유한책임사원의 전원이 퇴사하여 해산사유가 된 경우에는 잔존 무한책임사원 또는 유한책임사원의 전원의 동의로 새로 유한책임사원 또는 무한책임사원을 가입시켜서 회사를 계속할 수 있다(상법 제285조 제2항).

(3) 유한책임회사

유한책임회사는 존립기간의 만료 기타 정관으로 정한 사유의 발생으로 인하여 해산되거나 총사원의 동의로 해산되는 경우에는 사원의 전부 또는 일부의 동의로 회사를 계속할 수 있다(상법 제287조의 40).

(4) 주식회사

주식회사는 존립기간의 만료 기타 정관으로 정한 사유의 발생 또는 주주총회의 특별결의로 해산되는 경우에는 주주총회의 특별결의로 회사를 계속할 수 있다(상법 제519조). 해산의제에 의한 휴면회사의 경우 신고기간 후 3년 이내에는 주주총회의 특별결의에 의하여 회사를 계속할 수 있다(상법 제520조의 2).

(5) 유한회사

유한회사는 존립기간의 만료 기타 정관으로 정한 사유의 발생 또는 사원총회의 특별결의로 해산되는 경우, 사원총회의 특별결의로 회사를 계속할 수 있다(상법 제610조 제1항).

3. 조직변경에 의한 회사의 계속

합명회사의 사원이 1인이 되어 해산되는 경우 사원을 가입시켜 회사를 계속하는 경우에는 합자회사로 조직변경을 할 수 있다(상법 제242조 제2항, 제229조 제2항). 합자회사의 유한책임사원 전원이 퇴사하여 해산사유가 된 경우 무한책임사원 전원의 동의로써 합명회사로 조직변경하여 회사를 계속할 수 있다(상법 제286조 제2항).

회사의 회생절차

채무자가 재정적 어려움으로 인하여 파탄에 직면해 있는 경우에 채권자·주주·지분권자 등 이해관계인의 법률관계를 조정하여 채무자 또는 그 사업의 효율적인 회생을 도모하거나, 회생이 어려운 채무자의 재산을 공정하게 환가·배당하는 것을 목적으로 2005.3.31. "채무자 회생 및 파산에 관한 법률"이 제정되었다.

이에 따라 종래에 있었던 회사정리법·화의법·및 개인채무자회생법은 폐지되었다.

제3장 주식회사

Ⅰ. 주식회사의 기본적인 요소

주식회사의 기본적인 요소로 자본금(주식으로 나누어짐), 주식, 주주의 유한책임을 들 수 있다.

자본금

자본금은 광의로는 영업의 기금 또는 재화라는 의미로서 순재산을 의미하기도 하나, 회사법상 자본금은 주주가 급부한 기금을 표시하는 일정한 금액으로서 회사가 보유하여야 할 최소한의 재산액이다.

자본금은 발행주식의 액면총액이다(상법 제451조 제1항).101 무액면주102의 경우 주식발행가액의 2분의 1 이상의 금액으로서 자본금으로 계상되는 금액의 총액이 된다(상법 제451조 제2항).103 자본금은 일정불변의 금액(자본변동이 있지 않는 한)으로서 회사재산과는 다르다.

일정한 경우 자본금과 주식과의 연계가 깨어지기도 하는데, 예를 들면 상환주식의 상환이 이루어진 경우에 추가로 자본금감소절차를 거쳐야 자본금이 변동된다.

자본금은 ① 회사에 대하여 성립의 기초 ② 주주에 대하여 출자액 및 책임의 한계 ③ 회사채권자에 대한 최소한도의 담보액이며 또 회사신용의 기준이 된다.

---

101 이를 발행자본금이라고 하며 수권자본금이란 회사가 발행할 주식의 액면총액을 말한다. 수권자본금은 발행자본금의 한도가 된다.

102 상법 제329조(자본금의 구성) ① 회사는 정관에서 정한 경우에는 주식의 전부를 무액면주식으로 발행할 수 있다. 다만, 무액면주식을 발행하는 경우에는 액면주식을 발행할 수 없다.
④ 회사는 정관에서 정하는 바에 따라 발행된 액면주식을 무액면주식으로 전환하거나 무액면주식을 액면주식으로 전환할 수 있다.

103 상법 제451조 ② 회사가 무액면주식을 발행하는 경우 회사의 자본금은 주식 발행가액의 2분의 1 이상의 금액으로서 이사회(제416조 단서에서 정한 주식발행의 경우에는 주주총회를 말한다)에서 자본금으로 계상하기로 한 금액의 총액으로 한다. 이 경우 주식의 발행가액 중 자본금으로 계상하지 아니하는 금액은 자본준비금으로 계상하여야 한다.
③ 회사의 자본금은 액면주식을 무액면주식으로 전환하거나 무액면주식을 액면주식으로 전환함으로써 변경할 수 없다.

주식회사의 경우 이전에 최저자본금을 5000만원 이상(상법 제329조)으로 하였으나, 이 제한은 폐지되었다.

자본금의 3원칙

1. 의의

회사가 자본금을 확보하고 그 자본금에 상응하는 현실의 재산을 보유하도록 자본금에 대하여 원칙을 정하여 자본금의 3원칙을 인정한다(다수설). 이에 반하여 소수설은 다음과 같이 주장한다. ① 현행 상법상 주식회사의 자본금에 관한 원칙에는 자본금유지의 원칙만이 존재한다고 한다.104 자본금확정의 원칙은 회사설립시에만 요구되는 원칙이고 신주발행시에는 자본금조달의 편의를 위하여 이 원칙이 적용되지 않으므로 이미 이것은 자본금에 관한 원칙이 아니며, 자본금불변의 원칙은 자본금증가의 경우를 제외하고 자본금감소에 대해서만 이 원칙이 인정되기 때문에 이것도 자본금에 관한 원칙이라고 하기 어렵다고 한다.

② 자본금의 원칙에 대하여 형식적 원칙과 실질적 원칙으로 나누어 형식적 원칙에 대해서 자본금확정의 원칙은 우리 상법상 자본금의 원칙이 아니고 자본금유지의 원칙과 자본금불변의 원칙이 이에 해당한다고 한다.105 여기서 자본금유지의 원칙은 자본금불변의 원칙과 합하여야만 완전한 구실을 할 수 있다고 한다. 실질적 원칙은 자본금충실의 원칙으로서 회사는 그가 영위하려는 사업의 규모와 성질에 비추어 충분하다고 인정되는 자본금을 갖추어야 하는 것이라고 한다.

2. 자본금유지의 원칙(자본금의 충실)

자본금유지의 원칙이란 회사의 존립 중에는 항상 자본금에 상당하는 재산을 보유(유지)함으로써 계산상의 수액인 자본금을 현실재산으로써 충실하게 하여야 한다는 원칙이다. 이는 자본금의 3원칙 중에 가장 기본적인 원칙이다.

자본금유지의 원칙을 위한 상법상의 제도로는 주식의 액면미달발행의 제한(상법 제330조 : 성립 후 2년경과 + 주주총회의 특별결의 + 법원의 인가), 변태설립에 대한 감독, 주식의 인수가액의 전납주의(상법 제305조), 주식의 가장납입의 방지, 가설인 또는 타인명의에 의한 인수인의 주금납입책임, 자기주식의 취득과 질취의 제한, 발기인의 자본금충실책임, 이사의

---

104 정희철, (상)357면.
105 정동윤, (회)76면.

자본금충실책임, 불공정가액의 신주인수인의 책임, 이익배당의 제한, 법정준비금제도 등을 들 수 있다.

3. 자본금불변의 원칙(자본금감소제한의 원칙)

자본금불변의 원칙이란 일단 확정된 자본금은 임의로 감소할 수 없다는 원칙이다. 회사가 자본금 자체의 감소를 임의로 할 수 있게 된다면 자본금유지의 원칙이 아무런 의미가 없게 될 것이므로 자본금유지의 원칙은 자본금불변의 원칙에 의하여 보장되는 것이다.

그러나 이것은 절대적인 원칙은 아니고 주주총회의 특별결의와 채권자보호절차 등의 엄격한 법정절차를 거쳐 자본금감소가 가능하다. 이와 달리 자본금의 증가는 엄격하게 제한하지 않으므로 이를 자본금감소제한의 원칙이라고 한다.

4. 자본금확정의 원칙

(1) 의의

자본금확정의 원칙이란 자본금이 정관상 확정되고, 그 자본금의 출자자 즉 인수인도 확정되어야 하는 것을 말한다. 이는 자본금의 규모를 확정·공시함으로써 회사와 거래하는 자들에게 회사의 사업과 신용의 규모에 대한 예측가능성을 부여하기 위하여 인정되는 것이다.

(2) 회사설립에 대한 입법주의

1) 총액인수주의 또는 확정자본주의(대륙법계)

총액인수주란 회사의 설립시 또는 자본금증가시에 정관에 자본금의 총액을 확정하고 또 그 자본금의 총액에 대한 주식의 인수를 확정하여야 하는 것이다. 이 방법에 의할 때 회사의 설립에 어려움이 있으며, 자본금의 변경시 정관의 변경이 요구되는 것으로서 번거롭게 된다. 우리나라에는 적용되지 않는다.

2) 수권자본주의(영미법계)

수권자본주의란 회사의 설립시에 정관에 정한 자본금의 총액에 대한 주식인수의 확정을 요하지 않고 다만 각 발기인이 1주 이상의 주식을 인수함으로써 회사가 성립하며, 정관상 잔여의 자본금에 대하여는 회사의 성립 후에 이사회가 그 결의에 의하여 필요에 따라 적절한 시기에 적당한 수의 주식을 발행하는 것이다.

이를 창립주의라 하며, 회사의 설립이 용이하고 자본금조달에 기민성을 가질 수 있다. 그러나 회사의 재산적 기초가 약해질 우려가 있다.

3) 우리나라의 입법주의

우리 상법은 설립시에 수권자본금 즉 발행할 주식의 총수의 인수가 아니고 이 중에서 설립시에 발행하는 주식의 총수에 대한 인수를 요구하므로, 기본적으로 수권자본제도를 채택하였다고 볼 수 있다. 구 상법에 따를 때 회사설립시 수권자본금의 4분의 1이상 발행해야 하는 제한이 있어서(구 상법 제289조 제2항) 이를 절충적 의미로 보는 것이 통설이었다. 그러나 이 제한이 삭제됨으로써 지금은 수권자본주의에 따른다고 할 것이다.

우리 상법상의 수권자본제도에 따를 때 정관에 회사가 발행할 주식의 총수를 기재하고, 회사의 설립시에 발행하지 않은 잔여의 비발행주식은 회사의 성립 후 자금수요에 따라 이사회가 수시로 발행할 수 있다.

(3) 우리나라에서 적용

관련사항

- 정관기재사항 : 수권자본금, 설립시에 발행하는 주식의 총수 ↔ 발행자본금
- 등기사항 : 발행자본금, 수권자본금

1) 회사의 설립시

회사의 설립시에는 발행하는 주식의 총수를 정관에 기재하고(발행할 주식의 총수뿐만 아니라), 설립시에 발행하는 주식의 총수를 인수해야 한다. 따라서 자본금확정의 원칙을 채택하고 있다.

2) 신주발행시

자본금확정의 원칙이 적용되는지에 대하여 학설은 갈리고 있다.

① 긍정설 : 신주발행시의 발행예정주식총수는 정관의 기재사항도 아니고 등기사항도 아니어서 공시되지 않으나, 발행예정주식총수 중에서 인수·납입된 부분은 변경등기를 하여야 하고, 그 변경등기 후에 아직 인수되지 않았거나 주식인수의 청약이 취소된 주식에 대하여서는 이사가 인수담보책임을 지므로 자본금확정의 원칙이 유지된다고 한다.

② 부정설 : 신주발행시에는 수권자본주의를 채택하여 회사성립 후의 신주발행의 경우 발행할 신주의 총수의 정관기재를 요하지 않고 또 그 전부의 인수·납입을 요하지 아니하여, 자본금확정의 원칙이 폐기되었다고 한다. 신주발생시에는 발행할 신주의 총수가 아니라 인수된 주식에 대해서만 자본금증가를 하면 된다.

③ 절충설 : 회사설립시는 자본금확정의 원칙을 채택하였지만, 신주발행시는 이를 채택하지

않았다고 본다.

④ 검토 : 자본금확정의 원칙을 정관과의 관련 하에서 접근할 때 신주발생시에는 증자부분이 정관에 기재되는 것이 아니고, 또 발행예정주식총수 중에서 인수된 부분에 대해서만 자본금증가를 하면 되므로 자본금확정의 원칙이 적용되지 않는다고 볼 것이다.

주식

주식회사에 있어서 자본금은 주식으로 분할되므로(상법 제451조 제1항), 주식은 자본금의 구성단위로서의 일정한 금액이다. 주식은 사원권으로서 주주의 권리·의무를 뜻하기도 한다. 주권(株券)은 주주권을 표창한 유가증권을 말한다.

주주의 유한책임

주주는 회사에 대하여 그의 주식의 인수가액을 한도로 하는 출자의무만 부담하고, 회사채권자에 대하여는 아무 책임도 지지 않는다. 회사채권자에 대하여 회사가 회사재산으로써만 책임을 지므로 주주는 간접·유한책임을 진다.

Ⅱ. 주식회사의 설립

주식회사의 설립방법은 발기설립과 모집설립이 있다. 발기설립은 회사의 설립시에 발행하는 주식의 총수를 발기인들이 인수하여 회사를 설립하는 방법이다. 모집설립은 회사의 설립시에 발행하는 주식의 총수의 일부를 발기인이 인수하고 잔여의 주식에 관하여는 따로 주주를 모집하여 회사를 설립하는 방법이다.

1995년 상법개정 전의 구 상법에서는 발기설립의 경우에 반드시 법원이 선임한 검사인의 조사를 받도록 하였으므로 소규모의 주식회사를 설립하는 경우에 조사를 피하기 위하여 주로 모집설립의 방법을 이용하였다. 그러나 상법개정에 의하여 발기설립도 변태설립사항을 정한 경우에 한하여 검사인의 조사를 거치게 되었다. 따라서 앞으로 소규모 주식회사의 설립에는 발기설립의 방법이 많이 이용될 것으로 본다.

1 주식회사 설립의 절차

1. 발기설립

① 정관의 작성 및 인증 ② 주식발행사항의 결정[상법 제291조의 사항은 발기인 전원의 동의(정관에 다른 정함이 없을 시) : 주식의 종류와 수, 액면 이상으로 발행시 그 수와 금액, 무액면주식을 발행하는 경우에는 주식의 발행가액과 주식의 발행가액 중 자본금으로 계상하는 금액 ⇔ 납입기일, 납입은행 : 발기인 과반수의 동의] ③ 발기인에 의한 설립시의 발행주식의 총수의 인수[서면에 의한다 ⇔ 주식청약서주의(모집설립시)] ④ 출자의 이행[납입장소는 은행 기타 금융기관으로 제한(상법 제295조)] : 불이행시 채무불이행(혹은 회사불성립) ⇔ 실권(모집설립시 : 다시 주주 모집할 수 있다) ⑤ 이사·감사의 선임[이사는 3인이상(자본금총액 10억원 미만인 회사의 경우 1인 또는 2인), 임기는 3년이내 : 감독기관 ⇔ 집행기관(발기인)] : 출자 후 즉시 선출(의결권의 과반수 결의), 회사설립에 관한 모든 사항 조사(발기인에게 보고), 발기인이었던 자, 현물출자자, 재산인수의 당사자는 조사·보고에 참가 못함(모두 이에 해당시 공증인의 조사·보고) ⑥ 법원에 의한 검사인 선임(변태설립사항이 있을 때 이사의 청구로) ⇔ 대체 : ⓐ 발기인의 보수, 특별이익, 설립비용 → 공증인의 조사 ⓑ 현물출자, 재산인수, 현물출자이행 → 감정인의 감정 ⑦ 검사인의 조사·보고(법원에) : 변태설립사항이 부당시 법원의 정관변경 '명령'(불복 발기인 2주내에 인수취소 가) ⑧ 설립등기

관련사항

검사인의 조사 보고의 면제제도: 지주회사의 설립절차의 간명화를 위해 주식의 포괄적 교환과 이전제도를 도입하였는데, 자회사가 현물출자를 하는 경우에 이의 간명화를 위해 도입하였다.[106]

---

106 검사인의 조사·보고의 면제(상법 제299조 ② : 신주발행시 제422조 제2항)

1. 현물출자 및 재산인수의 재산총액이 자본금의 5분의 1을 초과하지 아니하고 대통령령으로 정한 금액을 초과하지 아니하는 경우
2. 현물출자 및 재산인수의 재산이 거래소에서 시세가 있는 유가증권인 경우로서 정관에 적힌 가격이 대통령령으로 정한 방법으로 산정된 시세를 초과하지 아니하는 경우
3. 그 밖에 제1호 및 제2호에 준하는 경우로서 대통령령으로 정하는 경우

시행령 제7조(검사인의 조사, 보고의 면제) ① 법 제299조 제2항 제1호에서 "대통령령으로 정한 금액"이란 5천만원을 말한다.

② 법 제299조 제2항 제2호에서 "대통령령으로 정한 방법으로 산정된 시세"란 다음 각 호의 금액 중 낮은 금액을 말한다.

1. 법 제292조에 따른 정관의 효력발생일부터 소급하여 1개월간의 거래소에서의 평균 종가(終價), 효력발생일부터 소급하여 1주일간의 거래소에서의 평균 종가 및 효력발생일의 직전 거래일의 거래소에서의 종가를 산술평균하여 산정한 금액
2. 효력발생일 직전 거래일의 거래소에서의 종가

③ 제2항은 법 제290조 제2호 및 제3호의 재산에 그 사용, 수익, 담보제공, 소유권 이전 등에 대한 물권적 또는 채권적 제한이나 부담이 설정된 경우에는 적용하지 아니한다.

2. 모집설립

① 정관의 작성 및 인증 ② 주식발행사항의 결정 ③ 발기인에 의한 발행주식의 일부 인수 ④ 잔여주식[주식모집: 사모(연고모집), 공모] : 주식청약서주의(영미법 - 사업계획서주의) ⑤ 출자의 이행 ⑥ 법원에 의한 검사인의 선임(변태설립사항이 있을 때) ⇔ 대체 : ⓐ 발기인의 보수, 특별이익, 설립비용 → 공증인의 조사·보고 ⓑ 현물출자, 재산인수, 현물출자이행 → 감정인의 감정 ⑦ 검사인의 조사·보고(창립총회에 보고)107 ⑧ 창립총회의 개최(출석 주식인수인의 2/3이상, 인수주식총수의 과반수 이상) : 이사·감사의 선임 ⑨ 이사·감사에 의한 설립경과의 조사(설립에 관한 모든 사항 → 창립총회에 보고) : 변태설립사항이 부당한 경우 창립총회에서 정관변경 '결의' ⑩ 설립등기

발기인

1. 의의

발기인은 정관에 발기인으로서 기명날인한 자이고, 사실상 회사의 설립에 관여하였는가는 불문한다(형식개념설). 발기인의 개념은 책임 등과 관련하여 발기인의 범위가 명확해야 한다는 요청에 비추어 형식주의에 따른다.

발기인은 1주 이상의 주식을 인수하여야 한다. 이는 발기인의 요건이 아니고 의무이다. 발기인의 자격에는 제한이 없어 국적 불문하며 법인도 가능하다.

상법개정으로 발기인의 최저인원수에 대한 제한은 없어졌다.108 이전에는 발기인 수에 제한이 있어서 정관에 요건충족을 위해 단지 형식적으로 명의상의 발기인을 정하는 경우도 있었다. 따라서 그 실효성이 의문이었는데 이 제한이 삭제되었다.

발기인의 변경은 정관변경사항이고, 발기인의 변경을 위해서는 발기인 전원의 동의(발기인조합)와 주식인수인 전원의 동의가 요구된다.

2. 발기인의 권한범위에 관한 학설

발기인의 권한범위를 어떻게 볼 것인가는 발기인의 행위가 성립 후의 회사에 효력을 미치는가와 관련을 가지는 것으로 이에 대하여는 견해가 갈린다.

---

107 검사인의 조사·보고의 면제조항이 없다. 이철송교수는 입법과오로 보지만(이철송, (회)250면), 모집에 응한 자를 보호하기 위한 취지로 보인다.

108 구 상법상으로는 1995년 상법개정으로 최저발기인의 수는 7인 이상에서 3인 이상으로 변경되어 적용되었다.

① 최협의설 : 발기인의 권한범위는 회사의 설립 그 자체를 목적으로 하는 행위(정관의 작성, 주식의 인수·납입, 창립총회의 소집 등)에 한하고, 거래행위는 개업준비행위(성립 후의 회사의 영업개시를 위한 준비행위로서, 영업소나 공장의 건물 또는 부지의 양수, 영업의 양수, 영업소 또는 공장설계의 위탁, 기계의 구입, 원재료의 구입, 제품의 공급계약, 노무자의 고용 등) 중 법정의 요건을 갖춘 재산인수만이 발기인의 권한범위에 속한다고 한다.

② 협의설 : 발기인의 권한범위는 회사의 설립에 법률상·경제상 필요한 행위(설립사무소의 임차, 설립사무원의 고용, 주식청약서의 인쇄의 위탁, 주주모집 광고의 위탁 등)[109]도 포함된다고 한다. 이 설에서도 법정의 요건을 갖춘 재산인수는 발기인의 권한범위에 속한다고 한다.

③ 광의설 : 발기인의 권한범위에는 개업준비행위도 포함되나 다만 남용의 방지를 위해서 특별히 재산인수에 대하여 상법에서 제한하고 있다고 한다. 판례도 이에 따른다.

④ 검토 : 발기인의 권한을 너무 제한적으로 해석하면 설립 중의 회사의 집행기관으로서 발기인의 재량권이 제한되어 설립사무의 신속한 진행이 방해될 것이며, 거래 상대방으로서도 불측의 손해를 입을 염려가 있다. 반면에 발기인의 권한을 너무 광범위하게 인정하면 발기인이 개인적 이익을 추구하기 위한 행위를 한 경우에도 결국 그 부담을 회사가 안게 되는 것으로서 회사가 피해를 입게 된다. 따라서 발기인의 권한범위 속에 회사의 설립에 법률상·경제상 필요상 행위도 포함시키는 두 번째의 견해가 타당하다고 본다.

참조판례

판례는 "장래 운송사업을 목적으로 설립 중인 회사의 발기인이 발기인대표로서 자동차조립계약을 체결한 경우에 이 계약은 회사설립사무의 집행인으로서 그 집행을 위하여 체결한 것이고 자동차조립대금은 성립 후의 회사에 귀속된다."(대법원 1970.8.31. 선고 70다1357 판결)고 하여 운송회사의 개업준비행위에 속하는 자동차조립계약에 기한 채무에 대하여 성립 후의 회사의 책임을 인정하고 있다.

발기인조합

회사의 설립절차에 착수하기 전에 회사설립을 기획하는 발기인간에 회사의 설립을 목적으로 하는 계약을 체결한다. 이러한 발기인간의 계약을 발기인조합이라고 한다. 발기인조합은

109 이들은 설립비용이 될 것이며, 변태설립사항으로 정관 기재가 요구된다.

회사설립을 목적으로 하는 조합계약으로서 그 법적 성질은 민법상의 조합이다.

설립 중의 회사

1. 의의

설립 중의 회사란 '회사의 성립 이전에 어느 정도 회사로서의 실체가 형성된 미완성의 회사'를 말하는데, 이는 회사의 설립과정에서 취득한 권리·의무가 성립 후의 회사에 귀속되는 관계를 설명하기 위한 강학상의 개념이다.

2. 법적 성질

설립 중의 회사의 법적 성질에 대하여는 '특수한 단체'로 보는 견해도 있으나, 권리능력없는 사단'으로 보는 것이 통설적 견해이다.

3. 설립 중의 회사의 창립시기

설립 중의 회사의 창립시기에 대해서 ① 정관이 작성된 때 ② 발기인이 정관을 작성하여 공증인의 인증을 받고 1주이상의 주식을 인수한 때(다수설) ③ 회사의 설립시에 발행하는 주식의 총수를 인수한 때라고 보는 견해가 있다.

판례는 일관되게 두 번째의 견해를 취하고 있다.

설립 중의 회사는 그 실체가 사단이므로 사단적 실체가 확정된 때에 창립되었다고 할 수 있다. 사단적 실체는 주식의 인수에 의하여 사원의 존재가 인정될 때 비로소 형성된다고 볼 것이며 단지 정관의 작성만 있고 주식의 인수가 없는 때에는 발기인간의 조합관계만 있을 뿐이다. 따라서 설립 중의 회사의 창립시기는 발기인이 정관을 작성하고 1주이상의 주식을 인수한 때라고 보는 것이 타당하다.

설립 중의 회사의 실체가 이루어지기 전의 행위는 발기인 개인 또는 발기인조합에 귀속된다. 이 행위에 대하여는 양수나 채무인수 등의 특별한 이전행위가 있어야 성립 후 회사에 효과가 미치게 된다.

참조판례

"설립 중의 회사라 함은 주식회사의 설립과정에서 발기인이 회사의 설립을 위하여 필요한 행위로 인하여 취득하게 된 권리 · 의무가 회사의 설립과 동시에 그 설립된 회사에 귀속되는 관계를 설명하기 위한 강학상의 개념으로서 정관이 작성되고 발기인이 적어도 1주 이상의 주식을 인수하였을 때 비로소 성립하는 것이고, 이러한 설립 중의 회사로서의 실체가 갖추어지기 이전에 발기인이 취득한 권리 · 의무는 구체적 사정에 따라 발기인 개인 또는 발기인조합에 귀속되는 것으로서 이들에게 귀속된 권리 · 의무를 설립 후의 회사에 귀속시키기 위하여는 양수나 채무인수 등의 특별한 이전행위가 있어야 한다." (대법원 1994.1.28. 선고 93다50215 판결).

4. 설립 중의 회사의 기관

설립 중의 회사에 있어서 집행기관인 발기인, 감독기관인 이사·감사, 결의기관인 창립총회가 있다. 발기인의 업무집행은 원칙적으로 발기인 전원의 과반수로써 결정하여야 하지만, 중요한 업무(상법 제291의 주식발행사항의 결정 : 주식의 종류와 수, 액면 이상으로 발행시 그 수와 금액, 무액면주 발행시 발행가액과 자본금에 계입액) 또는 기본구조의 변경에 관한 사항은 발기인 전원의 동의에 의하여 결정하여야 한다.

5. 설립 중의 회사와 발기인조합

(1) 설립 중의 회사

앞에서 본 바와 같이 다수설에 의할 때 설립 중의 회사는 발기인이 정관을 작성하고 각 발기인이 1주 이상의 주식을 인수하면 창립된다. 설립 중의 회사는 설립등기에 의하여 법인격을 취득하면 완전한 회사가 된다.

(2) 발기인조합

발기인간의 회사의 설립을 목적으로 하는 계약을 발기인조합이라고 한다. 조합은 목적의 달성에 의해 소멸한다. 따라서 일반적으로 회사의 성립으로 종료한다고 추정할 것이다. 그러나 발기인조합이 꼭 있어야 하는 것은 아니다. 발기인이 1인인 경우, 또한 가족설립의 경우 이러한 계약이 없는 것이 보통이다.

(3) 설립 중의 회사와 발기인조합

설립 중의 회사와 발기인조합은 별개로 존재한다. 그러나 양자는 인적 범위가 동일하고 회사의 설립에 관한 행위는 설립 중의 회사로서는 회사의 설립행위이고, 또 발기인조합으로서는 조합계약의 이행이므로 양자는 밀접한 관계가 있다.

발기인은 설립 중의 회사의 기관으로서의 지위와 발기인조합의 구성원으로서의 지위를 동시에 가진다. 발기인의 행위 중 주식의 인수를 확정하거나 창립총회를 소집하는 행위는 그 효력이 설립 중의 회사에 귀속되어야 하는 행위이므로 설립 중의 회사의 명의로 하여야 하나, 설립사무소의 임차, 주식청약서의 인쇄 또는 주주모집 광고의 위탁 등의 거래행위는 그 효력이 반드시 설립 중의 회사에 귀속되어야 하는 것이 아니므로 설립 중의 회사의 명의, 발기인조합의 명의나 발기인 개인의 명의로도 할 수 있다.

성립 후의 회사에의 권리·의무의 승계

설립 중의 회사가 취득한 권리·의무의 성립 후의 회사에의 승계에 대하여는 기본적으로 상반되는 두 개의 견해가 있다.

1. 대륙법계

대륙법계에서는 설립 중의 회사는 성립 후의 회사의 전신으로서 실질적으로 동일하다는 동일성설의 입장에서, 발기인이 회사의 설립을 위하여 취득한 권리나 부담한 의무는 설립 중의 회사에 총유적으로 귀속되었다가 회사의 성립과 동시에 특별한 이전행위나 승계없이 당연히 회사에 귀속된다고 본다.

2. 영미법계

영미법계에서는 설립 중의 회사의 개념을 인정하지 않으므로 성립 전에는 발기인의 행위만이 있을 뿐인데, 이 발기인의 행위의 효력은 원칙적으로 성립 후의 회사에 미치지 않는다고 본다. 즉 발기인의 사기가 빈번하므로 발기인에 의한 계약의 효력이 성립 후의 회사의 동의 없이는 그에게 당연히 귀속되는 것이 아니라고 본다. 따라서 발기인에 의한 계약의 효력이 성립 후의 회사에 귀속하기 위하여는 회사에 의한 추인(소급효 있음)이나 채택(소급효 없음)이 있어야 한다.

3. 우리나라

우리나라의 경우 동일성설의 입장에서 파악하는 것이 통설적 견해이며, 판례도 같은 견해이다. 다만, 동일성설의 입장에서 성립 후의 회사에로의 권리·의무의 당연한 이전을 인정하지만 그것은 발기인이 설립 중의 회사의 명의로 또한 발기인의 권한범위내에서 한 행위에 한한다.[110] 행위를 발기인조합이나 발기인 개인의 명의로 하거나 발기인의 권한범위를 넘어서 한 때에는 양수나 채무인수 등 특별의 이전행위가 있어야 성립 후의 회사에 그 효력이 미치게 된다.

4. 발기인의 권한범위 외의 행위(정관에 기재하지 않은 재산인수)

발기인의 권한범위를 회사설립에 필요한 법률상·경제상 필요한 행위로 볼 때, 개업준비행위는 발기인의 권한범위를 벗어난다. 이렇게 발기인의 권한범위를 벗어난 행위에 대하여 성립 후의 회사가 추인할 수 있는가가 문제된다. 이에 대하여 학설은 다음과 같이 나뉜다.

① 부정설 : 발기인의 권한범위 외의 행위는 무효로서 성립 후의 회사가 이를 추인하지 못하며, 이 무효는 회사뿐만 아니라 양도인도 주장할 수 있다고 한다. 부정설에서는 긍정설은 실정법상 근거가 없을 뿐만 아니라, 변태설립사항을 규정한 상법 제290조의 탈법행위를 인정하는 결과가 된다고 한다.

② 긍정설 : 발기인이 설립 중의 회사의 명의로 성립 후의 회사의 계산으로 한 것은 비록 그것이 발기인의 권한범위 외의 행위라 할지라도 무권대리행위로서 민법 제130조 이하의 규정에 의하여 추인할 수 있다고 보며, 이렇게 성립 후의 회사가 추인하는 경우에는 상대방이 추인 전에 무효를 주장하지 않는 이상 그 효과가 회사에 귀속된다고 한다.[111]

③ 검토 : 이를 나누어서 살펴본다. 재산인수의 요건을 갖추지 못한 경우에는 상법의 규정을 잠탈할 우려가 있으므로 추인을 허용하지 않을 것이다. 이와 달리 재산인수를 제외한 발기인의 권한범위를 벗어나는 개업준비행위는 추인을 인정할 것이다.

추인의 방법은 첫째, 성립 후의 회사는 새로이 동일내용의 계약을 체결하는 경우와 동일한 방법으로써 발기인의 무권대리를 명시적·묵시적으로 추인할 수 있다는 견해, 둘째, 성립 후의 회사는 사후설립에 관한 규정을 유추적용하여 주주총회의 특별결의로써 이를 추인할 수 있다는 견해가 있다.

정관의 작성

정관이란 실질적으로 회사의 조직 및 활동에 관한 근본규칙이고, 형식적으로는 이러한 규칙을 기재한 서면이다.[112]

---

110 성립 후 회사의 계산으로 해야 한다는 요건을 들기도 한다.

111 정찬형, (상)631면. 변태설립사항에 대한 추인도 인정하는데, 다만 재산인수의 경우에는 검사인의 조사를 받지 않게 되는 문제가 있으므로 입법적으로 해결하여야 한다고 주장한다.

112 상법 제292조(정관의 효력발생) 정관은 공증인의 인증을 받음으로써 효력이 생긴다. 다만, 자본금총액이 10억원 미만인 회사를 제295조 제1항에 따라 발기설립하는 경우에는 제289조 제1항에 따라 각 발

정관의 기재사항으로는 절대적 기재사항, 상대적 기재사항, 임의적 기재사항이 있다.

① 절대적 기재사항은 기재를 결하면 정관자체가 무효가 되는 것으로, 절대적 기재사항으로는 목적, 상호, 회사가 발행할 주식의 총수(수권자본금), 1주의 금액(100원 이상), 회사의 설립시에 발행하는 주식의 총수, 본점의 소재지, 회사가 공고를 하는 방법, 발기인의 성명, 주민등록번호 및 주소가 있다(상법 제289조).

② 상대적 기재사항(개별적 상대적 기재사항, 일반적 상대적 기재사항)은 정관에 기재해야 효력이 발생하는 것으로 상법에 근거규정을 두고 있다. 특히 일반적 상대적 기재사항은 변태설립사항으로 과대계상의 우려가 크므로 이에 대하여 엄격하게 규제하고 있다.

③ 임의적 기재사항은 정관에 기재하지 않아도 되는 것으로, 정관에 기재하면 그 내용이 명확하고 변경에 정관변경절차를 거쳐야 하므로 신중을 기할 수 있다. 임의적 기재사항으로는 명의개서의 절차, 정기주주총회의 소집시기 등을 들 수 있다.

변태설립사항

1. 의의

변태설립사항이란 일반적 상대적 정관기재사항으로, 회사설립시에 자본금충실을 기하기 위하여 이를 엄격하게 규제하고 있다. 변태설립사항은 그것이 남용된 경우에 회사의 자본적 기초를 약화시키므로 이를 정관에 기재하도록 요구하고, 원칙적으로 법원이 선임한 검사인의 조사와 법원에의 보고를 거치도록 하고 있다(상법 제299조, 제310조).

2. 발기인이 받을 특별이익

발기인이 받을 특별이익이란 발기인이 회사의 설립에 공헌한 공로에 대하여 회사가 발기인에게 계속적으로 부여하는 이익을 말한다. 발기인의 근로의 대가인 보수와 구별된다.

발기인이 받을 특별이익에는 이익배당·잔여재산분배에 있어서 우선권, 회사의 시설이용권, 회사제품의 판매권 등이 있다. 이에 반하여 발기인의 주식에 대한 확정이자의 지급, 주금납입의 면제 또는 무상주의 교부 등은 자본금충실의 원칙에 반하므로 인정되지 아니한다.

발기인이 받을 특별이익은 발기인 개인에게 부여되는 이익이므로 주식을 양도하여도 그 이익은 발기인에게 유보된다.

발기인이 받을 특별이익은 정관에 기재하고 원칙적으로 검사인의 조사·보고를 거쳐야 하지만, 공증인의 조사·보고로 이를 갈음할 수 있다(상법 제299조의2).

기인이 정관에 기명날인 또는 서명함으로써 효력이 생긴다.

3. 현물출자

관련사항

- 현물출자 : 재산출자로서 대가로 주식이 교부된다.
- 재산인수 : 회사의 성립 전에 계약(회사의 성립을 조건으로, 설립 중의 회사를 위함)으로서 회사의 성립 후 재산을 인수할 것을 약정하는 것이다. 대가로 현금이 지급된다.
- 사후설립 : 회사성립 후의 계약(2년 내, 성립 전부터 존재하는 재산을 자본금의 1/20이상 대가로 취득) → 주주총회특별결의가 요구된다. ⇒ 현물출자와 재산인수에 대한 엄격한 감독규정을 잠탈할 염려가 있으므로 이를 규제한다.

현물출자는 금전 이외의 재산으로 하는 출자이다. 주식회사는 재산출자만 인정된다. 그 중 금전출자가 원칙이고 현물출자는 엄격한 감독하에서 예외적으로 인정된다.

이전에는 발기인만이 현물출자를 할 수 있었으나 현물출자의 출자자를 발기인으로 제한하던 규정은 삭제되었다. 현물출자에 있어서는 그 객관적 평가가 중요하기 때문에 대상을 발기인으로 한정할 필요가 없어 그 제한을 없애게 되었다. 신주발행시에도 현물출자의 주체에 대한 제한이 없다.

현물출자의 목적으로 될 수 있는 재산은 대차대조표의 자산의 부에 기재할 수 있고 또 이전이 가능한 재산이다. 동산, 부동산, 채권, 특허권, 저작권, 광업권, 유가증권 등은 물론 고객관계, 영업상의 비결 등의 재산적 가치가 있는 사실관계도 포함된다. 다만 영업은 한 개의 물권으로 보기 어렵기 때문에 영업을 구성하는 개개의 물건 또는 권리의 출자로 이행하여야 한다.

현물출자에 있어서 중요한 것은 과대평가의 억제에 있다. 그리하여 현물출자를 하는 경우에는 정관에 현물출자를 하는 자의 성명과 출자의 목적인 재산의 종류, 수량, 가격과 이에 대하여 부여할 주식의 종류와 수를 기재하여야 한다(상법 제290조 2호).

현물출자를 하는 자는 납입기일에 지체없이 출자의 목적인 재산을 인도하고 등기, 등록 기타 권리의 설정 또는 이전을 요할 경우에는 이에 관한 서류를 완비하여 교부하여야 한다(상법 제295조 제2항, 제305조)

현물출자를 하는 경우에 정관에 기재하고 원칙적으로 검사인의 조사와 법원에의 보고를 거쳐야 하지만, 현물출자 및 현물출자의 이행에 대하여 공인된 감정인의 감정으로 검사인의 조사에 갈음할 수 있다(상법 제299조의 2). 다만 감정결과는 법원에 보고하여야 한다.

발기설립의 경우 개정법에 따를 때 현물출자의 재산총액이 자본금의 5분의 1을 초과하지 아니하고 대통령령으로 정한 금액을 초과하지 아니하는 경우, 거래소에서 시세가 있는 유가증권인 경우로서 정관에 적힌 가격이 대통령령으로 정한 방법으로 산정된 시세를 초과하지 아니하는 경우에는 검사인의 조사·보고를 거치지 않아도 된다(상법 제299조 제2항). 재산인수도 마찬가지로서 이는 지주회사 등 설립절차의 간소화를 위한 것이다.

4. 재산인수

재산인수는 발기인이 설립 중의 회사를 위하여 회사의 성립을 조건으로 주식인수인 또는 제3자로부터 특정의 재산을 양수할 것을 약정하는 계약이다. 재산인수는 자본금충실을 해할 우려(과대평가)가 있고, 현물출자의 탈법행위로 이용될 가능성이 있으므로 이에 대하여 규제한다. 재산인수를 하는 경우에 그 재산의 종류, 수량, 가격과 그 양도인의 성명을 정관에 기재하여야 한다(상법 제290조 3호).

재산인수의 대상이 되는 목적물은 현물출자와 동일하다.

재산인수는 발기인이 회사의 설립 중에 성립 후의 회사가 영업을 개시할 수 있도록 준비하는 행위인 개업준비행위에 속한다. 이러한 개업준비행위가 발기인의 권한범위에 속하는가에 대해서는 견해가 갈리고 있는데, 상법은 발기인의 개업준비행위 중에서 단지 재산인수에 대하여만 규정하고 있어 이 요건을 갖춘 재산인수는 발기인의 권한범위에 속하는 것으로 본다.

재산인수는 변태설립사항으로 반드시 정관에 기재하여야 그 효력이 발생하므로, 이러한 요건을 갖추지 아니한 경우에는 무효이다. 재산인수에 대하여도 원칙적으로 검사인의 조사·보고를 거쳐야 하지만, 공인된 감정인의 감정으로 갈음할 수 있으며, 발기설립의 경우에 현물출자의 재산총액이 자본금의 5분의 1을 초과하지 아니하고 대통령령으로 정한 금액을 초과하지 아니하는 경우, 거래소에서 시세가 있는 유가증권인 경우로서 정관에 적힌 가격이 대통령령으로 정한 방법으로 산정된 시세를 초과하지 아니하는 경우에는 검사인의 조사·보고를 거치지 않아도 된다(상법 제299조 제2항).

● 성립 후의 회사에 의한 추인가능성

정관에 기재하지 않은 재산인수와 같이 재산인수의 유효요건을 갖추지 못한 경우에 성립 후의 회사가 이를 추인할 수 있는가가 문제된다.

① 무효설 : 정관에 규정이 없는 재산인수의 추인을 인정하면 이는 상법 제290조 3호의 취지를 무의미하게 하여 결과적으로 재산인수의 탈법행위를 인정하는 것이 되고, 자본금충실에 관한 절차상의 규정은 다수결의 원리로 그 적용을 배제할 성질의 것이 아니라고 한다(다수설).

② 무권대리행위설 : 발기인이 법정의 요건을 결한 재산인수를 한 때에는 이에 사후설립의

규정을 유추적용하여 성립 후의 회사가 주주총회의 특별결의에 의하여 추인할 수 있다고 한다. 재산인수에 대한 규제는 회사의 재산적 기초를 확보하기 위한 것이므로 회사가 스스로 판단하여 발기인의 행위의 효과를 회사에 귀속시킬 수 있다고 한다.113

③ 검토 : 이는 다른 발기인의 권한범위 외의 행위와는 구분하여 검토할 필요가 있다. 예를 들어 개업준비행위를 발기인의 권한범위 외의 행위로 볼 때 이를 성립 후의 회사가 추인할 수 있는가와 변태설립사항에 위반한 행위에 대한 추인을 인정할 것인가는 구별되어야 한다. 재산인수와 같이 변태설립사항에 관하여 엄격하게 규제한 상법의 취지에 비추어 이에 위반한 경우 무효로 볼 것이다.114

관련사항

- 설립 중의 회사 ↔ 성립 후의 회사 : 부담한 권리·의무 별도의 이전행위나 승계없이 당연히 회사에 귀속(동일성설 : 발기인의 권한범위 내, 설립 중의 회사의 명의, 성립할 회사의 계산)
- 미국 : 발기인의 사기 빈번 → 발기인의 계약의 효력은 성립 후의 회사가 승인해야 효력이 미친다. ⇒ 발기인의 권한범위 외의 행위의 설명에 적합 – 승인행위 : 무권대리행위의 추인, 소급효 없는 채택행위, 계속적 청약의 승인 등

5. 설립비용

설립비용이란 회사의 설립에 필요한 비용으로 설립사무소의 임차료, 정관의 작성·인증비, 주주의 모집 광고비, 주식청약서의 인쇄비, 납입취급은행의 위탁수수료, 검사인의 조사비, 창립총회의 소집비용, 그 외 증권회사의 인수수수료, 주권의 발행비용 등을 말한다.

이들은 회사설립에 법률상·경제상 필요한 행위로 인한 비용이며, 설립비용으로서 정관에 기재가 요구된다. 이와 달리 건물구입비, 원료차입비 등과 같은 개업준비에 필요한 비용은 설립비용에 해당하지 않는다(통설).115

설립비용은 회사가 부담해야 할 것이나 부당한 지출 등으로 회사의 재산적 기초를 위태롭게 할 우려가 있다. 따라서 이를 변태설립사항으로 엄격히 규제하는 것이다.

설립비용은 정관에 기재하고 원칙적으로 검사인의 조사·보고를 거쳐야 하지만, 공증인의 조사·보고로 이를 갈음할 수 있다(상법 제299조의2).

---

113 정찬형, (상)635면.

114 동지 대법원 1992.9.14. 선고 91다33087 판결.

115 건물구입비와 같은 경우 재산인수가 되면 변태설립사항으로 정관의 기재가 요구된다고 하겠다.

설립비용의 부담

1. 대내적 부담관계

법정요건을 갖춘 설립비용의 지출은 회사가 부담하고, 법정요건을 갖추지 않았거나 한도를 초과시에는 발기인 개인이 부담한다.

2. 대외적 부담관계

설립비용의 대외적 부담관계는 회사성립 당시 아직 설립비용을 지출하지 않은 경우에 채권자에 대한 관계에서 누가 채무를 부담할 것인가의 문제이다. 여기에는 거래안전과 자본금충실이라는 이해대립의 관계가 있게 된다.

① 한도내부담설 : 설립비용의 채무는 정관의 기재와 법원·창립총회의 승인을 얻은 한도에서 성립 후의 회사에 귀속되어 발기인이 그 한도에서 제3자에 대한 지급채무를 면하나 그 한도 외의 채무는 발기인이 부담한다고 본다.

이에 대하여 거래안전의 문제가 있으며, 회사가 부담하는 채무의 범위가 내부사정에 의하여 결정되고, 다수계약 중 어느 채무가 어느 한도까지 회사가 부담하는가의 구분이 어렵다는 비판이 제기된다.

② 회사전액부담설(다수·판례) : 설립비용의 채무는 위 절차이행 여부를 불문하고 항상 회사가 부담하고 발기인은 그 채무를 면하나, 회사는 위 한도를 넘은 금액에 대하여는 발기인에게 구상할 수 있다고 한다.

회사전액부담설을 취하는 견해는 발기인의 권한 범위를 회사의 설립에 법률상·경제상 필요한 모든 행위 또는 이 외에 개업준비행위에 미친다고 본다. 따라서 설립비용은 당연히 회사에 귀속되며, 법정절차를 거치지 않은 설립비용은 발기인에게 구상이 가능하다고 한다.

이에 대하여 발기인이 회사성립 후 실제 집행기관이 되므로(이사 등) 구상권을 행사하기 어려울 것이며, 결과적으로 자본금충실에 문제가 있다고 한다.

③ 발기인전액부담설 : 설립비용의 채무는 회사의 성립 전·후를 불문하고 항상 발기인이 부담하며, 다만 발기인이 설립비용의 채무를 이행한 때에는 정관에 기재되고 법원·창립총회의 승인을 얻은 한도에서 회사에 대하여 구상할 수 있다고 한다.

발기인전액부담설에서는 발기인의 권한범위를 회사의 형성·설립 그 자체를 직접 목적으로 하는 행위에 한한다고 하며, 설립비용은 발기인의 권한범위를 벗어났다고 보는 것이다. 그러나 정관에 기재한 것에 대해서까지 회사가 책임지지 않는다는 것은 의문이다.

④ 발기인·회사 중첩적 부담설 : 설립비용을 발기인과 회사가 중첩적으로 부담한다고 본다.

⑤ 검토 : 거래의 안전이라는 관점에서 회사전액부담설의 입장이 타당하다고 본다. 재산인수의 경우에는 법정요건을 결한 경우에 추인을 인정하지 않지만, 설립비용은 요건을 갖추지 않아도 회사가 부담한다는 점에서 양자가 차이가 난다. 이는 설립비용은 거래의 대상이 대외 다수이고 재산인수는 특정인이라는 점에서 설립비용의 경우에 거래의 안전을 보호할 필요성이 크기 때문이다.

관련사항 **회사불성립시**

- 발기인은 설립에 관한 행위에 대하여 연대하여 책임을 진다. 따라서 절차이행유·무를 불문하고 발기인이 설립비용을 부담한다.

6. 발기인의 보수

발기인의 보수는 발기인이 설립사무에 종사한 노무에 대한 대가로 지급되는 금전을 말한다. 보수는 회사성립 후 일시에 확정금으로 지급된다.

발기인 직접 설립사무를 집행시에는 보수로 지급하고, 발기인 제3자에게 설립사무를 집행하게 한 경우에는 설립비용으로 지급하게 된다.

발기인이 받을 보수는 정관에 기재하고 원칙적으로 검사인의 조사·보고를 거쳐야 하지만, 공증인의 조사·보고로 이를 갈음할 수 있다(상법 제299조의2).

2 회사의 실체형성

회사의 실체형성과정은 회사의 인적 기초인 구성원(주주)과 물적 기초인 자본금을 확정하고 또 그 활동의 기초인 기관(주주총회, 이사회(이사), 대표이사, 감사)을 구성하는 것이다.

주식인수의 청약, 배정, 납입

정관의 작성과 주식발행사항의 결정이 있으면, 다음으로 주식의 인수와 납입이 요구되고, 기관의 형성과 설립등기로 이어지게 된다. 주식인수의 법적 성질은 발기설립의 경우에는 합동행위설(다수설), 입사계약설로 보는 견해가 있으며, 모집설립의 경우에는 입사계약(설립 중의 회사 또는 성립할 회사 여부에 대한 견해 갈림)으로 본다.

주식인수의 청약

1. 의의

모집설립의 경우에 주주의 모집은 주식취득의 청약을 권유하는 것으로서 공모나 사모의 방법에 의할 수 있다. 회사의 모집에 응하여 주식청약인이 주식인수의 청약을 하게 되는데, 주식인수의 청약은 주식청약서에 의하여야 한다.[116] 그렇지 않은 경우에는 무효가 된다.[117]

주식인수의 청약을 할 때 회사는 청약증거금을 징수한다.

2. 무효·취소의 제한

주식인수는 다수자가 관여하므로, 그 무효·취소 주장이 제한된다. ① 비진의표시에 관한 민법 제107조 1항 단서의 규정은 주식인수의 청약에 적용되지 않는다(상법 제302조 제3항). 통정허위표시도 마찬가지로 해석한다. ② 회사의 성립 후에는 주식청약서의 요건의 흠결을 이유로 하여 그 인수의 무효를 주장하거나 사기·강박 또는 착오를 이유로 하여 그 인수를 취소하지 못한다(상법 제320조 제1항). 성립 전이라도 창립총회에 출석하여 권리를 행사한 경우에는 마찬가지로 본다(상법 제320조 제2항).

이와 달리 무능력이나, 사해행위취소는 그대로 적용된다.

---

116 상법 제302조 ② 주식청약서는 발기인이 작성하고 다음의 사항을 적어야 한다.

1. 정관의 인증년월일과 공증인의 성명
2. 제289조 제1항과 제290조에 게기한 사항
3. 회사의 존립기간 또는 해산사유를 정한 때에는 그 규정
4. 각 발기인이 인수한 주식의 종류와 수
5. 제291조에 게기한 사항

5의 2. 주식의 양도에 관하여 이사회의 승인을 얻도록 정한 때에는 그 규정

6. 삭제
7. 주주에게 배당할 이익으로 주식을 소각할 것을 정한 때에는 그 규정
8. 일정한 시기까지 창립총회를 종결하지 아니한 때에는 주식의 인수를 취소할 수 있다는 뜻
9. 납입을 맡을 은행 기타 금융기관과 납입장소
10. 명의개서대리인을 둔 때에는 그 성명·주소 및 영업소

117 영미법에서는 사업계획서강제주의를 취하고 있다.

타인명의에 의한 주식인수의 청약

1. 가설인의 명의 또는 타인의 승낙없이 그 명의로 주식인수의 청약을 한 경우

주식청약인이 가설인의 명의 또는 타인의 승낙없이 그 명의로 주식인수의 청약을 한 경우에는 주식인수의 청약을 한 자가 주식인수인으로서의 책임을 진다(상법 제332조 제1항).

2. 타인의 승낙을 얻어 그 명의로 주식인수의 청약을 한 경우

주식청약인이 타인의 승낙을 얻어 그 명의로 주식인수의 청약을 한 경우에는 주식청약인과 명의대여자의 연대책임이 인정된다(상법 제332조 제2항).

위 경우에 상법은 연대책임에 관해서만 규정하고 있으므로 이때 누가 주식인수인이 되는가가 문제된다. 학설의 태도를 보면 다음과 같다.

① 실질설(통설) : 일반사법상의 법률행위에서와 같이 실제 당사자로서 주식인수의 청약을 한 자가 주식인수인으로서 권리를 취득하고 의무를 부담하며, 명의대여자는 명의차용자가 납입을 하지 않는 경우에 연대책임을 질 뿐이라고 한다. 즉 통설은 당사자간의 관계에서 실질설에 따라 명의차용자를 주주로 보고 있으며, 회사에 대한 관계에서도 실질설의 입장에 따라 주주권을 행사한 자가 실질주주가 아님을 회사가 알 수 있는 경우에는 회사의 면책력이 인정되지 않는다고 한다.

② 형식설 : 회사관계에서는 조직법 내지 단체법상의 외관주의에 의하여 그 실질관계를 불문하고 형식적 표준에 따라 권리·의무의 귀속을 결정하여야 할 것이므로 명의대여자가 주주가 된다고 한다.[118]

③ 판 례 : 기존 판례는 당사자뿐만 아니라 회사에 대한 관계에서도 명의차용자의 주주로서의 지위를 인정하였다. 대법원은 "명의차용자가 명의대여자로부터 명의개서 등의 절차를 밟은 여부와 관계없이 주주가 된다."고 하며, "회사로서는 주주가 아닌 명의대여자에게 주주총회소집통지를 하지 않았다고 하여 그 소집절차나 방법에 하자가 있다고는 할 수 없다."고 판시하였다.[119]

그러나 최근에 태도를 바꾸어 "상법상 주주명부에 관한 규정의 취지는 주식을 발행하는 단계에서나 주식을 양도하는 단계에서나 회사에 대한 관계에서나 동일하게 적용되는 것으로 주주명부에 기재된 주주만이 주주권을 행사할 수 있다. 타인명의로 주식을 인수

118 손주찬, (상)574면.
119 대법원 1977.10.11. 선고 76다1448 판결, 대법원 2008.3.27. 선고 2007다70599 판결.

한 경우에, 언제든 주주명부에 주주로 기재해 줄 것을 청구하여 주주권을 행사할 수 있는 자가 자기의 명의가 아닌 타인의 명의로 주주명부에 기재를 마치는 것은 적어도 주주명부상 주주가 회사에 대한 관계에서 주주권을 행사하더라도 이를 허용하거나 받아들이려는 의사였다고 봄이 합리적이다. 그렇기 때문에 주주명부상 주주가 그 주식을 인수하거나 양수한 사람의 의사에 반하여 주주권을 행사한다 하더라도, 이는 주주명부상 주주에게 주주권을 행사하는 것을 허용함에 따른 결과이므로 그 주주권의 행사가 신의칙에 반한다고 볼 수 없다."고 판시하였다.[120]

④ 검 토 : 형식설에 따르면 실제 납입의무를 부담하지 아니하는 자가 주주로서의 권리를 행사하는 것이 되어 불합리하며, 명의차용인에게만 주식인수인이 되고자 하는 의사가 있었으므로 명의차용인이 주주가 되는 실질설의 입장이 타당하다고 하겠다. 그러나 명의차용자가 주주라고 하더라도 회사는 주주명부상의 주주를 주주로 취급하면 면책이 되므로 회사에 대하여 주주의 권리를 행사하려면 실질적 권리를 증명하여 명의개서를 하여야 할 것이다.

주식의 배정

주식의 배정이란 발기인이 주식청약인의 청약에 대하여 승낙을 하여 주식인수를 완성시키는 것이다. 배정에 있어서 배정자유의 원칙이 적용되어 누구에게 배정할 것인가는 발기인의 자유이나 주주모집 광고나 주식청약서에 안분비례, 선착순, 인수가액이 많은 것부터 순차적 배정 등과 같이 배정방법을 명시하는 경우도 있다.

주식의 배정에 의하여 주식청약인은 주식인수인이 되며, 주식인수인은 납입의무를 부담한다. 또한 주식인수인은 창립총회에서 의결권행사가 가능하며, 회사성립시 주주가 된다.

주식인수인의 권리는 권리주로서 그 양도는 회사에 대하여 효력이 없다(상법 제319조).

납입

1. 의의

납입은 출자의 이행으로서, 회사의 설립시에 발행하는 주식의 총수가 인수된 때에는 발기인은

---

120 대법원 2017.3.23. 선고 2015다248342 판결.

지체없이 주식인수인에 대하여 각 주식에 대한 인수가액의 전액을 납입시켜야 한다(상법 제305조 제1항 : 전납주의).

현물출자자는 납입기일에 지체없이 출자의 목적인 재산을 인도하고 등기·등록 기타 권리의 설정 또는 이전을 요하는 경우에는 이에 관한 서류를 완비하여 교부하여야 한다(상법 제295조 제2항).

2. 납입장소

납입장소는 주식청약서에 기재된 납입장소를 말한다. 주식청약서에 납입을 맡을 은행 기타 금융기관과 납입장소를 기재하여야 한다(상법 제302조 제2항 9호). 납입금보관자 또는 납입장소의 변경은 법원의 허가를 얻어야 한다(상법 제306조).

3. 납입금보관증명서

납입금을 수령하여 보관한 은행 기타의 금융기관은 발기인 또는 이사의 청구가 있을 때 납입금보관증명서를 교부하여야 한다(상법 제318조 제1항). 납입금보관증명서는 설립등기의 신청시 또는 신주발행으로 인한 변경등기의 신청시에 첨부한다.

납입금반환시기는 회사성립 후로서 납입금보관증명은 회사성립시까지의 보관증명이다.

4. 상계의 허용

구 상법상 "주주는 납입에 관하여 상계로서 회사에 대항하지 못한다."는 규정(상법 제334조)은 삭제되어, 회사채권자는 납입을 함에 있어서 채권과 상계가 가능하게 되었다. 이는 회사채권자가 채권을 주식으로 전환하는 출자전환을 허용하여 회생절차를 비롯한 일반적인 기업구조조정을 원활하게 하기 위함이다.

5. 납입의 불이행

발기설립의 경우 ① 금전출자의 불이행은 채무불이행의 일반원칙에 따라 이행을 강제하거나 혹은 회사불성립이 된다. ② 현물출자의 불이행은 민법의 일반원칙에 따라서 이행을 강제하거나 혹은 회사불성립이 된다.

모집설립의 경우 ① 금전출자의 불이행은 실권이 된다. ② 현물출자의 불이행은 민법의 일반원칙에 따라서 이행을 강제하거나 혹은 회사불성립이 된다.

가장납입의 규제

1. 의의

회사의 설립절차에 있어서 자본금충실의 원칙이 하나의 중심과제로 되어 있으므로 회사설립시에 인수된 주식에 대하여는 전액납입이 이루어져야 한다. 이러한 주금의 납입은 현실로 이루어져야 하지만 실제로 그 납입이 가장되는 경우가 많다. 이는 자본금충실을 해치므로 가장납입에 대하여 규제가 이루어지고 있다.

2. 가장납입행위의 유형

주금의 납입에 있어서 납입이 가장되는 가장납입행위의 예로는 대표적인 것으로 통모가장납입(예합), 위장납입(견금)을 들 수 있다.

(1) 통모가장납입

회사설립의 경우에 발기인이 납입은행으로부터 금전을 차입하여 이를 주식납입금으로 회사의 예금에 이체하고 그 차입금을 변제할 때까지는 그 회사의 예금을 인출하지 않을 것을 약정하는 것이다. 여기서는 실제의 납입이 이루어지지 않고 계정에 대한 은행 장부상의 조작만이 있게 된다.

상법 제318조 2항에서 "은행 또는 금융기관은 증명한 보관금액에 대하여는 납입의 부실 또는 그 금액의 반환에 관하여 제한이 있다는 이유로 회사에 대항하지 못한다."고 하여 이를 규제한다.[121] 가장납입규제에 관한 상법 제318조는 발기설립의 경우에도 적용된다.

통모가장납입은 무효로 본다.

(2) 위장납입(견금)

회사설립의 경우에 발기인이 납입은행 외의 제3자로부터 일시 금전을 차입하여 그 차입금으로 납입은행에 납입하고 회사의 성립 직후에 납입은행에서 이를 인출하여 그 차입금을 변제하는 것이다.

---

121 상법 제318조(납입금 보관자의 증명과 책임) ① 납입금을 보관한 은행이나 그 밖의 금융기관은 발기인 또는 이사의 청구를 받으면 그 보관금액에 관하여 증명서를 발급하여야 한다.
② 제1항의 은행이나 그 밖의 금융기관은 증명한 보관금액에 대하여는 납입이 부실하거나 그 금액의 반환에 제한이 있다는 것을 이유로 회사에 대항하지 못한다.
③ 자본금총액이 10억원 미만인 회사를 제295조 제1항에 따라 발기설립하는 경우에는 제1항의 증명서를 은행이나 그 밖의 금융기관의 잔고증명서로 대체할 수 있다.

관련사항 **변형된 유형**

위의 변형으로 발기인대표가 개인자격으로 납입을 맡을 은행으로부터 납입금전액에 해당하는 금전을 대부받아 납입을 마친 뒤, 회사가 성립한 다음 회사는 위 은행으로부터 납입금을 반환받아 발기인대표이었던 자에게 대부하여 그로 하여금 은행빚을 갚게 하는 것, 이미 성립한 회사가 신주를 발행하는 경우에 임원·종업원 등 명의상의 주식인수인에게 회사자금을 융자하여 주금을 납입하는 형식을 취하지만, 실질적으로는 회사가 회사자금으로 납입하는 것을 들기도 한다.

3. 효력

① 유효설(판례) : 외형상 위장납입과 유효한 납입을 구분할 수 없다면서, 제3자로부터 일시 차입하여 그 차입금으로 납입하는 것은 현실의 금전으로 납입하는 것이고, 그것이 납입의 위장수단으로 이용되었다고 하더라도 이는 납입을 하는 발기인의 주관적 의도에 불과하므로 회사가 관여할 바가 아니라고 한다. 위장납입의 경우 통모가장납입과 달리 자금의 이동이 현실적으로 있었고, 회사는 주주에 대하여 납입금의 상환을 청구할 수 있으며, 발기인은 회사에 대해서 연대하여 손해배상책임을 지는 등 회사는 어느 정도 자본금충실을 기할 수 있다는 점에서 유효로 본다. 다만 발기인은 가장납입죄의 처벌을 받게 된다고 한다.

② 무효설(통설) : 위장납입의 경우에 납입의 전과정을 비추어 볼 때 형식적으로는 금전의 이전에 의한 현실의 납입이 있었다고 할 수 있으나 실질적으로 납입이 있었다고 볼 수 없으므로 납입으로서의 효력을 인정할 수 없다고 한다.

③ 검토 : 주식회사의 경우 회사재산만이 회사채권자의 유일한 담보이므로 자본금충실의 원칙이 강하게 요구되며, 특히 회사설립에 관한 규정들은 설립단계에서 회사의 재산적 기초를 확보하려는데 그 기본 취지를 두고 설립과정을 엄격하게 규제하고 있다. 이러한 관점에서 볼 때 위장납입을 인정하게 되면 회사의 자본금이 부실해져 자본금충실에 관한 법의 취지를 잠탈하게 되므로 그 효력을 부인하는 것이 타당할 것이다.

판례는 위장납입의 경우 회사가 주주를 위해서 납입금을 체당 납입한 것으로 보아 주주의 상환의무를 인정하고 있다.[122]

참조판례

"일시적인 차입금으로 주금납입의 외형을 갖추고 회사설립이나 증자 후 곧 바로 그 납입금을 인출하여 차입금을 변제하는 주금의 가장납입 소위 견금의 경우에도 금원의 이동에 따른 현실의 불입이 있는 것이고, 설령 그것이 주금납입의 가장수단으로 이용된 것이라 할지라도 이는 납입을 하는 발기인, 이사들의 주관적 의도에 불과하고 이러한 내심적 사정은 회사의 설립이나 증자와 같은 집단적 절차의 일환을 이루는 주금납입의 효력을 좌우할 수 없다." (대법원 1983.5.24. 선고 82누522 판결).

---

122 대법원 1985.1.29. 선고 84다카1823, 1824 판결.

4. 관계자의 책임

(1) 발기인

위장납입을 무효로 본다면 납입이 무효가 된 것으로 발기인은 납입담보책임을 지게 된다.

위장납입을 유효로 본다고 하여도, 회사설립 후 바로 자금의 인출이 있으면 발기인에 대한 납입가장죄가 성립할 수 있다(상법 제628조).

발기인의 차입·납입행위는 회사성립 후 이사의 납입금 반환과의 관계에서 보면 발기인의 임무해태가 되므로 그 유효성에 대해서 어떤 견해에 의하든 회사에 대해서 손해배상책임을 진다(상법 제322조 제1항). 또한 발기인에게 악의가 있으므로 회사채권자 등의 제3자에 대하여도 손해배상책임을 진다(상법 제322조 제2항).

(2) 이사

이사의 경우 납입금 반환행위가 문제가 된다. 이사도 발기인과 유사한 책임을 지게 되는데, 이사의 납입금 반환행위는 이사의 충실의무에 위배된 행위로 임무를 해태한 것이 되므로 회사에 대하여 손해배상책임을 진다(상법 제399조). 또한 이사의 반환행위는 악의로 인한 행위가 되므로 제3자에 대하여서도 손해배상책임을 지게 된다(상법 제401조).

그 외에 이사의 납입금 반환행위는 상법 제622조상의 특별배임죄의 대상이 되고, 상법 제628조에 의하여 납입가장죄의 처벌을 받을 수 있다.

(3) 납입은행의 책임

납입은행의 보관증명책임, 즉 납입의 부실 또는 반환에 대한 제한이 있음을 이유로 대항하지 못하는가가 문제된다.

통모가장납입의 경우 보관증명책임이 인정되어, 납입은행은 보관증명한 금액에 대하여 그 금액의 반환에 대한 제한이 있다는 이유로 회사에 대항하지 못한다(상법 제318조 제2항).

위장납입의 경우에는 견해가 갈린다. 유효설에서는 이는 통상의 납입과 같다면서 보관증명책임이 인정되지 않는다고 한다. 즉 상법 제318조 제2항이 적용되지 않고 당연히 납입금을 반환해야 한다는 것이다.

무효설에서는 이를 나누어 본다. ① 은행이 선의인 경우에는 납입증명책임이 인정되지 않는다. ② 은행이 악의인 경우(중과실 포함)에는 상법 제318조 제2항을 유추적용하여 납입증명책임을 인정한다. 그리고 은행이 납입금 반환에 통모한 경우에는 불법행위책임을 진다고 한다.

보건대, 위장납입의 경우에는 현실로 돈을 받았기 때문에 납입의 부실을 주장할 수 없고, 상법 제318조 제2항이 적용되든 아니든 회사의 성립 후 납입금을 회사에 반환해야 한다. 따라서 위장납입의 경우에 납입은행의 책임에 있어서 납입증명책임은 문제되지 않고, 통모한 경우에 불법행위책임을 지는 것만이 문제된다고 본다.

이사·감사선임

1. 발기설립

출자이행절차가 완료된 때에 발기인에 의하여 이사와 감사가 선임된다. 발기인은 설립 중의 회사의 구성원 자격으로 이사·감사를 선임하게 되는데, 이사·감사는 발기인의 의결권의 과반수로써 선임된다.

2. 모집설립

창립총회에서 이사와 감사를 선임한다.

창립총회

창립총회는 주식인수인으로 구성되는 설립 중의 회사의 결의기관으로서 주주총회의 규정이 준용된다(상법 제308조 제2항). 창립총회의 결의요건은 출석한 주식인수인의 의결권의 3분의 2 이상이며, 인수된 주식의 총수의 과반수에 해당하는 다수로 하여야 한다(상법 제309조).

창립총회에서는 발기인의 회사창립에 관한 보고, 이사·감사의 선임, 설립경과의 조사(설립에 관한 모든 사항), 정관의 변경과 설립폐지의 결의 등을 할 수 있으며, 이러한 법정사항 외에도 창립총회는 회사설립에 있어서 결의를 요하는 사항은 무엇이든지 결의할 수 있다.

창립총회에서의 변태설립사항의 변경결의에 있어서 관계 발기인은 특별이해관계인이므로 의결권을 행사하지 못한다. 다만 현물출자에 있어서 결의에 불복하는 발기인은 주식인수의 취소가 가능하다(상법 제314조 제2항, 제300조 제2항). 이때 인수가 취소된 주식의 수만큼 자본금감소의 정관변경을 하여 설립절차를 속행할 수 있다. 변태설립사항의 변경은 정관변경이 요구되지만 공증인의 인증은 요구되지 않는다.

설립무효

합명회사, 합자회사, 유한책임회사, 유한회사의 경우에는 설립무효와 설립취소제도가 인정되지만, 주식회사에 있어서는 설립무효의 제도만 인정되고 있다.

설립무효는 소만으로 주장할 수 있는데, 설립무효에 있어서 주관적 원인(의사무능력, 비진의표시, 허위표시 등)은 무효원인이 아니고 객관적 원인만을 무효원인으로 보고 있다. 객관적 원인은 주식회사의 설립이 강행규정이나 주식회사의 본질에 반하는 경우이다. 구체적으로 정관의 절대적 기재사항에 흠결이 있는 경우, 회사의 설립시에 발행하는 주식총수의 인수 또는 납입의 흠결이 현저하여 이를 발기인의 자본금충실책임의 이행으로 치유할 수 없는 경우 등을 들 수 있다.

설립무효는 반드시 소만으로 주장해야 하고, 주주·이사 또는 감사에 한하여 무효를 주장할 수 있으며, 회사성립의 날로부터 2년 내에만 주장할 수 있다(상법 제328조 제1항).

3 설립관여자의 책임

회사가 성립한 경우

발기인의 자본금충실책임

1. 의의

회사의 설립시에 발행하는 주식의 총수를 인수하고 인수가액의 전액을 납입하여야 하는데, 회사의 설립시에 발행하는 주식으로서 회사의 성립 후(설립등기 후) 아직 인수되지 않은 주식이 있거나 주식인수의 청약이 취소된 때에는 발기인이 이를 공동으로 인수한 것으로 보고(인수담보책임), 또 회사의 성립 후에 아직 인수가액의 전액을 납입하지 않은 주식이 있는 때에는 발기인이 이를 연대하여 납입하여야 한다(납입담보책임)(상법 제321조).

인수되지 않은 주식이란 발기인의 사무상 과실로 인수가 없는 주식이 생긴 경우를 의미하며, 기타 주식인수인의 무능력·허위표시 또는 무권대리 등에 의하여 주식인수가 무효로 된 경우를 포함한다. 그 외 사해행위취소에 의하여 주식인수가 취소된 경우도 자본금충실책임이 인정된다.

발기인의 자본금충실책임은 무과실연대책임이다.

2. 책임의 입법취지

인수나 납입의 흠결이 중대한 경우에도 발기인의 자본금충실책임이 인정되는가가 문제된다. 이에 대한 학설의 태도는 갈린다.

① 설립무효구제설 : 자본금충실책임은 회사의 자본금충실의 요청으로 법이 특별히 인정한 무과실책임으로서 인수 또는 납입의 흠결이 근소한 경우에 설립무효를 회피·구제하기 위한 것이며, 흠결이 중대하여 발기인의 자본금충실책임의 이행으로 설립의 하자를 치유할 수 없는 경우에는 발기인의 자본금충실책임이 인정되지 않고 설립무효로 된다고 한다.

② 설립무효무관계설 : 발기인의 자본금충실책임은 설립무효의 회피·구제를 위한 것이 아니고 거래안전의 보호를 위한 일종의 표현책임으로서 설립등기에 의하여 주식의 전부에 인수·납입이 있다고 신뢰하는 일반 주주와 회사채권자를 위하여 설립의 유효·무효와 관계없이 인정되는 것이다. 따라서 인수나 납입의 흠결의 중대성 여부에 불구하고 언제나 발기인의 자본금충실책임이 인정된다고 한다. 즉 흠결이 아무리 근소하여도 발기인이 이를 전보하지 않는 한 설립무효로 되고, 또 인수·납입의 흠결이 아무리 중대하여도 발기인이 이를 전보하면 설립무효로 되는 것이 아니라는 것이다.

③ 검토 : 인수·납입의 완료는 설립절차의 일환이므로 인수·납입의 흠결은 설립무효와 관계를 가지는 것이다. 그러나 인수·납입의 흠결이 경미한 경우에도 무효가 된다면 절차의 반복이 요구되는 등 불합리하므로, 발기인의 자본금충실책임은 인수·납입의 흠결이 근소한 경우에 설립무효를 회피하기 위해서 인정된 의무로 볼 것이다. 또한 법문상 "인수한 것으로 본다."(상법 제321조 제1항)고 하므로 발기인의 의무가 인정되는 것이며, 근소한 흠결을 발기인이 전보하지 않아도 되는 것은 아니다.

3. 책임의 요건

자본금충실책임은 회사가 성립한 경우의 책임이며, 회사의 부존재나 불성립의 경우에는 적용되지 않는다.

현물출자의 불이행의 경우에도 자본금충실책임이 인정되는가가 문제되는데, 이에 대하여는 견해가 갈린다.

① 부정설(다수) : 상법에서 용어상 금전출자의 '납입'과 현물출자의 '이행'을 구별하여 사용하고 있으며, 또 현물출자는 개성적·부대체적인 것으로서 타인이 대신할 수 없는 것이므로 현물출자의 불이행의 경우에는 발기인의 자본금충실책임이 생기지 않고, 발기인의 임무해태로 인한 손해배상책임이 발생한다고 한다. 결국 현물출자의 불이행이 있는

경우에 설립무효가 된다고 한다.

② 긍정설 : 상법규정의 문리 해석상 무리는 있으나 본 조의 취지에서 보면 납입과 이행을 달리 취급하여야 할 이유가 없고, 또 현물출자는 보통 개성적이긴 하나 대체가능한 것도 있으므로 현물출자의 목적재산이 대체가능한 경우에는 발기인의 자본금충실책임을 인정해야 한다는 입장이다.

③ 검토 : 현물출자의 불이행의 경우 발기인의 자본금충실책임을 부정하여 회사설립을 무효로 하는 것보다는 대체가능성 등 구체적 사정에 비추어 판단하는 긍정설의 입장이 타당하다.

4. 책임의 내용

인수담보책임의 경우 인수흠결된 부분을 발기인이 공동으로 인수한 것으로 본다(상법 제321조 제1항). 그 주식은 전발기인의 공유로 되고 전발기인은 연대하여 인수가액의 전액을 납입할 의무가 있다.

납입흠결시 납입담보책임에 따라 발기인이 연대하여 납입할 의무가 있다. 발기인이 그 납입의무를 이행하여도 이로써 발기인이 주주로 되는 것이 아니고, 주식인수인이 주주가 된다. 발기인의 납입의무와 주주의 납입의무는 부진정연대채무의 관계이다.

발기인의 자본금충실책임은 총주주의 동의로도 면제할 수 없다.

발기인의 손해배상책임

1. 회사에 대한 책임

발기인이 회사의 설립에 관하여 그 임무를 해태한 때에는 그 발기인은 회사에 대하여 연대하여 손해를 배상할 책임이 있다(상법 제322조 제1항). 이는 발기인이 설립 중의 회사의 기관으로서 선량한 관리자의 주의의무에 위반하여 그 임무를 해태한데 대하여 상법이 특별히 규정한 법정특별책임이다.

발기인의 손해배상책임은 자본금충실책임과 달리 과실책임이다. 여기서 임무해태란 법령, 정관상의 임무해태뿐만 아니라 업무집행상 임무해태 일반을 포함한다. 상법상의 발기인의 설립에 관한 임무로는 정관의 작성, 주식청약서의 작성, 납입의 최고, 실권절차, 창립총회의 소집 등을 들 수 있고, 기타 공모를 하면 프리미엄을 받을 수 있으나 가족에게 액면가로 배정한 경우 등도 손해배상책임의 대상이 될 수 있다.

발기인의 손해배상책임은 총주주의 동의로 면제할 수 있다(상법 제324조, 제400조).

2. 제3자에 대한 책임

발기인이 악의 또는 중대한 과실로 인하여 그 임무를 해태한 때에는 발기인은 제3자에 대하여도 연대하여 손해를 배상할 책임이 있다(상법 제322조 제2항).

그 책임의 성질에 대하여는 다음과 같은 학설이 있다. ① 법정특별책임설(다수) : 발기인의 제3자에 대한 책임은 민법상의 불법행위책임과는 요건이 다르므로 양 책임이 경합한다고 한다(경과실배제, 위법성을 요하지 않음). ② 불법행위책임특칙설 : 발기인의 제3자에 대한 책임은 일반불법행위책임을 단체법적으로 수정한 특칙이므로 발기인의 제3자에 대한 책임이 있는 때에는 일반불법행위책임의 적용이 배제된다고 한다. ③ 특수불법행위책임설 : 발기인의 제3자에 대한 책임은 본질적으로는 불법행위책임이나 이것은 일반불법행위책임으로 규율할 수 없는 경우에 제3자를 보호하기 위하여 특별히 인정된 책임이며 일반불법행위책임과의 경합을 인정한다.

여기서 제3자란 그 입법취지가 제3자를 널리 보호하는 것에 있으므로 주주 또는 주식인수인을 포함하여 널리 회사 이외의 모든 자를 가리킨다.

기타설립관여자의 책임

1. 이사·감사

이사·감사는 설립 중의 회사의 감독기관이다. 이사·감사가 그 직무를 집행함에 있어서 법령·정관에 위반하거나 임무를 게을리한 때에는 회사 또는 제3자에 대하여 책임을 진다(상법 제399조, 제401조, 제414조). 검사인에 갈음하여 변태설립사항을 조사·평가하는 공증인이나 감정인의 회사 또는 제3자에 대한 손해배상책임도 이사·감사의 경우와 동일하게 해석할 것이다.

2. 검사인

검사인이 악의 또는 중대한 과실로 임무를 해태한 때에는 회사 또는 제3자에 대하여 손해배상책임을 진다(상법 제325조)

3. 유사발기인의 책임

유사발기인은 주식청약서 기타 주식모집에 관한 서면에 성명과 회사설립에 찬조하는 뜻을 기재할 것을 승낙한 자를 말하며, 유사발기인은 발기인과 동일한 책임이 있다(상법 제327조).

발기인은 정관기재 여부에 따라 형식적으로 파악하며, 실제 설립사무를 담당하였는가는 불문한다. 이때 실제 발기인과 같이 행동한 자를 신뢰한 공중의 신뢰를 보호하기 위해 유사발기인의 책임을 인정한다.

회사가 불성립한 경우

회사가 성립하지 못한 경우에는 발기인은 그 설립에 관한 행위에 대하여 연대책임을 지고 또 그 설립에 관하여 지급한 비용을 부담한다(상법 제326조).

회사가 불성립한 경우로는 회사의 설립시에 발행한 주식의 총수에 대한 인수·납입의 흠결이 현저한 경우, 창립총회에서 설립폐지의 결의를 하여 회사의 설립이 중도에서 좌절된 경우 등이 있다(설립무효판결에 의한 것은 아님).

Ⅲ. 주식과 주주

1 총설

주식은 자본금의 구성단위이다.[123] 주식의 금액은 균일하며, 1주당 금액은 100원 이상이다(상법 제329조 제3항). 주식의 경우 주식불가분의 원칙이 적용되어 단위미만으로 세분화할 수 없다. 다만 정관변경에 의하여 주식을 분할하는 것은 가능하다.

주식은 또한 주주의 지위 즉 주주권으로서 의미를 가진다(지분복수주의).

개정 상법에서 무액면주식이 도입되었는데, 이를 통해 주가의 상황에 상관없이 기업이 주식발행을 통해 원활하게 자금조달을 할 수 있게 되었다. 무액면주식의 경우에 주식의 발행가액의 2분의 1 이상(상법 제451조)으로서 자본금으로 계상되는 금액의 총액이 자본금이

---

123 상법 제329조(자본금의 구성) ① 회사는 정관으로 정한 경우에는 주식의 전부를 무액면주식으로 발행할 수 있다. 다만, 무액면주식을 발행하는 경우에는 액면주식을 발행할 수 없다.
② 액면주식의 금액은 균일하여야 한다.
③ 액면주식 1주의 금액은 100원 이상으로 하여야 한다.
④ 회사는 정관으로 정하는 바에 따라 발행된 액면주식을 무액면주식으로 전환하거나 무액면주식을 액면주식으로 전환할 수 있다.

된다.

주식은 주주권을 표창하는 유가증권의 의미로도 쓰이나 이는 주권을 의미한다.

주식의 분할

1. 의의

주식의 분할이란 종래의 1주를 신주 2주로 하는 경우와 같이 회사재산이나 자본금은 증가하지 않고 주식수만 증가시키는 것을 말한다.

주식의 분할은 단위주식의 시가가 너무 높아 거래에 불편할 때 단위주식의 시가를 낮추기 위한 경우, 합병절차를 간소화하기 위한 방법으로 당사회사들이 주식의 액면가를 일치시키기 위한 경우 등에 이용된다.

주식의 분할은 액면주식에 대해서만 인정한다.

2. 절차

주식의 분할을 위해서는 주주총회의 특별결의를 거쳐야 한다(상법 제329조의2 제1항). 주식의 분할에 의하여 액면가 100원 미만으로는 할 수 없다. 주식의 분할의 경우에 주식병합에 관한 절차에 관한 규정을 준용한다. 회사는 1월 이상의 기간을 정하여 주식분할의 뜻과 그 기간 내에 주권을 회사에 제출할 것을 공고하고, 주주명부에 기재된 주주와 질권자에 대하여는 따로 그 통지를 하여야 한다(상법 제440조).

단주의 경우 그 단주에 대하여 발행한 신주를 경매하여 그 매득금을 그 단주의 수에 따라 종전의 주주에게 지급하여야 한다(상법 제443조 제1항). 그러나 거래소 시세가 있을 때는 거래소를 통하여 매각하고, 시세가 없는 경우 법원의 허가를 얻어 임의매각할 수 있다. 그러나 주식의 분할의 경우 단주가 발생할 여지가 거의 없다.

3. 효력

주식분할의 효력은 주권제출기간이 만료된 때에 생긴다(상법 제329조의 2 제3항). 그리고 물상대위가 적용되어, 소멸주식에 설정된 질권은 주주가 받을 주식 또는 금전 위에 존재하고 또 등록질권자는 회사에 대하여 주주가 받을 주권의 교부를 청구할 수 있다(상법 제339조).

주식의 병합

주식의 병합은 종래의 2주를 신주 1주로 하는 경우와 같이 수개의 주식을 합하여 주식수를 감소시키는 것을 말한다. 주식의 병합시에 회사는 1월 이상의 기간을 정하여 그 뜻과 그 기간 내에 주권을 회사에 제출할 것을 공고하고, 주주명부에 기재된 주주와 질권자에 대하여는 따로 그 통지를 하여야 한다(상법 제440조).

이는 자본금감소의 한 방법으로 이용된다.

주주권의 종류

1. 자익권과 공익권

(1) 자익권

자익권은 주주가 회사로부터 경제적 이익을 받을 것을 목적으로 하는 권리로서 이익배당청구권, 잔여재산분배청구권 등이 중심이 된다. 기타 신주인수권, 전환주식의 전환청구권, 주권교부청구권, 명의개서청구권, 주식매수청구권 등도 자익권에 속한다.

(2) 공익권

공익권은 주주가 회사의 관리·운영에 참가하는 것을 목적으로 하는 권리로서, 다음과 같이 나눌 수 있다.

① 관리에 관한 권리(경영참가에 관한 권리라고도 함) : 주주총회의결권이 중심이 된다. 기타 임시주주총회소집청구권, 주주제안권, 주주총회결의하자의 소권, 회사설립무효의 소권, 이사·감사의 해임청구권 등이 있다.

② 감독에 관한 권리 : 이사의 위법행위유지청구권, 대표소송제기권, 위법한 신주발행유지청구권, 신주발행무효의 소권, 회계장부열람청구권, 회사의 업무·재산상태의 검사청구권, 합병무효의 소권 등이 있다.

그러나 양자의 권리는 본질적으로 상이한 것이 아니고, 회계장부열람청구권청구권이나 위법한 신주발행의 유지청구권과 같은 것은 양자의 성질을 겸하고 있다. 따라서 위와 같이 구별하는 실익은 크지 않다.

2. 단독주주권과 소수주주권

(1) 단독주주권

단독주주권은 1주 이상의 주식을 가진 주주이면 행사가 가능한 권리이다. 자익권은 모두 이에 속한다. 공익권 중에서도 주주총회의결권, 주주총회결의하자의 소권, 회사설립무효의 소권, 위법한 신주발행유지청구권, 신주발행무효의 소권 등이 단독주주권에 속한다.

(2) 소수주주권

소수주주권은 일정수 이상의 주식을 가진 주주가 행사할 수 있는 권리이다. 주주는 1인이든 수인이든 상관없다.

소수주주권은 대주주의 전횡을 견제하기 위하여 인정된다.

소수주주권은 다음과 같이 나눌 수 있다.

① 100분의 10 이상의 지분이 요구되는 것 : 회사해산판결청구권이 있다.

② 100분의 3 이상의 지분이 요구되는 것 : 임시주주총회소집청구권, 주주제안권, 누적투표청구권, 이사·감사(청산인)해임청구권, 회계장부열람청구권 등이다.

③ 100분의 1 이상의 지분이 요구되는 것 : 대표소송제기권, 이사(청산인)의 위법행위유지청구권 등이다.

상장회사는 요건을 더욱 완화하고 있다(상법 제542조의 6). 상장회사에 있어서 권리행사를 위해서 요구되는 지분율은 대표소송제기권(10000분의 1 이상), 이사·감사해임청구권, 위법행위유지청구권 등[10000분의 50 이상(자본금 1000억 이상은 10000분의 25 이상)], 회계장부열람청구권, 주주제안권[1000분의 10 이상(자본금 1000억 이상은 1000분의 5 이상)], 주주총회소집청구권[1000분의 30 이상(자본금 1000억 이상은 1000분의 15 이상)]이다.

주주평등의 원칙

1. 의의

주주평등의 원칙은 주주는 동일한 조건하에서는 평등한 대우를 받아야 한다는 원칙이다. 주주의 평등은 머리수에 따른 평등이 아니라 각 주주가 가지는 주식에 따른 평등, 즉 주식 그 자체의 평등한 대우를 뜻하는 것이므로, 오히려 주식평등의 원칙이라 할 수 있다.

2. 기능

주식회사에는 사원 간에 인적신뢰관계가 없고, 다수결주의가 보편적으로 행하여지기 때문에 주주평등의 원칙은 다수결의 남용으로부터 소수주주를 보호하는 기능을 가진다. 또한 이사회중심주의 하에서 이사의 전횡으로부터 일반 주주를 보호하는 기능도 가진다.

3. 근거

(1) 이론적 근거

주주평등의 원칙은 일반적인 정의·형평의 관념이 주식회사법에 구현된 것이다.

(2) 실정법적 근거

주주평등의 원칙에 관한 일반적인 규정은 없다. 개별적으로 의결권(상법 제369조), 이익배당청구권(상법 제464조 : 주식수에 따라 지급), 신주인수권(상법 제418조 : 주식수에 따라 신주배정권), 잔여재산분배권(상법 제538조), 전환사채의 인수권(상법 제513조의 2), 신주인수권부사채의 인수권(상법 제516조의 10, 제513조의 2)에서 주주간에 평등하게 취급할 것을 규정하고 있다.

주주평등의 원칙에 대한 예외를 엄격하게 제한하고 있는데, 종류주식(상법 제344조)의 경우에 신주의 인수, 주식의 병합·분할·소각 또는 회사의 합병·분할로 인한 주식의 배정에 관하여 특수한 정함을 할 수 있다고 하며(상법 제344조 제3항), 상환주식(상법 제345조), 의결권배제·제한주식(상법 제370조), 의결권의 행사제한(상법 제368조 : 특별이해관계인), 감사선임에 대한 규정(상법 제409조), 단주의 처리, 소수주주권, 기타 이익배당이나 잔여재산분배에 대한 예외규정(상법 제464조, 제538조 단서 : 제344조 제1항의 경우에 배당, 배정을 달리함) 등 예외를 엄격하게 한정적으로 규정하고 있음에 미루어 간접적으로 주주평등의 원칙을 인정하는 것으로 볼 수 있다.

4. 내용

주주의 지위인 주식이 균등하다는 것과 이러한 주식을 평등하게 취급하여야 한다는 것이다.

이를 나누어 보면, ① 권리의 평등 : 주식의 내용인 권리가 주식간에 동일하다. ② 기회의 평등 : 주주권의 행사와 의무이행 또는 회사의 주주에 대한 이익이나 불이익의 제공에 있어서 주식을 평등하게 취급하여야 한다. ③ 비례적 평등 : 주주의 주식수에 따라 주주권이 결정된다.

5. 적용범위

주주평등의 원칙은 주주의 자격에서 가지는 모든 법률관계에 적용된다. 따라서 주주가 보유하는 주식의 내용인 권리 즉 이익배당청구권, 의결권, 잔여재산분배청구권 등에 대하여서는 물론, 주주의 지위에 기한 권리 즉 주주의 신주인수권, 전환사채인수권, 신주인수권부사채인수권 등에도 적용된다.

주주에는 주식인수인도 포함된다. 따라서 납입기일의 차별적 취급은 허용되지 않는다. 그러나 주식청약인에게는 적용되지 않으며, 주식청약인에 대하여는 배정자유의 원칙이 적용된다.

주주평등의 원칙은 회사와 주주간에만 적용되며, 주주상호간이나 주주와 제3자간에는 적용되지 않는다.

6. 해석상의 문제점

(1) 일할배당

일할배당이란 영업연도의 도중에 신주가 발행된 경우에 그 신주의 주주에게는 신주의 효력발생일로부터 결산일까지의 일수에 따라 일할계산한 금액을 배당하는 것이다.

일할배당이 적법한가 여부에 대하여는 견해가 갈린다.

① 적법설 : 이익배당은 투하자본금의 액뿐만 아니라 투하자본금의 운용기간까지 고려하여야 하므로 투자자본금의 운용기간을 고려하여 신·구주 간에 차이를 두어 이익배당을 하는 것은 실질적 평등을 기하는 것으로서 주주평등의 원칙에 반하지 않는다고 한다. 이는 일할배당의무설(신주의 주주는 신주발행시까지 회사에 자금상의 기여를 하지 않았다), 일할배당임의설로 나뉜다.

적법설에 대하여 주주평등의 원칙이란 기회의 평등을 요구하지 그것 이상의 이해를 실질적으로 조정하는 것까지 요구하는 것이 아니라는 비판이 제기된다.

② 위법설 : 1영업연도의 이익·손실과 주주의 출자간에는 대가관계가 없고 또 잔여재산의 분배를 신·구주간에 구별없이 하는 것처럼 이익배당도 평등하게 하여야 한다는 입장이다.

③ 검토 : 배당시에 종류적 차별 외에는 보유주식수에 따라 배당하여야 한다(상법 제464조). 따라서 발행시기에 따라 차별을 둘 것은 아니다. 신주의 발행가액은 그 발행 당시의 회사의 재산적 실체에 따라 정하여지는 것으로 영업연도의 도중에 신주를 취득한 주주는 그 신주발행시까지의 회사의 이익이 포함된 회사의 재산의 실체에 따라 대가를 지급한 것이다. 따라서 일할배당을 전제로 발행가액을 정한 경우는 제외하고, 원칙적으로

일할배당은 위법이다. 그런데 상법 제423조에서 "신주발행의 경우 주주가 되는 시기에 대하여 납입일 다음날로부터 주주의 권리의무가 있다."고 하며, 이때 전환주식에 관한 전환시기에 관한 규정 "신주에 대한 이익배당에 관하여는 정관이 정하는 바에 따라 그 청구를 한 때가 속하는 영업연도의 직전 영업연도말에 전환된 것으로 할 수 있다."(상법 제350조 3항 단서)가 적용된다고 한다. 이 규정에 따라 실제 대부분의 신주에 대하여 구주와 동일한 배당을 하고 있다.

(2) 이익배당금지급청구권

이익배당금지급청구권은 주주의 채권자적 권리이나 회사업무의 획일적 처리를 위하여 사단접적 제약을 받는다. 따라서 주주평등의 원칙이 적용된다.

(3) 주주우대권

주주우대권으로 백화점이나 버스회사의 대주주에게 우대할인권이나 우대승차권을 교부하는 경우를 들 수 있다. 그러나 특별우대권을 교부하는 것이 주식의 내용이라고 할 수 없다.

7. 주주평등의 원칙에 대한 예외

주주평등의 원칙에 대한 예외는 법이 특별히 인정한 경우에 한한다.

(1) 권리의 평등에 대한 예외

상법상 종류주식이 있다(상법 제344조). 그러나 상법이 특별히 정하고 있는 경우 외에는 평등하게 취급하여야 하고, 동일 종류의 주식간에는 평등하게 취급하여야 한다.

(2) 기회의 평등에 대한 예외

① 단주의 처리 : 합병 등의 경우 단주가 생기면 경매를 하여 그 매득금을 주주에게 지급한다(상법 제443조).

② 종류주식발행시의 특수한 정함 : 종류주식을 발행한 경우 그 주식의 종류에 따라 신주의 인수, 주식의 병합·분할·소각 또는 합병·분할로 인한 주식의 배정에 관하여 특수한 정함을 한 경우(상법 제344조)에는 주주평등에 대한 예외가 인정된다. 이때 어느 종류의 주주에게 손해를 미치게 될 때에는 그 종류주주총회의 결의가 있어야 한다.

③ 소수주주권 : 일정수 이상의 주주에게만 인정되므로, 요건에 해당되지 않는 주주의 입장에서 볼 때 주주평등의 원칙에 대한 예외가 된다.

④ 의결권행사의 제한 : 주주총회의 결의에 관하여 특별이해관계인은 의결권을 행사하지 못하고(상법 제368조 제4항), 감사선임에 있어서 의결권행사가 제한된다[100분의 3 이상의 지분에 대하여 의결권을 행사할 수 없다(상법 제409조 제2항)].

8. 주주평등의 원칙의 위반의 효력

주주평등의 원칙은 주식회사법의 기본원칙이고 강행법적 성질을 가진다. 상법이 인정한 예외를 제외하고 정관의 규정, 주주총회나 이사회의 결의 또 대표이사의 업무집행이 주주평등의 원칙에 반하는 경우에는 회사의 선의·악의를 불문하고 무효이다.

다만 주주 스스로 이익을 포기하는 것은 무방하다.

2 주식의 종류

주식의 분류

1. 기명주식

주주의 성명이 주권과 주주명부에 기재된다. 무기명주식에 관한 조항은 삭제되어 상법상 기명주식만 인정된다.

2. 액면주식과 무액면주식

액면주식은 1주의 금액을 정관에 기재하고, 등기한다. 액면주식에 있어서 주식의 금액은 균일하여야 하고, 100원 이상이어야 한다(상법 제329조 제3항, 제4항). 액면주식의 경우 회사의 재무구조가 어려울 때 액면미달발행(할인발행)을 이용하여 증자할 수 있다.

무액면주식은 비례주로서 주식의 수 즉 자본금에 대한 비율만 기재된다. 무액면주식의 경우 발행가액과 자본금계입액을 미리 정하지 않고 회사의 실체를 반영하는 주식의 시가에 따라 임의로 이것을 정한다. 주식금액의 최소한이 법정되어 있지 않고 회사가 발행시마다 임의로 발행가액을 정하고 그 일부가 자본금에 계입되는 것으로서 무액면주식에 의할 때 자본금조달이 용의하다.

무액면주식과 관련하여 표시자본금을 계상하도록 함으로써[무액면주식의 발행가액의 2분의 1 이상의 금액으로써 이사회가 정한 금액의 총액을 표시자본금(명목자본금)으로서 계상하도록 함(상법 제451조 2항)] 이사회의 재량을 통제하여 채권자를 보호한다.

표시자본금은 배당과도 연관을 가지는 것으로서, 대부분 시가배당보다는 액면배당을 하는데, 무액면주식의 경우 표시자본금을 기준으로 배당을 할 수밖에 없을 것이다.

종류주식

회사는 이익의 배당이나 잔여재산분배, 주주총회에서의 의결권의 행사, 상환 및 전환 등에 관하여 내용이 다른 종류의 주식을 발행할 수 있다(상법 제344조).

이익배당이나 잔여재산분배에 대한 종류주식

1. 우선주 · 후배주 · 혼합주

이익배당이나 잔여재산분배에 대하여 우선적 취급을 받은 주식을 우선주, 열후적 취급을 받는 것을 후배주, 그 표준이 되는 주식을 보통주라고 한다. 혼합주는 특정권리에는 우선하고 다른 권리에는 열후한 것이다.

우선주란 배당순위 또는 분배순위에 있어서 다른 주식보다 우선적 지위가 인정되는 것이며, 고율배당을 의미하는 것은 아니다. 그리고 신주인수권에 대한 우선주와 같은 것은 인정되지 않는다.

회사가 이익의 배당에 관하여 내용이 다른 종류주식을 발행하는 경우에는 정관에 그 종류주식의 주주에게 교부하는 배당재산의 종류, 배당재산의 가액의 결정방법, 이익을 배당하는 조건 등 이익배당에 관한 내용을 정하여야 한다(상법 제344조의 2).

우선주라 할지라도 배당가능이익이 있어야 배당이 가능하다. 종래 보통주보다 1% 더 배당하는 식의 명목적 우선주(본래의 의미의 우선주 아님)가 발행되기도 하였다. 그러나 배당률에 대하여 제한이 없는 보통주가 우선주보다 고율의 배당을 받는 경우도 있다.

이전의 우선주에 대한 최저배당률의 제한에 관한 규정은 삭제되었다(구 상법 제344조 제2항). 그러나 종류주식의 내용을 정관으로 정할 수 있도록 하고 있으므로, 최저배당률을 두고자 하는 경우에는 배당조건을 정관에 기재하면 될 것이다.

회사가 잔여재산의 분배에 관하여 내용이 다른 종류주식을 발행하는 경우에는 정관에 잔여재산의 종류, 잔여재산의 가액의 결정방법, 그 밖에 잔여재산분배에 관한 내용을 정하여야 한다(상법 제344조의 2).

2. 참가적 우선주·비참가적 우선주 및 누적적 우선주·비누적적 우선주

참가적 우선주는 1영업연도에 있어서 일정률의 우선적 배당을 받고 잔여이익이 있으면 보통주와 함께 다시 그 잔여이익의 배당에 참가하는 주식이다(보통주와의 배당액과의 차액에 대하여 참가할 수 있는 우선주). 참가의 형태는 여러 가지지만 보통은 보통주 배당과 동률의 배당을 받게 한다.[124]

누적적 우선주는 1영업연도에 있어서의 이익배당이 소정의 우선배당률에 달하지 않는 경우에 그 부족분을 후년도의 이익에서 보충해서 배당을 받는 주식이다.

비참가적·누적적 우선주는 일정한 배당을 받게 해준다는 점에서 사채에 가깝다. 그러나 이익이 없으면 배당을 할 수 없으므로 이익배당이 보장되는 것은 아니다.

3. 종류주식에 대한 특칙

종류주식을 발행한 경우 그 주식의 종류에 따라 신주의 인수, 주식의 병합·분할·소각 또는 합병·분할로 인한 주식의 배정에 관하여 특수한 정함을 할 수 있다(상법 제344조 제3항). 이때 어느 종류의 주주에게 손해를 미치게 될 때에는 그 종류주주총회의 결의가 있어야 한다.

상환주식

1. 의의

상환주식이란 회사가 종류주식을 발행한 경우에 발행시부터 회사의 이익으로써 일정한 기간 후에 소각하도록 예정되어 있는 주식이다(상법 제345조).[125] 상환주식은 주식과 사채의

---

124 효성물산은 정관에 '보통주의 배당률이 우선주의 배당을 초과하는 때는 그 초과부분에 대하여 우선주식과 보통주식에 대하여 평등한 비율을 분배한다.'고 규정하고 있다.

125 상법 제345조(주식의 상환에 관한 종류주식) ① 회사는 정관으로 정하는 바에 따라 회사의 이익으로써 소각할 수 있는 종류주식을 발행할 수 있다. 이 경우 회사는 정관에 상환가액, 상환기간, 상환의 방법과 상환할 주식의 수를 정하여야 한다.
② 제1항의 경우 회사는 상환대상인 주식의 취득일부터 2주 전에 그 사실을 그 주식의 주주 및 주주명부에 적힌 권리자에게 따로 통지하여야 한다. 다만, 통지는 공고로 갈음할 수 있다.
③ 회사는 정관으로 정하는 바에 따라 주주가 회사에 대하여 상환을 청구할 수 있는 종류주식을 발행할 수 있다. 이 경우 회사는 정관에 주주가 회사에 대하여 상환을 청구할 수 있다는 뜻, 상환가액, 상환청구기간, 상환의 방법을 정하여야 한다.
④ 제1항 및 제3항의 경우 회사는 주식의 취득의 대가로 현금 외에 유가증권(다른 종류주식은 제외한다)이나 그 밖의 자산을 교부할 수 있다. 다만, 이 경우에는 그 자산의 장부가액이 제462조에 따른 배당가능이익을 초과하여서는 아니 된다.
⑤ 제1항과 제3항에서 규정한 주식은 종류주식(상환과 전환에 관한 것은 제외한다)에 한정하여 발행

접근을 나타내 보인다.

상환주식은 종류주식에 한정하여 발행이 가능하다.

2. 상환주식의 발행

상환주식의 경우에 상환의 방법과 관련하여 수의(임의)상환주식(상법 제345조 제1항)과 의무(강제)상환주식(상법 제345조 제3항)이 있는데, 전자는 상환에 대한 선택권을 회사가 가지는 것이고, 후자는 선택권이 주주에게 있는 것이다

수의상환주식을 발행하는 경우에 회사는 정관에 상환가액, 상환기간, 상환의 방법과 상환할 주식의 수를 정하여야 한다(상법 제345조 제1항). 의무상환주식을 발행하는 경우에 회사는 정관에 주주가 회사에 대하여 상환을 청구할 수 있다는 뜻, 상환가액, 상환청구기간, 상환의 방법을 정하여야 한다(상법 제345조 제3항).

3. 상환의 대가 및 한도

회사는 주식의 취득의 대가로 현금 외에 유가증권(다른 종류주식은 제외)이나 그 밖의 자산을 교부할 수 있다(상법 제345조 제4항).

상환기간이 도래해도 배당가능이익이 있어야 상환이 가능하다. 의무상환주식의 경우에도 자산의 교부시에 자산의 장부가액이 배당가능이익을 초과하지 못하도록 규정하고 있으므로(상법 제345조 제4항 단서) 배당가능이익의 범위내에서 상환이 가능하다고 해석한다.

4. 발행주식총수의 감소

상환주식을 상환하여 소멸하여도 자본금감소의 절차에 의한 것이 아니므로 회사의 자본금이 감소되는 것은 아니다. 따라서 주식과 자본금과의 연결고리가 일시적으로 끊어진다.

5. 소멸주식의 재발행의 문제

상환주식의 상환 후에도 정관으로 정해진 수권자본금의 범위내에서 이사회는 자율적으로 신주발행을 통한 증자를 할 수 있다. 이와 관련하여 소멸한 주식에 대하여 재발행권을 행사할 수 있는가가 문제되는데, 이는 부정할 것이다. 상환주식의 발행으로 그 주식에 대한 발행권한이 이미 행사되었으므로 상환으로 주식이 소멸되면 그 주식에 대하여 다시 발행권한을 행사할 수 없다. 만일 이를 인정하면 이사회에 무한의 발행권한을 부여하는 결과가 되어 이사회가

할 수 있다.

수권자본금의 제한을 잠탈할 가능성이 있게 된다.

전환주식

1. 의의

전환주식은 회사가 종류주식을 발행하는 경우에 주주나 회사가 그의 주식을 다른 종류의 주식으로 전환해 줄 것을 청구할 수 있는 권리 즉 전환권이 부여되어 있는 주식이다(상법 제346조 제1항, 제2항).126

2. 전환주식의 요건

정관에 주주가 그의 주식을 다른 종류의 주식으로 전환해 줄 것을 청구할 수 있다는 것과 전환의 조건(전환률·전환가액 등)·전환의 청구기간·전환으로 인하여 발행하는 주식의 수 및 내용을 정하여야 한다(상법 제346조 제1항).

회사가 종류주식을 발행하는 경우에는 정관에 일정한 사유가 발생할 때 회사가 주주의 인수주식을 다른 종류주식으로 전환할 수 있음을 정할 수 있다. 이 경우 회사는 전환의 사유, 전환의 조건, 전환의 기간, 전환으로 인하여 발행할 주식의 수와 내용을 정하여야 한다(상법

---

126 상법 제346조(주식의 전환에 관한 종류주식) ① 회사가 종류주식을 발행하는 경우에는 정관으로 정하는 바에 따라 주주는 인수한 주식을 다른 종류주식으로 전환할 것을 청구할 수 있다. 이 경우 전환의 조건, 전환의 청구기간, 전환으로 인하여 발행할 주식의 수와 내용을 정하여야 한다.
② 회사가 종류주식을 발행하는 경우에는 정관에 일정한 사유가 발생할 때 회사가 주주의 인수 주식을 다른 종류주식으로 전환할 수 있음을 정할 수 있다. 이 경우 회사는 전환의 사유, 전환의 조건, 전환의 기간, 전환으로 인하여 발행할 주식의 수와 내용을 정하여야 한다.
③ 제2항의 경우에 이사회는 다음 각 호의 사항을 그 주식의 주주 및 주주명부에 적힌 권리자에게 따로 통지하여야 한다. 다만, 통지는 공고로 갈음할 수 있다.
1. 전환할 주식
2. 2주 이상의 일정한 기간 내에 그 주권을 회사에 제출하여야 한다는 뜻
3. 그 기간 내에 주권을 제출하지 아니할 때에는 그 주권이 무효로 된다는 뜻
④ 제344조 제2항에 따른 종류주식의 수 중 새로 발행할 주식의 수는 전환청구기간 또는 전환의 기간 내에는 그 발행을 유보(留保)하여야 한다.
상법 제350조(전환의 효력발생) ① 주식의 전환은 주주가 전환을 청구한 경우에는 그 청구한 때에, 회사가 전환을 한 경우에는 제346조 제3항 제2호의 기간이 끝난 때에 그 효력이 발생한다.
② 제354조 제1항의 기간 중에 전환된 주식의 주주는 그 기간 중의 총회의 결의에 관하여는 의결권을 행사할 수 없다.
③ 전환에 의하여 발행된 주식의 이익배당에 관하여는 주주가 전환을 청구한 때 또는 제346조 제3항 제2호의 기간이 끝난 때가 속하는 영업연도 말에 전환된 것으로 본다. 이 경우 신주에 대한 이익배당에 관하여는 정관으로 정하는 바에 따라 그 청구를 한 때 또는 제346조 제3항 제2호의 기간이 끝난 때가 속하는 영업연도의 직전 영업연도 말에 전환된 것으로 할 수 있다.

제346조 제2항).

3. 신주식의 발행가액

전환에 경우 전환주식의 발행가액은 전환으로 발행될 신주식의 발행가액으로 한다(상법 제348조). 이것은 전환주식의 총발행가액과 신주식의 총발행가액이 동액이어야 한다는 의미이다.

① 전환으로 자본금이 증가하는 경우 : 액면가액 5000원, 발행가액 6000원(100주), 전환조건 1:1.2로 한 경우에 신주식의 총발행가액 600000원(120주)이 되고 신주식의 발행가액은 5000원이 된다. 이때 자본금은 늘어나게 되는데, 이는 준비금의 자본금전입과 같은 결과가 되는데, 정관의 규정에 의한 것이므로 적법한 것이 된다.

② 전환으로 자본금이 감소하는 경우(상향전환) : 위의 예에서 액면가액 5000원, 발행가액 6000원(100주), 전환조건 1:0.8로 한 경우가 된다. 이때 신주식의 총발행가액 600000원(80주)이 되고 신주식의 발행가액은 7500원이 된다. 그리고 자본금은 50만원에서 40만원으로 되는데, 이는 엄격한 자본금감소의 절차를 탈법(채권자보호의 절차를 밟고 있지 않음)한 것이 되므로 무효가 된다고 한다(다수설). 그러나 전환조건은 정관에 미리 규정된 것이므로 이는 허용해야 할 것으로 본다.

4. 수권주식수에 미치는 영향

상환주식과 달리 전환으로 인하여 소멸된 주식만큼 그 종류의 미발행주식으로 부활한다. 다만 전환권 없는 주식으로 재발행이 허용된다(다수설).

5. 전환의 효력발생

① 주주가 전환을 청구한 경우는 그 청구한 때 전환의 효력이 발생한다(상법 제350조 제1항).

② 회사가 전환을 한 경우에는 상법 제346조 제3항 제2호의 기간(2주 이상의 일정한 기간 내에 그 주권을 회사에 제출하여야 한다)이 끝난 때 전환의 효력이 발생한다(상법 제350조 제1항).

주주명부폐쇄기간 중에 전환된 주식의 주주는 그 기간 중의 총회의 결의에 관하여는 의결권을 행사할 수 없다.

6. 이익배당

전환의 효력발생은 앞에서와 같이 주주가 전환을 청구한 때 또는 제346조 제3항 2호의 기간이 끝난 때가 속하는 영업연도 말에 전환된 것으로 본다. 이 경우 신주에 대한 이익배당에 관하여는 정관으로 정하는 바에 따라 그 청구를 한 때 또는 제346조 제3항 2호의 기간이 끝난 때가 속하는 영업연도의 직전 영업연도 말에 전환된 것으로 할 수 있다(상법 제350조 제3항 단서).

의결권의 배제·제한에 관한 종류주식

1. 의의[127]

회사가 의결권이 없는 종류주식이나 의결권이 제한되는 종류주식을 발행할 수 있다. 이는 투자주주에게 이익배당의 확실성을 보장해 주고, 지배주주에게는 비교적 소수의 주식으로써도 회사를 지배할 수 있도록 하며, 회사로서도 주주총회소집통지 등 복잡한 절차를 생략할 수 있어 편리하다.

의결권의 배제·제한에 관한 종류주식의 경우 구 상법과 달리 우선주를 전제로 하지 않는다. 그런데 경영에 관심이 없는 투자자의 입장에서 배당을 중시할 것이고, 대주주의 입장에서도 자금의 필요에 의하여 의결권의 배제·제한에 관한 종류주식을 발행하겠지만 배당을 보통주와 같이 받는 것은 부담스러울 수가 있다. 따라서 우선주 형태로 발행될 가능성이 크다.

2. 한도

의결권의 배제·제한에 관한 종류주식을 많이 발행하게 되면 소수의 주주가 회사를 지배하게 되므로 이를 방지하기 위하여 발행주식총수의 4분의 1을 넘지 못하도록 규제하고 있다(상장기업의 경우 2분의 1)(상법 제344조의 3 제2항).

3. 내용

의결권의 배제·제한에 관한 종류주식은 원칙적으로 의결권이 없거나 제한되고, 또 의결권의 존재를 전제로 하는 권리도 없다. 이에 따라 주주총회소집의 통지를 받을 권리나

---

127 상법 제344조의 3(의결권의 배제·제한에 관한 종류주식) ① 회사가 의결권이 없는 종류주식이나 의결권이 제한되는 종류주식을 발행하는 경우에는 정관에 의결권을 행사할 수 없는 사항과, 의결권행사 또는 부활의 조건을 정한 경우에는 그 조건 등을 정하여야 한다.

주주총회소집청구권이 없다(반대설 있음). 또한 주주총회참석권·발언권도 없다(반대설 있음).

그러나 의결권행사에 의하지 않는 감독시정권은 인정한다. 주주총회결의취소의 소권(반대설 있음), 이사·감사·청산인해임청구권, 이사의 위법행위유지청구권, 대표소송제기권, 주식매수청구권 등은 인정된다.

4. 의결권의 인정

의결권의 배제·제한의 종류주식에 대하여 의결권의 행사 또는 부활의 조건은 정관에서 정하도록 하고 있다. 이전에는 무의결권우선주의 경우에 우선적 배당을 하지 않는다는 결의가 있으면 그 총회의 다음 총회부터 우선적 배당을 받는다는 결의가 있는 총회의 종료까지 의결권이 부활한다는 조항(구 상법 제370조)을 두고 있었으나 이 규정은 삭제되었고, 현행 규정하에서는 그러한 조건을 정관에 의하여 자율적으로 정할 수 있다. 그러나 다음의 경우에는 정관에 규정하지 않아도 의결권을 행사할 수 있다.

① 창립총회의 경우

② 종류주주총회의 경우 : 정관변경(상법 제435조), 신주의 인수 등의 경우(상법 제344조 제3항), 회사의 분할 또는 분할합병, 주식교환, 주식이전 및 회사의 합병으로(상법 제436조)으로 인하여 의결권의 배제·제한의 종류주주에게 손해를 미치는 경우에는 그 종류주주의 종류주주총회의 결의를 얻어야 한다.

③ 총주주의 동의를 요하는 특수결의사항의 경우 : 발기인·이사·감사의 회사에 대한 책임의 면제, 주식회사의 유한회사로의 조직변경을 위해서는 총주주의 동의가 요구되는데, 이때에는 의결권의 배제·제한에 관한 종류주식도 의결권을 행사할 수 있다.

④ 회사의 분할계획서·분할합병계약서의 승인 : 상법 제530조의 3 제3항에서 의결권이 배제되는 주식에 대하여도 의결권을 인정하고 있다.

3 주권과 주주명부

주권

1. 의의

주권(株券)은 주주권을 표창하는 유가증권이다.

2. 주권의 효력발생시기

① 교부시설(통설·판례) : 주권의 효력은 회사가 주권을 작성하여 회사의 의사에 의하여 주주에게 교부한 때에 발생한다고 본다. 따라서 주권을 작성하였더라도 이를 주주가 아닌 제3자에게 교부한 때에는 발행으로서의 효력이 없다.

② 발행시설 : 회사가 주권을 작성하여 회사의 의사로 누군가에게 교부한 때에 주권의 효력이 생긴다고 본다.

③ 작성시설 : 회사가 주권을 작성하여 어떤 주권이 어느 주주의 것인가를 확인한 때에 이미 주권으로서의 효력이 생긴다고 한다.

④ 검토 : 주권의 효력발생시기는 제3자의 선의취득이 인정되는가 여부와 관련하여 특히 문제가 되는데, 주권은 사단법적 법리가 요청되는 영역으로서 거래의 안전보다 주주의 보호가 더 강조되어야 할 것이므로 교부시설이 타당하다고 본다.

3. 주권의 불소지

주권의 불소지는 주권의 도난·분실 등에 대비하기 위한 것인데, 주권의 불소지를 회사에 신고하고, 회사는 지체없이 주권을 발행하지 않는다는 뜻을 주주명부와 그 복본에 기재하고, 그 사실을 주주에게 통지하여야 한다. 이 경우 회사는 주권을 발행할 수 없다(상법 제358조의 2).

4. 주식의 전자등록[128][129]

이전에 주식·사채를 실물증권으로 발행하면서 유통과정에서 위험이 따를 뿐 아니라 불투명한 음성적 거래가 만연하였다. 주식의 전자등록을 도입한 것은 주식을 전자적으로 발행·유통할 수 있도록 하여 이용자의 편의를 도모하고 자본시장이 투명하도록 하기 위한 것이다.[130]

---

128 상법 제356조의 2(주식의 전자등록) ① 회사는 주권을 발행하는 대신 정관에서 정하는 바에 따라 전자등록기관(유가증권 등의 전자등록 업무를 취급하도록 지정된 기관을 말한다. 이하 같다)의 전자등록부에 주식을 등록할 수 있다.
② 전자등록부에 등록된 주식의 양도나 입질(入質)은 전자등록부에 등록하여야 효력이 발생한다.
③ 전자등록부에 주식을 등록한 자는 그 등록된 주식에 대한 권리를 적법하게 보유한 것으로 추정하며, 이러한 전자등록부를 선의(善意)로, 그리고 중대한 과실 없이 신뢰하고 제2항의 등록에 따라 권리를 취득한 자는 그 권리를 적법하게 취득한다.
④ 전자등록의 절차·방법 및 효과, 전자등록기관의 지정·감독 등 주식의 전자등록에 관하여 필요한 사항은 대통령령으로 정한다.

129 2016.3.22. “주식·사채 등의 전자등록에 관한 법률”이 제정되었다. 이 법의 시행으로 공사채등록법은 폐지되게 되었다.

주식의 전자등록에 의할 때 회사는 주권을 발행하는 대신 정관에서 정하는 바에 따라 전자등록기관의 전자등록부에 주식을 등록할 수 있다(상법 제356조의 2 제1항).[131] 전자등록은 발행인이나 권리자가 단독으로 신청하게 되며(전자등록법 제30조 제1항),[132] 전자등록부에 등록된 주식의 양도나 입질은 전자등록부에 등록하여야 효력이 발생한다(전자등록법 제35조 제2항, 제3항).[133][134] 이는 전자등록에 대하여 주권의 교부와 같은 효력을 인정하는 것이다.

전자등록계좌부에 등록된 경우 적법하게 증권상 권리를 갖는 것으로 추정하며(전자등록법 제35조 제1항), 이러한 전자등록부를 선의로 중대한 과실 없이 전자등록계좌부의 권리 내용을 신뢰하고 소유자 또는 질권자로 전자등록된 자는 해당 전자등록주식 등에 대한 권리를 적법하게 취득한다(전자등록법 제35조 제5항).

전자등록제도는 전자등록 당사자 및 구성, 업무, 계좌 간 대체 절차, 결제 시스템 등 절차법적 측면이 강하다. 이는 시행령에 위임되고 있다.

회사가 전자등록기관의 전자등록부를 전자주주명부(상법 제352조의 2)로 이용한다면, 상법상 기명주식의 명의개서, 약식질, 명의개서대리인, 주주명부의 폐쇄 등의 규정은 적용될 여지가 없고, 또한 실질주주와 명의주주는 언제나 일치하게 되어 실질주주와 명의주주의 불일치에서 발생하는 문제도 없게 된다.[135]

관련사항

- 전자주주명부 : 회사가 관리하고 회사에 대한 효력이 중심이 된다.
- 전자등록부 : 전자등록기관이 관리하고 제3자에 대한 효력이 중심이 된다. 회사는 주주명부와 달리 법률상 근거없이 그 기록 내용을 볼 수 없다.
- 고객계좌 : 권리자가 되려는 자는 계좌관리기관에 고객계좌를 개설하여야 한다(위탁계좌의 의미). 고객계좌는 금융투자업자가 만들어 준다.
- 고객계좌부 : 계좌관리기관은 권리자별로 고객계좌부를 작성하여야 한다(투자자계좌부에 대비).
- 계좌관리기관 : 금융투자업자 등. 고객계좌부에 따른 주식 등의 전자등록에 관한 업무 등을 행한다.

---

130 사채의 경우도 같은 취지로 전자등록제도를 도입하고 있다(상법 제478조 제3항).

131 발행인은 전자등록의 방법으로 주식 등을 새로 발행하거나 이미 주권 등이 발행된 주식 등을 권리자에게 보유하게 하거나 취득하게 하려는 경우에 신규 전자등록을 신청할 수 있다(전자증권법 제25조).

132 전자등록 신청을 받은 전자등록기관 또는 계좌관리기관은 지체없이 전자등록계좌부에 해당 전자등록주식 등의 계좌간 대체의 전자등록을 하여야 한다(전자증권법 제30조 제2항).

133 양도하는 경우에는 계좌 간 대체의 전자등록을 하게 된다.

134 기준일상의 실질주주와 명의주주가 일치하게 되며, 때문에 주주명부폐쇄의 절차가 필요하지 않게 된다.

135 현행 규정상으로는 엄연히 구분되지만 전자등록기관이 발행회사에게 주주명세를 통보하여 주주명부를 작성하는 것 보다는 전자등록기관이 주주명부를 작성하여 이를 발행회사에 통보하는 것이 효율적이고 간명하다는 주장도 있다. 실제 2007년 상법개정안에는 전자등록부를 주주명부로 본다는 규정이 있었다(개정안 356조의 2 제1항).

관련사항

- 고객관리계좌부 : 계좌관리기관은 전자등록기관에 고객관리계좌를 개설하여야 하고, 전자등록기관은 계좌관리기관별로 고객관리계좌부를 작성하여야 한다(위탁자계좌부에 대비). 고객계좌부에 전자등록된 전자등록주식 등의 총수량 또는 총금액을 관리한다.
- 자기계좌(부) : 계좌관리기관 등이 전자등록주식 등의 권리자가 되려는 경우(자기소유분)에 개설 · 작성한다.
- 전자등록계좌 : 전자등록되는 고객계좌나 계좌관리기관 등의 자기계좌. 주식의 양도는 전자등록계좌간 대체로 이루어진다.
- 발행인관리계좌 : 주식 등을 전자등록의 방법으로 새로 발행하거나 기존 주식을 변경하려는 자는 전자등록기관에 발행인관리계좌를 개설하여야 한다.

전자등록 의무화 대상증권(상장주식 등)

증권			시행 당시 전환방법
의무화 대상증권	사채권 및 무기명 증권을 제외한 의무화 대상 증권(상장주식)		시행 당시 일괄 전환
	사채권 및 무기명증권	예탁분	시행 당시 일괄 전환
		미예탁분	공사채 등록법에 따라 등록 발행된 경우에 한해 소유자 신청을 받아 전환
의무화 대상 외 증권	사채권을 제외한 예탁증권(예탁비상장주식)		발행인의 신청에 따라 전환

주식·사채 등의 전자등록에 관한 법률 시행령이 2019.9.16.부터 시행되게 되었다. 이에 따라서 주식·사채 등을 전자적으로 등록해 상장주식 등 증권의 발행·유통 및 권리행사가 전면 실물없이 이루어지게 되었다.

적용대상은 주식·사채 등 대부분의 증권이다. 양도성예금증서, 은행법·금융지주회사법상 조건부자본증권, 주식워런트증권(ELW), 국내증권예탁증권(KDR)도 적용대상이 된다.

상장증권 등[136]은 시행 후에는 실물없이 전자등록 방식으로만 발행할 수 있고, 전자등록이 된 후에는 실물발행이 금지되며, 이를 위반하여 발행되면 그 효력이 인정되지 않는다. 비상장주식과 같은 의무화 대상 외의 증권은 발행인이 신청하면 전자등록이 된다. 신청하지 않을 경우에 현행 실물의 유효성은 유지된다.

전자증권법에 따르면 발행회사가 전자등록기관에 소유자명세의 작성을 요청하여 이를 통지받아 주주명부 등을 작성하게 된다.[137] 권리자는 전자등록기관의 소유자명세를 기초로 작성되는 주주

136 금융투자협회의 K-OTC는 해당되지 않는다.
137 기준일을 정한 경우 등과 시행령에 따를 때 발행회사는 분기별(3개월)로 전자등록주식 등의 소유자를

명부 등을 통해 권리를 행사할 수 있고, 전자등록기관의 소유자증명서[138]를 통해서도 개별적으로 권리를 행사할 수 있다.

주주명부

1. 의의

주주명부는 회사가 기명주식을 발행한 경우에 주주와 그가 가지는 주식 및 주권에 관한 사항을 명확히 하기 위하여 상법의 규정에 의하여 작성하는 장부이다.

주주명부는 상업장부는 아니다.[139]

참조판례

"상법이 주주명부제도를 둔 이유는 주주권의 행사가 회사와 주주를 둘러싼 다수의 이해관계인 사이의 법률관계에 중대한 영향을 줄 수 있음을 고려한 것이며, 단지 해당 주주의 회사에 대한 권리행사 사무의 처리에 관한 회사의 편의만을 위한 것이라고 볼 수 없다. 주주명부에 명의개서를 한 경우에 회사와의 관계에서 대항력을 인정하고, 주주명부상 주주의 주소로 통지를 허용하며, 회사가 정한 일정한 날에 주주명부에 기재된 주주에게 신주인수권 등의 권리를 귀속시킬 수 있도록 하고 있다. 이는 주식의 소유권 귀속에 관한 회사 이외의 주체들 사이의 권리관계와 주주의 회사에 대한 주주권행사 국면을 구분하며, 후자에 대하여는 주주명부상 기재 또는 명의개서에 특별한 효력을 인정하는 태도라고 할 것이다." (대법원 2017.3.23. 선고 2015다248342 판결).

2. 기능

① 주식의 이전의 대항요건이다(상법 제307조).

② 등록질의 경우에 질권자의 성명과 주소를 주주명부에 부기하여야 한다(주권에도 기재)(상법 제340조 제1항).

③ 각종 통지나 최고는 주주명부상의 주소로 하면 된다(상법 제353조 제1항).

④ 주권불소지의 경우 그 뜻을 주주명부에 기재해야 한다(상법 제358조의 2 제3항).

파악하려는 경우에 소유자명세의 작성을 요청할 수 있게 되어 회사의 주주 상황을 좀 더 빨리 파악할 수 있게 되었다(전자증권법 제37조). 이는 M&A 등에 대응이 용이해졌다는 의미가 있다.

138 전자등록기관은 전자등록주식 등의 소유자가 자신의 권리를 행사하기 위하여 소유자증명서의 발행을 신청하는 경우에는 이를 발행하여야 한다. 소유자는 계좌관리기관을 통하여 신청하여야 한다(전자증권법 제39조 제1항).

139 상업장부는 영업상의 재산 및 손익의 상태를 명백히 하기 위하여 작성하는 장부이다.

3. 기재사항

주식을 발행한 때에는 주주명부에 다음의 사항을 기재하여야 한다(상법 제352조 제1항).

① 주주의 성명과 주소

② 각 주주가 가진 주식의 종류와 그 수

③ 각 주주가 가진 주식의 주권을 발행한 때에는 그 주권의 번호

④ 각 주식의 취득년월일

전환주식을 발행한 때에는 제347조에 게기한 사항(전환주식발행의 절차)도 주주명부에 기재하여야 한다(상법 제353조 제2항).

4. 비치·공시

주주명부는 회사의 본점에 비치하여야 하고 정관으로 명의개서대리인(상법 제337조 2항)을 둔 경우에는 주주명부나 그 복본을 명의개서대리인의 영업소에 비치할 수 있다(상법 제396조 제1항). 어느 경우(복본을 포함)나 주식취득자의 성명과 주소를 기재하면 명의개서를 한 것으로 본다.

주주와 회사채권자는 영업시간 내에 언제든지 주주명부의 열람 또는 등사를 청구할 수 있다(상법 제396조 제2항).

관련사항 **명의개서대리인**

- 본래 명의개서는 본점에서 하여야 하나, 주권을 본점에 송부하는 것 등은 번잡하므로 명의개서대리인을 둠으로서 그 절차의 신속과 편의를 도모할 수 있다. 명의개서대리인은 기타 증권의 배당, 이자 및 상환금의 지급을 대행하는 업무와 증권의 발행을 대행하는 업무를 영위할 수 있다(자본시장법 제366조).
- 한국예탁결제원, 하나은행(구서울은행), 국민은행이 자격을 인정받았다.
- 상장기업의 경우 상장요건으로 명의개서대리인이 요구된다.

5. 전자주주명부[140]

회사는 정관으로 정하는 바에 따라 전자문서로 주주명부를 작성할 수 있다(상법 제352조의 2 제1항). 전자주주명부에는 주주명부의 기재사항 외에 전자우편주소를 적어야 한다(상법 제352조의 2 제2항).

---

140 상법 제352조의 2(전자주주명부) ① 회사는 정관으로 정하는 바에 따라 전자문서로 주주명부("전자주주명부")를 작성할 수 있다.
② 전자주주명부에는 제352조 제1항의 기재사항 외에 전자우편주소를 적어야 한다.
③ 전자주주명부의 비치·공시 및 열람의 방법에 관하여 필요한 사항은 대통령령으로 정한다.

주주명부의 폐쇄와 기준일

1. 의의

회사가 주주총회에서 의결권을 행사할 자, 이익배당을 받을 자, 기타 주주나 질권자로서 권리를 행사할 자를 확정하기 위하여 일정한 기간동안 주주명부의 기재의 변경을 정지하거나(주주명부의 폐쇄) 또는 일정한 날(기준일)에 주주명부에 기재된 주주 또는 질권자를 그 권리를 행사할 주주 또는 질권자로 볼 수 있다.

주주명부의 폐쇄는 특정한 목적을 위해서만 이용할 수 없는데 반하여, 기준일은 주식의 자유양도성을 해치지 않고 특정한 목적을 위해서 이용할 수 있다.

2. 절차

(1) 이사회의 결의

주주명부의 폐쇄나 기준일은 주주에게 중대한 이해관계가 있으므로 이사회의 결의가 있어야 한다.

(2) 공고

회사가 주주명부의 폐쇄기간 또는 기준일을 정하는 경우에는 그 폐쇄기간 또는 기준일의 2주간 전에 이를 공고하여야 한다(상법 제354조). 이는 주주에게 명의개서나 등록의 기회를 제공하기 위한 것으로 이에 위반시 무효가 된다. 다만 정관에 구체적으로 주주명부의 폐쇄기간과 기준일을 정하고 있는 경우에는 공고할 필요가 없다. 실제 배당의 경우 상장회사 표준정관에 따르면 주주명부의 폐쇄기간은 매결산기의 익일로부터 일정한 기간 동안으로 한다든지 기준일은 매결산기로 한다고 규정하고 있다.

3. 제한

주주명부의 폐쇄나 기준일은 회사가 주주총회에서 의결권을 행사할 자, 이익배당을 받을 자, 기타 주주나 질권자로서 권리를 행사할 자를 확정하기 위하여 행한다. 기타 주주나 질권자로서 권리를 행사할 자를 확정하는 경우는 신주인수권을 행사할 자를 정하는 경우 등이다.

폐쇄기간은 3개월을 넘지 못한다. 기준일은 주주 또는 질권자로서 권리를 행사할 날에 앞선 3월 내의 날로 정하여야 한다(상법 제354조 제2항, 제3항).

4. 효력

(1) 주주권행사자의 확정

주주명부의 폐쇄나 기준일은 주주권행사자를 확정하는 효력을 가지는데, 주주권을 행사할 자는 폐쇄 당시나 기준일 당시의 주주가 된다.

(2) 주식양도의 경우

주주명부의 폐쇄나 기준일 이후에 주식양도가 있는 경우, 주주명부의 폐쇄의 경우는 주주명부상의 주주가 모든 권리를 행사하고, 기준일의 경우 그 대상이 된 권리 외에는 양수인이 권리를 행사한다. 예를 들어 배당기준일 이후에 주식을 양수한 자는 배당에 관한 권리 외에는 주주로서 권리를 행사하게 된다.

(3) 주주명부의 기재변경의 정지

주주명부의 폐쇄시에는 명의개서 기타 주주명부의 기재변경이 정지된다. 그러나 권리와 무관한 주소변경, 주권불소지신고 등은 가능하다. 전환주식의 전환청구는 제한규정이 삭제됨으로써 전환청구가 가능하다. 그러나 그 기간 중의 총회의 결의에 관하여는 의결권을 행사할 수 없다(상법 제350조).[141] 다만 전환으로 인하여 발행된 신주식은 주주명부에 기재되게 된다.

(4) 폐쇄기간 중의 명의개서의 효력

① 유효설 : 폐쇄기간 중의 명의개서의 정지는 주주의 변동으로 인한 혼잡을 피하기 위한 것으로서 회사의 편의를 위한 것이므로 회사가 그 이익을 포기하고 명의개서를 하는 것은 무방하나 폐쇄기간 중에는 명의개서의 효력이 발생하지 않는다고 한다.

② 무효설 : 폐쇄기간 중에 명의개서를 허용하는 것은 주주평등의 원칙에 반하고, 권리를 행사할 자를 획일적으로 확정하려는 주주명부폐쇄제도의 목적에 반한다고 한다. 다만 권리의 포괄승계의 경우에는 예외적으로 명의개서를 인정한다.

③ 검토 : 유효설에서도 주주명부의 폐쇄기간 중에는 명의개서의 효력이 발생하지 않는다고 하므로, 무효설과 실질적 차이는 없을 것이다.

5. 양제도의 병용

주주명부의 폐쇄와 기준일의 양제도를 병용할 수 있다. 예를 들어 결산일을 기준일로 하고 그 이후 주주총회까지 주주명부를 폐쇄하면 배당금을 받을 자와 정기주주총회에서 의결권을

---

141 전환사채나 신주인수권부사채도 같다(상법 제516조 제2항, 제516조의 10).

행사할 자를 일치시킬 수 있다. 이때 폐쇄기간 중에 신주발행을 하여도(신주의 주주가 주주명부에 기재됨) 신주의 주주를 주주총회의 결의에서 제외할 수 있다.

그런데 실제상으로 기준일을 통하여 배당받을 자, 의결권 행사자를 정할 수 있기에 위의 목적으로 주주명부폐쇄제도를 이용할 필요는 없다. 다만 상장회사의 경우에 단기간 주주확정이 어려워지는 현실적인 고려로 기준일과 주주명부폐쇄제도를 병용하였다.[142]

4 주식의 양도

주주들이 투자한 자본의 회수를 보장해 줄 필요가 있는데, 주식회사는 인적회사와는 달리 퇴사제도가 없다. 따라서 주주들의 투하자본의 회수를 보장하기 위하여 주식양도의 자유를 인정한다. 다만 일정한 경우에 주식양도의 제한이 인정되는데, 이는 ① 상법상의 제한으로 권리주 양도의 제한(상법 제319조), 주권발행 전의 주식양도의 제한(상법 제335조), 자기주식 취득·질취의 제한(상법 제341조), 주식의 상호보유의 제한(상법 제342조) 등이 인정되고 ② 기타 특별법에서도 양도를 제한하는 경우가 있다.[143]

소규모 회사에서는 주주 상호간의 신뢰를 보호하고 또 주주가 바라지 않는 자의 참여를 배제하여 회사경영의 안전을 기할 수 있도록 정관에 이사회의 승인을 얻어 주식을 양도하도록 정할 수 있게 하였다(상법 제335조). 이러한 정관상의 주식양도제한은 상장기업에는 인정되지 않는다.

권리주 양도의 제한

1. 의의

권리주는 주식의 인수로 인한 권리, 즉 회사의 성립 전 또는 신주발행의 효력 발생 전의 주식인수인의 지위를 말한다.

권리주의 양도는 회사에 대하여 효력이 없다(상법 제319조). 이와 달리 권리주의 전 단계인

---

142 상장회사의 경우에 한국예탁결제원에서 실질주주명부작성을 위한 기간을 부여하였는데, 이를 위해 1~2주간 단기의 주주명부폐쇄는 이용되었다. 그러나 전자등록제도의 시행으로 주주명부의 폐쇄는 실질적인 의미가 없어지게 되었다.

143 예를 들면, 은행법상의 제한으로 "동일인은 은행의 의결권 있는 발행주식 총수의 100분의 10을 초과하여 은행의 주식을 보유할 수 없다."(은행법 제15조). 비금융주력자의 경우 100분의 4를 넘어 보유할 수 없다(은행법 제16조의 2 : 지방금융기관의 경우 100분의 15). 공정거래법상의 제한으로 "누구든지 직접 또는 특수관계인을 통하여 다른 회사의 주식의 취득 또는 소유하여 일정한 거래분야에서 경쟁을 실질적으로 제한하는 행위를 하여서는 아니 된다."(공정거래법 제7조 제1항).

신주인수권은 양도가 가능하다(신주인수권증서에 의하여).

권리주는 회사가 성립하거나(설립등기 후), 신주의 효력발생일 후(납입의 다음날이 되며, 납입일은 청약의 다음날 혹은 수일내로 정해짐) 주주가 되므로, 주주가 되면 이 제한은 해제된다.[144]

2. 양도제한의 이유

권리주의 양도를 허용하면 권리주를 투기의 목적으로 이용하고 또 회사의 재산적 기초를 위태롭게 할 염려가 있을 뿐만 아니라, 주식인수인이 교체됨으로써 회사설립의 절차 또는 신주발행의 절차가 번잡하게 될 염려가 있으므로 이를 규제한다.

3. 권리주 양도의 효력

(1) 당사자간에는 유효

권리주의 양도는 당사자간에는 유효하지만 회사에 대하여 효력이 없으므로, 양도인이 인수가액을 납입하여야 한다.

(2) 회사의 인정

① 부정설(통설·판례) : 법문상 회사에 대하여 효력이 없다고 하는 것은 회사에 대하여 대항할 수 없다는 것과는 다르므로 회사도 권리주 양도의 효력을 주장하지 못한다고 한다.

② 긍정설 : 권리주 양도의 제한의 목적이 주식인수인의 교체시에 생기는 회사설립의 절차 또는 신주발행의 절차의 번잡과 정체를 방지하는데 있으므로 회사가 권리주의 양도를 자발적으로 인정하는 것은 무방하다고 한다.

③ 검토 : 법문에 따라 회사도 권리주의 양도를 인정할 수 없다고 본다. 이는 명의개서 전의 주식양수인의 지위(대항할 수 없다)와는 구별되는 것이다. 그런데 실제 주식청약증거금으로서 납입금의 전액을 징수하는 것이 보통이고, 권리주를 주금납입영수증 또는 청약증거금영수증에 백지위임장을 첨부하여 양도하는 관행이 있다. 그러나 이때 권리주의 양도는 당사자간에만 효력이 있을 뿐이다.

---

144 다음에 보는 바와 같이 주권이 발행되기 전에는 여전히 주식의 양도에 제한이 따른다.

주권발행 전의 주식양도

1. 의의

상법 제335조 제3항에서 "주권발행 전에 한 주식의 양도는 회사에 대하여 효력이 없다."고 규정하고 있다. 회사가 성립하거나 신주발행의 효력이 발생한 후에도 주권이 발행되기까지는, 주식의 양도에 대하여 권리주 양도의 경우와 같은 제한이 따른다.

그 입법취지는 주주의 빈번한 교체로 인한 주권발행사무의 번잡과 정체를 방지하기 위한 것이다. 그 외 주식의 양도는 주권의 교부에 의하고, 명의개서가 대항요건인데 이를 할 수 없다는 것을 근거로 들기도 한다. 그러나 회사성립 후 또는 신주납입기일 후 6개월이 경과한 때에는 주권없이도 양도가 인정되므로 이는 근거로서 의미가 없다.[145]

2. 주권발행 전의 주식양도의 효력

① 절대적 무효설(다수설·판례[146]) : 주권발행 전의 주식양도는 회사의 승인의 유무를 불문하고 회사에 대한 관계에서는 무효라고 한다.

② 상대적 무효설 : 회사에 대하여 효력이 없을 뿐이고 회사는 이를 유효로 인정할 수 있다고 한다. 특히 주권발행 전의 주식양도제한의 입법취지를 주주의 빈번한 교체로 인한 주권발행사무의 번잡과 정체를 방지하기 위한 것이라고 볼 때, 회사가 스스로 주권발행사무의 정체가 생기지 않는다고 보아 주권발행 전의 주식양도의 효력을 인정하여도 무관하다고 한다.

③ 검토 : 여기서도 권리주 양도제한에서와 같이 회사에 대하여 효력이 없다고 하므로 무효로 보아야 할 것이다. 따라서 주식양수인은 회사에 대하여 주권을 자기에게 발행·교부하여 달라는 청구를 할 수 없고, 다만 양도인의 권리를 대위행사하여 양도인에게 주권을 발행할 것과 이를 교부해 줄 것을 청구할 수 있다.

---

145 상거래 실무에서는 주식증서 및 양도합의서에 의하여 주식을 양도하여 왔으며 오늘날 이것은 상관습법상의 주식양도로 이해되고 있다(대법원 2006.9.14. 선고 2006다45537 판결). 주금납입영수증은 원래 주권을 교부하기 전에 주금을 납입한 자의 지위를 증명하고 주권을 교부함에 있어서 소지인의 자격을 증명할 수 있게 하기 위하여 발행하는 것이며, 주식보관증은 이 주금납입영수증을 갈음한 것이다. 상거래 실무에서는 이러한 주식증서에 배서하여 교부하거나 양도증서 또는 명의개서를 위한 백지위임장을 첨부하여 교부함으로써 주식양도를 하고 있다. 이러한 관행은 주권발행 전의 주식양도뿐만 아니라 권리주양도에도 해당한다. 주식보관증은 주권의 현실적인 발행을 한 후에 회사가 주주로부터 다시 주권을 교부받아 보관하면서 그 증거로 발행하는 것이 원칙이겠으나 실제로는 회사가 주금납입영수증에 갈음하여 주권보관증을 발급하는 경우가 종종 있다.

146 대법원 1965.4.6. 선고 64다205 판결 등.

다음에 보는 바와 같이 주권발행 전의 주식양도도 주식의 효력발생 후 6개월이 경과하면 주권없이도 유효한 주식양도가 인정되는데, 이와 관련하여 6개월이 경과되기 전에 주권이 발행되지 않은 상태로 주식이 양도된 경우에 ① 주식의 효력발생 후 6개월 이내에 주권이 발행되었다면 그 양도의 효력이 없다 ② 그러나 6개월이 지나 주권이 발행되었다면 그 하자는 치유된다. 만일 이때도 무효로 보면 다시 양도의 의사표시를 하여 유효로 할 수 있지만 이는 절차만 번거로워지므로 이를 유효로 본다.

3. 6개월 경과 후의 주권발행 전의 주식양도

(1) 의의

주권발행 전의 주식양도도 '회사성립 후 또는 신주의 납입기일 후 6개월이 경과한 때'에는 주권의 발행이 없어도 회사에 대하여 유효한 주식양도가 인정된다(상법 제335조 제3항 단서). 이는 고의로 주식발행을 늦추는 자로부터 주주를 보호하고, 간악한 주식양도인으로부터 선의의 주식양수인을 보호하기 위한 것이다.

(2) 양도방법

이때는 아직 주권이 발행되지 않았으므로 주식의 양도는 주권의 교부에 의하여 할 수 없고, 주식의 양도는 지명채권의 양도에 관한 일반원칙에 따라 당사자의 의사표시만으로 효력이 발생한다는 것이 통설·판례[147]의 입장이다.

(3) 주식양도의 대항요건

1) 회사에 대한 대항요건

이때의 주식양도의 경우에도 회사에 대항하기 위하여 민법상 지명채권양도에서와 같이 통지 또는 승낙을 요하는가? 그리고 여기에서 대항할 수 있다는 의미는 무엇인가라는 문제가 발생한다.[148]

① 제1설 : 주식양수인이 2중의 양수인이나 양도인의 채권자 등과 같은 제3자와의 관계에서 그리고 회사와의 관계에서 대항력을 갖추기 위하여는 지명채권양도에 준하여 회사에 대한 통지 또는 회사의 승낙을 요한다고 한다. 여기서 회사에 대하여 대항력이 있다는 것은 적법한 양수인임을 주장하고 명의개서를 청구할 수 있는 것이라고

---

147 대법원 1988.10.11. 선고 87누481 판결, 대법원 1992.10.27. 선고 92다16386 판결 외 다수.

148 지명채권양도에 관한 일반원칙에 의할 때 그 양도를 가지고 채무자나 제3자에 대항하기 위해서는 채무자에 대한 통지 또는 승낙을 요한다(민법 제450조 1항).

한다.149

② 제2설 : 민법 제450조 제1항은 지명채권의 양도에 관한 규정인데 이를 주식양도의 경우에 그대로 적용하는 것은 타당하지 않다. 지명채권에서는 채권자의 변경은 채무자 또는 제3자의 이해관계에 영향을 주지만 주식회사에서의 주주의 변경은 그와 같은 의미가 적기 때문이라고 한다. 주권발행 전의 주식양도를 회사에 대하여 대항하기 위해서는 양수인이 회사에 주식양도증서 기타에 의하여 주식양수의 사실의 증명만으로 족하다고 한다(실질적 권리관계의 증명).150 여기서 대항력의 의미에 대하여는 제1설과 같은 태도를 취하고 있다.

③ 판례 : 주주권행사의 대항요건으로는 명의개서를 요구한다고 하고 있으나, 명의개서의 청구에는 실질적 권리관계의 증명에 의하여 회사에 대항할 수 있다고 하여 제2설과 같은 태도를 보여주고 있다.

④ 검토 : 명의개서의 청구에 회사에 대한 통지 또는 승낙을 요한다고 볼 것인가 아니면 실질적 권리관계의 증명만으로 족하다고 볼 것인가가 문제이다. 그런데 특이한 것은 제1설을 취하는 학자들이 또한 공통적으로 주식의 양수사실의 증명에 의하여 명의개서를 청구할 수 있다고 보는 점이다. 그렇다면 실제에 있어서는 거의 제2설의 입장에 따른다고 보겠다.

보건대, 주권이 발행된 경우에는 명의개서를 함에 있어서 주권의 소지가 필요한 것에 상응하여, 주권발행 전의 주식양수인은 다른 방법으로 실질적 권리관계를 증명함으로써 명의개서를 청구할 수 있다고 보아야 할 것이다. 따라서 별도의 통지 등이 필요가 없다고 하겠지만, 양수인의 실질적 권리관계의 증명은 양도인의 증언이나 주식양도증서 등에 의하겠는데, 그 경우에는 그때 통지를 한 것으로 보아도 좋을 것이다(통지나 승낙을 한 경우에도 당연히 인정).

그리고 대항할 수 있다는 것은 회사에 명의개서를 청구할 수 있다는 것이고, 명의개서를 함으로써 주주권행사의 대항력을 가지게 된다.

참조판례

"상법 제337조 제1항에 규정된 주주명부상의 명의개서는 주식의 양수인이 회사에 대한 관계에서 주주의 권리를 행사하기 위한 대항요건에 지나지 않는 것이므로, 회사성립 후 또는 신주의 납입기일 후 6월이 경과하도록 회사가 주권을 발행하지 아니한 경우에 당사자간의 의사표시만으로 주식을 양수한 사람은 특별한 사정이 없는 한 양도인의 협력을 받을 필요없이 단독으로 자신이 주식을 양수한 사실을 증명함으로써 회사에 대하여 그 명의개서를 청구할 수 있다."(대법원 1992.10.27. 선고 92다16386 판결).

---

149 정동윤, (회)269면 ; 정찬형, (회)732면 ; 이철송, (회)376면.
150 강위두, (회)316면 ; 최기원, (상)661면.

2) 제3자에 대한 대항요건

주식양도를 제3자에 대항하기 위해서는 민법규정에 따라 확정일자 있는 증서에 의한 통지 또는 승낙이 필요하다(민법 제450조 제2항)는 것이 통설적 견해이다.

관련사항

- 주권발행 전 : 지명채권양도의 방법(주식양도의 방법) → 지명채권양도의 대항요건 + 실질적 권리관계의 증명(명의개서청구) → 명의개서(회사에 대항 - 주주권행사)
- 주권발행 후 : 주권의 교부(주식양도의 방법) → 주권의 제시(명의개서청구) → 명의개서(회사에 대항 - 주주권행사)

자기주식취득의 제한

1. 의의

회사는 원칙적으로 배당가능이익의 범위내에서 자기의 명의와 계산으로 자기의 주식을 취득할 수 있다. 구 상법상으로는 자기주식취득을 엄격하게 제한하였으나 상법개정으로 자기주식취득제한을 완화한 규정을 두게 됨으로써,[151] 자본시장법[152] 규정과 균형을 이루게 되었다.

---

151 제341조(자기주식의 취득) ① 회사는 다음의 방법에 따라 자기의 명의와 계산으로 자기의 주식을 취득할 수 있다.
1. 거래소에서 시세(時勢)가 있는 주식의 경우에는 거래소에서 취득하는 방법
2. 제345조 제1항의 주식의 상환에 관한 종류주식[이하 "상환주식(償還株式)"이라 한다]의 경우 외에 각 주주가 가진 주식 수에 따라 균등한 조건으로 취득하는 것으로서 대통령령으로 정하는 방법
② 제1항에 따라 자기주식을 취득하려는 회사는 미리 주주총회의 결의로 다음 각 호의 사항을 결정하여야 한다. 다만, 이사회의 결의로 이익배당을 할 수 있다고 정관에서 정하고 있는 경우(재무제표 승인을 이사회에서 하는 경우)에는 이사회의 결의로써 주주총회의 결의를 갈음할 수 있다.
1. 취득할 수 있는 주식의 종류 및 수
2. 취득가액의 총액의 한도
3. 1년을 초과하지 아니하는 범위에서 자기주식을 취득할 수 있는 기간
③ 회사는 해당 영업연도의 결산기에 대차대조표상의 순자산액이 제462조 제1항 각 호의 금액의 합계액에 미치지 못할 우려가 있는 경우에는 제1항에 따른 주식의 취득을 하여서는 아니 된다.
④ 해당 영업연도의 결산기에 대차대조표상의 순자산액이 제462조 제1항 각 호의 금액의 합계액에 미치지 못함에도 불구하고 회사가 제1항에 따라 주식을 취득한 경우 이사는 회사에 대하여 연대하여 그 미치지 못한 금액을 배상할 책임이 있다. 다만, 이사가 제3항의 우려가 없다고 판단하는 때에 주의를 게을리하지 아니하였음을 증명한 경우에는 그러하지 아니하다.
제341조의 2(특정목적에 의한 자기주식의 취득) 회사는 다음 각 호의 어느 하나에 해당하는 경우에는 제341조에도 불구하고 자기의 주식을 취득할 수 있다.
1. 회사의 합병 또는 다른 회사의 영업전부의 양수로 인한 경우
2. 회사의 권리를 실행함에 있어 그 목적을 달성하기 위하여 필요한 경우
3. 단주(端株)의 처리를 위하여 필요한 경우
4. 주주가 주식매수청구권을 행사한 경우

상장기업에 있어서 자기주식취득은 주가관리와 경영권 보호를 위한 장치로 인식되어 왔다. 기업방어를 위한 수단으로 자기주식취득이 이용되었지만, 이는 비용이 많이 들고 또한 자기주식 자체로는 의결권이 인정되지 않기 때문에 효율적인 방어책으로서의 의미를 가지기 어려웠다. 따라서 미국에서의 포이즌 필과 같은 방어수단의 도입이 주장되기도 하였다.

관련사항

구 상법은 제341조에서 "회사는 자기의 계산으로 자기주식을 취득하지 못한다."고 규정하고 있었다. 자기주식취득을 규제한 논거로 ① 자기주식취득은 실질적으로 출자의 환급이 되므로 자본금충실의 원칙에 반한다. ② 회사는 기업위험의 부담 외에 주가변동에 의한 위험을 이중으로 부담하게 된다. ③ 회사가 자기주식을 매입하는 가격이나 방법에 따라서 일부 주주에게 부당하게 이익이 되거나 해가 되어 주주평등의 원칙에 반한다. ④ 회사의 내부자에 의한 투기거래로 악용될 우려가 있다는 점 등을 들고 있다.

2. 자기주식취득의 요건

(1) 취득의 방법

회사는 다음의 방법에 따라 자기의 명의와 계산으로 자기의 주식을 취득할 수 있다(상법 제341조 제1항).153 ① 거래소에서 시세가 있는 주식의 경우에는 거래소에서 취득하는 방법 ② 상환주식의 경우 외에 각 주주가 가진 주식 수에 따라 균등한 조건으로 취득하는 것으로서 대통령령으로 정하는 방법

(2) 취득의 절차

자기주식을 취득하려는 회사는 미리 주주총회의 결의로 다음의 사항을 결정하여야 한다(상법 제341조 제2항). 다만, 이사회의 결의로 이익배당을 할 수 있다고 정관에서 정하고 있는 경우(재무제표 승인을 이사회에서 하는 경우)에는 이사회의 결의로써 주주총회의 결의를 갈음할 수 있다. ① 취득할 수 있는 주식의 종류 및 수 ② 취득가액의 총액의 한도 ③ 1년을 초과하지 아니하는 범위에서 자기주식을 취득할 수 있는 기간

제342조(자기주식의 처분) 회사가 보유하는 자기의 주식을 처분하는 경우에 다음 각 호의 사항으로서 정관에 규정이 없는 것은 이사회가 결정한다.
1. 처분할 주식의 종류와 수
2. 처분할 주식의 처분가액과 대가의 지급일
3. 주식을 처분할 상대방 및 처분방법

152 상장법인의 경우에는 자본시장법상 배당가능이익의 범위안에서는 제한없이 자기주식의 취득이 인정되고 있었다(자본시장법 제165조의 2).

153 개정 상법은 "주권상장법인은 해당 법인의 명의와 계산으로 자기주식을 취득할 수 있다."고 규정한 자본시장법(제165조의 2 제1항)과 같은 내용이다.

(3) 취득의 제한

회사는 해당 영업연도의 결산기에 대차대조표상의 순자산액이 상법 제462조 제1항 각호[154]의 금액의 합계액에 미치지 못할 우려가 있는 경우에는 자기주식의 취득을 하여서는 아니 된다(상법 제341조 제3항). 즉 배당가능이익의 범위 내에서만 자기주식의 취득이 가능하다.

배당가능이익이 없음에도 불구하고 회사가 자기주식을 취득한 경우에 이사는 회사에 대하여 연대하여 그 미치지 못한 금액을 배상할 책임이 있다. 다만, 이사가 위 제3항의 우려가 없다고 판단하는 때에 주의를 게을리하지 아니하였음을 증명한 경우에는 그러하지 아니하다(상법 제341조 제4항).

관련사항 **배당가능이익**

- 순자산액 : 자산 - 부채
- 상법 제462조 제1항의 합계액 : 자본금, 자본준비금과 이익준비금, 그 결산기에 적립해야 할 이익준비금, 미실현이익
- 배당가능이익 : 순자산액 - 상법 제462조 제1항의 합계액

3. 자기주식취득규제에 대한 예외[155]

회사는 다음의 어느 하나에 해당하는 경우에는 상법 제341조에도 불구하고 자기의 주식을 취득할 수 있다(상법 제341조의 2). 즉 자기주식취득의 방법, 절차나 한도제한에 관한 규정에 따르지 않는다. ① 회사의 합병 또는 다른 회사의 영업전부의 양수로 인한 경우 ② 회사의 권리를 실행함에 있어 그 목적을 달성하기 위하여 필요한 경우 ③ 단주의 처리를 위하여 필요한 경우 ④ 주주가 주식매수청구권을 행사한 경우

여기서 구 상법상 자기주식취득금지에 대하여 예외로 인정되던 소각을 위한 취득은 제외되는데, 소각을 위해서는 배당가능이익의 범위 내에서 자기주식을 취득하여 이사회의 결의로 자기주식을 소각하면 된다(상법 제343조 제1항 단서).

자기주식취득금지에 대한 예외는 앞에서 본 자기주식취득에 대한 규제의 이유와 관련하여

---

154 자본금, 자본준비금과 이익준비금, 그 결산기에 적립해야 할 이익준비금, 미실현이익을 말한다.

155 구 상법상으로도 자기주식취득금지는 상법상 일정한 예외가 인정되었는데, 주식을 소각하기 위한 때, 회사의 합병 또는 다른 회사의 영업의 전부의 양수로 인한 때, 회사의 권리를 실행함에 있어 그 목적을 달성하기 위하여 필요한 때, 단주의 처리를 위하여 필요한 때, 주주가 주식매수청구권을 행사한 때(구 상법 제341조)에 예외가 인정되었다. 또 자기주식방식에 의하여 주식매수선택권을 부여받을 자에게 양도하기 위하여 자기주식을 취득할 수 있고 또 퇴임·퇴직하는 이사·감사 또는 피용자로부터 그 주식을 양수할 수 있었다(배당가능이익의 한도 내, 발행주식총수의 100분의 10 이내)(구 상법 제341조의 2). 이렇게 취득한 자기주식은 상당한 시기내에 처분하여야 했다.

그러한 위험이 없을 때에는 해석상으로도 이를 인정할 수 있을 것이다. 예를 들면 신탁회사나 위탁매매인이 영업상 자기주식을 취득하는 경우, 회사가 무상으로 자기주식을 취득하는 경우 등이다.

4. 자기주식의 처분

자기주식에 있어서 그 처분이 문제되는데, 이에 대하여 개정 상법에서는 자기주식의 처분에 관한 사항을 '정관에 규정이 없는 것은 이사회가 결정'하도록 하여, 처분 상대방 등을 이사회에서 자율적으로 결정할 수 있도록 하고 있다(상법 제342조).[156] 그런데 자기주식을 제3자에게 처분하는 것은 신주의 제3자배정증자와 유사한 의미를 가진다. 즉 자기주식은 의결권행사가 제한되지만 제3자에게 처분함으로써 의결권이 부활하고, 이는 마치 기존주주의 입장에서 지분비율의 감소를 가져오는 것과 같은 효과를 가지므로 자기주식의 처분에는 일정한 제한이 필요하다 할 것이다.

관련사항 **주식의 소각**

감자소각과 이사회결의에 의한 자기주식의 소각이 인정 → 자기주식 소각의 경우 소각이 되어도 자본금이 감소되는 것은 아님(감자절차에 의한 소각이 아님)

5. 자기주식취득규제에 위반한 행위의 효력

(1) 구 상법상의 논의

① 무효설(판례[157]) : 위법한 자기주식의 취득은 강행법규에 반하고 또 자본금충실의 원칙에 반하므로 무효라고 한다.[158]

② 상대적 무효설 : 위법한 자기주식취득은 원칙적으로 무효이나, 거래의 안전을 위하여 일정한 경우에는 예외를 인정한다. 이에는 첫째, 회사가 타인의 명의로 취득하는 경우와 자회사가 모회사의 주식을 취득하는 경우에는 상대방의 보호를 위하여 상대방이 선의인 한 유효라고 하는 설(부분적 무효설이라고도 한다),[159] 둘째, 자기주식취득금지규정에

---

156 자본시장법에서도 주식매수선택권의 행사에 따른 자기주식처분 등을 제외하고 이사회결의를 거쳐 그 내용을 정하도록 하고 있다(자본시장법 시행령 176조의 2 제1항). 그런데 자기주식의 처분방법에 대하여는 상법 제341조 제1항에 따르도록 하였으므로, 거래소에서의 처분이나 모든 주주에게 균등한 조건으로 처분하여야 한다. 그런데 실제 경영권분쟁이 발생하는 경우에 대상회사는 자기주식을 우호적 제3자에게 처분하는 방안을 검토하고는 한다. 예를 들면 삼성물산은 2015.6.11. 우호적 지분 확대를 통한 원활한 합병진행을 위하여 자기주식 899만주(지분율 5.76%)를 주식회사 KCC에 처분하였다.

157 대법원 1964.11.12. 선고 64마719 판결 등.

158 정찬형, (상)742면 ; 정동윤, (회)249면 ; 최기원, (상)669면 ; 이기수 외, (회)272면.

159 강위두, (회)322면 ; 손주찬, (상)659면.

의해서 보호받아야 할 자는 회사·채권자 및 주주이므로, 양도인은 선의·악의를 불문하고 취득행위의 무효를 주장하지 못하고, 또 거래의 안전을 위하여 회사·회사채권자 및 주주도 양도인이 선의인 경우에는 무효를 주장하지 못한다는 설,[160] 셋째, 위 취득행위는 상대방의 선의·악의를 묻지 않고 원칙적으로 무효이지만, 다만 선의의 제3자(자기주식을 처분시 그 주식의 취득자, 압류권자 등)에게 무효를 대항하지 못한다고 하는 설 등이 있다.[161]

③ 유효설 : 주식유통의 동적 안전을 중요시하여 자기주식취득금지에 관한 규정을 명령규정으로 보아, 이에 위반한 자기주식의 취득은 유효하고 다만 위법행위를 한 이사가 회사에 대하여 책임을 진다고 한다.

④ 검토 : 회사가 타인의 명의로 자기주식을 취득하는 경우나 자회사가 모회사의 주식을 취득하는 경우를 보면 상대방의 입장에서는 매도상대방과 그 대상주식의 회사가 서로 틀릴 것이므로 선의의 가능성이 크다. 따라서 이런 경우에는 거래의 안전의 관점에서 그 자기주식취득을 무효로 보아서는 안 될 것이다. 그러나 이 설은 추가로 상대방의 선의가 요구된다고 한다. 그러나 상대적 무효설 중 둘째의 견해는 이렇게 범위에 제한을 두지 않고 상대방이 선의인 경우에 보호하므로 오히려 그 보호범위가 넓다. 거래상대방의 보호범위를 넓힌다는 점에서 둘째 견해가 타당하다고 본다.

(2) 개정법하에서의 효력

자기주식취득에 대하여 원칙적 금지에서 원칙적 허용으로 법개정이 이루어진 현행 상법의 태도에 따를 때 그 위반에 대한 법적 효력도 이를 달리 보아야 할 것이다. 따라서 위법한 자기주식취득을 세 가지 분류로 나누어서 살펴본다.

1) 배당가능이익[162]이 없는데 자기주식을 취득한 경우

상법에서는 이 경우 이사와 회사의 손해배상책임에 대하여만 규정하고 있다(상법 제341조 제4항). 자본시장법에서는 "주권상장법인은 이익배당을 할 수 있는 한도 등의 감소로 배당가능이익의 범위를 초과하여 자기주식을 취득하게 된 경우에는 그날부터 대통령령으로 정하는 기간이내에 그 초과분을 처분하여야 한다."고 규정하고 있다(자본시장법 제165조의 2 제5항).

이때는 원칙적으로 무효로 보아야 할 것이나, 취득한 자기주식 중 재원규제를 위반한 부분과

---

160 정희철, (상)426면.

161 이철송, (회)394면.

162 대차대조표상의 순자산액으로부터 ① 배당금 ② 그 결산기까지 적립된 법정준비금 ③ 그 결산기에 적립하여야 할 이익준비금의 합계액을 공제한 금액. 여기에 대통령령으로 정하는 미실현이익도 공제하여야 한다(상법 462조 제1항 제4호).

그렇지 않은 부분을 구별하는 것이 현실적으로 불가능할 수 있다는 점과 자본시장법상 배당가능이익의 한도감소로 인하여 초과 취득하게 된 자기주식을 무효로 하지 않고 3년 이내에 초과분을 처분하도록 하고 있는 점(자본시장법 제165조의 2 제5항)을 고려하면 유효로 볼 수밖에 없을 것이라는 견해, 배당가능이익한도를 초과한 부분만 무효로 보아야 한다는 견해 등이 있다.

보건대, 이는 마치 위법배당을 한 것과 같은 효과를 가지게 된다. 따라서 채권자보호의 취지에 벗어나는 이러한 자기주식취득은 원칙적으로 무효로 봄이 타당하다. 그러나 이때에도 양도인의 입장에서는 배당가능이익의 범위내라는 것이 회사내부의 사정이므로 이를 알기 어렵다. 따라서 상대적 무효설의 입장에 따라 양도인이 선의인 경우에는 이를 주장하지 못한다고 할 것이다.

2) 주주총회결의 등 절차적 요건을 결한 경우

개정 상법하에서 이러한 절차적 요건을 위반한 자기주식취득에 대해서도 여전히 무효로 볼 수 있는지 의문이다. 이때에는 자기주식취득의 제한에 대한 완화를 반영하고, 거래상대방의 입장에서는 회사내부의 절차이행 여부를 확인하기 어렵기 때문에 거래상대방 보호를 위해서 규제에 위반한 자기주식취득도 유효하다고 본다. 다만 이를 유효하다고 하여도 의결권 등 주주권을 행사할 수는 없다.

3) 주주평등의 원칙에 반한 자기주식취득 등의 경우

자기주식을 취득하는 방법에 있어서 주주평등의 원칙에 위반한 자기주식취득은 무효라 하겠다. 다만 이때에도 선의의 상대방에 대하여는 이를 주장하지 못한다고 할 것이다.

6. 자기주식의 지위

회사는 자기주식에 대하여 의결권을 행사할 수 없다(상법 제369조 제2항), 또 의결권 외의 공익권도 성질상 인정될 수 없다는데 대해서는 학설상 이론이 없다.

자익권에 관하여 학설은 이익배당청구권이나 잔여재산분배청구권 등의 재산권은 행사할 수 있다고도 하나(부분적 휴지설 : 신주발행이나 준비금의 자본금전입시에 신주인수권도 인정), 자익권도 공익권과 같이 행사할 수 없다고 보는 것(전면적 휴지설)이 통설의 입장이다.

주주권이란 원래 회사 이외의 주주를 위하여 인정되는 권리이므로 회사 자신이 자기의 주주로서 권리를 행사할 수 없는 것은 당연하므로 전면적 휴지설의 입장이 타당하다.

회사의 자기주식은 주주총회의 정족수의 계산에 있어서 발행주식의 총수에서 제외된다(상법 제371조 제1항).

자기주식의 질취

자기주식취득의 제한을 잠탈하기 위하여 질취의 형식을 취할 가능성이 있다. 따라서 이를 허용하면 자기주식취득의 제한의 법취지가 몰각될 위험이 있기에 자기주식의 질취에 대하여도 금지한다. 다만 전면적으로 금지하면 가령 채무자가 회사의 주식 외에 담보물이 없는 경우에 이를 담보로 할 수 없게 되므로, 그 규제를 완화해서 '발행주식총수의 20분의 1을 초과하지 않는 범위'에서 자기주식의 질취를 인정한다(상법 제341조의 3).

그리고 예외적으로 회사의 합병 또는 다른 회사의 영업전부의 양수로 인한 때, 회사의 권리를 실행함에 있어서 그 목적을 달성하기 위하여 필요한 때는 자기주식의 질취가 제한없이 허용된다(상법 제341조의 3).

주식의 상호보유의 금지

1. 의의

회사간의 주식의 상호보유는 기업간의 업무상 또는 기술상의 제휴를 도모하기 위하여, 계열기업 내의 각 기업 상호간의 결합관계를 강화하기 위하여 이용된다. 그러나 주식의 상호보유는 다음과 같은 문제점이 있게 된다. ① 출자의 환급으로 인한 자본금의 공동화 ② 회사지배의 왜곡화 내지 주주총회결의의 왜곡화 ③ 법인주주가 주축이 되어 사단성의 파괴 ④ 주가조작과 내부자거래의 위험 ⑤ 대기업의 문어발식 확장으로 중소기업을 잠탈할 우려 ⑥ 순환출자 등으로 모회사 자본금의 과다계상 등

이에 우리 상법에서는 주식의 상호보유를 규제하고 있다. 그러나 단순상호보유만 제한하고(상법 제342조의 2), 환상적 상호보유(순환출자 : A → B, B → C, C → A)는 기술상의 어려움으로 제한하지 않고 있다.

주식의 상호보유의 금지는 모·자회사간의 상호보유(주식취득금지)와 비모·자회사간의 상호보유규제[의결권제한 : A(B주식 10% 이상 보유) → B에 통지 ⇒ B가 보유하는 A회사 주식은 의결권이 없다]로 나눌 수 있다.

2. 모·자회사의 기준

다른 회사의 발행주식총수의 100분의 50을 초과하는 주식을 가진 회사를 모회사라 하고, 그 다른 회사를 자회사라 한다(상법 제342조의 2). 자회사가 다른 회사의 발행주식총수의

100분의 50이상을 보유하거나, 모회사와 자회사가 합하여 다른 회사의 발행주식총수의 100분의 50이상을 보유하는 경우 그 다른 회사를 모회사의 자회사로 본다. 이를 손회사라고도 한다. 여기에 덧붙여 손회사의 자회사에 대하여도 같이 해석할 것이다.

3. 주식취득의 제한

자회사 또는 손회사는 모회사의 주식을 취득할 수 없다(상법 제342조의 2).[163] 그러나 주식의 질취는 담보로 취득하는 것이므로 허용할 것이다(자기주식취득과 같은 취지에서의 반대설 있음).

다만 예외적으로 주식의 포괄적 교환, 주식의 포괄적 이전[지주회사(완전모회사)가 만들어 짐 - 자회사의 주주들에게 모회사주식을 지급하기 위하여], 회사의 합병 또는 다른 회사의 영업전부의 양수로 인한 때(자회사가 모회사주식을 가지고 있는 다른 회사에 대하여 합병 등을 하는 경우), 자회사가 그 권리를 실행함에 있어 목적을 달성하기 위하여 필요한 경우(강제집행 등)에 모회사주식의 취득이 가능하다(상법 제342조의 2 제1항).

개정 상법에는 삼각합병 등을 위한 모회사주식취득도 허용하고 있는데, 합병대가가 모회사주식인 경우의 특칙으로 "제342조의 2에도 불구하고 제523조 4호에 따라 소멸하는 회사의 주주에게 제공하는 재산이 존속하는 회사의 모회사주식을 포함하는 경우에는 존속하는 회사는 그 지급을 위하여 모회사주식을 취득할 수 있다."(상법 제523조의 2)고 규정하고 있다.

그 외에도 해석상 예외가 인정되는 것으로, 신탁회사나 위탁매매인이 영업상 모회사의 주식을 취득하는 경우, 자회사가 무상으로 모회사주식을 취득하는 경우를 들 수 있다.

예외적으로 모회사의 주식을 취득한 경우에 6개월 내에 처분하여야 한다(상법 제342조의 2 제2항).

자회사가 보유한 모회사의 주식은 그 권리의 행사가 일체 휴지된다. 또한 의결권이 없으므로 정족수 계산에서 발행주식총수에 산입되지 않는다(상법 제371조 제1항).

4. 의결권행사의 제한

회사, 모회사 및 자회사, 또는 자회사가 다른 회사의 발행주식총수의 10%를 초과하는 주식을 보유하고 있는 경우에 그 다른 회사가 보유하고 있는 회사 또는 모회사의 주식은 의결권이 없다(상법 제369조 제3항). 회사가 다른 회사의 발행주식총수의 10분의 1을 초과하여 취득한 때에는 다른 회사에 대하여 지체없이 이를 통지하여야 한다.

이때 통지의무를 해태한 경우에 그 보유주식의 의결권행사가 인정될 것인가가 문제될 수

---

163 구 증권거래법상으로도 제한이 있었으나 삭제되었다.

있는데,164 상대회사가 가진 주식은 통지의무의 이행유무에 불구하고 의결권행사가 인정되지 않는다고 본다. 비모·자회사간의 의결권행사의 금지는 주식을 취득하였다는 사실에 기초하여 인정되는 것으로 볼 것이며, 통지의무이행을 전제로 의결권행사가 금지되는 것은 아니기 때문이다.

5. 효과

주식의 상호보유규제에 위반한 경우의 효과에 대하여 자기주식취득과 같이 볼 것이다. 학설은 무효설, 상대적 무효설, 부분적 무효설이 있으나, 상대적 무효설에 따라 양도인이 선의인 경우에는 자회사의 모회사주식취득에 대하여 그 무효를 주장하지 못한다고 할 것이다.

정관상의 주식양도제한

1. 의의

정관에 주식의 양도는 이사회의 승인을 얻어야 한다고 정할 수 있다(상법 제335조). 다만 자본금총액 10억원 미만인 회사는 이사회가 없으므로 주주총회가 이를 대신한다.

이는 소규모 주식회사에 있어서 주주간의 상호신뢰와 바라지 않는 자의 참여를 배제하기 위한 것으로, 결과적으로 회사경영의 안전을 도모하고자 하는 것이다. 그러나 투자자금을 회수하고자 하는 주주의 이익에 반하는 면이 있다. 따라서 상법은 정관에 의한 주식양도의 제한을 인정하면서, 제한되는 경우에 주주의 자금회수의 방법과 절차에 대하여 규정하고 있다.

2. 주주의 권리

정관에 의하여 주식양도가 제한되는 경우에 양도인·양수인은 회사에 대하여 양도승인청구, 양도상대방지정청구 또는 주식매수청구를 할 수 있다.

3. 절차

① 주주의 승인청구[양도인과 양수인이 다 승인청구를 할 수 있다(상법 제335조의 7)] ② 이사회의 결의에 의한 양도승인·거절 ③ 승인거절의 경우 : ⓐ 양도상대방지정청구[2주내

---

164 통지의무위반의 경우 효과에 대하여는 입법의 미비가 있다면서, 당초의 입법목적이 기습적인 의결권행사의 방지에 있는 만큼 통지를 게을리한 경우에는 자신이 보유한 주식의 의결권을 행사할 수 없다고 주장한다(이철송, (회)339면).

지정통지 않을 때(회사가) → 승인 있는 것으로 봄] ⇒ 지정된 상대방은 선매권 가짐[10내에 청구가 - 매수청구 않을 때(상대방이) - 이사회 승인 있는 것으로 봄] → 매수가액은 협의를 원칙 ⇒ 반대시 법원에 가액결정을 청구(법원은 회사의 재산상태 그 밖의 사정을 참작하여 공정한 가액으로 이를 산정하여야 한다) ⓑ 주식매수청구[(20일 내에 회사에 대하여 : 매수가액은 협의를 원칙 → 법원에 매수가액결정을 청구)] ⓒ 양 권리는 선택적으로 행사할 수 있다.

4. 위반시의 효력

정관에 위반한 주식양도는 회사에 대하여 효력이 없다. 그러나 당사자간에는 유효하다(통설).165

관련사항

- 주식의 양도의 방법
  ① 주권발행 전 : 지명채권양도의 일반원칙에 따라 당사자의 의사표시에 의함
  ② 주권발행 후 : 주권의 교부
- 주식양도의 대항요건
  ① 회사에 대한 대항요건
    (i) 주권발행 전 : 통지 또는 승낙, 양수인이 회사에 주식양도증서 기타에 의하여 주식양도 사실을 증명 ⇒ 대항은 회사에 대여 적법한 주주라는 것을 주장하고 명의개서를 청구할 수 있다는 것(주주권행사를 위하여는 명의개서가 요구됨)
    (ii) 주권발행 후 : 명의개서(주주권행사의 대항요건)
  ② 제3자에 대한 대항요건은 주권의 소지이다(주권발행 전에는 확정일자 있는 증서에 의한 통지나 승낙이 요구됨).

명의개서

1. 의의

기명주식의 양도는 주권의 교부에 의하나 그 취득을 회사에 대항하기 위해서는 주주명부에 주주의 성명과 주소를 기재하여야 한다(상법 제337조 제1항). 이를 명의개서라고 하며, 개정 상법에서 도입한 전자주주명부도 같게 볼 것이다.

명의개서를 요구하는 것은 주주명부의 정확과 업무처리의 신속을 기하고 주주의 회사에

165 최준선교수는 주식의 양도를 제한하는 목적은 양도인 이외의 다른 주주의 이익을 보호하기 위한 것이므로 양수인이 주주의 권리를 행사할 수 없는 한 당사자 사이의 효력까지 부정할 필요는 없기 때문이라고 한다(최준선, (회)251면).

대한 지위를 명확화·획일화를 기하기 위한 것이다. 예를 들어 주주총회의 소집이나 배당금의 지급시에 회사가 일일이 주주를 확인하는 것은 어려움이 있으므로, 주주명부의 기재를 통하여 이를 일괄적으로 처리할 수 있다.

명의개서는 주식이 상속·합병 등 포괄승계된 경우에도 하여야 한다.

2. 절차

주주가 명의개서를 청구할 때에는 회사에 주권을 제시하여야 한다. 주권의 소지인은 적법한 소지인으로 추정되므로(상법 제336조 제2항), 실질적 권리를 증명할 필요는 없다.

회사는 명의개서를 함에 있어서 형식적 심사권을 가지나 실질적 심사권은 가지지 않는다(통설).

3. 명의개서의 효력

(1) 자격수여적 효력

주주명부에 기재(명의개서)를 하게 되면 주주로 추정되어 자기가 실질적 권리자라는 것을 증명하지 않고서도 적법한 주주로서의 권리를 행사할 수 있게 되는 자격수여적 효력을 가지게 된다.

여기서 자격수여적 효력이란 주주로서의 추정력을 인정하는 것이지 그 외에 주주명부의 기재에 의해 주주로서의 창설적 효력이 인정되는 것은 아니라는 것이 통설·판례**166**의 입장이다. 그러므로 실체법상 주식을 취득하지 못한 자가 명의개서를 하였다고 해서 주주권을 취득하는 것은 아니다.

이렇게 주주명부의 기재에 의하여 주주권이 추정될 뿐이므로 회사는 실질적 권리가 없다는 것을 증명한 경우에는 그 권리행사를 거절할 수 있다.

(2) 면책력

명의개서에 의하여 주주명부에 기재된 자는 주주로 추정되기 때문에 회사로서도 명의상의 주주를 적법한 주주로 인정하여 배당금청구권, 의결권, 신주인수권 등 주주의 권리를 인정하면 그가 비록 진정한 권리자가 아니라도 책임을 면하는 면책력이 인정된다.

다만 이러한 면책력도 절대적인 것은 아니고 회사가 주주명부상의 주주가 실질적으로 주식을 취득하지 아니하였다는 사실을 용이하게 증명할 수 있는데도 악의 또는 중대한 과실로

---

166 대법원 1989.7.11. 선고 89다카5345 결정.

그의 권리행사를 인정한 때에는 면책되지 아니한다. 기존의 판례도 같은 태도로서 "회사가 주주명부상 주주가 형식주주에 불과하다는 것을 알았거나 중대한 과실로 알지 못하였고 또한 이를 용이하게 증명하여 의결권행사를 거절할 수 있었음에도 의결권행사를 용인하거나 의결권을 행사하게 한 경우에 그 의결권행사가 위법하게 된다."고 하였다.[167] 그런데 최근의 판례[168]에서 기존의 판례의 태도를 변경한다고 명시하였다.

그리고 주식이 양도된 경우를 보면, 다음의 대항력과의 관계에서 명의개서 전의 주식양수인은 회사에 대해서 대항하지 못하므로, 회사는 비록 주식양도사실을 알고 있다고 하더라도 주주명부상 주주인 양도인을 주주로 취급하고 양수인을 주주로 취급하지 않아도 문제되지 않는다. 이 경우에도 최근의 판례에서 회사는 주주명부의 기재와 달리 양수인을 주주로 취급할 수 없다고 하였다.[169]

참조판례

위 판결에서 "회사가 주주명부상 주주가 형식주주에 불과하다는 것을 알았거나 중대한 과실로 알지 못하였고 또한 이를 용이하게 증명하여 의결권행사를 거절할 수 있었음에도 의결권행사를 용인하거나 의결권을 행사하게 한 경우에 그 의결권행사가 위법하게 된다." 는 취지로 판시한 대법원 1998.9.8. 선고 96다45818 판결, 대법원 1998.9.8. 선고 96다48671판결 등을 변경한다고 명시하고 있다. 이 취지를 넓게 해석하면 사실상 면책력이란 의미를 가지기 어려운 것으로 주주명부의 기재에 따라 주주권행사의 기회를 제공해야 하는 것으로 볼 수 있다. 그러나 위에서 제시한 판례는 모두 타인명의로 주식을 인수한 경우에 해당하는 것으로 차명주주의 경우에 주주명부의 기재에 따르는 것으로 본다는 취지로 볼 것이고, 앞에서 본 바와 같이 그 외에 모든 경우에 주주명부의 기재대로 주주권의 행사기회를 제공해야 하는 것으로 볼 필요는 없다고 본다. 즉 면책력이 인정되는 것은 주주명부의 기재가 적법하게 이루어진 경우에 한한다. 예를 들면 도난, 분실물과 같은 경우에 명의개서를 하였다고 하여 권리추정력이 인정되지 않고, 이러한 사정을 알고 있는 회사가 주주명부에 따라 권리행사의 기회를 제공하였다면 면책력이 인정되지 않는다.

(3) 대항력

기명주식의 양도는 주주명부에 명의개서를 하여야 주식양수인이 회사에 대하여 대항할 수 있다(상법 제337조 1항). 주식의 양도뿐만 아니라 상속·합병 등 포괄승계된 경우에도 마찬가지이다.

명의개서를 하지 아니한 주식양수인은 주식양도계약의 내용에 따라 양도인에 대하여 권리행사의 결과를 이전해 줄 것을 청구할 수 있는 채권자로서의 지위를 가질 뿐이다. 그러나 대항력은 회사에 대한 관계에서의 문제이기 때문에 주식양도인이나 제3자에 대하여는 실질적

167 대법원 1998. 9. 8. 선고 96다45818 판결, 대법원 1998. 9. 8. 선고 96다48671판결 등

168 대법원 2017.3.23. 선고 2015다248342 판결.

169 대법원 2017.3.23. 선고 2015다248342 판결.

으로 주식을 취득한 자는 명의개서와 관계없이 주주임을 주장할 수 있다.

4. 명의개서 전의 주식양수인의 지위

(1) 주주로서 권리인정 여부

회사가 명의개서를 하지 않은 주식양수인에 대하여 스스로 주주로서 권리를 인정해 줄 수 있는지가 문제되는데, 이에 대하여 부정설(쌍방적 구속설)과 긍정설(편면적 구속설)의 대립이 있다.

1) 학설

① 부정설 : 상법 제337조는 변동이 심한 다수 주주의 회사에 대한 관계를 획일적으로 확정하기 위한 것인데 회사가 실질상의 주주를 주주로 취급할 수 있다고 하면 그 존재 이유를 설명할 수 없으며, 회사에게 명의상의 주주와 실질상의 주주 중에서 주주로서 권리를 행사할 자를 임의로 선택할 수 있는 자유를 인정하게 되어 부당하다고 한다.[170]

② 긍정설 : 상법 제337조 제1항의 규정취지를 집단적 주주에 관한 법률관계 처리의 편의를 위한 것으로 보고, 명의개서를 하지 않은 경우 회사에 대항하지 못할 뿐이어서 회사가 주주명부의 면책력을 포기하여 자기의 위험부담으로 실질상의 주주를 주주로 취급하는 것을 굳이 막을 필요가 없으며, 부정설에 의할 때 주식을 이전하여 이제 전혀 이해관계가 없게 된 명의상의 주주가 의결권을 행사하게 되어 타당하지 않다고 한다.[171]

2) 판례

이전에 대법원은 "제337조의 규정은 주주권 이전의 효력요건을 정한 것이 아니고 회사에 대한 관계에서 누가 주주로 인정되느냐 하는 주주의 자격을 정한 것으로서 기명주식의 취득자가 주주명부상의 주주명의를 개서하지 아니하면 스스로 회사에 대하여 주주권을 주장할 수 없다는 의미이고, 명의개서를 하지 아니한 실질상의 주주를 회사측에서 주주로 인정하는 것은 무방하다고 해석할 것이다"[172]고 하여 회사가 명의개서를 하지 않은 주식양수인에 대하여 스스로 주주로서 권리를 인정해 줄 수 있다고 하였다.

그러나 최근 태도를 바꾸어 "회사에 대한 관계에서는 주주명부상 주주만이 주주로서 의결권 등 주주권을 적법하게 행사할 수 있다."고 하여 주주명부에 기재되지 아니한 자의 주주권 행사를 인정할 수 없다고 하였다.[173]

---

170 강위두, (회)348면 ; 최기원, (회)705면 ; 이철송, (회)351면.
171 정동윤, (회)276면 ; 손주찬, (상)673면 ; 정찬형, (상)758면 ; 이기수 외, (회)284면,
172 대법원 1989.10.24. 선고 89다카14714 판결.
173 대법원 2017.3.23. 선고 2015다248342 판결.

3) 검토

최근의 판례는 주주명부의 기재를 우선하는 형식주의를 취하고 있지만, 상법은 명의개서를 하지 않으면 “회사에 대항하지 못한다.”고 규정하고 있으므로 문언에 따라 대항의 의미를 해석한다면 회사에 대하여 주주권행사를 주장하지 못하므로 회사가 스스로 주주의 지위를 인정하는 것은 가능하다고 볼 수 있다. 이는 “회사에 대하여 효력이 없다.”고 규정한 권리주 양도나 주권발행 전의 주식양수인의 지위와 구별되는 부분이다. 또한 최근 판례의 입장은 주주명부상의 주주에게는 실질적인 주주가 아니라고 권리를 부인하고 실질적인 주주에게는 명의개서를 하지 아니하였다고 권리를 부인할 수도 있게 되어 부당하다고도 하지만, 상법의 규정은 기명주식 이전의 대항요건이므로 주식양수인의 권리를 부인하는 경우 주식양도인의 권리마저 부인할 수는 없다.

(2) 명의개서의 부당거절

회사가 정당한 사유없이 명의개서를 거절한 경우에 실질상의 주주는 명의개서를 하지 아니하고도 주주권을 행사할 수 있는지가 문제 된다.

① 부정설은 이를 인정하면 다수의 주주관계를 집단적·획일적으로 처리하려는 명의개서제도의 취지가 몰각되고 또 거절이 정당한가의 여부를 객관적으로 판단하기가 어렵다고 한다.

② 긍정설은 이 경우에는 주주명부의 면책력을 인정할 실질적 이유가 없고, 명의개서의 의무를 해태한 회사가 그 불이익을 실질상의 주주에게 돌리는 것은 신의칙에 반하므로 이를 인정할 것이라고 한다(통설·판례[174]).

③ 긍정설의 입장이 타당하다고 본다. 최근 주주명부기재의 효력과 관련하여 형식주의로 변경한 대법원판결에서도 형식에 의한 주주 인정에 대한 예외로 명의개서의 부당거절을 예로 들고 있다. 여기서 “주주명부에 기재를 마치지 않고도 회사에 대한 관계에서 주주권을 행사할 수 있는 경우는 주주명부에의 기재 또는 명의개서청구가 부당하게 지연되거나 거절되었다는 등의 극히 예외적인 사정이 인정되는 경우에 한한다.”고 하였다.[175]

주권의 선의취득

1. 의의

일반원칙에 따를 때 양도인이 무권리자이면 양수인은 그 권리를 취득할 수 없다. 그러나

---

174 대법원 1993.7.13. 선고 92다40952 판결.
175 대법원 2017.3.23. 선고 2015다248342 판결.

주식거래의 안전의 관점에서 주권의 적법한 소지인으로부터 주권의 교부에 의하여 주권을 취득한 자는 악의 또는 중대한 과실이 없는 한 무권리자로부터 취득하였더라도 주식을 취득한 것으로 한다(수표법 제21조, 상법 제359조). 이를 주권의 선의취득이라고 하며, 이는 주식거래의 동적 안전을 보호하기 위한 것이다.

주권의 선의취득은 동산의 선의취득보다 요건을 완화하고 있다(경과실도 보호되며, 도난·유실물에 대한 예외가 없음).

2. 요건

(1) 주권의 상실

법조문상 "사유 여하를 불문하고 주권의 점유를 상실한 자"라 하고 있으며(수표법 제21조), 도난·유실물에 대한 예외조항이 없다.

(2) 주권의 유효

위조된 주권이나 제권판결이 있는 주권은 선의취득이 인정되지 않는다. 주권의 효력발생시기는 교부시설에 의한다. 따라서 교부계약이 이루어지기 전에 유통된 경우 선의취득이 되지 않는다.

(3) 주식의 유통방법에 의한 취득

주권의 선의취득은 거래의 안전을 도모하기 위한 것이다. 따라서 주식의 유통방법에 의하여 취득하여야 하는데, 주식의 양도는 주권의 교부에 의한다. 교부는 현실의 인도, 간이인도, 반환청구권의 양도도 포함한다, 그러나 점유개정(합의로 양도인이 점유를 계속)은 외관상 권리상태가 변경되지 않기 때문에 포함되지 않는다.

(4) 무권리자로부터 취득

1) 의의

주권의 선의취득과 관련하여 상법 제359조에서 수표법의 규정을 준용하도록 하고 있는데, 수표법 제21조상 선의취득의 요건으로서 '사유 여하를 불문하고 점유를 잃은 자'의 해석과 관련하여 그 범위를 어디까지 인정할 것인가가 문제가 된다.

2) 학설

① 무권리자한정설 : 위 범위속에서 양도인을 제외하는 견해이다. 이 견해에 따르면 선의취득은 양도인의 형식적 자격을 신뢰하는 자를 보호하기 위한 것이고, 그 형식적 자격은

최종의 주권소지인을 권리자로 추정할 뿐이지 그 외에 그의 행위능력이나 대리권의 존재 등을 추정하는 것은 아니므로 양도인이 무권리자인 경우에 한정하여 선의취득이 인정된다는 견해이다.[176]

② 무효·취소포함설 : 위 범위속에 양도인을 포함하는 견해이다. 이 견해에 따르면 선의취득은 양도인의 사유에 의해서 양도행위가 무효나 취소가 되는 모든 경우에 인정된다고 한다. 양도인이 무권리자인 경우는 양도인의 사유에 의해서 양도행위가 무효가 되는 경우에 불과하고, 이외에 양도인이 무능력, 대리권의 흠결, 처분권의 흠결, 의사의 흠결, 하자있는 의사표시 등의 경우도 선의취득이 인정된다고 한다.[177]

③ 절충설 : 양도인이 무권리자인 경우 외에 무권대리와 무처분권자 등 극히 제한된 범위에서 추가로 선의취득을 인정하는 견해이다(판례).[178]

3) 검토

주권의 선의취득은 형식적 자격을 가진 소지인[179]을 보호하기 위한 것이다. 그런데 거래의 안전에 중점을 둘 때 주권의 외형으로부터 알 수 없는 사유를 가지고 대항하지는 못한다고 할 것이므로, 소지인이 형식적 자격을 가진 경우에는 그 양도행위에 하자가 있는 경우에도 보호해야 할 것으로 무효·취소포함설의 입장이 타당하다 하겠다.

다만 직접 당사자간에는 하자의 조사가 용이할 것이므로 양도인의 무능력의 경우 등에는 양수인의 악의나 중대한 과실이 인정되기가 쉬울 것이다. 따라서 양도행위가 무효나 취소될 경우도 무효·취소포함설의 입장에 따라서 선의취득의 적극적 요건을 충족하는 것으로 보고, 선의취득을 부인하는 자가 증명책임을 져야 하는 소극적 요건 즉 '악의나 중과실에 의한 주식취득'의 요건을 적용하여 만일 이에 해당한다면 선의취득을 부인하는 태도를 취하는 것이 타당할 것이다.

그런데 양도행위에 하자가 있을 경우에도 양수인이 제3자에게 다시 양도한 경우에는 제3자는 무권리자로부터 양수받은 것이 되기 때문에 그가 선의이면 어떠한 견해에 의하든 제3자는 선의취득을 하게 된다.

(5) 취득자의 선의·무중과실

이는 선의취득의 소극적 요건으로 선의·무중과실 여부는 주권의 취득당시를 기준으로 판

---

176 강위두, (회)358면 ; 이철송, (회)357면 ; 손주찬, (상)732면 ; 채이식, (상)655면.

177 최기원, (회)705면 ; 정희철, (상)437면 ; 정찬형, (하)309면 ; 이기수 외, (회)274면.

178 정동윤, (회)282면 ; "주권의 선의취득은 양도인이 무권리자인 경우뿐만 아니라 무권대리인인 경우에도 인정된다."(대법원 1997.12.12. 선고 95다49646 판결).

179 그 수표가 소지인출급식일 때 또는 배서로 양도할 수 있는 수표의 소지인이 배서의 연속에 의해 권리를 증명(수표법 제19조)한 경우로 규정하고 있다(수표법 제21조).

단한다.

이에 대한 증명책임은 선의취득을 부인하는 자가 진다.

3. 선의취득의 효과

법문상으로는 반환할 필요가 없다고 규정하고 있는데(수표법 제21조), 이는 권리를 취득하는 것으로 해석된다. 다만 무권리자로부터 주식을 승계취득할 수 없는 것이고, 주식을 원시취득하는 것이 된다.

5 주식매수(매입)선택권제도

1. 의의

주식매수선택권이란 회사의 일정한 자가 일정한 기간(행사기간)내에 미리 정하여진 일정한 유리한 가격(행사가격에는 제한이 따름)으로 일정수량의 자기회사의 주식을 취득할 수 있는 권리를 말한다.

회사는 정관의 정하는 바에 따라 주주총회의 특별결의로 회사의 설립·경영 또는 기술혁신 등에 기여하거나 기여할 수 있는 이사, 집행임원, 감사 또는 피용자에게 회사로부터 특정의 기간 내에 미리 정한 가액으로 신주를 인수하거나 주식을 매수할 수 있는 권리를 부여할 수 있다(상법 제340조의 2).

상장회사의 경우 특례가 적용되어, 위의 자 외에도 대통령령으로 정하는 관계회사의 이사, 집행임원, 감사 또는 피용자에게 주식매수선택권을 부여할 수 있다(상법 제542조의 3).

주식매수선택권제도의 장점으로 회사의 발전에 공헌한 자에 대한 장기인센티브의 제공, 우수한 인재의 확보 등을 들 수 있으나, 반면에 회사이익의 독식, 정력의 분산(권리를 가지는 자의 주가관리), 단기적 성과에 집착 등의 문제점이 있다.

2. 성질

주식매수선택권은 형성권으로 권리의 행사로서 회사의 승낙을 요하지 않고 그 효력이 발생한다.

3. 주식매수선택권의 부여

(1) 부여의 방법

1) 자기주식방식

자기주식방식은 주식매수선택권을 행사할 때에, 회사는 미리 자기주식을 취득하여 두었다가 이를 이사 등의 주식매수선택권자에게 주식매수선택권의 행사가액으로 양도하는 것이다.

2) 신주인수권방식

신주인수권방식은 주식매수선택권자에게 주식매수선택권의 행사가액으로 회사의 신주를 인수할 수 있는 신주인수권을 부여하는 것이다.

3) 주가차액교부방식

주가차액교부방식은 주식매수선택권자가 주식매수선택권을 행사한 때에 주식매수선택권의 행사가격이 주식의 실질가격보다 낮은 경우에 회사는 그 차액을 금전으로 지급하거나 그 차액에 상당하는 자기주식을 교부하는 방법이다. 이때 실질가액은 주식매수선택권의 행사일을 기준으로 회사가 정한다.

주가차액교부방식은 기존주주의 지분변화를 적게 가져오므로 경영권 보호에 더 유리하다.

(2) 부여의 요건

주식매입선택권을 부여하기 위하여는 주식매입선택권 부여에 대한 정관의 규정이 있어야 하며(상법 제340조의 3 제1항), 주주총회의 특별결의를 거쳐야 한다(상법 제340조의 3 제2항).

상장법인의 경우 정관이 정하는 바에 따라 일정범위까지(10% 범위에서 대통령령으로 정하는 한도까지) 이사회결의로 부여할 수 있으며, 이 경우 주식매수선택권을 부여한 후 처음으로 소집되는 주주총회의 승인을 받아야 한다(상법 제542조의 3 제3항).

주식매수선택권자에게 발행할 신주 또는 양도할 자기주식은 회사의 발생주식총수의 10%를 초과할 수 없다(상법 제340조의 2 제3항). 상장법인의 경우 20%의 범위내에서 시행령으로 정하는 한도까지이며(상법 제542조의 3 제2항), 현재 상법 시행령상 15%, 벤처기업의 경우 50%까지이다.

관련사항

- 정관의 규정 : ① 주식매입선택권 부여의 뜻 ② 양도할 주식의 종류와 수 ③ 받을 자의 자격요건 ④ 행사기간 ⑤ 일정한 경우 이사회결의로 부여취소 가능
- 주총결의에서 정할 사항 : ① 부여받을 자 ② 부여방법 ③ 행사가액과 그 조정 ④ 행사기간 ⑤ 발행하거나 양도할 주식의 종류

(3) 부여받을 자

주식매입선택권을 부여받을 자는 이사, 집행임원, 감사 또는 피용자이다. 다만 10% 이상의 대주주, 주요주주(주요경영사항에 대하여 사실상의 영향력을 행사하는 자), 그 배우자나 직계존·비속은 제외한다(상법 제340조의 2 제2항).

(4) 부여계약의 체결

주식매입선택권을 부여하기 위하여는 서면계약으로서 주식매수선택권 부여의 계약을 체결하고 계약서를 작성하며, 이를 비치·열람할 수 있도록 해야 한다(상법 제340조의 3 제3항, 제4항)

(5) 부여의 취소

주식매입선택권의 부여는 회사의 자율에 따르는 것으로, 정관의 규정으로 일정한 경우 이사회결의로 주식매수선택권의 부여를 취소할 수 있다(상법 제340조의 3 제1항 5호).

(6) 양도의 제한

주식매수선택권은 양도할 수 없고, 다만 그가 사망한 경우 그 상속인이 이를 행사할 수 있다(상법 제340조의 4 제2항).

4. 주식매수선택권의 행사

(1) 행사기간

주식매입선택권은 주식매수선택권자가 주식매수선택권에 관한 주주총회결의일부터 2년 이상 재임하거나 또는 재직하여야 이를 행사할 수 있다(상법 제340조의 4). 상장법인은 주식매수선택권을 부여하기로 한 주주총회결의 혹은 이사회결의일로부터 2년 이상 경과하여야 한다(상법 제542조의 3 제4항).

(2) 행사가액

주식매입선택권의 행사가액은 주주총회의 특별결의로 정한다(상법 제340조의 3 제2항 3

호). 신주를 발행하는 경우 행사가액(신주 인수가액)은 주식매수청구권의 부여일을 기준으로 한 주식의 실질가액과 주식의 권면액 중 높은 금액의 이상이어야 한다. 다만 무액면주식을 발행한 경우에는 자본금으로 계상되는 금액 중 1주에 해당하는 금액을 권면액으로 본다(상법 제340조의 2 제4항 1호). 자기주식을 양도하는 경우에는 주식매수선택권의 부여일을 기준으로 한 주식의 실질가액 이상이어야 한다(상법 제340조의 2 4항). 주가차액교부방식에 의한 주식매수선택권의 행사가격에 대하여는 상법상 제한이 없으므로 이는 계약당사자가 자유로이 결정할 수 있다.

여기서 실질가액이란 상장기업의 경우는 주식의 시가, 비상장기업의 경우 주식의 순자산가치와 수익력을 반영한 평가액이다.

(3) 행사가액의 조정

주식매입선택권의 행사가액의 조정은 주주총회의 특별결의로 정한다(상법 제340조의 3 제2항 3호). 조정이란 행사가액을 증액시키거나 감액시키는 것을 말한다. 이는 유·무상으로 신주발행을 하거나 자본금을 감소하는 것과 같은 자본거래가 있을 경우에 회사의 재산에 변동이 없이도 주식의 실질가치에 변동이 생기고 그 결과로 주식매입선택권의 가치가 변동되므로 주식매입선택권의 행사가액을 변경할 수 있게 하였다.

(4) 신주인수권방식의 경우

신주인수권방식의 경우에는 주식매입선택권의 행사시에 주식매수청구권자는 청구서 2통을 회사에 제출하고, 행사가액의 전액을 납입하여야 한다. 행사의 효력으로서 신주인수권을 행사한 자는 행사가액 즉 신주의 인수가액의 전액을 납입한 때에 신주발행의 효력이 생겨 주주가 된다((상법 제340조의 5). 이는 통상의 신주발행이 납입기일의 다음 날에 신주의 효력이 발생하는 것과 차이가 난다.

주주명부폐쇄기간 중 신주를 발행한 경우 폐쇄기간 중의 주주총회의 결의에 관하여 의결권을 행사할 수 없다(상법 제340조의 5, 제350조 제2항).

(5) 자기주식방식의 경우

주식매입선택권의 행사시에 자기주식방식의 경우에는 주식매수선택권의 부여에 관한 정관의 규정과 주주총회의 결의에서 정한 내용에 따라 회사에 대하여 주식을 매수하겠다는 청구를 할 수 있다.

6 주식의 소각

1. 의의

주식의 소각이란 회사의 존속 중에 특정한 주식을 절대적으로 소멸시키는 회사의 행위이다.

2. 방법

주식의 소각은 자본금감소에 관한 규정에 따라서만 소각하며, 따라서 채권자보호절차를 거쳐야 한다(상법 제343조 제1항). 다만 예외적으로 배당가능이익의 범위내에서 자기주식을 취득하여 이사회의 결의만으로 소각할 수 있다(상법 제343조 제1항 단서). 이때는 채권자보호절차를 거치지 않아도 된다.

주식의 소각에는 주식 병합의 절차, 병합의 효력에 관한 상법 규정(제440조 및 제441조)이 준용된다.

7 주식의 포괄적 교환 및 이전

주식의 포괄적 교환 및 이전제도는 지주회사(완전모회사) 설립 등을 통한 회사의 구조조정을 원활히 할 수 있도록 하기 위한 것이다.

주식의 포괄적 교환

1. 의의

주식의 포괄적 교환이란 회사가 다른 회사의 발행주식총수와 자기회사의 주식을 교환함으로써, 완전자회사가 되는 회사의 주주가 가지는 그 회사의 주식은 주식을 교환하는 날에 주식교환에 의하여 완전모회사가 되는 회사에 이전하고, 그 완전자회사가 되는 회사의 주주는 그 완전모회사가 되는 회사가 주식교환을 위하여 발행하는 신주의 배정을 받는 것을 말한다. 이때 신주발행에 갈음하여 자기주식을 교부할 수도 있다.

포괄적 교환은 포괄적 이전과 달리 기존의 회사간에 이루어진다.

금융지주회사법상 주식의 포괄적 교환 및 이전에 관한 규정은 상법에 이 제도가 도입됨으로써 삭제되었다.

2. 절차

(1) 주식교환계약서의 작성

주식교환을 하고자 하는 회사는 주식교환계약서를 작성하여 주주총회의 승인을 얻어야 한다(상법 제360조의 3 제1항).

주식교환계약서에는 다음의 사항을 적어야 한다(상법 제360조의 3 제3항). ① 완전모회사가 되는 회사가 주식교환으로 인하여 정관을 변경하는 경우에는 그 규정 ② 완전모회사가 되는 회사가 주식교환을 위하여 신주를 발행하거나 자기주식을 이전하는 경우에는 발행하는 신주 또는 이전하는 자기주식의 총수·종류, 종류별 주식의 수 및 완전자회사가 되는 회사의 주주에 대한 신주의 배정 또는 자기주식의 이전에 관한 사항 ③ 완전모회사가 되는 회사의 자본금 또는 준비금이 증가하는 경우에는 증가할 자본금 또는 준비금에 관한 사항 ④ 완전자회사가 되는 회사의 주주에게 ②에도 불구하고 그 대가의 전부 또는 일부로서 금전이나 그 밖의 재산을 제공하는 경우에는 그 내용 및 배정에 관한 사항 ⑤ 회사가 제1항의 결의를 할 주주총회의 기일 ⑥ 주식교환을 할 날 ⑦ 각 회사가 주식교환을 할 날까지 이익배당을 할 때에는 그 한도액 ⑧ 완전모회사가 되는 회사에 취임할 이사와 감사 또는 감사위원회의 위원을 정한 때에는 그 성명 및 주민등록번호

(2) 주주총회의 승인결의

1) 원칙

주식교환을 하는 쌍방의 회사는 위의 주식교환계약서에 대하여 주주총회의 특별결의에 의한 승인을 얻어야 한다(상법 제360조의 3 제2항). 주식교환으로 인하여 주식교환에 관련되는 각 회사의 주주의 부담이 가중되는 경우에는 주주총회결의 외에 그 주주 전원의 동의가 있어야 한다(상법 제360조의 3 제5항).

완전모회사가 되는 회사는 자본금이 증가하고 완전자회사가 되는 회사는 주주만의 변동이 있어 회사채권자를 해할 염려가 없기 때문에 채권자보호절차는 필요가 없다.

2) 예외

① 간이주식교환 : 완전자회사가 되는 회사의 총주주의 동의가 있거나 그 회사의 발행주식 총수의 100분의 90 이상을 완전모회사가 되는 회사가 소유하고 있는 때에는 완전자회사가 되는 회사의 주주총회의 승인은 이사회의 승인으로 갈음할 수 있다(상법 제360조의 9).

② 소규모주식교환 : 완전모회사가 되는 회사가 주식교환을 위하여 발행하는 신주의 총수

가 그 회사의 발행주식 총수의 100분의 10를 초과하지 않고 또한 완전자회사가 되는 회사의 주주에게 주식교환교부금이나 재산을 지급하는 때에는 그 금액이나 가액이 최종 대차대조표에 의하여 완전모회사가 되는 회사에 현존하는 순자산액의 100분의 5를 초과하지 않는 경우에는 완전모회사가 되는 회사의 주주총회의 승인은 이사회의 승인으로 갈음할 수 있다(상법 제360조의 10 제1항). 그러나 20% 이상에 해당하는 주식을 가지는 주주가 주식교환에 반대하는 의사를 통지한 경우에는 소규모주식교환을 할 수 없다(상법 제360조의 10 제5항).

3) 종류주주총회의 결의

주식의 포괄적 교환에 의하여 어느 종류의 주주에게 손해를 미치게 될 경우에는 그 회사의 주주총회의 특별결의 외에 종류주주총회의 결의를 얻어야 한다(상법 제436조).

4) 승인반대 주주의 주식매수청구권

주식의 포괄적 교환에 관한 주주총회의 결의사항에 관하여 이사회의 결의가 있는 때에 그 결의에 반대하는 주주(의결권이 없거나 제한되는 주주를 포함한다)는 주주총회 전에 회사에 대하여 서면으로 그 결의에 반대하는 의사를 통지한 경우에는 그 총회의 결의일로부터 20일 이내에 주식의 종류와 수를 기재한 서면으로 회사에 대하여 자기가 소유하고 있는 주식의 매수를 청구할 수 있다(상법 제360조의 5 제1항).

주식매수청구권을 행사하는 주주는 완전모회사가 되는 회사의 주주 및 완전자회사가 되는 회사의 주주를 의미한다.

(3) 그 밖의 절차

1) 공시

① 주식교환계약서 등의 사전공시 : 각 당사회사의 이사는 주식교환을 승인하는 주주총회의 회일의 2주 전부터 주식교환의 날 이후 6월이 경과하는 날까지 주식교환계약서 등을 공시하여야 한다(상법 제360조의 4 제1항). 이것은 주식교환조건의 적정성 여부, 주식교환의 승인 여부, 주식매수청구권의 행사 여부 등을 판단할 수 있도록 하고, 주식교환의 효력이 발생한 후에는 주식교환 무효의 소를 제기할지 여부를 결정하기 위한 정보를 제공하는 것을 목적으로 한다.

② 사후공시 : 주식교환하는 당사회사의 이사는 주식교환의 날부터 6월간 주식교환에 관한 사항을 공시하여야 한다(상법 제360조의 12 제1항). 이는 주식교환절차가 적법하게 이행되었음을 간접적으로 담보하고 또한 주주가 주식교환무효의 소를 제기할지 여부를 판단함에 있어서 필요한 자료를 제공하기 위한 것이다.

2) 주권의 실효절차

주식교환에 의하여 완전자회사가 되는 회사는 주식교환계약서에 대한 주주총회의 승인결의가 있는 때에는 주식교환의 날에 주권이 무효가 되는 뜻을 주식교환의 날 1월 전에 공고하고 주주명부에 기재된 주주와 질권자에 대하여는 따로 그 통지를 하여야 한다(상법 제360조의 8 제1항).

3) 단주처리 등의 절차

주식교환에 의하여 완전자회사가 되는 회사의 주식 1주에 대하여 완전모회사가 되는 회사의 주식 1주를 교환할 수 없는 경우에는 단주처리의 절차를 밟아야 한다(상법 제360조의 11 제1항).

또한 완전자회사가 되는 회사의 주식을 목적으로 하는 질권에는 물상대위와 회사에 대한 주권교부청구권이 인정된다(상법 제360조의 11 제2항).

4) 완전모회사의 이사·감사의 임기

모회사가 되는 회사의 이사 및 감사로서 주식교환 전에 취임한 자는 주식교환계약서에 다른 정함이 있는 경우를 제외하고는 주식교환 후 최초로 도래하는 결산기에 관한 주주총회가 종료하는 때에 퇴임한다(상법 제360조의 13).

3. 효과

(1) 완전모회사가 되는 회사의 자본금의 증가

주식의 포괄적 교환으로 인하여 완전모회사의 자본금은 발행되는 신주의 액면가액만큼 증가한다. 이때 완전모회사가 되는 회사의 자본금증가의 한도액은 주식교환의 날에 완전자회가 되는 회사에 현존하는 순자산액에서 ① 완전자회사가 되는 회사에 주주에게 제공할 금전이나 그 밖의 재산의 가액 및 ② 완전모회사가 신주발행에 갈음하여 자기주식을 이전하는 경우 완전자회사가 되는 회사의 주주에게 이전하는 주식의 회계장부가액의 합계액을 공제한 금액이다(상법 제360조의 7 제1항)(신주발행한도 : 순자산 - 지급금액 - 자기주식이전가액(모회사 금고주)).

완전모회사가 되는 회사가 주식교환 이전에 완전자회사가 되는 회사의 주식을 이미 소유하고 있는 경우에는 완전모회사가 되는 회사의 자본금증가의 한도액은 주식교환의 날에 완전자회사가 되는 회사에 현존하는 순자산액에 그 회사의 발행주식총수에 대한 주식교환으로 인하여 완전모회사가 되는 회사에 이전하는 주식의 수의 비율을 곱한 금액에서 ① 완전자회사가 되는 회사의 주주에게 제공할 금전이나 그 밖의 재산의 가액 및 ② 완전모회사가 신주발행에 갈음하여 자기주식을 이전하는 경우 완전자회사가 되는 회사의 주주에게 이전하는 주식의 회계장부가액의 합계액을 공제한 금액이다(상법 제360조의 7 제2항).

완전모회사가 되는 회사의 자본금증가의 한도액이 그 회사의 실제의 증가한 자본액을 초과한 경우에는 그 초과액을 자본준비금으로 적립하여야 한다.

관련사항

순자산액 × 이전주식수/총발행주식수 - 지급금액이나 재산액 - 자기주식이전가액(모회사 금고주) : 자기주식(모회사가 가진 자회사주식)은 신주가 발행되지 않으므로 자본금증가 한도 산정시 자기주식분은 뺀 이전주식수를 기준으로 하는 것이다.

(2) 완전자회사가 되는 회사의 설립 및 그 회사의 구 주권의 실효

주식의 포괄적 교환에 의하여 완전자회사가 되는 회사의 발행주식총수는 완전모회사가 소유하고, 그 주주들은 완전모회사의 주식을 교부받게 되므로 완전자회사가 설립된다. 완전자회사의 구 주권은 실효된다.

4. 주식교환무효의 소

주식교환절차에 하자가 있는 경우에 6월 내 소만으로 주식교환무효를 주장할 수 있다(상법 제360조의 14 제1항). 주식교환무효의 소에는 대세적 효력 및 불소급효가 인정된다(상법 제360조의 14 제4항, 제190조, 제431조 제1항).

주식교환을 무효로 하는 판결이 확정된 때에는 완전모회사가 된 회사는 주식교환을 위하여 발행한 신주 또는 신주발행에 갈음하여 자기주식을 이전한 경우에는 이전한 주식의 주주에 대하여 그가 소유하였던 완전자회사가 된 회사의 주식을 이전하여야 한다(상법 제360조의 14 제3항).

주식의 포괄적 이전

1. 의의

주식의 포괄적 이전이란 회사가 스스로 완전자회사가 되는 회사가 되어 완전모회사를 설립하는 하나의 방법으로, 완전자회사가 되는 회사의 주주가 소유하는 그 회사의 주식은 주식이전에 의하여 설립하는 완전모회사에 이전하고, 그 완전자회사가 되는 회사의 주주는 그 완전모회사가 주식이전을 위하여 발행하는 주식의 배정을 받음으로써 그 완전모회사의 주주가 되는 것이다(상법 제360조의 15).

이는 지주회사를 새로이 설립하는 절차이다.

2. 절차

주식의 포괄적 이전의 절차는 주식의 포괄적 교환의 절차와 유사한 것으로 주식이전계획서의 작성, 주주총회의 승인결의 등이 요구된다.

3. 효과

주식의 포괄적 이전으로 완전모회사가 설립되며, 또한 완전자회사가 되는 회사가 설립되고, 그 회사의 구 주권은 실효되게 된다.

이때 설립하는 완전모회사의 자본금은 주식이전의 날에 완전자회사가 되는 회사에 현존하는 순자산액에서 그 회사의 주주에게 제공할 금전 및 그 밖의 재산의 가액을 뺀 액을 초과하지 못한다(상법 제360조의 18).

4. 주식이전무효의 소

주식이전절차에 하자가 있는 경우에 각 회사의 주주·이사·감사나 감사위원회의 위원 또는 청산인은 주식이전의 날로부터 6월 내에 소만으로 무효를 주장할 수 있다(상법 제360조의 23 제1항).

8 소수주주에 대한 축출

1. 의의

소수주주의 관리에 많은 비용이 발생하거나 소수주주의 주주권 남용으로 인하여 회사의 원활한 운영이 곤란한 경우 95% 이상의 지배주주는 잔여 소수주주를 축출할 수 있다(상법 제360조의 24). 이를 소수주주강제매수제도라고 하는데, 이때 소수주주에 대해서도 '언제든지' 자신의 보유주식을 지배주주에게 매각할 수 있는 권리를 인정하고 있다(상법 제360조의 25).

2. 요건

① 95% 이상의 지배주주 : 여기서 보유주식의 수를 산정할 때에는 모회사와 자회사가 보유

한 주식을 합산한다. 이 경우 회사가 아닌 주주가 발행주식총수의 100분의 50을 초과하는 주식을 가진 회사가 보유하는 주식도 그 주주가 보유하는 주식과 합산한다(상법 제360조의 24 제2항).

② 회사의 경영상 목적을 달성하기 위하여 필요한 경우

③ 주주총회의 사전승인

④ 매매가액의 산정 근거와 적정성에 관한 공인된 감정인의 평가

3. 절차

(1) 주주총회소집통지서의 기재사항

주주총회의 소집을 통지할 때에는 다음에 관한 사항을 적어야 하고, 매도를 청구하는 지배주주는 주주총회에서 그 내용을 설명하여야 한다(상법 제360조의 24 제4항).

① 지배주주의 회사 주식의 보유 현황

② 매도청구의 목적

③ 매매가액의 산정 근거와 적정성에 관한 공인된 감정인의 평가

④ 매매가액의 지급보증

(2) 공고 및 통지

지배주주는 매도청구의 날 1개월 전까지 다음의 사실을 공고하고, 주주명부에 적힌 주주와 질권자에게 따로 그 통지를 하여야 한다(상법 제360조의 24 제5항).

① 소수주주는 매매가액의 수령과 동시에 주권을 지배주주에게 교부하여야 한다는 뜻

② 교부하지 아니할 경우 매매가액을 수령하거나 지배주주가 매매가액을 공탁한 날에 주권은 무효가 된다는 뜻

4. 주식의 매도

(1) 매도의 시기

주식의 매도청구를 받은 소수주주는 매도청구를 받은 날부터 2개월 내에 지배주주에게 그 주식을 매도하여야 한다(상법 제360조의 24 제6항).

소수주주가 매수청구권을 행사한 때에도 지배주주는 2개월 내에 그 주식을 매수하여야 한다(상법 제360조의 25 제2항).

(2) 매매가격

주식의 매도시 매매가액은 매도청구를 받은 소수주주와 매도를 청구한 지배주주간의 협의로 결정한다(상법 제360조의 24 제7항).

매도청구를 받은 날부터 30일 내에 매매가액에 대한 협의가 이루어지지 아니한 경우에는 매도청구를 받은 소수주주 또는 매도청구를 한 지배주주는 법원에 매매가액의 결정을 청구할 수 있다(상법 제360조의 24 제8항). 법원이 주식의 매매가액을 결정하는 경우에는 회사의 재산상태와 그 밖의 사정을 고려하여 공정한 가액으로 산정하여야 한다(상법 제360조의 24 제9항).

위는 소수주주가 매수청구권을 행사한 때에도 동일하다.

(3) 주식의 이전

주식을 취득하는 지배주주가 매매가액을 소수주주에게 지급한 때에 주식이 이전된 것으로 본다(상법 제360조의 26 제1항).

매매가액을 지급할 소수주주를 알 수 없거나 소수주주가 수령을 거부할 경우에는 지배주주는 그 가액을 공탁할 수 있다. 이 경우 주식은 공탁한 날에 지배주주에게 이전된 것으로 본다(상법 제360조의 26 제2항).

Ⅳ. 주식회사의 기관

1 총설

1. 필요기관과 임시기관

주식회사의 기관은 필요기관과 임시기관으로 분류된다. 필요기관으로는 회사의 기본적 사항에 관한 의사결정기관으로서 주주총회, 업무집행기관으로서 이사회와 대표이사가 있으며, 이사의 업무 및 회계에 관한 감사기관으로서 감사 또는 감사위원회가 있다(자본금총액 10억원 미만인 소규모 회사에는 이사가 1인 또는 2인일 때 이사회가 없으며, 감사는 임의기관이다).180

180 2013년 말 현재 우리나라의 회사는 약 50여만 개이며 이 중에서 주식회사가 95% 정도를 차지하고, 이 중에서 자본금 10억 미만인 소규모 주식회사가 95% 이상을 차지하고 있다. 또한 2018년 말 현재 주권상장회사는 2,100개 정도이며, 코스피 상장회사는 788개이고 코스닥 상장회사는 1323개 이다.

임시기관으로는 주식회사의 설립절차 또는 업무나 재산상태 등을 조사하기 위하여 법원 또는 주주총회에 의하여 선임되는 검사인이 있다. 기타 특별법인 '주식회사 외부감사에 관한 법률'에 의하여 일정 규모 이상의 주식회사[181]에 대한 회계감사기관으로서 감사인이 있다.

2. 주주총회의 권한 약화

현행 상법에서는 주주총회중심주의를 지양하여 주주총회는 단지 상법 또는 정관에 정한 사항에 한하여 결의할 수 있는 것으로 하고 있다(상법 제361조).

상법상, 이사의 선임·해임, 감사의 선임·해임, 청산인의 선임·해임, 검사인의 선임, 설립위원의 선임, 사후설립, 재무제표의 승인, 주식배당, 주식의 액면미달발행, 자본금감소, 정관변경, 영업의 전부 또는 중요한 일부의 양도, 영업전부의 임대 또는 경영위임, 다른 회사의 영업전부의 양수 또는 영업에 중대한 영향을 미치는 영업일부의 양수, 합병, 회사의 임의해산, 회사의 계속 등 회사의 중요한 사항은 주주총회의 권한사항으로 되어 있고, 특히 주주총회는 정관의 변경에 의하여 그 권한을 확대할 수 있으므로, 법형식상으로는 주주총회가 회사의 최고기간으로 되어 있다.

그러나 회사의 업무집행에 관한 사항은 이사회에서 결정하므로 주주총회의 권한은 대폭 약화되어 있다.

3. 이사회·대표이사 및 위원회제도의 채택

상법은 이사회가 회사의 업무집행 기타 주주총회의 권한 외의 사항을 모두 결정하는 이사회중심주의를 채택하고 있다. 그러나 다수의 이사가 모두 회사를 대표하고 업무집행을 할 수 없으며 또 그렇게 할 필요도 없으므로 대표이사제도를 두어 대표이사에게 이러한 권한을 부여하였다. 이사회는 회사의 업무집행에 관한 의사를 결정하는 기관이고, 대표이사는 이사회의 결정에 기하여 회사의 업무집행과 대표를 하는 기관이다.

이사회의 권한으로는 회사의 업무집행의 결정(중요자산의 처분 및 양도, 대규모 차입, 지배인 선임 등), 대표이사의 직무집행의 감독, 대표이사의 선임과 공동대표의 결정, 지점의 설치·이전 또는 폐지, 이사의 경업에 대한 승인, 이사의 자기거래에 대한 승인, 이사의 회사기회유용금지 대상 사업에 대한 승인, 신주발행의 결정, 준비금의 자본금전입의 결정, 사채발

---

181 대상이 되는 것은 자산총액 100억 이상인 회사, 부채총액 70억 이상이며 자산총액 70억 이상인 회사, 종업원수 300인 이상이며 자산총액 70억 이상인 회사, 상장법인, 코스닥상장법인이다(외감법 제2조, 시행령 제2조).

행의 결정, 전환사채발행의 결정, 신주인수권부사채발행의 결정 등이 있다.

대표이사의 권한으로는 회사의 대표권과 업무집행권이 있다.

오늘날 주식회사의 업무가 복잡하고 전문화되어 있어 이사회가 모든 업무를 독점적으로 결정하는 것보다 각종 위원회를 두어 위원회에 그 권한을 위임하여 업무를 처리하는 것이 합리적이고 효율적이므로, 1999년 개정 상법에서 이사회가 각종 위원회를 설치할 수 있도록 하였다.

4. 감사의 권한 강화 및 감사위원회의 설치

1984년의 개정 상법에서는 감사에게 회계감사권과 업무감사권을 부여하였다. 기타 감사는 이사회의 출석·의견진술권, 이사의 위법행위에 대한 유지청구권, 각종의 소권 등을 가진다.

기업경영의 투명성을 보장하기 위하여 1999년 개정 상법은 감사위원회제도를 채택하고 회사는 감사와 감사위원회 중 선택하여 둘 수 있도록 하였다.

감사위원회는 3인 이상의 이사로 구성되며, 3분의 2 이상이 사외이사일 것을 요구된다(상법 제415조의 2). 상장회사 중에서 자산규모 2조 이상의 회사의 경우에는 감사에 갈음하여 감사위원회를 의무적으로 두어야 한다(상법 제542조의 11).

2 주주총회

1. 의의

주주총회는 주주로 구성되고 주주의 의사에 의하여 회사의 기본적 사항에 관한 회사의 의사를 결정하는 필요적 상설기관이다.

(1) 주주에 의하여 구성되는 기관

주주는 의결권 있는 주식뿐만 아니라 의결권 없는 주식의 주주도 주주총회의 구성원으로 볼 것이다. 의결권 없는 주식은 다만 정책적 이유로 의결권이 제한되고 있다.

(2) 회사의 의사결정기관

주주총회는 회사의 기본적 사항에 관하여 회사의 의사를 결정하는 기관이다. 주주총회는 회사의 내부적 의사결정기관이고 대외적인 대표행위는 대표이사가 행한다.

(3) 회사의 필요적 상설기관

주주총회는 회사의 기관으로서 상설적으로 존재하고 있으므로 상설기관이다. 주주총회는 회의체기관으로서 정기 또는 임시로 소집되어 개최되므로 비상설기관이라는 주장이 있으나, 주주총회의 회의는 주주총회의 기관권한을 행사하는 형식이고 주주총회 자체는 상설적으로 존재한다.

2. 주주총회의 권한

(1) 상법상의 권한

① 기관의 선임·해임에 관한 사항 : 주주총회의 권한에 속하는 기관의 선임·해임에 관한 사항으로는, 이사의 선임·해임(상법 제382조, 제385조), 감사의 선임·해임(상법 제409조, 제415조), 청산인의 선임·해임(상법 제531조, 제539조), 검사인의 선임(상법 제366조) 등이 있다.

② 계산에 관한 사항 : 주주총회의 권한에 속하는 계산에 관한 사항으로는, 재무제표의 승인(상법 제449조: 일정한 요건[182] 하에 정관의 규정으로 이사회결의에 의한다(상법 제449조의 2)), 이익배당과 배당금의 지급시기의 결정(상법 제464조의 2: : 재무제표를 이사회의 승인에 의하는 경우, 이사회결의에 의할 수 있다), 청산의 승인(상법 제540조), 주식배당(상법 제464조의 2) 등이 있다.

③ 이사 등의 전횡의 방지에 관한 사항 : 주주총회의 권한에 속하는 이사 등의 전횡의 방지에 관한 사항으로는, 이사·감사·청산인의 보수의 결정(상법 제388조, 제415조, 제542조), 사후설립(상법 제375조), 이사·감사·청산인의 책임해제의 유보(상법 제450조), 이사·감사·청산인·발기인의 책임면제(상법 제324조, 제400조, 제415조, 제542조), 주주 외의 자에 대한 전환사채 또는 신주인수권부사채의 발행(상법 제513조, 제516조의 2) 등이 있다.

④ 회사의 기초 내지 영업의 기본에 관한 사항 : 주주총회의 권한에 속하는 회사의 기초 내지 영업의 기본에 관한 사항으로는, 정관변경(상법 제433조), 회사의 계속(상법 제519조), 회사의 해산(상법 제522조), 합병(상법 제522조), 조직변경(상법 제604조), 영업의 전부 또는 중요한 일부의 양도, 영업전부의 임대 또는 경영위임, 타인과 영업의 손익의 전부를 같이 하는 계약 기타 이에 준하는 계약의 체결·변경 또는 해약, 다른 회사의

---

182 1. 제447조의 각 서류가 법령 및 정관에 따라 회사의 재무상태 및 경영성과를 적정하게 표시하고 있다는 외부감사인의 의견이 있을 것
2. 감사 전원의 동의가 있을 것

영업전부의 양수 또는 영업에 중대한 영향을 미치는 영업일부의 양수(상법 제374조) 등이 있다.

⑤ 자본금에 관한 사항 : 주주총회의 권한에 속하는 자본금에 관한 사항으로는 신주의 액면미달발행(상법 제417조: 설립 후 2년 경과, 주주총회특별결의, 법원의 인가), 자본금의 감소(상법 제438조: 주주총회특별결의, 채권자보호절차) 등이 있다.

(2) 특별법상의 권한

특별법상의 주주총회의 권한사항으로는, 청산 중의 회사 또는 파산선고 후의 회사의 회생절차개시의 신청(채무자회생법 제35조), 보험회사의 해산·합병과 보험계약의 이전에 관한 결의(보험업법 제138조) 등을 들 수 있다.

(3) 정관상의 권한

주주총회는 정관으로 그 권한사항을 확장할 수 있다. 이때 어느 정도까지 확장할 수 있는지 문제된다.

주주총회는 회사의 내부적 의사결정기관이므로 업무집행이나 회사대표는 주주총회의 권한사항으로 될 수 없고, 또 회사의 회계감사와 업무감사도 주주총회의 권한사항으로 될 수 없다. 결국 이사회의 결의사항에 한하여 주주총회의 권한사항으로 확장할 수 있다.

1) 상법상 확장이 가능한 경우

상법상 대표이사의 선임·공동대표의 결정(상법 제389조), 신주발행사항의 결정(상법 제416조), 준비금의 자본금전입의 결정(상법 제461조), 전환사채발행사항의 결정(상법 제513조), 신주인수권부사채발행사항의 결정(상법 제516조의 2) 등은 이사회의 결의사항이나, 정관에 의하여 주주총회의 권한사항으로 정할 수 있다.

2) 기타 확장이 가능한 경우

상법이 규정하는 사항 외의 다른 이사회의 결의사항도 주주총회의 권한사항으로 확장할 수 있는가에 대하여는 견해가 갈린다.

① 긍정설(다수설) : 주주총회와 이사회는 다 같이 회사의 의사결정기관이고 또 주주총회는 이사회의 상위기관으로서 이사회의 권한은 주주총회에서 전래된 것이므로, 이사회의 결의사항은 강행법규나 주식회사의 본질에 반하지 않는 한 주주총회의 권한사항으로 유보할 수 있다고 한다.

② 부정설 : 주주총회와 이사회는 병립적 관계에 있고 상하관계에 있는 것이 아니며, 또 상법상 주주총회의 권한을 정한 규정이나 이사회의 권한을 정한 규정은 다 같이 강행규

정이므로 이사회의 권한사항을 주주총회의 권한사항으로 유보할 수 있다고 하는 것은 상법상의 권한분배의 취지에 반한다. 따라서 상법상 정관으로 주주총회의 권한 사항으로 유보할 수 있다고 규정한 경우 외에는 주주총회의 권한사항으로 유보할 수 없다고 한다.

③ 검토 : 형식상 주주총회가 이사회의 상위기관으로서의 지위를 가지므로 긍정설이 타당하다고 보며, 다만 이를 긍정하더라도 일정한 내재적 한계가 있다. 즉 주주총회의 소집 결정 등은 유보를 할 수 없다.

3. 주주총회의 소집

(1) 소집권자

주주총회는 원칙적으로 대표이사가 이사회의 결의에 기하여 소집한다(상법 제362조). 예외적으로 소수주주(100분의 3 이상, 상장기업의 경우 6개월 이상 1000분의 15 이상)도 회의의 목적사항과 소집의 이유를 기재한 서면 또는 전자문서를 이사회에 제출하여 회사에 대하여 주주총회의 소집을 청구하거나, 회사에 대하여 소집청구하였으나 소집지체시 법원의 결정으로 직접 주주총회를 소집할 수 있다(상법 제366조). 소수주주가 직접 주주총회를 소집시 주주총회의 의장은 법원이 이해관계인의 청구나 직권으로 선임할 수 있다.

대표이사가 법원의 명령에 의하여 주주총회를 소집하는 경우도 있다. 소수주주(100분의 3 이상)가 회사의 업무집행에 대하여 부정행위 등이 있다고 의심할 사유가 있을 때 회사의 업무와 재산상태를 조사하기 위하여 검사인 선임을 청구할 수 있으며, 검사인이 필요하다고 인정시 법원의 결정으로 주주총회를 소집할 수 있다(상법 제467조).

감사나 감사위원회도 회의 목적사항과 소집이유를 기재한 서면을 이사회에 제출하여 임시주주총회의 소집을 청구할 수 있다(상법 제(상법 제412조의 3, 제415조의 2).

(2) 소집시기

주주총회는 소집시기에 따라 정기총회와 임시총회로 구분된다. 정기총회는 원칙적으로 매년 1회 이상 일정한 시기에 소집한다. 이에 반하여 임시총회는 필요한 경우 수시로 소집한다.

(3) 절차

주주총회를 소집하는 경우에는 기명주주에 대하여 회일을 정하여 2주 전에 각 주주에 대하여 서면으로 또는 각 주주의 동의를 받아 전자문서로 통지를 발송하여야 한다(상법 제363조). 다만, 그 통지가 주주명부상 주주의 주소에 계속 3년간 도달하지 아니한 경우에는 회사는 해당 주주에게 총회의 소집을 통지하지 아니할 수 있다. 상장기업의 경우

일간신문에 공고(2회) 또는 전자적 방법에 의한 공고로 통지에 갈음할 수 있다(상법 제542조의 4).

속행(의사에 들어감), 연기(의사에 들어가지 못함)의 경우에는 별도의 소집절차를 거치지 않아도 된다.

자본금총액이 10억원 미만인 회사는 주주총회일의 10일 전에 각 주주에게 서면으로 통지를 발송하거나 각 주주의 동의를 받아 전자문서로 통지를 발송할 수 있다(상법 제363조 제3항). 자본금총액이 10억원 미만인 회사는 주주 전원의 동의가 있을 경우에는 소집절차 없이 주주총회를 개최할 수 있고, 서면에 의한 결의로써 주주총회의 결의를 갈음할 수 있다. 결의의 목적사항에 대하여 주주 전원이 서면으로 동의를 한 때에는 서면에 의한 결의가 있는 것으로 본다(상법 제363조 제4항).

소집절차를 결하여도 총주주가 주주총회의 개최에 동의하여 출석한 경우 그 주주총회의 결의는 유효하다(전원출석총회). 총주주가 소집절차를 생략하고 주총을 개최하는데 동의한 경우에는 결석자가 있어도 주주총회결의는 유효하다.

주주제안권

1. 의의

주주총회의 의안은 이사회가 지배하므로 여기에서 소외된 소수주주를 보호할 필요가 있다. 이를 위한 제도가 주주제안권으로서, 주주의 경우 주주총회를 소집하지 않고도 동일한 효과를 거둘 수 있다.

주주는 일정한 사항을 주주총회의 목적사항(의제 : 정관의 변경, 합병 등)으로 할 것을 제안할 수 있고, 또 주주총회의 목적사항에 추가하여 의안 즉 주주총회의 결의의 대상(정관 …조를 …로 변경, 합병계약서 등)의 요령(결의안)을 소집통지와 공고에 기재할 것을 청구할 수 있다(상법 제363조의 2).

2. 제안권자

주주제안권은 소수주주권으로서 100분의 3 이상의 주주[상장법인의 경우 총회의 회일의 6월 전부터 계속하여 의결권 있는 발행주식총수의 1000분의 10 이상에 해당하는 주식을 가진 소수주주(자본금 1000억 이상의 경우 1000분의 5이상)]가 행사할 수 있다.

주주제안의 상대방은 이사가 된다.

주주제안에 있어서 이사회가 정한 의제에 관하여 이사회가 제안한 의안과 다른 의안(수정제안, 반대제안)을 제출할 수 있으며, 그 의안의 요령을 소집통지. 공고에 기재할 것을 청구할 수 있다.

업무집행에 관한 주주의 제안(신경영 등)은 정관변경에 관한 제안이라는 형식을 취하는 한 광범위하게 인정한다(통설). 그러나 주식회사의 본질에 반하는 제안은 아니 된다.

> **관련사항**
>
> 의제 : 재무제표 승인의 의제에 이사해임의 건을 의제로 추가
>
> 의안 : 이사선임의 건이 의제인 경우 ⇒ 회사가 갑을 후보자로 제안한 경우에 을을 후보자로 제안

3. 제안의 절차

주주제안을 함에 있어서 주주총회일의 6주 전에 서면 또는 전자문서로 일정한 사항을 주주총회의 목적사항으로 할 것을 제안하거나, 주주가 제출하는 의안의 요령을 통지와 공고에 기재할 것을 청구할 수 있다(상법 제363조의 2 제1항). 이는 소집통지서에 주주제안사항을 기재하기 위해서는 어쩔 수 없지만, 회사에 의한 소집통지서는 주주총회회일 2주 전까지 통지를 발송해야 하는 것으로, 정기주주총회가 아닌 경우 6주 전에 주주제안을 하는 것이 불가능하다는 문제가 있다.

4. 제안의 효과

이사회는 주주제안의 내용이 법령 또는 정관에 위반되는 경우를 제외하고는 이를 주주총회의 목적사항으로 하여야 하며, 이 경우 주주제안을 한 자의 청구가 있으면 주주총회에서 당해 의안을 설명할 기회를 주어야 한다(상법 제363조의 2 제3항).

5. 제안의 부당거절

주주제안을 부당거절시에는 500만원 이하의 과태료의 처분을 받는다(상법 635조).

주주제안을 무시한 총회결의에 대해서, 먼저 의제제안을 무시한 채 주주총회결의가 이루어진 경우 통설은 주주가 제안한 의제에 대해 어떤 결의도 이루어지지 않았으므로 주주총회결의 취소의 소의 대상이 되지 않고, 다만 이사에게 손해배상청구나 과태료의 제재가 따를 뿐이라 한다. 이에 반해 주주에 의한 의안제안이 부당거절된 경우나 소집통지서에 그 요령을 기재하지 않은 경우 등은 법령위반으로 주주총회결의취소의 사유가 된다. 또한 주주는 이사의 위법행위유지청구권을 행사하여 주주총회개최를 저지할 수 있다.

주주의 의결권

1. 의의

주주의 의결권이란 주주가 주주총회에 출석하여 결의에 참가할 수 있는 권리이다. 참여권 중의 가장 중요한 권리로서 고유권이며 공익권에 속한다.

2. 의결권의 수

1) 원칙

주주는 원칙적으로 1주1의결권을 가진다(상법 제369조 제1항).

2) 예외

(가) 의결권이 배제되거나 제한되는 주식

회사는 의결권이 배제되거나 제한되는 종류주식을 발행할 수 있다(상법 제344조의 3). 이때는 주주총회정족수 계산에서 발행주식총수에 산입되지 않는다(상법 제371조 제1항). 의결권이 배제되거나 제한되는 주식도 창립총회, 종류주주총회, 회사분할, 그리고 이사의 책임면제와 같이 총주주의 동의를 요하는 사항 등에는 의결권이 있다.

(나) 의결권이 일시적으로 제한되는 경우

① 자기주식 : 회사 자신이 자기의 의사를 결정하는 주주총회의 결의에 참여하는 것이 적절치 않다거나, 이사 등이 회사지배의 수단으로 악용할 우려가 있다는 등의 이유로 자기주식에 대하여 의결권을 인정하지 않는다(상법 제369조 제2항). 주주총회정족수 계산에서 자기주식은 발행주식총수에 산입되지 않는다(상법 제371조 제1항).

② 상호보유주식 : 회사, 모회사 및 자회사, 또는 자회사가 다른 회사의 발행주식총수의 10%를 초과하는 주식을 보유하고 있는 경우에 그 다른 회사가 보유하고 있는 회사 또는 모회사의 주식은 의결권이 없다(상법 제369조 제3항). 또한 모회사주식 취득을 금지한 상호보유금지(상법 제342조의 2)에 위반하여 보유한 주식도 의결권이 없다. 이는 의결권행사의 왜곡을 방지하기 위한 것이다. 이때 주주명부에 타인의 명의 또는 가공인의 명의로 되어 있더라도 실질적으로 회사가 보유하고 있으면 회사의 보유주식으로 계산한다. 상호보유주식도 주주총회정족수 계산에서 발행주식총수에 산입되지 않는다(상법 제371조 제1항).

③ 특별이해관계인의 주식 : 주주총회의 결의에 관하여 특별한 이해관계가 있는 자는 의결권을 행사하지 못한다(상법 제368조 제4항). 다만 의견의 진술은 가능하다. 이 때에는 주주총회정족수 계산에서 출석주주총수에 산입하지 않는다(상법 제371조 제2항).

④ 감사선임결의에 있어서 100분의 3을 초과하는 수의 주식을 가진 주주는 그 초과하는 주식에 관하여 의결권을 행사하지 못한다(상법 제409조 제2항).[183]

⑤ 은행법상의 제한 : 동일인은 은행의 의결권 있는 발행주식 총수의 100분의 10을 초과하여 은행의 주식을 보유할 수 없다(은행법 제15조). 비금융주력자의 경우 100분의 4를 넘어 보유할 수 없다(은행법 제16조의 2 : 지방금융기관의 경우 100분의 15).[184] 이 한도를 초과하여 주식을 보유하는 경우에 당해 주식의 의결권행사의 범위는 위 규정상의 한도로 제한되며, 지체없이 그 한도에 적합하도록 하여야 한다(은행법 제16조).

⑥ 독금법 제11조 : 상호출자제한기업집단에 속하는 회사로서 금융업 또는 보험업을 영위하는 회사는 국내계열회사 주식의 의결권이 인정되지 않는다(독금법 제11조). 다만 임원의 선임 또는 해임, 정관변경, 합병, 영업의 양도 등의 경우 15% 이내에서 의결권행사가 가능하다.

3. 의결권의 행사

기명주식을 가진 주주는 주주명부에 명의개서만으로 주권의 제시없이 의결권을 행사할 수 있다.

의결권대리행사

1. 의의

우리 상법에서는 "주주는 대리인으로 하여금 그 의결권을 행사하게 할 수 있다."(상법 제368조 제2항)고 하여 의결권대리행사를 인정하고 있다. 이렇게 의결권대리행사를 인정하는 것은 주주에게 그 의결권행사의 기회를 보장해 줄 뿐 아니라, 상장기업의 경우 그 지분이 분산되어 있어서 주주총회의 정족수를 충족하기가 쉽지 않는데, 그 정족수를 채울 수 있는 기회를 제공하는 의미도 가진다.

---

183 자산규모 2조원 이상의 상장회사에 있어서 사외이사인 감사위원회 위원의 선임에도 같은 제한이 적용된다(상법 제542조의 12 제4항).

184 금산분리 완화에 따라 9%까지 취득할 수 있었으나, 다시 4%로 환원되었다(은행법 제16조의 2 제1항).

자본시장법에서는 의결권대리행사의 권유에 대하여 규제하고 있다. 여기서는 의안의 각 항목에 대하여 주주가 그 찬반을 명기할 수 있도록 하여 남용을 방지하고 있다(자본시장법 제152조).

2. 의결권대리행사의 방법

상법 제368조 제3항에 따르면 의결권을 대리행사시에 대리인은 대리권을 증명하는 서면을 제출하여야 한다. 이는 기본적으로 대리인은 위임장을 지참해서 의결권을 행사할 수 있다는 것을 의미한다. 판례는 의결권대리행사시에 위임장 원본을 지참할 것을 요구한다.[185]

3. 대리인의 자격의 제한

정관으로 대리인의 자격을 주주로 한정하는 경우에 그 효력을 어떻게 볼 것인가가 문제되는데, 이에 대하여 견해가 갈린다.

① 무효설 : 대리권행사를 인정하는 상법의 규정은 강행규정이며, 주주가 신뢰할 다른 주주가 없는 경우 사실상 의결권을 박탈하는 효과를 가지므로 이는 무효라고 한다. 만일 이를 인정하면 백지위임장이 많아져 대주주나 이사가 이를 전횡할 우려가 있다는 점도 지적한다.[186]

② 유효설 : 이러한 정관의 규정은 주주 외의 제3자가 개입하여 주주총회가 교란되는 것을 방지하여 회사의 이익을 보호하려는 것으로 합리적 이유에 의한 상당한 정도의 제한이라며, 이러한 정관에 의한 제한을 금지할 이유가 없다고 한다.[187]

③ 제한적 무효설 : 주주 외의 제3자가 개입하여 주주총회가 교란방지와 같은 합리적 이유가 있는가, 주주의 의결권행사의 기회를 박탈하게 되는가 등을 고려하여 결정해야 한다는 입장이다.

④ 제한적 유효설(판례) : 대리인의 자격을 주주로 한정하는 취지의 주식회사의 정관규정은 주주총회가 주주 이외의 제3자에 의하여 교란되는 것을 방지하여 회사이익을 보호하는 취지에서 마련된 것으로서 합리적인 이유에 의한 상당한 정도의 제한이라고 볼 수 있으므로 이를 무효라고 볼 수는 없다. 그러나 주주인 국가, 지방공공단체 또는 주식회사 소속의 공무원, 직원 또는 피용자 등이 그 주주를 위한 대리인으로서 의결권을 대리행사하는 것은 허용되어야 한다고 하였다.[188]

---

185 대법원 1995.2.28. 선고 94다34579 판결.

186 강위두, (회)412면 ; 이철송, (회)521면.

187 서헌제, (회)322면 ; 손주찬, (상)721면 ; 이기수 외, (회)377면 ; 정찬형, (상)851면 : 정찬형교수는 회사는 비주주인 대리인을 거부하는 것이 가능하다는 취지로 해석한다.

⑤ 검토 : 상법의 태도는 가능하면 의결권대리행사가 가능하게 하는데 있으므로 이러한 정관의 규정은 무효로 볼 것이다.

참조판례

"대리인의 자격을 주주로 한정하는 취지의 주식회사의 정관규정은 주주총회가 주주 이외의 제3자에 의하여 교란되는 것을 방지하여 회사 이익을 보호하는 취지에서 마련된 것으로서 합리적인 이유에 의한 상당한 정도의 제한이라고 볼 수 있으므로 이를 무효라고 볼 수는 없다. 그런데 위와 같은 정관규정이 있다 하더라도 주주인 국가, 지방공공단체 또는 주식회사 등이 그 소속의 공무원, 직원 또는 피용자 등에게 의결권을 대리행사 하도록 하는 때에는 특별한 사정이 없는 한 그들의 의결권행사에는 주주 내부의 의사결정에 따른 대표자의 의사가 그대로 반영된다고 할 수 있고 이에 따라 주주총회가 교란되어 회사 이익이 침해되는 위험은 없는 반면에, 이들의 대리권 행사를 거부하게 되면 사실상 국가, 지방공공단체 또는 주식회사 등의 의결권행사의 기회를 박탈하는 것과 같은 부당한 결과를 초래할 수 있으므로, 주주인 국가, 지방공공단체 또는 주식회사 소속의 공무원, 직원 또는 피용자 등이 그 주주를 위한 대리인으로서 의결권을 대리행사하는 것은 허용되어야 하고 이를 가리켜 정관규정에 위반한 무효의 의결권대리행사라고 할 수는 없다." (대법원 2009.4.23. 선고 2005다22701 판결).

4. 의결권의 포괄적 수권

의결권의 포괄적 수권이 가능한가에 대하여도 견해가 갈린다.

① 긍정설 : 회사의 지배권 분배와 관련하여 포괄적으로 대리권을 수여할 필요가 있으므로, 그 기간을 특정할 수 있는 한 일정한 기간에 걸쳐 포괄적으로 대리권을 수여하는 것은 적법하다고 한다. 실제 은행 등의 관리를 받고 있는 회사 등의 경우 그 필요가 있다고 한다.

② 부정설 : 수회의 주주총회에 대하여 포괄적 수권이 가능하면 법상 허용되지 않는 의결권의 신탁이 가능하게 되고 또 사실상 주주의 지위에서 의결권만을 분리할 수 있는 결과가 되어 주식불가분의 원칙에 반하므로 대리권은 주주총회별로 수여하여야 한다는 입장이다. 만일 이를 인정하면 회사지배의 수단으로 남용할 우려가 있다고 한다.

③ 검토 : 대리권 수여에 대하여 구체적·개별적으로 수여해야 한다는 제한규정이 있는 것은 아니므로 의결권에 대한 대리권의 포괄적 위임이 가능하다고 하겠다. 실제 주주 자신이 장기간의 회외출장 등 계속적으로 의결권을 행사하지 못할 사유도 있을 것이므로, 총회마다 위임장을 제출하여야 한다는 것은 매우 번거로운 일이 된다.

---

188 정동윤, (회)336면 ; 최기원, (회)442면 ; 송옥렬, 901면.

참조판례

"주식회사의 주주는 상법 제368조 제2항에 따라 타인에게 의결권행사를 위임하거나 대리행사하도록 할 수 있다. 이 경우 의결권의 행사를 구체적이고 개별적인 사항에 국한하여 위임해야 한다고 해석하여야 할 근거는 없고 포괄적으로 위임할 수도 있다." (대법원 2014.1.23. 선고 2013다56839 판결).

관련사항

백지위임장 : 대리인란을 특정하지 않고 백지로 한 위임장을 반송하고 회사가 적당한 자(과장, 부장 등)를 대리인으로 하여 그 의결권을 행사하게 한다. 이는 회사에 대리인의 선임을 위임하고 회사가 이를 수행한 것으로 볼 수 있다.

의결권의 불통일행사

의결권의 불통일행사란 주주가 2개 이상의 의결권을 가지는 경우에 일부의 의결권은 찬성으로 행사하고 나머지 의결권은 반대로 행사하여 의결권을 동일한 방향으로 행사하지 않는 것이다. 수개의 주식이 동일인에게 있어도 각각 독립성을 가지고 있고, 법인 기타의 단체가 주주인 경우에 내부에 의결권의 행사에 관하여 의견이 대립될 수 있고, 주식의 신탁을 받은 자가 수탁주식은 위탁자의 지시에 따라 행사하고 자기의 주식의 의결권은 따로 행사하는 경우 등이 있으므로 의결권불통일행사의 필요가 있다.

의결권의 불통일행사를 위해서는 회일의 3일 전에 회사에 서면 또는 전자문서로 의결권을 불통일행사를 한다는 뜻과 그 이유를 통지하여야 한다(상법 제368조의 2). 통지를 하지 않은 경우 주주총회의 결의방법이 법령에 위반한 것으로 주주총회결의취소의 원인이 된다.

회사는 주주가 타인으로부터 주식의 신탁을 인수하였거나 기타 타인을 위하여 주식을 가지고 있는 경우(주식의 일부양도와 명의개서를 하지 않은 경우, 주식 공유의 경우 등) 외에는 회사는 주주의 의결권불통일행사를 거부할 수 있다. 이는 의결권의 불통일행사를 인정하게 되면 주주총회운영의 곤란과 사무의 번잡을 가져오므로, 일정한 경우에 회사의 거부권을 인정하는 것이다.

특별이해관계인

1. 의의

주주총회의 결의에 대하여 특별한 이해관계가 있는 자는 의결권을 행사하지 못한다(상법 제368조 제4항). 주주가 주주총회의 결의에 관하여 특별한 이해관계를 가지는 때에는 그 이해관계에 따라 의결권을 행사할 가능성이 커 공정한 주주총회결의의 성립을 기대하기 어려우므로 상법은 특별한 이해관계인의 의결권행사를 규제하고 있다.

2. 특별이해관계의 의의

상법 제368조에서 의결권행사의 배제의 대상을 특별한 이해관계가 있는 자라고만 규정하고 있으므로 이를 어떻게 볼 것인가에 대하여 견해가 갈린다.

① 법률상이해관계설 : 특별이해관계란 그 결의에 의하여 권리의무의 득실이 생기는 등 법률상 특별한 이해관계를 갖는 경우라고 한다.

② 특별이해관계설 : 특별이해관계란 모든 주주의 이해에 관련되지 않고 특정주주의 이해에만 관련되는 경우라고 한다.

③ 개인법설(통설) : 특별이해관계를 가능한 좁게 해석하여 특정한 주주가 주주의 입장을 떠나서 개인적으로 가지는 이해관계로 본다. 즉 특별이해관계를 사단법상의 이해관계가 아닌 회사 외의 순수한 개인적 이해관계로 이해한다.

3. 적용범위

특별이해관계의 적용범위와 관련하여 구체적 사례를 검토하면 다음과 같다.

① 이사해임결의 : 이사를 해임할 것인가는 이사의 선임과 같이 주주의 회사지배 내지 회사경영참가의 문제로서 사단법상의 이해관계이다. 따라서 해임의 대상인 이사(주주)의 의결권행사가 제한되지 않는다. 이때 이사해임이 부결되어도 소수주주는 법원에 이사해임의 소를 제기할 수 있으므로 주주의 이익은 보호된다(상법 제 385조, 직무에 관하여 부정행위 또는 법령이나 정관에 위반하는 중대한 사실이 있는 경우).

② 합병승인결의 : 합병승인결의에 있어서 합병상대방회사인 주주는 특별이해관계인이 아니다. 합병당사회사간에는 협동관계는 있어도 이해의 대립이 없으며 가령 합병조건 등에 관하여 이해대립이 있어도 당사회사의 합일로 해소된다. 또한 합병이 실질적으로 현저하게 불공정한 경우에는 합병 자체의 하자를 주장하여 다른 주주의 이익을 보호할 수 있다.

③ 영업양도결의 : 영업양도는 거래법상의 행위로서 양도당사자간에 이해가 대립되므로 영업양도결의에 있어서 영업양수인인 주주는 특별이해관계인이 된다(자기거래와 같은 구조이다).

④ 재무제표승인결의 : 재무제표의 승인 후 2년 내에 다른 결의가 없으면 이사·감사의 책임이 면제되므로 재무제표승인결의에 있어서 이사 또는 감사가 특별이해관계인이

되는가가 문제된다. 재무제표의 승인결의의 본래의 목적은 재무제표의 확정 내지 이익처분의 결정이고 이사·감사의 책임면제는 그 부수적인 효과에 불과하므로 그 결의에 있어서 특별이해관계인이 되지 않는다. 그러나 재무제표의 승인결의 후 2년 내에 이사·감사의 책임해제의 유보를 위한 결의를 하는 경우에는 특별이해관계인이 된다.

4. 특별이해관계인의 지위 및 그 주식수의 계산

특별이해관계인에 대하여도 주주총회 소집통지를 하여야 하고(의결권이 없는 주식은 아님), 특별이해관계인은 특별한 이해관계가 있는 의안에 대하여 의견을 진술할 수 있다.

특별이해관계인의 주식은 정족수 산정시 발행주식총수에는 산입되나 출석주주의 의결권의 수에는 산입하지 않는다(상법 제371조 제2항). 특별이해관계인이 의결권을 행사한 때에는 주주총회결의취소의 사유가 된다.

서면투표제

주주는 정관이 정하는 바에 따라 주주총회에 출석하지 않고 서면에 의하여 의결권을 행사할 수 있다(상법 제368조의 3 제1항).189 회사는 총회의 소집통지서에 주주가 서면에 의한 의결권을 행사하는데 필요한 서면과 참고자료를 첨부하여야 한다(상법 제368조의 3 제2항).

자본금총액이 10억원 미만인 회사는 주주 전원의 동의가 있을 경우에는 소집절차 없이 주주총회를 개최할 수 있고, 서면에 의한 결의로써 주주총회의 결의를 갈음할 수 있다. 결의의 목적사항에 대하여 주주 전원이 서면으로 동의를 한 때에는 서면에 의한 결의가 있는 것으로 본다(상법 제363조 제4항).190 이때 서면에 의한 결의는 주주총회결의와 동일한 효력이 있다(상법 제363조 제5항).

주주가 바쁘거나 원격지에 있어 주주총회에 참석하는 것이 곤란한 경우, 대회사의 많은 주주가 한자리에 출석하게 되면 장소적으로나 총회의 운영상 곤란한 경우 등에 서면투표의 필요가 있게 된다. 그러나 서면투표에 의할 때 수정동의와 같은 의사진행과정에 적절하게 대처하지 못하고, 토의결과를 반영하지 못하게 됨으로써 주주총회가 형해화 할 우려가 있게 된다.

서면투표에 있어서 찬반의 기재가 없는 경우에 학설은 갈리나 총회의 결석과 달리 출석주주의 총수에 산입되는 것으로 해석한다.

---

189 유한회사의 경우 총사원의 동의에 의한 서면결의가 인정된다(상법 제577조).
190 서면투표와 서면결의는 주주총회 회의의 개최가 요구되는가 여부에서 차이가 난다.

전자적 방법에 의한 의결권의 행사

회사는 이사회의 결의로 주주가 총회에 출석하지 아니하고 전자적 방법으로 의결권을 행사할 수 있음을 정할 수 있다(상법 제368조의 4).

회사는 소집통지나 공고를 할 때는 주주가 전자적 방법으로 의결권을 행사할 수 있다는 내용을 통지하거나 공고하여야 한다. 회사는 주주총회소집의 통지나 공고에서 전자투표를 할 인터넷 주소와 전자투표를 할 기간을 기재하여야 한다(시행령 제13조 제2항). 여기서 전자투표의 종료일은 주주총회 전날까지로 하여야 한다.

전자적 방법에 의한 의결권의 행사를 하는 경우 공인전자서명을 통하여 주주 확인 및 전자투표를 하여야 한다(시행령 제13조 제1항). 회사는 의결권행사에 필요한 양식과 참고자료를 주주에게 전자적 방법으로 제공하여야 한다(상법 제368조의 4 제3항).

전자투표를 한 주주는 해당 주식에 대하여 그 의결권행사를 철회하거나 변경하지 못한다(시행령 제13조 제3항).

동일한 주식에 관하여는 전자적 방법 또는 서면결의에 의하는 경우 전자적 방법 또는 서면 중 어느 하나의 방법을 선택하여야 한다(상법 제368조의 4 제4항).

회사는 의결권행사에 관한 전자적 기록을 총회가 끝난 날부터 3개월간 본점에 갖추어 두어 열람하게 하고 총회가 끝난 날부터 5년간 보존하여야 한다(상법 제368조의 4 제6항).

의사와 결의

1. 의사

주주총회의 의사의 방법에 관하여는 상법에 규정이 없으므로 정관이 정하는 바에 의하여야 한다. 주주총회의 목적사항(의제)은 소집의 통지·공고에 기재된 것에 한한다.

주주총회의 의장은 정관 아니면 주주총회에서 정한다. 의장은 총회질서유지권을 가진다(상법 제366조의 2 제3항).

2. 결의

결의가 성립하려면 일정한 수 이상의 주식을 가진 주주가 출석하여 회의가 성립되어야 하고, 그 출석한 주주의 의결권 중에서 일정한 수 이상의 찬성이 있어야 한다. 전자를 의사정족수, 후자를 의결정족수라고 한다. 그러나 주주총회출석률이 저조하여 두 가지 정족수 충족을 요구할 때 주주총회성립이 어려웠다. 이에 따라 1995년 개정 상법에서는 의사정족수의 요건을 없애고 의결정족수의 요건만을 규정하게 되었다.

(1) 보통결의

주주총회의 보통결의는 출석주주의 의결권의 과반수로 정하되, 찬성한 의결권이 발행주식총수의 4분의 1 이상이어야 한다(상법 제368조 제1항). 여기서 의결권 없는 주식은 발행주식총수에 산입하지 않고(상법 제371조 제1항), 특별이해관계인은 출석주주의 의결권 수에 산입하지 않는다(상법 제371조 제2항).

가부동수의 경우 의장이 결정권을 가진다고 하는 것은 1주1의결권에 반하여 인정되지 않는다.

보통결의사항은 상법이나 정관으로 특별결의사항이나 특수결의사항으로 정한 이외의 모든 사항이다. 예를 들면 이사·감사의 선임(상법 제382조 제1항, 제409조 제1항), 이사·감사·청산인의 보수의 결정(상법 제388조, 제415조, 제542조 제2항), 재무제표의 승인(상법 제499조 제1항) 등은 주주총회의 보통결의에 의한다.

(2) 특별결의

주주총회의 특별결의는 출석주주의 의결권의 3분의 2 이상의 수로 정하되, 찬성한 의결권이 발행주식총수의 3분의 1 이상이어야 한다(상법 제434조). 특별결의는 정관변경의 결의요건으로 정하고 다른 경우에 이를 준용하고 있다. 특별결의요건은 주주의 보호를 위한 것으로 그 요건을 감경할 수는 없다, 그러나 요건의 가중은 폐쇄적 회사의 소수주주의 거부권의 확보를 위해 필요하므로 이는 인정한다.

특별결의사항으로는 영업의 전부 또는 중요한 일부의 양도(상법 제374조 제1항 1호),[191] 영업전부의 임대·경영위임·타인과 손익 전부를 같이 하는 계약 기타 이에 준하는 계약의 체결·변경 또는 해약(상법 제374조 제1항 2호), 다른 회사의 영업전부의 양수 또는 영업에 중대한 영향을 미치는 영업일부의 양수(상법 제374조 제1항 3호), 사후설립(상법 제375조), 신주의 할인발행(상법 제417조 제1항), 이사·감사의 해임(상법 제385조 제1항, 제415조), 정관변경(상법 제434조), 자본금감소(상법 제438조 제1항), 임의해산(상법 제518조), 회사의 계속(상법 제519조), 합병계약서의 승인(상법 제522조 제3항) 등이 있다.

---

191 상법개정으로 간이영업양도, 양수, 임대 등에 관한 규정이 신설되어 "제374조 제1항 각 호의 어느 하나에 해당하는 행위를 하는 회사의 총주주의 동의가 있거나 그 회사의 발행주식총수의 100분의 90 이상을 해당 행위의 상대방이 소유하고 있는 경우에는 그 회사의 주주총회의 승인은 이를 이사회의 승인으로 갈음할 수 있다."(상법 제374조의 3 제1항).

영업의 전부 또는 중요한 일부의 양도에 있어서 영업의 의미

영업의 전부 또는 중요한 일부의 양도는 주주총회의 특별결의사항이다(상법 제374조 제1항 1호). 이때 영업용 중요재산의 양도의 경우에도 이 조항에서의 영업으로 보아 주주총회의 특별결의를 거쳐야 하는가가 문제된다. 이에 대하여 학설은 나뉜다.

① 형식설 : 여기서의 영업의 양도에 대하여 상법총칙상의 영업양도와 동일개념으로 본다. 그리하여 영업양도란 일정한 영업목적을 위하여 조직화된 유기적 일체로서 기능적 재산을 일괄하여 이전하는 계약으로, 경업피지의무를 지는 것이라 한다. 따라서 영업용 중요재산의 양도에는 주주총회의 특별결의를 거치지 않아도 된다고 한다.

② 실질설 : 기능적 재산을 구성하는 중요한 영업용 재산이 양도되고 그 결과 양도회사의 운명에 중대한 영향을 미치는 경우도 여기서의 영업양도에 포함한다. 실질설에서는 회사법상의 영업양도에는 영업활동의 승계나 경업피지의무의 부담은 반드시 필요한 것은 아니라고 한다. 따라서 영업용 중요재산의 양도도 주주총회의 특별결의를 거쳐야 한다고 한다.

③ 판례 : 원칙적으로 형식설에 의해 개념 지우면서도 주식회사 존속의 기초가 되는 중요한 재산의 양도는 영업의 폐지 또는 중단을 초래하는 행위로서 이는 영업전부 또는 일부의 양도와 다를 바 없다면서 그 유추적용을 인정하여 사실상 실질설과 같은 결과가 된다.

④ 검토 : 형식설에 의할 때 회사의 중요한 영업용 재산의 양도로 회사의 운명에 중대한 영향을 미치는 경우라도 영업활동의 승계와 경업피지의무의 부담이 없으면 주주총회의 특별결의를 거치지 않아도 되어서 주주의 이익을 해칠 우려가 있다. 영업의 전부 또는 중요한 일부의 양도에 주주총회의 특별결의를 거치도록 한 것은 주주의 이익보호를 위한 것이므로, 그 취지를 반영한 실질설의 입장이 타당하다.

참조판례

"상법 제374조 제1호 소정의 영업의 양도란 동법 제1편 제7장의 영업양도를 가리키는 것이므로 영업용 재산의 양도에 있어서는 그 재산이 주식회사의 유일한 재산이거나 중요한 재산이라 하여 그 재산의 양도를 곧 영업의 양도라 할 수는 없지만 주식회사 존속의 기초가 되는 중요한 재산의 양도는 영업의 폐지 또는 중단을 초래하는 행위로서 이는 영업의 전부 또는 일부 양도의 경우와 다를 바 없으므로 이러한 경우에는 상법 제374조 제1호의 규정을 유추적용하여 주주총회의 특별결의를 거쳐야 한다."(대법원 1988.4.12. 선고 87다카1662 판결).

주식매수청구권

1. 의의

일정한 주주총회결의사항에 반대하는 주주의 주식매수청구권이 인정된다(상법 제374조의 2 등). 주식매수청구권은 결의에 반대하는 소수주주가 회사에 대하여 자기가 보유하고 있는 주식의 매수를 요구할 수 있는 권리이다. 이는 자본금충실을 해칠 수 있으나, 다수결원칙에 의하여 희생되는 소수주주를 보호하기 위하여 특별히 인정된다.

2. 인정되는 경우

상법에서는 회사의 영업양도 등(상법 제374조의 2), 합병(상법 제522조), 분할합병(상법 제530조의 2 제2항, 3항), 정관에 의한 주식의 양도제한(상법 제335조의 2 제4항, 335조의 6) 주식의 포괄적 교환·이전(상법 제 360조의 22, 상법 제360조의 5) 등의 경우에 주식매수청구권을 인정하고 있다.

3. 주식매수청구권 행사의 절차

주식매수청구권을 행사하기 위해서는, 주주총회의 승인사항에 관하여 이사회의 결의가 있는 때에 그 결의에 반대하는 주주(의결권이 없거나 제한되는 주주를 포함한다)는 주주총회 전에 회사에 대하여 서면으로 그 결의에 반대하는 의사를 통지하여야 한다(상법 제374조의 2 제1항).

주식매수청구권자는 그 총회의 결의일부터 20일 이내에 주식의 종류와 수를 기재한 서면으로 회사에 대하여 자기가 소유하고 있는 주식의 매수를 청구할 수 있다(상법 제374조의 2 제1항). 회사는 주식매수청구기간이 종료하는 날부터 2월 이내에 그 주식을 매수하여야 한다(상법 제374조의 2 제2항).

4. 매수가액의 결정

주식매수청구권의 행사시의 매수가액의 결정은 ① 주주와 회사간의 협의에 의하여 결정한다(제374조의 2 제3항). ② 주식매수청구기간이 종료하는 날부터 30일 이내에 협의가 이루어지지 아니한 경우에는 회사 또는 주식의 매수를 청구한 주주는 법원에 대하여 매수가액의 결정을 청구할 수 있다(제374조의 2 제4항).

법원이 주식의 매수가액을 결정하는 경우에는 회사의 재산상태 그 밖의 사정을 참작하여 공정한 가액으로 이를 산정하여야 한다(제374조의 2 제5항). 공정한 가격이란 합병이나 영업양도 등 결의사항의 예정에 의해 영향을 받기 전의 주식의 가치를 기준으로 산정한 가격을 말한다.[192]

상장법인의 경우 자본시장법에서 다른 가격결정법을 적용하고 있는데, 주주와 회사간에 협의가 이루어지지 않으면 매수가격은 합병 등을 위한 이사회의 결의일 이전에 유가증권시장에서 거래된 당해 주식의 2개월간, 1개월간 및 7일간의 평균가격을 재차 평균한 가액으로 하고 있다.[193] 이에 대하여 법인이나 주주가 반대하는 경우 법원에 의한 결정에 따른다(자본시장법 제165조의 5).

참조판례

"회사의 합병 또는 영업양도 등에 반대하는 주주가 회사에 대하여 비상장주식의 매수를 청구하는 경우, 그 주식에 관하여 객관적 교환가치가 적정하게 반영된 정상적인 거래의 실례가 있으면 그 거래가격을 시가로 보아 주식의 매수가액을 정하여야 하나, 그러한 거래사례가 없으면 비상장주식의 평가에 관하여 보편적으로 인정되는 시장가치방식, 순자산가치방식, 수익가치방식 등 여러 가지 평가방법을 활용하되, 비상장주식의 평가방법을 규정한 관련 법규들은 그 제정 목적에 따라 서로 상이한 기준을 적용하고 있으므로, 어느 한 가지 평가방법이 항상 적용되어야 한다고 단정할 수 없고, 당해 회사의 상황이나 업종의 특성 등을 종합적으로 고려하여 공정한 가액을 산정하여야 한다." (대법원 2006.11.24.자 2004마1022 결정).

종류주주총회

1. 의의

회사가 종류주식을 발행한 경우에 주주총회의 결의에 의하여 어느 특정한 종류의 주주에게 손해를 미치게 될 때에는, 상법은 주주총회의 결의 외에 추가로 그 종류의 주식을 가진 주주들만의 결의를 얻도록 규정하고 있다(상법 제435조 제1항)

2. 종류주주총회의 결의를 요하는 사항

우리 상법에서는 종류주주총회의 결의를 요하는 사항으로 "정관을 변경함으로써 어느 종류

192 "영업양도 등에 반대하는 주주의 주식매수청구에 따라 비상장주식의 매수가액을 결정하는 경우, 특별한 사정이 없는 한 주식의 가치가 영업양도 등에 의하여 영향을 받기 전의 시점을 기준으로 수익가치를 판단하여야 하는데, 이때 미래에 발생할 추정이익 등을 고려하여 수익가치를 산정하여야 한다."(대법원 2006.11.23.자 2005마958 결정).

193 자본시장법 제165조의 5, 자본시장법 시행령 176조의 7.

의 주주에게 손해를 미치게 될 때”(상법 제435조 제1항), “상법 제344조 제3항의 규정에 의하여 주식의 종류에 따라 특수한 정함을 하는 경우 그 결과가 어느 종류의 주주에게 손해를 미치게 될 때”(상법 제436조), “주식교환·주식이전·합병·분할·분할합병으로 인하여 어느 종류의 주주에게 손해를 미치게 될 경우”(상법 제530조의 3 제5항)를 들고 있다.

여기서 공통적인 요소는 ‘어느 종류의 주주에게 손해를 미치게 될 때’ 인데, 이는 구체적으로 ‘특정 종류의 주주의 권리를 제거하거나 제한하는 것, 혹은 어느 종류의 주주의 권리에 대응하는 다른 종류의 주주의 권리를 강화하거나 신설함을 통해 종류주주간의 포괄적인 관계를 변화시키는 것’이라고 할 수 있다.[194]

3. 종류주주총회의 결의

종류주주총회의 결의는 출석한 그 종류주식의 의결권의 3분의 2 이상의 다수로서 하되, 찬성한 의결권이 그 종류의 발행주식총수의 3분의 1 이상이어야 한다(상법 제435조 제2항). 이 결의의 요건은 더 감경하거나 가중하지 못한다.

4. 종류주주총회결의의 하자

종류주주총회는 주주총회결의의 효력을 발생시키기 위한 추가적인 요건에 불과하다. 종류주주총회결의의 흠결과 주주총회결의의 효과와는 어떠한 관계를 가지는가가 문제된다. 이때 주주총회결의취소의 사유가 되는가? 아니면 주주총회결의가 불발효의 상태에 있게 되는가의 학설상의 대립이 있다.

① 취소사유설은 종류주주총회의 결의가 흠결된 경우 주주총회의 결의는 총회결의가 효력을 발생하기 위한 절차적인 요건을 결한 것으로서 취소사유에 해당하여 그 결의일로부터 2개월 내에 종류주주총회가 소집되지 않았음을 주장하여 주주총회결의의 취소를 구할 수 있다고 한다. ② 주주총회결의 불발효설은 다수설의 입장으로 종류주주총회결의가 이루어지지 못한 경우 일반주주총회에서 이루어진 결의는 불발효 상태에 놓인다고 한다. 즉 종류주주총회결의는 일반주주총회결의의 추가적인 유효요건에 불과하므로 종류주주총회결의가 없는 동안 일반주주총회결의는 완전한 효력을 발생하지 못하고 부동적인 상태에 놓이게 되며, 그러다가 종류주주총회의 결의가 있으면 확정적으로 유효해지고 종류주주총회의 결의가 없으면(결의의 무

---

194 이철송, (회)621면 ; 우선주주의 이익을 침해하는 정관변경을 직접적 침해와 간접적 침해로 나누어 간접적으로 우선주주의 이해를 침해하는 정관변경결의 중 이익배당이나 회사재산분배에서 기존의 우선주와 동일하거나 더 우위에 있는 새로운 우선주를 발행하는 정관변경결의는 예외적으로 종류주주총회의 특별결의를 필요로 한다는 견해도 있다 : 정대익, “독일법상 주주총회결의의 하자를 다투는 소송－불발효를 중심으로－, 상사판례연구, 제19집 제1권, 2006, 562면.

효나 취소의 경우도 포함) 확정적으로 무효가 된다고 한다. 다만 불발효 확인에 대해서는 주주총회결의하자에 관한 상법상의 규정이 유추적용되지 않고 민사소송법의 규정에 따라 주주총회결의불발효확인의 소를 제기할 수 있다고 한다.

이에 반하여 판례는 결의불발효의 개념을 인정하지 않는다. 또한 취소사유설과도 구분되는 것으로, 이때 주주총회결의는 유효하게 성립되었으며, 결의사항이 무효라는 확인을 구하면 족하다고 한다.195 예를 들어 정관변경이라는 결의사항이 필요한 특별요건을 구비하지 않음으로서 무효라는 확인을 구해야 한다는 것이다.

주주총회결의의 하자

주주총회의 결의에 대하여는 주주·기관구성원·회사거래관계자 등 다수의 당사자가 존재하고, 결의의 유효성을 전제로 많은 사단관계 또는 거래관계가 전개된다. 따라서 결의의 하자를 일반원칙에 의하여 누구든지, 언제든지 또한 어떠한 방법으로도 주장하여 결의의 효력을 부정할 수 있다고 하면 회사의 법률관계에 혼란이 생겨 법적 안정을 기할 수 없다.

주주총회결의하자에 대해서 회사의 법률관계의 획일적 확정과 법적 안정성의 요청에 의하여 상법은 주주총회의 결의의 하자의 원인에 따라 결의취소의 소, 결의무효·부존재확인의 소, 부당결의취소·변경의 소의 제도를 두고, 그 제소권자, 제소기간, 판결의 효력 등에 관하여 특별규정을 두고 있다.

결의취소의 소

1. 의의

주주총회의 소집절차 또는 결의방법이 법령 또는 정관에 위반하거나 현저하게 불공정한 경우 또는 그 결의의 내용이 정관에 위반한 경우에는 주주총회결의취소의 원인이 된다(상법 제376조 제1항). 즉 주주총회결의취소의 소는 절차상 하자 또는 내용상 경미한 하자를 이유로 주주총회결의의 효력을 다투는 것이다. 그런데 주주총회결의취소의 소에 대하여는 다른 소와 달리 법원에 의한 사정판결을 인정하고 있다(상법 제379조).

2. 결의취소의 소의 대상

주주총회결의취소의 소는 주주총회의 소집절차 또는 결의방법이 법령 또는 정관에 위반하

195 대법원 2006.1.27. 선고 2004다44575 판결.

거나 현저하게 불공정한 경우 또는 그 결의의 내용이 정관에 위반한 경우에 인정된다.

이를 구체적으로 보면 먼저 소집절차의 하자에 속하는 것으로 대표이사가 이사회의 결의에 의하지 않고 주주총회를 소집하거나, 평이사가 이사회의 결의에 의하여 주주총회를 소집하는 경우, 소집통지의 누락, 회의의 목적사항의 불비 등을 들 수 있다. 그리고 결의방법의 하자란 의결권이 없는 주주가 결의에 참가하거나, 특별이해관계인이 참가하는 경우 등을 말하고, 현저한 불공정한 경우란 심야에 주주총회를 소집하는 경우 등이 해당하고, 결의내용의 정관위반으로는 정관소정의 이사의 원수를 초과하여 이사선임결의를 한 경우 등을 예로 들 수 있다.

3. 당사자

주주총회결의취소의 소에 있어서 원고가 될 수 있는 자는 주주, 이사 또는 감사이고(상법 제376조 제1항), 피고는 회사이며 대표이사가 회사를 대표하나 이사가 원고인 경우에는 감사가 대표한다(상법 제394조).

4. 제소절차

주주총회결의취소는 주주총회결의의 날로부터 2월 내에 제기하여야 한다(상법 제376조 제1항). 이는 제척기간으로 본다. 소는 회사의 본점 소재지의 지방법원의 전속관할에 속하고, 소가 제기된 경우 회사는 이를 공고하여야 하며, 수개의 소가 제기된 때는 병합심리를 하여야 한다(상법 제376조 제2항). 주주총회결의취소의 소는 대세적 효력을 가지므로 소의 제기 후에는 청구의 포기 또는 화해를 하지 못한다.

주주의 남소를 방지하기 위하여 법원은 회사의 청구에 의하여 제소주주에게 상당한 담보를 제공할 것을 명할 수 있다. 이는 패소주주가 악의 또는 중대한 과실이 있을 때 손해배상책임을 지므로 이를 담보하기 위하여 두어졌다. 다만 이를 위해서는 주주의 소제기가 악의로 인한 것임을 소명하여야 한다(상법 제377조).

5. 사정판결

상법 제379조는 "결의취소의 소가 제기된 경우에 결의의 내용 및 회사의 현황과 제반사정을 참작하여 그 취소가 부적당하다고 인정한 때에는 법원은 그 청구를 기각할 수 있다."고 규정하고 있다. 이는 주주총회결의취소의 소에 대하여 인정되는 재량기각권이다. 예를 들어 일부 극소수의 주주에 대하여 주주총회소집의 통지를 하지 않은 경우, 결의가 이미 집행된 경우 등이 이에 해당한다.

그런데 이를 피하려 경미한 하자에 대하여도 결의부존재확인의 소를 제기하려는 경향이 있다.

6. 판결의 효력

주주총회결의 취소의 소는 대세적 효력을 가지는 것으로 주주총회결의취소의 판결이 확정된 경우에 그 판결은 소송당사자에 대하여서 뿐만 아니라 제3자에 대하여도 효력을 가진다(상법 제376조 제2항, 제190조).

또한 판결은 소급효를 가지는 것으로, 구 상법에서는 소급효를 제한하였으나 이는 이익배당이나 이사보수의 결정과 같은 경우에 이익을 받은 자에게 기득권을 인정하는 것이 되어 부당하므로 소급효제한에 관한 규정을 없애게 되었다.

그러나 법개정 후에도 소급효의 범위에 대한 학설이 여전히 갈리고 있다. ① 획일소급설에서는 주주총회의 결의가 획일적으로 소급하여 무효로 되고 다만 이로 인하여 생기는 불합리는 부실등기, 표현대표이사 등의 외관이론에 의하여 해결해야 한다고 주장한다. ② 구분소급설에서는 영업양도·임원보수·이익배당 등과 같이 완료적 의미가 있는 결의는 소급효를 인정하고, 이사선임·정관변경·자본금감소 등의 결의와 같이 결의를 전제로 사단적·거래적 행위가 계속되는 경우에는 그 결의의 소급효를 부정한다.

소급효제한에 관한 규정을 없앤 법규정의 취지에 따를 때 이를 구별하여 해석할 필요는 없으리라 생각된다.

원고패소의 경우에는 그 판결의 효력은 일반원칙에 따라 소송당사자간에만 생긴다.

결의무효확인의 소

1. 의의

주주총회의 결의의 내용이 법령에 위반한 경우에는 주주총회결의무효확인의 소를 제기할 수 있다(상법 제380조). 이전에는 결의내용상의 하자에 대하여 모두 주주총회결의무효확인의 소의 대상으로 하였으나, 상법개정으로 결의내용이 정관에 위반한 것과 같은 경미한 하자는 주주총회결의취소의 소의 대상이 되게 되었다.

2. 소의 성질

상법에서는 주주총회결의무효확인의 소에 관하여는 주주총회결의최소의 소에서와는 달리 주주총회결의의 무효를 주장할 수 있는 자, 기간, 방법에 관한 규정을 두고 있지 않다. 그러므로 주주총회결의무효의 주장을 소만으로 할 수 있는가 아니면 항변으로도 할 수 있는가가 문제가 된다. 이 문제는 주주총회결의무효확인의 소의 성질을 어떻게 보는가에 따라 다르며, 이에 대하여 학설의 태도는 갈리고 있다.

① 확인소송설(다수설 · 판례) : 주주총회결의의 무효를 소만으로 주장할 수 있다면 주주총회결의취소의 원인과 무효의 원인을 구별할 실익이 없게 되고, 주주총회결의의 내용이 주식회사의 본질이나 사회질서 또는 자본금충실에 반하는 경우까지 유효한 것으로 하였다가 소에 의하여 그 무효를 주장할 수 있다고 하는 것은 불합리하다. 따라서 주주총회결의무효의 사유가 있는 경우 그 결의는 당연히 무효로서 이는 누구든지 언제든지 어떠한 방법으로도 주장할 수 있으며, 다만 당사자간에 다툼이 있는 경우에는 주주총회결의의 무효확인의 소를 제기할 수 있다고 한다.

② 형성소송설 : 주주총회결의의 무효를 소에 의하지 않고 누구든지 주장할 수 있다고 하면 회사의 법률관계의 획일화와 거래안전의 요청에 반하고, 또 소외의 방법으로 주장할 수 있다고 하면 무효의 판결에 대세적 효력을 인정한 상법 제380조의 규정이 무의미하게 되므로 주주총회결의무효확인의 소는 반드시 소에 의하여 주장하여야 한다. 또한 주총회결의무효확인의 소는 내용이 법령 · 정관에 위반하는 주주총회의 결의가 유효한 것을 무효로 변경할 것을 구하는 소이므로 그 명칭의 여하를 불문하고 형성의 소라고 한다.[196]

③ 절충설 : 원칙적으로 소에 의하여 주장하여야 하나(형성의 소), 주주총회의 결의가 선량한 풍속 기타 사회질서에 위반하거나 주식회사의 본질에 반하는 경우에는 그 결의가 당연히 무효이므로 소에 의할 필요가 없이 언제든지 그 무효를 주장할 수 있다고 한다(확인의 소).

④ 검토 : 형성소송설에 의하면 내용상 하자가 있는 주주총회결의의 무효를 소만으로 주장할 수 있으므로, 예를 들면 위법배당을 하여도 소제기를 하지 않는 한 회사나 채권자는 위법배당액의 반환을 청구할 수 없게 되는 불합리가 있다. 우리 상법이 주주총회결의의 내용상의 하자에 대하여 이를 경미한 것과 중대한 것을 분리하여 경미한 내용상의 하자를 주주총회결의취소의 소의 대상으로 한 것은, 법령위반의 중대한 하자에 대하여 소외에도 그 무효를 주장할 수 있도록 하고자 한 것으로 볼 수 있다. 따라서 확인소송설의 입장이 타당하다.

---

196 정동윤, (회)374면 ; 이철송, (회)597면.

3. 무효의 원인

주주총회의결의의 내용에 법령에 위반하여야 한다. 예를 들면 주주유한책임에 반하는 추가출자의 결의, 주주평등의 원칙에 반하는 결의, 위법한 이익배당, 선량한 풍속 기타 사회질서에 위반하는 사항을 회사의 목적으로 정한 정관변경결의 등이 무효의 사유가 된다.

4. 소의 절차

주주총회결의무효확인의 소의 성질을 확인소송으로 보면, 무효의 주장은 소에 의하지 않고 항변으로도 가능하지만, 다툼이 있는 경우에는 주주총회결의무효확인의 소를 제기하여야 한다. 또한 이를 확인소송으로 보는 한 주주총회결의무효확인의 소는 일반원칙에 의하여 무효의 확인을 구하는 정당한 이익이 있는 한 누구라도 언제든지 제기할 수 있다.

주주총회결의무효확인의 소는 본점 소재지의 지방법원의 전속관할에 속하고, 기타 소의 공고, 병합심리의의 인정, 제소 주주의 악의를 소명한 경우에 상당한 담보의 제공을 요구할 수 있는 것은 주주총회결의취소의 소와 같다(상법 제380조).

그러나 주주총회결의취소의 소와 달리 재량기각권은 인정되지 않으며, 제소기간의 제한도 없다.

5. 효력

주주총회결의무효확인의 소에도 대세적 효력과 소급효가 인정된다(상법 제380조, 제190조).

원고가 패소시에는 소송당사자간에만 효력이 미치고, 패소주주에게 악의 또는 중대한 과실이 있을 때 손해배상책임을 지게 된다.

결의부존재확인의 소

1. 의의

주주총회의 소집절차 또는 결의방법에 하자가 있는 경우에 그 하자가 주주총회의 결의가 존재한다고 볼 수 없을 정도로 중대한 경우에는 주주총회결의부존재확인의 소를 제기할 수 있다(상법 제380조). 주주총회결의취소의 원인이 되는 "총회의 소집절차 또는 결의방법이 법령 또는 정관에 위반하거나 현저하게 불공정한 때"라는 하자의 정도가 심하여 총회결의가 존재한다고 볼 수 없을 정도가 되었을 때 주주총회결의부존재의 원인이 되게 된다. 이와 같이 결의부존재의 원인은 결의취소의 원인에 포함된다.

주주총회결의부존재확인의 소의 성질은 확인의 소로 볼 것이다.

2. 결의부존재

결의부존재의 사유로는 소집권한이 없는 자가 이사회의 결의에 의하지 아니하고 주주총회를 소집한 경우, 소집통지의 누락이 현저한 경우, 대부분 비주주들이 모여 결의를 한 경우 등이 있다.

3. 소의 효력

주주총회결의부존재확인의 소의 효력은 주주총회결의무효확인의 소와 동일하다(상법 제380조).

4. 비결의와 표현결의

판례는 주주총회의 소집절차없이 단지 의사록만 작성한 경우에 주주총회결의부존재의 사유에 해당하지 않는 비결의라고 하여 결의부존재와 구분을 하면서도, 표현결의라는 개념을 인정하여 일정한 경우 주주총회결의부존재와 같은 법적 효력을 인정하고 있다.

비결의란 결의를 한 사실이 없는데도 주주총회의 결의가 있은 것으로 등기되거나 의사록에 허위의 기재가 있는 경우이며, 표현결의는 결의라고 볼만한 것이 존재하나 그 성립과정에서 중대한 하자가 있어 법률상 주주총회의 결의가 존재한다고 평가할 수 없는 경우를 말한다.[197]

주주총회결의부존재확인의 소에 대하여 소급효를 인정한 1995년 상법개정 전의 경우를 보면, 주주총회의 의사결정 자체가 존재하지 않는 비결의의 경우 주주총회결의부존재와 달리 민사소송법상 확인의 소의 대상이 됨에 불과하였고, 그에 따라 판결의 소급효가 인정되었지만, 이와 달리 표현결의가 성립되는 경우 주주총회결의부존재확인의 소에 의하여 그 부존재를 주장할 수 있음을 의미하며, 그 법적 효과는 주주총회결의부존재확인의 소와 마찬가지로 소급효가 제한되었다. 그러나 법개정으로 주주총회결의부존재확인의 소에 소급효를 인정한 후에는 상법상의 주주총회결의부존재확인의 소와 구별되는 민사소송법상 부존재확인의 소를 인정할 의미가 없어졌다.

---

197 외관현출자가 과반수 주식을 보유하거나 사실상 회사를 지배하는 경우와 같이 주주총회 외관현출에 회사가 관련된 것으로 보아야 하는 경우를 말한다고도 한다.

부당결의취소·변경의 소

특별이해관계인이 주주총회에서 그 의결권을 행사할 수 없었던 경우에 그 결의가 현저하게 부당한 때에는 그 특별이해관계인은 주주총회결의취소 또는 변경의 소를 제기할 수 있다(상법 제381조 제1항).

부당결의취소·변경의 소는 부당결의가 있은 날로부터 2월 내에 제기하여야 한다.

3 이사·이사회·대표이사

이사회는 이사들로 구성된 회사의 업무집행에 관한 의사결정기관이다. 대표이사는 이사회의 의사결정에 기하여 회사의 업무를 집행하고 회사를 대표하는 기관이다. 개정 상법은 대표이사의 선택적 대체기관으로 집행임원에 관한 규정을 두고 있다. 실제로 상장회사에는 사실상의 집행임원(경영임원)을[198] 두고 있는데, 이에 대하여 법적 근거를 마련하고자 하는 취지에서 집행임원에 관한 규정을 두게 되었다. 그러나 대표권 등이 인정되는 상법상의 집행임원은 사실상의 집행임원과 그 법적 지위에서 차이가 난다.

이사

1. 의의

이사는 회사의 업무집행에 관한 의사를 결정하고 이사의 업무집행을 감독하는 이사회의 구성원이다.

이사가 기관의 지위를 가지는가에 대해서 학설이 갈리고 있지만, 이사는 기관인 이사회의 구성원에 불과할 뿐 별도의 기관이라 할 수는 없다. 즉 이사회의 구성원과 대표이사가 될 수 있는 전제 자격에 불과하다(다수설).

관련사항 **자본금총액이 10억원 미만인 회사(상법 제383조 제1항)**

1인 또는 2인의 이사를 둔 경우 이사회가 없고, 대표이사가 임의기관이므로(정관으로 대표이사를 정할 수 있다. 감사도 임의기관), 여기서의 업무집행기관은 이사회와 대표이사로 이원화되지 않고 각 이사로 일원화 된다.

---

198 예를 들면 삼성전자의 사실상의 집행임원(미등기임원)은 1000명이 넘고, 등기이사는 4명의 사내이사와 5명의 사외이사에 불과하다.

2. 종류

(1) 대표이사와 평이사

대표이사는 정관에 달리 규정하지 않으면 이사회에서 선임한다. 자본금총액이 10억원 미만인 회사의 1인 이사(이사회의 기능도 일부 담당)의 경우에는 예외적으로 회사의 업무집행권 및 대표권이 인정된다(상법 제383조 제6항).

(2) 사내이사와 사외이사

사내이사는 상근이사로서 대표이사를 비롯하여 회사의 업무집행을 담당하는 이사(업무담당이사)를 말한다.

사외이사(Outside Director)는 회사에 상근하지 않고 이사회에 출석하여 이사회의 의사결정에만 관여하는 이사를 말한다. 상장법인의 경우 사외이사는 이사총수의 4분의 1 이상이어야 한다(상법 제542조의 8 제1항). 자산총액 2조원 이상인 주권상장법인의 경우 3인 이상의 사외이사를 두고 그 수는 이사총수의 과반수가 되도록 하여야 한다(상법 제542조의 8 제1항). 또한 이때는 사외이사후보추천위원회를 두어야 한다(상법 제542조의 8 제4항).

관련사항 **사외이사의 결격사유(상법 제382조 ③)**

사외이사는 해당 회사의 상무에 종사하지 아니하는 이사로서 다음 각 호의 어느 하나에 해당하지 아니하는 자를 말한다. 사외이사가 다음 각 호의 어느 하나에 해당하는 경우에는 그 직을 상실한다.

① 회사의 상무에 종사하는 이사·집행임원 및 피용자 또는 최근 2년 이내에 회사의 상무에 종사한 이사·감사 및 피용자
② 최대주주가 자연인인 경우 본인과 그 배우자 및 직계 존속·비속
③ 최대주주가 법인인 경우 그 법인의 이사·감사·집행임원 및 피용자
④ 이사·감사·집행임원의 배우자 및 직계 존속·비속
⑤ 회사의 모회사 또는 자회사의 이사·감사·집행임원 및 피용자
⑥ 회사와 거래관계 등 중요한 이해관계에 있는 법인의 이사·감사·집행임원 및 피용자
⑦ 회사의 이사·집행임원 및 피용자가 이사로 있는 다른 회사의 이사·감사·집행임원 및 피용자

• 상장법인의 경우(상법 제542조의8 ②)

상장회사의 사외이사는 제382조 제3항 각 호 뿐만 아니라 다음 각 호의 어느 하나에 해당되지 아니하여야 하며, 이에 해당하게 된 경우에는 그 직을 상실한다.

① 미성년자, 피성년후견인 또는 피한정후견인
② 파산선고를 받고 복권되지 아니한 자
③ 금고 이상의 형을 선고받고 그 집행이 끝나거나 집행이 면제된 후 2년이 지나지 아니한 자
④ 대통령령으로 별도로 정하는 법률을 위반하여 해임되거나 면직된 후 2년이 지나지 아니한 자
⑤ 상장회사의 주주로서 의결권 없는 주식을 제외한 발행주식총수를 기준으로 본인 및 그와 대통령령으로 정하는 특수한 관계에 있는 자(특수관계인)가 소유하는 주식의 수가 가장 많은 경우 그 본인(최대주주) 및 그의 특수관계인

관련사항 **사외이사의 결격사유(상법 제382조 ③)**

⑥ 누구의 명의로 하든지 자기의 계산으로 의결권 없는 주식을 제외한 발행주식총수의 100분의 10 이상의 주식을 소유하거나 이사·감사의 선임과 해임 등 상장회사의 주요 경영사항에 대하여 사실상의 영향력을 행사하는 주주(주요주주) 및 그의 배우자와 직계존속·비속

⑦ 그 밖에 사외이사로서의 직무를 충실하게 수행하기 곤란하거나 상장회사의 경영에 영향을 미칠 수 있는 자로서 대통령령으로 정하는 자

3. 이사의 원수, 임기

이사는 3인 이상이어야 한다(상법 제383조 제1항). 자본금총액이 10억원 미만인 소규모 회사는 1인 또는 2인의 이사를 둘 수 있다.

상장법인의 경우 사외이사가 이사 총수의 4분의 1 이상이 되도록 하여야 하는데(상법 제542조의 8 제1항), 이때 많은 회사가 사외이사를 두는 것을 최소화하기 위하여 이사의 수를 대폭 축소하고 회사의 정관 또는 내규에 의하여 또는 대표이사에 의하여 선임된 사실상의 집행임원(경영임원)을 두고 있다.

개정 상법에 따를 때 이사회에서 집행임원을 선임하며, 집행임원을 둔 경우 대표이사를 둘 수 없다(상법 제408조의 2 제1항).[199] 이렇게 대표이사의 대체기관으로서 법률상의 집행임원을 둔 경우에도 기존의 사실상의 집행임원을 같이 둘 수 있다.

이사의 임기는 3년을 초과하지 못한다(상법 제383조 제2항). 이사의 임기 중의 최종의 결산기에 관한 정기주주총회가 종결하기 전에 그 임기가 만료한 때에는 정관으로 그 종결에 이르기까지 그 이사의 임기를 연장할 수 있다(상법 제383조 제3항).

4. 이사의 선임

이사의 선임은 주주총회의 보통결의에 의한다(상법 제382조 제1항). 이사선임에 있어서 본인은 특별이해관계인이 아니다.

상장회사가 주주총회에서 이사 또는 감사를 선임하려는 경우에는 상법 제542조의 4 제2항[200]에 따라 통지하거나 공고한 후보자 중에서 선임하여야 한다(상법 제542조의 5).

---

199 개정 시행령에 의할 때 상장회사의 사외이사는 한 회사에서 6년, 계열사 포함 9년을 초과해서 근무할 수 없다.

200 상법 제542조의 4 ② 상장회사가 이사·감사의 선임에 관한 사항을 목적으로 하는 주주총회를 소집통지 또는 공고하는 경우에는 이사·감사 후보자의 성명, 약력, 추천인, 그 밖에 대통령령으로 정하는 후보자에 관한 사항을 통지하거나 공고하여야 한다.

집중투표제

(1) 의의

동일한 주주총회에서 2인 이상의 이사를 선임하는 경우에 각 주주가 1주마다 선임할 이사의 수와 동일한 수의 의결권을 가져 그 의결권의 전부를 1인의 후보자에게 집중투표하거나 수인의 후보자에게 분할투표하여 행사할 수 있다(상법 제382조의 2).201 이를 집중투표제라고 하며, 이는 다수파 주주가 이사를 독차지하는 것을 견제하기 위한 제도이다.

(2) 청구권자

의결권이 있는 발행주식총수의 100분의 3 이상에 해당하는 주식을 가진 주주는 회사에 대하여 집중투표의 방법으로 이사를 선임할 것을 청구할 수 있다(상법 제382조의 2 제1항). 자산규모 2조원 이상의 경우에는 100분의 1 이상에 해당하는 주식을 가진 주주가 청구할 수 있다(상법 제542조의 7 제2항). 이 청구는 주주총회회일의 7일 전까지 서면 또는 전자문서로 하여야 한다(상법 제382조의 2 제2항). 이와 달리 상장기업은 6주 전까지 청구하여야 한다(상법 제542조의 7 제1항).

(3) 선임

집중투표에 의하여 복수의 이사를 선임하는 경우에는 최다수의 득표자로부터 순차로 이사로 선임된다.

(4) 집중투표제의 배제

회사는 정관으로 집중투표제를 배제할 수 있다(상법 제382조의 2 제1항). 실제 대부분의 회사는 정관으로 집중투표제를 배제하고 있으며,202 또한 이를 회피하기 위하여 이사의 임기를 시차별로 하여 1인씩 선임하기도 한다. 대통령령이 정하는 상장법인(자산규모 2조원 이상)이 정관에서 집중투표를 배제하고자 하거나 그 배제된 정관을 변경하고자 하는 경우에 의결권 없는 주식을 제외한 발행주식총수의 100분의 3을 초과하는 주식을 가진 주주는 그 초과하는 주식에 관하여 의결권을 행사하지 못한다(상법 542조의 7 제3항).

집중투표제가 정관에 의한 배제로 그 역할을 하지 못하자, 집중투표제의 실효성을 확보하고자

---

201 예를 들어 갑, 을 2인의 이사를 선임하는 경우에 기존의 경우에 60%의 지분을 가진 대주주는 각 후보자에 60%의 의결권을 행사할 수 있었으나, 집중투표제하에서 각 주식에 2 의결권이 부여되므로 소수주주가 이것을 몰아서 투표함으로써 대주주를 이길 가능성이 있게 된다.

202 집중투표제는 2019년 현재 상장회사 중 4.5%만 도입하고 있으며, 특히 기업집단 계열회사 230개 중 집중투표 도입비율은 3%에 불과하다.

집중투표 강제에 대한 상법 개정안이 제출되기도 하였다.

5. 이사의 자격

이사의 자격에는 원칙적으로 제한이 없다. 그러나 정관으로 이사는 주주이어야 한다는 것을 정할 수 있다. 이를 자격주라고 하는데, 이때 이사는 그 수의 주권을 감사 또는 감사위원회에 공탁하여야 한다(상법 제387조).

법인이 이사의 자격이 있는가에 대하여는 학설이 갈리고 있다. 업무를 담당하지 않는 이사는 가능하다는 설도 있다.

6. 이사의 임용·등기

이사의 임용을 위해서는 주주총회의 이사선임결의가 있어야 하지만 이는 내부적인 의사결정에 불과하고, 그 외에 회사와 이사간의 임용계약이 있어야 한다.[203] 이에 의하여 회사와 이사간에 위임관계가 생긴다.

이사를 선임한 때에는 이를 등기하여야 한다(상법 제317조 제2항 8호, 제183조).

이사직무집행정지와 이사직무대행자

(1) 의의

이사선임결의의 무효나 취소의 소가 제기된 경우에는 법원은 당사자의 신청에 의하여 가처분으로서 그 이사의 직무집행을 정지할 수 있고, 또는 직무대행자를 선임할 수 있다(상법 제407조 제1항). 이러한 가처분을 이사직무집행정지가처분과 이사직무대행자선임가처분이라고 한다.

(2) 효력

직무집행의 정지를 당한 이사가 가처분의 취지에 반하여 한 행위는 제3자와의 관계에서는 절대적으로 무효이고, 그 후 그 가처분이 취소된 경우에도 소급하여 유효가 되는 것이 아니다.

---

203 판례는 기존의 입장을 변경하여 임용계약불요설의 입장을 취하였다. "주주총회에서 이사나 감사를 선임하는 경우, 선임결의와 피선임자의 승낙만 있으면, 피선임자는 대표이사와 별도의 임용계약을 체결하였는지와 관계없이 이사나 감사의 지위를 취득한다."(대법원 2017.3.23. 선고 2016다251215 판결).

(3) 가처분의 변경·취소

법원은 당사자의 신청에 의하여 이러한 가처분을 변경 또는 취소할 수 있다(상법 제407조 제2항).

(4) 등기

이사의 직무집행정지 또는 직무대행자선임의 가처분이 있거나 또는 가처분의 변경이나 취소가 있을 때에는 본점과 지점의 소재지에서 등기하여야 한다(상법 제407조 제3항).

(5) 직무대행자의 권한

이사직무대행자는 원칙적으로 회사의 상무에 속하는 행위만을 할 수 있다(상법 제408조 제2항). 그러나 가처분명령에 다른 정함이 있거나 또는 법원의 허가가 있으면 직무대행자는 예외적으로 회사의 일상에 속하는 행위가 아니라도 할 수 있다.

> **관련사항** **임시이사, 가이사**
> 법률·정관에서 정한 이사의 원수를 결할 때 임기만료, 사임으로 퇴임한 이사는 새로 선임된 이사가 취임시까지 이사의 권리·의무를 갖는데, 필요시 임시이사의 직무를 행할 자를 선임할 수 있다(상법 제386조 2항). 이를 임사이사 또는 가이사라고 한다. 이들은 본래의 이사와 동일한 권한을 갖는다.

7. 이사의 종임

(1) 일반적 종임사유

이사는 임기의 만료, 정관 소정의 자격상실, 회사의 해산 등에 의하여 종임한다. 또한 이사와 회사의 관계는 위임관계이므로 위임관계의 종료사유인 사임, 사망·파산 · 성년후견개시 및 회사의 파산 등에 의하여 종임한다.

(2) 해임

1) 주주총회의 해임결의

이사는 주주총회의 특별결의에 의하여 언제든지 사유의 유무를 불구하고 해임할 수 있다(상법 제383조). 주주총회의 이사해임결의에 있어서 당해 이사는 특별이해관계인 아니다. 만일 이사가 정당한 이유없이 임기만료 전에 해임시에는 손해배상청구가 가능하다(상법 제385조 제1항).

2) 소수주주의 해임청구

이사가 그 직무에 관하여 부정행위 또는 법령이나 정관에 위반한 중대한 사실이 있음에도 불구하고 주주총회에서 이사의 해임을 부결한 때에는 100분의 3 이상에 해당하는 주식을 가진 주주는 그 결의가 있은 날로부터 1월 내에 본점 소재지의 지방법원에 그 이사의 해임을 청구할 수 있다(상법 제385조 제2항). 이 소는 법원으로 하여금 회사를 대신하여 당해 이사의 지위를 박탈할 것을 청구하는 재판으로 형성의 소에 속한다. 또한 위임관계의 해소를 구하는 소로서 회사와 이사가 공동피고가 된다(다수설).

(3) 종임등기

이사는 등기사항이므로 종임시에도 등기하여야 한다(상법 제317조 제1항 8호).

이사의 보수

1. 의의

이사의 보수라 함은 이사의 직무집행의 대가로서 지급되는 것을 뜻하며, 월급, 수당, 상여금 등 그 명칭 여하를 불문한다.

2. 보수의 결정

이사의 보수는 정관에 다른 정함이 없는 경우 주주총회결의에 의한다(상법 제388조). 주주총회의 결의에 있어서 이사의 보수액을 각 이사별로 정할 필요는 없다. 이사 전원에 대한 보수의 총액 또는 한도액을 정하고 각 이사에 대한 배분의 결정을 이사회에 위임할 수 있다. 주주총회에서의 보수액의 결정에 있어서 관계이사는 특별이해관계인이다.

3. 퇴직금

이사가 퇴직시에 지급하는 퇴직위로금에 대해서도, 이는 재직 중의 이사의 직무집행의 대가이므로 보수에 해당한다고 본다(통설 · 판례).**204** 따라서 정관이나 주주총회의 결의에 의해서만 지급할 수 있다(상법 제388조). 또 이러한 퇴직위로금에 대해서 주주총회에서 무조건으로 그 결정을 이사회에 일임하는 것은 무효이나, 총액이나 최고액을 정하고 그 범위내에서 퇴직이사에 대한 구체적인 지급액의 결정을 이사회에 위임하는 것은 유효하다고 본다.

---

204 대법원 2004.12.10. 선고 2004다25123 판결 등.

다만 위의 절차에 따라 퇴직위로금의 지급에 관한 결정이 이루어졌다고 하여도 그 금액에는 일정한 제한이 있으며, 회사의 규모나 영업실적 등에 비추어 이사의 퇴직금이 과다한 경우에는 회사채권자나 주주에게 배당가능금액을 줄이는 등 직접적인 피해를 주므로 그 효력을 인정하기 어렵다.205

참조판례

"임원퇴직금지급규정에 관하여 주주총회결의가 있거나 주주총회의사록이 작성된 적은 없으나 위 규정에 따른 퇴직금이 사실상 1인회사의 실질적 1인주주의 결재·승인을 거쳐 관행적으로 지급되었다면 위 규정에 대하여 주주총회의 결의가 있었던 것으로 볼 수 있다."고 하여 관행에 의한 퇴직금의 지급을 인정하고 있다(대법원 2004.12.10. 선고 2004다25123 판결).

이사회

1. 의의

이사회는 이사 전원으로 구성되는 회의체로서 회사의 업무집행에 관한 의사를 결정하고, 이사의 업무집행을 감독하는 회사의 필요적 상설기관이다.

(1) 이사 전원으로 구성되는 회의체기관

이사회는 이사들로 구성되는 회의체기관으로 1인 이사의 소규모 회사에는 이사회에 관한 규정이 적용되지 않는다(상법 제383조 제4항).

(2) 업무집행의 의사결정기관

이사회는 업무집행의 의사결정을 하고, 이에 기한 대외적 대표행위는 대표이사가 행한다.

(3) 업무집행의 감독기관

이사회는 이사의 집무집행에 대한 감독권을 가진다(상법 제393조 제2항). 감독의 대상은 대표이사뿐만 아니라 업무담당이사와 평이사도 포함된다.

---

205 동지 최기원, (회)552면 : 회사가 부당하게 이사의 보수를 고액으로 책정하는 것은 자본금충실의 원칙에 반한다고 한다. ; 이와 관련하여 적대적 기업매수에 대한 방어행위로서 정관상으로 이사에 대한 거액의 퇴직위로금을 지급하는 제도(소위 황금낙하산 조항(Golder Parachute))를 도입하자는 주장도 제기되고 있으나 우리나라 상법의 구조상 이를 도입하기에는 무리가 있어 보인다. ; 하급심 사례에는 "임원에 대한 보수지급행위가 주주총회에서 주주 전원의 동의가 있었다고 하더라도 그 보수지급이 회사의 채권자를 해하는 등 객관적으로 위법·불공정하면 평이사는 감시의무위반의 책임을 진다"고 판시한 것이 있다(서울지법 2000.11.21. 선고 2000가합57165 판결).

(4) 회사의 필요상설기관

이사회는 회사의 필요상설기관이며, 이사회가 그 권한을 행사하기 위하여 개최하는 이사회의 회의와 구별된다.

2. 소집

이사회의 소집권자는 원칙적으로 각 이사이나, 예외적으로 이사회의 결의로 특정한 이사에게 소집권을 위임할 수 있다(상법 제390조 제1항).

이사회 개최를 위해서는 출석의 기회와 준비를 위하여 회일로부터 1주간 전에 각 이사 및 감사에게 통지를 발송하여야 한다(상법 제390조 제3항).

3. 이사회의 권한

(1) 업무집행에 관한 의사결정권

회사의 업무집행에 관한 결정은 원칙적으로 이사회의 권한에 속한다. 상법상 이사회의 결의사항으로 규정한 것은 주주총회의 권한으로 전환할 수 있는 사항이나 이사회 내의 위원회에 위임하는 경우를 제외하고 대표이사 등에 위임하지 못한다.

상법상 이사회의 결의사항으로 규정한 것으로는, 주식매수선택권 부여의 취소(상법 제340조의 3 제1항 5호),[206] 주주총회의 소집의 결정(상법 제362조), 주식의 양도에 이사회의 승인(상법 제335조), 중요한 자산의 처분 및 양도, 대규모 재산의 차입, 지배인의 선임 또는 해임과 지점의 설치·이전 또는 폐지 등 회사의 업무집행에 대한 결의(상법 제393조), 대표이사의 선임과 공동대표의 결정(상법 제389조), 이사회 소집권자의 특정(상법 제390조 : 원칙은 각 이사가 소집), 이사의 업무집행에 대한 감독(상법 제393조 제2항), 이사의 자기거래의 승인(상법 제398조), 이사의 경업거래와 겸직의 승인 및 경업의 경우에 개입권의 행사(상법 제397조), 회사의 기회 및 자산의 유용 승인(상법 제397조의 2), 재무제표와 영업보고서의 승인(상법 제447조), 신주발행사항의 결정(상법 제416조), 준비금의 자본금전입(상법 제461조), 사채의 모집(상법 제469조),[207] 중간배당의 결정(상법 제462조의 3), 전환사채의 발행(상법 제513조), 신주인수권부사채의 발행(상법 제516조), 대통령령으로 정하는 상장회사(자산규모 2조 이상)의 최대주주 등과 일정 규모 이상인 거래에 대한 승인(상법 제542조의 9 제3항, 제4항) 등이 있다.

---

206 정관으로 정함에 따라 일정한 경우 이사회의 결의로 주식매수선택권 부여의 취소가 가능하다.

207 정관으로 정함에 따라 대표이사에게 사채의 금액 및 종류를 정하여 1년을 초과하지 않는 기간내에 사채발행을 위임할 수 있다(상법 제469조 제4항).

(2) 이사의 업무집행에 관한 감독권

이사회는 이사의 직무의 집행을 감독한다(상법 제393조 제2항). 이사회가 업무집행에 관한 의사결정·감독권한을 원활하게 수행하도록 이사에게 회사의 업무에 대한 정보접근권을 강화하고 있다. 이사는 대표이사로 하여금 다른 이사 또는 피용자의 업무에 관하여 이사회에 보고할 것을 요구할 수 있고(상법 제393조 제3항), 이사는 3월에 1회 이상 업무의 집행사항을 이사회에 보고하여야 한다(상법 제393조 제4항).

이사회의 이사에 대한 감독권은 상하관계에서 행사되는 것이며 또 타당성 감사에도 미치는 점에서, 감사 또는 감사위원회의 감사권이나 이사가 다른 이사의 업무집행을 감시하는 감시권과 구별된다.

관련사항

자본금총액 10억원 미만인 회사 : 소규모 회사에는 이사회가 없으므로 이사회의 권한사항은 그 성질에 따라 주주총회나 각 이사에게 이관되거나 또는 적용이 되지 않는 것도 있다.

① 각 이사에게 이관 : 주주총회의 소집, 중요한 자산의 처분 및 양도, 대규모 재산의 차입, 지배인의 선임 또는 해임과 지점의 설치·이전 또는 폐지 등 회사의 업무집행에 대한 결의 등

② 주주총회에 이관 : 주식매수선택권 부여의 취소, 주식의 양도에 이사회의 승인, 이사의 자기거래의 승인, 이사의 경업거래와 겸직의 승인 및 경업의 경우에 개입권의 행사, 회사의 기회 및 자산의 유용승인, 신주발행사항의 결정, 준비금의 자본금전입, 중간배당의 결정, 사채의 모집, 전환사채의 발행, 신주인수권부사채의 발행 등

4. 결의

(1) 결의요건

이사회의 결의는 이사과반수의 출석과 출석이사의 과반수로 하여야 한다(상법 제391조 제1항). 이러한 결의요건의 가중은 인정된다. 이와 달리 이사의 자기거래승인, 회사기회유용의 승인은 재적이사 3분의 2 이상의 찬성을 얻어야 한다(상법 제397조의 2, 제398조, 제408조의 9).

이사회의 결의는 1인 1의결권에 의한 다수결로 한다.

이사회의 결의에 있어서 의결권의 대리행사는 허용되지 않는다(통설·판례). 또한 일반전화나 서면에 의한 결의 또는 공람·회람 등에 의한 결의도 불가하다(통설). 다만 이사의 전부 또는 일부가 직접 회의에 출석하지 않고 모든 이사가 음성을 동시에 송·수신하는 원격통신수단에 의하여 결의에 참가하는 것은 허용된다(상법 제391조 제2항).

(2) 결의의 하자

이사회의 결의에 하자가 있는 경우에는 민법의 일반원칙에 의하여 처리하여야 한다(통설·판례). 이사회의 결의에 하자가 있는 경우에는 그것이 어떠한 절차상의 하자이든 어떠한 내용상의 하자이든 무효가 된다. 이사회결의무효확인의 판결의 효력도 판결의 기판력의 일반원칙에 따라 대세적 효력이 없는 것으로 본다(통설·판례).

(3) 이사회의 결의를 거치지 않은 행위의 효력

이사회의 결의를 거치지 않은 경우에 그것이 순수하게 내부적인 문제에 그치는 경우(예: 지배인의 선임, 감사위원의 선임)는 무효이고, 대외적인 거래(예 : 중요재산의 처분, 사채의 발행)는 거래안전의 고려에서 상대방이 선의인 경우에는 유효, 악의 또는 과실 있는 선의인 경우에는 무효라는 것이 다수의 입장이다. 판례도 이와 같은 태도를 취하고 있다.[208] 여기서 악의나 과실있는 선의란 당해 거래가 이사회의 결의를 요한다는 사실, 이사회의 결의가 없었거나 무효인 사실을 알고 있거나 알 수 있었음을 말한다.

보건대, 내부의 문제의 경우에는 무효로 보겠지만, 거래의 안전이 요구되는 대외적인 거래의 경우 이를 나누어서 보는 것이 타당할 것이다. 영업용 자산의 처분과 같은 개별적 거래의 경우 상대방의 선의유무를 고려하여야 하겠지만, 집단적 거래의 의미를 가지는 사채의 발행과 같은 경우 개별적 사정에 따라 유·무효를 결정할 것이 아니고 이는 일괄적으로 유효로 봄이 타당하다.[209]

5. 이사회의 위원회

이사회는 정관이 정하는 바에 따라 위원회를 설치할 수 있다(상법 제393조의 2). 위원회는 2인 이상의 이사로 구성되고 이사회로부터 위임받은 권한을 행사하는 회의체기관이다. 이러한 위원회제도는 미국의 제도[210]를 도입한 것으로서, 특히 감사위원회가 주요한 의미를 가진다(상법 제415조의 2).

이사회내의 위원회로서 어떠한 위원회를 둘 것인가는 회사의 자율에 맡겨져 있으며, 정관이 정하는 바에 의한다.

---

208 대법원 1994.10.28. 선고 94다39253 판결, 대법원 2003.1.24 선고, 2000다20670 판결, 대법원 2009.3. 26. 선고 2006다47677 판결 등.

209 동지, 정동윤, (회)417면 ; 이사회결의를 결한 신주발행의 경우, 신주발행을 업무집행에 준하는 것으로 보아 유효하다는 것이 다수설·판례의 태도이다.

210 집행위원회(이사회 소집의 중간시기에 이사회의 권한을 행사), 재무위원회, 감사위원회, 보수위원회, 추천위원회(결원이사의 후보를 추천) 등이 있다.

대표이사

1. 의의

대표이사는 회사의 업무집행과 회사의 대표를 담당하는 회사의 필요적 상설기관이다.

소규모 회사(자본금총액이 10억원 미만인 회사의 경우)가 1인 또는 2인의 이사를 둔 경우에는 그 각 이사가 회사를 대표한다(상법 제383조 제6항).

대표이사와 이사회와의 관계에 대하여는 파생기관설(소수설)과 독립기관설(다수설)의 대립이 있다. 독립기관설에 의할 때 대표이사는 이사회의 하부기관이 아니라 이사회와는 별개의 독립된 병렬적 기관이라고 보아야 한다.

2. 선임

대표이사는 이사회의 결의로 선임하여야 하나, 정관으로 주주총회에서 대표이사를 선임할 것을 정할 수 있다(상법 제389조). 대표이사는 이사 중에서 선임하는 것으로 대표이사의 선임에 있어서 그 후보자는 특별이해관계인이 되지 않는다.

대표이사의 수에 대하여는 상법상 이에 대한 제한이 없으므로 1인 또는 수인의 이사를 대표이사로 할 수 있다. 다만 정관으로 대표이사의 수의 최대한은 제한이 가능할 것이다. 모든 이사를 대표이사로 선임하는 것도 가능하다.

이사회는 수인의 대표이사를 선임하여 공동으로 회사를 대표할 것(공동대표)을 정할 수도 있다(상법 제389조 제2항). 공동대표는 대표이사의 권한남용을 방지하기 위한 것이다.

대표이사를 선임한 때에는 등기하여야 한다(상법 제317조 제2항 9호).

3. 종임

(1) 종임사유

대표이사는 이사의 지위를 전제로 하므로, 이사의 임기만료, 사임, 사망, 파산, 성년후견개시 등의 이사의 종임사유로 이사가 종임 된 때에는 당연히 대표이사도 종임된다. 또한 대표이사의 임기만료, 대표이사의 사임, 해임 등의 대표이사의 종임사유가 있는 때에도 대표이사는 종임된다.

대표이사가 종임한 때에는 등기하여야 한다(상법 제317조 제2항 9호).

(2) 해임

회사는 언제든지 이사회의 결의로 대표이사를 해임할 수 있다(상법 제382조, 민법 제689조(위임에 관한 규정)). 정관으로 대표이사의 해임을 주주총회의 권한으로 정한 경우에는 주주총회결의에 의하여야 한다.

대표이사의 해임결의에 있어서 당사자인 대표이사는 특별이해관계인이 아니다.

대표이사를 임기 전에 해임한 경우 손해배상청구가 가능한가가 문제된다. 이에 대하여 학설은 이사에 관한 규정의 유추적용을 긍정한다(다수설). 이에 대하여 판례는 이사회가 대표이사를 해임한 경우에 상법 제385조 제1항의 유추적용을 부정하고 있다. 법원은 대표이사의 지위를 상실하여도 이사의 지위는 지속되며, 이사에 관한 규정이 주주의 회사에 대한 지배권 확보와 경영자 지위의 안정이라는 주주와 이사의 이익을 조화시키려는 규정이라는 점에서 근거를 찾는다.[211]

보건대, 대표이사를 이사회에서 선임시에는 주주권과의 조화의 문제는 일어나지 않을 것이다. 그러나 주주총회에서 선임할 때는 이사선임 때와 같은 문제가 발생할 수 있다. 그렇지만 이사와 달리 대표이사 임기에 관한 규정을 두고 있지 않으므로 그 보장의 문제도 달리 보아야 한다. 집행임원의 경우도 2년의 임기 조항을 두고 있지만 상법 제385조에 대한 준용규정이 없다. 또한 상법상 보호받지 못하여도 민법상 보호의 길(위임해지의 일반원칙에 따른 손해배상청구)이 있으므로 이사에 관한 규정의 유추적용을 부정할 것이다.

4. 대표이사의 권한

대표이사는 대외적인 업무집행과 대내적인 업무집행에 관한 권한을 가진다. 전자는 그 효과가 회사에 귀속되는 점에 착안하여 회사의 대표라고 하고 후자를 일반적으로 업무집행이라고 한다.

대표이사는 일정한 경우에는 업무집행 그 자체에 관한 행위뿐만 아니라, 이에 대한 의사결정권까지 가진다.

업무집행권

대표이사는 이사회가 결정한 사항을 집행하고, 이사회가 일반적·구체적으로 위임한 사항과 일상 업무에 관한 사항을 결정·집행할 권한을 갖는다.

---

211 대법원 2004.12.10. 선고 2004다25123 판결.

대표이사의 업무집행에 관한 의사결정권은 이사회로부터 일반적·구체적으로 위임받은 사항 및 일상 업무에 한한다.

이사의 직무권한으로 규정하고 있는 대부분의 사항은 대표이사의 권한에 속하는 사항이다. 예를 들면 주주총회 또는 이사회의 의사록·정관·주주명부·사채원부의 비치(상법 제396조), 재무제표의 작성·비치·공고·제출(상법 제447조, 제448조, 제449조), 주식·사채청약서의 작성(상법 제420조, 제470조), 신주인수권증서·신주인수권증권의 기명날인 또는 서명(상법 제420조의 2, 제516조의 5) 등에 대하여 이사의 권한으로 규정하고 있는데, 그 권한행사는 대표이사에 의하여 이루어진다.

상법상으로는 대표이사만이 업무집행권을 가지지만 대표권이 부여되지 않은 경우에도 이사에게 대내적으로 업무집행권을 부여하는 경우가 있는데, 이를 업무담당이사(사내이사 또는 상근이사)라 한다. 이러한 사내이사는 부장·지점장 등 상업사용인의 직무를 겸하는 경우도 있다(겸직이사). 대표권이 없는 이러한 업무담당이사가 대외적인 행위를 한 경우에 회사는 선의·무중과실의 제3자에 대해서 표현대표이사의 책임을 지게 된다.

대표권

1. 대표권의 범위

대표이사는 회사의 영업에 관하여 재판상 또는 재판 외의 모든 행위를 할 권한이 있다(상법 제389조, 제209조). 대표이사의 대표권에 대한 내부적 제한은 선의의 제3자에 대항하지 못한다(상법 제389조 제3항, 제209조).

2. 대표권의 행사방법

대표이사가 수인이 있는 경우에도 원칙적으로 대표이사는 각자가 독립하여 회사를 대표한다.

그러나 대표권의 남용 또는 오용을 방지하기 위하여 이사회의 결의로써 수인의 대표이사가 공동으로 회사를 대표할 것을 정할 수 있다(상법 제389조 제2항). 이를 공동대표라 하며, 이는 대표권의 행사방법에 대한 제한이다. 공동대표의 의사표시는 능동대표의 경우에는 반드시 공동으로 하여야 하지만, 수동대표의 경우에는 공동대표 중의 1인에게 하면 된다.

공동대표의 경우에 대표권의 위임과 관련하여, 공동대표이사 중의 1인에게 그 대표권을 포괄적으로 위임할 수는 없다. 다만 특정의 행위에 대하여 공동대표이사 전원의 동의에 의하여 공동대표이사 중의 1인에게 그 대표권을 위임할 수는 있다(개별적 위임). 이때는 대표권이 남용되거나 오용될 염려가 적고, 공동대표에 따른 불편제거를 위하여 개별적 위임을 인정한다.

공동대표 중의 1인이 임의로 단독으로 회사를 대표하여 행위를 한 경우에는 회사에 대하여 효력이 없다. 다만 이는 무권대표가 되므로 회사의 추인이 가능하며, 표현대표이사의 성립에 의한 책임을 질 수도 있다.

3. 대표권의 제한

① 법률에 의한 제한으로 이사와 회사간의 소에 관하여는 대표이사가 회사를 대표할 수 없고 감사가 회사를 대표한다(상법 제394조).

② 정관 등에 의한 제한으로 정관·이사회규칙 또는 이사회의 결의에 의하여 수인의 대표이사를 사장·부사장·전무이사·상무이사 등으로 상하의 통솔관계를 정하고 각 대표이사의 업무분담을 정하여 대표이사의 포괄적 대표권을 제한한 때에는 각 대표이사는 그 제한에 따라야 한다. 이는 대표이사의 포괄적 권한에 대한 제한이지만 회사는 이러한 제한으로써 선의의 제3자에게 대항할 수 없다(상법 제389조, 제209조).

4. 부적법한 대표행위의 효력

(1) 대표이사의 불법행위

대표이사가 그 업무집행으로 인하여 타인에게 손해를 가한 때에는 회사와 그 대표이사는 연대하여 그 손해를 배상할 책임이 있다(상법 제389조 제3항).[212] 대표이사의 제3자에 대한 책임은 이처럼 불법행위책임을 규정하여 이에 대해서는 회사와 대표이사의 연대책임을 인정하고 있다.[213] 이는 대표이사의 행위는 회사의 행위이기 때문이며, 또한 피해자구제에 만전을 기하기 위한 것이다. 이 규정에 의하여 회사의 불법행위능력이 설명된다. 대표이사의 불법행위는 회사 자신의 불법행위가 되어 회사가 손해배상책임을 지는 것이다. 만일 이 규정이 없다면 대표이사도 회사의 피용자이므로 사용자책임이 인정되며 사용자책임(민법 제756조)과 관련하여 회사가 대표이사의 선임·감독에 과실이 없음을 증명하여 대표이사의 제3자에 대한 불법행위에 대해서 책임을 면할 수 있는데, 이 규정에 의하여 회사는 책임을 면하지 못한다.

---

212 상법 제210조(회사를 대표하는 사원이 그 업무집행으로 인하여 타인에게 손해를 가했을 때 연대하여 손해를 배상할 책임이 있다)를 준용하고 있다.

213 이사의 제3자에 대한 책임(상법 제401조)은 법정특별책임(통설)으로 본다.

관련사항 **회사의 불법행위능력**

- 대표기관의 불법행위는 회사 자신의 불법행위가 되어 회사가 손해배상책임을 진다. 이때 대표기관도 연대책임(부진정연대책임)을 진다.
- 대표기관의 책임 : ① 불법행위책임으로 보는 견해 : 판례도 공동불법행위책임 인정(대법원 2003.3.11. 선고 2000다48272 판결, 대법원 2007.5.31. 선고 2005다55473 판결).
  ② 상법상 특별책임으로 보는 견해 : 회사의 불법행위책임을 인정하는 한 회사의 도구적 성격에 불과한 대표기관이 독립적인 불법행위책임을 진다는 것은 논리적이 아니라고 한다.

(2) 위법한 대표행위의 효력

주주총회나 이사회의 결의를 얻어야 하는 경우에 이것을 얻지 않고 한 대표이사의 행위나 결의가 있는 경우에도 그 결의에 위반하여 한 대표이사의 행위의 효력은 어떠한가가 문제된다.

이에 대하여 대내적인 행위(예 : 지배인선임)는 언제나 무효로 본다(통설·판례). 대외적인 행위(예 : 주요자산의 처분, 신주의 발행, 사채의 모집 등)는 외관주의와 거래안전의 필요상 이것을 유효로 보아야 한다는 견해가 있다.

이를 나누어 보는 견해도 있다.[214] ① 법률에 의하여 주주총회의 결의를 요하는 경우에 그러한 결의없이 대표행위를 한 경우에는 그것이 대외적 행위인 경우에도 무효로 본다. 법률의 규정은 강행규정이고 이익교량의 면에서 제3자보다 회사의 이익을 보호해야 하기 때문이라는 것이다. ② 법률에 의하여 이사회의 결의를 요하거나, 또는 정관 등 회사의 내부규칙에 의하여 주주총회 또는 이사회의 결의를 요하는 경우에, 이러한 결의없이 대표이사가 한 대외적 행위의 효력은 제3자가 선의인 한 유효라고 본다. 다만 이 경우에 신주발행이나 사채발행과 같은 집단적 행위에는 제3자의 선의·악의에 의하여 개별적으로 그 효력이 달라지는 것으로 할 수는 없고 획일적으로 보아야 하기 때문에 언제나 유효라고 한다.

보건대, 법률에 의해 요구되는 주주총회결의를 흠결한 경우에는 무효로 보겠지만, 이사회결의흠결의 경우에는 앞에서 본 바와 같이 개별적 거래행위인가, 집단적 거래행위인가 여부에 따라 이를 나누어 볼 것이다. 전자는 제3자의 선의·과실 유무를 따질 것이지만, 후자는 일괄해서 유효로 봄이 타당하다.

---

214 정찬형, (상)945면.

대표권의 남용

1. 의의

대표권의 남용행위란 대표이사의 행위가 객관적으로는 대표이사의 대표권의 범위내의 행위이고 대표행위로서 형식과 절차를 갖추고 있으나, 주관적으로는 자기 또는 제3자의 이익을 위한 행위를 말한다. 이러한 남용행위에 대해서 대내관계에서는 대표이사가 회사에 대하여 손해배상책임을 지는 것은 당연하나, 대외관계에서 그 효력이 어떠한가가 문제되는 것으로 이에 대하여 학설이 갈리고 있다.

2. 대표권의 남용행위의 효력

(1) 학설

① 비진의표시설 : 대표권의 남용행위는 원칙적으로 유효하나, 상대방이 진의 아님을 알았거나 알 수 있었을 때에는 민법 제107조 제1항 단서를 유추적용하여 그 행위를 무효로 본다.[215] 이에 대해서 대표권의 남용은 법률효과를 회사에 귀속시키려는 대표이사의 의사와 대표이사의 표시가 일치하고 다만 대표이사에게 배임의 의사가 있을 뿐이라는 비판이 제기된다.

② 권리남용설 : 대표권의 남용행위도 객관적으로는 대표권의 범위내의 행위이므로 상대방이 악의이더라도 그 행위 자체는 유효하지만, 상대방이 대표권남용의 사실을 알고 회사에 대하여 권리를 행사하는 것은 권리남용 내지 신의칙 위반으로서 허용되지 않는다고 한다(다수설).[216] 이에 의할 때 상대방에게 중과실이 있는 경우에도 회사의 책임을 인정하게 되는데, 악의와 중과실을 구별할 필요가 있는지 의문이라는 비판이 제기된다.

③ 이익형량설 : 여기서는 회사와 상대방의 이익을 교량해서 대표권 남용행위의 효력을 결정한다. 대표권의 남용행위는 무효이나 이는 선의의 상대방에게 불측의 손해를 주어 거래의 안전을 해할 염려가 있으므로 회사는 선의의 상대방에 대하여는 무효를 주장할 수 없고, 악의 또는 중대한 과실의 상대방에 대하여는 무효로 된다고 한다. 이에 대해서 대표행위의 내심의 목적이 자기 또는 제3자의 이익을 위한 것이라고 하여 이를 무효로 보는 것은 법률행위해석의 일반원칙에 반한다는 비판이 제기된다.

---

215 최기원, (회)581면.
216 강위두, (회)526면 ; 이철송, (회)692면 ; 정동윤, (회)416면 ; 정찬형, (회)948면 ; 손주찬, (상)832면.

④ 대표권제한설 : 대표권의 남용행위를 대표이사의 대표권에 대한 제한의 위반으로 보아 회사는 이로써 선의의 제3자에 대하여 대항할 수 없다고 한다. 이에 대해서 대표권의 제한은 정관이나 주주총회 또는 이사회의 결의에 의한 제한을 의미하는 것이지 이사의 선관주의의무나 충실의무에 의한 제한을 의미하는 것은 아니라는 비판이 제기된다.

(2) 검토

이익형량설은 대표권의 남용행위가 원칙적으로 무효라고 보는데 비해서 나머지 견해는 유효임을 전제로 출발하고 있다. 또한 보호되는 제3자의 범위와 관련하여 비진의표시설에 의하면 제3자가 악의인 경우뿐만 아니라 과실있는 선의의 경우에도 보호받지 못함에 반해 권리남용설이나 대표권제한설에서는 제3자의 과실유무에 불구하고 보호를 받고,[217] 이익형량설에서는 제3자가 중대한 과실이 없어야 보호를 받는다.

이론적인 면에서 권리남용설의 입장이 무리가 없어 보이고, 이 설에 의할 때 보호되는 제3자의 범위가 넓게 인정되는 것이므로 거래상대방의 보호를 위해서도 권리남용설의 태도가 타당하다.

판례는 처음에는 ②설을 취한 것[218] 또는 ①과 ②를 혼합해서 적용하는 것이 있었으나,[219] 일반적으로 ①설을 취하고 있다.[220]

권리남용설의 입장에서 보면 과실있는 제3자도 보호를 받는데, 비진의의사표시설을 취하면 과실있는 제3자는 보호받지 못한다. 그런데 판례는 비진의의사표시설을 취하면서도 회사의 거래에 있어서 대표이사는 내부적으로 필요한 의사결정절차를 거쳐서 유효하게 회사를 대표하여 법률행위를 하는 것이 일반적이라는 점, 대표이사의 권한남용이 있는지에 대해서 거래상대방이 적극적으로 확인할 의무가 있다고 보기 어렵다는 점을 내세워 일반적으로 과실을 잘 인정하지 않는다.

그렇게 보면 결과적으로는 양설 사이에 큰 차이는 없게 되는 것으로 권리남용설의 입장을

---

217 중과실에 대해서는 일부 견해가 갈린다.

218 "주식회사의 대표이사가 그 대표권의 범위내에서 한 행위는 설사 대표이사가 회사의 영리목적과 관계없이 자기 또는 제3자의 이익을 도모할 목적으로 그 권한을 남용한 것이라 할지라도 일응 회사의 행위로서 유효하고 다만 그 행위의 상대방이 그와 같은 정을 알았던 경우에는 그로 인하여 취득한 권리를 회사에 대하여 주장하는 것이 신의칙에 반하므로 회사는 상대방의 악의를 입증하여 그 행위의 효과를 부인할 수 있을 뿐이다."(대법원 1987.10.13. 선고 86다카1522 판결).

219 "주식회사의 대표이사가 회사의 영리목적과 관계없이 자기의 개인적인 채무변제를 위하여 회사대표이사 명의로 약속어음을 발행·교부한 경우에는 그 권한을 남용한 것에 불과할 뿐 어음발행의 원인관계가 없는 것이라고 할 수는 없고, 다만 이 경우 상대방이 대표이사의 진의를 알았거나 알 수 있었을 때에는 그로 인하여 취득한 권리를 회사에 대하여 주장하는 것은 신의칙에 반하는 것이므로 회사는 상대방의 악의를 입증하여 그 행위의 효력을 부인할 수 있다."(대법원 1990.3.13. 선고 89다카24360 판결).

220 대법원 1997.8.29. 선고 97다18059 판결, 대법원 2004.3.26. 선고 2003다34045 판결.

취하는 것이 좀 더 간명할 것이다.

관련사항

- 비진의표시설 : 상대방 과실 – 보호받지 못함
- 이익형량설 : 상대방 중과실 – 보호받지 못함
- 권리남용, 대표권제한설 : 과실유무 불문 보호 – 학설은 갈림(중과실 보호하지 않는다는 견해)

표현대표이사

1. 의의

표현대표이사란 대표이사가 아닌 자가 회사를 대표할 권한이 있는 것으로 인정될만한 명칭을 사용하여 행위를 함으로써 회사가 이에 대하여 표현책임을 부담하게 되는 자를 말한다. 상법에서는 "사장·부사장·전무·상무 기타 회사를 대표할 권한이 있는 것으로 인정될만한 명칭을 사용한 이사의 행위에 대하여는 그 이사가 회사를 대표할 권한이 없는 경우에도 회사는 선의의 제3자에 대하여 그 책임을 진다."(상법 제395조)고 규정하고 있다.

이는 외관이론 내지 금반언의 법리의 적용 예에 속한다.

2. 다른 제도와의 관계

(1) 표현대리와의 관계

상법 제395조가 표현대표이사에 대하여 민법의 표현대리에 관한 제규정(제125조, 제126조, 제129조)의 특칙으로 규정하고 있다(특히 대리권 수여의 표시에 의한 표현대리에 관한 규정인 제125조). 만일 민법의 표현대리에 관한 제규정의 적용요건을 충족한 경우에는 회사는 민법규정에 의해서도 책임을 질 수 있다. 그러나 민법의 경우에는 제3자의 선의·무과실이 요구되는 것으로, 상법 제395조가 제3자를 더 광범위하게 보호하고 있으므로 구태여 민법의 규정이 적용될 여지는 별로 없다.

(2) 상업등기의 일반적 효력과의 관계

등기할 사항에 대하여 등기 후에는 선의의 제3자에 대하여도 대항이 가능하다(상법 제37조 1항). 그러나 대표이사의 등기 여부와 관계없이 표현대표이사의 제도를 법정하고 있으므로 표현대표이사의 제도와 상업등기의 일반적 효력과의 관계가 문제된다.

이에 대하여는 ① 예외규정설에서는 표현대표이사의 제도는 상업등기의 일반적 효력의 예외규정이라고 한다. ② 이차원설에서는 표현대표이사와 상업등기의 일반적 효력은 각각 차원을 달리하는 제도라고 한다. 즉 다른 차원에서 외관을 보호하는 것으로 표현대표이사제도는 명칭에 대한 신뢰를 보호하여 회사의 표현책임을 인정하는 것이고, 상업등기의 효력은 공시주의에 의하여 효력을 정하는 것이라고 한다. 예를 들어 해임등기 후에 계속해서 명칭사용하는 것을 허락한 경우에는 표현대표이사의 책임을 지게 된다. ③ 정당사유설에서는 표현대표이사의 경우 상법 제37조 제2항에서 규정하는 정당한 사유로 보아 회사의 책임을 인정한다.

보건대, 두 제도는 이차원설에서 주장하는 바와 같이 신뢰보호의 면을 달리하는 것으로 다른 차원에서 적용되는 제도라고 하겠다.

3. 요건

(1) 외관의 존재

표현대표이사의 책임을 지기 위해서는 대표권이 없는 이사가 거래의 통념상 회사를 대표할 권한이 있는 것으로 인정될만한 명칭을 사용하여야 한다. 예를 들면 사장, 전무, 상무, 회장, 총재, 은행장, 이사장 등을 들 수 있다.

판례는 타인의 명칭을 사용한 때에도 표현대표이사의 책임을 인정하고 있다.[221] 이에 대하여 "이사가 자기명의를 사용하는 경우에는 행위자가 누구이며, 그 행위가 행위자의 권한범위 내에 속하는지 여부가 문제됨에 반하여, 타인명의를 사용하는 경우에는 행위자가 누구인지는 전혀 문제되지 않고 그의 대행권한유무만이 문제가 되며, 따라서 만일 표현대표이사가 대행권한 없이 대표이사명의로 한 행위는 무권대행(위조)이 되고, 이때에 회사에게 무권대행에 대한 귀책사유가 있다면 민법상 표현대리에 관한 규정을 유추적용하여 회사의 책임을 인정할 것이다."는 견해도 있다.[222]

(2) 외관의 부여

회사가 그러한 명칭사용을 허락하여야 한다. 즉 명칭사용에 대하여 회사의 귀책사유가 있어야 한다. 회사의 명칭사용의 허락은 적극적인 승낙뿐만 아니라 소극적인 묵인도 포함된다.

여기서 회사가 표현대표를 허용하였다고 하기 위해서는 진정한 대표이사가 이를 허용하거나, 이사 전원이 아닐지라도 적어도 이사회결의의 성립을 위하여 회사의 정관에서 정한 이사의 수, 그와 같은 정관의 규정이 없다면 최소한 이사 정원의 과반수 이사가 적극적 또는 묵시적으로 표현대표를 허용한 경우이어야 한다.[223]

---

221 대법원 1998.3.27. 선고 97다34709 판결.
222 정찬형, (상)956면.
223 대법원 2011.7.28. 선고 2010다70018 판결.

(3) 외관의 신뢰

표현대표이사제도는 외관주의의 표현으로서 사장 등의 명칭을 신뢰하여 거래한 상대방을 보호하기 위한 것이므로 상대방이 선의이어야 한다. 여기서 선의란 거래상대방이 명칭사용행위자가 대표이사가 아니라는 것을 알지 못한 경우이다. 또한 상사거래에서 중과실의 경우는 악의와 동등하게 평가되므로 상대방의 선의에는 중대한 과실이 없어야 한다.

여기서 대상이 되는 상대방은 직접의 거래상대방뿐만 아니라, 그 명칭의 표시를 신뢰한 모든 제3자를 포함한다.

(4) 대표행위

행위자가 대표이사의 권한 범위 내에 속하는 대표행위를 했어야 한다. 여기서 대표행위란 대외적 거래행위로서 법률행위는 물론 준법률행위도 포함된다. 또한 수동적 대표행위에도 표현대표이사제도가 적용된다.

대표이사가 주주총회나 이사회의 결의 등 일정한 절차를 거쳐야 하는 경우에는 표현대표이사의 행위에 해당하여도 위 절차 하자의 효력에 따라 상대방이 보호받지 못할 수 있다.

회사가 내부적으로 대표이사의 권한을 제한하더라도 이로써 선의의 제3자에 대항할 수 없으며, 이때 표현대표이사의 요건을 충족하는 경우에는 제3자는 이에 따른 보호를 받을 수 있다. 그러나 둘 다 상대방의 선의·무중과실을 요구하는 것으로 보호의 범위가 동일하므로 큰 의미는 없다.

4. 적용범위

상법 제395조는 거래의 안전을 보호하기 위한 것이므로 거래행위(사실행위 포함)에만 적용되고 소송행위에는 적용되지 않는다. 또한 불법행위에도 적용되지 않는다. 불법행위의 경우에 회사는 법인의 불법행위능력에 관한 민법 제35조 또는 사용자책임에 관한 민법 제756조에 의하여 책임을 부담하게 될 것이다.

5. 유추적용

(1) 회사의 사용인의 경우

상법 제395조 법문상으로는 이사의 자격을 가질 것을 요구하나, 실제에 있어서 이사의 자격이 없는 자가 회사를 대표할 권한이 있는 것으로 인정될 만한 명칭을 사용하여 행위를 하는 경우가 많다. 이때도 위 규정이 유추적용될 것인가가 문제인데, 동조의 입법취지가 제3자의 신뢰를 보호하여 거래의 안전을 기하려는 것이므로 행위자가 꼭 이사임을 요하지 않는다고 하겠다. 따라서 단지 회사의 사용인에 불과하여도 본 조가 유추적용이 된다고 본다. 또한 집행임원도 같이 볼 것이다.

(2) 이사선임결의에 하자가 있는 경우

이사를 선임한 주주총회의 결의에 하자가 있어 이사선임이 무효나 취소가 된 경우에 확정판결을 받기 이전의 이사나 대표이사의 행위에 대하여도 상법 제395조가 적용되는가가 문제된다. 주주총회결의하자의 소는 소급효가 인정되므로 이러한 사실상의 대표이사와 거래를 한 제3자를 보호할 필요가 있게 된다. 따라서 이때도 주주총회결의에 회사가 귀책사유가 있다면 상법 제395조가 유추적용 될 수 있다. 또한 이때에는 부실등기에 관한 상법 제39조에 의하여도 회사는 책임을 진다.

그 외 주주총회의 결의에는 하자가 없으나, 대표이사를 선임한 이사회의 결의에 하자가 있는 경우에는 어떻게 볼 것인가도 문제이다. 이때에는 그 하자를 물을 상법상 별도의 규정이 없으므로 민사소송법상 결의무효확인소송이 가능하게 되는데, 그 판결은 소급효가 인정되므로 여기서도 제3자 보호의 필요성이 있게 된다. 이때에도 상법 제395조가 유추적용되어 회사의 책임이 인정된다고 하겠다.

(3) 공동대표이사의 경우

회사가 공동대표를 정하여 둔 경우에 공동대표이사 중의 1인이 대표행위를 한 경우 상법 제395조가 유추적용될 것인가도 문제인데, 이에 대하여 학설이 갈린다. 그 적용을 부정하는 견해는 대표이사의 권한남용으로 인한 위험을 예방하려는 공동대표제도의 기본취지에서 상법 제395조의 적용을 부정한다. 그러나 대표이사라는 명칭은 가장 뚜렷하게 대표권이 있다는 외관을 나타내는 명칭임에도 불구하고 단지 대표권의 행사방법을 제한한 공동대표이사 중 1인이 한 대표행위에 대하여 회사가 책임을 지지 않는다고 하면, 대표권이 전혀 없는 표현대표이사의 행위에 대하여도 회사가 책임을 지는 것과 형평이 맞지 않으며 또한 거래의 안전을 심히 저해하게 된다는 점에서 유추적용을 인정할 것이다(통설·판례).

6. 효과

표현대표이사의 행위에 대하여는 회사가 선의의 제3자에 대하여 책임을 진다(상법 제395조).

관련사항

- 대표권의 제한(지배권의 제한도 마찬가지) : 선의의 제3자에 대항하지 못함 - 제3자의 무중과실
- 이사회결의를 거치지 않았을 때 : 외부적인 행위 유효 – 제3자의 선의·무과실
- 이사의 자기거래 : 선의의 제3자에 대항하지 못함(상대적 무효설) – 제3자의 무중과실

이사의 의무

1. 선관주의의무

이사는 회사에 대하여 선량한 관리자의 주의의무를 진다. 이는 이사와 회사간의 위임관계에 의한 의무이다.

선관주의의무에 위반한 경우에 임무해태가 될 것이며, 그 의무위반의 효과로 회사에 대하여 손해배상책임을 지며, 악의 또는 중대한 과실이 있는 경우에는 제3자에 대하여도 손해배상책임을 진다.

관련사항 **경영판단의 원칙**

법원이 회사의 경영에 대하여 충분한 전문적 지식을 가지고 있지 못하기 때문에 이사의 자기거래가 없는 한 이사회의 판단의 외중에 개입하기를 꺼리는 사법자제의 원칙이다. 경영판단의 원칙이 적용되면 손해배상책임에 대한 면책요건으로 작용한다. 우리나라 법원은 법령에 위반한 행위에 대하여는 일관되게 경영판단의 원칙을 적용할 수 없다는 태도를 취하고 있다. 그리고 경영판단의 원칙이 적용되기 위한 요건으로 "충분한 정보의 수집"과 "회사에 최선의 이익이 된다고 합리적으로 믿는 것", "합리적으로 선택할 수 있는 범위 안에 있는 것"이 요구된다고 하였다(대법원 2007.10.11. 선고 2003다69638 판결 등).

2. 충실의무

우리 상법에서는 이사의 책임강화를 통하여 건전한 기업운영을 촉진한다는 목적으로, 이사에 대하여 위의 선관주의의무 외에 충실의무를 도입하여 "이사는 법령과 정관의 규정에 따라 회사를 위하여 그 직무를 충실하게 수행하여야 한다."(상법 제382조의 3)고 규정하고 있다.

그런데 이 충실의무의 성질을 어떻게 볼 것인가에 대하여 견해가 갈리고 있다. 충실의무와 선관주의의무와의 관계에 대하여 먼저 동질설에서는 충실의무란 단지 선관주의의무를 구체적·주의적으로 규정한 것 또는 선관주의의무의 정신을 부연하여 규정한 것에 불과하다고 한다.224 이에 반하여 이질설에서는 양자는 구분되는 것으로서 선관주의의무는 이사와 회사간의 위임관계에 기하여 인정되는 의무이고, 충실의무는 영미회사법에서 인정되고 있는 이사와 회

사간의 신인관계에 기하여 인정되는 의무로서, 이사가 업무를 수행함에 있어 그의 권한을 회사를 위하여 가장 유리하다고 믿는 바에 따라 성실하고 정당한 목적을 위하여 행사하여야 하고, 회사와 이사의 이익이 충돌하는 경우에 회사의 이익을 위하여 의사결정을 해야 하는 의무에 해당한다고 한다.[225]

충실의무에 대하여 선관주의의무와 달리 별도의 주의의무로 규정한 입법의 태도에 비추어 양자를 같이 보기는 어렵다. 다만 어떤 경우에 충실의무위반의 유형으로 볼 것인가는 문제인데, 상법상 이사의 경업피지의무(상법 제397조), 자기거래금지의무(상법 제398조), 비밀보호의무(상법 제382조의 4)에 위반한 경우 등을 일반적으로 충실의무위반의 유형으로 들고 있다.

이사의 경업피지의무

1. 의의

상법은 이사와 회사간의 이익충돌의 방지를 위하여 이사의 경업피지의무에 관하여 규정하고 있다(상법 제397조). 경업피지의무에는 경업거래금지의무(협의의 경업피지의무)와 겸직금지의무가 있다. 경업피지의무는 이사의 충실의무에 기한 의무이다. 집행임원설치회사의 경우에 집행임원에 대하여도 같은 의무가 인정된다(상법 제408조 9).

2. 금지의 내용

(1) 경업거래의 금지

이사는 이사회의 승인 없이는 자기 또는 제3자의 계산으로 회사의 영업부류에 속한 거래를 하지 못한다(상법 제397조 제1항).

이익충돌의 가능성이 있는 한 회사의 상품판매와 동종의 상품판매뿐만 아니라 유사한 상품판매도 금지된다. 다만 이익충돌의 우려가 없는 경우는 금지에서 제외되는데, 부동산매매회사의 직원이 자기 집을 사는 경우, 자동차판매회사가 자기 차를 사는 경우, 또는 보통거래약관에 의하여 정형적으로 체결되는 행위는 제외된다.

---

224 손주찬, (상)792면 ; 정찬형, (상)957면 ; 이철송, (회)721면 ; 최기원, (회)653면 ; 송옥렬, 993면.

225 이질설의 입장에서 다양하게 이를 설명하는데, "이사회중심주의 체제하에서 선관주의의무 외에 이사에게 특별히 과한 별개의 의무"라고 하거나(강위두, (회)544면) "이사가 회사를 위하여 직무를 집행하는 측면에서 요구되는 의무는 선관의무이고, 이사가 그 지위를 이용하여 자기 또는 제3자의 이익을 위하여 행동하는 측면에서 요구되는 의무가 충실의무이다."(정동윤, (회)432면), "회사와 이사의 이익의 충돌시 회사이익을 우선시켜야 하는 의무로서 선관주의의무와는 적용범위를 달리한다."(정경영, 513면)는 견해 등이 있다.

이사의 경업피지의무의 경우는 영업양도인의 경업거래금지와 달리 지리적 근접성을 요구하지 않는다.

(2) 겸직의 금지

이사는 동종영업을 목적으로 하는 다른 회사의 무한책임사원이나 이사가 되지 못한다(상법 제397조 제1항). 상업사용인의 경우에는 다른 모든 회사의 무한책임사원이나 이사가 되지 못하는데(상법 제17조 제1항), 이사의 경우 금지의 대상이 동종영업을 목적으로 하는 회사로 제한된다.

(3) 금지의 해제

이사회의 승인이 있으면 경업피지의무는 해제된다. 이사회의 결의에서 당해 이사는 특별이해관계인이 된다. 여기서 이사회의 승인은 사전적·개별적 승인이어야 한다. 다만 동종동형의 정형적 거래가 계속·반복되는 경우에는 일정한 범위에서 포괄적 승인을 인정한다.

3. 금지위반의 효력

경업피지의무에 위반하여도 그 거래 자체는 유효하다. 다만 이사는 회사에 대하여 손해배상책임을 지며, 또한 이사해임의 사유가 된다.

경업거래금지위반의 경우에 회사의 개입권을 인정한다. 이사가 경업거래금지의 규정에 위반하여 거래를 한 경우에 회사는 이사회의 결의로 그 이사의 거래가 자기의 계산으로 한 것인 때에는 이를 회사의 계산으로 한 것으로 볼 수 있고, 제삼자의 계산으로 한 것인 때에는 그 이사에 대하여 이로 인한 이득의 양도를 청구할 수 있다(상법 제397조 제2항).

개입권을 인정한 취지는 회사의 손해는 기대이익의 상실로 그 손해의 증명이 어렵고, 고객의 유지를 위해서 이를 인정한다. 개입권은 형성권으로 거래가 있은 날로부터 1년을 경과하면 소멸한다(상법 제397조 제3항). 이는 제척기간이다.

개입권 행사는 채권적 효과를 가지는 것으로, 당해 이사가 그 거래의 경제적 효과를 전부 회사에 귀속시킬 의무를 부담하게 된다. 이때 이사는 취득한 금전·물건 또는 권리를 회사에 양도하고, 회사는 채무의 변제나 지급한 비용의 상환의무를 부담한다.

회사의 기회 및 자산의 유용금지

1. 의의

회사의 기회유용금지란 "이사는 이사회의 승인 없이 현재 또는 장래에 회사의 이익이 될 수 있는 회사의 사업기회를 자기 또는 제3자의 이익을 위하여 이용하여서는 아니 된다."(상법 제397조의 2)는 것으로, 이사는 이익이 될 여지가 있는 사업기회가 있으면 이를 회사에 제공하여 회사로 하여금 이를 이용할 수 있도록 하여야 하고, 회사의 승인 없이 이를 자기 또는 제3자의 이익을 위하여 이용하여서는 아니 된다.

회사의 기회유용금지의 대상은 이사로 제한된다. 그 범위를 확대하면 그들의 영업의 자유를 침해할 가능성이 있게 되므로 이를 제한한다. 다만 집행임원설치회사의 집행임원도 같은 의무를 부담한다(상법 제408조의 9).

회사의 기회유용금지의무는 회사가 추진해야 할 유리한 사업기회를 이사가 가로채는 것을 방지하여 기업경영을 투명하게 하기 위한 것이다. 이사의 경업피지의무는 현재의 회사이익을 보호하기 위한 것임에 반하여 회사의 기회유용금지의무는 현재뿐만 아니라 장래의 회사이익을 보호하기 위한 것이다.

2. 회사의 사업기회

회사의 사업기회란 현재 또는 장래에 회사의 이익이 될 수 있는 회사의 사업기회로서 직무를 수행하는 과정에서 알게 되거나 회사의 정보를 이용한 사업기회, 또는 회사가 수행하고 있거나 수행할 사업과 밀접한 관계가 있는 사업기회이어야 한다(예 : 자동차제조회사에 있어서 자동차운송 및 물류업). 법원은 그 사업의 기회가 "회사에 현존하는 현실적이고 구체적인 사업기회"이어서 회사의 사업기회라고 볼 수 있는 사정이 인정되어야 할 것이라고 하였다.[226]

회사의 사업기회는 꼭 유망한 사업기회로 제한되지는 않는다. 유망성 여부는 이사회의 승인결의에 있어서 참조사항이 될 것이며, 유망한 사업을 이사에게 제공하였다면 승인결의를 한 이사의 주의의무 내지 충실의무위반의 가능성이 있게 된다.

3. 유형

회사의 사업기회를 이용하는 유형은 자기거래형과 경업형으로 나눌 수 있다. 자기거래형은 이사가 그 사업기회를 이용하면 회사와 거래관계에 있게 되고, 경업형은 회사의 사업과 경쟁

---

226 법원은 "상법 제398조는 회사기회유용을 금지하고자 하는 사전적인 절차적 통제 규정이라고 할 수 있다. 그러나 회사기회유용으로 인한 손해배상청구에서 이사가 회사로 하여금 그 사업을 추진하도록 해야 할 충실의무가 있고, 이러한 의무를 위반하여 회사에게 기대이익을 얻지 못하게 하는 손해를 입혔다는 점이 인정되기 위해서는 위 상법 제398조에서 규정하는 사업기회 중 그 사업의 기회가 회사에 현존하는 현실적이고 구체적인 사업기회이어서 "회사의 사업기회"라고 볼 수 있는 사정이 인정되어야 할 것이다."고 하였다(서울중앙지방법원 2011.2.25. 선고 2008가합47881 판결).

관계에 있게 된다. 따라서 이사 등이 회사의 사업기회를 유용하였다면, 자기거래금지와 경업피지의무 위반이 중첩적으로 적용될 가능성이 있게 된다.

4. 이사회의 승인

이사의 회사의 기회유용금지의 대상이 되는 사업이어도 이사회의 사전승인이 있는 때에는 그 사업을 수행할 수 있다. 이 경우 이사회의 승인은 이사 3분의 2 이상의 수로써 하여야 한다(상법 제397조의 2 제1항).

이사회의 승인이 없는 경우에 그 효력을 보면, 여기서 이사회의 승인이 있는 경우 회사에 대하여 유효하다는 의미는 그 행위 자체의 효력이 아니라 회사에 대한 책임과 관련하여 이사회의 승인이 있으면 원칙적으로 회사에 대하여 책임을 지지 않는다는 의미라고 볼 수 있다면서, 이사회의 승인 여부와는 무관하게 사업기회 이용행위는 유효하다는 견해가 있다.[227]

보건대, 이를 회사의 기회유용의 유형을 자기거래형과 경업형으로 나누어 보면, 자기거래형의 경우에는 다음에 보는 이사의 자기거래금지에 위반하는 경우에 인정되는 상대적 무효설의 입장에 따라 대내적으로는 무효이지만, 선의의 제3자에 대하여는 무효를 주장할 수 없다고 하겠다. 다만 회사의 기회유용의 경우에 거래상대방의 입장에서는 이 거래가 회사의 사업기회라는 것을 인식하기가 현실적으로 어려울 것이다. 다음으로 경업형의 경우에는 앞에서의 경업피지의무위반에서와 같이 거래 자체는 유효하다고 보겠다.

이사회의 승인은 이사가 회사의 사업기회를 이용할 수 있는 유효요건에 불과하고, 이사의 책임을 면제하는 것은 아니다. 따라서 이사회의 승인에서 이사가 선관주의의무와 충실의무에 위반하였다면 당해 이사 및 승인결의에 찬성한 이사는 연대하여 회사에 대하여 손해배상 책임을 진다.[228]

다만 이사회의 승인에 있어서 선관주의의무와 충실의무위반 여부를 판단함에 있어서 경영판단의 원칙을 적용하여, 충분한 정보의 수집과 회사에 최선의 이익이 된다고 합리적으로 믿고서 승인하였다면 보호가 된다.[229]

---

227 정찬형, (상)965면 ; 이철송, (회)736면 ; 천경훈, "개정 상법상 회사기회유용금지규정의 해석론 연구", 「상사법연구」 제30권 제2호, 2011, 194면.

228 정찬형, (상)965면 : 상법 제397조의 2 제2항에서 "제1항에 위반하여"의 의미는 이사회의 승인이 없는 경우뿐만 아니라, 이사회의 승인이 있었으나 이사가 선관주의의무와 충실의무에 위반하여 승인한 경우를 포함한다고 본다. 이사회의 승인이 있고 이사에게 선관주의의무와 충실의무의 위반이 없었다면 경영판단의 원칙에 의하여 이사는 책임이 없다고 한다.

229 이에 더하여 이사회의 의사결정과정에 현저한 불합리가 없는 한 이사들의 경영판단은 존중되어야 한다면서 책임을 부인한 판결도 있다(대법원 2013.9.12. 선고 2011다57869 판결).

5. 손해배상책임

회사의 사업기회를 유용한 경우에 이사회의 승인유무와 관계없이 그 사업에 관한 행위는 대외적 관계에서는 원칙적으로 유효하게 된다. 이때 이사회의 승인은 단지 회사에 대한 책임과 관계를 가진다.

이사가 이사회의 승인없이 회사의 사업기회를 유용하거나 이사회의 승인결의에 주의의무 위반이 인정될 때 이사는 회사에 대하여 손해배상책임을 지게 되는데, 이사가 손해배상책임을 질 때 손해에 대하여는 "이로 인하여 이사 또는 제3자가 얻은 이익은 손해로 추정한다."(상법 제397조의 2 제2항)는 추정규정을 두고 있다. 이는 회사에 발생시킨 손해액이란 '회사가 그 사업기회를 이용하여 사업을 하였더라면 얻을 수 있었던 일실이익'인데, 그 증명에 어려움이 있어 이를 해결하고자 둔 규정이다.

이사회에서 승인한 이사들은 그 결의에 현저한 불공정이 없으면 책임을 지지 않는다.

참조판례

대법원은 회사의 기회유용 여부에 대하여 "회사의 이사회가 그에 관하여 충분한 정보를 수집·분석하고 정당한 절차를 거쳐 회사의 이익을 위하여 의사를 결정함으로써 그러한 사업기회를 포기하거나 어느 이사가 그것을 이용할 수 있도록 승인하였다면 그 의사결정과정에 현저한 불합리가 없는 한 그와 같이 결의한 이사들의 경영판단은 존중되어야 할 것" 이라고 하였다(대법원 2013.9.12. 선고 2011다57869 판결).

이사의 자기거래제한

1. 의의[230]

이사 등은 이사회의 승인이 있는 때에 한하여 자기 또는 제3자의 계산으로 회사와 거래할 수 있다(상법 제398조). 이는 이사가 회사의 업무집행에 관여하여 그 내용을 잘 알고 있으므로

---

230 상법 제398조 : 다음 각 호의 어느 하나에 해당하는 자가 자기 또는 제3자의 계산으로 회사와 거래를 하기 위하여는 미리 이사회에서 해당 거래에 관한 중요사실을 밝히고 이사회의 승인을 얻어야 한다. 이 경우 이사회의 승인은 이사 3분의 2 이상의 수로써 하여야 하고, 그 거래의 내용과 절차는 공정하여야 한다.

1. 이사 또는 주요주주(10% 이상 주주 또는 이사, 집행임원, 감사의 선임과 해임 등 주요 경영사항에 대하여 사실상의 영향력을 행사하는 주주)
2. 제1호의 자의 배우자 및 직계존비속
3. 제1호의 자의 배우자의 직계존비속
4. 제1호부터 제3호까지의 자가 단독 또는 공동으로 의결권 있는 발행주식 총수의 100분의 50 이상을 가진 회사 및 그 자회사
5. 제1호부터 제3호까지의 자가 제4호의 회사와 합하여 의결권 있는 발행주식총수의 100분의 50 이상을 가진 회사

이사가 회사와 거래한다면 본인이나 제3자의 이익을 위해서 회사의 이익을 희생시킬 수 있기 때문에 이를 규제하고 있다.

개정 상법에서는 이사의 자기거래규제에 대하여 그 대상을 넓히고, 요건도 이전보다 엄격하게 하고 있다. 즉 사전승인의 요구, 이사의 이사회에의 개시의무 부과, 가중된 승인요건, 내용 및 절차의 공정성 요구 등 요건이 엄격해 졌다.

적용대상의 확대는 ① 회사의 내부정보에 밝은 오너 경영진이나 이사들이 자신이나 가족명의로 회사와 거래하여 개인적 이득을 취함으로써 투자자에게 손실을 끼치는 사례가 빈번하므로, 이에 대한 규제를 통해 내부자거래를 투명하게 하여 일반투자자를 보호하기 위한 것이다. ② 관계회사에 대한 규제는 일감몰아주기(대주주가 지배주주인 회사와 거래)를 방지하기 위한 것이다.

관계회사에 대한 규제 : A → 갑(대주주) → 을(갑이 50%이상 지분) → 병(갑의 손회사) : A와 을, 병의 거래도 규제

2. 제한되는 거래의 범위

제한되는 거래는 회사와 이사 간에 이익충돌의 염려가 있는 재산적 거래이다. 형식상은 이사와 회사간의 거래라도 실질상 이해충돌을 생기게 할 염려가 없는 거래는 이 자기거래에 포함되지 않는다. 예를 들면 회사에 대한 부담없는 증여, 회사에 대한 무이자·무담보의 금전대여, 상계, 채무의 이행, 기타 보통거래약관에 의한 거래 등이 이에 속한다. 1인회사의 주주가 이사인 경우에도 회사의 이익과 이사의 이익이 일치하므로 승인이 필요 없다고 본다.[231]

여기서 이사와 회사간의 거래는 일반적으로 회사의 재산을 양수하는 등의 직접거래뿐만 아니라, 회사가 이사의 채무를 인수하거나 이사의 채무에 대하여 연대보증을 하는 등 간접거래도 이익충돌의 염려가 있으면 적용된다.[232]

상법 제398조는 이사와 회사간의 자기계약의 형태의 거래뿐만 아니라 쌍방대리형태의 거래에도 적용된다. 즉, 둘 이상의 회사의 대표이사가 동일인인 경우에 그 회사들 사이의 거래가 어느 일방 회사에게는 유리하나 타방 회사에게는 불리하다면 이는 쌍방대리의 형태의 거래로서 상법 제398조의 적용을 받는다.

어음행위에 대해서도 상법 제398조가 적용되는가에 대해서는 학설이 갈리는데, 이에 대해

231 강위두, (회)545면 ; 정동윤, (회)417면 ; 최기원, (회)627면 ; 송옥렬, 1017면.
반대설로는 정찬형, (상)985면 ; 손주찬, (상)799면 ; 이철송, (회)744면.

232 동지 대법원 1984.12.11 선고 84다카1591 판결, 대법원 1980.7.22. 선고 80다828 판결 등

서 부정설은 어음은 무색적 성질을 가지므로 이익충돌의 염려가 없고, 따라서 이사회의 승인을 얻을 필요가 없다고 한다.[233] 그러나 어음행위자는 원인관계와는 별도로 새로운 어음상의 채무를 부담하며 이는 원인관계상의 채무보다 더 엄격한 지급채무로 되므로 이익충돌은 더욱 강해진다. 따라서 어음행위를 함에 있어서도 이사회의 승인을 얻어야 한다(통설·판례).

3. 상장회사의 특례[234]

(1) 신용공여행위의 금지

상장회사의 주요주주[235] 및 그의 특수관계인,[236] 이사(업무집행지시자 포함) 및 집행임원, 감사를 상대방으로 하거나 그를 위하여 신용공여를 하여서는 아니 된다(상법 제542조의 9 제1항).

---

233 서돈각·정완용, (상)446면 ; 반대 정찬형, (상)447면.

234 상법 제542조의 9(주요주주 등 이해관계자와의 거래) ① 상장회사는 다음 각 호의 어느 하나에 해당하는 자를 상대방으로 하거나 그를 위하여 신용공여(금전 등 경제적 가치가 있는 재산의 대여, 채무이행의 보증, 자금 지원적 성격의 증권 매입, 그 밖에 거래상의 신용위험이 따르는 직접적·간접적 거래로서 대통령령으로 정하는 거래를 말한다)를 하여서는 아니 된다.
1. 주요주주 및 그의 특수관계인
2. 이사(업무집행지시자를 포함한다) 및 집행임원
3. 감사

235 주요주주란 발행주식의 100분의 10 이상을 소유하는 자 또는 이사·집행임원·감사의 선임·해임 등 상장법인의 주요경영사항에 대하여 사실상의 영향력을 행사하는 주주를 말한다(상법 제542조의 8 제2항 6호).

236 시행령 제34조 ④ 법 제542조의 8 제2항 제5호에서 "대통령령으로 정하는 특수한 관계에 있는 자"란 다음 각 호의 어느 하나에 해당하는 자(특수관계인)를 말한다.
1. 본인이 개인인 경우에는 다음 각 목의 어느 하나에 해당하는 사람
   가. 배우자(사실상의 혼인관계에 있는 사람을 포함한다)
   나. 6촌 이내의 혈족
   다. 4촌 이내의 인척
   라. 본인이 단독으로 또는 본인과 가목부터 다목까지의 관계에 있는 사람과 합하여 100분의 30 이상을 출자하거나 그 밖에 이사·감사의 임면 등 법인 또는 단체의 주요 경영사항에 대하여 사실상 영향력을 행사하고 있는 경우에는 해당 법인 또는 단체와 그 이사·감사
   마. 본인이 단독으로 또는 본인과 가목부터 라목까지의 관계에 있는 사람과 합하여 100분의 30 이상을 출자하거나 그 밖에 이사·감사의 임면 등 법인 또는 단체의 주요 경영사항에 대하여 사실상 영향력을 행사하고 있는 경우에는 해당 법인 또는 단체와 그 이사·감사
2. 본인이 법인 또는 단체인 경우에는 다음 각 목의 어느 하나에 해당하는 자
   가. 이사·감사
   나. 계열회사 및 그 이사·감사
   다. 단독으로 또는 제1호 각 목의 관계에 있는 자와 합하여 본인에게 100분의 30 이상을 출자하거나 그 밖에 이사·감사의 임면 등 본인의 주요 경영사항에 대하여 사실상 영향력을 행사하고 있는 개인 및 그와 제1호 각 목의 관계에 있는 자 또는 단체(계열회사는 제외한다)와 그 이사·감사
   라. 본인이 단독으로 또는 본인과 가목부터 다목까지의 관계에 있는 자와 합하여 100분의 30 이상을 출자하거나 그 밖에 이사·감사의 임면 등 단체의 주요 경영사항에 대하여 사실상 영향력을 행사하고 있는 경우 해당 단체와 그 이사·감사

금지되는 행위는 신용공여행위로서, 금전 등 경제적 가치가 있는 재산의 대여, 채무이행의 보증, 자금지원적 성격의 증권 매입, 그 밖에 거래상의 신용위험이 따르는 직접적·간접적 거래로서 대통령령으로 정하는 거래[237]를 말한다.

금지행위에 관한 규정은 효력규정으로 볼 수 있으므로 이에 위반한 행위의 사법상 효력은 무효라고 본다.

다만, 복리후생을 위한 이사 또는 감사에 대한 금전대여 등 대통령령으로 정하는 신용공여,[238] 다른 법령에서 정하는 신용공여, 그 밖에 상장회사의 경영건전성을 해칠 우려가 없는 금전대여 등으로서 대통령령으로 정하는 신용공여[239] 등은 할 수 있다(상법 제542조의 9 제2항).

(2) 일정한 규모 이상 거래의 제한

단일거래규모가 일정한 규모 이상이거나 거래총액이 일정한 규모 이상인 경우에 이사회의 승인을 얻도록 하고 있다. 자산규모가 직전 사업연도 말 현재 2조원 이상인 상장회사는 최대주주, 그의 특수관계인 및 그 상장회사의 특수관계인으로서 대통령령으로 정하는 일정한 자(상법 시행령 제13조 제4항에서 정하는 특수관계인)를 상대방으로 하거나 그를 위하여 일정한 거래[240]를 하려는 경우에는 이사회의 승인을 받아야 한다(상법 제542조의 9 제3항).

이 경우 상장회사는 이사회의 승인 후 처음으로 소집되는 정기주주총회에 해당 거래의 목적·상대방, 그 밖에 대통령령으로 정하는 사항을 보고하여야 한다.

---

237 대통령령으로 정하는 거래란 담보를 제공하는 거래, 어음을 배서하는 거래, 출자의 이행을 약정하는 거래, 신용공여의 제한을 회피할 목적으로 하는 거래로서 자본시장과 금융투자업에 관한 법률 시행령 제38조 제1항 제4호 각목에 해당하는 거래 및 자본시장과 금융투자업에 관한 법률 시행령 제38조 제1항 제5호에서 정하는 거래를 말한다(상법 시행령 제35조 제1항).
대주주에 대한 금전·증권 등 경제적 가치가 있는 재산의 대여, 채무이행의 보증, 자금 지원적 성격의 증권의 매입, 제1호부터 제3호까지의 어느 하나에 해당하는 거래의 제한을 회피할 목적으로 하는 거래로서 다음 각 목의 어느 하나에 해당하는 거래(자령 제38조 제1항 4)
가. 제3자와의 계약 또는 담합 등에 의하여 서로 교차하는 방법으로 하는 거래
나. 장외파생상품거래, 신탁계약, 연계거래 등을 이용하는 거래
5. 채무인수 등 신용위험을 수반하는 거래로서 금융위원회가 정하여 고시하는 거래

238 학자금, 주택자금 또는 의료비 등 복리후생을 위하여 회사가 정하는 바에 따라 1억원의 범위 안에서 금전을 대여하는 행위(상법 시행령 제35조 제2항).

239 여기서 대통령령으로 정하는 신용공여란 회사의 경영상 목적을 달성하기 위하여 필요한 경우로서 법인인 주요주주(그 특수관계인을 포함)를 상대로 하거나 그를 위하여 적법한 절차에 따라 행하는 신용공여를 말한다(상법 시행령 제35조 제3항).

240 일정한 거래란 단일거래규모가 일정한 규모(금융위원회의 검사대상기관인 상장회사는 최근 사업연도 말 현재의 자산총액의 100의 1, 검사대상기관이 아닌 상장회사는 자산총액 또는 매출총액의 100분의 1) 이상인 거래(상법 시행령 제35조 제6항), 해당 사업연도 중에 특정인과 해당 거래를 포함한 거래총액이 일정한 규모(금융위원회의 검사대상기관인 상장회사는 최근 사업연도 말 현재의 자산총액의 100분의 5, 검사대상기관이 아닌 상장회사는 자산총액 또는 매출총액의 100분의 5) 이상이 되는 경우의 해당 거래(상법 시행령 제35조 제7항)를 말한다.

이에 대한 예외로 ① 그 거래가 상장회사가 경영하는 업종에 따른 일상적인 거래로서, 약관에 따라 정형화된 거래(약관의 규제에 관한 법률 제2조 제1항의 약관에 의한 거래) ② 이사회에서 승인한 거래총액의 범위 안에서 이행하는 거래의 경우에는 이사회의 승인을 받지 않고 할 수 있으며, ②의 경우에는 그 거래내용을 주주총회에 보고하지 아니할 수 있다(상법 제542조의 9 제5항).

4. 제한의 해제

이사회의 승인을 얻으면 자기거래제한이 해제된다. 이 경우 이사회의 승인은 이사 3분의 2 이상의 수로써 하여야 하고, 그 거래의 내용과 절차는 공정하여야 한다(상법 제398조 단서). 다만 이사가 1인만 있는 회사의 경우에는 주주총회의 결의로 이를 갈음한다(상법 제383조 4항). 이사회의 승인결의에 있어서 그 이사는 특별이해관계인이다. 다음에 보는 바와 같이 총주주의 동의로도 자기거래제한의 해제가 가능하다.[241]

이사회의 승인은 사전적·개별적 승인이어야 한다. 다만 동종동형의 정형적 거래가 계속·반복되는 경우에는 일정한 범위에서 포괄적 승인이 인정된다.

이사회에 의한 승인은 사전적 승인이어야 하며 사후승인 즉 추인은 인정되지 않는다. 사후승인을 인정하게 되면 이사가 미리 회사와 거래를 하고 이를 기정사실로 하여 다른 이사에게 사후승인을 강요할 염려도 있다. 또한 추인을 인정한다면 이사의 자기거래는 소급적으로 유효하게 되고, 이사의 책임을 물을 수 없는 문제가 발생한다.

다만 개정 상법은 일감몰아주기를 규제한다는 취지 등에서 거래제한의 범위를 주요주주 등을 포함해서 더욱 넓히고 있다. 여기다가 사전승인을 입법적으로 제한하고 있으니 일일이 사전승인을 얻어야 하는(일정범위의 포괄승인은 허용) 회사에 큰 부담이 될 것으로 생각된다.

그리고 이사회에서 승인시에 해당 거래에 관한 중요사실을 밝히고 승인을 얻어야 한다.

이사회의 승인을 주주총회의 승인으로 대체가 가능한가도 다투어진다. 이는 결국 무효로 될 것을 주주총회승인에 의한 구제를 인정할 것인가의 문제인데, 이는 이사회와 주주총회의 권한분배의 문제와 관련을 가진다.[242]

이를 가능하다고 할 때, 예를 들어 이사회가 대립되어 있을 때 이사회 관여를 받지 않고 자기거래를 할 수 있다는 문제점이 있다. 이를 반영하여 판례는 주주총회의 승인에 의한 대체를 인정하지 않지만, 주주전원의 동의라든지 정관에 주주총회의 권한사항으로 규정된 경우에

---

241 "규정의 취지가 회사와 주주에게 예기치 못한 손해를 끼치는 것을 방지함에 있으므로, 그 채무부담행위에 대하여 주주 전원이 이미 동의하였다면 회사는 이사회의 승인이 없었음을 이유로 그 책임을 회피할 수 없다."(대법원 2017.8.18. 선고 2015다5569 판결).

242 정관규정으로서 어디까지 이사회권한을 주주총회권한으로 할 수 있는가의 문제이다.

예외적으로 허용될 수 있다는 태도를 취하고 있다.[243]

이에 대하여 부정설은 제398조에는 제416조 단서와 같은 법률상 유보조항이 없으며, 부당하게 이루어진 이사회의 승인에 대해서는 책임추궁의 길이 있으나, 주주총회의 승인에 대해서는 책임추궁이 불가능하기 때문에 승인은 이사회만 할 수 있다고 한다.[244]

그러나 이를 자기거래의 규제하는 취지인 회사의 이익이 침해된다는 점에서 보면 회사의 주인인 주주가 동의했다는 점에서 이사회의 동의보다 더 강력할 것이고, 동의하지 않은 소수주주나 채권자이익이 침해될 수 있다는 점이 문제인데, 이때도 민법상 손해배상청구가 가능하다는 점에서 어느 정도 보호는 될 것이다.[245] 또한 본 조가 주주의 이익보호를 주안으로 하므로 주주들이 스스로 이해관계를 결정하는 것이 가능하다는 점에서 주주총회의 승인을 긍정적으로 본다. 다만 정관의 규정도 없이 주주총회가 승인하는 것은 권한분배의 원칙에 반하므로 이는 인정되지 않는다.

5. 제한위반의 효력

상법 제398조에 위반한 행위의 효력에 대해서는 회사의 이익보호와 거래안전을 어떻게 조화할 것인가가 문제인데, 이에 대해서는 학설의 태도가 갈린다.

① 무효설 : 상법 제398조를 강행규정으로 보고 이에 위반한 행위는 강행규정에 위반한 것으로서 무효가 된다. 이때 선의의 제3자는 민법상의 선의취득규정에 의하여 보호된다고 한다.[246]

② 유효설 : 상법 제398조는 명령규정에 속하는 것으로 이에 위반하는 행위를 유효로 보며, 회사의 이익은 이사의 손해배상책임과 악의의 항변의 원용에 의하여 보호된다고 한다.[247]

③ 효력부동설(무권대리행위설) : 이사회의 승인 없이 한 이사의 자기거래를 무권대리행위와 같은 것으로 보아, 이사회의 추인이 있으면 유효하게 되고 추인이 거절되면 확정적으로 무효로 된다고 한다. 이는 일본 판례의 입장이다.

④ 상대적 무효설 : 이사의 자기거래는 회사와 당해 이사간에는 무효이나 선의의 제3자에 대하여는 그 거래의 무효를 주장할 수 없다고 한다. 여기서 제3자의 악의에 대한 증명책임은 회사가 부담하며, 거래의 무효를 주장할 수 있는 자는 회사이지 이사나 제3자가

---

243 대법원 2007.5.10. 선고 2005다4284 판결.

244 이철송, (회)636면 ; 정찬형, (상)859면.

245 승인유무에 불문하고 상법 제399조 소정의 손해배상청구와 대표권의 남용에 따른 불법행위를 이유로 손해배상청구가 가능하다.

246 손주찬, (상)533면 ; 최기원, (회)546면 ; 서돈각·정완용, (상)445면.

247 서정갑, 「주석실무 개정 상법총람」, 홍문관(1984), 286면.

아니라고 한다.248

⑤ 검토 : 유효설은 상법 제398조의 규정취지를 거의 반감시키므로 타당하지 않으며, 무효설도 선의취득의 법리가 적용되지 않는 거래(예를 들면 부동산 물권에 관한 거래)에 있어서는 제3자가 보호되지 않으므로 여전히 거래의 안전에 문제가 있다. 상대적 무효설의 입장이 거래의 안정과 회사의 이익보호라는 두 요청을 함께 만족시키고 있는 것으로서 타당하다고 본다. 판례도 기본적으로 상대적 무효설의 입장을 취하고 있다.249 다만 중과실이 있는 경우에는 악의와 같이 보아서 제3자를 보호하지 않는다.

6. 이사의 책임

이사가 이사회의 승인을 얻지 않고 회사와 자기거래를 한 경우에 그 이사는 법령위반의 행위를 한 것이므로 회사에 대해서 손해배상책임을 진다. 이 책임은 총주주의 동의로 면제될 수 있다(상법 제400조 제1항).

이사회의 승인을 얻었다고 하여 이사의 회사에 대한 책임이 면제되는 것이 아니므로, 이사의 자기거래로 회사에 손해가 발생하였다면 그에 대한 손해배상청구가 가능하다.

참조판례

"당해 주식회사는 대표이사의 위와 같은 행위가 상법 제398조 소정의 이사와 회사간의 이해상반하는 거래행위에 해당한다 하여 이사회의 승인 여부에 불구하고 같은 법 제399조 소정의 손해배상청구권을 행사할 수 있음은 물론이고 대표권의 남용에 따른 불법행위를 이유로 한 손해배상청구권도 행사할 수 있다." (대법원 1989.1.31. 선고 87누760 판결).

이사의 보고의무

이사는 3월에 1회 이상 업무의 집행상황을 이사회에 보고하여야 한다(상법 제393조의 4항). 이사의 이사회에서의 업무보고를 통하여 이사들은 회사 사정을 알게 되는 것으로, 이는 이사의 회사에 대한 정보접근권을 강화하기 위한 것이다.

또한 이사는 회사에 현저하게 손해를 미칠 염려가 있는 사실을 발견한 때에는 즉시 이를 감사에게 보고하여야 한다(상법 제412조의 2).

---

248 통설·판례의 입장(대법원 1994.10.11. 선고 94다24626 판결, 대법원 1981.9.8. 선고 80다2511 판결).

249 대법원 2014.6.26. 선고 2012다73530 판결, 대법원 2007.5.10. 선고 2005다4284 판결 등. 제3자가 선의이기는 하나 이사회의 결의가 필요한 사실과 이사회의 결의가 없었다는 사실을 알지 못한 데에 중대한 과실이 있는 경우에는 악의인 경우와 같이 자기거래는 제3자에 대해서도 무효라는 것이 판례의 입장이다(대법원 1973.10.31. 선고 73다954 판결, 대법원 2004.3.25. 선고 2003다64688 판결).

관련사항 **이사의 비밀유지의무(상법 제382조의 4)**

이사는 재임 중뿐만 아니라 퇴임 후에도 직무상 알게 된 회사의 영업상 비밀을 누설하여서는 아니 된다.

이사의 감시의무

1. 의의

이사의 감시의무는 이사의 선관주의의무에 따른 의무의 하나로서,**250** 이사는 다른 이사의 업무집행을 전반적으로 감시할 의무를 부담한다. 이사는 이사회의 구성원이고 이사회는 이사의 직무집행을 감독할 권한이 있으므로 이사의 감시의무를 인정한다.

이사의 감시의무는 이사회의 감독권이나 감사의 감사권과 달리 그 이사에 대해서 직접 행사하는 것은 아니다. 예를 들면 이사회를 소집하여 그 감독권을 발동하게 하거나, 감사에게 제보하여 감사권을 발동하게 한다.

이러한 감시의무에 위반한 경우에 그 의무위반은 이사의 임무해태에 해당하는 것으로서 회사 및 제3자에 대한 손해배상책임의 원인이 된다.

2. 감시의무의 내용

이사의 업무에 대하여는 다양한 감독기관의 감독을 받게 되는데, 이에는 이사회가 상급기관으로서 행사하는 감독권, 이사들이 상호 대등한 지위에서 갖는 감시권, 이사·이사회와 수평적·제3자적 지위에 있는 감사가 가지는 감사권 등이 있다.

이사의 감시의무란 다른 이사의 직무집행을 감시·감독할 의무를 말하는 것으로, 감시의무의 구체적 내용은 회사의 규모나 조직, 업종, 법령의 규제, 영업상황 및 재무상태에 따라 크게 다를 수 있다.

3. 대표이사와 업무담당이사의 감시의무

대표이사는 전이사의 업무집행을 감시·감독할 의무가 있으며, 대표권이 없는 업무담당이사의 감시의무도 평이사의 감시의무와 구별하여 대체로 대표이사의 감시의무와 같은 것으로 본다.

업무를 담당하는 이사에 대해서 이사회의 일원으로 일반적인 감시의무를 부과하는 것은, 다른 이사를 감시할 기회가 보다 많이 주어지므로 설혹 업무의 분담이 있다 할지라도 다른

---

250 이사는 이사회의 구성원이고 이사회는 이사의 직무집행을 감독할 권한이 있으므로 이사의 감시의무가 인정된다는 견해도 있다(강위두, (회)545면).

분야의 업무담당이사에 대한 감시의무가 경시될 수 없기 때문이다.

참조판례

"이사가 다른 업무담당이사의 업무집행이 위법하다고 의심할 만한 사유가 있음에도 불구하고 이를 방치한 때" 감시의무위반을 인정한다(대법원 2007.9.20. 선고 2007다25865 판결).

4. 평이사 및 사외이사의 능동적 감시의무

평이사도 이사회에 부의된 사항에 대해 감시의무(수동적 감시의무)를 진다는데 대해서 이론이 없다. 그러나 이사회에 부의되지 않은 사항, 즉 회사의 업무전반에 대해서 일반적인 감시의무(능동적 감시의무)를 부담하느냐에 관하여 통설·판례[251]는 평이사도 이사회의 구성원이라는 점을 근거로, 혹은 이사의 일반적인 선관주의의무를 근거로 평이사의 능동적 감시의무를 인정한다.

긍정설의 입장에서 평이사가 어느 정도까지 감시활동을 하여야 하느냐에 대해서 다시 견해가 갈린다.

① 소극설 : 평이사도 대표이사와 업무담당이사의 직무위반행위를 명백히 알게 된 경우에는 이사회의 상정 여부에 관계없이 회사의 손해를 방지하기 위한 적절한 행동을 하여야 하지만, 평이사는 업무담당이사와는 달리 회사의 경영 전반에 관해 적극적으로 부단한 주의를 기울여야 할 정도의 임무까지는 부담하지 아니한다고 한다.

② 적극설 : 평이사가 타이사의 직무위반을 알게 된 경우는 물론이고, 나아가 회사의 업무집행의 상황을 파악하고 회사의 업무집행이 위법 또는 부당하게 이루어질 위험이 있는 경우에는 이를 시정해야 할 의무를 부담한다고 한다. 이 설에 의하면 평이사가 알지 못했던 직무위반행위에 대해서도 '알지 못했다'는 사실 자체가 평이사의 과실로 인정되어 손해배상책임을 지게 된다.

③ 절충설 : 판례의 입장으로 평이사가 업무담당이사의 부정을 의심할 만한 사유가 있고, 이를 알 수 있었음에도 불구하고 방치한 때에는 감시의무를 위반한 것이라고 하는데 위 두 설의 절충설로 볼 수 있다. 이 설에서는 평이사는 업무담당이사와 업무에 대한 접촉거리에 원근의 차가 있으므로 경영 전반의 개황을 파악하면 족하며, 그 밖의 구체적인 사항에 관해서는 '알거나 알 수 있었을 경우'가 적절한 기준이 될 것이라며, 경영 전반의 개황을 벗어나는 사항은 직무위반행위를 평이사가 '알거나 알 수 있었을 경우'에

---

251 대법원 1985.6.25. 선고 84다카1954 판결, 대법원 2004.3.26. 선고 2002다29138 판결, 대법원 2004.12.10. 선고 2002다60467, 60474 판결.

한해 감시의무가 미친다고 한다.[252]

⑤ 검토 : 업무를 담당하지 않는 이사나 사외이사에 대해서 회사의 업무집행의 상황을 모두 파악하여 이에 대한 감시의무를 부과하는 것은 너무 과도한 부담을 부과하는 것이다. 적극설에 의할 때는 이사의 위법행위가 있으면 사실상 모든 이사가 연대책임을 지는 것과 같은 결과가 된다. 따라서 직무위반행위를 이사가 알 수 있었을 때 과실책임이 인정되는 절충설의 태도가 타당하다.

또한 업무담당이사의 경우에도 주의의무의 정도에는 차이가 있지만 자기가 담당하지 않는 업무에 대해서는 평이사와 같은 감시의무가 부과된다고 보아야 한다. 자기가 담당하지 않는 업무에 대해서 모든 상황을 파악하여 위법 또는 부당한가 여부를 점검하도록 요구하는 것은 현실성이 없으므로, "다른 이사의 업무집행의 위법사항을 알거나 알 수 있었을 때" 이를 방치한 경우에 감시의무위반이 인정된다고 하겠다.

이사의 책임

이사의 회사에 대한 책임

1. 의의

이사가 고의 또는 과실로 법령 또는 정관에 위반한 행위를 하거나 그 임무를 게을리한 경우에는 그 이사는 회사에 대하여 연대하여 손해를 배상할 책임이 있다(상법 제399조). 이사와 회사간의 관계는 위임관계로서 민법상으로도 업무위반이 있는 경우에 채무불이행책임(민법 제390조)이나 불법행위책임(민법 제750조)을 질 수 있다. 그러나 이사의 권한이 강대하여 민법상 일반원칙에 따른 규제만으로는 부족하여 상법상으로 별도 규정을 두어 이사에 대한 광범위한 책임을 인정하고 있다.

2. 손해배상책임

(1) 손해배상책임의 원인

1) 법령 또는 정관의 위반행위

이사의 법령위반행위로는 ① 자기주식취득제한의 위반(상법 제341조, 제341조의 2) ② 경업거래금지의 위반(상법 제397조) ③ 회사의 기회유용금지의 위반(상법 제397조의 2)

252 이철송, (회)716면.

④ 자기거래제한의 위반(상법 제398조) ⑤ 위법배당안의 제출(상법 제462조) ⑥ 주주의 권리행사와 관련한 이익공여(상법 제467조의 2) 등이 있다.

이사의 법령위반행위는 고의·과실에 의할 것이 요구된다. 이전에는 이에 대한 명문규정이 없어 과실이 요구되는 가에 대하여는 견해가 갈리고 있었다. 이를 무과실책임으로 보는 견해도 있으나,[253] 명문규정이 없는 한 이사의 손해배상책임에 대하여 과실책임의 원칙을 벗어날 불가피성이 인정되지 않는다며 이 역시 과실이 요구된다고 보는 것이 다수설이었다.[254]

이러한 논의는 입법적으로 해결이 되었으며, 과실이 요구된다고 하여도 법령 또는 정관에 위반한 행위는 대부분 고의·과실에 기인하므로 무과실의 증명책임은 이사가 부담한다고 본다.

2) 임무를 게을리한 때[255]

이사가 임무를 게을리한 때란 선량한 관리자의 주의의무 내지 충실의무에 위반하여 업무집행을 하는 것을 말한다. 법령 또는 정관에 위반한 행위도 임무를 게을리한 때에 포함되나 주의의무 위반의 정도가 현저하므로 따로 구분하고 있다.

임무를 게을리한 때의 경우는 과실책임이라는데 이론이 없다.

임무를 게을리한 때의 예로는 재무제표나 주식청약서 등에 허위의 기재를 한 경우, 허위의 등기를 한 경우, 과대설비투자로 회사가 도산한 경우 등을 들 수 있다. 기타 이사가 이사회의 승인을 얻고 거래하였으나 거래가 불공정하여 회사에 손해가 발생한 경우(회사의 기회유용금지위반의 경우도 마찬가지이다), 이사의 직무집행에 대한 감시의무를 다하지 아니한 경우, 이사의 조사불충분으로 대차대조표를 잘못 작성하여 부당하게 이익배당을 한 경우 등을 들 수 있다.

(2) 책임의 내용

이사는 법령·정관의 위반행위 또는 임무해태와 상당인과관계가 있는 손해에 대하여 연대하여 손해를 배상할 책임이 있다.[256]

회사에 대하여 책임을 부담하는 자는 그 책임원인인 법령·정관의 위반행위 또는 임무해태를 한 이사이다. 여기서 법령·정관의 위반행위 또는 임무해태가 이사회의 결의에 의한 것인 때에는 그 결의에 참가한 이사도 포함된다(상법 제399조 2항). 이때 이사회의 의사록에 이의

---

253 최기원, (회)681면 ; 명백히 과실을 전제로 하는 책임원인을 제외하고는 고의·과실을 요건으로 하지 않으므로 무과실책임을 인정하는 견해도 있다(손주찬, (상)805면).

254 정동윤, (회)448면 ; 정찬형, (상)997면 ; 이철송, (회)752면.

255 법상으로는 "임무를 게을리한 때"로 규정하고 있지만 이는 임무해태와 같은 의미이므로 여기서는 같이 쓰기로 한다.

256 대법원 2007.7.26. 선고 2006다33609 판결, 대법원 2005.4.29. 선고 2005다2820 판결.

를 하지 않은 자도 결의에 찬성한 것으로 추정되어 반증을 들지 못하는 한 책임을 진다(상법 제399조 3항).

회사는 정관으로 정하는 바에 따라 이사의 책임을 이사가 그 행위를 한 날 이전 최근 1년간의 보수액의 6배를 초과하는 금액**257**에 대하여 면제할 수 있다(상법 제400조 제2항). 다만 이사가 고의 또는 중대한 과실로 손해를 발생시킨 경우와 경업금지(상법 제397조)에 위반하거나, 회사의 기회 및 자산의 유용금지(상법 제397조의 2)에 위반하거나, 이사 등과 회사간의 거래의 규제(상법 제398조)에 위반한 경우에는 그러하지 아니하다.

(3) 책임의 소멸

이사의 회사에 대한 손해배상책임은 10년의 소멸시효에 걸린다(민법 제162조 제1항). 또한 이사의 회사에 대한 손해배상책임은 총주주의 동의로 면제할 수 있다(상법 제400조). 이를 적극적 책임면제로 보는데, 총주주에는 의결권 없는 주주도 포함된다.

다음으로 소극적 책임면제로, 정기총회에서 재무제표를 승인한 후 다른 결의없이 2년을 경과한 때에는 이사에게 부정행위가 없는 한 이사의 회사에 대한 손해배상책임이 해제된다(상법 제450조). 여기서 책임에 해제되기 위해서는 주주총회에 제출·승인된 재무제표에 책임사항이 기재되어 있어야 한다. 예를 들어 금융기관이 충분한 담보를 확보하지 아니하고 대출을 한 것은 재무제표에 나타나지 아니하므로 책임이 해제되지 않는다. 여기에서의 다른 결의에는 주주총회결의뿐만이 아니라 이사회결의나 회사의 제소행위 등도 포함된다.

3. 자본금충실책임

신주발행의 변경등기가 있은 후에 아직 인수되지 않은 주식이 있거나 주식인수의 청약이 취소된 때에 이사가 이를 공동으로 인수한 것으로 본다(상법 제428조). 이는 위의 손해배상책임과 달리 무과실책임이다.

이사의 자본금충실책임은 총주주의 동의로도 면제가 불가하다.

이사의 제3자에 대한 책임

1. 의의

이사가 악의 또는 중대한 과실로 인하여 그 임무를 게을리한 때에는 그 이사는 제3자에 대하여 연대하여 손해를 배상할 책임이 있다(상법 제401조). 이사의 제3자에 대한 책임규정은

257 상여금과 주식매수선택권의 행사로 인한 이익 등을 포함하며, 사외이사의 경우는 3배를 초과하는 금액에 대하여 면제할 수 있다.

주주가 동시에 이사인 소규모 주식회사에서는 법인격부인론의 대체적 기능을 한다.

관련사항

- 제3자에 대한 손해배상책임 : 대표이사(상법 제389조(제210조), 제401조), 그 외 이사(상법 제401조), 그 외 피용자(민법 제750조)
- 회사의 책임 : 대표이사의 불법행위(상법 제389조, 제210조), 그 외 이사·피용자 등(민법 제756조 : 사용자책임)
- 이사 등과 회사의 책임 : 부진정연대책임

2. 책임의 성질

① 법정특별책임설(통설) : 이사의 제3자에 대한 책임은 제3자를 보호하기 위하여 상법이 특별히 정책적으로 인정한 책임이라고 한다. 여기서는 불법행위책임과 달리 위법성이 요건이 아니고, 경과실도 배제된다. 이 견해에서는 일반불법행위책임과 경합을 인정한다.

② 불법행위특칙설 : 이사의 제3자에 대한 책임은 본질적으로 일반불법행위책임과 같으나, 이사에게 악의 또는 중대한 과실이 있는 경우에만 책임을 과하고 경과실이 있는 경우에는 책임을 면제한 것으로서, 일반불법행위책임에 대한 특칙이라고 한다. 이 책임이 인정될 때 일반불법행위책임의 적용이 배제된다.

③ 특수불법행위책임설 : 이사의 제3자에 대한 책임은 본질적으로는 불법행위책임이나, 이것은 일반불법행위책임으로 규율할 수 없는 경우에 제3자 보호의 입장에서 이사의 책임을 강화하기 위하여 특별히 정한 책임으로서, 특수불법행위책임의 일종이라고 한다. 일반불법행위책임이 배제된다는 견해도 있으나 일반적으로 경합을 인정한다.[258]

④ 검토 : 이사의 제3자에 대한 책임에 있어서 불법행위책임의 성립요건에 있어서 가장 중요한 위법성을 요구하지 않는 것으로 보아, 이 책임은 불법행위책임과는 다른 성질의 것이다. 따라서 상법상 특별히 인정되는 법정책임으로 보겠다.

3. 책임의 요건

① 임무해태가 있어야 한다. 여기서의 임무해태는 회사에 대한 책임에서와 같이 선관주의의무 내지 충실의무의 위반을 말한다. 또한 법령·정관에 위반한 행위도 임무해태에 포함

---

258 서돈각·정완용, (상)455면.

되는 것으로 본다. 임무해태의 예를 들면 이사가 주식청약서·사채청약서·재무제표 등에 허위의 기재를 하거나 허위의 등기나 공고를 하여 제3자에게 손해를 입힌 경우, 만기에 지급가능성이 없는 어음을 발행한 경우, 대표이사가 회사의 경영을 지나치게 방만하게 경영한 결과 회사의 채무를 지급할 수 없게 된 때 등을 들 수 있다.

② 악의 또는 중대한 과실이 있어야 한다. 악의나 중대한 과실은 임무해태에 있어야 하는가 아니면 제3자에 대한 가해행위에 있어야 하는가가 문제된다. 이 책임의 본질이 불법행위책임이라고 본다면 악의·중과실은 제3자에 대한 가해행위에 있어야 한다고 보는 것이 논리적이다. 그러나 우리나라에서는 통설인 법정책임설뿐만 아니라 특수불법행위책임설을 취하는 견해에서도 모두 악의나 중과실이 임무해테에 있어 요구되는 것이라고 한다.

③ 임무해태와 제3자의 손해간에 상당인과관계가 있어야 한다.

4. 책임의 내용

이사는 제3자에 대하여 연대책임을 지게 된다. 여기서 제3자에는 주주도 포함된다. 또 손해에는 이사의 임무해태로 제3자가 손해를 보는 직접손해뿐만 아니라, 임무해태로 회사가 손해를 보고 그 결과 제3자가 손해를 보는 간접손해까지 포함된다고 본다(통설).259 예를 들면 주주가 주가하락으로 손해를 입는 것과 같은 것이다. 그러나 판례는 간접손해는 포함시키지 않는다.

주주의 이사에 대한 손해배상청구의 방법을 보면, 직접손해의 경우에는 주주가 해당 이사에 대하여 직접 손해배상청구권을 행사할 수 있다.260 그러나 간접손해의 경우에 주주는 그 이사에 대하여 자신에게 직접 손해배상을 할 것을 청구할 수 없고, 회사에 손해배상할 것을 청구할 수 있을 뿐이다.261

259 상법은 통모인수인의 책임에 관한 규정을 두고 있다(상법 제424조의 2) : 차액반환의무 + 회사 또는 주주에 대한 손해배상책임이 인정된다. 여기서 주주에 대한 손해는 간접손해일 것이다

260 "회사재산을 횡령한 이사가 악의 또는 중대한 과실로 부실공시를 하여 재무구조 악화 사실이 증권시장에 알려지지 아니함으로써 회사발행주식 주가가 정상주가보다 높게 형성되었고, 주식매수인이 이를 모르고 주식을 취득하였다가 그 후 이러한 사실이 증권시장에 공표되어 주가가 하락한 경우, 주주가 이사를 상대로 구 상법 제401조 제1항에 의한 손해배상을 청구할 수 있다."(대법원 2012.12.13 선고 2010다77743 판결).

261 주주가 대표소송의 요건을 갖추지 못한 때에 의의를 가진다고 한다(정찬형, (상)1009면).

참조판례

"주식회사의 주주가 대표이사의 악의 또는 중대한 과실로 인한 임무해태행위로 직접손해를 입은 경우에는 이사와 회사에 대하여 상법 제401조, 제389조 제3항, 제210조에 의하여 손해배상을 청구할 수 있으나, 대표이사가 회사재산을 횡령하여 회사재산이 감소함으로써 회사가 손해를 입고 결과적으로 주주의 경제적 이익이 침해되는 손해와 같은 간접적인 손해는 상법 제401조 제1항에서 말하는 손해의 개념에 포함되지 아니하므로 이에 대하여는 위 법조항에 의한 손해배상을 청구할 수 없고, 이와 같은 법리는 주주가 중소기업창업지원법상의 중소기업창업투자회사라고 하여도 다를 바 없다." (대법원 1993.1.26. 선고 91다36093 판결).

사실상의 이사의 책임

1. 의의

사실상의 이사는 이사가 아니면서 자기의 영향력을 이용하여 이사에게 회사의 업무집행을 지시하거나 직접 회사의 업무를 집행하는 자로서, 이사의 책임이나 대표소송에 있어서 이사로 의제되는 자를 말한다(상법 제401조의 2). 사실상의 이사에는 업무집행지시자, 무권대행자, 표현이사가 있다.

사실상의 이사는 이사와 동일한 책임이 인정된다. 실제 기업의 오너와 같이 회사에 대한 영향력을 가지면서 이사의 책임을 면하려고 등기이사에서 벗어나려는 경향이 있는데, 사실상의 이사의 책임에 관한 규정은 이에 대처한다는 의미를 가진다. 그러나 실제에 있어서 업무집행에 대한 지시는 증명이 어렵다는 문제가 있다.

2. 법적 성질

사실상의 이사는 이사가 아닌데도 그 영향력을 이용하여 업무에 관여하는 것은 위법행위이므로, 이로 손해가 발생한 때에는 불법행위책임을 진다는 불법행위책임설과 사실상의 이사가 회사의 업무에 관여하는 것은 위임계약이 있기 때문이라 보고, 사실상의 이사의 책임은 이러한 위임계약에 위반한 것(기관책임)이라는 계약책임설(법정책임)이 있다.

사실상의 이사는 불법행위의 요건을 갖추지 못한 경우에도 책임을 진다는 의미에서 계약책임이라고 보겠다.

3. 책임의 성립요건

사실상의 이사에는 ① 업무집행지시자(협의의 사실상의 이사) : 회사에 대한 자신의 영향력을 이용하여 업무집행을 지시한 자(상법 제401조의 2 제1항 1호) ② 무권대행자 : 이사의 이름으로 직접 업무를 집행한 무권대행자(상법 제401조의 2 제1항 2호) ③ 표현이사 : 이사가 아니면서 명예회장 등 회사의 업무를 집행할 권한이 있는 것으로 인정할 만한 명칭을 사용하여 회사의 업무를 집행한 자(상법 제401조의 2 제1항 3호)가 있다.

①, ②의 경우 회사에 대한 영향력을 이용할 것이 요구되는데 반하여 ③의 경우 표현이사의 명칭자체가 영향력의 근거가 되므로 영향력의 행사를 요건으로 하지는 않는다.

> **관련사항** **표현이사와 표현대표이사**
> - 입법취지 : 전자는 표현이사 자신의 책임면탈을 방지하기 위한 것이고 후자는 회사대표의 외관을 신뢰한 자를 보호하기 위한 것이다.
> - 책임의 주체 : 전자는 표현이사 개인이나 후자는 회사
> - 제3자의 외관신뢰에 대하여 전자는 이를 요하지 않으나 후자는 이를 요한다.
> - 대표소송에 의한 책임추궁이 전자는 가능하나 후자는 성질상 가능하지 않다.

4. 책임의 내용

사실상의 이사는 회사 및 제3자에 대하여 연대하여 손해배상책임을 진다(상법 제401조 제2항).

이사의 업무집행에 대한 주주의 감독

위법행위유지청구권

1. 의의

이사가 법령 또는 정관에 위반한 행위를 하여 이로 인하여 회사에 회복할 수 없는 손해가 생길 염려가 있는 경우에는 감사 또는 소수주주는 회사를 위하여 이사에 대하여 그 행위를 유지할 것을 청구할 수 있다(상법 제402조). 이는 이사의 위법행위에 대해서 사전적으로 대응하기 위한 것이다.

이사의 위법행위는 불법행위는 물론이고 법률행위나 준법률행위 나아가서 사실행위도 포함된다.

2. 요건

이사의 위법행위유지청구권은 발행주식총수의 100분의 1 이상에 해당하는 주식을 가진 소수주주의 권리이다. 그 외 감사나 감사위원회도 위법행위유지청구권을 가진다(상법 제402

조, 제415조의 2). 상장법인의 경우에는 6월 전부터 발행주식총수의 100000분의 50(자본금 1000억 이상인 법인의 경우 100000분의 25) 이상에 해당하는 주식을 가진 소수주주가 위법행위청구권을 행사할 수 있다(상법 제542조의 6 제5항).

위법행위유지청구는 재판 외의 청구로 할 수 있다. 그러나 이사가 그 위법행위를 중지하지 않는 때에는 회사를 위하여 그 이사를 피고로 하여 위법행위유지청구의 소를 제기할 수 있다. 또한 이를 본안소송으로 하는 가처분의 신청도 할 수 있다.

3. 효과

위법행위유지청구권을 행사하면 이사는 그 행위를 중지하여야 한다. 만일 이사가 위법행위유지청구에도 불구하고 그 행위를 하였다면 위법행위유지청구가 소에 의하든 소외의 방법에 의하든 그 행위의 사법상의 효력에는 영향이 없고, 이사는 법령 또는 정관에 위반한 행위를 하였음이 나중에 확정된 경우에 한하여 책임을 진다. 그런데 이는 위법행위유지청구권의 행사 여부에 상관없이 인정되는 것으로서 이러한 책임이 위법행위유지청구권의 효과라고도 볼 수 없다. 따라서 위법행위유지청구권의 실효성에 문제가 있는 것으로서, 소에 의하여 제기된 경우(가처분이 내려진 경우)에 이에 위반한 경우 처벌규정을 둘 필요가 있다.

대표소송

1. 의의

대표소송이란 회사가 이사의 책임을 추궁하지 않는 경우에 소수주주가 직접 회사를 위하여 이사의 책임을 추궁하기 위하여 제기하는 소송이다(이사에는 업무집행지시자가 포함된다). 이는 미국의 제도를 도입한 것으로, 미국에서는 주주의 회사에 대한 소제기청구 후 회사(제소위원회)가 부정·부당하게 또는 재량권 남용에 의하여 소를 제기하지 아니한 때에만 주주들이 직접 소송을 제기할 수 있다.

이와 관련하여 이중대표소송제도의 도입 여부가 논란이 되고 있는데, 이중대표소송이란 모회사의 주주가 자회사를 위하여 자회사의 이사의 책임을 추궁하는 소송이다. 여기서는 자회사뿐만 아니라 자회사의 주주인 모회사의 제소해태까지 있어야 하는 점이 일반적인 대표소송과 다르다.

2. 법적 성질

대표소송은 소수주주가 실질적으로는 회사의 대표기관적 지위에서 소송을 수행하지만, 형식적으로는 소수주주가 타인인 회사의 이익을 위하여 자기의 명의로 원고가 되어 소송을 수행하는 것이므로, 제3자의 소송담당의 한 유형이다. 따라서 판결의 효력은 당연히 회사 및 다른 주주에 미친다.

소수주주의 대표소송제기권은 공익권에 속한다.

3. 대표소송에 의하여 추궁할 수 있는 이사의 책임의 범위

대표소송에 의하여 추궁할 수 있는 이사의 책임에는 이사의 회사에 대한 손해배상책임과 자본금충실책임이 포함되는 것에는 이론이 없다. 이외에도 이사의 책임은 아니지만 신주발행에 있어서 불공정가액인수인의 책임과 관련하여 회사가 책임추궁을 해태할 가능성이 크므로 그 책임추궁에 대하여도 대표소송이 인정된다(상법 제424조의 2 제2항).

그 외 논란이 되는 부분은 이사의 회사에 대한 채무에 대하여도 대표소송이 인정되는가라는 점이다. 이에 대하여 긍정설(통설)은 회사의 제소해태의 가능성은 이사 상호간의 특수관계로 인하여 이사가 회사에 대하여 부담하는 모든 채무에 존재하므로, 이사의 회사에 대한 채무도 대표소송으로 추궁가능하다고 한다. 반면 부정설은 이는 이사의 지위에서 생긴 것이 아니고 제3자적 지위에서 생긴 의무로서, 이에 대해서까지 대표소송을 인정하면 남소의 우려가 있다며 이를 부정하고 있다.[262]

보건대, 대표소송이란 이사의 행위로 인하여 회사에 손해가 발생하는 경우에 이것이 동료이사의 비호 아래 방치되는 것을 막고자 하는 취지에서 인정되는 것이므로, 이러한 취지가 적용되는 경우에 이에 대한 대표소송의 제기를 제한할 필요는 없으므로 긍정설의 태도가 타당하다고 본다.

4. 절차

먼저 소제기 전 절차로 회사에 서면으로 이사의 책임을 추궁하는 소를 제기할 것을 청구하여야 한다. 다음으로 회사의 제소해태가 있어도 대표소송을 제기하려면 원칙적으로 회사에 대하여 소의 제기를 청구한 후 30일이 경과하여야 한다(상법 제403조 제3항). 다만 30일의 경과로 회사에 회복할 수 없는 손해가 생길 염려가 있는 경우에는 30일의 경과를 기다릴 필요 없이 또는 회사에 대하여 소의 제기를 청구하지 않고 바로 대표소송을 제기할 수 있다(상법 제403조 제4항, 회복할 수 없는 손해가 생길 염려가 없는데도 대표소송을 제기한 때에는 법원은 각하하여야 한다).

---

262 정희철, (상)499면 ; 강위두, (회)588면.

소송절차에 있어서는 ① 소의 당사자 : 발행주식총수의 100분의 1 이상에 해당하는 주식을 가진 소수주주이어야 한다[상법 제403조 제1항, 상장법인의 경우 10000분의 1 이상(상법 542조의 6 제6항]. 미국이나 일본은 단독주주권으로 인정하고 있음에 반해 우리나라는 남소를 방지하기 위하여 소수주주권으로 인정하고 있다. ② 소송고지 : 대표소송은 제3자의 소송담당의 한 유형에 속하므로 회사에 대하여 소송고지를 하여야 한다(상법 제404조 제2항). ③ 소송참가 : 소의 효력은 회사 및 다른 주주에도 미치므로 회사 및 다른 주주도 소송참가가 가능하다(상법 제404조 제1항). ④ 담보제공의무 : 피고 이사는 원고 소수주주의 청구가 악의임을 소명하고 그 원고 주주에게 상당한 담보를 제공하도록 명령할 것을 법원에 청구할 수 있다(상법 제403조 제7항). ⑤ 소의 취하, 청구의 포기, 인락, 화해 : 대표소송은 주주가 대표기관적 내지 수탁자적 지위에서 제기하여 수행하는 것이므로, 주주는 법원의 허가없이는 임의로 소의 취하, 청구의 포기, 인락, 화해를 하지 못한다(상법 제403조 제6항).

회사가 이사에 대하여 또는 이사가 회사에 대하여 소를 제기하는 경우에 감사는 그 소에 관하여 회사를 대표한다. 회사가 주주의 대표소송의 청구를 받음에 있어서도 같다(상법 제394조 제1항).

5. 판결의 효력

대표소송은 제3자의 소송담당에 속하므로 그 효력은 당연히 회사에 미치고, 다른 주주에도 미친다. 원고 승소시에는 소송비용은 패소이사가 부담한다. 승소주주는 회사에 대하여 소송비용 및 기타 소송으로 인하여 지출한 비용 중 상당한 금액의 지급을 청구할 수 있다((상법 제405조 제1항, 상장법인의 경우 모든 비용의 지급청구가 가능하다). 여기서 기타 소송으로 인하여 지출한 비용은 변호사에게 지급하여야 할 보수 등 소송을 위하여 지급한 비용이다.[263]

원고 패소시에는 제소주주가 소송비용을 부담한다. 제소주주에게 악의가 있으면 회사에 대하여 손해배상책임을 부담한다(상법 제405조 제2항).

6. 재심의 소

이사의 책임을 추궁하는 소가 제기된 경우에 원고 주주와 피고 이사가 공모하여 소송의 목적인 회사의 권리를 사해할 목적으로 판결을 하게 한 때에는 회사 또는 주주는 확정된 판결에 대하여 재심의 소를 제기할 수 있다(상법 제406조).

---

263 회사의 규모가 커짐에 따라 통상의 소가에 따르면 제소주주에게 큰 부담이 되므로 「민사소송 등 인지법」에서는 대표소송은 소가를 알 수 없는 소송으로 보아 청구금액에 관계없이 소가를 5천만 100원으로 보고 인지대를 계산한다(동법 제2조 4항).

재심의 소는 소수주주가 대표소송을 제기한 경우뿐만 아니라, 회사가 소수주주의 청구에 의하여 이사의 책임을 추궁하는 소를 제기한 경우에도 인정된다.

소수주주가 대표소송을 제기한 경우에는 회사 또는 다른 주주가 재심의 소를 제기할 수 있고, 회사가 소수주주의 청구에 의하여 이사의 책임을 추궁하는 소를 제기한 경우에는 주주(소수주주에 한하지 않음)가 재심의 소를 제기할 수 있다.

집행임원

1. 의의

집행임원이란 회사의 선택에 따라 대표이사에 대신하는 기구로 설치되어 회사의 업무집행과 회사 대표에 관한 권한을 행사할 수 있는 기관이다(상법 제408조의 2). 기존 대표이사의 경우 이사회의 구성원으로서의 지위를 가짐에 반하여, 이사회와 분리된 집행임원을 두게 되면 회사의 업무집행기관(집행임원)과 업무감독기관(이사회)이 분리되어 그 구별이 명확하여 업무집행의 효율성과 업무감독의 실효성을 거둘 수 있다.

집행임원설치회사의 경우 업무집행과 관련하여 대표이사를 두지 못하고 업무집행은 집행임원에게 맡겨지며, 이사회의 기능도 업무집행기능을 분리하여 집행임원에게 전담하게 하고 이사회는 중요한 전략적 의사결정과 업무집행에 관한 감독 기능만을 담당하게 된다.[264]

개정 상법상 집행임원은 종전의 회사에서 부사장, 전무, 상무 등의 명칭을 부여하여 관행적으로 운영되어 오던 집행임원과는 구별된다. 상법상의 집행임원은 대표이사를 갈음하는 회사와 위임관계에 있는 기관임에 반하여, 실무상 집행임원의 법적 신분은 사용인이다.[265]

자본금총액이 10억원 미만인 회사로서 이사를 1명 또는 2명을 둔 경우에는 이사회가 없으므로 집행임원설치회사가 있을 수 없다.[266]

---

264 종전의 기업오너의 경우 대표이사이면서 이사회도 지배하고 있던 실정이었는데, 이에서 벗어나고자 하는 취지가 있다.

265 기업계에서는 과거의 집행임원을 상법상의 집행임원과 구별하여 경영임원이라고 부른다고 한다. 집행임원을 두더라도 중간관리적인 경영업무는 경영임원의 활용이 계속될 것으로 본다(이철송, (회), 809면).

266 자산규모 2조원 이상의 경우 감사위원회를 의무적으로 두어야 하는 규정의 취지에 비추어 이사회와 분리된 집행임원을 두어야 한다는 견해도 있다(정찬형, (상)950면). 현재 집행임원의 단계적 의무화 방안이 입법예고 되었다.

2. 집행임원의 지위

(1) 대표이사와 선택적 관계

회사는 집행임원을 둘 수 있는데, 집행임원을 둘 경우에는 대표이사를 두지 못한다(상법 제408조의 2 제1항).

(2) 회사와의 관계

집행임원설치회사와 집행임원의 관계는 위임으로서 민법 중 위임에 관한 규정을 준용한다(상법 제408조의 2 제2항).

3. 선임

집행임원설치회사의 이사회가 집행임원과 대표집행임원의 선임·해임에 관한 권한을 가진다(상법 제408조의 2 제3항). 집행임원은 1인 또는 수인을 선임한다(상법 제408조의 5). 집행임원이 여러 명인 경우 이사회는 집행임원의 직무 분담 및 지휘·명령관계, 그 밖에 집행임원의 상호관계에 관한 사항을 결정할 수 있다(상법 제408조의 2 제3항 5호).

2명 이상의 집행임원이 선임된 경우에는 이사회결의로 집행임원설치회사를 대표할 대표집행임원을 선임하여야 한다(상법 제408조의 5 제1항). 다만, 집행임원이 1명인 경우에는 그 집행임원이 대표집행임원이 된다. 대표집행임원에 관하여는 주식회사의 대표이사에 관한 규정을 준용한다(상법 제408조의 5 제2항). 이때 표현대표이사의 행위와 회사의 책임에 관한 규정도 준용된다(상법 제408조의 5 제3항).

4. 집행임원의 임기

집행임원의 임기는 정관에 다른 규정이 없으면 2년을 초과하지 못한다(상법 제408조의 3 제1항). 그러나 정관에 그 임기 중의 최종 결산기에 관한 정기주주총회가 종결한 후 가장 먼저 소집하는 이사회의 종결시까지로 정할 수 있다(상법 제408조의 3 제2항).

5. 권한

집행임원은 회사의 업무집행과 정관이나 이사회의 결의에 의하여 위임받은 업무집행에 관한 의사결정의 권한을 가진다(상법 제408조의 4).

집행임원은 이사회소집청구에 관한 권한도 가져, 집행임원은 필요하면 회의의 목적사항과 소집이유를 적은 서면을 이사(소집권자가 있는 경우에는 소집권자를 말한다)에게 제출하여 이사회소집을 청구할 수 있다(상법 제408조의 7 제1항). 위 청구를 한 후 이사가 지체없이 이사회소집의 절차를 밟지 아니하면 소집을 청구한 집행임원은 법원의 허가를 받아 이사회를 소집할 수 있다. 이 경우 이사회 의장은 법원이 이해관계자의 청구에 의하여 또는 직권으로 선임할 수 있다(상법 제408조의 7 제2항).

대표집행임원에 관하여는 주식회사의 대표이사에 관한 규정을 준용하므로(상법 제408조의 5 제2항), 회사의 대표권을 가진다. 대표권은 회사의 영업에 관한 재판상·재판 외의 모든 행위에 미치며, 대표권의 제한은 선의의 제3자에게 대항하지 못한다.

6. 의무

집행임원설치회사와 집행임원의 관계는 위임이므로 집행임원은 집행임원제도 및 그 선임의 본지에 따라 선량한 관리자의 주의로서 회사의 사무를 처리하여야 한다(민법 제681조).

또한 집행임원은 이사와 마찬가지로 회사에 대해 충실의무와 비밀준수의무를 진다(상법 제408조의 9). 그리고 집행임원이 회사의 업무를 집행하므로 회사와 이해충돌의 방지에 관한 경업금지, 회사기회유용금지, 자기거래금지 등의 제한을 받는다(상법 제408조의 9).

7. 이사회의 감독권

이사회는 집행임원의 업무집행감독에 관한 권한을 가진다(상법 제408조의 2 제3항 2호). 집행임원의 보수에 대하여도, 정관에 규정이 없거나 주주총회의 승인이 없는 경우 이사회가 집행임원의 보수 결정에 관한 결정권한을 가진다(상법 제408조의 2 제3항 6호).

집행임원의 이사회에 대한 보고의무가 인정되어 집행임원은 3개월에 1회 이상 업무의 집행상황을 이사회에 보고하여야 한다(상법 제408조의 6 제1항). 집행임원은 그 외에도 이사회의 요구가 있으면 언제든지 이사회에 출석하여 요구한 사항을 보고하여야 한다(상법 제408조의 6 제2항).

이사는 대표집행임원으로 하여금 다른 집행임원 또는 피용자의 업무에 관하여 이사회에 보고할 것을 요구할 수 있다(상법 제408조의 6 제3항).

8. 감사 및 위법행위유지청구

집행임원설치회사의 경우 집행임원이 업무집행을 하므로 감사는 집행임원의 직무의 집행을 감사한다(상법 제412조). 집행임원은 회사에 현저하게 손해를 미칠 염려가 있는 사실을 발견한 때에는 즉시 감사에게 이를 보고하여야 한다(상법 제412조의 2).

집행임원에 대하여 이사의 위법행위유지청구에 관한 규정이 준용되어, 집행임원이 법령 또는 정관에 위반한 행위를 하여 이로 인하여 회사에 회복할 수 없는 손해가 생길 염려가 있는 경우에는 감사 또는 발행주식의 총수의 100분의 1 이상에 해당하는 주식을 가진 주주는 회사를 위하여 집행임원에 대하여 그 행위를 유지할 것을 청구할 수 있다(상법 제408조이 9, 제402조).

9. 집행임원의 책임

집행임원은 이사와 같이 회사 및 제3자에 대한 손해배상책임이 인정된다. 회사에 대한 책임으로, 집행임원이 고의 또는 과실로 법령이나 정관을 위반한 행위를 하거나 그 임무를 게을리한 경우에는 그 집행임원은 집행임원설치회사에 손해를 배상할 책임이 있다(상법 제408조의 8 제1항). 제3자에 대한 책임으로, 집행임원이 고의 또는 중대한 과실로 그 임무를 게을리한 경우에는 그 집행임원은 제3자에게 손해를 배상할 책임이 있다(상법 제408조의 8 제2항).

집행임원이 집행임원설치회사 또는 제3자에게 손해를 배상할 책임이 있는 경우에 다른 집행임원·이사 또는 감사도 그 책임이 있으면 다른 집행임원·이사 또는 감사와 연대하여 배상할 책임이 있다(상법 제408조의 8 제3항).

업무집행지시자의 책임도 인정되어, ① 회사에 대한 자신의 영향력을 이용하여 이사에게 업무집행을 지시한 자 ② 집행임원의 이름으로 직접 업무를 집행한 자 ③ 집행임원이 아니면서 명예회장·회장·사장·부사장·전무·상무·이사 기타 회사의 업무를 집행할 권한이 있는 것으로 인정될 만한 명칭을 사용하여 회사의 업무를 집행한 자는 집행임원으로 보고 그 책임의 추궁이 인정된다(상법 제408조의 9).

그 외 집행임원에 대한 책임추궁에 있어서 대표소송이 인정되며, 집행임원의 책임은 총주주의 동의로 면제가 가능하고, 정관에 의하여 책임을 제한할 수 있다(상법 제408조의 9).

4 감사·감사위원회

감사

1. 의의

감사는 이사의 직무집행을 감사하는 선택적·필요적 상설기관이다. 자산총액 1천억 이상

상장회사는 주주총회결의에 의하여 회사에 상근하면서 감사업무를 수행하는 감사, 즉 상근감사를 1명 이상 두어야 한다(상법 제542조의 10). 다만, 감사위원회를 설치한 경우에는 그러하지 아니하다.

(1) 회계·업무의 감사기관

직무에 대한 감사에는 회계감사와 업무감사가 포함된다. 직무에는 일상의 업무집행뿐만 아니라 신주발행과 같은 회사조직의 기본의 변경도 포함된다.

(2) 선택적·필요적 상설기관

회사는 정관이 정하는 바에 따라 감사위원회를 설치할 수 있고, 이 경우 감사는 둘 수 없다.

감사는 상법상 필요적 기관으로 그 임무가 상시 활동을 요한다. 다만 자본금총액 10억원 미만인 회사의 경우 임의기관이다(상법 제409조 제4항). 이때 상법 제412조(감사의 직무와 보고요구·조사의 권한 : 이사에게 업무와 재산상태), 제412조의 2(이사의 보고의무 : 회사에 현저하게 손해를 미칠 염려가 있는 사실을 발견한 때), 제412조의 5(자회사의 조사권 : 모회사의 감사)에서 감사는 주주총회로 본다.

(3) 단독기관

감사는 이사의 업무집행에 관한 감사를 그 임무로 하므로 독립·단독기관이다.

2. 감사의 선임과 종임

(1) 감사의 선임

1) 감사의 자격

감사의 자격에 대하여 상법상 아무런 제한이 없다.[267] 다만 이사와 마찬가지로 정관에 의하여 주주로 제한하는 것이 가능하다. 다만 감사는 회사·자회사의 이사나 지배인 기타 사용인을 겸하지 못한다(상법 제411조). 그러나 감사는 영업을 하지 않기 때문에 이사와 달리 경업금지

---

267 상근감사의 경우에는 결격사유에 대하여 별도로 규정하고 있다.
상법 제542조의 10(상근감사) ② 다음 각 호의 어느 하나에 해당하는 자는 제1항 본문의 상장회사의 상근감사가 되지 못하며, 이에 해당하게 되는 경우에는 그 직을 상실한다.
1. 제542조의 8 제2항 제1호부터 제4호까지 및 제6호에 해당하는 자
2. 회사의 상무(常務)에 종사하는 이사·집행임원 및 피용자 또는 최근 2년 이내에 회사의 상무에 종사한 이사·집행임원 및 피용자. 다만, 이 절에 따른 감사위원회위원으로 재임 중이거나 재임하였던 이사는 제외한다.
3. 제1호 및 제2호 외에 회사의 경영에 영향을 미칠 수 있는 자로서 대통령령으로 정하는 자

의무는 인정되지 않는다.

2) 감사의 수

이사와 달리 감사의 인원수에는 제한이 없으므로 1인이어도 무방하다.

3) 감사의 임기

감사는 임기는 취임 후 3년 내의 최종의 결산기에 관한 정기총회의 종결시까지이다(상법 제410조).

4) 감사의 선임결의

감사는 주주총회의 보통결의로 선임한다(상법 제409조 제1항). 감사선임결의에 있어서 의결권없는 주식을 제외한 발행주식총수의 100분의 3을 초과하는 수의 주식을 가진 주주는 그 초과하는 주식에 관하여 의결권을 행사할 수 없다(상법 제409조 제2항).

상장기업의 경우에 최대주주와 그 특수관계인 등은 발행주식총수의 100분의 3을 초과하는 주식에 관하여 감사 또는 사외이사가 아닌 감사위원회 위원을 선임하거나 해임할 때에는 의결권을 행사하지 못한다(상법 제542조의 12 제3항).

참조판례

"최대주주가 아닌 주주와 그 특수관계인 등에 대하여도 일정 비율을 초과하여 소유하는 주식에 관하여 감사의 선임 및 해임에 있어서 의결권을 제한하는 내용의 정관규정이나 주주총회결의 등은 무효라고 보아야 한다."(대법원 2009.11.26. 선고 2009다51820 판결).

5) 감사선임결의의 하자

감사선임결의에 하자가 있거나 감사해임청구의 소가 제기된 경우에 법원은 가처분으로 감사의 직무집행을 정지할 수 있고 또는 직무대행자를 선임할 수 있다(상법 제415조, 제407조).

(2) 감사의 종임

1) 종임사유

감사의 종임사유는 대체로 이사의 경우와 같다. 감사는 임기만료·정관소정의 자격상실 등에 의하여 종임하며, 회사와 감사는 위임관계이므로 위임관계의 종료사유인 해지, 감사의 사망, 파산, 성년후견개시 및 회사의 파산에 의하여 종임한다. 다만 해산의 경우 청산인의 업무집행에 관한 감사가 필요하므로 종임하지 않는다.

또한 주주총회의 특별결의에 의하여 언제든지 감사를 해임할 수 있다(상법 제415조, 제385조). 상장기업과 달리 감사의 해임시에 의결권 제한에 관한 규정이 없으므로 감사의 해임결의에 있어서 주주는 3%의 제한받지 않고 의결권행사가 가능하다. 감사가 임기만료 전에 해임된 경우에 손해배상청구가 가능하다(상법 제385조 제1항).

감사가 직무에 관하여 부정행위 또는 법령이나 정관에 위반한 중대한 사실이 있음에도 해임이 부결된 경우 소수주주(3/100)는 법원에 감사의 해임을 청구할 수 있다(상법 제415조, 제385조 제2항).

2) 감사의 결원의 경우

임기만료나 사임으로 인하여 법률 또는 정관에 정한 감사의 수를 결한 경우에는 퇴임한 감사는 새로 선임된 감사가 취임할 때까지 감사의 권리·의무를 가진다(상법 제415조, 제386조 제1항). 이때 필요하다고 인정할 때에는 법원은 이사, 감사 기타의 이해관계인의 청구에 의하여 일시 이사의 직무를 행할 자(가감사)를 선임할 수 있다(상법 제415조, 제386조 제2항).

(3) 감사와 회사와의 관계

감사와 회사간에 위임관계가 있으므로 감사는 선량한 관리자의 주의로 직무를 집행하여야 한다.

3. 감사의 권한

(1) 주된 권한

1) 회계감사권과 업무감사권

감사는 회계감사권을 가져 재무제표를 감사하여 주주총회에 그 의견을 진술하고, 또 재무제표와 영업보고서를 받은 날로부터 4주내에 감사하여 이사에게 감사보고서를 제출하여야 한다(상법 제447조의 4).

감사는 또한 이사(집행임원설치회사의 경우에는 집행임원을 포함)의 업무집행에 관한 감사권을 가진다(상법 제412조 제1항).

2) 적법성의 감사권과 타당성의 감사권

이사의 직무집행에 대한 감사는 감사뿐만 아니라 이사회도 그 권한을 가지는데, 이사회의 경우 이사의 직무집행에 대한 적법성(법령, 정관에 위반 여부)뿐만 아니라 타당성(적정, 타당 여부)의 감사도 포함한다. 이때 감사의 업무감사권에도 타당성의 감사가 포함되는가가 문제된다.

① 부정설(다수설) : 현행 상법상의 이사회제도 하에서는 업무집행에 관한 타당성의 판단은 이사회가 하는 것이 타당하고 또 업무집행을 하지 않는 감사에게 업무집행의 타당성에

관한 감독권을 인정하면 회사의 기업경영의 원만한 운영 내지 기능적 운영을 해치므로 감사권에는 적법성 감사만 포함된다고 한다. 이외에 타당성 감사를 인정하면 감사의 경영판단과 이사회의 경영판단이 충돌하며, 감사의 책임이 과중해지는 것을 논거로 들기도 한다. 다만 명문의 규정이 있는 경우에만 예외적으로 업무집행에 관한 타당성의 감사가 인정된다고 한다. 예를 들면 상법 제413조(주주총회제출 의안·서류의 조사·보고의무), 상법 제447조의4(감사보고서) 제2항 5호, 8호 등의 경우이다.

② 긍정설 : 감사의 이사의 직무집행에 대한 감사권, 영업보고청구 및 업무·재산상태조사권, 이사회출석·의견진술권 등은 업무집행에 관한 적법성의 감사에 한하지 않고, 또 주주총회 제출의안·서류에 대한 현저한 부당사항 여부의 조사·보고의무, 감사보고서에 현저한 부당사항의 기재요구 등으로 보아, 감사의 업무감사권에는 업무집행에 관한 적법성의 감사뿐만 아니라 타당성의 감사도 포함된다고 한다.

③ 검토 : 이사의 업무집행에 대한 타당성 여부는 이사회의 감독권한을 통하여 점검이 되므로, 감사의 감사권은 예외 조항이 있는 경우를 제외하고 적법성 감사에 한한다고 볼 것이다.

(2) 부수적 권한

① 감사는 회사의 비용으로 전문가의 도움을 구할 수 있다(상법 제412조 제3항).

② 이사회소집청구권(상법 제412조의 4) : 감사는 회의의 목적사항과 소집이유를 서면에 적어 이사에게 제출하여 이사회소집을 청구할 수 있으며, 이사가 지체없이 소집하지 않으면 감사가 소집할 수 있다.

③ 이사회소집의 통지를 받을 권리(상법 제390조 제3항) : 감사가 이사회소집의 통지를 받지 못한 경우에 이사회의 결의는 무효이다.

④ 이사회출석·의견진술권(상법 제391조의 2) : 감사는 이사회에서 의결권이 없다. 그러나 이사회출석·의견진술권은 가지는데, 의견진술은 의안에 대한 찬반의견이 아니라 감사의견을 말한다.

⑤ 이사회의사록의 기명날인권(상법 제391조의 3 제2항)

⑥ 영업보고청구권 및 업무·재산상태조사권(상법 제412조 제2항) : 감사는 이사(대표이사와 업무담당이사)에 대하여 영업에 관한 보고(회계에 관한 보고도 포함)를 요구할 수 있고, 또한 회사의 업무와 재산상태를 조사할 수 있다.

⑦ 자회사에 대한 영업보고청구권(상법 제412조의 5 제1항) : 감사의 자회사에 대한 영업보고청구권은 그 직무를 수행하기 위하여 필요한 경우에 한하므로 일반적인 영업상황의 보고를 요구할 수 없다. 그리고 자회사가 영업보고를 하지 않거나 보고의 진부를 확인할

필요가 있는 경우에 보충적으로 업무·재산상태조사권을 가진다.

⑧ 위법행위유지청구권(상법 제402조) : 감사는 이사가 법령이나 정관에 위반하는 행위를 하여 회사에 손해가 생긴 경우나 손해가 생길 염려가 있는 경우에는 그 이사(집행임원포함)에 대하여 위법행위유지청구를 할 수 있다.

⑨ 임시총회의 소집청구권(상법 제412조의 3) : 감사는 회의의 목적사항과 소집사유를 기재한 서면을 이사회에 제출하여 임시주주총회의 소집을 청구할 수 있다.

⑩ 보고수령권(상법 제412조의 2) : 이사가 회사에 현저하게 손해를 미칠 염려가 있는 사실을 발견한 때에는 즉시 이를 감사에게 보고하여야 한다.

⑪ 이사와 회사간의 소에 관한 회사대표권(상법 제394조 제1항) ; 회사가 이사에 대하여 또는 이사가 그 회사에 대하여 소를 제기하는 경우에 감사는 회사를 대표한다. 주주에 의한 대표소송이 제기된 때에도 마찬가지이다. 자본금총액 10억원 미만인 회사로서 감사를 선임하지 아니한 회사가 이사에 대하여 또는 이사가 그 회사에 대하여 소를 제기하는 경우에 회사, 이사 또는 이해관계인은 법원에 회사를 대표할 자를 선임하여 줄 것을 신청하여야 한다(상법 제409조 제5항).

⑫ 각종의 소권 : 감사는 회사설립무효의 소, 주주총회결의취소의 소, 신주발행무효의 소, 자본금감소무효의 소, 합병무효의 소 등의 제기권이 인정된다.

4. 감사의 의무

(1) 일반적 의무

감사와 회사간의 관계는 위임관계이므로 감사는 선관주의의무를 부담한다. 그러나 업무를 담당하지 않으므로 충실의무, 회사와의 이익충돌을 전제로 한 경업금지의무, 자기거래금지의무 등은 부담하지 않는다.

(2) 부수적 의무

① 주주총회제출서류의 조사·보고의무(상법 제413조) : 감사는 이사가 주주총회에 제출할 의안 및 서류를 조사하여야 하고, 또 그 의안이나 서류가 법령 또는 정관에 위반하거나 현저하게 부당한 사항이 있는지에 관하여 주주총회에 그 의견을 진술하여야 한다.

② 감사보고서의 작성·제출의무(상법 제447조의 4) : 감사는 재무제표와 영업보고서를 감사한 후 감사보고서를 작성하여 이사에게 제출하여야 한다. 감사보고서에는 현저한 부당사유도 기재한다.

③ 감사록의 작성의무(상법 제413조의 2)

④ 이사회에의 보고의무(상법 제391조의 2 제2항) : 이사가 법령 또는 정관에 위반한 행위를 하거나 행위를 할 염려가 있다고 인정되는 때에는 감사는 이를 이사회에 보고하여야 한다.

5. 감사의 책임

(1) 회사에 대한 책임

감사가 그 임무를 해태한 경우에는 연대하여 회사에 대하여 손해배상책임을 진다(상법 제414조 제1항). 상법상 감사는 이사의 직무집행에 대하여 회계감사권과 업무감사권을 가지고 있어서 회사의 업무전반에 대한 감사권한을 가진다. 감사가 위의 감사업무를 수행함에 있어서 감사의무를 불이행하거나 그 권한행사를 게을리한 경우에는 임무해태가 되어 회사에 대하여 책임을 진다. 달리 말하면 임무해태란 감사의 직무수행과 관련하여 선량한 관리자로서의 주의의무를 게을리하여 회사에 손해를 입힌 경우를 말한다.

감사의 회사에 대한 책임은 총주주의 동의로 면제되며, 정관으로 정하는 바에 따라 감사의 책임을 이사가 그 행위를 한 날 이전 최근 1년간의 보수액(상여금과 주식매수선택권의 행사로 인한 이익 등을 포함한다)의 6배를 초과하는 금액에 대하여 면제할 수 있다. 다만, 감사가 고의 또는 중대한 과실로 손해를 발생시킨 경우에는 그러하지 아니하다(상법 제415조, 제400조).

그리고 부정행위가 있는 경우를 제외하고는 정기총회에서 재무제표의 승인을 한 후 2년 내에 다른 결의가 없으면 감사의 책임은 해제된다(상법 제450조).

감사의 회사에 대한 책임에 대하여는 소수주주(1/100)의 대표소송이 인정된다(상법 제415조 제403조).

(2) 제3자에 대한 책임

감사가 악의 또는 중대한 과실로 인하여 그 임무를 해태한 때에는 제3자에 대하여 연대하여 손해를 배상할 책임을 진다(상법 제414조 제2항).

감사가 회사 또는 제3자에 대하여 손해를 배상할 책임이 있는 경우에 이사도 그 책임이 있는 때에는 그 감사와 이사는 연대하여 배상할 책임이 있다(상법 제414조 제3항).

감사위원회

1. 의의

감사위원회는 이사회가 설치하는 위원회로서 감사에 갈음하여 이사의 직무집행을 감사하는 기관이다. 감사위원회는 수인의 감사위원을 통한 상호견제를 통해 효율적 감사를 할 수 있다는 것으로 회사 경영의 투명성을 높이고자 하는 취지에서 도입되었지만, 기존의 감사에 비하여 감사기능의 효율성이 높은지 의문이고, 감사위원은 이사회의 구성원이기도 하므로 자신이 결정한 사항을 감사하는 것은 객관성에 한계가 있게 된다는 비판도 있다.

(1) 이사회의 위원회

감사위원회는 이사회로부터 이사회의 권한을 위임받아 행사하는 것으로서 그 결의는 이사회의 결의로서의 효력이 있고, 감사위원회위원은 이사의 지위에서 그 직무권한을 행사하는 것이다.

(2) 회계·업무의 감사기관

감사위원회는 이사의 직무집행에 대하여 회계감사와 업무감사를 하는 감사기관이다.

(3) 선택적·필요적 상설기관

감사위원회는 상법상 감사와 선택적 관계에 있는 선택적 기관이다. 다만 일정 규모의 주권상장법인의 경우(자산규모 2조원 이상) 반드시 감사위원회를 두어야 한다(상법 제542조의 11 제1항).

2. 감사위원회 위원의 선임과 종임

(1) 위원의 선임

1) 위원의 자격

감사위원회 위원은 이사이어야 한다. 정관으로 이사가 가질 주식의 수(자격주)를 정한 경우에는 위원은 그 수의 주권을 회사에 공탁하여야 한다(상법 제387조).

2) 위원회의 구성

감사위원회는 3인 이상의 위원으로 구성된다. 다만 사외이사가 위원의 3분의 2 이상이어야 한다(상법 제415조의 2 제2항).

3) 위원의 임기

감사위원회 위원의 임기에 대하여는 별도의 규정이 없다. 그렇지만 감사위원회 위원은 이사로서 그 임기는 3년을 넘지 못한다.

4) 위원의 선임결의

감사위원회의 위원은 이사회에서 선임하고 그 선임결의는 이사회의 통상의 결의에 의한다.

그러나 의무적으로 감사위원회를 두어야 하는 경우(상장법인으로서 자산규모 2조 이상)에는 감사위원회 위원의 선임이나 해임은 주주총회결의에 의한다(상법 제542조의 12 제1항).

관련사항

- 상장회사 감사위원회 위원의 선임에 관한 특례조항(상법 제542조의 12) : ① 감사 또는 사외이사 아닌 감사위원회 위원의 선임이나 해임시에는 최대주주, 최대주주의 특수관계인, 그 밖에 대통령령으로 정하는 자가 3% 이상 보유시 초과분의 의결권행사가 제한되고 ② 자산총액 2조원 이상인 상장회사의 경우 사외이사인 감사위원회 위원의 선임시에는 모든 주주에 대하여 3% 이상 보유시 초과분의 의결권 행사가 제한된다.
- 감사선임에 있어서 최대주주의 경우에는 특수관계인의 지분을 합산하고 다른 주주의 경우 단순 1인의 소유주식수를 기준으로 하는 것은 평등의 원칙에 어긋난다는 주장이 있다.
- 이사선임 후 이사 중에서 감사위원을 선임하게 되는데, 이사회에서 감사위원선임시에는 이 규정이 사실상 적용되지 못하는 문제가 있다. 이에 따라 감사위원인 이사의 분리선출법안이 제출되어 있다.

5) 위원선임결의의 하자

감사위원선임결의에 하자가 있는 경우에 당사자의 신청에 의하여 가처분으로 위원의 직무집행을 정지할 수 있고, 위원의 직무대행자를 선임할 수 있다(상법 제415조의 2 제7항, 제407조).

6) 대표위원의 선임

감사위원회는 대표위원을 선임하여야 한다(상법 제415조의 2 제4항). 이때 수인의 위원이 공동으로 감사위원회를 대표하는 공동대표위원을 정할 수 있다.

(2) 위원의 종임

감사위원회 위원은 이사이므로 이사의 종임사유로 종임한다. 또한 이사회는 3분의 2 이상의 결의로 감사위원을 해임할 수 있다(상법 제415조의 2 제3항).

3. 감사위원회의 권한

(1) 주된 권한

감사위원회는 재무제표를 조사하여 주주총회에 그 의견을 진술하고, 또 재무제표와 영업보고서를 받은 날로부터 4주내에 감사하여 이사에게 감사보고서를 제출하여야 한다(상법 제415조의 2 제7항, 상법 제447조의 4).

감사위원회의 감사의 권한은 감사와 같이 볼 것이다. 따라서 적법성의 감사가 인정된다. 타당성 감사를 할 수 있는가에 대하여는 견해가 갈리지만, 감사위원회의 위원은 이사회의 일원인 이사로서 이사회에서 업무집행의 타당성을 다툴 수 있으므로 예외적으로 명문의 규정이 있는 경우를 제외하고는 적법성 감사만 할 수 있다고 본다.

감사위원회가 결의한 사항에 대하여는 이사회가 다시 결의할 수 없다(상법 제415조의 2 제6항, 제393조의 2 제4항).

(2) 부수적 권한

그 밖의 감사위원회의 권한에는 임시총회의 소집청구권(상법 제415조의 2 제7항, 제412조의 3), 영업보고의 청구권 및 업무·재산상태조사권(상법 제415조의 2 제7항, 제412조 제2항), 보고수령권(이사가 회사에 현저하게 손해를 미칠 염려가 있는 사실을 발견한 때에는 즉시 이를 감사위원회에 보고하여야 한다)(상법 제415조의 2 제7항, 제412조 제2항), 자회사에 대한 영업보고요구 및 업무·재산상태조사권(상법 제415조의 2 제7항, 제415조의 5 제1항), 전문가의 조력을 받을 권리(상법 제415조의 2 제7항, 제412조 제3항), 이사의 위법행위유지청구권(상법 제415조의 2 제7항, 제402조), 이사와 회사간의 소에 관한 회사대표권(상법 제415조의 2 제7항, 제394조) 등이 있다.

4. 감사위원회의 의무

(1) 일반적 의무

감사위원회의 위원과 회사간의 관계는 위임으로서 감사위원회는 회사에 대하여 선량한 관리자의 주의로서 위임사무를 처리하여야 한다. 감사는 업무에 관여하지 않으므로 회사의 이익충돌을 전제로 하는 충실의무를 부담하지 않으나, 감사위원회위원은 이사이므로 충실의무를 부담한다.

(2) 그 밖의 의무

그 밖에 감사위원회의 의무에는 주주총회제출서류의 조사·보고의무((상법 제415조의 2 제7항, 제413조), 감사보고서의 작성·제출의무(상법 제415조의 2 제7항, 상법 제447조의 4), 감사록의 작성의무(상법 제415조의 2 제7항, 제413조의 2), 이사회에의 보고의무(이사가 법령 또는 정관에 위반하는 행위를 하거나 그 행위를 할 염려가 있다고 인정되는 때)(제415조의 2 제7항, 상법 제391조의 2 제2항) 등이 있다.

5. 감사위원회 위원의 책임

감사위원회 위원이 그 임무를 해태한 경우에는 회사에 대하여 연대하여 손해배상책임을 진다(상법 제415조의 2 제7항, 제414조 제1항). 악의 또는 중대한 과실로 인하여 그 임무를 해태한 때에는 제3자에 대하여 연대하여 손해배상책임을 진다(상법 제415조의 2 제7항, 제414조 제2항).

감사위원회의 위원이 회사 또는 제3자에 대하여 손해를 배상할 책임이 있는 경우에 이사도 그 책임이 있는 때에는 그 감사위원회 위원과 이사는 연대하여 배상할 책임이 있다(상법 제415조의 2 제7항, 제414조 제3항). 감사위원회 위원의 책임추궁에 있어서 대표소송이 인정된다.

외부감사인

주식회사의 외부감사에 관한 법률에 따라 일정 규모 이상의 주식회사는 외부감사인의 감사를 받아야 한다.

외부감사인의 감사를 받아야 할 대상은 ① 자산총액 100억 이상인 회사, ② 상장회사 ③ 부채총액 70억 이상, 자산총액 70억 이상, ④ 종업원수 300인 이상, 자산총액 70억 이상의 회사이다(외감법 제2조, 시행령 제2조 제1항).

외부감사인은 회계법인 또는 한국공인회계사회에 등록한 감사반에 한하고 그 감사는 회계감사에 한한다(외감법 제3조 제1항). 이 경우 주권상장법인은 연속하는 3개 사업연도의 감사인을 동일 감사인으로 하여 최초의 사업연도 개시일부터 4개월 이내에 선임하여야 한다(외감법 제4조의 2 제1항).

회사는 그 사업연도의 재무제표, 연결재무제표를 작성하여 감사인에게 제출하여야 한다. 감사인은 감사보고서를 작성하여 일정기간 내(회사에 대하여 정기총회 1주일 전, 증권선물위원회와 공인회계사에 대하여는 정기총회 종료 후 2주일 내) 회사, 증권선물위원회와 한국공인회계사에 제출하여야 한다(외감법 제8조 제1항, 시행령 제7조 제1항).

준법통제기준 및 준법지원인

1. 의의

2011년 개정 상법에서 일정 규모 이상의 상장회사에 대하여 준법통제기준과 준법지원인을 두도록 하는 규정이 신설되었다.

이에 따르면 자산총액 5000억 이상(상법 시행령 제39조)의 상장회사는 법령을 준수하고 회사경영을 적정하게 하기 위하여 임직원이 그 직무를 수행할 때 따라야 할 준법통제에 관한 기준 및 절차(준법통제기준)를 마련하여야 하고(상법 제542조의 13 제1항), 준법통제기준의 준수에 관한 업무를 담당하는 사람(준법지원인)을 1인 이상 두어야 한다(상법 제542조의 13 제2항).

2. 준법통제기준

준법통제기준은 이사회의 결의로 작성하며, 준법통제기준에는 다음의 사항이 포함되어야 한다(상법 제542조의 13 제1항, 시행령 제40조).

① 준법통제기준의 제정 및 변경의 절차에 관한 사항
② 준법지원인의 임면절차에 관한 사항
③ 준법지원인의 독립적 직무수행의 보장에 관한 사항
④ 임직원이 업무수행과정에서 준수해야 할 법규 및 법적 절차에 관한 사항
⑤ 임직원에 대한 준법통제기준 교육에 관한 사항
⑥ 임직원의 준법통제기준 준수 여부를 확인할 수 있는 절차 및 방법에 관한 사항
⑦ 준법통제기준을 위반하여 업무를 집행한 임직원의 처리에 관한 사항
⑧ 준법통제에 필요한 정보가 준법지원인에게 전달될 수 있도록 하는 방법에 관한 사항
⑨ 준법통제기준의 유효성 평가에 관한 사항

3. 준법지원인

(1) 회사와의 관계

준법지원인은 회사의 선임에 의하여 그 지위가 주어지므로 회사와의 관계는 위임으로 본다.

따라서 준법지원인은 선량한 관리자의 주의로 그 직무를 수행하여야 한다(상법 제542조의 13 제7항).

(2) 선임·해임

준법지원인은 이사회의 결의로 선임·해임된다(상법 제542조의 13 제4항).

준법지원인은 다음의 자격을 갖춘 사람 중에서 임명하여야 한다(상법 제542조의 13 제5항). ① 변호사 자격이 있는 사람 ② 「고등교육법」 제2조에 따른 학교의 법률학 조교수 이상의 직에 5년 이상 근무한 사람 ③ 그 밖에 법률적 지식과 경험이 풍부한 사람으로서 대통령령으로

정하는 사람

준법지원인의 임기는 3년으로 하고, 준법지원인은 상근으로 한다(상법 제542조의 13 제6항). 다른 법률의 규정이 준법지원인의 임기를 이보다 단기로 정하고 있는 경우에는 위 임기가 다른 법률에 우선하여 적용한다(상법 제542조의 13 제11항).

(3) 의무

준법지원인은 선량한 관리자의 주의로 그 직무를 수행하여야 하며(상법 제542조의 13 제7항), 준법지원인은 준법통제기준의 준수 여부를 점검하고 그 결과를 이사회에 보고하여야 한다(상법 제542조의 13 제3항). 또한 비밀준수의무가 부과되어 준법지원인은 재임 중뿐만 아니라 퇴임 후에도 직무상 알게 된 회사의 영업상 비밀을 누설하여서는 아니 된다(상법 제542조의 13 제8항).

(4) 회사의 의무

회사는 준법지원인이 그 직무를 독립적으로 수행할 수 있도록 하여야 하고, 회사의 임직원은 준법지원인이 그 직무를 수행할 때 자료나 정보의 제출을 요구하는 경우 이에 성실하게 응하여야 한다(상법 제542조의 13 제9항). 또한 회사는 준법지원인이었던 사람에 대하여 그 직무수행과 관련된 사유로 부당한 인사상의 불이익을 주어서는 아니 된다(상법 제542조의 13 제10항).

Ⅴ. 자본금의 증감

1 자본금의 감소(감자)

1. 의의

자본금을 감소하는 방법에는 주식의 액면가액을 낮추거나 또는 발행주식수를 줄이는 방법이 있다. 자본금감소에는 실질상의 자본금감소와 명의상의 자본금감소가 있다.

전자는 감자에 따라 회사의 현실상의 재산도 감소하는 것이며, 후자는 감자에 해당하는 회사재산이 결손으로 인하여 이미 감소하고 있어서 감자에도 불구하고 회사재산이 실제로 감소하지 않는 것을 말한다. 후자는 자본금의 계산상의 감소에 불과하므로 계산상의 감자라고도 한다.

자본금감소는 회사채권자를 위한 담보력을 감소시키므로 채권자보호절차를 거쳐야 한다.

2. 종류

(1) 주금액의 감소

① 절기 : 주금액의 일부를 포기하는 것으로 명의상의 자본금감소이다. 이는 주주의 손실에서 주금액을 감소시키는 것이다.

② 환급 : 주금액의 일부를 주주에게 반환하는 것으로 실질상의 자본금감소이다.

(2) 주식수의 감소

① 주식의 병합 : 주식의 병합이란 다수의 주식을 합하여 소수의 주식으로 하는 것을 말한다. 이에 따라 주식수가 감소되는 것으로 감자시 실제로 많이 행해진다.

② 주식의 소각 : 주식의 소각은 회사의 존속 중에 특정한 주식을 절대적으로 소멸시키는 행위를 말한다. 주식의 소각은 임의, 강제, 유상, 무상의 방법이 있다. 일반적으로 임의, 유상소각이 보통이다.

개정 상법에 따를 때 주식은 자본금감소에 관한 규정에 따라서만 소각할 수 있다(상법 343조 제1항). 즉 감자소각만 할 수 있다. 다만 이사회결의에 의하여 회사가 보유하는 자기주식을 소각하는 경우는 그러하지 아니하다(상법 343조 제1항 단서). 자기주식은 배당가능이익의 범위내에서 취득이 가능하므로 이는 이익소각과 같은 의미를 지니게 된다.

3. 절차

자본금의 감소를 위해서는 주주총회의 특별결의를 거쳐야 한다(상법 제438조 제1항). 그러나 '결손의 보전을 위하여 자본금을 감소하는 경우'에는 주주총회의 보통결의를 거치면 된다(상법 제438조 제2항). 자본금의 감소를 위해서는 원칙적으로 채권자보호절차를 거쳐야 하지만, 개정 상법에서는 결손의 보전을 위하여 자본금을 감소하는 경우에는 채권자보호절차의 생략을 인정하여 그 절차의 편의를 제공한다(상법 제439조 제2항 단서).

2 자본금의 증가

상법상 자본금은 발행주식의 액면총액이다(상법 제451조 제1항).[268] 주식회사의 자본금증

268 회사가 무액면주식을 발행하는 경우 회사의 자본금은 주식 발행가액의 2분의 1 이상의 금액으로서 이사회(제416조 단서에서 정한 주식발행의 경우에는 주주총회를 말한다)에서 자본금으로 계상하기로 한 금액의 총액으로 한다(상법 제451조 제2항).

가의 방법으로는 주금액의 증가와 주식수의 증가의 두 가지가 있으나, 주금액 증가의 방법은 주주유한책임의 원칙상 총주주의 동의가 요구되므로 별로 이용되지 않고, 주로 주식수 증가의 방법 즉 신주발행이 이용되고 있다.

보통의 신주발행

첫째, 보통의 신주발행이란 회사성립 후 회사의 자금조달을 직접적인 목적으로 수권주식총수의 범위내에서 미발행주식을 발행하는 것이다. 이때는 회사의 재산이 증가하므로 실질상 자본금증가 또는 유상증자라 한다. 유상증자는 사채발행과 함께 회사에 의한 직접 자금조달방법이다.

둘째, 회사의 자금조달의 편의를 도모하기 위하여 수권자본제도를 도입하여 신주발행은 원칙적으로 이사회의 권한사항으로 한다.

다만 이사회의 권한남용을 방지하고 주주의 이익을 보호하기 위하여 다음과 같이 규제한다.

① 이사회는 수권주식총수의 범위 내에서만 신주를 발행할 수 있도록 하여 이사회가 신주를 남발하지 못하도록 한다.

② 주주에게 원칙적으로 신주인수권을 부여하여 신주발행에 있어서 기존주주의 이익을 보호하고 이사회에 의한 주식인수권의 자의적인 부여를 금지하고 있다.

③ 이사회의 불공정한 신주발행을 사전에 예방하기 위하여 각 주주에게 신주발행유지청구권을 인정하고 있다.

셋째, 누구에게 신주를 인수시킬 것인가에 따라 주주배정·제3자배정 및 모집의 세 가지가 있다. 주주 또는 제3자배정의 경우에는 신주인수권이 인정되지만, 모집은 누구에게도 신주인수권이 인정되지 않은 경우이다.

주주 외의 자에게 신주를 배정하는 경우에는 기존주주의 경우에 지분율의 저하에 따른 불이익을 받을 수 있으므로 이를 엄격히 제한하여, 정관에 규정이 있어야 하며, 신기술의 도입·재무구조의 개선 등 회사의 경영상 목적을 달성하기 위하여 필요한 경우에 한한다 (상법 제418조).

관련사항

특수한 신주발행

- 명의상 신주발행 또는 무상증자 : 회사가 경리정책상 하는 신주발행으로 회사의 재산에 원칙적으로 변동이 없다.
- 준비금의 자본금전입에 의한 신주발행(상법 제461조), 주식배당에 의한 신주발행(상법 제462조의 2 제1항), 전환주식 또는 전환사채의 전환에 의한 신주발행, 신주인수권부사채의 신주인수권의 행사에 의한 신주발행(예외적으로 대용납입이 인정되는 경우에는 회사재산에 변동이 없게 된다), 회사의 흡수합병 또는 분할합병으로 인한 신주발행, 주식의 포괄적 교환으로 인한 신주발행(상법 제360조의2 제2항), 주식의 병합 또는 분할에 의한 신주발행 등이 있다.

포괄증자

- 주식의 발행가액 중 일부분을 법정준비금의 자본금전입에 의하여 무상으로 하고 나머지 부분은 유상으로 하는 신주발행
- 주주가 유상분을 납입하지 않으면 무상분에 대한 권리도 상실 ↔ 주주배정에 의한 유상증자와 무상증자를 동시에 실시하는 유·무상 병행증자와 구별
- 이는 사실상 주주의 출자를 강요하는 것과 마찬가지가 되는 문제가 있다.

신주인수권

1. 의의

신주인수권이란 회사의 성립 후 신주를 발행하는 경우에 다른 사람에 우선하여 신주를 인수할 수 있는 권리를 말한다. 신주인수권에는 주주의 신주인수권과 제3자의 신주인수권이 있다.

신주발행에 있어서 누구에게 신주인수권을 부여할 것인가는 기존주주의 이익보호와 회사의 자금조달의 편의와 연계된 것으로 이를 어떻게 조화시킬 것인가가 과제이다.

2. 주주의 신주인수권

(1) 의의

주주의 신주인수권은 주주가 종래 가지고 있던 주식의 수에 비례하여 우선적으로 신주의 배정을 받을 수 있는 권리이다. 주주는 그가 가진 주식 수에 따라서 신주의 배정을 받을 권리가 있는 것으로서(상법 제418조 제1항), 주주는 원칙적으로 신주인수권을 가진다.

주주의 신주인수권은 자익권의 내용의 하나인 추상적 신주인수권과 이를 기초로 이사회의 신주발행의 결의에 의하여 구체화된 권리인 구체적 신주인수권으로 구별된다. 구체적 신주인수권은 주주권과는 별개의 구체화된 채권적 권리이므로 주식과 독립하여 이를 양도·처분

등을 할 수 있다.

구체적 신주인수권자가 그 권리에 기하여 청약을 하고 또 회사로부터 배정을 받으면 주식인수인의 지위(권리주)를 갖게 되며, 주식인수인이 납입 또는 현물출자를 이행한 때에는 납입기일의 다음날부터 주주가 된다(상법 제423조 제1항).

(2) 신주인수권의 대상이 되는 주식

원칙적으로 장래 발행될 모든 신주가 신주인수권의 대상이 된다.

다만 다음의 경우에는 예외가 된다.

① 청약과 배정이 없기 때문에 주주의 신주인수권이 문제되지 않는 경우로, 준비금의 자본금전입에 의한 신주발행, 주식배당에 의한 신주발행, 주식병합이나 주식분할에 의한 신주발행, 주식의 포괄적 교환으로 인한 신주발행 등을 들 수 있다.

② 신주인수인으로 될 자가 미리 특정되어 있기 때문에 일반 주주의 신주인수권의 대상이 되지 않는 경우로, 현물출자자에게 배정하기 위한 신주발행[현물출자자의 성명과 그 목적인 재산의 종류, 수, 가액과 이에 대하여 부여할 주식의 종류와 수 ⇒ 정관(설립시) 혹은 이사회결의(유상증자시)로 결정], 전환주식 또는 전환사채의 전환에 의한 신주발행, 신주인수권부사채의 신주인수권의 행사에 의한 신주발행 등을 들 수 있다.

3. 주주의 신주인수권의 제한

(1) 정관에 의한 제한

주주의 신주인수권은 정관에 의하여 제한될 수 있는데, 이때는 신기술의 도입·재무구조의 개선 등 회사의 경영상 목적을 달성하기 위하여 필요한 경우에 한한다(상법 제418조 제2항). 여기서 제한은 박탈을 포함한다. 신주의 발행시에 공모에 의하거나 제3자배정증자에 의할 때 주주의 신주인수권은 제한되게 된다.

(2) 법률에 의한 제한

주권상장법인 또는 주식을 신규로 상장하고자 하는 법인이 주식을 모집 또는 매출[269]하는 경우에 우리사주조합은 20%의 범위내에서 우선 배정받을 권리가 있다(자본시장법 제165조의 7 제1항).

또한 주권상장법인 또는 코스닥상장법인이 일반공모증자에 의하여 신주를 발행하거나(자

---

269 주식의 공모는 모집과 매출에 의하는데, 전자는 50인 이상에게 새로 발행되는 증권의 취득의 청약을 권유하는 것이고, 후자는 50인 이상에게 이미 발행된 증권의 매도의 청약을 하거나 매수의 청약을 권유하는 것이다.

본시장법 제165조의 6), 임·직원에게 주식매수선택권을 부여하는 경우에는 이 범위내에서 주주의 신주인수권은 제한된다.

(3) 기타의 제한

자기주식이나 상호보유주식의 경우 자익권이 제한되므로, 신주발행시에 신주인수권을 행사할 수 없다.

4. 실기주의 처리문제

(1) 의의

실기주란 협의로는 당사자간에 주식의 양도가 있은 후 신주가 발행된 경우 주식양수인이 신주의 배정일까지 명의개서를 하지 않음으로써 주주명부상의 주주인 주식양도인에게 배정된 신주를 말한다. 이에 대하여 광의로는 주식의 양도가 있은 후 신주의 발행, 이익배당금의 지급, 합병교부금의 지급 등이 있는 경우에 주식양수인이 소정의 기일까지 명의개서를 하지 않아 권리를 행사할 수 없게 된 주식, 즉 양도된 주식을 말한다.

(2) 실기주의 귀속

실기주는 주식양도인과 양수인 사이에 누구에게 귀속되는가가 문제된다. 이에 대하여는 학설과 판례의 태도가 갈리고 있다.

1) 학설

① 회사에 대한 관계를 보면, 회사로서는 주주명부상의 주주에 대하여 신주배정을 하면 되므로 명의개서를 하지 않은 주식양수인이 회사에 대하여 주주권을 행사할 수는 없다.

② 당사자간의 관계, 즉 주식양도인과 주식양수인간에 있어서는 실기주는 주식양수인에게 귀속되어야 한다는 것이 통설적 입장이다. 그 논거는 대체로 주식의 양도로 인하여 추상적 신주인수권뿐만 아니라 향후 이루어질 신주발행에 있어서 구체적 신주인수권도 주주의 자격에 따른 지분권이므로 특약이 없는 한 주주권의 이전에 따라 실질적으로 양수인에게 이전된다는 점과 명의상의 주주가 주식을 증자의 권리가 포함된 높은 가격으로 양도하고 또 신주의 프리미엄을 받아 2중의 이익을 보는 것은 불합리하다는 점을 들고 있다.

2) 판례

판례는 회사에 대한 관계에서나 당사자간의 관계에서나 신주는 명의주주인 주식양도인에게 귀속된다는 태도를 취하고 있다.

참조판례

"상법 제416조에 의하여 주식회사가 주주총회나 이사회의 결의로 신주를 발행할 경우에 발생하는 구체적 신주인수권은 주주의 고유권에 속하는 것이 아니고 위 상법의 규정에 의하여 주주총회나 이사회의 결의에 의하여 발생하는 구체적 권리에 불과하므로, 그 신주인수권은 주주권의 이전에 수반되어 이전되지 아니하는바, 회사가 신주를 발행하면서 그 권리의 귀속자를 주주총회나 이사회의 결의에 의한 일정시점에 있어서의 주주명부에 기재된 주주로 한정할 경우, 그 신주인수권은 그 일정시점에 있어서의 실질상의 주주인가의 여부와 관계없이 회사에 대하여 법적으로 대항할 수 있는 주주, 즉 주주명부에 기재된 주주에게 귀속된다." (대법원 1995.7.28. 선고 94다25735 판결).

또한 대법원은 "상법 제461조에 의하여 주식회사가 이사회의 결의로 준비금을 자본에 전입하여 주식을 발행할 경우에는 회사에 대한 관계에서는 이사회의 결의로 정한 일정한 날에 주주명부에 주주로 기재된 자만이 주주가 된다고 할 것이다. 따라서 원심이 이와 같은 견해에서 피고의 이 사건 주식압류가 무효라는 원고의 주장을 배척한 조치는 정당하고, 명의개서를 하지 않은 주식의 양도인과 양수인 사이에서 신주인수권은 양수인에게 귀속하여야 한다는 견해를 내세워 원심에 신주인수권과 소위 실념주 내지 실기주에 관한 법리오해의 위법이 있다는 주장은 받아들일 수 없다."고 판시하고 있다.[270]

위의 판례에서는 "회사에 대한 관계에서는 이사회의 결의로 정한 일정한 날에 주주명부에 주주로 기재된 자만이 주주가 된다."고 하고 있어서 회사 이외의 관계에서는 다른 결과가 발생할 것 같은 표현을 쓰고 있으나, 이 사건이 양도인의 채권자와 양수인간에 신주에 대한 압류의 효력이 문제된 사건으로 대법원은 이에 대하여 주식양수인의 신주에 대한 압류가 무효라고 하고 있어 당사자간에 있어서도 양도인이 신주의 귀속자라는 판단을 하고 있다.

이후에도 주식양수인이 제기한 신주에 대한 명의개서청구를 부정하여 위 판례와 궤를 같이 하고 있다.[271] 요컨대 우리나라 법원은 회사에 대한 관계에서나 당사자간의 관계에서나 신주는 명의주주인 주식양도인에게 귀속된다는 태도를 취하고 있다.

3) 검토

실기주와 관련하여 판례는 학설과 달리 회사에 대한 관계에서나 당사자간의 관계에서나 신주는 명의주주인 주식양도인에게 귀속된다는 태도를 취하고 있는데, 이러한 판례의 태도는 실기주의 귀속에 있어서 많은 문제가 있다고 본다.

보건대, 회사가 일정시기의 명의상 주주에게 신주인수권을 배정한다는 것과 그와 같이 배정

---

270 대법원 1988.6.14. 선고 87다카2599, 2600 판결.
271 대법원 1995.7.28. 선고 94다25735 판결.

된 신주인수권이 양도당사자 사이에서 누구에게 귀속될 것인가는 전혀 별개의 문제이다. 전자는 회사법상의 문제임에 반하여 후자는 양도인과 양수인간의 개인법상의 문제이다. 물론 회사에 대한 관계에서 신주인수권을 가지는 주주는 회사가 정한 배정일 현재 주주명부에 기재된 주주이다. 그러나 당사자간의 관계에서는 이와는 다르게 보아야 한다.

주식의 양도에 있어서 당사자간의 관계를 보면 주권의 교부만에 의해서 양수인은 주주로서의 지위를 가지게 된다. 또한 우리나라 상법은 기존주주의 권리로서 신주인수권을 인정하고 있으므로 이때 신주가 발행되게 되면 당사자간에 있어서는 주주로서의 지위를 가지는 양수인이 그 신주에 대한 권리를 가질 것이다. 즉, 신주는 그 당시의 주주인 양수인에게 귀속되게 된다. 그러나 판례는 신주는 실질상의 주주인가의 여부에 관계없이 주주명부상의 주주에게 귀속된다고 하고 있으나, 이는 주주명부의 기재에 주주로서의 창설적 효력을 인정해야만 가능할 것이다. 그렇지만 대법원은 이에 대하여 창설적 효력을 부정하고 있으므로 위와 같은 태도는 이에 모순되는 결론이 된다. 또한 이러한 판례의 태도는 실질적인 관점에서 볼 때도 양수인은 신주의 발행으로 인하여 지분이 약화되는 불이익을 당하는 반면 신주의 프리미엄은 양도인이 가지게 되어 부당하다.

(3) 실기주주의 신주인도청구권

주식양수인이 신주에 대한 권리를 가진다고 볼 때 양도인이 신주를 인수하여 납입을 한 경우 그 양도인에 대하여 양수인이 어떠한 권리를 가지는가가 문제되는데, 이에 대하여는 다음과 같은 견해가 있다.

① 부당이득설 : 양도인은 그가 인수한 신주를 양수인에게 인도할 의무는 없으나 그 인수로 인하여 취득한 이익을 부당이득으로 반환해야 한다고 한다.

② 사무관리설 : 양수인은 사무관리의 법리에 의하여 양도인에게 신주의 반환을 청구할 수 있다고 한다.[272]

③ 준사무관리설(다수설) : 양도인이 신주를 인수·납입하는 것은 자기를 위하여 하는 것이고 '타인을 위하여' 하는 것이 아니므로 사무관리의 요건을 결하여 사무관리는 되지 않으나, 여기에 사무관리에 관한 규정이 유추적용되어 양도인은 양수인에 대하여 신주인도의무를 부담하고 반면에 납입금을 포함한 유익비의 상환청구권을 가진다고 한다.

④ 검토 : 우리나라에서 부당이득설을 취하는 견해는 없고, 사무관리설과 준사무관리설이 주장되고 있으나 어느 견해에서나 양수인은 신주의 인도를 청구할 수 있게 된다. 부당이득설은 신주발행 직후의 주가와 납입금액과의 차액만을 반환하면 되므로 양수인이 만족스럽지 못할 수 있다. 반면 준사무관리설에 의하면 양도인은 신주나 그 매각대금뿐만

---

272 정찬형, (상)1063면.

아니라 배당금, 실기주에 대한 신주 등 주주권행사로 인한 모든 이익의 반환을 받을 수 있으므로 양수인의 권리보전에 맞다.

광의의 실기주의 경우에는 주식양수인(실기주주)은 주식양도인이 회사로부터 받은 이익 배당금·합병교부금 등을 부당이득의 법리에 의하여 반환청구할 수 있다.

5. 신주인수권의 양도

(1) 요건

주주의 신주인수권은 정관 또는 이사회결의로 이를 양도할 수 있음을 정한 경우에만 회사에 대한 관계에서 유효하게 양도할 수 있다(상법 제416조 제5호). 정관이나 이사회의 결의없이 한 신주인수권의 양도는 회사에 대하여 효력이 없다(다수설).

(2) 신주인수권의 양도방법

신주인수권의 양도는 신주인수권증서의 교부에 의하여만 이를 행한다(상법 제420조의 3).

(3) 신주인수권증서

1) 의의

신주인수권증서는 주주의 신주인수권을 표창하는 유가증권이다. 신주인수권증서의 발행은 청약기일의 2주전에 발행하는 것으로서(상법 제420조의 2), 신주인수권증서는 원칙적으로 청약기일 전 2주간 동안만 유통될 수 있는 단명의 유가증권이다.

2) 발행

신주인수권증서는 정관 또는 이사회결의로 신주인수권을 양도할 수 있다는 것을 정한 경우에 한하여 발행될 수 있다(상법 제420조의 2 제1항). 회사는 신주인수권증서를 발행하는 대신 정관에서 정하는 바에 따라 전자등록기관의 전자등록부에 신주인수권을 등록할 수 있다(상법 제420조의 4). 정관 또는 이사회결의로 주주의 청구가 있는 때에만 신주인수권증서를 발행한다는 것과 그 청구기간을 정한 경우에는(상법 제416조의 6호)[273] 회사는 그 청구기간내에 신주인수권증서의 발행을 청구한 주주에 한하여 신주인수권증서를 발행하여야 한다. 위의 정함이 없는 경우에는 신주의 청약기일의 2주간 전에 모든 주주에게 신주인수권증서를 발행하여야 한다.

---

273 상장회사는 신주발행에 관한 이사회결의시에 반드시 상법 제416조의 6호의 사항을 정하여야 한다(상장회사 재무관리규정 5-19조 제1항).

3) 효력

신수인수권의 양도는 반드시 신주인수권증서의 교부만에 의하여 하여야 한다. 신주인수권증서를 발행한 경우에는 신주인수권증서에 의하여 주식인수의 청약을 한다(상법 제420조의 5 제1항). 다만 신주인수권증서를 상실한 자는 주식청약서에 의하여 주식의 청약을 할 수 있다. 그러나 그 청약은 신주인수권증서에 의한 청약이 있는 때에는 그 효력을 잃는다(상법 제420조의 5 제2항).

6. 위반의 효력

회사가 주주의 신주인수권을 무시하고 신주를 발행한 경우에는 주주는 신주발행유지청구권(상법 제424조)을 행사할 수 있고, 사후에 신주발행무효의 소(상법 제429조 이하)를 제기할 수 있다.

제3자의 신주인수권

1. 의의

제3자의 신주인수권이란 주주 이외의 제3자가 우선적으로 신주를 배정받을 수 있는 권리를 말한다. 공모의 경우는 우선배정권을 가지는 것이 아니므로 여기에 해당하지 않는다.

제3자의 신주인수권은 회사의 자금조달의 편의, 종업원·거래처 등과의 유대관계를 강화하기 위하여, 또는 신기술의 도입·재무구조의 개선 등 회사의 경영상의 목적을 달성하기 위하여 이를 부여할 필요가 있다. 그러나 기존주주를 배제하고 제3자에게 신주인수권을 부여할 때 지배관계의 변동이 생기는 문제가 있으므로 이에 대하여는 원칙적으로 엄격하게 규제하고 있다.

2. 근거

(1) 법률에 의한 경우

전환사채, 신주인수권부사채를 제3자배정의 방법으로 발행하는 것은 법률에 의하여 제3자에게 신주인수권을 주는 경우에 해당한다. 이때 제3자에 대한 배정자체는 정관(정관에 규정 없으면 주주총회의 특별결의)에 의하지만, 이에 따른 신주부여는 법률에 의하게 된다. 여기서 신주인수권의 행사는 행사기간내에 자율로 행사할 수 있다.

상장기업의 경우 신주발행시에 20%의 범위내에서 우리사주조합에 우선적으로 신주를 배정하게 되는데(자본시장법 제165조의 7 제1항), 우리사주조합원이 주주가 아니어도 우선적으로 배정받는 것으로 이도 법률에 의한 제3자배정의 예이다.

(2) 정관에 의한 경우

정관의 규정[274]에 의하여 제3자에게 신주를 배정할 수 있는데, 이때는 신기술의 도입·재무구조의 개선 등 회사의 경영상 목적을 달성하기 위하여 필요한 경우에 한한다(상법 제418조 제2항).

이때 신주발행사항의 사전공시제도가 도입되어 주주 외의 자에게 신주를 배정하는 경우 회사는 신주의 발행사항을 그 납입기일의 2주 전까지 주주에게 통지하거나 공고하여야 한다(상법 제418조 제4항).

이처럼 상법의 태도는 자본금조달수단의 다양성을 추구해 가면서 유독 제3자배정증자에 대해서는 엄격한 태도를 취하고 있다. 제3자배정증자를 위해서는 정관에 규정되어야 하고, 신기술의 개발·재무구조의 개선과 같은 목적이 있어야 하며, 여기에 덧붙여 주주에게 사전통지의무까지 더하여진다. 이러한 엄격한 규제는 기존주주의 이익보호라는 관점에서 그 취지는 인정이 된다. 그러나 위 규제에 따른다고 하여도, 기존주주가 회사의 신주발행에 대하여 신주발행유지청구권 등을 행사할 수는 있겠지만, 정관으로 제3자배정증자에 관한 사항을 규정한 경우에 그 규정된 내용에 따라 신주발행사항의 결정은 이사회에서 하는 것으로 직접적인 견제는 어려울 수 있다.

제3자배정증자에 관한 사항을 정관에서 규정시 단순히 "주주총회의 보통결의로 제3자에게 신주를 배정할 수 있다." 거나 "이사회의 결의로 제3자에게 신주를 배정할 수 있다."고 규정하는 것은 이른바 백지위임으로서 예측가능성과 제3자배정의 구체적 합리성을 보장할 수 없으므로 무효이다.

제3자는 특정인을 미리 지정할 수도 있고, "임원·구 임원·종업원·구 종업원에게 신주인수권을 부여할 수 있다."는 정도의 규정을 정관에 두고, 그 후 신주를 발행할 때에 이사회에서 제3자의 범위를 구체적으로 정하여도 무방하다고 본다.

제3자의 신주인수권은 정관의 규정만으로는 안 되고, 회사와 제3자간의 계약이 있어야만 비로소 발생한다.

---

274 전환사채, 신주인수권부사채의 경우 정관 또는 주주총회특별결의에 의하여 제3자배정이 가능함에 비추어 주주총회특별결의로 가능하다고 해석하는 견해도 있다(이철송, (회)867면).

3. 양도

제3자의 신주인수권을 양도할 수 있는가가 문제되는데, 첫째, 제3자의 신주인수권이 정관상의 권리인 경우에는 이에 대한 견해가 나뉜다. ① 이는 계약상의 권리라는 점에서 양도할 수 있다는 견해 ② 제3자와 회사간의 특별한 관계에서 인정되는 권리이므로 양도할 수 없다고 보는 견해 ③ 회사가 승인한 경우에만 양도가 가능하다고 보는 견해가 있다. 이때의 신주인수권은 계약상의 권리이며, 또한 제3자의 재산권을 보호한다는 의미에서 그 양도를 허용할 것이다.

둘째, 제3자의 신주인수권이 법률에 의한 경우는 구체적 사례에 따라 나누어 볼 필요가 있다. 우리사주조합의 경우에는 비조합원에게 신주인수권을 양도할 수 없다. 이와 달리 신주인수권부사채권자에게 인정된 신주인수권은 채권(비분리형의 경우) 또는 신주인수권증권(분리형의 경우)에 의하여 양도할 수 있다. 전환사채도 마찬가지로 양도가 가능하다고 본다.

4. 위반의 효력

제3자의 신주인수권이 정관에 의한 경우이든, 법률에 의한 경우이든 회사가 제3자의 신주인수권을 무시하고 신주발행을 한 경우, 그 신주인수권은 계약상의 권리로서 회사는 채무불이행책임을 지지만 그 신주발행이 무효가 되는 것은 아니다.

또한 신주발행유지청구권이나 신주발행무효의 소 등은 제3자에게 인정되지 않는다. 제3자는 단지 손해배상청구만 가능하다.

신주발행의 절차

1. 신주발행사항의 결정

(1) 이사회결정의 원칙

회사가 그 성립 후에 주식을 발행하는 경우에는 다음에 보는 신주발행사항에 대하여 정관에 규정이 없는 것은 이사회가 결정한다. 다만, 이 법에 다른 규정이 있거나 정관으로 주주총회에서 결정하기로 정한 경우에는 그러하지 아니하다(상법 제416조).

(2) 신주발행사항

1) 신주의 종류와 수

정관으로 종류주식을 발행할 것을 정하고 있는 경우에는(상법 제344조) 이사회는 신주의 종류와 수를 정하여야 한다.

2) 신주의 발행가액과 납입기일

신주의 발행가액은 액면주식의 경우 액면 이상이어야 하고, 회사의 재산상태·수익력 등을 고려하여 공정하게 결정하여야 한다. 액면미달발행의 경우 주주총회의 특별결의를 얻어야 하므로(상법 제417조), 이사회에서 결정할 수 없다. 무액면주식의 경우에는 신주의 발행가액 중 자본금으로 계상하는 금액을 이사회에서 결정한다(상법 제416조 2의2).

신주의 납입기일은 신주인수인이 그 인수주식에 대하여 납입 또는 현물출자의 이행을 하여야 하는 날이다.

3) 신주의 인수방법

이사회는 신주발행을 주주배정에 의할 것인지, 제3자배정에 의할 것인지 또는 모집에 의할 것인지를 결정하여야 한다. 다만 제3자배정이나 모집에 의할 때 기존주주의 신주인수권을 제한하는 것이므로 법률 또는 정관에 규정이 있어야 한다.

4) 현물출자에 관한 사항

현물출자를 하는 경우에 이사회가 현물출자를 하는 자의 성명과 그 목적인 재산의 종류, 수량, 가액과 이에 대하여 부여할 주식의 종류와 수를 결정하여야 한다.

5) 주주가 가지는 신주인수권을 양도할 수 있는 것에 관한 사항

주주의 신주인수권은 이사회가 이를 양도할 수 있음을 결정한 경우에 한하여 회사에 대하여 유효한 양도가 인정된다.

6) 신주인수권증서의 발행과 청구기간

이사회가 신주인수권을 양도할 수 있음을 결정한 경우에 신주인수권의 양도는 신주인수권증서의 교부에 의하여서만 이를 행한다(상법 제420조의 3 제1항). 이때 모든 주주가 신주인수권을 양도하지는 않을 것이므로, 이사회는 주주의 청구가 있는 때에만 신주인수권증서를 발행한다는 것과 그 청구기간을 정할 수 있다. 만일에 이를 정하지 않은 경우에는 모든 주주에 대하여 신주인수권증서를 발행하여야 한다.

(3) 신주의 인수

1) 주주배정·제3자배정의 경우

(가) 신주인수권자의 확정

회사는 일정한 날(배정일)을 정하여 그 날에 주주명부에 기재된 주주가 신주의 배정을 받을

권리를 가진다는 뜻과 신주인수권을 양도할 수 있을 경우에는 그 뜻을 그 날의 2주간 전에 공고하여야 한다(상법 제418조 제3항). 배정일이 주주명부의 폐쇄기간 중인 때에는 그 폐쇄기간의 초일의 2주간 전에 이를 공고하여야 한다(상법 제418조 제2항 단서).

(나) 실권예고부최고의 통지

회사는 신주의 인수권을 가진 자에 대하여 그 인수권을 가지는 주식의 종류 및 수와 일정한 기일까지 주식인수의 청약을 하지 아니하면 그 권리를 잃는다는 뜻을 통지하여야 한다. 이 경우 제416조 제5호(주주가 가지는 신주인수권을 양도할 수 있는 것에 관한 사항) 및 제6호(주주의 청구가 있는 때에만 신주인수권증서를 발행한다는 것과 그 청구기간)에 규정한 사항의 정함이 있는 때에는 그 내용도 통지하여야 한다(상법 제419조 제1항).

(다) 신주인수의 청약

실권예고부최고의 통지에도 불구하고 그 기일까지 주식인수의 청약을 하지 아니한 때에는 신주의 인수권을 가진 자는 그 권리를 잃는다(상법 제419조 제3항).

신주인수의 청약은 주식청약서에 의하여서 한다. 주식인수의 청약을 하고자 하는 자는 주식청약서 2통에 인수할 주식의 종류 및 수와 주소를 기재하고 기명날인 또는 서명하여야 한다(상법 제425조, 제302조 제1항). 그러나 신주인수권증서를 발행한 경우에는 신주인수권증서에 의하여 주식의 청약을 한다(상법 제420조의 5 제1항). 신주인수권증서를 상실한 자는 주식청약서에 의하여 주식의 청약을 할 수 있다. 그러나 그 청약은 신주인수권증서에 의한 청약이 있는 때에는 그 효력을 잃는다(상법 제420조의 5 제2항).

(라) 배정

주식인수의 청약에 대하여 회사는 배정을 하는데, 이로써 주식인수가 성립하여 주식인수인의 지위가 인정된다. 신주발행시에는 회사설립시와 달리 배정자유의 원칙이 적용되지 않아 회사는 신주인수권을 가진 자에게 신주를 배정하여야 한다.

2) 모집

모집에 의한 신주발행이란 주주배정·제3자배정과 달리 신주인수권이 없는 신주발행이다. 주주의 모집에 있어서 그 모집의 범위를 회사의 임원·종업원·거래처 등의 연고자에 한정하여 모집하는 것을 연고모집이라 하고, 널리 일반 공중으로부터 모집하는 것을 공모하고 한다.[275] 모집을 발행회사가 직접하는 것을 직접모집이라고 하고, 발행회사가 금융투자

275 자본시장법에 따를 때 청약대상자의 수에 따라 공모와 사모로 구분되며, 공모는 50인 이상의 자를 청약대상자로 하는 경우이다. 공모는 새로이 발행되는 증권을 대상으로 하는지 여부에 따라 모집과 매출로 구분된다.

업자에 위탁하여 모집하는 것은 간접모집이라 한다. 간접모집에 의할 때 금융투자업자의 공신력에 의하여 모집의 성공 가능성이 높아지므로 상장회사는 대부분 공모와 간접모집에 의한다.

간접모집은 다시 금융투자업자가 모집을 주선하기만 하는 모집주선(위탁모집)과 금융투자업자가 주식을 인수하는 인수가 있다. 인수에는 금융투자업자가 발행회사의 주식을 모두 인수하여 일반에게 매출하는 총액인수와 금융투자업자가 모집을 주선하고 취득되지 않은 잔여분을 인수하는 잔액인수가 있다.

(4) 납입과 현물출자

1) 납입

이사는 신주의 인수인으로 하여금 그 배정한 주식 수에 따라 납입기일에 그 인수한 주식에 대한 인수가액의 전액을 납입시켜야 한다(상법 제421조 제1항). 신주의 인수인은 회사의 동의 없이 납입채무와 주식회사에 대한 채권을 상계할 수 없다(상법 제421조 제2항). 구 상법상으로는 상계를 금지시켰으나, 경영위기에 빠진 회사에 대한 은행의 채권을 출자전환시켜 기업을 회생시킬 필요성이 강조되면서, 상계를 허용하는 방향으로 법개정이 이루어졌다.

2) 현물출자의 이행

(가) 의의

주주가 납입을 현물로 할 수 있고, 제3자가 현물출자를 할 수도 있다. 신주발행시의 현물출자는 회사설립시와 달리 정관의 기재사항도 아니고 이사회의 결의에 의하여 정한다(상법 제416조 4호). 현물출자자에게 신주발행시 일반 주주의 신주인수권이 미치지 않는다.[276]

출자전환시에도 제3자의 현물출자로 인정할 수 있을 것이다. 그러나 주주의 신주인수권에 변동을 가져오는 현물출자는 이사회결의만으로 가능할 수 없고 정관의 규정 또는 이에 갈음하는 주주총회의 특별결의가 있어야 한다.[277]

(나) 현물출자의 이행

현물출자를 하는 자는 납입기일에 지체없이 출자의 목적인 재산을 인도하고 등기, 등록 기타 권리의 설정 또는 이전을 요할 경우에는 이에 관한 서류를 완비하여 교부하여야 한다(상법 제425조, 제305조 제3항, 제295조 제2항).

---

276 대법원 1989.3.14. 선고 88누889 판결.
277 이철송, (회)864면.

(다) 현물출자의 검사(상법 제422조)

이사는 현물출자에 관한 사항을 조사하게 하기 위하여 법원에 검사인의 선임을 청구하여야 하며, 그 조사는 공인된 감정인의 감정으로 갈음할 수 있다(상법 제422조 제1항).

다만 다음의 어느 하나에 해당할 경우에는 위 조사에 관한 사항을 적용하지 아니한다(상법 제422조 제2항).278

① 현물출자의 목적인 재산의 가액이 자본금의 5분의 1을 초과하지 아니하고 대통령령으로 정한 금액을 초과하지 아니하는 경우

② 현물출자의 목적인 재산이 거래소의 시세 있는 유가증권인 경우 제416조 본문에 따라 결정된 가격이 대통령령으로 정한 방법으로 산정된 시세를 초과하지 아니하는 경우

③ 변제기가 돌아온 회사에 대한 금전채권을 출자의 목적으로 하는 경우로서 그 가액이 회사장부에 적혀 있는 가액을 초과하지 아니하는 경우

④ 그 밖에 ①부터 ③까지의 규정에 준하는 경우로서 대통령령으로 정하는 경우

(5) 실권주·단주의 처리

신주인수권을 가진 주주가 신주인수의 청약을 하지 않거나 또는 납입을 하지 않음으로서 신주인수권의 대상인 주식이 실권된 주식을 실권주라고 한다. 신주인수권을 가진 주주가 청약기일까지 주식인수의 청약을 하지 않으면 신주인수권을 잃게 되고, 또 청약기일까지 주식인수의 청약을 하였더라도 납입기일에 납입을 하지 않으면 주식인수인으로서의 지위를 잃게 되어 실권주가 발생하게 된다.

단주란 1주 미만의 주식을 말하는데 신주인수권자에게 신주를 배정하는 과정에서 발생한다.

실권주나 단주를 회사가 방치한 경우 이에 해당하는 주식은 미발행주식으로 남게 된다. 신주발행의 효력은 실권주·단주를 제외한 범위에서 발생할 뿐이다.

---

278 상법 시행령 제14조(현물출자 검사의 면제) ① 법 제422조 제2항 제1호에서 "대통령령으로 정한 금액"이란 5천만원을 말한다.
② 법 제422조 제2항 제2호에서 "대통령령으로 정한 방법으로 산정된 시세"란 다음 각 호의 금액 중 낮은 금액을 말한다.
1. 법 제416조에 따른 이사회 또는 주주총회의 결의가 있은 날(결의일)부터 소급하여 1개월간의 거래소에서의 평균 종가, 결의일부터 소급하여 1주일간의 거래소에서의 평균 종가 및 결의일 직전 거래일의 거래소에서의 종가를 산술평균하여 산정한 금액
2. 결의일 직전 거래일의 거래소에서의 종가
③ 제2항은 현물출자의 목적인 재산에 그 사용, 수익, 담보제공, 소유권 이전 등에 대한 물권적 또는 채권적 제한이나 부담이 설정된 경우에는 적용하지 아니한다.

참조판례

① "회사가 주주배정방식에 의하여 신주를 발행하려는데 주주가 인수를 포기하거나 청약을 하지 아니함으로써 그 인수권을 잃은 때에는(상법 제419조 제4항) 회사는 이사회결의로 인수가 없는 부분에 대하여 자유로이 이를 제3자에게 처분할 수 있고, 이 경우 실권된 신주를 제3자에게 발행하는 것에 관하여 정관에 반드시 근거 규정이 있어야 하는 것은 아니다." (대법원 2012.11.15. 선고 2010다49380 판결; 동지 대법원 2013.9.12. 선고 2011다57869 판결).

② "신주 등의 발행에서 주주배정방식과 제3자배정방식을 구별하는 기준은 회사가 신주 등을 발행하면서 주주들에게 그들의 지분비율에 따라 신주 등을 우선적으로 인수할 기회를 부여하였는지 여부에 따라 객관적으로 결정되어야 하고, 신주 등의 인수권을 부여받은 주주들이 실제로 인수권을 행사함으로써 신주 등을 배정받았는지 여부에 좌우되는 것은 아니다." 고 하여 주주배정 신주에 대한 실권주의 제3자배정은 주주배정방식에 해당한다는 입장이다(대법원 2009.5.29. 선고 2007도4949 판결).

신주의 할인발행

1. 의의

신주의 할인발행이란 액면미달발행을 의미하는 것으로, 주식의 시세가 액면가를 밑도는 경우 자본조달의 편의를 위해 이를 인정하고 있다. 다만 이는 자본금충실의 원칙에 반할 수 있으므로 엄격한 제한 하에서만 허용된다.

2. 요건

① 회사가 성립한 후 2년을 경과하여야 한다(상법 제417조 제1항).

② 할인발행의 여부와 최저발행가액의 결정은 이사회의 결의가 아니라 주주총회의 특별결의에 의하여야 한다(상법 제417조 제2항).

③ 법원의 인가를 얻어야 한다. 법원은 회사의 현황과 제반사정을 참작하여 최저발행가액을 변경하여 인가할 수 있다. 이 경우에 법원은 회사의 재산상태 기타 필요한 사항을 조사하게 하기 위하여 검사인을 선임할 수 있다(상법 제417조 제3항).

상장법인 및 코스닥상장법인의 경우 법원의 인가를 얻지 않고 주주총회의 결의만으로 신주의 할인발행이 가능하다(자본시장법 제165조의 8 제2항).

회사는 법원의 인가 후 1개월 내에 신주발행을 하여야 한다(상법 제417조 제4항).

2. 채권자보호절차

자본금감소와 달리 채권자이의에 관한 별도절차는 요구되지 않는다. 그러나 주식청약서의 기재사항으로 할인발행에 따른 주식을 발행한 경우에는 그 발행조건과 미상각액을 기재하여야 하고(상법 제420조 제4호), 주식을 할인발행한 경우에 주식의 발행에 따른 변경등기에는 미상각액을 등기하여야 한다(상법 제426조).

3 신주의 위법·불공정발행에 대한 조치

주주의 신주발행유지청구권

1. 의의

회사가 법령·정관에 위반하거나 또는 현저하게 불공정한 방법에 의하여 신주를 발행함으로써 이로 인하여 주주가 불이익을 받을 염려가 있는 경우에는 그 주주는 회사에 대하여 신주발행을 유지할 것을 청구할 수 있다(상법 제424조). 현저하게 불공정한 방법의 예로 임원이나 특정인에게 부당하게 많은 신주를 배정하거나, 현물출자를 과대평가하는 경우 등을 들 수 있다.

제3자의 경우 이때 신주발행유지청구권의 행사를 하지 못하고 다만 손해배상청구를 할 수 있을 뿐이다.

관련사항

- 이사의 위법행위유지청구권은 법령·정관에 위반한 행위만 인정한다.
- 이사의 위법행위유지청구권은 소수주주권으로 인정된다.
- 위법행위유지청구권을 무시해도 사법상의 효력에는 문제가 없다.

2. 당사자

청구권자는 주주로서 신주인수권의 유무 또는 의결권의 유무를 묻지 않는다. 피청구권자는 회사이다.

3. 행사방법

신주발행유지청구권은 신주발행의 효력이 생기는 납입기일의 다음 날 이전에 행사하여야 한다. 주주가 신주발행유지를 청구하는 방법에는 제한이 없다. 주주는 회사에 대하여 구두나 서면으로 신주발행유지를 청구할 수 있고, 신주발행유지의 소를 제기하고 이 소를 본안으로 하여 소제기 전이라도 신주발행유지의 가처분을 신청할 수도 있다.

4. 효과

신주발행유지청구권이 행사된 경우에 회사는 위법 또는 불공정 여부를 심사하여 그 유지여부를 결정해야 한다. 유지를 결정한 경우에도 위법 또는 불공정한 사항을 시정하여 신주발행절차를 속행할 수 있다.

회사가 주주의 신주발행유지청구를 무시하고 신주발행절차를 속행한 경우의 효과는 ① 신주발행유지청구의 소가 제기된 경우에 신주발행은 무효가 된다. ② 소 이외의 방법으로 한 경우에는 신주발행은 무효로 되지 않고, 다만 이사의 책임이 생길 뿐이다.

통모인수인의 책임

1. 의의

신주의 발행가액이 현저하게 불공정하고 또 이사와 주식인수인이 그 점에 관하여 통모를 한 경우에는 회사의 자본금충실을 기하고 또한 기존주주의 이익을 보호하기 위하여 주식인수인은 공정한 가액과 발행가액과의 차액을 직접 회사에 지급할 의무를 부담한다(상법 제424조의 2).

본 조는 제3자배정에 의한 신주발행 및 모집에 의한 신주발행의 경우에 거의 대부분 적용된다. 주주배정의 경우에도 적용된다고 주장하는 견해도 있으나, 이때는 통모인수인의 책임이 발생할 여지가 거의 없다.

2. 책임의 성질

통모인수인의 책임은 법률적으로는 회사에 대한 불법행위에 기한 손해배상책임의 일종이라고 할 수 있으나, 책임의 내용은 실제의 불공정한 발행가액과 공정한 발행가액과의 차액을 지급하는 것이므로 실질적으로는 회사의 자본금충실을 위한 추가출자의무로서의 성질을 가지는 것이다.

3. 요건

① 발행가액이 현저하게 불공정하여야 한다. 발행가액은 이사회가 결정한 발행가액(발행예정가액)이 아니라 신주배정시에 있어서의 실제의 발행가액이다. 발행가액의 불공정을

판단함에 있어서 기준이 되는 공정한 가액은 발행회사의 시가를 기초로 회사의 자산상태·영업이익 등을 참작하여 결정되는데, 다시 발행주식수량과 청약시까지의 주가의 변동을 감안하여 시가보다 약간 낮게 정하여진다.

② 통모가 있어서 하는데, 여기서 통모란 이사와 인수인이 사전에 모의하는 것을 말한다.

4. 책임의 내용

통모인수인의 책임은 납입기일에 공정가액과 발행가액의 차액을 지급하는 의무이며, 이 의무의 소멸시효기간은 10년이다. 주식을 양도하더라도 그 책임이 당연히 양수인에게 이전하지는 않는다.

통모를 한 이사는 회사에 대하여 손해를 배상할 책임을 진다. 이때 이사와 통모인수인은 회사에 대하여 부진정연대책임을 진다. 통모인수인의 차액지급의무와 이사의 손해배상책임을 부진정연대책임으로 보는 것에 대하여 양 책임의 성질이 다르다며 반대하는 견해도 있다.[279]

5. 차액의 처리

통모인수인의 책임은 추가출자로서의 성질을 가지기 때문에 지급의무의 면제·지급금의 환급 등은 금지되고, 또 현실의 납입을 필요로 하기 때문에 대물변제도 금지된다.

여기서 차액은 대부분 액면초과액이 될 것이기 때문에 자본준비금으로 적립되어야 한다.

6. 책임추궁의 방법

회사가 통모인수인의 책임을 추궁하여야 한다. 이때 주주의 대표소송이 인정된다(상법 제424조 제2항).

신주발행의 무효

1. 의의

신주발행의 무효란 신주발행이 법령이나 정관에 위반한 하자가 있는 경우에 새로이 발행되는 주식의 전부를 무효로 하는 것이다. 회사의 경우 신주발행 이후 새로운 법률관계가 많이

---

279 이철송, (회)894면.

형성되므로, 비록 신주발행의 내용이나 절차에 하자가 있다고 하더라도 이를 획일적으로 처리하여 법률관계의 안정을 기할 필요가 있다. 따라서 상법은 신주발행의 하자는 신주발행무효의 소에 의하여서만 주장하게 하고(상법 제429조), 무효판결에 대세적 효력과 소급효제한의 효력을 인정하고 있다.

신주발행무효의 소는 형성의 소이다.

2. 무효원인

(1) 의의

상법에 무효원인에 대하여 별도의 규정을 두고 있지 않다. 따라서 해석에 의할 수밖에 없는데, 신주발행 후 신주가 이미 유통되었을 것을 고려하여 신주발행무효의 사유를 제한적으로 해석할 필요가 있다. 따라서 주식회사의 본질에 반하는 중대한 위법행위만을 신주발행의 무효원인으로 볼 것이다.[280]

구체적으로, 수권주식총수를 초과하는 신주발행, 정관이 인정하지 않는 종류의 신주발행, 법정의 절차를 밟지 않고 한 액면미달의 신주발행 등이 그 예가 될 것이다.

기타 무효원인과 관련하여 문제가 되는 것으로 다음과 같은 것이 있다.

(2) 주주의 신주인수권을 무시한 신주발행

주주의 신주인수권을 무시한 신주발행의 경우, 신주인수권의 전부 또는 대부분을 무시한 경우에는 무효이고 일부를 무시한 경우에는 유효라는 견해가 있다.[281] 이와 달리 구체적 타당성이 있는 기준이 필요하다면서 일부 주주의 신주인수권을 무시함으로써 특정 주주가 지배주주가 되었다든지, 종전의 대주주의 순위가 바뀌었다든지 하는 경우는 무시된 신주인수권이 개별적으로는 근소하더라도 무효사유가 된다는 견해도 있다.[282]

보건대, 지배권은 주주의 이익에 있어서 중요한 의미를 지니므로 신주발행으로 지배권의 변동을 가져올 때 무효사유로 보겠다.

(3) 이사회의 결의를 결한 신주발행

이사회의 결의를 결한 신주발행에 대하여 다수설과 판례는 신주발행을 업무집행에 준하는 것으로 보아 신주발행의 효력에는 영향이 없다고 한다. 이에 반하여 신주발행은 중요한

---

280 신주발행의 무효원인은 수권자본제, 자본충실, 주주의 신주인수권의 세 가지 법익과의 관계에서 결정되어야 하며, 이 세 가지 법익의 본질적인 부분을 해하였을 때에는 무효원인이 되고, 그렇지 않은 경우에는 유효라고도 한다(이철송, (회)728면).

281 정동윤, (회)531면.

282 이철송, (회)730면.

조직법적 변화를 가져오는 일이므로 일상의 업무집행과 같이 취급할 수 없다면서, 이사회의 결의가 없으면 회사에 신주발행의 의사가 존재하지 않는 것으로 보아 무효가 된다는 견해도 있다.283

보건대, 신주발행의 경우 이사회의 결의를 요하는 취지인 회사의 이익보호의 요청뿐만 아니라 거래안전보호의 요청도 고려하여야 한다. 따라서 다수의 거래관계가 형성되는 신주발행의 경우 이사회의 결의가 없어도 이를 유효하게 볼 것이다.

그러나 신주발행이 정관의 규정에 의하여 주주총회의 권한사항이 되었을 때에는 이를 달리 보아야 한다.284 우리 상법상 이사회결의와 달리 주주총회결의의 하자에 대하여 그 결의사항의 치유는 인정되지 않는다. 따라서 주주총회결의에 하자가 있는 경우 그 후속행위인 신주발행도 무효가 된다.

참조판례

"주식회사의 신주발행은 주식회사의 업무집행에 준하는 것으로서 대표이사가 그 권한에 기하여 신주를 발행한 이상 신주발행은 유효하고, 설령 신주발행에 관한 이사회의 결의가 없거나 이사회의 결의에 하자가 있더라도 이사회의 결의는 회사의 내부적 의사결정에 불과하므로 신주발행의 효력에는 영향이 없다고 할 것이다." (대법원 2007.2.22. 선고 2005다77060 판결).

(4) 현저하게 불공정한 방법에 의하여 신주가 발행된 경우

현저하게 불공정한 방법에 의하여 신주가 발행된 경우의 효과에 대하여서는 학설이 갈리고 있다. 거래의 안전을 위하여 이를 유효로 보는 견해, 유효설은 거래의 안전을 도모한다는 장점은 있으나 주주의 보호를 위하여는 문제가 있다면서 신주발행의 불공정이 지배권에 영향을 미치거나 지배권에는 영향을 미치지 않더라도 그 정도가 현저한 때에는 신주발행은 무효가 된다는 견해, 그리고 이를 언제나 무효 또는 유효로 볼 수 없고 회사지배의 변동을 가져오는 것과 같은 일정한 경우에만 이를 무효로 볼 것이라는 견해(일부무효설 : 다수설) 등이 있다.

판례는 현저하게 불공정한 방법에 의해 신주가 발행된 경우에 무효로 본다.285

보건대, 판례의 입장에 따라 현저하게 불공정한 방법에 의해 신주가 발행된 경우에는 무효로 보겠다. 현저하게 불공정한가 여부를 판단함에 있어서 지배권의 변동 여부가 중요

---

283 이철송, (회)895면.

284 주주총회의 결의사항을 법률에 의한 것과 정관 등 회사내부규칙에 의한 것으로 나누어 볼 수 있는데, 신주발행 등과 같이 상법상 정관에 의한 주주총회결의사항으로 위임이 예정된 경우에는 법률에 의한 주주총회결의사항으로 분류할 것이다.

285 대법원 2003.2.26. 선고 2000다42786 판결, 대법원 2008.5.9. 선고 2007그127 판결, 대법원 1995.2.28. 선고 94다34579 판결 : 현저하게 불공정한가 여부는 구체적 사정에 따라 판단하게 된다.

한 판단기준이 된다.

3. 신주발행무효의 소와 타 소송과의 관계

(1) 의의

신주발행을 위한 이사회의 결의가 무효이거나, 또는 주주총회의 결의에 부존재, 취소, 무효의 원인이 있는 경우에는 위의 결의의 하자를 다투는 소를 제기할 수 있는 동시에 신주발행무효의 소를 제기할 수도 있다. 이와 같이 주주총회의 결의에 기초하여 이루어지는 후속행위에 별도로 그 효력을 다투는 소가 인정되는 경우 양 소송의 관계를 어떻게 볼 것인가가 문제된다.

(2) 학설

① 흡수설 : 후속행위가 효력을 발생하기 전에는 결의취소의 소 등을 제기할 수 있으나, 그 이후에는 결의의 하자는 신주발행의 무효원인으로 흡수되어 신주발행무효의 소만 제기할 수 있다고 한다.[286] 이는 분쟁관계의 획일적 확정을 기할 필요가 있고, 분쟁의 궁극적인 해결은 후속행위의 효력이 어떻게 되는가에 따르게 되므로 이사회나 주주총회의 결의의 하자는 후속행위의 하자로 흡수되는 것으로 보아 후속행위의 하자를 주장하는 소만을 제기할 수 있다는 것이다. 판례도 흡수설의 입장을 취하고 있다.[287]

② 양소병존설 : 양소는 각각 소의 원인이 다르므로 당사자는 양소를 임의로 선택할 수 있고, 결의무효 또는 취소판결이 이루어진 경우 후속행위는 당연히 효력을 잃게 되므로 후속행위무효의 소가 불필요하다고 한다.

③ 취소소송설 : 결의의 취소를 이유로 후속행위의 무효를 주장할 때에는 반드시 결의취소의 소에 의하여야 한다는 견해이다.

참조판례

"상법 제429조는 신주발행의 무효는 주주·이사 또는 감사에 한하여 신주를 발행한 날로부터 6월 내에 소만으로 이를 주장할 수 있다고 규정하고 있으므로, 설령 이사회나 주주총회의 신주발행결의에 취소 또는 무효의 하자가 있다고 하더라도 그 하자가 극히 중대하여 신주발행이 존재하지 아니하는 정도에 이르는 등의 특별한 사정이 없는 한 신주발행의 효력이 발생한 후에는 신주발행무효의 소에 의하여서만 다툴 수 있다."(대법원 2004.8.20. 선고 2003다20060 판결).

---

286 이철송, (회)504면 ; 정찬형, (상)937면 : 다만 신주발행절차의 하자가 아니라 이의 전제요건 예를 들면 수권주식 또는 종류주식 등에 관한 정관규정을 변경하는 주주총회결의에 하자가 있는 경우에는 신주발행의 무효원인에 흡수될 수 없다면서, 이때에는 별도로 그 하자를 다투는 소를 제기하여야 하는데 편의상 신주발행무효의 소와 동시에 제기되어 병합심리될 수 있다고 본다.

287 대법원 2004.8.16. 선고 2003다9636 판결, 대법원 1989.7.25. 선고 87다카2316 판결 등

(3) 검토

이사회결의의 하자나 주주총회결의의 하자와 후속행위와의 관계에 대해서 볼 때, 이사회결의와 주주총회의 결의는 이를 나누어서 살펴볼 필요가 있다.288

이사회결의의 하자의 경우에 무효의 일반원칙에 따라서 민법과 민사소송법에 의하여 그 무효를 주장할 수 있는데, 이사회결의의 하자가 후속행위의 무효와 필연적인 연관성을 가지지 않는다. 즉 이사회결의에 하자가 있어도 거래안전을 위해서 후속행위 하자의 주장이 제한되는 경우가 있으므로 후속행위의 효력에 대한 최종판단에 따라서 분쟁의 궁극적인 해결이 이루어진다. 앞에서 본 바와 같이 신주발행의 경우도 그 예에 속한다. 따라서 여기서는 흡수설이 타당성을 가진다.

그러나 주주총회결의의 하자는 이와 다르다. 주주총회의 결의에 하자가 있는 경우에 그 결의사항은 무효가 되고, 우리 상법상 그 하자는 치유되지 않는다. 따라서 이때는 별도로 후속행위의 하자를 다투는 소를 제기하지 않는다 하여도 주주총회결의의 하자에 대한 결정에 기초하여 후속행위의 무효를 주장할 수 있으므로, 흡수설에서 이야기하는 궁극적 해결에 장해가 되는 것이 아니다. 따라서 이때에는 양소병존설의 입장이 타당하다.

관련사항 **흡수설, 양소병존설**

① 이사회결의의 하자 : 흡수설 – 거래안전의 관점에서 후속행위의 하자의 주장이 제한되는 경우가 있다. 궁극적인 해결은 후속행위에서 결정된다.
② 주주총회결의의 하자 : 양소병존설 – 후속행위의 하자의 주장이 제한되지 않는다.

4. 소의 절차

신주발행무효의 소는 주주·이사 또는 감사에 한하여 신주발행일로부터 6월 내에 소만으로 주장할 수 있다(상법 제429조).

5. 판결의 효력

신주발행무효의 소는 대세적 효력 및 소급효의 제한이 인정된다(상법 제431조 제1항).

---

288 다만 전제로 주주총회의 결의는 법률에 의하여 요구되는 때이며, 정관 등 회사내부규칙에 의하여 주주총회의 결의사항이 된 때에는 이사회결의의 흠결과 같이 볼 것이다. 다만 신주발행 등과 같이 상법상 정관에 의한 주주총회결의사항으로 위임이 예정된 경우에는 법률에 의한 주주총회결의사항으로 분류할 것이다.

6. 신주발행무효판결 후의 처리

신주발행무효의 판결이 확정된 때에는 회사는 지체없이 그 신주무효의 뜻과 3월 이상의 일정기간 내에 주권을 회사에 제출할 것을 공고하고, 주주명부에 기재된 주주와 질권자에 대하여는 각별로 그 통지를 하여야 한다(상법 제431조 제2항).

신주의 주주에 대하여는 그 납입금액을 환급하여야 한다(상법 제432조 제1항).

7. 신주발행의 부존재

신주발행의 실체가 전혀 없고 다만 신주발행의 변경등기만 있는 경우에는 신주발행의 부존재가 된다. 이때에는 누구나 언제든지 또 어떠한 방법으로도 그 무효를 주장할 수 있다. 필요한 경우에는 신주발행부존재확인의 소도 제기할 수 있다.

Ⅵ. 회사의 회계

1 기업회계

기업회계의 공정한 처리는 회사의 모든 이해관계인의 보호와 건전하고 투명한 경영을 위하여 매우 중요하다. 주식회사의 계산제도를 진실·적정·명료하게 운영하는 것은 ① 회사채권자를 보호하고, ② 현재의 주주 및 장래의 주주를 보호하며, ③ 국민경제를 건전하게 발전시킨다.

우리 상법은 회계의 원칙에 대하여 "회사의 회계는 이 법과 대통령령으로 규정한 것**289**을 제외하고는 일반적으로 공정하고 타당한 회계관행에 따른다."(상법 제446조의 2)고 규정하고 있다.

기타 상법이 규정하고 있는 회계규정을 분류하여 보면 다음과 같다.

① 재무제표의 작성·공시·승인에 대한 규정을 두어 주주와 회사채권자로 하여금 회사의 재산상태에 관한 명확한 지식을 가질 수 있게 하고 있다.

② 이익배당·주식배당 및 중간배당에 관한 규정을 두어 회사자본금의 건실성을 촉구하고 있다.

③ 회사의 업무와 재산상태의 검사에 관한 규정을 두어 경리의 부정을 시정하는 대책을 세우고 있다.

---

289 대표적인 것으로 한국채택국제회계기준, 일반기업회계기준(기업회계기준을 수정·보완) 등이 있다(상법 시행령 제15조 제1항).

④ 회사의 회계와 직접 관련은 없으나 주주의 권리행사와 관련하여 이익공여를 금지하여 회사재산의 부당유용을 방지하고, 신원보증금의 반환을 받을 채권과 회사와 사용인간의 고용관계에 기하여 생긴 채권에 대하여 우선변제권을 인정함으로써 회사의 재산과 간접적으로 관련을 갖는 규정도 두고 있다.

구 상법상으로는 대차대조표에 기재할 재산과 그 항목 및 그 평가에 대하여 상세한 규정을 두고 있었으나, 이에 대한 규정은 상법개정으로 삭제되었다.

회계에 관한 규정은 강행규정으로 정관으로도 변경할 수 없다.

재무제표의 작성

1. 의의

회사도 상인이므로 상업장부의 작성이 요구된다. 따라서 회계장부(전표, 분개장, 원장)와 대차대조표의 작성이 요구된다(상법 제29조 제1항).

주식회사는 재무제표의 작성도 요구되는 것으로서, 주식회사의 이사는 매결산기에 대차대조표 이외에 손익계산서와 그 부속명세서를 작성하여 이사회의 승인을 받아야 한다(상법 제447조 제1항). 그 외 회사의 재무상태와 경영성과를 표시하는 것으로서 상법 시행령상의 서류도 작성하여야 한다. 대통령령으로 정하는 서류는 자본변동표, 이익잉여금처분계산서 또는 결손금처리계산서이며, 여기에 외감법상의 외부감사 대상회사의 경우에는 현금흐름표 및 주석이 더해진다(상법 시행령 제16조). 여기서 부속명세서를 제외한 것을 재무제표라 한다.[290]

이사는 영업보고서를 작성하여 이사회의 승인을 얻어야 하지만(상법 제447조의 2), 영업보고서는 전 영업연도의 영업의 경과나 상황의 설명서로서 재무제표가 아니다.

주식회사의 외부감사에 관한 법률상의 지배회사의 이사는 연결재무제표를 작성하여 이사회의 승인을 받아야 한다(상법 제447조 제2항).

---

290 한국채택국제회계기준을 적용하여 재무제표를 작성하는 경우 재무제표에는 재무상태표, 포괄손익계산서, 자본변동표, 현금흐름표 및 주석이 포함된다. 일반기업회계기준을 적용하여 재무제표를 작성하는 경우 재무제표에는 재무상태표, 손익계산서, 현금흐름표, 자본변동표로 구성되며, 주석을 포함한다.
은행이나 보험회사에서 실무상 작성하고 있는 재무제표를 보면, 연결재무제표에는 연결재무상태표, 연결포괄손익계산서, 연결현금흐름표, 연결자본변동표, 주석이 포함되고, 개별재무제표에는 별도재무상태표, 별도포괄손익계산서, 이익잉여금처분계산서(또는 결손금처리계산서), 별도현금흐름표, 별도자본변동표, 주석이 포함되어 있다.

관련사항

일반적으로 공정·타당한 회계관행으로서 2010년까지 기업회계기준이 있었는데, 2011년 이후에는 이에 갈음한 한국채택국제회계기준(KIFRS)과 일반기업회계기준이 있다. 금융위원회는 증권선물위원회의 심의를 거쳐 위와 같이 구분하여 회사의 회계처리기준을 정한다(외감법 제13조 제1항). 주식회사의 외부감사에 관한 법률상의 지배회사의 이사는 연결재무제표(聯結財務諸表)를 작성하여 이사회의 승인을 받아야 한다(상법 제447조 제2항). 이와 달리 외감법에 따르면 2011.1.1.부터 주권상장법인, 은행, 투자매매업자, 보험회사, 신용카드업자 등은 한국채택국제회계기준(KIFRS)을 적용하여 재무제표 및 연결재무제표를 작성하여야 한다(외감법 제13조 제1항 1호, 동시행령 제7조의 2). 주권비상장법인은 일반회계기준을 적용하여 재무제표 또는 연결재무제표를 작성하여야 한다(외감법 제13조 제1항 2호, 제3항).

2. 대차대조표

대차대조표는 일정시점에 있어서 기업의 재무상태를 명확히 보고하기 위하여 대차대조표일 현재의 모든 자산·부채 및 자본금을 차변과 대변의 두란으로 나누어 적정하게 표시하는 개괄표이다. 회사는 성립한 때와 매결산기에 회계장부에 의하여 대차대조표를 작성하여야 한다.

3. 손익계산서

손익계산서는 1영업기간의 기업의 경영성과를 명백히 보고하기 위하여 그 기간에 속하는 모든 수익과 이에 대응하는 모든 비용을 적정하게 기재하여 손익과 그 발생 원인을 일람표시하는 보고서이다.

대차대조표가 일정시점에 있어서의 기업의 정적 상태로서의 재무구조를 표시하는데 비하여, 손익계산서는 일정기간의 기업경영의 동적 상태의 누적결과를 표시하는 결산표이다.

3. 이익잉여금처분계산서 또는 결손금처리계산서

이익잉여금처분계산서는 이익잉여금의 처분사항을 명확히 보고하기 위한 계산서로서, 기업의 전기이월이익잉여금과 당기순이익의 처분사항을 명확히 보고하기 위하여 처분전이익잉여금의 총변동사항을 표시한 재무제표이다.

결손금처리계산서는 결손금의 처리사항을 명확히 보고하기 위한 계산서로서, 결손금이 생기는 경우 이를 보전하기 위하여 작성된 보고서이다.

구 상법상으로 재무제표의 승인을 위한 정기주주총회에서 이익잉여금처분계산서가 승인되면 주주에게 특정액의 배당금지급청구권이 발생하였다. 개정 상법에서는 이익배당을 재무제표의 승인과 구분하여 별도의 주주총회의 결의사항으로 정하였으므로(상법 제462조

제2항), 개정 상법하에서는 이익잉여금처분계산서를 이익배당결의의 의안으로 제출해야 한다.

4. 현금흐름표

현금흐름표는 기업의 현금흐름을 나타내는 표로서 현금의 변동내용을 명확하게 보고하기 위하여 당해 회계기간에 속하는 현금의 유입과 유출내용을 적정하게 표시한 보고서이다. 외부감사 대상회사의 경우에 작성의무가 인정된다.

5. 재무제표부속명세서

재무제표부속명세서는 대차대조표와 손익계산서의 중요한 항목에 관하여 그 명세를 기재한 보고서이며, 대차대조표 및 손익계산서의 기재만으로 불충분한 것을 보충하는 기능을 가진다.

6. 연결재무제표

연결재무제표란 둘 이상의 회사가 지배·종속관계에 있는 경우, 지배회사가 작성하는 연결재무상태표, 연결손익계산서 또는 연결포괄손익계산서, 연결자본변동표, 연결현금흐름표, 주석 등을 말한다(외감법 제1조의 2 2호, 외감법 시행령 제1조의 2 제2항).

> * 연결재무제표
> 모 ↔ 자 ↔ 제3자
> ↳ 외부로 처리가 이루어질 때 비로소 계산에 계입된다.

연결재무제표는 지배·종속관계에 있는 회사 전체의 재무상황과 경영성과를 파악할 수 있도록 하고, 상호출자·내부거래 및 불공정거래 등에 의하여 왜곡된 부분을 상계·제거하여 적절히 공시하게 함으로써 재무제표의 공정한 공시를 보장하고자 하는 것이다.

여기서 지배·종속관계는 주식회사 외부감사에 관한 법률상의 기준에 의하여 결정된다. 시행령에 따를 때 대통령령으로 정하는 지배·종속의 관계란 주식회사가 경제활동에서 효용과 이익을 얻기 위하여 다른 회사(조합 등 법인격이 없는 기업을 포함한다)의 재무정책과 영업정책을 결정할 수 있는 능력을 가지는 경우로서 그 주식회사(지배회사)와 그 다른 회사(종속회사)의 관계를 말한다. 이 경우 지배·종속의 관계는 외감법 제13조 제1항 1호에 따른 회계처리기준(한국채택국제회계기준) 또는 외감법 제13조 제1항 2호에 따른 회계처리기준에 따라 판

단하여야 한다(외감법 시행령 제1조의 3 제1항).[291]

7. 영업보고서

영업보고서는 영업에 관한 중요한 사항을 기재한 설명서에 불과하고 계수적인 것이 아니다. 영업보고서는 재무제표는 아니지만, 이사는 매결산기에 영업보고서를 작성하여 이사회의 승인을 받아 감사 또는 감사위원회에 제출하여야 한다(상법 제447조의 2 제1항). 이사는 영업보고서를 주주총회에 제출하여 그 내용을 보고하기만 하면 되고 승인을 받을 필요는 없다.

재무제표 등의 감사와 비치·공시

1. 재무제표 등의 감사

이사는 재무제표와 그 부속명세서 및 영업보고서를 작성하여 이사회의 승인을 얻은 후 감사 또는 감사위원회의 감사를 받기 위하여 정기총회의 회일의 6주간 전에 감사 또는 감사위원회에게 제출하여야 한다(상법 제447조의 3).

감사 또는 감사위원회는 위의 서류를 받은 날로부터 4주간내에 감사를 하여 감사보고서를 이사에게 제출하여야 한다(상법 제447조의 4).

2. 재무제표 등의 비치·공시

이사는 정기총회 회일의 1주간 전부터 재무제표·부속명세서·영업보고서와 감사보고서를 본점에 비치하여 주주와 회사채권자에게 공시하여야 한다.[292] 재무제표·부속명세서·영업보고서와 감사보고서는 본점에 5년간, 그 등본을 지점에 3년간 비치하여야 한다(상법 제448조). 이 기간은 주주총회승인의 날부터 기산한다.

---

291 이전에는 다음의 기준에 따라 지배·종속관계가 정하여 졌다. ① 주식회사가 다른 주식회사의 발행주식총수의 50%를 초과하여 소유하는 경우 ② 주식회사가 다른 주식회사의 발행주식총수의 30%를 초과하여 소유하면서 최대주주인 경우 ③ 위 ① 또는 ②에 의한 지배회사 및 종속회사가 합하거나, 종속회사와 종속회사가 합하여 다른 주식회사의 발행주식총수의 30%를 초과하여 소유하면서 최대주주인 경우.

292 개정 시행령에서는 상장회사의 주주총회소집 통지시 사업보고서와 감사보고서도 함께 제공하도록 하였으며, 이 경우 해당 보고서는 주주총회 개최 1주 전까지 전자문서로 발송하거나 회사의 홈페이지에 게재하는 것으로 갈음할 수 있다.

3. 재무제표 등의 승인·공고

이사는 재무제표를 정기총회에 제출하여 그 승인을 요구하여야 한다(상법 제449조 제1항). 영업보고서는 보고만 하고, 감사보고서는 이사에게 제출하고 주주총회에 제출할 필요는 없다.

재무제표의 승인에 있어서 수정결의도 가능하다. 재무제표를 승인하면 2년 내에 다른 결의가 없으면 이사와 감사 또는 감사위원회의 책임은 부정행위가 있는 경우를 제외하고 해제된 것으로 본다(상법 제450조). 이러한 책임해제의 법적 성질에 대하여 승인결의의 부수적 효과로 보는 승인결의효과설과 2년의 제척기간이 경과한 효과로 보는 제척기간설(다수설)이 있다.

재무제표 등의 승인에 대한 특칙으로, 회사는 정관에서 정하는 바에 따라 재무제표·부속명세서·영업보고서와 감사보고서를 이사회의 결의로 승인할 수 있다(상법 제449조의 2 제1항). 다만, 이 경우에는 다음의 요건을 모두 충족하여야 한다. ① 재무제표·부속명세서·영업보고서와 감사보고서가 법령 및 정관에 따라 회사의 재무상태 및 경영성과를 적정하게 표시하고 있다는 외부감사인의 의견이 있을 것 ② 감사(감사위원회 설치회사의 경우에는 감사위원을 말한다) 전원의 동의가 있을 것

이에 따라 이사회가 승인한 경우에는 이사는 재무제표·부속명세서·영업보고서와 감사보고서의 내용을 주주총회에 보고하여야 한다(상법 제449조의 2 제2항). 이때에는 배당에 관한 결의도 이사회결의에 의한다.

관련사항 **자본금(상법 제451조)**

- 회사의 자본금은 이 법에서 달리 규정한 경우 외에는 발행주식의 액면총액으로 한다.
- 회사가 무액면주식을 발행하는 경우 회사의 자본금은 주식발행가액의 2분의 1 이상의 금액으로서 이사회(제416조 단서에서 정한 주식발행의 경우에는 주주총회를 말한다)에서 자본금으로 계상하기로 한 금액의 총액으로 한다. 이 경우 주식의 발행가액 중 자본금으로 계상하지 아니하는 금액은 자본준비금으로 계상하여야 한다.
- 회사의 자본금은 액면주식을 무액면주식으로 전환하거나 무액면주식을 액면주식으로 전환함으로써 변경할 수 없다.
- 액면주식과 무액면주식은 정관이 정함에 따라 전환이 가능하다(전환은 원래 종류주식간의 전환).

준비금

1. 의의

준비금이란 회사가 순자산액으로부터 자본액을 공제한 금액 중 일부를 장래 생길지도 모르는

필요에 대비하기 위하여 회사에 적립해 두는 금액을 말한다. 준비금은 일종의 기업저축으로서 자본금과 함께 경제학상 자기자본금이 되어 영업활동의 기금이 되고 있다.

준비금에는 법률의 규정에 의하여 적립이 강제되는 법정준비금과 정관 또는 주주총회의 결의에 의하여 적립하는 임의준비금이 있다. 법정준비금에는 자본준비금과 이익준비금이 있다.

준비금과 유사한 것으로 자산의 가액을 수정하거나 장래에 예상되는 지출 또는 손실을 대비하기 위한 것으로 충당금이 있다.

관련사항 **자산재평가법에 의한 재평가적립금**

- 고정자산의 재평가차액에서 재평가일 1일 전의 대차대조표상의 이월결손금을 공제한 잔액을 말한다.
- 일반기업회계기준에서는 이를 기타 법정적립금으로 규정한다.

2. 법정준비금

(1) 내용

1) 이익준비금

이익준비금은 이익을 재원으로 하여 적립되는 법정준비금이다. 여기서 이익이란 매결산기의 당기이익만을 의미하는 것이 아니라 그 결산기의 당기이익이 없는 경우에 전기이월이익이나 임의준비금으로 금전배당을 하는 경우를 포함한다.

회사는 그 자본금의 2분의 1에 달할 때까지 매결산기의 금전에 의한 이익배당액의 10분의 1이상의 금액을 이익준비금으로 적립하여야 한다(상법 제458조). 다만, 주식배당의 경우에는 그러하지 아니하다. 여기서 자본금의 2분의 1을 초과한 금액은 임의준비금의 성질을 갖는다.

2) 자본준비금

자본준비금은 영업이익 이외의 자본거래에서 발생한 자본잉여금을 재원으로 하여 적립되는 법정준비금을 말한다. 회사는 자본거래에서 발생한 잉여금을 대통령령[293]으로 정하는 바에 따라 자본준비금으로 적립하여야 한다(상법 제459조 제1항).

합병이나 분할 또는 분할합병의 경우 소멸 또는 분할되는 회사의 이익준비금이나 그 밖의 법정준비금은 합병·분할·분할합병 후 존속되거나 새로 설립되는 회사가 승계할 수 있다(상법 제459조 제2항).

---

293 상법 시행령 제18조(적립할 자본준비금의 범위) 법 제459조 제1항에 따라 회사는 제15조에서 정한 회계기준에 따라 자본잉여금을 자본준비금으로 적립하여야 한다.

관련사항 **구상법(제459조)에서는 자본준비금에 대하여 제한적 열거로서 다음을 규정하였다.**

1. 액면이상의 주식을 발행한 때에는 그 액면을 초과한 금액 - 주식발행초과금

1의 2. 주식의 포괄적 교환을 한 경우에는 제360조의 7에 규정하는 자본금증가의 한도액[자회사자산 – 주주에게 지급할 금액 – (신주발행에 갈음할 자기주식의 이전시)주식의 가액]이 완전모회사의 증가한 자본액을 초과한 경우의 그 초과액 - 주식교환차익금

1의 3. 주식의 포괄적 이전을 한 경우에는 제360조의 18에 규정하는 자본금의 한도액이 설립된 완전모회사의 자본액을 초과한 경우의 그 초과액 - 주식이전차익금

2. 자본금감소의 경우에 그 감소액이 주식의 소각, 주금의 반환에 요한 금액과 결손의 전보에 충당한 금액을 초과한 때에는 그 초과금액 - 감자차익금

3. 회사합병의 경우에 소멸된 회사로부터 승계한 재산의 가액이 그 회사로부터 승계한 채무액, 그 회사의 주주에게 지급한 금액과 합병 후 존속하는 회사의 자본금증가액 또는 합병으로 인하여 설립된 회사의 자본액을 초과한 때에는 그 초과금액 - 합병차익금

3의 2. 제530조의 2의 규정에 의한 분할 또는 분할합병으로 인하여 설립된 회사 또는 존속하는 회사에 출자된 재산의 가액이 출자한 회사로부터 승계한 채무액, 출자한 회사의 주주에게 지급한 금액과 설립된 회사의 자본액 또는 존속하는 회사의 자본증가액을 초과한 때에는 그 초과금액 - 분할차익금

4. 기타 자본거래에서 발생한 잉여금

(2) 법정준비금의 사용

1) 자본금의 결손보전

자본금의 결손이란 회사의 순자산액(자산 - 부채)이 자본금과 법정준비금의 합계액보다 적은 경우를 의미하는데, 이는 결산기에 확정된다. 자본금의 결손보전이란 대차대조표상의 부채란의 법정준비금액을 감소시키고 동시에 자산란의 손실액을 그만큼 감소시키는 계산상의 행위를 의미한다. 자본금결손시 이를 임의준비금이나 법정준비금으로써 보전하지 않고 이연손실로 하여 차기로 이연시킬 수도 있다.

2) 자본금전입

자본금전입이란 대차대조표상의 부채란의 준비금계정의 금액을 필요한 만큼 감소하고 동시에 자본금계정의 금액을 증가시키는 것인데, 다만 이 경우에는 신주를 발행하여 종전의 주주에게 그 보유 주식수에 따라 무상으로 교부한다.

3) 준비금의 감소

회사는 적립된 자본준비금 및 이익준비금의 총액이 자본금의 1.5배를 초과하는 경우에 주주총회의 결의에 따라 그 초과한 금액 범위에서 자본준비금과 이익준비금을 감액할 수 있다(상법 제461조의 2). 이렇게 준비금의 적립에 관한 규제를 완화한 것은 회사의 잉여자금인 준비금을 주주에 대한 배당이나 회사의 다른 투자에 사용할 수 있도록 하기 위한 것이다.

3. 임의준비금

임의준비금에 대하여 상법에는 규정하지 않고 일반기업회계기준이 규정하고 있는데, 법률에 의하여 적립이 강제되지 않고 정관이나 주주총회의 결의에 의하여 적립되는 준비금을 말한다. 임의준비금에는 사업확장적립금, 감채적립금, 배당평균적립금, 결손보전적립금 및 세법상 적립하여 일정기간이 경과한 후 환입될 준비금 등이 있다. 임의준비금에는 이와 같이 목적이 특정된 임의적립금과 목적이 특정되지 않은 임의적립금(별도적립금)도 있다.

임의준비금으로 자본금전입은 불가능하나 주식배당의 재원으로 사용할 수는 있다.

2 이익배당

이익배당이란 광의로는 주식회사가 그 영업에 관하여 의하여 얻은 이익을 주주에게 분배하는 것을 말한다. 이익배당은 자익권이자 고유권에 속한다. 주주의 입장에서 투하자금을 회수하려면 주식을 매각하는 수밖에 없는데, 주주의 지위를 유지하면서 투하자금에 대한 이익을 회수하는 방법은 배당을 받는 것이므로 이익배당이 주주에게 중요한 의미를 가진다. 회사는 많은 이익이 발생했음에도 불구하고 그 이익을 사내에 유보하려는 경향이 있는데, 주주의 이익보호를 위해서는 적절한 배당이 이루어져야 한다.

이익배당의 방법으로는 현금배당(협의의 이익배당)과 주식배당이 있다. 개정 상법에서는 이에 더하여 현물배당(재산배당)에 대하여도 규정하고 있다(상법 제462조의 4).

배당은 원칙적으로 회계연도를 기준으로 1회 이루어지지만, 정관의 규정에 의하여 영업연도 중 1회에 한하여 이익배당을 할 수 있다. 이를 중간배당이라고 한다(상법 제462조의 3).

관련사항 **현물배당(상법 제462조의 4)**

- 회사는 정관에서 금전 외의 재산으로 배당을 할 수 있음을 정할 수 있다.
- 배당재산의 유형을 다양화하여 회사가 소유하고 있는 현물을 처분하여 금전으로 배당하여야 하던 불편을 해소하기 위해서 인정되었다.
- 현물배당시 회사는 다음 사항을 정할 수 있다.
  1. 주주가 배당되는 금전 외의 재산 대신 금전의 지급을 회사에 청구할 수 있도록 한 경우에는 그 금액 및 청구할 수 있는 기간
  2. 일정 수 미만의 주식을 보유한 주주에게 금전 외의 재산 대신 금전을 지급하기로 한 경우에는 그 일정 수 및 금액

협의의 이익배당

1. 의의

협의의 이익배당은 주식회사가 그 영업에 의하여 얻은 이익을 주주에게 현금 또는 현물로 분배하는 것을 말한다.

2. 요건

회사는 대차대조표상의 순자산액으로부터 자본금의 액과 그 결산기까지 적립된 법정준비금 및 그 결산기에 적립하여야 할 이익준비금, 대통령령으로 정하는 미실현이익[294]을 공제한 액(배당가능이익)을 한도로 하여 이익배당을 할 수 있다(상법 제462조 제1항). 그 외 정관의 규정 또는 주주총회의 결의로 임의준비금의 적립을 정한 때에는 이것도 공제하여야 하며, 자산재평가법에 의한 재평가적립금이 있는 경우에는 이것도 공제하여야 한다.

3. 이익배당의 확정

이익배당의 결정은 주주총회의 권한사항에 속한다(상법 제462조 제2항). 주주총회가 재무제표에 대한 승인 즉 대차대조표와 손익계산서를 승인하면 이익이 확정되고, 또 이익잉여금처분계산서를 승인하면 배당액이 확정된다. 그러나 개정 상법에서는 배당결의에 대하여 따로 규정하고 있으므로 재무제표에 대한 승인과 별개의 의안으로 주주총회에서 배당에 대하여 결의해야 한다.[295] 일정한 경우 재무제표를 이사회가 승인하는 경우에는 이익배당도 이사회의 결의로 정한다(상법 제462조 제2항 단서).

---

294 상법 시행령 제19조(미실현이익의 범위) ① 법 제462조 제1항 제4호에서 "대통령령으로 정하는 미실현이익"이란 법 제446조의2의 회계 원칙에 따른 자산 및 부채에 대한 평가로 인하여 증가한 대차대조표상의 순자산액으로서, 미실현손실과 상계(相計)하지 아니한 금액을 말한다.
② 제1항에도 불구하고 다음 각 호의 어느 하나에 해당하는 경우에는 각각의 미실현이익과 미실현손실을 상계할 수 있다.
1. 「자본시장과 금융투자업에 관한 법률」 제4조 제2항 제5호에 따른 파생결합증권의 거래를 하고, 그 거래의 위험을 회피하기 위하여 해당 거래와 연계된 거래를 한 경우로서 각 거래로 미실현이익과 미실현손실이 발생한 경우
2. 「자본시장과 금융투자업에 관한 법률」 제5조에 따른 파생상품의 거래가 그 거래와 연계된 거래의 위험을 회피하기 위하여 한 경우로서 각 거래로 미실현이익과 미실현손실이 발생한 경우

295 실제로는 재무제표와 이익배당안을 일괄하여 결의하는 것이 보통이다(정찬형, (상)1132면).

4. 이익배당의 기준

1) 주주평등의 원칙

이익배당은 원칙적으로 주주평등의 원칙에 의하여 각 주주가 가진 주식의 수에 따라 한다(상법 제464조).

이에 대한 예외로서 회사가 정관의 규정에 따라 우선주·후배주 등 이익배당에 관하여 내용이 다른 종류주식을 발행한 경우에는 종류주식 사이에 차등배당을 할 수 있다(상법 제464조 단서).

2) 일할배당·동액배당

일할배당이란 영업연도의 중간에 신주가 발행된 경우에 회사는 신주의 효력발생일로부터 결산일까지의 일수를 계산하여 이익배당을 하는 것을 말한다. 그 적법성에 관하여는 학설이 갈린다.[296]

동액배당는 신·구주 사이에 차이를 두지 않고 동일한 배당을 하는 것을 말한다.

영업연도의 중간에 신주가 발행된 경우에도 신주에 대한 이익이나 이자의 배당에 관하여 정관이 정하는 바에 따라 그 청구를 한 때가 속하는 영업연도의 직전 영업연도말에 주주가 되는 것으로 할 수 있다(상법 제423조 제1항, 제350조 제3항). 동액배당여부는 회사의 임의에 속하지만 상장기업의 예를 보면 위 규정의 적용으로 거의 동액배당이 이루어진다.

5. 이익배당금의 지급

이익배당청구권에는 추상적 이익배당청구권과 구체적 이익배당청구권(주주총회가 배당결의를 하면 취득)이 있다. 후자는 독립하여 양도·압류·전부명령 등의 목적이 될 수 있고 또 시효에도 걸린다.

회사는 주주총회나 이사회에 의한 배당결의가 있는 날로부터 1월 내에 배당금을 지급하여야 한다(상법 제464조조의 2 제1항).

6. 위법배당의 효과

(1) 의의

위법배당이란 회사가 배당가능이익이 없음에도 불구하고 이익배당을 하거나, 배당가능이익을 초과하여 이익배당을 하는 것이다.

---

296 주주평등의 원칙 부분 참조.

실질적인 위법배당은 자산을 부당평가하는 등의 방법으로 실질적으로는 배당가능이익이 없는데 형식적으로 배당가능이익이 있도록 하여 이익배당하는 경우로서 위법배당에 포함된다.

위법배당의 법적 효력은 당연 무효이다.

(2) 위법배당액의 반환청구

위법배당을 받은 주주는 부당이득으로 회사에 반환할 의무를 부담한다. 주주는 선의·악의를 불문하고 반환의무를 진다.

주주가 스스로 반환하지 않거나 회사에서 반환청구를 하지 않는 경우에는 회사채권자가 직접 주주에 대하여 위법배당액을 회사에 반환할 것을 청구할 수 있다(상법 제462조 제3항)

위법배당을 결의한 주주총회결의는 무효확인의 소의 대상이 된다.

(3) 이사·감사 또는 감사위원회 등의 책임

위법배당안을 이사회에서 찬성하고 이를 정기주주총회에 제출한 이사 등은 회사에 대하여 연대하여 손해배상책임을 진다(상법 제399조). 악의·중과실이 있는 경우에는 회사채권자 및 주주에 대해서도 책임을 진다(상법 제401조). 감사 등도 재무제표에 부정이나 허위가 있음에도 불구하고 정당한 것으로 보고한 때에는 임무해태가 된다.

주식배당

1. 의의

주식배당이란 주식회사가 주주에게 배당할 수 있는 이익의 일부를 새로이 발행하는 주식으로서 주주에게 그 지분비율에 따라 무상으로 배당하는 것이다. 주식배당은 배당가능이익을 사내에 유보할 수 있도록 하여 회사의 자본금조달을 원활히 하는 장점이 있다. 그러나 주주의 이익배당청구권을 침해할 우려가 있으며, 주식수 증가에 따른 배당압력이 가중될 수 있다. 이러한 문제로 인하여 상법은 주식배당을 이익배당총액의 2분의 1 이내로 제한하고 있다(상법 제462조의 2 제1항).

주식배당은 새로이 발행되는 주식으로써 배당하는 것으로 자기주식으로써 배당하는 현물배당과 구별이 된다. 또한 주식배당은 배당가능이익을 재원으로 하는 것으로, 배당 불가능한 법정준비금을 재원으로 하는 준비금의 자본금전입과 구별된다.

2. 주식배당의 본질

① 이익배당설(다수설) : 주식배당을 이익배당의 한 형태로 본다. 그것은 주식배당에 관한 규정형식이 이익배당의 한 경우로 규정되어 있고, 주식배당은 이익배당과 같이 배당가능이익의 존재를 전제로 하는 점, 주식배당은 사외유출 될 뻔한 자산이 유출되지 않았다는 점에서도 소극적인 의미에서 회사자산이 증가하고 있으나 준비금의 자본금전입의 경우에는 회사자산에 전혀 변동이 없는 점에서 구별되며, 회사자산의 소극적인 증가라는 점에서 주식분할과도 구별된다고 한다.

② 주식분할설 : 주식배당의 실질은 기업이윤의 사내유보에 의하여 회사의 자본적 수요를 충족시키는 것이므로 배당가능이익의 자본금전입으로 파악해야 한다고 설명하거나, 주식배당은 실질적으로 주식배당의 전후를 통하여 회사의 자산에 증감이 없고 단순히 이익항목으로부터 자본금항목으로의 대체가 있을 따름이므로 준비금의 자본금전입에 의한 신주의 무상교부와 같이 주식분할이라고 보는 것이 타당하다고 한다.

③ 검토 : 상법상 주식배당을 이익배당의 한 항목으로 규정한 규정형식 등을 볼 때 이를 이익배당의 한 유형으로 본다.
양설의 차이를 보면 주식배당에 의한 신주발행의 경우 종류주식은 같은 종류의 주식을 비례적으로 발행하여 주주에게 배당하여야 하는가에 대하여 주식분할은 긍정하지만 이익배당설은 부정한다. 상법은 "각각 그와 같은 종류의 주식으로 할 수 있다"(상법 제462조의 2 제2항)고 규정하고 있으므로, 이를 반대해석하면 우선주에 대하여 보통주로 배당도 가능하다. 다음으로 자기주식에 대한 배당에 대하여, 이익배당설은 자기주식에 대한 배당이 제한된다고 보아 이를 부정하지만 주식분할설에서는 주식배당을 할 수 있다고 본다.

3. 요건

주식배당을 하기 위해서는 배당가능이익이 존재해야 한다. 상법은 주주의 이익배당청구권을 보호하기 위하여 이익배당총액의 2분의 1까지만 가능하도록 제한하고 있다(상법 제462조의 2 제1항).

주식배당의 경우에도 자본이 증가하는데, 자본증가액이 수권자본금의 범위 내이어야 한다. 이를 초과하는 경우에는 미리 정관변경을 하여 수권자본금을 증가시켜야 한다.

4. 절차

(1) 주식배당의 결정

주식배당을 위해서는 이익잉여금처분계산서에 그 내용을 기재하여 이사회의 승인을 받고,

주주총회의 결의가 있어야 한다(상법 제462조의 2 제1항). 주주총회의 결의는 보통결의에 의한다.

(2) 주식배당의 통지

이사는 주주총회의 결의가 있는 때에는 지체없이 배당을 받을 주주와 주주명부에 기재된 질권자에게 그 주주가 받을 주식의 종류와 수를 통지하여야 한다(상법 제462조의 2 제5항).

(3) 신주의 발행

회사는 주주총회의 결의에 따라 배당가능이익을 자본금전입하고 그에 해당하는 신주를 발행하여야 한다.

신주의 발행가액은 권면액으로 하고, 회사가 종류주식을 발행한 때에는 각각 그와 같은 종류의 주식으로 할 수 있다(상법 제462조의 2 제2항).

신주에 대하여 주주가 되는 시기는 주주총회의 종결시이다(상법 제462조의 2 제4항).[297]

(4) 등기

주식배당을 하면 자본금총액이 증가하며, 회사의 발행주식총수, 그 종류와 각종 주식의 내용과 수가 변경되므로, 이에 따른 변경등기를 하여야 한다.

5. 위법한 주식배당

위법한 주식배당은 배당가능이익이 없는데 주식배당을 한 경우와 그 외 신주발행요건을 위반한 경우로 나누어 볼 수가 있다.

(1) 이익배당의 요건을 위반한 경우

1) 신주발행의 효력

① 무효설 : 이익배당의 요건을 위반한 주식배당은 납입이 없는 신주발행과 같게 되어 자본금충실에 반하므로 무효라 한다. 이때는 액면미달의 신주발행이 될 것이기 때문에 이러한 신주발행은 신주발행무효의 소의 원인이 된다.

② 유효설 : 이를 무효로 하더라도 무효의 소를 제기할 수 있는 자는 주주·이사 또는 감사이기 때문에 채권자를 보호하는데 도움이 되지 못하고, 또 이러한 경우에 신주발행을 유효라고 하더라도 자본금이 증가하였을 뿐 구체적인 회사재산이 유출·감소된 것이

---

297 보통의 신주발행의 경우 납입기일의 다음날, 준비금의 자본금전입의 경우 이사회에서 정한 신주배정기준일에 주주가 된다.

아니어서 채권자에게 불리할 것도 없다고 한다.

③ 위법배당을 무효로 본 것과 같이 이때도 자본금충실에 반하므로 무효로 볼 것이다.

2) 채권자의 반환청구

회사채권자가 주식을 회사에 반환할 것을 주주에게 청구할 수 있는가에 대하여 견해가 갈리지만, 주식배당도 일종의 이익배당이므로 위법배당의 경우에 회사채권자는 직접 주주에게 위법배당한 주식을 회사에 반환할 것을 청구할 수 있다고 본다.

3) 이사·감사 또는 감사위원회의 책임

① 긍정설 : 위법한 주식배당은 법령위반행위로서 이사는 회사에 대한 손해배상책임, 신주발행의 등기 후에는 자본금충실책임을 진다. 감사 또는 감사위원회도 그 임무를 게을리한 것으로 이들은 연대하여 책임을 진다.

② 부정설 : 이사가 위법한 주식배당을 하였다고 하더라도 회사에 손해가 발생하였다고 볼 수 없으므로 이사의 회사에 대한 손해배상책임을 인정할 수 없고, 또한 주식배당의 경우에는 주식의 인수와 납입이 있었던 것도 아니므로 이사에 대하여 자본금충실책임을 물을 수도 없다고 한다.

③ 검토 : 위법한 신주발행의 경우에 이사·감사 또는 감사위원회는 손해배상책임을 지겠지만, 주식배당에 의한 신주발행을 무효로 보면 자본금충실책임은 인정하기가 어려울 것이다. 자본금충실책임은 보충적 책임으로 신주를 배당받은 주주가 인수·납입책임을 지지 않는데 이를 이사 등에 부과할 수 없기 때문이다. 만일 신주발행을 유효로 본다면 자본금충실책임으로서 차액부담책임을 진다.

(2) 신주발행의 요건을 결한 경우

기타 신주발행의 요건을 결한 경우로는 주식배당에 관한 주주총회결의에 하자가 있는 경우, 정관소정의 수권주식총수의 한도를 넘어 신주를 발행한 경우, 정관에서 정하지 않은 종류의 주식을 발행한 경우 등을 들 수 있다.

이때는 신주발행무효의 소에 관한 규정을 유추적용하여 주주·이사·감사 또는 감사위원회는 신주를 발행한 날로부터 6월 내에 소로써만 이러한 신주발행의 무효를 주장할 수 있다고 본다.

중간배당

1. 의의

중간배당이란 년 1회의 결산기를 정한 회사가 정관의 규정에 의하여 영업연도 중 1회에 한하여 이사회의 결의로 일정한 날을 정하여 그 날의 주주에 대하여 금전으로 이익을 배당하는 것이다(상법 제462조의 3 제1항).

중간배당의 취지로는 배당투자관행을 정착, 일시 배당으로 인한 자금압박의 완화, 경영진의 경영성과에 대한 중간점검 등을 들 수 있다.

2. 성질

중간배당은 결의기관이 이사회이고, 금전배당만 가능하며, 배당재원이 당해 연도의 이익이 아니라는 점에서 이익배당과 구별된다. 이를 이익배당이 아니고 영업연도 중의 금전의 분배로 본다.

그 성질에 대하여는 재원을 무엇으로 보는가에 따라 ① 전기에 발생한 이익의 후급으로 보는 전기이익후급설 ② 당기에 발생한 이익의 선급으로 보는 당기이익선급설로 견해가 갈린다. 보건대, 중간배당의 한도에 관하여 직전 결산기를 기준으로 규정한 상법 제462조의 3 제2항의 취지에 비추어 전기이익후급설이 타당하다고 본다.

3. 요건

(1) 형식적 요건

연 1회의 결산기를 정한 회사로서, 정관의 규정이 있어야 하고, 이사회의 결의가 있어야 한다(상법 제462조의 3 제1항).

(2) 실질적 요건

첫째, 직전 결산기의 대차대조표상 이익이 현존하여야 한다. 중간배당은 직전 결산기의 대차대조표상의 순자산액에서 ① 직전 결산기의 자본금의 액 ② 직전 결산기까지 적립된 자본준비금과 이익준비금의 합계액 ③ 직전 결산기의 정기총회에서 이익으로 배당하거나 또는 지급하기로 정한 금액 ④ 중간배당에 따라 당해 결산기에 적립하여야 할 이익준비금을 공제한 액을 한도로 한다. 적립하여야 할 이익준비금은 중간배당액의 10분의 1 이상의 금액이다(상법 제462조의 3 제2항).

둘째, 당해 결산기에 이익이 예상되어야 한다. 회사는 당해 결산기의 대차대조표상의 순자산액이 제462조 제1항 각호의 금액의 합계액에 미치지 못할 우려가 있는 때에는 중간배당을 하여서는 아니 된다(상법 제462조의 3 제3항). 이의 판단을 잘못한 경우에 그 판단에 주의를 게을리하지 아니하였음을 증명하지 못하는 한 회사에 대하여 연대하여 그 차액을 배상할 책임을 진다(상법 제462조의 3 제3항 단서).

4. 기준

(1) 주주평등의 원칙

중간배당에 대하여는 이익배당에 관한 규정이 준용되어, 각 주주가 가진 주식의 수에 따라 지급하여야 하며, 종류주식을 발행한 경우에는 정관의 규정에 따라 회사는 종류주식 사이에 차등배당을 할 수 있다(상법 제462조의 3 제5항).

(2) 일할배당·동액배당

영업연도의 중간에 신주가 발행된 경우에는 일할배당할 수 있으나, 신주에 대한 이익이나 이자의 배당에 관하여 정관이 정하는 바에 따라 그 청구를 한 때가 속하는 영업연도의 직전 영업연도 말에 주주가 되는 것으로 할 수 있다(상법 제423조 제1항, 제350조 제3항). 이와 같이 정관의 규정에 의하여 직전 영업연도 말에 주주가 된 것으로 하면 동액배당을 하여야 한다.

5. 중간배당금의 지급

(1) 중간배당청구권(중간배당금지급청구권)

이사회에서 중간배당을 결의하면 이사회의 결의로 정한 배당기준일의 주주는 회사에 대하여 구체적인 중간배당청구권을 취득하는데, 이는 독립하여 양도·압류·전부명령 등의 목적이 될 수 있고 또 시효에도 걸린다. 그 시효기간은 5년이다(상법 제464조의 2 제2항).

(2) 배당금지급시기

중간배당에 관한 이사회의 결의가 있은 날로부터 1월 이내에 중간배당금을 지급하여야 한다. 그러나 이사회의 결의로 배당금의 지급시기를 따로 정한 경우에는 그러하지 아니하다(상법 제464조의 2 제1항).

6. 위법중간배당의 효과

위법한 중간배당이란 중간배당의 요건에 위반하여 금전을 배당하는 것으로, 직전 결산기의 대차대조표상 이익이 없거나, 당해 결산기에 이익이 예상되지 않음에도 불구하고 중간배당을 하는 것이다.

(1) 위법중간배당액의 반환청구

위법중간배당은 당연 무효이므로 위법중간배당을 받은 주주는 배당받은 금전을 부당이득으로 회사에 반환할 의무를 부담한다. 주주가 반환하지 않거나 회사에서 반환청구를 하지 않는 경우에는 회사채권자가 직접 주주에 대하여 위법배당액을 회사에 반환할 것을 청구할 수 있다(상법 제462의 3 제5항).

(2) 이사·감사 등의 책임

이사에게 당해 결산기에 이익이 예상되지 않는 경우에는 중간배당을 하여서는 아니 될 의무를 부담시키고(상법 제462조의 3 제3항), 이 의무에 위반한 이사에 대하여 특별한 차액배상 책임을 부담시키고 있다(상법 제462조의 3 제4항). 중간배당에 관한 이사회의 결의에 찬성한 이사는 연대하여 책임을 진다.

다만 이사가 당해 결산기에 이익이 발생할 것으로 판단함에 있어 주의를 게을리하지 아니하였음을 증명한 때에는 이사는 이러한 책임을 면한다(상법 제464조의 3 제4항 단서).

그리고 위법한 중간배당을 한 경우에 위법한 이익배당의 경우와 같이 회사 및 제3자에 대한 손해배상책임이 인정된다.

3 주주의 경리감독권

주주에게 이사의 권한남용을 방지하기 위한 이사의 해임청구권(상법 제385조 제2항), 이사의 위법행위유지청구권(상법 제402조), 대표소송제기권(상법 제403조) 등 이사의 업무집행에 대한 감독권을 부여하고 있는데, 주주가 이러한 권리를 효율적으로 행사하기 위해서는 회사의 업무와 재산상태에 관한 정확한 정보와 지식이 필요하므로 주주에게 경리감독권을 부여하고 있다.

경리감독권은 검사의 대상이 간접적인 서류(재무제표)에서 직접적인 서류(회계장부)로 확대되고, 또 검사의 범위가 회계관계사항으로부터 업무 및 재산관계사항(검사인을 통한 업무 및 재산조사권)으로 확대되고 있다.

1. 재무제표와 그 부속명세서·영업보고서 및 감사보고서의 열람권(단독주주권)

이사는 정기총회 회일의 1주간 전부터 재무제표와 그 부속명세서·영업보고서 및 감사보고서를 본점에서는 5년간 비치하고 지점에서는 3년간 비치하여야 하는데, 주주는 영업시간 내에 언제든지 이를 열람하고, 그 등본이나 초본의 교부를 청구할 수 있다(상법 제448조 제2항).

2. 회계장부열람청구권(소수주주권)

(1) 의의

주주가 재무제표 등을 가지고는 충분히 그 내용을 알 수 없는 경우에는 다시 그 기재가 진실하고 정확한 기재인가를 알기 위하여 그 원시기록인 회계의 장부와 서류의 열람·등사를 청구할 수 있는 권리를 가진다.

이러한 회계장부열람청구권을 행사하여 주주는 경영진에 대하여 실질적인 감독기능을 수행할 수 있다. 그런데 실제에 있어서 적대적 기업매수를 시도하는 측에서 경영진에 대한 압박의 수단으로 회계장부열람청구권을 이용하는 등 그 남용의 우려도 있다.

(2) 열람권자

상법에 따르면 발행주식총수의 100분의 3 이상에 해당하는 주식을 가진 소수주주는 이유를 붙인 서면으로 회계의 장부와 서류의 열람 또는 등사를 청구할 수 있다(상법 제466조 제1항).**298** 상장법인의 경우 6월 전부터 계속하여 발행주식총수의 10000분의 10(최근 사업연도말의 자본금이 1000억 원 이상인 법인에 있어서는 10000분의 5) 이상에 해당하는 주식을 가진 주주가 회계의 장부와 서류의 열람 · 등사청구권을 가진다(상법 제542조의 6 제4항).

(3) 권리의 내용

열람·등사의 대상인 회계의 장부는 재무제표와 그 부속명세서의 작성의 기초가 되는 장부로서 원장·분개장·전표 등이고, 회계의 서류는 회계장부의 기재의 원재료가 되는 서류로서 계약서·영수증·납품서 등이다.

회계장부에는 자회사의 장부 및 서류도 포함된다.

(4) 열람의 거부

회사가 그 청구가 부당함을 증명한 경우에는 회계장부열람청구권의 행사를 거부할 수 있으며(상법 제466조 제1항),**299** 회사가 정당한 이유없이 회계장부열람청구권의 행사를 거부한 경우에는 소수주주는 회계장부열람청구의 소를 제기할 수 있고, 필요한 경우에는 장부서류보전의 가처분을 신청할 수도 있다.

---

298 여기서 '이유'에 대해서 대법원은 "회계의 장부와 서류를 열람 또는 등사시키는 것은 회계운영상 중대한 일이므로 그 절차를 신중하게 함과 동시에 상대방인 회사에게 열람 및 등사에 응하여야 할 의무의 존부 또는 열람 및 등사를 허용하지 않으면 안 될 회계의 장부 및 서류의 범위 등의 판단을 손쉽게 하기 위하여 그 이유는 구체적으로 기재하여야 한다."고 판시하였다(대법원 1999.12.21. 선고 99다137 판결).

299 회사가 소수주주의 정당한 권리행사를 방해하는 것을 방지하기 위해서 입증책임을 회사에 전환하고 있다(강위두, (회)722면).

상법은 회사에 대하여 부당함에 대하여 증명하도록 요구할 뿐이며, 구체적인 부당사유에 대하여 제시하지 않고 있다.300 회계장부열람청구권이 주주의 경영진에 대한 감독기능으로서 인정되는 점에 비추어, 회계장부열람청구권은 회사 내지 주주전체의 이익을 위해 행사되어야 하며, 이 이익에 반하거나 주주지위와 관계없이 개인적인 이익을 위한 것이라면 부당한 청구에 해당될 것이다.

참조판례

"상법 제391조의 3 제3항, 제466조 제1항에서 규정하고 있는 주주의 이사회의 의사록 또는 회계의 장부와 서류 등에 대한 열람·등사청구가 있는 경우, 회사는 그 청구가 부당함을 증명하여 이를 거부할 수 있는바, 주주의 열람·등사권 행사가 부당한 것인지 여부는 그 행사에 이르게 된 경위, 행사의 목적, 악의성 유무 등 제반 사정을 종합적으로 고려하여 판단하여야 할 것이고, 특히 주주의 이와 같은 열람·등사권의 행사가 회사업무의 운영 또는 주주 공동의 이익을 해치거나 주주가 회사의 경쟁자로서 그 취득한 정보를 경업에 이용할 우려가 있거나, 또는 회사에 지나치게 불리한 시기를 택하여 행사하는 경우 등에는 정당한 목적을 결하여 부당한 것이라고 보아야 한다."(대법원 2004.12.24. 선고 2003마1575 판결).

3. 검사인을 통한 회사의 업무·재산상태조사권(소수주주권)

(1) 의의

주주의 회사장부열람청구권 등 경리감독권은 그 검사의 대상이 회계에 관한 서류·장부에 한정되며 그 방법도 열람 등에 그치는데, 여기서 벗어나서 실제 회사의 업무집행에 관하여 불법·부정이 있음을 의심할 만한 사유가 있는 경우도 많이 있다. 따라서 이를 규제하기 위하여 주주에게 법원이 선임한 검사인을 통하여 회사의 업무와 재산상태를 조사할 수 있는 권리를 인정하고 있다.

(2) 검사인의 선임

회사의 업무집행에 관하여 부정행위 또는 법령이나 정관에 위반한 중대한 사실이 있음을 의심할 사유가 있는 때에는 발행주식의 총수의 100분의 3 이상에 해당하는 주식을 가진 주주

---

300 일본회사법은 우리 법과는 달리 주주의 회계장부열람청구에 대하여 회사가 거부할 수 있는 사유를 구체적으로 열거하고 있다(일회사법 제293조의7).
1. 주주가 주주의 권리의 확보 또는 행사에 관한 조사를 하기 위한 것이 아닌 청구를 한 때 또는 회사업무의 운영 또는 주주공동의 이익을 해치는 청구를 한 때
2. 주주가 회사와 경업을 하는 자인 때, 회사와 경업을 하는 회사의 사원, 주주 또는 이사인 때, 또는 회사와 경업을 하는 자를 위하여 그 회사의 주식을 갖는 자인 때
3. 주주가 서류의 열람 또는 등사에 의하여 지득한 사실을 이익을 얻고 타인에 통보하기 위하여 청구한 때, 또는 청구일 전 2년 내에 그 회사 또는 다른 회사의 서류의 열람 또는 등사에 의하여 지득한 사실을 이익을 얻고서 타인에 통보한 일이 있는 자인 때
4. 주주가 부적당한 때에 열람 또는 등사의 청구를 한 때

(상장회사는 1000분의 15)는 회사의 업무와 재산상태를 조사하게 하기 위하여 법원에 검사인의 선임을 청구할 수 있다(상법 제467조 제1항).

(3) 검사인의 업무처리

검사인은 단순히 회계의 장부·서류뿐만 아니라, 회사의 업무와 재산상태를 조사하여 그 결과를 법원에 보고하여야 한다(상법 제467조 제2항). 법원은 검사인의 조사보고에 의하여 필요하다고 인정한 때에는 대표이사에게 일정기간 내에 주주총회를 소집할 것을 명할 수 있다(상법 제467조 제3항). 주주총회가 소집되는 경우 검사인은 그 조사보고서를 주주총회에도 제출하여야 한다.

이사와 감사는 지체없이 검사인의 조사보고서의 정확 여부를 조사하여 주주총회에 보고하여야 하며(상법 제467조 제4항), 주주총회는 그 결과에 따라 이사의 해임 또는 손해배상책임을 추궁할 것인가 여부에 대하여 결정하게 된다.

Ⅶ. 사채

총설

1. 사채의 의의

회사가 자금을 모집하는 방법으로는 자기자본과 타인자본에 의한 것이 있다. 타인자본조달의 방법으로는 단기자본조달형식으로서 어음할인·당좌차월·담보부 신용 등이 있고, 사채는 장기자본조달형식이다.

사채란 주식회사가 비교적 장기의 자금을 집단적·대량적으로 조달하기 위하여 채권발행의 방법에 의하여 부담하는 채무이다.

2. 사채와 주식의 이동

(1) 공통점

사채와 주식의 공통점으로는 ① 장기자금조달의 목적으로 발행한다. ② 균등한 비례적 단위로 분할되고, 유가증권화 한다. ③ 발행이 원칙적으로 이사회의 권한 사항이다. ④ 기명식으로 발행한 경우에 그의 이전에 소정의 대항요건을 갖추어야 한다(명의개서, 사채원부 + 채권성명기재)는 점 등을 들 수 있다.

(2) 차이점

① 주식은 자기자본금인데 반하여, 사채는 타인자본으로서 회사는 이를 반환할 채무를 부담한다.
② 주식의 발행에는 수권주식총수(설립시 1/4 이상 발행의 제한은 폐지)와 액면가액에 의한 제한이 있으나(액면주식을 발행한 경우 100원 이상으로 균일), 사채에는 발행에 대한 제한이 없어졌다.
③ 주식은 현물출자가 인정되나, 사채는 금전납입만이 인정된다.
④ 주식의 납입에 있어서 회사의 동의 없이 상계할 수 없으나, 사채에는 제한이 없다.
⑤ 주식의 납입은 전액납입이 요구되나, 사채는 분할납입이 허용된다.
⑥ 주식은 이익이 있는 경우에만 이익배당을 하지만, 사채는 이익유무를 불구하고 확정이자를 지급한다.
⑦ 주식은 원칙적으로 상환되지 않지만, 사채는 상환기에 상환된다.
⑧ 회사가 해산한 경우 사채가 주식에 우선한다.
⑨ 주식은 배당가능이익의 범위 내 자기주식취득이 허용되지만, 사채는 자기사채취득이 원칙적으로 금지되지 않는다.
⑩ 사채는 제한은 없지만 무기명식으로 발행되며, 주식은 무기명주식에 관한 조항이 삭제되어 기명식 발행만 허용된다.

(3) 양자의 접근

자본조달의 편의를 위해서 주식과 사채가 상호 접근하는 성격의 증권이 생겨나고 있다. 주식의 사채화를 가져온 것으로 무의결권주식, 비참가적·누적적 우선주, 상환주식 등이 있고, 사채의 주식화를 가져온 것으로 전환사채, 신주인수권부사채, 이익참가부사채와 교환사채 등이 있다.

3. 사채의 종류

(1) 사채권자에게 부여된 권리의 내용에 따른 분류

사채는 사채권자에게 부여된 권리의 내용에 따라 일반사채와 특수사채로 나눌 수 있는데, 특수사채는 특수한 권리가 부여된 사채로, 전환사채, 신주인수권부사채, 이익참가부사채(이익배당에 참가할 수 있는 사채), 교환사채(주식이나 그 밖의 다른 유가증권으로 교환할 수 있는 사채), 상환사채(주식이나 그 밖의 다른 유가증권으로 상환할 수 있는 사채로서 상환권이 기채회사에 있음), 파생결합사채,[301] 담보부사채(담보부사채신탁법에서 인정) 등이 있다.

---

301 유가증권이나 통화 또는 그 밖에 대통령령으로 정하는 자산이나 지표 등의 변동과 연계하여 미리 정

(2) 사채권에 사채권자의 성명이 기재되어 있는지 여부에 따른 분류

사채는 사채권에 사채권자의 성명이 기재된 기명사채와 성명이 기재되지 않는 무기명사채가 있다. 기명사채와 무기명사채간에는 상호 전환이 인정된다.

(3) 사채를 위하여 물상담보가 설정되어 있는지 여부에 따른 분류

사채에 물상담보가 설정되지 않은 무담보사채와 담보가 설정된 담보부사채가 있다.

(4) 사채의 등록 여부에 따른 분류

사채는 사채의 실물을 발행하는가 아니면 등록하는가에 따라 현물사채와 등록사채로 나눌 수 있다. 현물사채는 현실로 사채권이 발행된 사채이다. 그러나 실제로 회사채 실물은 거의 발행되지 않는다. 등록사채는 사채를 일정한 등록기관(한국예탁결제원, 일정한 금융기관)에 등록한 사채이다.302

사채의 모집

관련사항 구 상법상 사채모집의 제한 - 개정법에서 폐지됨

- 사채총액의 제한 : 구 상법상 사채총액의 제한이 있어 사채총액은 최종의 대차대조표에 의하여 회사에 현존하는 순자산액의 4배를 초과하지 못하였다(구 상법 제470조 제1항). 수회로 나누어 사채모집을 하는 경우에는 수회의 사채액의 합계가 위의 제한을 받는다. 다만 구 사채를 상환하기 위한 경우에는 구 사채의 액은 사채총액 중에 산입하지 않는다(구 상법 제470조 제2항). 이는 사채권자보호를 위한 것이지만 사후적인 채무부담 등이 가능하므로 실제 실효성이 없었다.
- 재모집의 제한 : 회사는 전에 모집한 사채총액의 납입이 완료된 후가 아니면 다시 사채를 모집하지 못한다(구 상법 제471조).
- 사채금액의 제한 : 각 사채의 금액은 1만원 이상이어야 하며, 동일 종류의 사채에서는 각 사채의 금액은 균일하거나 최저액으로써 정제할 수 있는 것이어야 한다(구 상법 제472조).
- 할증상환의 제한 : 사채권자에게 상환할 금액이 권면액을 초과할 것을 정한 때에는 그 초과액은 각 사채에 대하여 동률이어야 한다(구 상법 제472조).

하여진 방법에 따라 상환 또는 지급금액이 결정되는 사채로서(상법 제469조 제2항), 이자에 대해서만 기초자산의 변동과 연계되는 원금보장형의 것으로, 원금에 대해서도 기초자산의 변동과 연계되는 자본시장법상 파생결합증권과 구별된다.

302 "주식·사채 등의 전자등록에 관한 법률"에 의한다.

1. 사채모집의 방법

(1) 의의

사채를 발행함에 있어서, 사모의 방법에 의할 때뿐만 아니라 공모를 함에 있어서도 발행인의 신용도가 높은 경우에는 인수인을 통하지 않고 발행인이 모든 위험을 부담하면서 직접공모에 의하여 증권을 발행할 수 있다. 이때는 인수수수료, 공인회계사비용 등을 절약할 수 있다.

그러나 인수기관의 공신력에 의하여 공모가 성공할 가능성이 높게 되고, 인수기관이 공모차질로 인한 위험을 부담하는 보험자의 역할을 하기 때문에 간접공모에 따른 비용에도 불구하고 인수인을 통한 간접공모가 일반적으로 이용된다.

(2) 공모

1) 직접모집

기채회사가 직접 일반 공중으로부터 사채를 모집하는 방법으로 실제 이용이 안된다.

2) 간접모집

(가) 위탁모집

위탁모집은 수탁회사가 응모액이 사채총액에 미달하는 경우 그 부족분을 인수하지 않는 것을 말한다. 여기서 수탁회사는 사채모집의 업무를 단순히 수임하는 것으로, 수탁회사는 그의 명의로 기채회사의 계산으로 사채청약서의 작성 및 사채의 납입 등의 사채발행에 관한 모든 행위를 한다.

사채모집의 수탁회사는 은행·신탁회사(자본시장법상 금융투자업자로 한정)·증권회사(자본시장법상 금융투자업자로 한정)에 한한다.303

위탁모집의 경우에는 수탁회사가 인수인이 아니므로 사채관리회사가 될 수 있다(상법 제480조의 3 제2항).304

(나) 인수모집

인수모집에는 사채의 총액을 인수하는 총액인수의 방법과 사채모집의 위탁을 받은 회사가 사채의 일부를 인수하는 것(위탁인수모집, 도급모집)이 있다(상법 제475조). 총액인수는 기채회사와 특정인간의 계약으로 특정인에게 사채총액을 일괄하여 인수시키는 방법이다(상법 제

---

303 구 상법상 수탁회사는 사채관리회사로 변경하여 규정하고 있으며, 은행, 신탁업자, 증권회사 등으로 그 자격을 제한하고 있다(상법 제480조의 3 제1하).

304 수탁회사와 별도로 사채관리회사에 관한 조항 추가되어(상법 제474조 제2항 13호, 14호), 사채관리에 관한 이전 수탁회사에 관한 사항은 사채관리회사에 관한 것으로 바뀌었다.

475조). 인수인은 금융위원회로서부터 금융투자업의 인가를 받은 자로 제한된다.[305] 위탁인수모집은 위탁과 인수가 합해진 것으로, 수탁회사가 응모액이 사채총액에 미달하는 경우 그 부족액을 스스로 인수하는 모집이다(상법 제475조 후단). 수탁회사가 은행인 경우 주선회사가 되지 못할 뿐만 아니라 스스로 응모 잔액을 인수하지 못하므로(인수는 금융투자업자만 할 수 있다), 기채회사는 은행과 모집위탁계약을 체결하여 사채의 모집을 위탁하는 동시에 금융투자업자와 인수 및 모집주선계약을 체결하여 사채모집의 주선 및 응모 잔액을 인수시킨다.

수탁회사가 금융투자업자인 경우에는 이러한 업무가 하나의 계약에 의하여 수행되므로 주로 증권회사를 수탁회사로 이용하게 된다(수탁 + 잔액인수). 주간사회사는 잔액의 인수를 확보하기 위해서 사전에 투자신탁회사 등 금융기관과 더불어 인수단을 구성하고 인수책임량을 안배하는 방법을 이용한다(결국 총액인수의 효과를 얻는다). 이때 수탁회사는 인수인으로 사채관리회사는 될 수 없다(상법 제480조의 3 제2항).

위탁인수모집의 경우 수탁회사인 은행이 사채상환을 보증하면 그 사채를 보증사채라 한다.

관련사항

자본시장법에서 투자매매업에 속하는 인수는 모집, 사모, 매출에 있어서 총액인수, 잔액인수만을 의미한다(자법 제9조 제11항). 인수주선(위탁모집)은 투자중개업에 해당한다.

3) 매출발행(채권발행)

매출발행은 사채총액을 확정하지 않고 일정한 매출기간을 정하여 그 기간 내에 이미 완성된 채권을 공중에 대하여 개별적으로 매출하는 방법이다. 이때는 사채청약서의 작성, 배정, 납입, 채권교부 등의 절차를 요하지 않는다.

매출발행은 일반회사에는 인정되지 않고 은행에만 인정된다.

관련사항 **사채관리회사(구 상법상 수탁회사 → 사채관리회사)**

- 사채발행시의 수탁회사가 사채관리회사가 될 수도 있다.
- 은행, 신탁회사, 그 밖에 대통령령으로 정하는 자가 아니면 사채관리회사가 될 수 없다(상법 제480조의 3 제1항).
- 사채의 인수인은 그 사채의 사채관리회사가 될 수 없다(상법 제480조의 3 제2항).

---

305 상장회사의 경우 사채의 발행은 대부분 총액인수의 방법에 의한다.

3. 사채모집의 절차

(1) 이사회의 결의

사채모집시에 이사회의 결의에 의하여 사채총액, 각 사채의 금액, 사채의 이율, 사채상환의 방법 및 기한, 사채발행의 가액 등을 정하여야 한다(상법 제469조 제1항). 이때 정관에서 정하는 바에 따라 이사회는 대표이사에게 사채의 금액 및 종류를 정하여 1년을 초과하지 아니하는 기간 내에 사채를 발행할 것을 위임할 수 있다(상법 제469조 제4항).

(2) 사채계약의 성립

사채계약의 성립에 의하여 사채의 인수가 있게 되며, 이때 사재계약은 청약과 배정에 의하여 성립된다.

1) 청약

직접모집과 위탁모집의 방법에 의하는 경우에는 일반 공중의 이익을 보호하기 위하여 사채청약서주의에 의하고 있다. 사채청약서는 이사가 작성하고 일정한 법정기재사항을 적어야 한다(상법 제474조 제2항).**306** 사채청약서에 의하지 않은 사채청약이나 일반 공중의 보호에 본질적인 중요한 법정기재사항을 기재하지 않은 사채청약서에 의한 사채청약은 무효이다.

총액인수·위탁인수모집에서 수탁회사가 사채의 일부를 인수하는 경우 및 매출발행의 경우에는 사채청약서에 의한 청약을 요하지 않는다. 다만 위탁인수모집의 경우 위탁부분은 사채청

---

306 상법 제474조 ② 사채청약서는 이사가 작성하고 다음의 사항을 적어야 한다.
1. 회사의 상호
2. 자본금과 준비금의 총액
3. 최종의 대차대조표에 의하여 회사에 현존하는 순재산액
4. 사채의 총액
5. 각 사채의 금액
6. 사채발행의 가액 또는 그 최저가액
7. 사채의 이율
8. 사채의 상환과 이자지급의 방법과 기한
9. 사채를 수회에 분납할 것을 정한 때에는 그 분납금액과 시기
10. 채권을 기명식 또는 무기명식에 한한 때에는 그 뜻
10의 2. 채권을 발행하는 대신 전자등록기관의 전자등록부에 사채권자의 권리를 등록하는 때에는 그 뜻
11. 전에 모집한 사채가 있는 때에는 그 상환하지 아니한 금액
12. 삭제
13. 사채모집의 위탁을 받은 회사가 있는 때에는 그 상호와 주소
13의 2. 사채관리회사가 있는 때에는 그 상호와 주소
13의 3. 사채관리회사가 사채권자집회결의에 의하지 아니하고 제484조 제4항 제2호의 행위를 할 수 있도록 정한 때에는 그 뜻
14. 제13호의 위탁을 받은 회사가 그 모집액이 총액에 달하지 못한 경우에 그 잔액을 인수할 것을 약정한 때에는 그 뜻
15. 명의개서대리인을 둔 때에는 그 성명·주소 및 영업소

약서에 의한다(상법 제475조).

2) 배정

청약에 대하여 기채회사 또는 수탁회사가 배정을 하면 사채계약이 성립한다. 사채응모총액이 사채총액에 미달한 경우 응모총액을 한도로 사채발행의 효력이 발생한다. 이는 위탁모집의 경우이며, 총액인수·위탁인수모집에 의한 경우에는 인수기관이 인수를 책임지므로 응모미달의 문제는 발생하지 않는다.

(3) 납입

사채모집이 완료되면 기채회사의 이사 또는 수탁회사는 지체없이 사채인수인에 대하여 각 사채의 전액 또는 제1회의 납입을 시켜야 한다(상법 제476조 제1항).

(4) 등기

등기는 전환사채 및 신주인수권부사채의 경우에만 하여야 한다.

채권·사채원부

1. 채권(債券)

채권은 사채를 표창하는 유가증권으로서 사채총액에 대한 분할채무증서이다. 채권에는 기명채권과 무기명채권이 있다.

실제 사채의 경우 실물이 발행되는 경우는 거의 없는 것으로, 회사는 채권(債券)을 발행하는 대신 정관에서 정하는 바에 따라 전자등록기관의 전자등록부에 채권(債權)을 등록할 수 있다(상법 제478조 제3항).

2. 사채원부

사채원부는 사채·채권 및 사채권자에 관한 사항을 명백하게 하기 위하여 작성되는 장부이다. 이는 기명사채의 경우에 요구되는 것으로 대부분 무기명사채로 발행되므로 실제에 있어서는 큰 의미가 없다.

사채원부의 기재는 사채 이전의 대항요건이며(상법 제479조 제1항), 사채권자에 대한 통지·최고의 근거가 된다.

관련사항 **사채등록부**

- 전자증권법에 의하여 사채의 등록기관이 비치하고 필요한 사항을 기재해야 할 장부. 사채등록부는 등록채(기명, 무기명)의 이전, 입질, 신탁의 대항요건을 갖추는데 의미가 있다.

3. 사채의 양도와 입질

(1) 무기명사채

무기명사채의 양도는 상법에 별도의 규정이 없으므로 민법에 의하여 양수인에게 채권을 교부함으로써 그 효력이 발생하고(민법 제523조), 입질은 채권을 질권자에게 교부함으로써 그 효력이 생긴다. 이때 채권의 점유로써 제3자에 대항할 수 있다(민법 제351조).

(2) 기명사채

기명사채의 양도방법에 대하여 상법에 별도의 규정이 없으므로 민법상 지명채권의 양도방법에 의한다.

(가) 채권양도

① 효력요건 : 기명사채의 양도는 양도의 의사표시에 의하여 그 효력이 발생하는데, 기명채권은 기명증권으로서 권리가 증권에 화체된 유가증권이므로 이외에 증권의 교부가 있어야 양도의 효력이 발생한다.

② 대항요건 : 기명사채의 양도는 그 효력을 회사나 제3자에 대항하기 위해서는 취득자의 성명과 주소를 사채원부에 기재하고 그 성명을 채권에 기재하여야 한다(상법 제479조 제1항). 이 점에서 지명채권과 다르다.

(나) 질권설정 : 기명사채에 대한 질권설정의 경우 민법의 권리질의 입질 방법에 의한다(민법 제346~347조).

① 효력요건 : 질권설정의 의사표시와 채권을 질권자에게 교부함으로써 질권설정의 효력이 생긴다.

② 대항요건 : 기명사채의 입질의 대항요건도 민법의 권리질의 대항요건(민법 제349조)에 의한다. 따라서 질권설정자가 입질을 제3채무자인 기채회사에 대하여 통지하거나 또는 기채회사의 승낙이 있어야 기채회사 또는 기타 제3자에게 대항할 수 있다(다수설).[307]

---

307 입질의 대항요건을 양도의 대항요건과 달리할 이유가 없으므로 기명사채의 양도의 대항요건(상법 제479조 제1항)을 유추적용해야 한다는 견해도 있다(이철송, (회)997면).

(3) 등록채 양도의 대항요건

전자등록부에 등록된 사채의 양도나 입질은 전자등록부에 등록하여야 효력이 발생한다(상법 제478조 제3항, 제356조의 2 제2항, 전자증권법 제35조 제2항).

선의로 중대한 과실 없이 전자등록계좌부의 권리 내용을 신뢰하고 소유자 또는 질권자로 전자등록된 자는 해당 등록채에 대한 권리를 적법하게 취득한다(전자증권법 제35조 제5항).

4. 사채의 이자지급과 상환

(1) 이자지급

사채의 이자지급은 기명사채의 경우는 사채원부에 기재된 사채권자에게 지급되고, 무기명사채의 경우는 이권의 소지인에게 이권과 상환하여 지급된다(이표채). 이권이란 무기명사채에서 각 이자지급시기에 이자지급청구권을 표창하는 유가증권인데, 이는 채권과 분리되어 독립하여 유통의 대상이 될 수 있다.

(2) 사채의 상환

사채의 상환이란 기채회사가 사채권자에 대하여 부담하는 채무를 변제하는 것이다. 사채상환의 방법과 기한은 사채모집시의 발행조건에서 정하여지고, 또한 사채청약서·채권 및 사채원부에 기재된다.

사채의 상환은 채권과 상환하여 한다. 상환방법으로는 일정기간 후 일시상환의 방법과 일정기간 거치 후 분할상환하는 방법이 있다.

기채회사의 자기사채취득에 제한이 없으므로 기채회사는 상환에 갈음하여 자기사채를 매입하여 소각하는 것도 자유롭게 할 수 있다(매입소각).

사채의 상환과 관련하여 사채관리회사가 이전에 수탁회사가 가진 권한을 가진다. 사채관리회사가 있는 경우에는 사채관리회사가 사채권자를 위하여 사채에 관한 채권의 변제를 받거나 채권의 실현을 보전하기 위하여 재판상·재판 외의 모든 행위를 할 권한을 가진다(상법 제484조 제1항). 사채상환의 기한이 도래하면 사채관리회사는 이 권한을 행사하여 기채회사에 대하여 사채의 상환을 요구할 수 있다.

기채회사가 사채권자평등의 원칙에 반하여 어느 사채권자에 대하여 한 변제·화해 기타의 행위가 현저하게 불공정한 때에는, 사채관리회사는 그 원인인 사실을 안 날부터 6월, 행위가 있은 때로부터 1년 내에 소만으로 그 행위의 취소를 구할 수 있다(상법 제511조).

사채권자집회

1. 의의

사채권자집회는 같은 종류의 사채권자에 의하여 구성되고, 사채권자에게 중대한 이해관계가 있는 사항에 관해서만 의결하는 회사 밖에 존재하는 임시기관이다.

사채권자집회의 소집권자는 사채를 발행한 회사 또는 사채관리회사 및 소수사채권자(10분의 1이상)이다(상법 제491조 제1항, 제2항). 소수사채권자는 회의 목적인 사항과 소집이유를 적은 서면 또는 전자문서를 사채를 발행한 회사 또는 사채관리회사에 제출하여 사채권자집회의 소집을 청구할 수 있다(상법 제491조 제2항).

2. 집회의 결의

(1) 결의사항

사채권자집회의 결의사항은 자본금감소의 이의(상법 제439조), 합병의 이의(상법 제530조) 등 상법이 특히 규정한 것과 사채권자의 이해에 관계가 있는 사항(상법 제490조)이다. 감자나 합병의 경우 사채권자가 이의하려면 사채권자집회의 결의가 있어야 한다(상법 제439조 제3항).

(2) 의결권

각 사채권자는 그가 가지는 해당 종류의 사채금액의 합계액(상환받은 액은 제외한다)에 따라 의결권을 가진다(상법 제492조 제1항). 무기명식의 채권을 가진 자는 회일로부터 1주간 전에 채권을 공탁하지 아니하면 그 의결권을 행사하지 못한다(상법 제492조 제2항).

(3) 결의방법

사채권자집회의 결의는 원칙적으로 주주총회의 특별결의의 방법에 의하지만 사채관리회사의 사임 동의·사채관리회사의 법원에 대한 해임청구 등 경미한 사항은 출석한 사채권자의 의결권의 과반수로서 할 수 있다(상법 제495조 제1항, 제2항).

사채권자집회에 출석하지 아니한 사채권자는 서면에 의하여 의결권을 행사할 수 있다(상법 제495조 제3항).

(4) 결의의 효력

사채권자집회의 결의는 결의한 날로부터 1주간내에 법원에 인가를 청구하여야 하며, 인가를 받아야 비로소 효력을 갖는다(상법 제498조 제1항).

법원은 인가의 청구가 있는 경우에 ① 사채권자집회소집의 절차 또는 그 결의방법이 법령이나 사채모집의 계획서의 기재에 위반한 때 ② 결의가 부당한 방법에 의하여 성립하게 된 때 ③ 결의가 현저하게 불공정한 때 ④ 결의가 사채권자 일반의 이익에 반하는 때에는 원칙적으로 그 결의를 인가하지 못한다(상법 제497조 제1항). ①, ②의 경우는 절차상의 하자이므로 법원은 결의의 내용 기타 모든 사정을 참작하여 예외적으로 그 결의를 인가할 수 있다(상법 제497조 제2항).

(5) 결의의 집행

사채권자집회의 결의는 사채관리회사가 집행하고, 사채관리회사가 없는 경우에는 대표자가 집행한다. 그러나 사채권자집회의 결의로 따로 집행자를 선임할 수도 있다(상법 제501조).

전환사채

1. 의의

전환사채는 기채회사의 주식으로 전환할 수 있는 권리가 인정된 사채이다. 전환사채는 주식으로 전환이 인정됨으로 인하여 보통의 사채보다 유리한 조건으로 사채의 모집이 가능하여 회사의 자금조달이 용이하게 된다.

2. 발행

(1) 전환사채발행사항의 결정

전환사채의 발행은 주주배정·제3자배정 및 모집의 세가지 방법에 의한다.

1) 주주배정에 의한 전환사채의 발행의 경우

주주배정에 의한 전환사채를 발행하는 경우에 정관에서 주주총회에서 결정하기로 정한 경우를 제외하고 다음의 사항을 이사회에서 결정하여야 한다(상법 제513조 제2항).

① 전환사채의 총액[308]

② 전환의 조건 : 전환조건은 전환비율로 정하는 방법과 전환가액으로 정하는 방법이 있다. 전환가액(전환에 의하여 발행되는 주식 1주에 대하여 요구되는 사채액면금액)을 정하는

---

308 상장법인의 경우 전환사채의 발행금액은 사채발행총액에 산입하지 아니한다.

방법에는 시가전환방식(사채발행당시 기채회사 주식의 시가 기준)과 액면전한방식이 있다.

③ 전환으로 인하여 발행할 주식의 내용 : 정관상 종류주식의 발행이 인정되는 경우에 발행할 주식의 내용을 정하여야 한다.

④ 전환을 청구할 수 있는 기간 : 전환청구기간은 주주명부폐쇄기간이어도 된다.

⑤ 주주에게 전환사채의 인수권을 준다는 뜻과 인수권의 목적인 전환사채의 액 : 전화사채의 인수권은 이사회의 결의에 의하여 부여된다.

2) 주주 외의 자에게 전환사채를 발행하는 경우

주주 외의 자에게 전환사채를 발행하기 위해서는 주주 외의 자에게 전환사채를 발행하는 것과 이에 대하여 발행할 전환사채의 액에 대한 정관의 규정이 없으면 이에 대한 이사회결의가 있어야 한다(상법 제513조 제2항 6호). 다만 정관에서 주주총회에서 결정하기로 정한 경우에는 주주총회의 결의가 있어야 한다.

그 외에도 주주 외의 자에 대하여 전환사채를 발행하는 경우에 그 발행할 수 있는 전환사채의 액, 전환의 조건, 전환으로 인하여 발행할 주식의 내용과 전환을 청구할 수 있는 기간에 관하여 정관에 규정이 없으면 주주총회의 특별결의로써 이를 정하여야 한다(상법 제513조 제3항). 제3자에 대한 전환사채의 발행은 신기술의 도입·재무구조의 개선 등 회사의 경영상의 목적을 달성하기 위하여 필요한 경우에 한한다(상법 제513조 제3항 2문, 제418조 제2항).

주주총회의 결의에 있어서 전환사채의 발행에 관한 의안의 요령은 주주총회의 소집에 관한 통지와 공고에 기재하여야 한다(상법 제513조 제4항).

이처럼 주주총회의 결의 등을 통하여 전환사채의 발행에 관한 내용이 정하여지면, 이 범위내에서 이사회의 결의 등으로 전환사채의 발행이 가능해진다. 예를 들면 발행할 수 있는 전환사채의 액은 주주총회의 결의로 정해지며, 그 범위내에서 발행할 전환사채의 액에 대하여 이사회의 결의 등으로 정하게 된다.

(2) 전환사채발행의 절차

전환사채발행의 절차도 일반사채와 유사하므로 여기서는 그 차이점을 중심으로 검토한다.

1) 전환사채발행의 공시

전환사채에 관하여는 사채청약서, 채권과 사채원부에 다음의 사항을 기재하여야 한다(상법 제514조 제1항).

① 사채를 주식으로 전환할 수 있다는 뜻

② 전환의 조건
③ 전환으로 인하여 발행할 주식의 내용
④ 전환을 청구할 수 있는 기간
⑤ 주식의 양도에 관하여 이사회의 승인을 얻도록 정한 때에는 그 규정

2) 전환사채의 배정

(가) 주주배정에 의하여 전환사채를 발행하는 경우

① 배정방법 : 전환사채의 인수권을 가진 주주는 그가 가진 주식의 수에 따라서 전환사채의 배정을 받을 권리가 있다. 그러나 각 전환사채의 금액 중 최저액에 미달하는 단수에 대하여는 그러하지 아니하다(상법 제513조의 2 제1항).

② 공고 : 회사는 일정한 날을 정하여 그 날에 주주명부에 기재된 주주가 전환사채의 배정을 받을 권리를 가진다는 뜻과 전환사채인수권을 양도할 수 있을 경우에는 그 뜻을 그 날의 2주간 전에 공고하여야 한다. 그러나 그 날이 주주명부폐쇄의 기간 중인 때에는 그 기간의 초일의 2주간 전에 이를 공고하여야 한다(상법 제513조의 2 제2항, 제418조 제3항).

③ 실권예고부최고 : 주주가 전환사채의 인수권을 가진 경우에는 각 주주에 대하여 그 인수권을 가지는 전환사채의 액, 발행가액, 전환의 조건, 전환으로 인하여 발행할 주식의 내용, 전환을 청구할 수 있는 기간과 일정한 기일까지 전환사채의 청약을 하지 아니하면 그 권리를 잃는다는 뜻을 통지하여야 한다(상법 제513조의 3 제1항). 이 통지는 위 기일(청약종료일)의 2주간 전까지 하여야 하며, 전환사채의 인수권을 갖는 주주가 청약기일까지 청약을 하지 않으면 전환사채인수권을 잃는다(상법 제513조의 3 제2항).

(나) 주주 외의 자에 대하여 전환사채를 발행하는 경우

주주총회의 특별결의에 의한 제3자배정의 경우에는 제3자에게 소정의 전환사채를 배정하고, 모집의 경우에는 일반사채의 경우와 동일한 방법으로 배정한다.

3) 등기

회사가 전환사채를 발행한 때에는 납입이 완료된 날로부터 2주간내에 본점의 소재지에서 전환사채의 등기를 하여야 한다(상법 제514조의 2 제1항).

(3) 불공정한 전환사채의 발행에 대한 조치

회사가 법령 또는 정관에 위반하거나 현저하게 불공정한 방법에 의하여 전환사채를 발행함으로써 주주가 불이익을 받을 염려가 있는 경우에는 주주는 회사에 대하여 그 발행을 유지할

것을 청구할 수 있다(상법 제516조 제1항, 제424조).

전환사채의 발행에 있어서도 통모인수인의 책임이 인정되어, 이사와 통모하여 현저하게 불공정한 가액으로 전환사채를 인수한 자는 회사에 대하여 공정한 발행가액과의 차액에 상당한 금액을 지급할 의무가 있다(상법 제516조 제1항, 제424조의 2 제2항). 이 경우에 주주의 대표소송이 인정되고, 이사는 회사 또는 주주에 대하여 손해배상책임을 진다(상법 제516조 제1항, 제424조의 2 제3항).

전환사채발행의 무효와 관련하여 신주발행무효의 소에 대응하는 전환사채발행무효의 소는 인정되지 않는다. 따라서 그 무효주장은 민사소송법상 확인의 소에 의할 것이다. 이때에는 대세효와 소급효제한이 인정되지 않는 문제가 있다. 이에 대하여 판례는 전환사채발행의 경우에도 신주발행무효의 소에 관한 상법 제429조가 유추적용된다고 보고 있다.

참조판례

"전환사채는 전환권의 행사에 의하여 장차 주식으로 전환될 수 있는 권리가 부여된 사채로서, 이러한 전환사채의 발행은 주식회사의 물적 기초와 기존 주주들의 이해관계에 영향을 미친다는 점에서 사실상 신주를 발행하는 것과 유사하므로, 전환사채발행의 경우에도 신주발행무효의 소에 관한 상법 제429조가 유추적용된다."(대법원 2004.8.16. 선고 2003다9636 판결 ; 동지, 대법원 2004.6.25. 선고 2000다37326 판결).

3. 전환의 절차

(1) 전환청구기간

전환사채의 전환은 전환을 청구할 수 있는 기간 중 언제든지 청구서 2통에 채권을 첨부하여 회사에 제출하여 전환을 청구할 수 있다. 다만, 채권(債券)을 발행하는 대신 전자등록기관의 전자등록부에 채권(債權)을 등록한 경우에는 그 채권을 증명할 수 있는 자료를 첨부하여 회사에 제출하여야 한다(상법 제515조 제1항).

전환사채는 주주명부폐쇄기간 중에도 전환청구가 가능하다. 다만 주주명부폐쇄기간 중의 주주총회의 결의에 관하여는 의결권을 행사하지 못한다(상법 제516조 제1항, 제350조 제2항).

전환청구기간이 경과하도록 전환청구를 하지 않으면 전환청구권을 상실하며, 그 기간 전에도 전환청구권을 포기할 수 있다.

(2) 발행가액

상법은 전환사채의 발행가액총액을 전환에 의하여 발행하는 주식의 발행가액총액으로 하고 있다(상법 제516조 제2항, 제348조). 이는 전환사채의 발행가액총액과 주식의 발행가액총액을 일치되게 한다는 것으로 자본금충실을 위한 것이다. 예를 들면 전환사채의 발행가액총액이 100억인 경우 1주의 액면가액이 5000원이고 시가를 10000으로 하였다면, 양자의 발행가액의 총액이 일치하여야 하므로, 전환조건을 전환가액으로 정한 경우에 시가전환방식이면 100만주의 주식으로 전환되고, 액면전환방식이면 200만주의 주식으로 전환된다.

4. 전환의 효력

(1) 전환의 효력발생시기

전환은 전환사채권자가 전환을 청구한 때 그 효력이 발생하여 전환사채권자는 사채권자로서의 지위를 상실하고 전환에 의하여 발행되는 신주의 주주가 된다(상법 제516조 제2항, 제350조 제1항). 전환사채의 이자지급에 대해서는 영업연도 말에 전환된 것으로 보는데, 정관이 정하는 바에 따라 직전 영업연도 말에 전환된 것으로 할 수 있다(상법 제516조 제2항, 제350조 제3항).

(2) 신주의 발행

전환에 의하여 신주가 발행되므로[309] 회사는 전환기간 중 전환에 의하여 발행될 주식의 수를 미발행주식수 중에 유보하여야 한다(상법 제516조 제1항, 제346조 제4항). 전환이 있게 되면 유보되었던 미발행주식수는 그만큼 감소한다.

신주인수권부사채

1. 의의

신주인수권부사채란 사채권자에게 기채회사에 대한 신주인수권이 부여된 사채를 말한다. 여기서 신주인수권이란 우선권이 아니라 기채회사에 대하여 신주발행을 청구하고 이에 따라 기채회사가 신주를 발행하면 그 신주에 대하여 당연히 주주가 되는 권리이다. 이는 형성권이다.

2. 종류

① 분리형 : 사채권을 표창하는 유가증권인 채권과 신주인수권을 표창하는 유가증권인 신주인수권증권을 별도로 발행하는 형태이다. 이사회에서 이에 관한 별도의 결의를 하여

---

309 교환사채의 경우에는 기채회사의 기존주식의 경우도 교환의 대상이 된다.

야 하는데, 실제 거의 발행되지 않는다.

② 비분리형 : 사채권과 신주인수권을 동일한 유가증권인 채권에 표창하여 발행하는 형태이다.310

3. 경제적 기능

신주인수권부사채는 신주인수권이라는 매력의 대가로 저리의 사채를 모집할 수 있고, 전환사채와 달리 신주인수권의 행사에 따라 추가자금을 납입받게 되어 그만큼 회사의 실질적인 자금조달을 기할 수 있다.

4. 발행

(1) 주주배정에 의한 경우

1) 발행사항의 결정

신주인수권부사채의 발행사항에 대하여 원칙적으로 이사회가 결정하며, 정관으로 주주총회에서 이를 결정하기로 정한 경우에는 주주총회의 결의에 의한다(상법 제516조의 2 제2항).

2) 발행절차

신주인수권부사채의 발행절차도 원칙적으로 일반사채의 발행절차에 의한다. 이와 다른 특칙부분을 중심으로 보면 다음과 같다.

(가) 신주인수권부사채발행의 공시

신주인수권부사채에 있어서는 사채청약서·채권 및 사채원부에 다음의 사항을 기재하여야 한다. 그러나 신주인수권증권을 발행할 때에는 채권에는 이를 기재하지 아니한다(상법 제516조의 4).

① 신주인수권부사채라는 뜻

② 상법 제516조의 2 제2항 2호 내지 5호에 정한 사항 : ⓐ 신주인수권의 내용 ⓑ 행사기간 ⓒ 신주인수권만 양도할 수 있는 것에 관한 사항 ⓓ 신주인수권부사채의 상환에 갈음하여 그 발행가액으로 납입이 있는 것으로 본다는 뜻

③ 납입을 맡을 은행 그 밖의 금융기관과 납입장소

310 상장법인의 경우 신주인수권부사채의 경우 비분리형만 인정하였으나, 자본시장법 개정으로 다시 분리형도 인정되게 되었다(자본시장법 제165조의 10 제2항).

④ 주식의 양도에 관하여 이사회의 승인을 얻도록 정한 때에는 그 규정

(나) 신주인수권의 전자등록

회사는 신주인수권증권을 발행하는 대신 정관에서 정하는 바에 따라 전자등록기관의 전자등록부에 신주인수권을 등록할 수 있다(상법 제516조의 7).

(다) 배정방법

주주는 이사회의 결의에 의하여 신주인수권부사채의 인수권을 부여받는데, 이때 주주는 그가 가진 주식의 수에 따라 신주인수권부사채의 배정을 받을 권리를 갖는다(상법 제516조의 11, 제513조의 2). 다만 신주인수권부사채의 금액 중 최저액에 미달하는 단수에 대하여는 그러하지 아니하다(상법 제516조의 11, 제513조의 2 단서).

회사는 일정한 날(배정일)을 정하여 그 날에 주주명부에 기재된 주주가 신주인수권부사채의 인수권을 가진다는 뜻과 신주인수권을 양도할 수 있을 경우에는 그 뜻을 그 날의 2주 전에 공고하여야 한다(상법 제516조의 11, 제513조의 2, 제418조 제3항).

(라) 실권예고부최고

주주가 신주인수권부사채의 인수권을 가진 경우에는 각 주주에 대하여 인수권을 가지는 신주인수권부사채의 액, 발행가액, 신주인수권의 내용, 신주인수권을 행사할 수 있는 기간과 일정한 기일(청약기일)까지 신주인수권부사채의 청약을 하지 아니하면 그 권리를 잃는다는 뜻을 청약기일의 2주전까지 통지하여야 한다(상법 제제516조의 3 제1항). 이 경우 "신주인수권만 양도"(제516조의 2 제2항 제4호) 또는 "사채상환에 갈음하여 납입"(제5호)의 정함이 있는 때에는 그 내용도 통지하여야 한다.

(마) 등기

신주인수권부사채를 발행한 경우에는 일반사채와 달리 이에 관한 사항을 등기해야 한다.

(2) 주주 외의 자에 대하여 발행하는 경우

1) 발행사항의 결정

주주 외의 자에게 신주인수권부사채를 발행하는 것과 이에 대하여 발행할 신주인수권부사채의 액에 대한 정관의 규정이 없으면 이에 대한 이사회결의가 있어야 한다(상법 제516조의 2 제2항 8호). 다만 정관에서 주주총회에서 결정하기로 정한 경우에는 주주총회의 결의가 있어야 한다.

그 외에도 주주 외의 자에 대하여 신주인수권부사채를 발행하는 경우에 그 발행할 수 있는 신주인수권부사채의 액, 신주인수권의 내용과 신주인수권을 행사할 수 있는 기간에 관하여

정관에 규정이 없으면 주주총회의 특별결의로써 이를 정하여야 한다(상법 제제516조의 2 제4항). 이 경우는 신기술의 도입, 재무구조의 개선 등 회사의 경영상 목적을 달성하기 위하여 필요한 경우에 한한다(상법 제516조의 2 제4항, 제418조 제2항).

2) 발행절차

일반사채의 발행에 관한 규정과 주주 외의 자에 대한 전환사채의 발행에 관한 규정을 유추적용하여 발행할 수 있다.

(3) 불공정한 발행에 대한 조치

회사가 법령 또는 정관에 위반하거나 현서하게 불공정한 방법에 의하여 신수인수구권부사채를 발행함으로써 주주가 불이익을 받을 염려가 있는 경우에는 주주는 회사에 대하여 그 발행을 유지할 것을 청구할 수 있다(상법 제516조의 11, 제516조 제1항, 제424조).

신주인수권부사채의 발행에 있어서도 통모인수인의 책임이 인정되어 이사와 통모하여 현저하게 불공정한 가액으로 신주인수권부사채를 인수한 자는 회사에 대하여 공정한 발행가액과의 차액에 상당한 금액을 지급할 의무가 있다(상법 제516조의 11, 제516조 제1항, 제424조의 2 제2항). 이 경우에 주주의 대표소송이 인정되고, 이사는 회사 또는 주주에 대하여 손해배상책임을 진다(상법 제516조의 11, 제516조 제1항, 제424조의 2 제3항).

신주인수권부사채발행의 무효와 관련하여 신주발행무효의 소에 대응하는 신주인수권부사채발행무효의 소의 제도는 인정되지 않는다.

5. 양도

(1) 비분리형

비분리형 신주인수권부사채의 경우에는 채권이 사채권 및 신주인수권을 표창하고 있으므로 채권의 양도에 의하여 사채권과 신주인수권이 양수인에게 이전한다.

(2) 분리형의 경우

분리형 신주인수권부사채의 경우에는 채권 외에 신주인수권을 표창하는 신주인수권증권이 발행되므로 신주인수권증권만을 분리하여 양도할 수 있다.

회사는 이사회의 결의에 의하여 신주인수권만을 양도할 수 있는 것에 관한 사항을 결정하면 채권과 함께 신주인수권증권을 발행하여야 한다(상법 제516조의 2 제2항 4호).

신주인수권증권의 양도는 양도인의 의사표시와 증권의 교부에 의한다(상법 제516조의 6 제1항).

6. 행사

(1) 행사방법

신주인수권을 행사하려는 자는 청구서 2통을 회사에 제출하여야 한다(상법 제516조의 9 제1항). 이 청구서에는 인수할 주식의 종류 및 수와 주소를 기재하고 기명날인 또는 서명하여야 한다(상법 제516조의 9 제4항, 제302조 제1항). 청구서를 제출하는 경우에 신주인수권증권이 발행된 경우에는 신주인수권증권을 첨부하고, 이를 발행하지 아니한 때에는 채권을 제시하여야 한다(상법 제516조의 9 제1항). 채권(債券)이나 신주인수권증권을 발행하는 대신 전자등록기관의 전자등록부에 채권(債權)이나 신주인수권증권을 등록한 경우에는 그 채권이나 신주인수권증권을 증명할 수 있는 자료를 첨부하여 회사에 제출하여야 한다(상법 제516조의 9 제2항).

신주인수권의 행사는 그 행사기간 중에 하여야 한다. 신주인수권의 행사는 주주명부폐쇄기간 중에도 가능하다. 다만 주주명부폐쇄기간 중 신주인수권을 행사한 경우에는 그 주주는 그 기간 중의 주주총회의 결의에 관하여는 의결권을 행사할 수 없다(상법 제516조의 10, 제350조 제2항). 회사는 신주인수권의 행사기간 동안은 신주인수권의 행사로 인하여 발행될 주식수만큼 수권주식총수 중 미발행주식수에 유보하여야 한다(상법 제516조의 11, 제516조 제1항, 제346조 제4항).

(2) 발행가액의 제한

각 신주인수권부사채에 부여된 신주인수권의 행사로 인하여 발행할 주식의 발행가액의 합계액은 각 신주인수권부사채의 금액을 초과할 수 없다(상법 제516조의 2 제3항).

위의 제한은 발행시에만 적용된다는 견해와 행사시에도 적용된다는 견해가 있으나, 전자의 입장에 따라 발행 후 사채가 일부상환·소각되더라도 인수할 주식의 수량에는 영향이 없다고 본다.

(3) 납입

신주인수권을 행사한 자는 원칙적으로 신주의 발행가액의 전액을 납입하여야 한다(상법 제516조의 9 제1항). 신주인수권을 행사하려는 자의 청구가 있는 때에는 예외적으로 신주인수건부사채의 상환에 갈음하여 신주인수권의 행사에 의한 신주의 발행가액의 납입이 있는 것으로 본다(상법 제516조의 2 제2항 5호). 이러한 대용납입의 성질에 대하여는 신주인수권의 행사를 조건으로 사채의 기한 전 상환에 의한 상환청구권과 납입의무와의 상계로 보는 상계설(다수설)과 대물변제로 보는 대물변제설이 있다.

(4) 신주의 효력발생시기

원칙적으로 신주인수권을 행사한 자가 신주의 발행가액의 전액을 납입한 때 신주의 효력이 발생한다(상법 제516조의 10). 예외적으로 대용납입이 인정되는 경우에는 현실적인 주금납입이 없으므로 신주인수권을 행사하는 자가 회사에 신주발행의 청구서를 제출한 때에 신주발행의 효력이 발생한다.

주주명부폐쇄기간 중에 발행된 신주의 주주는 그 기간 중의 총회의 결의에 관하여는 의결권을 행사할 수 없다(상법 제516조의 10 2문, 제350조 제2항).

신주가 영업연도의 중간에 발행된 경우에 신주의 이익배당에 관하여는 신주를 발행한 영업연도 말에 신주발행의 효력이 발생하는 것으로 보는데, 정관이 정하는 바에 따라 직전 영업연도 말에 신주발행의 효력이 발생하는 것으로 할 수 있다(상법 제516조의 10 2문, 제350조 제3항).

(5) 변경등기

신주인수권을 행사하면 등기사항인 신주인수권부사채의 총액이 감소하는 경우가 있고(대용납입의 경우), 또한 신주의 발행으로 인한 자본금의 변경이 있게 되므로 이를 등기하여야 한다. 변경등기는 신주의 효력발생시기가 속하는 달의 말일로부터 2주간내에 본점 소재지에서 이를 하여야 한다(상법 제516조의 11, 제351조).

담보부사채

담보부사채는 사채권을 담보하기 위하여 물상담보가 붙어 있는 사채이다. 사채발행의 경우에 기채회사가 각 사채권자에 대하여 개별적으로 담보권을 설정하는 것은 실제로 불가능하므로 신탁의 법리에 의하여 수탁회사를 통하여 집단적 담보권을 설정할 수 있게 하는 담보부사채신탁법이 제정되어 있다. 보통 담보부사채라 함은 이 법에 의하여 담보권이 설정된 사채를 말한다. 담보부사채는 수탁회사인 금융기관의 인적 담보가 붙어진 보증사채와 구별된다.

이익참가부사채

이익참가부사채는 사채권자에게 사채의 이율에 의한 확정이자를 지급하는 외에 배당가능이익이 있는 경우에는 이익배당에도 참가할 수 있는 권리를 부여한 사채이다(상법 제469조

제2항). 이익참가부사채의 인수권을 가진 주주는 그가 가진 주식의 수에 따라 이익참가부사채의 배정을 받을 권리가 있다. 다만, 각 이익참가부사채의 금액 중 최저액에 미달하는 끝수에 대해서는 그러하지 아니하다(상법 시행령 제21조 제4항).

주주 외의 자에게 이익참가부사채를 발행하는 경우에 그 발행할 수 있는 이익참가부사채의 가액과 이익배당참가의 내용에 관하여 정관에 규정이 없으면 주주총회의 특별결의로 정하여야 한다(상법 시행령 제21조 제2항).

교환사채

교환사채란 사채권자에게 당해 회사가 소유하고 있는 주식이나 그 밖의 다른 유가증권과의 교환을 청구할 수 있는 권리가 부여된 사채이다(상법 제469조 제2항). 자기주식과 교환도 가능하다. 주주 외의 자에게 발행회사의 자기주식으로 교환할 수 있는 사채를 발행하는 경우에 사채를 발행할 상대방에 관하여 정관에 규정이 없으면 이사회가 이를 결정한다(상법 시행령 제22조 제2항). 교환사채를 발행하는 회사는 사채권자가 교환청구를 하는 때 또는 그 사채의 교환청구기간이 끝나는 때까지 교환에 필요한 주식 또는 유가증권을 한국예탁결제원에 예탁하거나 전자등록기관에 전자등록해야 한다. 이 경우 한국예탁결제원 또는 전자등록기관은 그 주식 또는 유가증권을 신탁재산임을 표시하여 관리하여야 한다(상법 시행령 제22조 제3항).

상환사채

상환사채는 기채회사가 사채권자에게 당해 회사가 소유하고 있는 주식이나 그 밖의 다른 유가증권과의 상환을 청구할 수 있는 권리가 부여된 사채이다(상법 제469조 제2항). 일반사채가 금전으로 사채를 상환함에 반하여, 상환사채는 회사가 소유하고 있는 주식이나 그 밖의 다른 증권과 상환한다는 점에서 차이가 난다.

상환 여부는 발행회사의 선택 또는 일정한 조건의 성취나 기한의 도래에 따른다(상법 제469조 제3항). 일정한 조건의 성취나 기한의 도래에 따라 상환할 수 있는 경우에는 상환사채를 발행하는 회사는 조건이 성취되는 때 또는 기한이 도래하는 때까지 상환에 필요한 주식 또는 유가증권을 한국예탁결제원에 예탁하거나 전자등록기관에 전자등록해야 한다. 이 경우 한국예탁결제원 또는 전자등록기관은 그 주식 또는 유가증권을 신탁재산임을 표시하여 관리하여야 한다(상법 시행령 제23조 제3항). .

주주 외의 자에게 발행회사의 자기주식으로 상환할 수 있는 사채를 발행하는 경우에 사채를 발행할 상대방에 관하여 정관에 규정이 없으면 이사회가 이를 결정한다(상법 시행령 제23조 제2항).

파생결합사채

파생결합사채는 유가증권이나 통화 또는 그 밖에 기초자산의 가격·이자율·지표·단위 또는 이를 기초로 하는 지수에 따른 자산이나 지표 등의 변동과 연계하여 미리 정하여진 방법에 따라 상환 또는 지급금액이 결정되는 사채이다(상법 제469조 제2항).311

파생결합사채를 발행하는 경우에는 이사회가 다음의 사항을 결정한다(상법 시행령 제24조)

① 상환 또는 지급금액을 결정하는 데 연계할 유가증권이나 통화 또는 그 밖의 자산이나 지표

② ①의 자산이나 지표와 연계하여 상환 또는 지급금액을 결정하는 방법

311 자본시장법에서는 원금이 보장되도록 설계된 이자나 과실에 대해서만 기초자산의 가격·이자율·지표·단위 또는 이를 기초로 하는 지수 등의 변동과 연계한 파생결합사채(이자연계 파생결합사채)에 한하여 채무증권으로 인정한다(자본시장법 제4조 ③). 원금에 대하여도 이를 연계시킨 것은 파생결합증권으로 금융투자업자만이 발행이 가능하다.

제4편 어음·수표법

제1장 서 론

유가증권의 개념

유가증권이란 사권(신분권제외)이 증권에 화체된 것으로, 권리의 행사에 증권의 소지가 요구되는 것이다.

다만 증권상의 권리와 증권의 소지와의 관계에 대하여는 다음과 같은 세 가지 견해로 나뉜다.

첫째, 권리의 발생·이전·행사의 전부 또는 일부에 증권의 소지가 요구된다. 이에 대해서 권리의 발생에만 증권의 소지를 요하고, 이전·행사에 소지를 요하지 않는 유가증권이 있다는 오해를 불러온다는 점을 지적한다.

둘째, 권리의 이전에 증권의 소지가 요구된다. 이에 대하여는 권리의 이전에 증권의 소지를 요하는 것은 행사에 소지를 요하는 논리적 필연성에 기한 것으로서 주객이 전도되었으며, 또한 기명증권의 경우나 상속·합병 등 포괄승계의 경우에는 권리의 이전에 증권의 소지를 요하지 않는다는 문제를 제기한다.

셋째, 권리의 행사에 증권의 소지가 요구된다. 그 결과 부수적으로 권리의 이전에 증권의 소지를 요하게 된다. 따라서 이 견해는 권리의 이전·행사에 증권의 소지를 요구하는 것과 같은 의미를 가진다. 이에 대하여는 기명주권의 경우에는 주주권행사시에 주권의 제시가 요구되지 않는다는 점을 지적한다.

그러나 세 번째의 경우 주주권행사시에 주권의 제시가 요구되지 않는 것은 주주명부제도의 특성에 기한 것으로서, 주주명부기재에 대해서 주권의 제시에 갈음하는 효과를 인정할 수 있음에 따른 것이다. 그리고 명의개서를 위해서는 주권의 제시가 요구되는 것으로서, 간접적으로 권리의 행사에 주권의 소지를 요구하는 것과 같다고 할 수 있다. 또한 권리의 이전은 주권의 교부에 의하는 것으로서 증권의 소지가 있어야 한다. 따라서 이 견해가 타당하다고 본다.

관련사항

미국의 유통증권(Transferable Instrument) : 증권상의 권리가 배서·교부에 의해서 이전한다. 이 중에서 선의취득자에게 항변이 절단이 되어 양도되는 증권을 Negotiable Instrument라고 한다. 이와 달리 양도를 증명하는 별도의 서류를 작성하여 채무자에게 통지함으로써 양도의 효력이 발생하는 증권을 Assignable Instrument라 하는데 대표적인 것이 기명주권이다.
유통증권은 어음·수표 등의 협의의 유통증권(Negotiable Instrument), 선하증권 등의 권원증권(Documents of Title). 주식 등의 투자증권(Investment Security)으로 나눌 수 있다.

유가증권의 이용범위잠식

수표(지급기능)의 경우는 은행의 전자자금이체제도(자동출납기, 폰뱅킹, 인터넷뱅킹) 및 지로제도로 많이 대체된다. 그러나 수표가 없어지는 것이 아니고 상호 공존할 것이다.

어음(지급·신용기능)의 경우는 신용카드제도로 대체된다. 특히 소액거래에서 이들이 어음의 기능일부를 잠식할 것이다.

유가증권의 기능

A(채무자)→ B(권리자)→ C(양수인, 권리자)

1. 권리자

유가증권의 소지인에게 자격수여적 효력이 인정되어 적법한 소지인으로 추정되며, 스스로 권리관계를 증명할 필요가 없다.

그러나 형식이 실질과 다른 경우에 그 추정이 실질관계에 의해서 깨어질 수 있다. 즉 채무자가 소지인의 무권리를 증명함으로써 지급거절이 가능하다. 역으로 권리자가 유가증권을 상실한 경우에도 실질적 권리는 가지게 되며, 제권판결에 의해서 유가증권 없이 권리행사가 가능하다.

2. 채무자

채무자는 면책적 효력이 인정되어, 소지인의 권리유무를 조사할 필요가 없이 소지인에게 지급하면 면책된다. 다만 사기 또는 중대한 과실에 의한 지급의 경우에는 면책이 인정되지 않는다.

3. 양수인

유통성 확보를 위한 제도에 의하여 양수인은 보호를 받는다. 양수인은 증권의 양수에 의하여 권리이전적 효력이 인정되며, 선의취득이나 인적항변의 절단 등의 제도에 의하여 양수인이 유가증권에 기재된 권리가 존재하는가 여부를 조사할 필요가 없이 그 기재를 신뢰한 경우에 보호를 받는다.

유가증권과 구별되는 증권

1. 증거증권

증거증권은 권리관계의 존부와 내용을 증명하는 서면으로 권리의 행사에 증권의 소지를 요하지 않는다. 그 예로 차용증서, 영수증, 매매계약서 등을 들 수 있는데, 이들은 면책증권의 성질을 가진 것이 많다.

유가증권은 역으로 모두 증거증권의 성질을 가진다.

2. 면책증권

면책증권은 의무자가 증권의 소지인에게 이행하면 증권의 소지인이 정당한 권리자가 아니라도 악의 또는 중대한 과실이 없는 한 의무를 면하는 증권이다. 증권의 소지인 측에서 보면 자격증권이 된다. 면책증권은 권리행사가 집단적으로 이루어지는 경우에 채무자의 변제 정리, 즉 채무자의 선의의 변제를 보호하기 위한 것으로서, 유가증권과 같이 사권이 표창되어 유통되는 것을 목적으로 한 것이 아니다.

면책증권의 예로 철도수화물상환증, 예금통장 그리고 신발표, 옷 등 휴대품보관증 등을 들 수 있다. 유가증권은 대부분 동시에 면책증권의 성격을 가진다. 그러나 기명식 화물상환증, 기명식 선하증권은 기명증권의 성질을 가지는 것으로서, 권리자가 아닌 소지인에게 의무이행을 하였다고 하여도 면책되지 않는다.

3. 금권(금액권)

금권은 금전에 갈음하여 사용할 수 있는 증권이다. 금권은 사권을 증권에 표창한 것이 아니고 그 자체가 일정한 가치를 가진다. 금권의 예로 지폐(은행권), 우표, 수입인지 등을 들 수 있다. 금권의 경우에는 분실하여도 제권판결에 의한 권리행사의 회복이 인정되지 않는다.

기타의 증권

1. 보험증권

보험증권은 보험계약의 성립과 내용을 증명(상법 제640조)하는 증거증권이고, 또한 면책증권성을 가진다.

그러나 지시식이나 무기명식 보험증권의 경우에 유가증권성을 가지는가가 문제된다. 이러한 증권은 실제 운송보험증권이나 해상적하보험증권 등에서 이용되고 있다.

이에 대하여 학설의 태도는 갈리지만, 화물상환증, 선하증권과 같은 유통증권에 부수하여 유통성이 인정되는 지시식 또는 무기명식 보험증권에 대해서는 유가증권의 효력을 인정하는 것이 타당하다.[312] 다만 유가증권성이 인정되어도 권리이전적, 자격수여적, 면책적 효력은 인정되지만, 보험증권은 문언증권이나 무인증권이 아니므로 보험자는 보험계약에 기한 항변으로 대항이 가능하며, 보험증권상의 권리의 발생은 우연한 사고에 의하여 정해지는 것으로 가장 불완전한 유가증권이라고 할 수 있다.

2. 승차권

(1) 유가증권성

승차권은 여객운송계약의 성립·내용 및 운임의 지급 등을 증명하는 증권이다. 승차권의 경우에도 유가증권성을 인정할 것인가에 대하여 견해가 갈린다.

① 부정설 : 승차권제도는 집단적인 운송관계를 처리하기 위한 기술로서 유통을 목적으로 하는 것이 아니므로 유가증권성이 없다고 한다.

② 긍정설(통설) : 여객은 승차권을 통해서만 권리행사가 가능하다는 점에서 유가증권성을 인정한다. 승차권의 목적은 운송거래를 획일적이고 신속하게 처리하는데 있지만, 유가증권의 목적이 언제나 유통의 목적에만 있는 것이 아니라고 한다.

승차권 중에서 일반승차권은 운송청구권이 표창된 것으로 여객은 승차권을 통해서만 권리행사가 가능하다. 정기승차권은 포괄적 운송청구권이 표창된 것으로 일정한 승차노선과 승차구간에 있어서 자유로이 운송을 청구할 수 있는 권리를 가진다. 다만 운송청구권자도 기재되는 것으로 기명증권과 같이 보게 되며 양도성이 제한된다.

---

312 상세는 보험증권교부의무 부분 참조.

(2) 무기명식 승차권

무기명식 승차권은 운송청구권을 표창하는 유가증권으로서 승차권에 기재된 대로 운송인에 대해서 운송을 청구할 수 있다. 유가증권상의 권리행사 즉 승차시에 승차권의 제시가 요구되며, 자유로운 양도가 가능하다.[313]

(3) 기명식 승차권

기명식 승차권은 승차 시, 즉 권리행사시에 승차권을 제시해야 하므로 유가증권으로 본다. 다만 기명증권이므로 양도성이 제한되고 양도는 지명채권양도의 방법에 의한다.

여객항공권도 같게 본다. 즉 항공권은 보통 기명식으로 발행되고, 기명식으로 발행된 항공권은 양도할 수 없는 것으로 특약되어 있다.

3. 정기예금증서

정기예금증서는 예금채권에 대해서 발행하는 증거증권이다.

4. 양도성예금증서(CD)

양도성예금증서란 양도성이 인정되는 정기예금으로 보통의 정기예금과 구별된다. 양도성예금증서는 무기명식으로 발행되는 것으로 유가증권이다. 양도성예금증서는 교부에 의하여 양도되고, 만기에 증서와 상환하여 지급 받는다.

5. 상품권

상품권에 대해서 상품권법 제2조 제1항에서 "그 명칭 또는 형태에 관계없이 발행자가 일정한 금액이나 물품 또는 용역의 수량이 기재된 무기명증표를 발행·매출하고, 그 소지자가 발행자 또는 발행자가 지정하는 자에게 이를 제시 또는 교부하거나 기타의 방법으로 사용함으로써 그 증표에 기재된 내용에 따라 상품권 발행자 등으로부터 물품 또는 용역을 제공받을 수 있는 유가증권"이라고 규정하고 있다.

상품권은 권리의 발생·이전·행사에 증권의 소지를 요구하는 완전유가증권이다.

---

313 개찰전·후로 나누어 살펴보기도 하지만, 유가증권으로서의 성격은 동일하다고 본다.

6. 전자화폐

전자화폐는 강제통용력이 인정되는 화폐와는 구별되는 것으로, 첫째, IC카드형(몬덱스, 비자캐시)은 금권으로 본다. 이때는 추적이 불가능한 경우가 많은 것으로 소재(점유)가 있는 곳에 가치도 있다. 둘째, 네트워크형(E-캐시)은 데이터화된 유가증권으로 보는데, 유가증권성이 인정되는 것은 전자지갑이 아닌 그에 내재된 가치이다.

7. 선불카드

선불카드는 신용카드업자가 대금을 미리 받아 일정한 금액이 기록된 전표를 발행하고 그 소지자의 제시에 따라 신용카드가맹점이 그 기록된 금액의 범위안에서 물품 또는 용역을 제공할 수 있는 증표로서 화폐와 달리 범용성에 제한이 있다. 선불카드는 완전유가증권으로 본다.

8. 신용카드

신용카드는 후불카드로서 회원자격을 증명하는 증거증권에 불과하다.

9. 직불카드

직불카드는 직불카드회원과 가맹점간에 전자 또는 자기적 방법에 의하여 금융거래계좌에 이체하는 등의 방법으로 물품 또는 용역의 제공과 그 대가의 지급을 동시에 이행할 수 있도록 신용카드업자가 발행한 증표로서, 회원자격을 증명하는 증거증권에 불과하다.

유가증권의 종류

1. 권리자의 지시방법에 따른 분류

(1) 기명증권

기명증권은 증권면에 특정인을 권리자로 지정한 유가증권으로서 지시증권이 아닌 것을 말한다. 그 예로 기명채권(기명사채), 기명승차권, 배서가 금지된 어음·수표, 화물상환증, 창고증권, 선하증권 등을 들 수 있다.

기명증권은 대체로 지명채권양도의 방법에 의해서 양도되는 것으로, 유통을 목적으로 한 증권이 아니다. 따라서 기명증권의 유가증권성을 부인하는 견해도 있다. 그러나 유가증권성을 부인하면 동일한 형태의 증권을 분리하여 일부에 대해서는 유가증권으로 보고 다른 일부에 대해서는 유가증권으로 보지 않는 것이 되어 부당하다. 예를 들어 수표의 경우에 지시식 또는 무기명식 수표는 유가증권으로 보고, 배서가 금지된 수표는 유가증권이 아닌 것으로 보는 부당한 결과가 된다는 것이다. 따라서 유가증권성을 인정할 것이다.

이에 따라 기명증권의 경우에도 권리의 행사시에 증권의 소지가 요구되는데, 이는 증거증권과는 다른 특별한 법률상의 의미를 갖는다. 그러나 기명증권은 유통을 전제로 한 것이 아니기 때문에 선의자보호나 항변의 제한에 관한 규정이 적용되지 않는다.

기명증권의 양도는 배서에 의하지 아니하고 일반 지명채권양도의 방법에 의한다. 이때 각각 증권에 대해서 필요한 효력요건과 대항요건을 구비해야 한다. 첫째, 배서가 금지된 어음 등의 경우에는 양도의 효력요건으로 양도의 의사표시와 증권의 교부가 요구되고, 양도의 대항요건으로 채무자에 대한 통지 또는 채무자의 승낙이 요구된다(민법 제450조). 둘째, 기명사채[314]의 경우에 양도의 효력요건은 양도의 의사표시와 증권의 교부가 요구되고, 회사 및 제3자에 대한 대항요건으로 취득자의 성명과 주소의 사채원부 기재와 성명의 채권기재(상법 제479조)가 요구된다. 셋째, 기명주식의 양도는 교부에 의한다(상법 제336조 제1항). 기명주식양도의 회사에 대한 대항요건으로 명의개서가 요구되지만, 명의개서가 권리자 지정의 의미는 없다. 주식의 경우에 주권의 단순한 점유자는 권리자로 추정되며(상법 제336조 제2항), 소지인출급식과 같이 유통되기 때문에 무기명증권의 범주에 속한다.

(2) 지시증권

지시증권은 증권면에 기재된 특정인이나 그 자가 지시하는 자를 권리자로 하는 유가증권이다.

법률상 당연한 지시증권에는 어음·수표, 화물상환증, 창고증권, 선하증권 등이 있다. 이때는 배서를 금지하지 않는 한 배서에 의하여 양도할 수 있다. 임의적 지시증권은 지시문구의 기재가 있어야 하며, 민법상 지시채권증권(민법 제508조) 등이 있다.

(3) 무기명증권(소지인출급식증권)

무기명증권은 증권면에 권리자를 특정하지 아니하고 소지인을 권리자로 인정하는 유가증권이다. 그 양도는 단순한 교부에 의한다. 무기명증권의 예로 수표, 무기명사채, 상품권, 무기명승차권 등을 들 수 있다. 기명주권도 무기명증권의 범주에 포함시킬 수 있다. 그런데 화물상환증, 선하증권, 창고증권 등의 경우 금지규정은 없으나 실제 무기명식으로 발행되지 않는다.

어음의 경우에 수취인이 절대적 기재사항으로 기본적으로 지시증권에 속한다.

---

314 대체로 무기명식으로 발행된다.

(4) 선택무기명증권(지명소지인출급식증권, 선택소지인출급식증권)

선택무기명증권은 증권면에 기재되어 있는 특정인 또는 소지인을 권리자로 하는 유가증권이다. 그 예로 수표, 화물상환증, 선하증권, 창고증권 등을 들 수 있다. 선택무기명증권의 경우에 무기명증권과 동일한 효력이 있다.

2. 상법상의 분류

(1) 운송증권

운송증권은 운송물인도청구권을 표창하는 유가증권이다. 그 예로 화물상환증과 선하증권이 있다.

(2) 창고증권

창고증권은 임치물반환청구권을 표창하는 유가증권이다.

(3) 주권

주권은 주주권을 표창하는 유가증권이다.

(4) 사채권

사채권은 사채권을 표창하는 유가증권이다. 사채권은 대체로 이표채의 형태로 무기명식으로 발행된다.

(5) 그 외 환어음, 약속어음, 수표를 들 수 있는데, 이에 대하여는 따로 설명한다.

3. 증권에 표창된 권리에 의한 분류

(1) 채권증권

채권증권은 채권을 표창하는 유가증권으로 물건(품)증권과 금전증권으로 분류할 수 있다. 물건(품)증권은 물건인도청구권을 표창하는 것으로 화물상환증, 선하증권, 창고증권, 상품권 등이 이에 속한다. 금전증권은 금전지급의 청구권을 표창하는 것으로 어음·수표가 이에 속한다.

관련사항

물권적 유가증권(인도증권) : 화물상환증, 선하증권, 창고증권 등의 경우 그의 양도에 의하여 물건을 인도한 것과 같은 물권적 효력이 인정된다(상법 제133조).

(2) 물권증권

물권증권은 물권을 표창하는 유가증권으로, 우리나라에는 그 예가 없지만 독일의 토지채무증권, 저당증권 등이 이에 속한다.

(3) 사원권증권

사원권증권은 사원권을 표창하는 유가증권으로 주권이 이에 속한다.

4. 권리의 증권에의 결합의 정도에 의한 분류

(1) 완전유가증권

완전유가증권은 증권상의 권리의 발생·이전·행사에 모두 증권의 소지를 요하는 유가증권으로 어음·수표 등이 이에 속한다.

(2) 불완전유가증권

불완전유가증권은 증권상의 권리의 행사와 이전에만 증권의 소지를 요하는 유가증권으로 어음·수표 외의 유가증권은 거의 다 불완전유가증권에 속한다.

5. 설권성에 의한 분류

(1) 설권증권

설권증권은 증권상의 권리가 증권의 발행에 의하여 생기는 것으로, 증권발행의 원인인 법률관계에서 생긴 권리가 아니다. 어음·수표와 같은 완전유가증권이 설권증권에 속한다.

(2) 비설권증권

비설권증권은 증권상의 권리의 발생에 증권의 발행을 요구하지 않는 것이다. 선언적 유가증권이라고 하며, 원인관계에서 이미 발생한 권리를 증권의 발행에 의하여 증권에 표창하게 된다.

6. 요인성에 의한 분류

(1) 무인증권(불요인증권)

무인증권은 증권상의 권리가 증권발행의 원인인 법률관계(원인관계)의 효력에 영향을 받지 아니하는 유가증권이다. 무인증권은 증권발행의 원인인 계약 등이 부존재, 무효나 취소가 되어도 증권상의 권리가 영향을 받지 않는다. 증권발행의 원인의 부존재나 무효나 취소는 인적항변사유에 불과하다.

어음·수표가 무인증권에 속하는 것으로, 어음 수수의 당사자간에 있어서도 어음소지인은 어음채무자에 대하여 권리를 행사함에 있어서 어음채무의 성립을 주장·증명하면 되고 원인채무의 성립·존속에 관하여 주장·증명할 필요는 없다. 이처럼 증명책임의 전환에 의하여 당사자간에도 권리관계가 소지인에게 유리하게 작용한다.

(2) 요인증권(유인증권)

요인증권은 증권상의 권리가 증권발행의 원인인 법률관계의 유효한 존재를 요건으로 하는 유가증권이다. 예를 들어 화물상환증의 경우에 운송인이 운송물을 받지 않고 화물상환증을 발행한 경우에 그 증권은 무효가 된다. 다만 이때 그 증권의 선의취득자에게 운송인이 외관을 발생시킨 점에 대해서 책임을 지는 것은 별개의 문제다. 이때 공권의 경우와 같이 원인이 없다는 것은 인적항변에 불과한 것으로 선의의 제3자에 대항하지 못한다.

이러한 요인성은 다음에 보는 문언성에 의해서 제한이 되게 되는데, 결과적으로 원인유무는 당사자간에만 의미를 가지고 선의의 제3자에 대해서는 원인이 있든 없든 같은 결과가 되게 된다.

7. 요식성에 의한 분류

(1) 요식증권

요식증권은 증권의 기재사항 기타 방식이 법정화되어 있는 유가증권이다. 상법상의 유가증권은 모두 요식증권이다. 어음·수표의 경우에는 엄격한 요식증권성이 인정되어, 필요적 기재사항의 흠결의 경우에 어음·수표 자체가 무효로 된다.

(2) 불요식증권

방식을 요구하지 않는 불요식증권은 현행 상법상으로는 없다.

8. 문언성에 의한 분류

(1) 문언증권

문언증권은 증권상의 권리의 내용이 증권에 기재된 문언에 따라 정하여지는 유가증권이다. 문언증권의 효력은 선의의 제3자에 대한 관계에서만 생겨난다. 이에 따라 증권의 선의취득자는 증권에 기재된 문언에 따라서 증권상의 권리를 선의취득한다. 문언증권성은 직접당사자나 악의의 제3자에 대한 관계에서는 생기지 않는다.

(2) 비문언증권

비문언증권은 증권상의 권리의 내용이 증권 외의 실질관계에 의하여 정하여지는 유가증권이다. 기명주권, 기명사채권 등의 기명증권과 보험증권 등은 비문언증권에 속한다.

(3) 요인증권과 문언증권의 관계

요인증권과 문언증권의 관계를 보면, 예를 들어 화물상환증 등의 경우에 양자의 성질을 다 가지는데 양자는 서로 대립되는 성격을 지닌 것으로 이때 어느 것을 우선할 것인가가 문제된다.

① 다수설 : 양자는 서로 다른 평면의 관념이라고 한다. 전자는 증권상의 권리관계와 증권 외의 권리관계가 어떠한 관계를 가지는가에 관한 문제이고, 후자는 증권상의 권리관계의 범위내의 문제라고 본다.
여기서 요인성의 의미를 제한적으로 해석하기도 하는데, 요인성에 대해서 증권상의 권리가 증권면에 나타나지 아니한 원인관계에 의존하는 것을 말하는 것이 아니고, 원인관계를 증권상에 기재할 것을 요구하고 그 한도에서 원인관계의 영향을 면하지 못하는 것이라고 한다.

② 유력설 : 요인증권에 있어서 문언성이 인정되는 것은 요인증권이 부분적으로 무인증권화하고 그 한도에 있어서 문언성이 인정된다고 한다.

③ 검토 : 어느 견해에 의하든 선의의 제3자에 대한 관계에서 문언성이 우선하는 것으로 증권상의 기재된 내용 외에 원인관계에 의하여 영향을 받지 않는다.

9. 제시성에 의한 분류

(1) 제시증권

제시증권은 증권상의 권리를 행사하기 위해서 채무자에게 증권을 제시해야 하는 것이다. 따라서 이행지체가 되기 위해서는 이행기가 도래한 후에도 소지인이 증권을 제시하여 이행을 청구하여야 가능하다.

(2) 부제시증권

부제시증권은 기명주권이나 기명사채권과 같이 증권을 제시하지 않고도 권리행사가 가능한 증권이다. 기명주권의 경우에 권리행사시에 주권의 제시가 요구되지 않는 것은 주주명부제도의 특색에 기한 것으로, 주주명부의 기재 자체에 주권의 제시에 갈음하는 효과를 인정한다.

10. 상환성에 의한 분류

(1) 상환증권

상환증권은 증권과 상환하지 않고는 증권상의 채무를 이행할 필요가 없는 증권이다. 상환성을 인정하는 것은 선의취득에 의한 이중지급의 위험이 있기 때문이다.

(2) 불상환증권

불상환증권은 기명주권, 기명사채권과 같이 권리행사에 증권의 상환이 요구되지 않는 증권이다.

어음

1. 환어음

환어음은 지급인이 인수한 후에는 그 인수인에 대한 금전채권과 인수인이 지급거절한 경우에는 배서인에 대한 상환청구권을 표창한다.

A : 발행인 → C : 수취인
↓ 지급위탁
B : 지급인(인수)

2. 약속어음

약속어음은 발행인에 대한 어음금지급청구권과 발행인의 지급거절의 경우 배서인에 대한 상환청구권을 표창한다.

A : 발행인 → B : 수취인 지급약속

관련사항

상환의무자 : 인수나 지급이 거절된 경우에 합동하여 어음금·수표금을 지급할 의무를 부담하는 자로서 주채무자가 아닌 자이다.

3. 전자어음[315]

전자어음은 발행부터 교환까지 모든 어음행위가 관리기관의 전산시스템 내부에서 전자적으로 이루어지는 약속어음이다.

첫째, 전자서명은 공인인증서로 하게 된다.

둘째, 백지식 발행이나 배서는 불가능하다.

셋째, 종이어음 대신 전자어음이 유통되면 다음과 같은 이점을 예상할 수 있다. ① 물류비용이 절감되며 ② 위·변조 및 분실위험이 방지되며 ③ 어음거래의 실명화로 인해 금융질서가 확립되고 ④ 전자상거래에 부합하는 경제환경이 조성되어 기업경쟁력이 강화될 것으로 기대되며 ⑤ 은행을 방문하지 않고 집이나 사무실에서 발행이나 지급제시를 할 수 있어 편의성이 높아지며 ⑥ 어음기재사항의 오류가 감소하고 소위 딱지어음과 같은 불법적인 어음거래가 사라져 어음에 대한 신뢰도가 높아진다.

어음의 종류

1. 지위의 겸병

송금을 하고자 할 때 발행인과 지급인의 지위가 겸병되는 자기앞환어음을 이용한다. 송금을 의뢰받은 은행이 그 본·지점 등을 지급인으로 해서 어음을 발행하게 된다.

추심은 발행인과 수취인의 지위가 겸병되는 자기지시환어음을 발행해서 하게 된다. 화환어음과 같은 경우는 은행에 할인을 구하거나 혹은 추심위임을 하려는 경우에 자기지시환어음을 발행해서 먼저 인수를 받은 후에 유통시키는 방법을 이용한다.

---

315 "전자어음의 발행 및 유통에 관한 법률"이 2018.11.1.부터 시행에 들어갔다.

2. 어음의 요건에 따른 종류

(1) 완전어음 : 완전어음은 어음요건이 완비되거나, 만기, 지급지, 발행지(어음법 제2조 제2, 3, 4항)와 같이 요건이 흠결된 부분이 다른 기재에 의해서 보충이 인정되는 어음이다.

(2) 무효어음(불완전어음) : 무효어음은 어음요건을 결하고, 또한 다른 기재로 흠결된 부분의 보충이 되지 않는 어음이다. 예를 들면 수취인의 기재 흠결의 경우를 들 수 있다.[316]

(3) 백지어음(미완성어음) : 백지어음은 요건은 흠결하였으나 이를 보충할 백지보충권이 부여된 어음이다.

관련사항

- 수취인이나 확정일출급어음의 발행일이 백지인 어음에 대해서 지급은행에서 결제하는 상관습이 있다. 어음교환소규약에서는 이를 형식불비로 보지 않는다. 그러나 이들도 어음요건으로서 이를 보충하지 않고 제시한 경우에는 상환청구권이 발생하지 않는다(대법원 1971.2.9. 선고 70다602 판결).
- 헌법재판소는 이때 상환청구권이 상실되게 하는 어음법의 규정은 헌법에 반하지 않는다고 판시하여(헌재 2000.2.24. 97헌바41 결정) 실제 관행에 제동을 걸었다.
- 국내어음에 있어서 발행지의 기재가 없는 경우에도 유효하다고 하였다(대법원 1998.4.23. 선고 95다36466 판결(전원합의체). 국내어음에 있어서 발행지는 지급지와 세력이 틀리는 경우에나 의미를 가짐에 불과하다.

3. 경제적 목적에 의한 분류

(1) 상업어음

상업어음은 매매, 임대차 기타 상거래를 원인으로 하여 발행하는 어음이다. 진정어음, 실어음이라고도 한다. 거래계에서는 진성어음이라고도 한다.

(2) 융통어음

융통어음은 현실의 상거래에 기한 것이 아니고, 단지 자금의 융통을 목적으로 발행하는 어음이다. 공어음, 대어음, 차어음이라고도 한다. 융통어음은 어음을 유통시키는 자가 발행인의 신용을 이용하는 것으로, 이 어음은 주로 타인에게 금융을 받게 하거나 또는 채무를 담보하기 위하여 제공된다. 친구, 친척 등에 의해 어떠한 사람에 대해 신용을 주기 위해 호의에서 발행된 경우를 특히 호의어음이라고 부른다.

---

316 그러나 실제 거래시 이를 요건미비로 보지 않고, 당좌계정거래약정에서는 수취인기재가 없어도 지급한다고 규정하고 있다(제8조).

융통어음은 주로 발행과 관련하여 문제되는데, 광의의 융통어음에는 타인에게 자금융통을 할 목적으로 어음에 인수, 배서, 보증 등의 부속적 어음행위를 한 경우를 포함한다.

융통어음이란 타인에게 신용을 줄 목적으로 발행하는 어음이므로, 자기가 자금을 융통하기 위하여 대가관계 없이 발행 또는 양도하는 어음과는 구별된다. 그런 의미에서 기업이 대가관계 없이 약속어음을 발행하고 단자회사 등으로부터 자금을 융통하는 기업어음은 융통어음이 아니다.

관련사항

금융계에서는 상품이나 용역대금의 지급이 아니라 자금을 조달하기 위해 발행하는 어음을 융통어음이라 한다. 즉 기업어음과 호의적 융통어음 모두를 융통어음으로 취급한다. 그러나 판례는 융통어음이란 경제적인 대가의 관계없이 호의적으로 타인에게 발행해 주는 어음을 말한다고 한다.[317] 금융계에서는 이것을 호의적 융통어음이라고도 한다.

(3) 대부어음(대출어음)

금전대부를 할 때 대주는 차주로부터 차용증서를 받는 대신에 대금채권을 확보하기 위해서 어음을 교부받기도 하고 또는 차용증서와 함께 어음을 교부받기도 한다. 이를 어음대부라 하고 이때의 어음을 대부어음이라고 한다. 이때 어음소지인은 양 채권을 임의로 선택하여 행사하는 것이 가능하다.[318]

대부어음에 있어서 차주는 발행인이 될 것이다.

(4) 할인어음

할인어음은 은행 등 금융업자로부터 할인받은 어음이다. 어음을 할인하는 경우에 은행 등은 어음금액에서 할인료, 즉 할인일로부터 만기까지의 이자, 추심료 등의 비용을 공제하고 어음의 소지인과 어음을 매매한다.

어음의 소지인은 어음의 할인으로 은행 등으로부터 신용을 얻는 것과 같은 효과를 가지게 된다. 이때 차주는 어음의 매매를 위해 배서한 배서인이 될 것이다. 그러나 어음할인은 매매이기 때문에 할인의 경우 별도의 대출금채권을 가지지 않는다.

이후 어음이 부도시에는 은행은 어음환매청구권을 행사하게 된다.

---

317 "융통어음은 타인으로 하여금 어음에 의하여 제3자로부터 금융을 얻게 할 목적으로 수수되는 어음을 말한다."(대법원 2012.11.15. 선고 2012다60015 판결).

318 일반적으로는 지급을 위하여 어음이 발행된 경우에 어음채권을 먼저 행사해야 한다.

참조판례

① "어음할인이 대출에 해당하는지 어음의 매매에 해당하는지는 약정의 내용과 거래의 실태 등을 종합적으로 고려하여 결정하여야 할 것이다."(대법원 2002.4.12. 선고 2001다55598 판결 등).

② 화환어음의 어음할인의 법적 성질 : 어음의 매매
"은행이 수출자로부터 무신용장 방식에 의한 화환어음을 매입하면서, 일정한 경우 수출자가 은행에 대하여 환매채무를 지고 수출자는 은행의 관련 규정이 정하는 바에 따라 환매채무를 변제하여야 한다는 내용의 수출거래약정을 한 경우, 은행은 화환어음 매입의 법적 성질이 어음의 매매라는 것과 그 화환어음의 지급과 관련하여 일정한 사유가 발생한 경우에는 환매규정에 의하여 은행의 권리를 구제받을 수 있다는 것을 약정하였다고 보아야 할 것이므로, 은행이 화환어음의 매입에 의하여 어음법상의 소구권이나 위 환매채권을 갖는 외에 별도의 대출금채권을 갖게 될 수는 없다."(대법원 1996.6.11. 선고 96다2064 판결).

(5) 기본어음(구 어음), 개서어음(연기어음, 신어음)

기본어음은 발행인이 특정의 거래에 대해서 최초로 발행한 어음이고, 개서어음은 지급을 유예하기 위해서 구 어음의 어음금을 지급하지 아니하고 구 어음에 갈음하여 만기를 변경하여 새로이 발행한 어음이다. 어음관계자 전원의 동의로 기본어음의 만기를 변경한 경우에도 개서어음으로 된다.

개서어음의 경우에 다른 약정이 없는 한 기본어음에 부착되어 있던 인적항변이나 담보는 개서어음에 그대로 존속한다.

(6) 담보어음

담보어음은 현재의 채무 또는 장래 발생할지 모르는 채무의 이행을 담보하기 위하여 발행하는 어음이다. 일반적으로 유통을 금하기 위해서 배서를 금지하여 수취인에게 교부한다.

담보어음은 보증인 등으로 부터 받게 되는데, 차주의 보증인이 발행인의 지위를 가진다. 이와 달리 대부어음은 차주가 발행인의 지위를 가진다는 점에서 차이가 난다.

(7) 담보부어음

담보부어음이란 어음채권에 담보가 제공되어 있는 어음이다. 예를 들어 화환어음의 경우에 운송증권 등이 담보로 첨부되게 된다.

(8) 추심어음

추심어음이란 채권을 추심할 목적으로 발행한 어음이다. 추심어음의 경우에 채무자를 지급인으로 하고 자기 또는 자기의 채권자를 수취인으로 하는 환어음을 발행해서 은행에 추심을 위임하게 된다. 화환어음**319**도 추심어음의 성질을 가지는데, 담보가 부착된다는 특징을 가진다.

(9) 신종기업어음(C.P.)

신종기업어음이란 종금사 등에서 선정한 우량적격업체가 자금융통의 목적으로 발행한 약속어음이다. 이 어음도 실무상 융통어음으로 본다. 우량적격업체는 어음중개실운영위원회에서 선정기준을 제시하게 된다.

신종기업어음은 유통과 관련하여 다음의 방법에 의한다. 첫째, 종금사 등이 어음을 매입하여 일반투자가에게 매출하는 방법이다. 이는 기업어음으로 일반투자가에게 무담보배서를 하여 배서·양도한다.

둘째, 종금사 등이 이러한 어음 중 일정한 내용을 가진 어음을 단순히 일반투자가에게 중개하는 중개어음의 방법이 있다.

신종기업어음의 경우에 위의 중개어음뿐만 아니라 기업어음의 경우에도 일반투자가는 단자회사 등에 어음상의 책임을 물을 수 없다. 판례는 담보책임뿐만 아니라 매도인으로서의 하자담보책임, 채무불이행 책임도 배제한 것으로 해석한다.

참조판례

"단자회사가 할인매수한 어음을 다시 일반 제3자에게 어음할인의 방식으로 매출한 것은 그 성질이 어음의 매매라고 볼 것이므로 그 매매의 이행으로 어음을 배서·양도함에 있어 배서란에 "지급을 책임지지 않음" 이라는 문언을 기재한 것은 특단의 사정이 없는 한 어음상 배서인으로서의 담보책임뿐만 아니라 매매계약상의 채무불이행책임이나 하자담보책임까지 배제하기로 한 취지라고 보아야 한다."(대법원 1984.11.15. 선고 84다카1227 판결).

수표

신용의 기능을 가진 어음과 달리 수표는 지급증권으로서의 성질을 가지며, 수표의 지급제시 전에는 아무 권리도 표창하지 않는다. 수표에 있어서 주채무자가 없고 단지 수표의 지급거절의 경우에 수표는 발행인·배서인·지급보증인에 대한 상환청구권을 표창할 뿐이다. 이러한 성격을 가진 수표에 대하여 영미법에서는 은행을 지급인으로 하여 발행한 일람출급의 환어음이라고 한다.

수표는 지급증권으로서 수표의 신용증권화 방지를 위한 여러 제도를 두고 있다. 그 예로 지급의 일람출급성, 제시기간의 단축, 소지인출급식·지명소지인출급식 발행의 인정, 인수금지나 지급위탁의 취소는 제시기간경과 후에만 효력을 가진다는 점 등을 들 수 있다.

---

319 화환어음은 선적 후 발행하며, 선적 전에는 무역어음을 발행한다.

A : 발행인　　→　　C : 수취인

↓ 지급위탁

B : 지급인(은행)

관련사항

수표에 있어서 지급인의 지급보증 : 주채무자가 아니라 최종의 상환의무자로서 지위가 인정되며, 제시기간 내 지급보증은 효력을 가진다. 실제 지급보증은 거의 이루어지지 않고, 보증수표라 불리는 자기앞수표를 이용한다.

수표의 종류

1. 자기앞수표

자기앞수표란 발행인이 자기를 지급인으로 하여 발행한 수표이다. 일반적으로 은행은 수표발행인이 지급보증을 요구하면 발행인의 계정에서 수표금을 공제하여 자기앞수표를 발행해준다. 자기앞수표를 보증수표라고도 한다.

여기서 발행의뢰인과 은행의 관계는 지급위탁계약관계가 아니고 수표의 매매로 보는 매매설이 다수의 견해이다. 자기앞수표에 있어서 지급의 중지요청은 지급위탁취소가 아니고 사고계의 의미를 가질 뿐이다.

2. 선일자수표

선일자수표란 수표의 발행일을 현실의 발행일보다 후일로 기재한 수표이다. 선일자수표의 경우에도 수취인 등이 발행일의 도래 전에 지급제시를 한 경우에 지급인은 지급하여야 한다(수표법 제28조 제2항). 이때 수취인이 약정에 위반하여 제시한 경우에는 발행인은 손해배상책임을 물을 수 있을 뿐이다.

3. 횡선수표

횡선수표란 수표의 표면에 두 줄의 평행선을 그은 수표이다. 횡선을 긋는 것은 수표가 도난이나 분실된 경우에 부정의 소지인이 지급을 받지 못하도록 하기 위한 것이다.

(1) 일반 횡선수표

일반 횡선수표는 횡선 내에 아무 지정을 하지 아니하거나 단지 '은행'만을 기재한 수표이다. 지급인인 은행은 다른 은행이나 지급인의 거래처로부터 지급제시가 있는 경우에만 지급할 수 있다(수표법 제38조 제1항). 이때 지급인의 거래처가 아닌 수표소지인은 자신의 거래은행에 추심위임을 하게 된다.

(2) 특정횡선수표

특정횡선수표란 횡선내에 특정의 은행의 명칭을 기재한 수표이다. 실제 거의 이용되지 않는다.

지급인인 은행은 피지정은행에만 지급할 수 있고, 피지정은행이 지급인이면 자기의 거래처에만 지급할 수 있다(수표법 제38조 제2항).

4. 여행자수표

여행자수표란 여행지에서 여행지의 화폐로 현금화할 수 있는 유가증권이다. 자기앞수표와 유사한 것으로 발행시와 수표 행사시에 서명을 하도록 하여 수표 분실에 대비하게 한다. 그러나 여행자수표는 지급약속문구의 형태이고 현금대용물로서의 의미를 가지는 지급증권이 아니므로 수표는 아닌 것으로 본다. 단지 수표소지인으로 하여금 외국에서 현금화할 수 있게 하는 것으로서, 세계 각국에서 이용되는 제도로서 관습법화 한 것 혹은 관습법에 의한 자기앞수표와 유사한 유가증권이라고 한다.

어음 · 수표의 경제적 기능

1. 송금기능

송금을 위해서 자기앞환어음을 이용한다. 수표의 경우도 마찬가지로서 송금수표를 교부한다.

A (수입) → C (수출)

현금 ↓ ↑ 환어음교부 ↓제시

B (은행 : 발행인) B'(지급인) : 발행인의 본·지점 혹은 거래관계가 있는 은행의 본·지점

2. 신용기능

(1) 신용창조기능 : 어음의 만기는 외상거래의 의미를 가지는 것으로 신용기능을 가진다.
(2) 신용담보기능 : 어음대부 등은 대출금의 담보로 어음을 제공하는 것으로서, 외상거래가 안될 때 대출받아 대금을 지급하고 그 대출금에 대해서 어음을 담보로 제공한다.

3. 추심기능

자기지시환어음을 발행하여 대금을 추심하게 된다.

A (수출 : 발행, 수취인) → C (수입 : 지급인)
↓할인 또는 추심위임
B (은행)

4. 화환어음

선적 전에는 무역어음(신용장을 담보로 한다)을, 선적 후에 화환어음을 발행한다.

A (수출) → C (수입)
↙(신용장송부)
↓ 환어음발행 통지은행 ↓신용장개설
↙통지(교부)
B (거래은행: 매입은행(Negociating B)) → D(신용장개설은행): 발행은행
추심

① 신용장개설 : 신용장은 수입업자의 거래은행이 수출업자에게 자기를 지급인으로 하여 어음을 발행할 수 있는 권한을 부여하는 문서이다. 신용장을 개설하지 않은 경우 수입업자가 지급인이 된다.
이처럼 일반적으로 신용장개설은행이 지급인이 되지만, 수입업자가 지급인이고 신용장개설은행은 단지 지급담당자(지급장소)일수도 있다.
② 환어음의 발행 : A가 발행을 해서 할인(역환) 또는 추심위임(추심환)을 하게 된다. 이때 수취인을 A로 하는 자기지시환어음을 발행해서 B에 양도배서의 형태를 취하든지(어음의 매매) 또는 B(할인은행)를 수취인으로 지정할 수 있다.
이후 지급거절의 경우에는 첫째, 할인의 경우에는 A에 상환청구권행사(실제 : 환매청구권행사), 선하증권 등 처분, 운송물을 인도받아 처분 등의 조치를 취할 수 있다.
둘째, 추심위임의 경우에는 매도인에게 어음 및 운송증권을 반환하고 비용청구하면 된다. 실제 이러한 방법은 이용되지 않는다.

어음 · 수표의 남용

1. 무인성이나 항변절단의 남용

무인성이나 항변절단을 남용하는 예로는 도박채무와 같은 경우에 원인관계에서는 자연채무로서 법적 추궁이 되지 않지만, 이 도박채무를 추심하기 위해서 선의의 제3자에게 양도하기도 한다. 이는 어음관계에 있어서 선의의 제3자에 대하여 채무자는 대항할 수 없다는 점을 이용하는 것이다.

2. 요식성의 남용

어음·수표의 경우에는 엄격한 요식증권성을 가지는데, 일부로 요건흠결의 어음수표를 발행하여 나중에 요건흠결을 이유로 지급을 거절하기도 한다.

3. 불건전한 자금융통의 남용

불건전한 자금융통을 위하여 상호간에 융통어음을 발행하는 기승어음, 딱지어음(부도운명) 등을 이용하기도 한다.

제2장 어음·수표법 총론

어음행위

어음행위가 무엇인가에 대하여 형식설과 실질설로 나누어 볼 수 있다.

① 형식설 : 어음행위는 기명날인(서명)을 불가결의 요건으로 하는 서면행위이라고 한다. 그러나 형식설에 따를 때 다른 요식행위와 구별되지 않는다는 한계가 있다.

② 실질설 : 어음행위는 어음채무의 발생 원인이 되는 법률행위라고 한다. 그러나 어음행위 중 무담보배서, 추심위임배서, 기한후배서 등은 배서인에게 어음채무의 부담의 의사가 없다. 따라서 통일적인 개념의 정립이 불가능하게 된다.

③ 검토 : 어음행위에 대하여 통일된 개념을 정하는 것이 어려운데, 형식설에 기초하여 어음행위란 기명날인을 요건으로 하는 증권적 법률행위라고 하겠다.

어음행위의 종류로는 환어음의 경우에는 기본적 어음행위로서 발행과 부속적 어음행위로서 인수, 배서, 보증, 참가인수가 있다. 약속어음의 경우에는 발행, 배서, 보증이 있고, 수표의 경우에는 발행, 배서, 보증, 지급보증이 있다.

어음행위의 조건

1 실질적 요건

어음행위의 실질적 요건으로는 유효한 의사표시가 있어야 한다. 이를 위해서는 어음능력 즉 어음권리능력과 어음행위능력이 있어야 하고 의사표시에 흠이 없어야 한다.

어음권리능력

권리능력이 있는 자는 어음권리능력도 가진다. 따라서 자연인과 법인은 어음권리능력을 가진다.

1. 영리법인(회사)

영리법인의 경우에 목적에 의한 권리능력의 제한이 인정되는데,[320] 회사의 어음행위는 원인관계와 분리되어 있고 항상 회사의 사업수행에 필요한 행위이므로 목적인 사업의 여하를 불문하고 어음권리능력을 가진다. 즉 어느 법인이든지 금전지급이 있고, 따라서 그 수단인 어음·수표거래는 당연히 예정되어 있는 목적달성에 필요하고 유익한 행위이다.

다만 목적범위 외의 행위를 위해서 어음 · 수표행위가 행해진 경우에 이는 인적항변사유에 불과한 것으로 선의의 제3자에 대항할 수 없게 된다.

2. 비영리법인

비영리법인의 경우에도 정관상의 목적에 의한 권리능력의 제한이 인정되지만(민법 제34조), 비영리법인의 사회적 활동에는 필연적으로 금전거래가 생기므로 정관상의 목적 여하를 불문하고 어음권리능력을 가진다(통설).

3. 권리능력없는 사단

권리능력없는 사단은 어음권리능력도 없다고 하는 견해가 있지만, 권리능력없는 사단도 민사소송법상의 당사자능력과 부동산등기능력을 가지고 또 사회적 실체로서 그 대표자에 의하여 법률행위를 하고 있으므로 어음권리능력을 가진다.

4. 민법상의 조합

민법상의 조합은 어음권리능력을 가지지 않는다(통설). 따라서 조합이 어음행위를 하는 경우에는 전조합원이 기명날인(서명)을 하여야 한다. 그러나 실무상은 조합대표자가 조합을 위하여 하는 것임을 표시하고 기명날인을 한다.

어음행위능력

법인은 어음행위능력을 가지며, 자연인 중에 어음행위무능력자가 문제된다.

---

320 판례는 제한긍정설의 입장에서 이에 위반시 회사에 대해서 무효라고 하고 있다(대법원 1987.9.8. 선고 86다카1349 판결).

1. 의사무능력자

유아, 백치, 광인 등 의사무능력자의 어음행위는 무효이다.

2. 미성년자

미성년자가 법정대리인의 동의없이 한 어음행위는 취소할 수 있다. 다만 권리만을 얻거나 의무만을 면하는 행위는 예외가 인정되지만(민법 제5조), 어음행위는 무인적 채무부담행위로서 이에 해당하지 않는다. 어음에 있어서 무담보배서는 권리의 양도만 이루어 지지만 앞에서의 행위는 아니다.

미성년자도 법정대리인으로부터 특정의 영업에 대하여 허락을 받은 때에는 성년자와 동일한 행위능력을 가지므로(민법 제8조), 그 영업의 범위내에서 어음행위도 할 수 있게 된다.

3. 피한정후견인

가정법원은 피한정후견인이 한정후견인의 동의를 받아야 하는 행위의 범위를 정할 수 있다(민법 제13조 제1항). 피한정후견인이 한정후견인의 동의가 필요한 법률행위를 한정후견인의 동의 없이 하였을 때에는 그 법률행위를 취소할 수 있다(민법 제13조 제4항). 어음행위도 이에 속한다.

4. 피성년후견인

피성년후견인의 행위는 취소할 수 있다(민법 제10조 제1항). 피성년후견인이 어음행위를 한 경우에도 취소의 대상이 된다.

어음행위의 취소

1. 취소권자

무능력자도 단독으로 어음행위의 취소가 가능하며, 그 대리인 또는 승계인이 취소권을 가진다.

2. 취소의 상대방

어음행위의 취소의 상대방은 무능력자 보호의 차원에서 직접의 상대방뿐만 아니라, 그 외 현재의 소지인, 직접의 상대방과 현재의 소지인 외에 중간취득자도 포함한다.[321]

이에 대하여 어음행위의 취소는 상대방에게 손해를 주는 것이므로, 취소의 사정이 명백한 직접의 상대방에 대해서만 할 수 있다는 견해가 있다.[322] 그러나 민법 제142조에서 "상대방에 대한 의사표시"를 요건으로 하지만, 이것은 본인과 직접의 상대방만 존재하는 보통의 경우를 상정한 것이다. 그런데 어음의 경우 취소에 의해 가장 큰 불이익을 받는 자는 현재의 소지인이고, 어음행위는 행위자의 직접 상대방뿐만 아니라 어음이 유통되어 그 후에 어음을 취득하는 사람과의 관계를 예견하는 것이다. 따라서 그 이후의 소지인도 취소의 상대방에 포함할 것이다.

3. 취소의 시기

어음행위는 어음행위취소의 원인종료시로 부터 3년, 어음행위시로부터 10년이 지나면 취소할 수 없다(민법 제146조).

4. 취소의 효과

어음행위는 처음부터 무효이며, 이는 물적항변으로 누구에게나 항변이 가능하다.

관련사항

취소
↓
A → B → C → D(선의)
(B의 무능력)

① B는 C에 대해서는 반환청구가능, D가 선의라면 D가 선의취득하므로 D에 대해서는 불가
② C는 D에 대해서 어음행위독립의 원칙에 따라 책임
③ 결국 B는 C에 대하여 어음의 대가로 취득한 물건 등을 돌려주고 어음 대신 대가를 청구할 수밖에 없을 것이다.
④ A가 지급거절하여도 B의 무능력은 물적항변으로 D는 B에 대하여 상환청구를 하지 못한다.

5. 어음행위의 추인

어음행위의 추인은 취소권의 포기로서 추인권자는 취소권자가 된다. 추인의 경우 이는 상대방에게 이익을 주는 것이므로 그 상대방은 어음행위의 직접의 상대방뿐만 아니라 현재의 소지인 그리고 중간취득자를 모두 포함한다(통설).

---

321 정희철, (하)67면 ; 손주찬, (하)49면 ; 정동윤, (어)94면 ; 정찬형, (하)678면.
322 강위두, (어)59면.

어음능력의 존재시기

1. 어음권리능력

어음행위를 할 때에 어음권리능력을 가지고 있어야 하고, 이에 기하여 어음채무를 계속 부담하기 위해서는 계속 어음권리능력을 가져야 한다.

2. 어음행위능력

어음행위를 할 때에 어음행위능력을 가지고 있으면 충분하며, 이후 행위능력을 상실하여도 그 행위의 효력에 영향을 미치지 않는다. 여기서 어음행위시는 어음상의 기재가 아니라 실제 어음행위가 행해진 때를 기준으로 한다.

의사의 흠결과 흠 있는 의사표시

1. 비진의의사표시, 통정허위표시, 착오·사기·강박에 의한 의사표시 등

흠 있는 의사표시에 의한 어음행위의 무효나 취소는 선의의 제3자에 대항하지 못한다(민법 제107조~제110조).

2. 어음행위에 의사의 흠결이나 흠 있는 의사표시가 있어야 한다. 원인행위에 존재하는 경우 인적항변사유에 불과하다.

3. 제3자의 선의의 의미

제3자의 선의는 어음법 제10조와 제16조 제2항과의 균형상, 그리고 어음의 유통보호를 위하여 "악의 또는 중대한 과실"이 없는 것으로 본다. 이에 따라 '흠 있는 의사표시'에 의한 어음행위라는 항변은 어음법 제17조에 해당하지 않는 인적항변으로 본다. 이를 유효성의 항변이라고도 한다. 그러나 민법은 흠 있는 의사표시의 경우에 제3자가 선의이면 과실유무에 불구하고 보호를 받는데 반하여, 어음거래에 있어서 중대한 과실이 있으면 오히려 제3자가 보호받지 못하게 되는 결과가 되게 되어 부당하다. 이에 대하여 판례는 이를 어음법 제17조상의 인적항변으로 본다. 판례의 입장에 따를 때 제3자가 어음채무자를 해할 의사로 취득하지 않는 한 보호가 되는 것으로 보호되는 제3자의 범위가 가장 넓다. 판례의 태도가 타당한 것으로 본다.

참조판례

"어음행위에 착오·사기·강박 등 의사표시의 하자가 있다는 항변은 어음행위 상대방에 대한 인적항변에 불과한 것이므로, 어음채무자는 소지인이 채무자를 해할 것을 알고 어음을 취득한 경우가 아닌 한, 소지인이 중대한 과실로 그러한 사실을 몰랐다고 하더라도 종전 소지인에 대한 인적항변으로써 소지인에게 대항할 수 없다."(대법원 1997.5.16. 선고 96다49513 판결).

4. 강박의 정도에 따른 효력

절대적 강박의 경우에 의사의 흠결로 어음행위는 무효가 된다. 이때는 물적항변사유가 된다. 강박으로 인한 공포심으로 어음행위를 한 경우에는 여기에서의 흠 있는 의사표시의 문제가 될 것이다. 이에 반하여 위법하지 않는 강박이나 단순한 협박의 경우에는 유효한 어음행위가 된다.

2 형식적 요건

어음행위의 형식적 요건으로는 서면에 방식을 갖추어 작성(발행), 기재(발행 외의 경우)하고, 어음을 교부하여야 한다.

1. 어음의 작성 또는 기재

어음의 작성이나 기재는 반드시 지면이어야 하는 것은 아니고, 의사표시가 문자로 표시될 수 있는 물체이면 무방하다. 금융기관을 지급장소로 하는 경우 통일어음용지를 이용해야 한다.

어음의 발행은 어음자체에 해야 하나, 배서나 보증은 보전이나 등본에 할 수 있다.

2. 방식

어음의 작성이나 기재는 법정기재사항을 기재해야 한다. 법정기재사항의 공통적인 요소는 기명날인 또는 서명이다.

3. 기명날인·서명

기명날인은 어음행위자가 자기를 표시하는 명칭을 기재하고 그의 인장을 날인한다. 서명은 자필로 자기를 표시하는 명칭을 기재하는 것이다.

기명날인이나 서명을 하는 주관적 이유는 어음행위자가 어음채무를 진다는 것을 인식하게 하는 것이고, 객관적 이유는 어음취득자로 하여금 어음행위자가 누구인가를 알게 하기 위한 것이다.

(1) 방법

기명날인에 있어서 기명만 있고 날인이 없거나 날인만 있는 어음행위는 무효이다. 기명은 자기를 표시하는 명칭을 기재하게 되는데, 명칭은 어음행위자의 본명뿐만 아니라 상호, 아호, 통칭이든 거래자간에서 본인을 표시하는 명칭임을 알 수 있는 것이면 무방하다.

기명의 명의와 날인의 명의가 일치할 것이 요구되는가에 대하여 견해가 갈린다.

① 동일성필요설 : 양자의 명의가 거래상 동일성이 인정되는 경우에 한하여 불일치하여도 무방하다고 한다.

② 동일성불요설(판례) : 기명날인이 요구되는 주관적 이유의 관점에서 보면 양자의 명의가 달라도 무방하다고 한다.

기명날인 외에 무인도 인정되는가가 문제 되지만, 무인은 식별이 어려우므로 유통성을 해하게 된다. 따라서 무인은 인정되지 않는다.

(2) 권한없는 기명날인

기명날인은 사실행위이다. 기명날인의 대행은 대리행위가 아니고 단순한 보조행위이다. 권한이 없이 기명날인을 한 경우에는 위조의 문제가 된다.

(3) 회사 기타 법인의 기명날인

법인은 법인의 대표기관이 법인을 위하여 하는 것임을 표시하고 기명날인 하는 방식에 의한다. 이때 법인의 표시는 법인을 위하여 하는 것임을 인식할 수 있는 정도이면 충분하다.

법인의 표시 + 대표기관의 표시 + 대표자의 기명날인

권리능력없는 사단의 경우에는 대표자가 권리능력 없는 사단을 위하여 하는 것임을 표시하고 기명날인한다. 조합은 조합대표자가 조합을 위하여 하는 것임을 표시하고 기명날인하는 방식에 의한다. 원래는 전 조합원의 기명날인이 있어야 한다.

참조판례

"법인의 어음행위는 어음행위의 서면성, 문언성에 비추어 법인의 대표자 또는 대리인이 그 법인의 대표자 또는 대리권자임을 어음면상에 표시하고 기명날인하는 대리방식에 의하든가 법인의 대표자로부터 대리권을 수여받고 직접 법인의 대표자의 명의로 서명할 수 있는 권한이 주어져 있는 자의 대행 방식에 의하여 이루어져야 할 것이고 만일 어음행위자가 대리(대행)권한없이 대리(대행)방식에 의하지 아니한 어음행위를 하였다면 무권대리인의 어음행위가 된다."(대법원 1987.4.14. 선고 85다카1189 판결).

어음이론

어음이론은 어음상의 채무는 언제 성립하는가? 달리 말하면 어음상의 권리발생은 어떻게 형성되는가에 대한 것이다. 어음이론은 주로 발행과 관련하여 논의되지만, 다른 어음행위에도 같이 적용할 수 있을 것이다. 예를 들어 배서의 경우에 담보적 효력이 발생하는가에 대하여는 같은 논리가 적용된다.

1. 계약설

(1) 의의

계약설에서는 어음채무는 어음의 작성과 교부계약에 의해서 성립한다고 한다. 발행인이 어음에 기명날인한 후 그 어음을 수취인에게 교부함으로써 당사자간에 어음채무의 부담에 관한 어음계약이 성립한다고 한다.

계약설에 의할 때 어음상의 채무가 발생하기 위해서는 상대방의 승낙의 의사표시가 있어야 하므로 상대방이 무능력이거나 의사의 흠결이 있을 때 어음채권은 발생하지 않는다.

(2) 간접 당사자간의 어음관계의 설명

① 단수계약설 : 발행인과 수취인간에 단일 계약만이 성립하며, 배서양도는 채권양도라고 하거나 또는 발행인과 수취인간의 계약에 제3자를 위한 계약이 포함된다고 본다.

② 복수계약설 : 어음발행인이 최초의 어음교부시에 불특정다수인에 대한 계약의 청약을 하고 각 어음취득자는 그 어음의 취득시에 이것을 승낙하게 된다고 한다.

(3) 교부계약이 이루어지기 전에 어음이 유통된 경우

계약설에 의할 때 교부계약이 이루어지기 전에는 아직 어음상의 권리가 발생하지 않았기 때문에 발행인은 선의의 어음취득자에 대해서도 책임을 지지 않는다.

2. 권리외관설

권리외관설은 교부계약설을 기초로 하면서 교부계약설의 문제점을 보충하고자 하는 견해이다. 권리외관설에 의할 때 어음의 발행에는 원칙으로 교부계약이 있어야 하나, 어음의 작성 등과 같이 어음채무를 지는 것과 같은 외관을 작출한 자는 그 외관에 기한 책임을 져야 한다는 것이다.

여기서 어음채무자의 귀책가능성이 요구된다고 보는데, 이에 대하여는 어음요건을 기재하고 기명날인하는 것으로 족하며, 유통까지 시켜야 책임이 발생하는 것은 아니라고 한다. 이에 반하여 점유이탈의 사정도 고려하여 작성자의 유책성이 인정될 때 권리외관이론이 적용된다는 견해도 있다.**323** 만일 부주의하게 방치한 경우에는 유책이지만, 금고에 보관 중 도난당하거나 강탈당한 경우에는 책임이 없다는 것이다. 그러나 제3자의 입장에서 그런 사정을 알 수 없을 것이기에 거래안전의 보호라는 관점에서 볼 때 받아들이기 어렵다.

3. 창조설

창조설에서는 어음채무는 어음행위자가 불특정다수인에 대한 채무부담의 일방적 의사표시에 의하여 성립한다고 본다. 즉 어음작성이라는 단독행위에 의해서 어음채무는 성립한다는 것이다.

어음의 선의취득과 관련하여, 교부가 흠결된 상태에서 유통된 경우에 이미 존재하는 어음상의 권리를 선의취득한다. 그러나 창조행위 자체에 흠이 있는 경우에는 선의취득자도 보호받지 못하게 된다.

창조설에 의할 때 창조행위의 순간 누가 권리자인가의 문제, 즉 작성자 자신에 대한 채권, 또는 휴지하고 있는 채권을 상정해야 한다는 문제가 있다.

이에 따라 수정창조설에서는 모든 어음·수표행위는 2단계의 행위로 이루어진다고 한다.

첫째, 무인행위로서 어음의 작성이 있게 된다. 이는 권리의 존재에 관한 것으로 어음·수표채무부담행위이며 단독행위라고 한다. 즉 어음의 발행은 발행인의 단독행위에 의하여 일방적으로 행하여지고 이에 의하여 발행인이 어음채무를 부담한다고 한다.

둘째, 유인행위로서 어음의 교부가 있게 된다. 이는 권리의 귀속에 관한 것으로 어음·수표권리이전행위이며 계약이라고 한다. 즉 교부는 어음의 작성에 의하여 성립한 권리를 이전하는 행위로서 이것은 발행인과 수취인간의 계약이라는 것이다. 만일 교부없이 유통이 행해진 경우에는 작성에 의하여 이미 존재하는 어음상의 권리를 선의취득하게 된다고 한다.

---

323 강위두, (어)54면.

4. 발행설

발행설은 창조설의 문제점을 보완하고자 하는 것으로, 어음채무는 어음의 작성과 발행인의 의사에 기한 어음의 점유이전행위인 교부라는 단독행위에 의해서 성립한다고 한다. 어음의 점유이전은 단독행위이며, 따라서 상대방이 무능력자이어도 어음채무는 성립한다고 한다.

발행설 중 첫째, 순정발행설에서는 상대방에게 어음을 교부하고 그 어음이 상대방에게 도달한 때에 어음채무가 성립한다고 본다. 둘째, 수정발행설에서는 의사에 기하여 유통의 가능성을 예견하고 타인에게 점유를 이전한 때에, 즉 거래를 위하여 유통시킨 때에 어음채무가 성립하며, 이때 상대방에게 도달할 필요는 없다고 한다.

5. 검토

우리나라에는 발행설,[324] 권리외관설,[325] 권리외관설에 의하여 보충된 교부계약설[326]을 취하는 견해가 있으나, 다수는 발행설에 권리외관설을 보충하는 견해를 취한다.[327] 판례는 첫째, 어음이 유통되지 않은 경우에는 "약속어음의 발행이란 그 작성자가 어음요건을 갖추어 유통시킬 의사로 그 어음에 자기의 이름을 서명날인하여 상대방에게 교부하는 단독행위이다."라고 하여 발행설의 입장을 취하고 있다.[328] 둘째, 어음이 유통된 경우에는 제3자가 선의취득을 하는가 여부를 주로 검토하고 있다. 이는 교부흠결시 선의취득을 인정하지 않는 발행설의 입장하고는 차이가 있는 것으로 발행설에 권리외관설이 보충된 것으로 볼 수 있다.

보건대, 어음은 유통을 전제로 하고 어음의 유통상에 있어서 선의의 취득자를 보호할 필요가 있기에 권리외관설의 입장을 취하고자 한다. 다만 권리외관에 따른 채무를 인정함에 있어서 점유이탈의 사정도 고려해야 한다는 견해는 제3자의 입장에서 그런 사정을 알 수 없을 것이기에 이는 적합하지 않다고 본다.[329]

---

324 이철송, (어)100면.

325 최기원, (하)139면 ; 양승규, (어)103면.

326 정동윤, (어)79면.

327 손주찬, (하)51면 ; 강위두, (어)53면 ; 정찬형, (하)72면.

328 대법원 1989.10.24. 선고 88다카24776 판결.

329 주권의 발행에 대하여도 ① 교부시설(통설) ②발행시설 ③작성시설이 있는데, 주권은 사단법적인 법리가 지배하는 특수성으로 거래의 안전보다는 주주의 보호가 더 요청되므로 계약설의 입장인 교부시설에 따른다.

참조판례

"어음을 유통시킬 의사로 어음상에 발행인으로 기명날인하여 외관을 갖춘 어음을 작성한 자는 그 어음이 도난·분실 등으로 인하여 그의 의사에 의하지 아니하고 유통되었다고 하더라도, 배서가 연속되어 있는 그 어음을 외관을 신뢰하고 취득한 소지인에 대하여는 그 소지인이 악의 내지 중과실에 의하여 그 어음을 취득하였음을 주장·입증하지 아니하는 한 발행인으로서의 어음상의 채무를 부담한다."(대법원 1999.11.26. 선고 99다34307 판결).

관련사항

- 예제

① 갑은 어음의 필요적 기재사항을 기재하고 기명날인하여 어음을 작성한 후 이를 수취인 을에게 교부하였다. 을이 무능력자인 경우에 갑의 어음상의 채무의 성립 여부

② 갑은 어음의 필요적 기재사항을 기재하고 기명날인을 하여 어음을 작성한 후 아직 수취인 을에게 교부하지 않고 책상 서랍에 보관하고 있는 동안에 병이 이를 절취하여 을의 배서를 위조한 후 자기가 피배서인으로서 다시 선의이며 중과실이 없는 정에게 배서·양도한 경우 갑은 정에게 어음상의 채무를 부담하는지 여부

③ 갑은 어음의 필요적 기재사항을 기재하여 어음을 작성한 후 수취인 을에게 교부하기 위하여 을 앞으로 이를 우송하였던바 우송 도중에 병이 이를 절취하여 을의 배서를 위조한 후 자기가 을로부터 배서 받은 양하여 선의이며 중과실이 없는 정에게 배서·양도한 경우

어음행위의 특성

1. 서면행위성

어음행위는 서면상 의사표시가 행해진다.

2. 무인성

(1) 의의

어음행위는 원인관계가 무효·취소나 부존재하더라도 그 영향을 받지 아니하고 유효하다. 어음행위의 무인성은 설권증권성과 밀접한 관계를 가지는 것으로서 어음금지급청구권은 어음행위자체에서 생기는 권리로서 원인관계와는 분리된다. 또한 어음의 문언증권성과 밀접한 관련을 가지는 것으로, 어음상의 문언이 어음 외의 실질관계와 다르더라도 그 실질관계의 영향을 받지 아니한다.

(2) 근거규정

어음에 있어서 지급위탁, 지급약속의 무조건성이 요구된다. 이를 어음 외의 사실에 관련시켰을 때는 유해적 기재사항으로 그 어음이 무효가 된다. 또한 인수의 무조건성이 요구되어 부단순인수의 경우 인수거절로 보며, 배서의 무조건성이 요구되어 배서에 붙인 조건은 무익적 기재사항이다.

(3) 기능

어음의 무인성은 어음취득자의 보호 내지 어음의 유통성의 확보에 도움을 준다. 어음거래에 있어서 원인관계의 항변의 주장은 당사자간에만 할 수 있고, 선의의 제3자에 대하여는 주장할 수 없다. 또한 당사자간에 있어서도 증명책임의 전환이 인정되어 어음채무자가 원인관계의 하자나 부존재를 주장·증명해야 한다.

(4) 관련문제

1) 회사의 목적범위내의 행위와 어음행위

회사의 목적범위를 벗어난 행위는 회사에 대하여 무효라는 입장에 따를 때에도, 어음행위 자체는 항상 회사의 사업수행에 필요한 행위로서 회사의 목적범위내의 행위가 되며, 목적범위 외의 행위를 위해서 어음을 발행한 경우에 그것은 인적항변사유에 불과한 것으로 선의의 제3자에 대항할 수 없다.

2) 민법 제124조 및 상법 제398조와 어음행위

민법 제124조에 따를 때 본인의 허락이 없으면 자기계약이나 쌍방대리가 금지된다. 여기에 어음행위가 포함된다고 보면, 채무의 이행이 아니면 어음행위도 본인의 허락을 얻어야 하며 이에 위반시 무권대리가 된다.

또한 상법 제398조에서 이사의 자기거래에 이사회의 승인을 요구하는데 이사와 회사간의 어음행위도 이사회의 승인을 거쳐야 하는가도 문제된다. 이에 대하여는 학설이 갈린다.

① 부정설 : 원인관계에 있어서는 본인과 대리인간 또는 이사와 회사간에 이해가 충돌하므로 이에는 위 규정이 적용되나, 어음행위는 무색적 성질을 가지므로 본인과 대표자간에 이해충돌의 우려가 없다. 따라서 어음행위에는 본인의 허락이나 이사회의 승인이 요구되지 않는다고 한다.

② 긍정설(통설) : 어음행위를 한 때에는 원인관계상의 채무와는 별도로 새로운 어음상의 채무를 부담하여 그 어음상의 채무는 인적항변의 절단, 증명책임의 전환 등으로 원인관계상의 채무보다 더 엄격한 지급채무로 되어서 본인과 대리인 또는 이사와 회사간의

이해는 더욱 예리하게 충돌하므로 어음행위도 민법 제124조 및 상법 제398조가 적용된다고 한다.

③ 검토: 긍정설의 입장이 타당하다고 보며, 승인을 얻어야 하는 대상은 직접거래뿐만 아니라 간접거래, 즉 이사와 제3자간의 거래에 회사가 보증하거나, 이사의 제3자에 대한 채무를 회사가 인수하는 것도 포함된다.

승인은 원인행위를 승인시에 일반적으로 어음행위도 승인한다고 본다. 다만 융통어음의 경우에는 어음행위자체를 승인해야 한다.

3. 문언성

어음행위의 효력은 어음상의 기재에 따르며, 어음상의 기재와 실질관계가 다르더라도 어음행위의 효력은 그 실질관계의 영향을 받지 않는다.

4. 독립성

어음행위독립의 원칙에서 따로 설명한다.

5. 수단성·협동성

어음은 원인관계에서 생긴 금전채무의 지급결제의 수단으로 행해지므로 수단성을 가진다. 또한 어음상의 채무자는 합동하여 책임을 지므로 협동성 내지 합동성을 가진다.

어음행위독립의 원칙

1. 의의

어음행위독립의 원칙이란 형식상 완전한 어음에 기명날인한 자는 자기의 어음행위의 전제가 되는 선행의 다른 어음행위가 무효·취소되어도 그 영향을 받지 아니하고 독립하여 자신의 어음행위에 의하여 어음채무를 부담한다는 원칙이다. 어음채무독립의 원칙이라고 할 수 있다.

A → (무효) B → (유효) C

동일 부동산위에 매매·저당권설정 등이 순차적으로 행하여지는 경우를 상정하면, 민법상 선행의 행위가 무효이면 후행의 행위도 무효가 되는데, 어음행위의 경우에 어음유통성의 보호를 위해서 선행의 행위에 의하여 후행의 행위가 영향을 받지 않는다.

2. 실정법적 근거

어음행위독립의 원칙의 실정법적 근거로 어음채무의 독립성에 관한 어음법 제7조, "보증은 피담보채무가 방식 외의 사유로 무효이어도 유효하다"는 어음법 제32조 2항, "변조 전 기명날인자와 변조 후의 기명날인자는 각각 독립하여 책임을 진다"는 어음법 제69조 등을 들 수 있다.

3. 이론적 근거

① 특칙설(다수) : 일반원칙에 의하면 어떤 법률행위가 다른 법률행위를 전제로 하는 경우에 그 전제되는 선행행위가 무효이면 그 후행행위도 무효로 되는 것이나, 이 원칙을 어음행위에 적용하면 어음취득자는 어음상의 각 어음행위가 유효인가 아닌가를 일일이 조사하여야 하고 어음유통의 안전을 기할 수 없으므로 어음유통의 안전을 위하여 특칙으로서 어음행위독립의 원칙을 규정하였다고 한다.

다만 형식의 흠결은 후행의 행위에 영향을 미치지만, 형식의 흠결은 어음면에 나타나므로 어음취득자를 해치지 않는다고 한다.

② 당연법칙설 : 하나의 어음상에 수개의 어음행위가 행하여져도 각 어음행위는 어음상의 기재문언을 의사표시의 내용으로 하는 독립된 채무부담의 단독행위로서 다른 어음행위와 아무 관계가 없으므로 어음행위독립의 원칙은 당연한 사리를 주의적으로 규정한 것이라고 한다. 어음행위독립의 원칙은 어음행위의 문언성에서 오는 당연한 법리라는 것이다.

형식의 흠결의 경우에 예외가 인정되는 것은 후행의 어음행위의 형식에는 그 고유의 형식 외에 그 전제되는 선행의 어음행위의 형식도 포함되어 있으므로 선행의 어음행위가 형식의 흠결로 무효이면 후행의 어음행위도 그 자체의 형식을 흠결하는 것이 되어 무효로 되기 때문이라고 한다.

③ 절충설 : 발행과 같은 선행의 다른 어음행위의 존재를 전제로 하지 아니하는 경우에는 당연한 사리를 주의적으로 규정한 것이고, 배서·인수·참가인수·지급보증 등과 같이 선행의 다른 어음행위의 존재를 전제로 하는 것은 어음유통의 안전을 위해 특칙으로 규정한 것이라고 한다.

④ 검토 : 다수설과 같이 어음유통의 안전을 위하여 특칙으로서 어음행위독립의 원칙을 규정하였다고 하겠다.

4. 적용범위

(1) 배서에의 적용 여부

① 적용부정설 : A → (무효) B → (무효) C
전 배서가 무효이면 후 배서도 무효이므로 B는 담보책임을 지지 않는다. 다만 선의자보호를 위해서 C의 선의취득이 인정되므로 이에 의하여 책임지게 된다. 즉 B의 C에 대한 책임은 선의취득의 효과라는 것이다.

② 적용긍정설 : A → (무효) B(담보책임) → (어음행위독립의 원칙에 의하여 유효) C
어음행위독립의 원칙은 어음유통보호를 위한 특칙이므로 특히 배서에 적용되는 점에 실익이 있다. B가 C에 대하여 책임지는 것은 전 배서가 무효이어도 어음행위독립의 원칙이 적용되어 배서인이 담보책임을 지기 때문이라고 한다.

③ 검토 : 적용부정설은 배서에 권이이전의 면과 채무부담의 면이 있고 어음행위독립의 원칙이 채무부담에 관한 원리라는 점을 간과하고 있다. 즉 적용부정설은 권리이전과 관련된 선의취득의 측면에서 접근하는데, 채무부담의 면에서 접근하여 배서에도 어음행위독립의 원칙이 적용된다고 보고 이에 따라서 배서인이 독립된 담보책임을 부담한다고 보는 것이 타당할 것이다.

(2) 악의취득자에게 적용

① 적용부정설 : 어음행위 독립의 원칙은 선의취득자를 보호하기 위하여 특별히 인정된 것으로 선의취득자에게만 적용된다고 한다. 악의자에게도 적용되어 악의의 어음취득자가 상환청구권을 가진다면 원래 어음의 반환을 청구할 수 있는 자로부터 어음반환청구권을 박탈하는 결과가 되어 부당하다는 것이다.

② 적용긍정설(다수) : 첫째, 당연법칙설의 입장에서 어음행위가 어음상의 기재를 그 의사표시의 내용으로 하는 독립된 채무부담행위이므로 다른 어음행위와 관계가 없다. 따라서 어음취득자가 악의여도 적용된다고 한다. 둘째, 특칙설의 입장에서 어음행위독립의 원칙은 선의취득자보호에서 한발 더 나아가 어음행위의 확실성을 높이고 어음의 신용을 증진시키고자 하는 제도이므로 어음취득자의 선의·악의를 따지지 않는다고 한다.

A → B(무능력) → C(악의) → D(악의: 선의취득 안됨) → E(선의: 선의취득)
↑
취소

첫째: D보유시 C에게 권리행사를 못한다. 이때는 선의취득이 되지 않기 때문에 어음을 B에게 반환해야 한다. C가 어음채무를 부담하지 않기 때문은 아니다.
둘째: E보유시 C는 E에 책임을 진다. 이 책임이 배서시부터 발생한다고 봄이 타당하다. 만일 E가 선의취득의 순간 그 책임이 발생한다고 보면 책임이 타인의 주관적 의사에 좌우되므로 부당하다.

(3) 어음행위독립의 원칙과 선의취득

선의취득은 권리귀속에 관한 것이고, 어음행위독립의 원칙은 채무부담에 관한 것인데, 양자의 관계를 살펴본다.

첫째: 발행이 무효

A(위조) → B(배서: 독립의 원칙에 의하여 담보책임) → C(악의: 위조에 대하여)

C는 상환청구권행사가 가능하다. 피위조자인 발행인(A)가 점유를 상실한 자가 아니므로 수표법 제16조 제2항에 따라 A에게 어음을 반환할 필요가 없다.

둘째 : 배서가 무효

A → B(수취인) → C(절취해서 B배서를 위조: 독립의 원칙에 의하여 자신이 한 배서에 대하여 담보책임을 진다) → D(악의)

C의 담보책임이 인정되지만, D는 점유를 상실한 B에게 어음을 반환해야 한다. 이에 따라 D가 어음상의 권리행사는 할 수 없다.

어음의 위조

1. 의의

어음의 위조란 어음상에 권한없이 타인의 기명날인을 위작하여 타인이 어음행위를 한 것처럼 외관을 조작하는 것이다. 어음의 위조는 진정한 인장을 도용하거나 위조한 인장을 사용함으로써 하게 된다. 보통은 발행의 경우가 해당되지만 배서·인수·보증·참가인수·지급보증

등의 경우에도 위조가 된다.

타인의 기명날인의 변경의 경우에는 진정한 기명날인(서명)에 대하여는 변조가 되고, 새로 변경된 기명날인은 권한없이 나타난 것이므로 위조가 된다(위조·변조설).

어음의 위조의 효과와 관련해서는 어음의 유통보호를 위한 외관신뢰자보호의 요청과 진실존중을 위한 어음채무자보호의 요청을 조화할 필요가 있다.

2. 다른 개념과 구별

위조는 기명날인에 관한 것으로 권한없이 타인의 기명날인을 대행의 방식에 의하여 어음행위를 하는 것이며, 이로써 주체를 위작하게 된다. 변조는 기명날인 외의 기재사항에 관한 것으로 권한없이 타인의 어음행위의 내용을 변경하는 것이다. 무권대리는 본인의 기명날인을 위작하는 것이 아니고 무권대리인 자신의 기명날인을 하는 것으로 권한없이 대리의 방식에 의하여 어음행위를 하는 것이다.

3. 증명책임

(1) 피위조자증명책임설[330]

① 어음위조의 증명책임에 관하여 따로 규정이 없으므로 일반원칙에 의하여 위조되었다고 주장하는 피위조자가 그 증명책임을 부담하여야 한다. ② 어음법 제16조 제1항에 의하여 배서가 연속된 어음의 점유자는 적법한 소지인으로 추정되므로 어음소지인은 자신의 권리를 증명할 필요가 없고 피위조자가 어음이 위조되었다는 것을 증명하여야 한다. ③ 어음의 위조는 어음 외의 사실관계이므로 위조의 사실을 주장하는 피위조자가 증명책임을 부담하여야 한다.

(2) 소지인증명책임설(판례)[331]

① 아무런 귀책사유가 없는 피위조자에게 증명책임을 부담시키는 것은 너무 가혹하다. ② 증명책임의 분배에 관한 일반원칙에 의하면 권리를 주장하는 자에게 증명책임이 있는 것이므로 어음위조의 증명책임도 권리를 주장하는 어음소지인이 부담한다. ③ 어음소지인이 어음채무자에 대하여 어음상의 권리를 행사하는 경우에 어음채무자가 자기의 기명날인이 위조되었

330 이기수, "위조있는 어음의 입증책임", 법률신문 1989.11.13. 11면.

331 정동윤, "어음위조의 입증책임", 법률신문, 1990.10.23. 11면 ; 정찬형, "어음위조의 입증책임", 법률신문, 1990.8.6. 15면 ; 강위두, (어)118면 ; 손주찬, (하)91면 ; 최기원, (하)179면 ; 이철송, (어)137면 ; 대법원 1993.8.24. 선고 93다4151 판결.

다고 주장하는 것은 어음소지인의 주장 사실에 대한 적극 부인이므로 어음소지인이 어음채무자의 기명날인의 진정을 증명할 책임이 있다. ④ 피위조자가 어음소지인에 대하여 자기의 기명날인이 위조되었다고 주장하는 것은 어음소지인의 주장에 대한 부인일 뿐이고 이것은 증명책임과는 구별되는 것이며 더욱이 아무런 귀책사유가 없는 피위조자가 보호되어야 할 것이다. ⑤ 배서연속의 어음소지인이 적법한 소지인으로 추정되어(어음법 제16조 제1항) 증명책임이 전환되나, 이러한 추정은 어음행위를 하여 어음채무를 부담하는 자에게 인정되는 것이지 어음행위를 하지 아니한 피위조자에게까지 인정되는 것이 아니므로 피위조자는 위조의 증명책임을 부담하지 아니한다.332

(3) 검토

배서가 연속된 어음의 소지인은 권리추정력이 인정되지만 이는 어음소지인과 어음채무자간의 관계에 관한 것이지 피위조자에게도 적용되는 것은 아니다. 민사소송법상 증명책임의 분배에 관한 일반원칙에 의하면 권리를 주장하는 자가 그 권리발생의 원인인 요건사실을 증명하여야 하므로 어음위조의 경우에는 어음소지인이 위조가 아니라는 주장·증명하여야 하는 것이다.

어음위조의 항변은 물적항변이다. 그런데 그 명칭과 달리 민사소송법상 항변이 아니고 부인에 불과한 것이다. 따라서 피위조자는 어음의 위조로 어음채무가 불성립하였다는 것을 주장하면 되고 이에 대한 증명책임은 소지인이 부담하여야 한다. 판례도 소지인증명책임설의 입장이다.

4. 어음의 위조의 효과

(1) 피위조자의 책임

1) 원칙

피위조자는 어음의 위조를 물적항변으로 대항할 수 있다(통설). 피위조자가 어음의 위조에 대하여 과실이 있는 경우에도 표현책임이 되지 않는 한 어음상의 책임을 지지 않는다.

2) 예외(민사상의 책임)

(가) 피위조자의 추인에 의한 책임

위조의 경우에 무권대리와 같이 피위조자가 추인(민법 제130조)할 수 있는가가 문제된다.

---

332 최기원, "어음위조의 항변과 입증책임", 법률신문, 1993.10.18. 12면.

① 부정설[333] : 위조는 본인을 위하여 하는 의사가 없으며, 위조는 절대적 무효이며, 위조는 비윤리적 행위라는 점을 들어 추인을 부정한다.

② 긍정설(다수·판례)[334] : 긍정설은 다음을 주장한다. 첫째, 무권대리와 위조는 대리의 방식을 취하느냐 혹은 대행의 방식을 취하느냐의 차이밖에 없다. 둘째, 무권대리도 반드시 본인을 위하여 하는 것이라고 볼 수 없다. 셋째, 비윤리적이라는 점에서는 양자가 동일하다.

③ 검토 : 위조는 피위조자의 어음행위가 존재하지 않고 위조자의 어음행위도 외관상 존재하지 않는다는 점에서 무권대리와 차이가 나며, 따라서 완전히 무효이며 추인의 여지가 없다고 하겠다. 다만 무효의 경우도 민법상의 무효행위의 추인규정에 의한 추인이 인정된다. 이때는 추인시부터 새로운 어음행위를 한 것이 된다(민법 제139조). 결과적으로 추인이 인정되는가라는 문제는 추인의 효력발생시기를 어음행위시부터 아니면 추인시부터로 볼 것인가의 차이에 불과하게 된다.

(나) 피위조자의 표현책임

위조자와 피위조자의 특수한 관계로 인하여 제3자가 위조자에게 그러한 어음행위를 할 권한이 있다고 믿고 또 이러한 제3자의 신뢰를 야기한데 대하여 피위조자에게 책임이 있다고 인정되는 경우에는 피위조자가 그 어음상의 책임을 져야 한다.

이러한 표현책임의 근거로 민·상법상의 표현대리의 규정을 드는 견해와 권리외관이론을 드는 견해가 있다. 전자는 대리와 위조는 형식은 다르지만 실질적으로는 타인이 권한없이 본인의 명의로 어음행위를 하는 것으로서 동일하며, 유통보호를 위해서 표현대리의 규정에 의한 책임을 인정한다(통설). 후자는 위조자의 어음행위가 어음상에 나타나 있지 아니한 위조에는 표현대리의 규정을 적용할 수 없다고 한다.

이러한 표현책임이 인정되기 위한 요건으로는 첫째, 대행권한이 있는 듯한 외관이 존재(어음상으로는 아님) 둘째, 어음취득자의 신뢰 셋째, 피위조자의 외관부여가 요구된다.

판례는 대행과 대리를 엄격하게 구분하지 않는 경우가 많다.

---

333 서돈각·정완용, (하)82면 ; 손주찬, (하)68면.
334 정희철, (하)99면 ; 최기원, (하)136면 ; 정동윤, (어)159면 ; 정찬형, (하)112면.

참조판례

① 어음발행의 권한이 없는 경리담당 상무이사가 수권범위를 넘어 대표이사의 명의와 인장을 도용하여 어음행위를 한 경우에 위조의 책임을 인정하면서도, "다른 사람이 권한없이 직접 본인 명의로 기명날인을 하여 어음행위를 한 경우에도 제3자가 그 타인에게 그와 같은 어음행위를 할 수 있는 권한이 있는 것이라고 믿을 만한 사유가 있고 본인에게 책임을 질만한 사유가 있는 경우에는 거래안전을 위하여 표현대리에 있어서와 같이 본인에게 책임이 있다고 해석하여야 할 것이다."(대법원 1969.9.30. 선고 69다964 판결).

② "어음행위의 위조에 관하여도 민법상의 표현대리에 관한 규정이 적용 또는 유추적용되고, 다만 이때 그 규정의 적용을 주장할 수 있는 자는 어음행위의 직접 상대방에 한한다고 할 것이며, 약속어음의 배서행위의 직접 상대방은 당해 배서의 피배서인만을 가리키고 그 피배서인으로부터 다시 어음을 취득한 자는 위 배서행위의 직접 상대방이 아니라 제3취득자에 해당하며, 어음의 제3취득자는 어음행위의 직접 상대방에게 표현대리가 인정되는 경우에 이를 원용하여 피위조자에 대하여 자신의 어음상의 권리를 행사할 수가 있을 뿐이다."(대법원 1999.12.24. 선고 99다13201 판결).

(다) 피위조자의 사용자책임

피용자에 의한 어음의 위조가 그 사무집행에 관하여 행하여지고 이로 인하여 제3자가 손해를 입은 경우에 사용자인 피위조자가 그 손해를 배상할 책임이 있다. 예를 들어 외관상 어음행위의 대리권이 있는 것으로 인정될 여지가 전혀 없는 회사의 경리과장이 보관 중인 회사인과 사장인을 마음대로 사용하여 어음을 발행한 경우에 회사의 표현책임이 인정되지 않고 어음의 위조에 따른 사용자책임이 인정된다.

이때의 손해는 어음금액이 아니고 위조어음의 취득대가인 현실의 출연액 또는 할인액이다. 어음의 위조에 있어서 사용자책임은 거래상대방의 신뢰를 보호하기 위한 것으로 제3자는 선의 또는 무중과실이어야 한다. 판례는 사무집행에 관하여 행하여지지 않았음을 알았거나 중과실로 모른 경우에 사용자책임을 인정하지 않는다.**335**

(라) 피위조자의 어음금의 지급

첫째, 악의로 지급한 경우에는 위의 추인을 한 것과 유사한 것으로서 지급이 유효하다. 둘째, 선의지급의 경우는 반환청구가 가능하다. 만일 이로 인하여 소지인이 권리보전절차를 흠결하게 되어 어음상의 권리를 상실한 경우에는 도의관념에 적합한 비채변제가 될 것으로 반환청구가 불가능하게 된다.

(2) 위조자의 책임

위조자의 불법행위책임 외에 어음상의 책임도 인정되는가가 문제된다.

---

335 대법원 1998.7.24. 선고 97다49978 판결, 대법원 2007.4.12. 선고 2006다11562 판결 등.

① 부정설 : 어음에 위조자의 기명날인이 없어 위조자가 어음상의 책임을 질 기초가 없고 또 위조자의 성명이 어음에 기재되어 있지 아니하여 위조자를 신뢰한 제3자의 보호의 문제가 없다. 따라서 민법상의 불법행위책임만 인정한다(통설·판례).336

② 긍정설 : 첫째, 무권대리규정의 유추적용설은 무권대리와 위조는 다 같이 권한 없는 자의 어음행위이고 다만 대리의 방식이나 대행의 방식에 의하였는가의 차이밖에 없으므로 무권대리의 규정을 유추적용한다. 둘째, 위조자행위설은 위조는 신용있는 타인의 명의를 자기를 표시하는 명칭으로 사용하여 자기를 위하여 어음행위를 한 것으로, 위조자가 어음행위자로서 책임을 져야 한다고 한다.337

③ 검토 : 무권대리는 어음에 무권대리인의 기명날인이 나타나지만 위조의 경우는 전혀 나타나지 않아 양자는 차이가 난다. 즉 위조의 경우에 어음상의 책임을 질 외관이 없으므로 이에 따른 책임은 부정할 것이다.

(3) 위조어음에 다른 어음행위를 한 자의 책임

이때는 어음행위독립의 원칙에 따라 책임을 진다.

(4) 위조어음의 지급자의 책임

1) 적용법원

어음의 지급인이나 지급담당자가 위조어음을 지급한 경우에 피위조자에 대한 관계에서 면책이 인정된다. 이때 "만기 지급인은 사기 또는 중과실이 없으면 면책된다"는 어음법 제40조 제3항이 적용되는가가 문제되는데, 이는 진정한 어음의 경우에 지급자가 무권리자에게 지급한 경우의 면책에 관한 규정이므로 그 적용을 부정한다. 위조어음을 지급한 경우에 일반적으로 면책약관, 상관습 또는 민법 제470조(채권의 준점유자에 대한 변제)가 적용되어 지급자의 면책이 인정된다고 한다.

2) 지급자의 주의의무

지급자의 면책이 인정되기 위해서는 지급자의 주의의무가 요구된다. 따라서 어음위조의 식별에 대하여 고의·과실이 없어야 한다. 은행의 당좌계정약정서에는 보통의 주의로 지급한 때에는 어음이 위조된 것이라도 면책되는 것으로 규정하고 있다. 판례는 이러한 약관에도 불구하고 지급자의 경과실도 없어야 한다고 한다.338

---

336 강위두, (어)125면 ; 서돈각·정완용, (하)88면 ; 서정갑, (어)117면.

337 최기원, (하)142면.

338 대법원 1975.3.11. 선고 74다53 판결 : 은행이 수표금을 지급함에 있어서 인감명판(필적)등을 대조하여 취급상 보통의 주의만 하면 면책된다는 거래 당사자간의 약정과 금액란이 변조된 경우와의 관계에 대하여 "선량한 관리자의 주의로써 식별하여야 할 은행이 가지는 고유의 주의의무가 면제되었다 할 수

3) 손실부담

① 지급자부담설(다수설) : 피위조자는 그 행위에 관여한 바가 없으므로 책임을 질 수 없는 것이고 그 손실은 지급자의 행위로 인한 것이므로 지급자가 당연히 그 손실을 부담하여야 한다는 입장이다. 그런데 위에서 살펴본 바와 같이 자급자의 면책이 인정된다면 지급자부담설은 의미가 없다.

② 피위조자부담설 : 어떤 위험으로 인하여 손해가 발생한 경우에는 그 위험을 예방할 수 있는 지위에 있는 자가 그 손실을 부담하여야 한다는 위험부담의 원칙에 의하여 또는 금반언의 법리에 의하여 피위조자가 손실을 부담한다고 한다.

이때 피위조자가 어음소지인에 대하여 종국적 책임을 부담하는 것이 아니므로 피위조자의 손실부담으로 어음금을 지급한 경우에 피위조자는 부당이득의 법리에 의하여 어음소지인에 대하여 지급한 어음금의 반환청구를 할 수 있다.

참조판례

"자신의 배서가 위조된 사실을 알지 못한 채 그 약속어음금의 지급을 위하여 수표를 발행한 후, 약속어음 배서의 위조사실을 알았지만 수표의 부도로 인한 형사책임을 우려하여 수표금을 지급하였다면 그로부터 수표금을 지급받은 자는 부당이득반환의무가 있다."(대법원 1992.7.28. 선고 92다18535 판결).

어음의 변조

1. 의의

어음의 변조란 권한없이 기명날인 외의 어음내용의 기재를 변경하는 것이다. 변조의 대상은 필요적 기재사항 외에 유익적 기재사항도 포함된다.

2. 다른 개념과 구별

(1) 백지어음의 보충권의 남용

어음의 변조는 기존의 기재문언을 변경하는 것이고, 보충권의 남용은 기재문언이 없는 백지를 부당하게 보충기재하는 것이다. 원칙적으로 어음의 변조는 완성된 어음을 대상으로 함에 반하여 보충권의 남용은 미완성의 어음에 대한 것이다. 그러나 미완성인 백지어음에 유효한 기재사항을 권한없이 변경하는 것은 변조가 된다.

없다."고 하였다.

어음의 변조는 물적항변사유가 됨에 반하여 보충권의 남용은 인적항변사유가 된다.

(2) 어음의 훼멸·상실

변조에 의하여 어음요건을 결한 경우에는 어음의 변조가 아니고 말소에 의한 어음의 훼멸이다. 어음의 기재사항의 말소의 정도가 심하여 어음의 동일성을 식별할 수 없게 된 경우에는 어음의 상실이다.

(3) 어음의 변경

어음의 변경이란 어음권리자와 어음채무자를 포함한 어음관계자 전원의 동의를 얻어 어음의 문언을 변경하는 것이다. 이때 어음관계자 일부의 동의만을 얻은 경우에 동의를 얻지 않은 자에 대한 관계에서는 변조가 된다.

3. 어음의 변조의 효과

어음의 변조가 어음상의 기명날인자의 책임에 어떤 영향을 미치는가의 문제이다.

(1) 변조 전의 기명날인자의 책임

1) 원칙

변조 전의 기명날인자는 변조 전의 원 문언에 따라 어음상의 책임을 진다. 어음행위자는 어음행위 당시의 어음의 문언내용을 자기의 의사표시로 하여 어음행위를 함으로써 어음상의 책임을 부담하는 것이므로 원 문언에 따른 책임이 인정된다.

변조는 물적항변이 되며, 변조 전·후의 기명날인자의 책임이 다른 것으로서 어음행위독립의 원칙의 적용 예가 된다.

2) 예외

변조에 대한 추인이 가능한가에 대하여는 학설이 갈리지만 추인을 인정한다는 견해에 따를 때, 변조 전의 기명날인자가 추인한 경우에는 변조 후의 문언에 따른 책임이 인정된다. 또한 기명날인자가 고의 또는 과실로 변조의 기회를 제공한 경우(연필로 어음금액을 기재한 경우 등)와 같이 변조 전의 기명날인자에게 귀책사유가 있는 경우에 변조 후의 문언에 따른 책임이 인정된다. 이때는 어음취득자의 악의 또는 중대한 과실이 없어야 한다.

(2) 변조 후의 기명날인자의 책임

변조 후의 기명날인자는 변조 후의 새 문언을 자기의 의사표시의 내용으로 한 것이므로 변조 후의 새 문언에 따라 책임을 진다. 이때 기명날인자의 선의·악의를 불문한다.

(3) 변조자의 책임과 권리

변조자가 변조 후 기명날인을 하였으면 물론 변조 후의 새 문언에 따라 책임을 진다.

만일 기명날인을 하지 아니한 경우에는 ① 어음법 제8조를 유추적용하여 변조 후의 새 문언에 따라 책임을 진다는 견해 ② 변조자가 어음에 기명날인을 하지 않은 이상 불법행위책임은 차치하고 어음상의 책임을 지지 아니한다는 견해가 있다. 보건대, 조문을 떠나 해석하는 것은 부당하며, 소지인은 어음에 나타나지 않은 어음변조자를 신뢰하여 어음을 취득한 것이 아니므로 변조자에 대하여 어음상의 책임을 인정하는 것은 부당하다.

이때도 변조자의 민사상책임은 인정되는 것으로, 변조로 제3자가 손해를 입었으면 불법행위로 인한 손해배상책임이 인정되며, 피용사가 변조하였으면 사용사책임이 인정된다.

4. 변조어음의 지급자의 책임

변조어음을 지급한 경우에 지급자가 고의나 중과실이 없으면 면책이 된다. 지급자의 책임과 관련하여 특히 어음변조로 어음금이 증가한 경우에 그 증가분을 누가 부담할 것인가의 문제가 발생한다.

(1) 적용법원

지급자의 면책과 관련하여 지급에 있어서 사기·중과실이 없으면 면책이 된다는 어음법 제40조 제3항이 적용되는가가 문제되는데, 변조어음 지급의 경우에 지급자의 면책이 적용되는 법원은 어음법 제40조 제3항 1문이 아니고, 면책약관이나 상관습 또는 민법 제470조(채권의 준점유자에 대한 변제)가 적용되어 지급자의 면책이 인정된다고 한다.

(2) 지급자의 주의의무

지급인이 어음변조의 식별에 대하여 고의·과실이 없어야 한다. 그런데 실무상 은행의 당좌계정약정서에는 보통의 주의로 지급한 때에는 어음이 변조된 것이라도 면책되는 것으로 규정하고 있다.

(3) 손실부담

지급자가 변조어음에 대하여 변조 전의 기명날인자의 계산으로 지급한 경우 손실부담을 누가 할 것인가? 즉 지급자는 면책이 되지만, 변조로 어음금액이 증가된 경우에 그 증가된 금액을 누가 부담할 것인가의 문제가 있다.

이때도 위조와 동일하게 볼 것으로, 지급자의 면책이 인정되면 지급자부담설은 무의미하다. 따라서 지급자는 부당이득으로 소지인에 대하여 그 증가분의 반환을 청구할 수 있다.

5. 어음변조의 태양

(1) 타인의 기명날인의 변경

타인의 기명날인의 변경의 경우에는 진정한 기명날인(서명)에 대하여는 변조가 되고, 새로 변경된 기명날인은 권한없이 나타난 것이므로 위조가 된다(위조·변조설).

(2) 만기의 변조

만기의 변조는 권리보전을 위한 지급제시라든지 거절증서의 작성시기 등과의 관계에서 문제가 된다.

예를 들어 원래 만기 4월 1일을 5월 1일로 변경한 경우에 변조 전의 기명날인자에 대한 권리보전을 위해서는 4월 1일에 맞추어 권리보전절차를 취하여야 한다.

(3) 지급지·지급장소의 변조

지급지·지급장소의 변조가 있는 경우에 변조 전의 기명날인자에게 청구하려면 변조 전의 지급지·지급장소에서 지급제시를 하여야 하고, 변조 후의 기명날인자에게 청구하려면 변조 후의 지급지·지급장소에서 지급제시를 하여야 한다.

(4) 수취인의 변조

수취인의 변조의 경우에 배서의 연속 여부는 형식적으로 판단한다. 즉 변조 후의 문언상 배서의 연속이 인정되는가를 판단한다.

6. 증명책임

(1) 구분부담설(통설)339

1) 외형상 변조의 사실이 명백하지 아니한 경우

① 소지인은 모든 기명날인자에 대하여 현재의 문언에 따라 청구할 수 있다. ② 변조의 사실을 주장하는 자(채무자)가 어음이 변조되었다는 사실, 자기의 기명날인이 변조 전에 이루어졌다는 사실, 기명날인 당시의 원 문언에 대한 증명책임을 진다.

2) 외형상 변조의 사실이 명백한 경우

채무자는 채무부담을 부인하게 되면 소지인이 다음을 증명해야 한다. ① 원 문언에 따른

339 정찬형, (하)129면 : 위조는 소지인부담설이나 변조는 위조와 유사하기 보다는 오히려 유효한 기명날인 또는 서명을 이용한 사기와 유사하여 위조와 구별된다고 한다.

책임을 지우기 위해서는 기명날인이 변조 전에 존재하였다는 사실과 원 문언 ② 새 문언에 따른 책임을 지우기 위해서는 기명날인이 변조 후에 행하여졌다는 사실과 기명날인자가 변조에 동의(추인)하였다는 사실

(2) 소지인부담설340

① 소지인은 현 문언대로 청구 ② 채무자가 변조되었다고 주장하는 경우에 이는 증명책임과 무관한 채무부담의 부인이 된다. ③ 소지인이 채무자가 부담할 채무의 내용에 대한 증명책임을 진다.

참조판례

"어음법 제77조, 제69조의 규정에 의하여 약속어음의 문언에 변조가 있는 경우에는 그 변조 후에 기명날인한 자는 변조된 문언에 따라 책임을 지고 변조 전에 기명날인한 자는 원 문언에 따라 책임을 지게 되는 것이므로 약속어음변조의 법률효과를 주장하는 자는 그 약속어음이 변조된 사실 즉, 그 약속어음에 서명날인 할 당시의 어음문언에 관하여 증명책임을 진다."(대법원 1985.11.12. 선고 85다카131 판결).
"어음의 문언에 변개(개서)가 되었음이 명백한 경우에 어음소지인이 기명날인자에게 그 변개 후의 문언에 따른 책임을 지우자면 그 기명날인이 변개 후에 있은 것 또는 기명날인자가 그 변개에 동의하였다는 것을 입증하여야 하고 그 입증을 다하지 못하면 그 불이익은 어음소지인이 입어야 한다."(대법원 1987.3.24. 선고 86다카37 판결).

어음의 실질관계

어음은 무인성을 가지므로 그 기초가 되는 법률관계와 분리되어 서로 영향을 미치지 않는 것이 원칙이다. 그렇지만 어음관계가 실질관계를 바탕으로 해서 이루어지므로 양자는 밀접한 관계를 가진다. 어음의 실질관계는 어음수수의 직접당사자 사이의 원인관계와 자금에 관한 자금관계가 있다.

원인관계

1. 의의

어음수수의 당사자 사이에서 어음수수의 원인이 되는 법률관계를 원인관계라고 한다. 어음수수는 매매, 증여, 채무의 담보, 신용제공 등 다양한 원인에 따라 이루어진다. 원인관계와 어음관계는 원칙적으로 분리되어 원인관계의 존재 여부나 그 무효·취소가 어음상의 권리에 영향을 미치지 않는다. 그러나 양자는 경제적으로 밀접한 연관을 가지므로 상호간에 일정한

340 정동윤, (어)148면.

영향을 미치게 된다.

2. 원인관계가 어음관계에 미치는 영향

예외적으로 다음과 같은 경우에 원인관계가 어음관계에 영향을 미치기도 한다. 첫째, 인적항변의 허용(어음법 제17조, 수표법 제22조). 인적관계의 항변은 선의의 제3자에 대하여는 대항할 수 없지만, 직접의 당사자간에는 대항이 가능하다. 둘째, 상환청구권의 인정(어음법 제43조, 수표법 제39조). 상환청구권은 원인관계에 의한 담보책임이 어음관계에 적용된 것이다. 셋째, 이득상환청구권의 인정(어음법 제79조, 수표법 제63조). 이득상환청구권은 어음관계 당사자간에 공평을 기하기 위하여 어음채권 등의 소멸로 원인관계상 이득을 본 어음채무자로 하여금 어음소지인에게 그 이득을 상환하도록 한 것이다.

3. 어음관계가 원인관계에 미치는 영향

(1) 기존채무의 이행에 관한 어음·수표 교부유형

기존채무의 이행에 관하여 어음·수표를 교부하는 목적은 원칙적으로 당사자의 의사를 기준으로 하여 판단하여야 할 것이므로, 당사자 사이에 약정이 있는 경우에는 그에 따르면 되고, 특약이 없는 경우에는 '지급을 위하여' 또는 '지급확보를 위하여' 교부된 것으로 추정할 것이다. 따라서 특별한 사정이 없는 한 기존의 원인채무는 소멸하지 아니하고 어음·수표상의 채무와 병존한다고 보아야 한다.[341]

다만 당사자 사이에 합의에 의하여 '지급에 갈음하여' 어음을 교부한 것이면 어음의 수수와 동시에 기존채무가 소멸되고 어음상의 권리만 남게 된다.

(2) 원인채권과 어음·수표채권이 병존하는 경우

원인채권과 어음·수표채권이 병존하는 경우에 기존채권을 먼저 행사시 어음을 반환하여야 하는가 여부가 문제되는데, '지급을 위하여' 어음이 교부된 경우에 채권자는 어음채권과 기존채권 중 어음채권을 먼저 행사하여 만족을 얻을 것을 당사자가 예정하였다고 할 것이므로, 채권자로서는 어음채권을 우선 행사하고 그에 의하여서는 만족을 얻을 수 없을 때 비로소 채무자에 대하여 기존의 원인채권을 행사할 수 있다. 이때 기존채권을 행사하기 위해서는 특별한 사정이 없는 한 어음을 채무자에게 반환하여야 한다.

---

341 대법원 1964.6.23. 선고 63다1162 판결, 대법원 1970.6.30. 선고 70다517 판결, 대법원 1990.3.27. 선고 89다카14110 판결, 대법원 1997.3.25. 선고 96다51271 판결 등.

'지급확보를 위하여' 어음을 교부한 경우 채권자는 그 권리행사를 선택적으로 할 수 있는데, 기존채권을 어음채권보다 먼저 행사할 때 어음을 반환하여야 하는가에 대하여 어음의 반환이 채무변제와 동시이행의 관계에 있다는 동시이행항변권설이 다수·판례의 태도이다.[342]

자금관계

1. 의의

자금관계는 환어음과 수표의 지급인이 지급할 때 그 지급의 원인이 되는 법률관계를 말한다. 예를 들면 지급에 충당할 자금을 예치시키는 것과 같은 것이다. 자금관계는 환어음이나 수표의 지급인과 발행인과의 사이에 존재하는 실질관계로서, 자금관계와 어음관계는 분리되어 원칙적으로 자금관계의 유무가 어음관계에 영향을 미치지 않는다.

2. 환어음의 자금관계

자금관계와 어음관계는 원칙적으로 분리되어 있지만, 예외적으로 자금관계가 어음관계에 영향을 미치는 경우가 있다. 그 예로 다음을 들 수 있다. 첫째, 어음관계의 직접 당사자간에는 인적항변이 허용된다. 둘째, 발행인은 인수인에 대하여 지급청구권을 가진다(어음법 제28조 제2항). 셋째, 이득상환청구권이 인정된다.

3. 수표의 자금관계

수표법 제3조는 "수표는 제시한 때에 발행인이 처분할 수 있는 자금이 있는 은행을 지급인으로 하고, 발행인이 그 자금을 수표에 의하여 처분할 수 있는 명시 또는 묵시의 계약에 따라서만 이를 발행할 수 있다."고 규정하고 있다. 이처럼 수표의 경우에 자금관계를 명시한 것은 주채무자가 없는 수표에 있어서 부정수표의 남발을 억제하여 수표소지인을 보호하기 위한 것이다. 그러나 자금관계가 없이 발행된 수표도 유효하다(수표법 제3조 단서).

수표관계도 자금관계의 영향을 받아 당사자간에 인정항변이 허용되며(수표법 제22조 단서), 이득상환청구권(수표법 제63조)이 인정된다.

---

342 "원인채무와 어음채무가 병존하는 경우에 어음을 반환하지 않고 이행최고를 한 경우에도 채무자의 이행지체의 책임이 인정된다."(대법원 1993.11.9. 선고 93다11203 판결).

제3장 어음·수표법 각론

I. 어음·수표의 기재사항

필요적 기재사항 : 필요적 기재사항은 어음요건으로서 흠결시에는 어음이 무효가 된다.
유익적 기재사항 : 유익적 기재사항은 기재하면 기재된 대로 어음상의 효력이 발생한다.
무익적 기재사항 : 무익적 기재사항은 기재사항만이 어음상의 효력이 없다.
유해적 기재사항 : 유해적 기재사항은 기재로 어음자체가 무효가 된다.

1 필요적 기재사항

● 어음·수표문구

어음·수표문구는 어음·수표임을 나타내는 문구로 증권에 작성하는 문자로 증권의 본문 중에 기재하여야 한다.

● 어음금액

어음금액은 일정해야 한다. 어음금액의 선택적 기재 등은 무효가 된다. 중복적 기재의 경우에 문자로 기재한 금액이 우선하며, 동일한 문구에 의할 때에 금액에 차이가 나는 경우에 최소금액이 우선한다.

외국통화로 기재한 경우에 외국통화현실지급문구의 기재는 유익적 기재사항으로 효력을 가지며, 외국통화현실지급문구의 기재가 없을 때 어음에 환산율이 기재되어 있으면, 환산율이 유익적 기재사항으로 그로 환산한 한국통화로, 기재가 없으면 만기에 있어서 지급지의 현실의 시세로 환산한 한국통화로 지급한다.

● 무조건의 지급위탁·지급약속

어음에 무조건의 지급위탁·지급약속문구가 있어야 하며, 이에 위반하여 지급에 조건을 붙이는 경우 등은 유해적 기재사항으로 어음이 무효가 된다. "어음과 상환하여"와 같은 조건은 어음이 당연한 상환증권성을 가지므로 무익적 기재사항이 된다.

배서에 조건을 붙인 경우에는 조건을 기재하지 않은 것으로 본다(어음법 제12조 제1항).

만기

만기란 어음상에 어음금액이 지급될 기일로 기재되어 있는 날이다. 이는 지급을 할 날(공휴일의 경우에 지급의 날과 차이)이나, 현실로 지급하는 날인 지급의 날과는 구별된다.

만기 중 확정일출급, 발행일자후정기출급은 발행인이 만기를 특정하게 되며, 일람출급, 일람후정기출급의 경우에는 소지인이 만기를 특정하게 된다.

1. 확정일출급

확정일출급은 특정의 날이 만기가 되는 것으로, 일반적인 경우에 만기는 확정일출급에 의한다.

① 2월 30일과 같이 존재하지 않는 날을 만기로 한 경우에는 당사자의 의사를 합리적으로 해석해서 2월 말이 만기가 될 것이다.

② 발행일 전의 날을 만기로 한 경우에, 이러한 어음은 무효로 볼 것이다.

③ 만기가 계약의 성립일이나, 누구의 사망일과 같이 불확정적이거나 조건부인 경우에 어음이 무효가 된다.

④ 만기가 복수인 경우, 즉 선택적이거나 분할출급어음(어음법 제33조 제2항)도 무효이다. 다만 할부매매의 견지에서 볼 때 분할출급어음을 인정할 필요성이 제기된다.

⑤ 발행지와 지급지의 세력이 다른 경우에 지급지의 세력에 의한다. 이때 세력의 선택은 유익적 기재사항으로 그 효력이 인정된다.

2. 발행일자후정기출급

발행일자후정기출급이란 발행일자로부터 어음에 기재한 일정한 기간을 경과한 날을 만기로 하는 것이다.

여기서 기간의 계산은 ① 지급할 달의 대응일을 만기로 하고, 대응일이 없는 경우에는 그 달의 말일을 만기로 한다(어음법 제36조). ② 기간을 일로 정한 경우 초일불산입의 원칙이 적용된다(휴일은 계산에 포함). ③ 기간을 월과 일로 정한 경우 먼저 월을 계산하고 이에 일을 가산한다. ④ 세력이 틀린 경우에 발행일의 계산은 지급지의 세력의 대응일로 환산해서 계산한다.

3. 일람출급

일람출급이란 소지인이 일람을 위하여 어음을 제시한 날이 만기가 되는 것이다(어음법 제33조 제1항). 여기서의 만기를 위한 일람제시는 지급제시를 의미한다.

(1) 일람제시기간

일람출급어음에서 지급제시는 발행일자로부터 1년 이내에 하여야 한다. 다만 발행인은 이 기간을 단축 또는 연장할 수 있으며, 배서인은 이를 단축할 수 있다(어음법 제34조).

발행인이 정한 제시기간은 모든 어음관계자에 대해서 효력이 있으나, 배서인이 정한 제시기간은 그 배서인에 한하여 이를 원용할 수 있다(어음법 제53조). 예를 들어 배서인이 정한 제시기간의 경과로 인한 상환청구권이 상실되는가 여부는 제시기간을 정한 그 배서인에 대해서만 적용될 것이다.

발행인은 일정한 기간 전에는 지급제시를 금하는 뜻을 기재할 수 있다. 이 경우에는 제시기간은 그 기간의 말일로부터 개시한다.

(2) 만기의 기재가 없는 어음은 일람출급어음으로 본다(어음법 제2조). 다만 백지보충권이 부여된 경우에는 만기 백지의 백지어음이 될 것이다.

4. 일람후정기출급

일람후정기출급은 소지인이 일람을 위하여 어음을 제시한 때로부터 어음에 기재된 일정한 기간이 경과한 날을 만기로 하는 것이다.

만기를 확정하기 위한 어음의 제시는 환어음의 인수제시, 약속어음의 일람제시이다.

(1) 환어음의 인수제시

환어음의 경우에는 일람제시란 인수를 위한 제시를 의미하며(어음법 제35조), 인수제시일로부터 어음에 기재된 기간이 경과한 날이 만기가 된다.

여기서 인수제시일은 ① 인수일자 ② 인수가 있었으나 인수일자가 기재되어 있지 아니한 경우에는 ⓐ 일자거절증서의 일자 ⓑ 일자거절증서가 작성되지 않은 경우에는 인수제시기간의 말일이다. ③ 인수가 거절된 경우에는 ⓐ 인수거절증서의 일자 ⓑ 인수거절증서를 작성하지 않은 경우(거절증서작성면제의 경우를 말함)[343]에는 인수제시기간의 말일이 기준이 된다.

---

343 상환청구권과 관련하여 거절증서작성이 면제된 경우에 적법한 기간내에 제시한 것으로 추정되며, 이에 따른 상환청구권의 행사가 가능하다. 만일 면제되지 않은 경우 상환청구권 자체가 발생하지 않는다. 인수가 거절되어서 주채무자가 없으며, 이때는 누구에 대해서도 권리행사를 할 수 없다.

인수가 거절된 때는 만기 전 상환청구가 가능하나, 상환금액을 정하는 데에 있어서 만기 이후의 이자를 산정해야 할 필요가 있으므로 만기가 필요하다.

(2) 약속어음의 일람제시

약속어음에 있어서의 일람제시는 만기의 확정을 위해서 어음을 제시하는 것이다. 여기서 일람제시일은 ① 일람일자 ② 일람의 뜻과 일자의 기재를 거절한 경우 거절증서의 일자 ③ 거절증서의 작성이 되지 않은 경우에는 일람제시기간의 말일이다. 이때는 만기 후에 지급제시를 하여야 상환청구권이 보전되며, 주채무자가 있으므로 만기에 따른 소멸시효를 정할 필요도 있게 된다.

(3) 인수·일람의 기재

어음을 제시한 때에 인수(일람) 기타 이와 동일한 의의의 문자와 인수(일람)일자를 기재하고 기명날인한다.

(4) 인수·일람제시기간

인수·일람제시는 발행일자로부터 1년 내에 해야 한다(어음법 제23조). 발행인의 경우 제시기간을 단축하거나 연장할 수 있고, 배서인의 경우 그 기간을 단축할 수 있다(어음법 제23조). 인수·일람제시를 발행인이 절대로 금지할 수는 없으나 일정기간 금지하는 것은 무방하다(인수제시금지)(어음법 제22조 제2항, 제3항).

지급지

1. 의의

지급지는 지급을 할 지이고, 지급장소는 지급지 내에 있어서 지급을 할 장소이다. 지급지는 만기에 있어서 지급을 할 지이고, 지급제시기간이 경과한 후에는 지급인(발행인)의 영업소, 주소에서 지급제시를 해야 한다. 지급제시기간경과로 제3자방지급문구와 지급지 모두 효력을 상실한다(다수설).

2. 지급지의 표시방법

지급지는 최소 독립의 행정구역을 의미한다(통설). 지급지는 지급장소를 용이하게 탐지하게 하기 위한 것이다.

3. 단일적 확정

지급지는 단일적 확정되어 있어야 하며, 중첩적 기재의 경우에 소지인이 단기간내에 수개의 지급지에서 보전절차를 취하여야 하고, 선택적 기재의 경우에는 지급지가 불확정적이므로 둘 다 인정되지 않는다.

4. 지급지의 보충

환어음의 경우에 지급인의 명칭에 부기한 지가 지급지를 보충한다(어음법 제2조 2호). 수표의 경우에는 지급인의 명칭에 부기한 지와 발행지가 지급지를 보충하며, 발행지는 발행인의 명칭에 부기한 지에 의해서 보충된다(수표법 제2조 제2항, 제3항, 제4항).

약속어음은 발행지가 지급지를 보충하며, 발행지는 발행인의 명칭에 부기한 지에 의해서 보충된다(어음법 제76조 2호, 3호).

5. 지급지를 기준으로 하는 어음의 분류

(1) 동지어음

동지어음은 지급지와 발행지가 동일한 것이며, 이지어음은 지급지와 발행지가 다른 것이다. 이러한 구분은 별 의미가 없다.

(2) 동지지급어음

동지지급어음은 지급지와 환어음의 지급인(약속어음의 발행인)의 주소지가 동일한 어음이고, 타지지급어음은 지급지와 환어음의 지급인 (약속어음의 발행인)의 주소지가 다른 어음이다. 타지지급어음의 경우에 제3자방지급문구의 필요성이 커진다.

6. 제3자방지급어음

제3자방지급어음은 지급인(약속어음의 발행인)의 주소지가 아닌 제3의 주소에서 지급되도록 지급장소나 지급담당자를 기재하는 것이다. 타지지급어음의 경우 보통 발행인이 제3자방지급문구를 기재하고, 발행인이 기재하지 아니한 경우에는 지급인이 인수를 함에 있어서 이를 기재할 수 있다. 동지지급어음의 경우에도 지급지내 주소지가 아닌 다른 지급장소(은행)를 기재할 필요가 있다. 만일 지급장소를 기재하지 않은 경우에는 지급지에서 지급인이 직접 지급해야 한다.

수취인

1. 의의

수취인은 어음에 지급을 받을 자로 기재된 자이다. 어음은 법률상 당연한 지시증권성을 가지는 것으로 수취인을 기재하지 아니한 무기명식 어음은 인정되지 않는다.[344] 선택무기명식이나 지명소지인출급식도 무기명식과 효력이 동일하므로 인정되지 않는다고 할 것이다.

2. 수취인의 표시방법

수취인의 표시는 발행인보다 관대하여, 성명 외에 상호, 통칭, 아호 등 동일성의 식별이 가능하면 무방하다. 법인의 경우에는 법인의 명칭만으로 충분하다. 그리고 수인의 수취인을 선택적으로 혹은 중첩적으로 기재할 수 있다. 수취인이 중첩적인 경우에 공동으로 어음행위를 해야 하며, 선택적인 경우에 발행인으로 부터 어음을 교부받은 자가 어음상의 권리자가 된다.

3. 자격겸병

수취인과 지급인의 지위가 겸병하는 자기앞어음, 수취인과 발행인의 지위가 겸병하는 자기지시어음 등이 있다. 환어음에 있어서 동일인이 수취인과 지급인을 겸하는 것은 물론 동일인이 발행인, 수취인 및 지급인의 지위를 겸하는 것도 당연히 인정된다고 본다(통설).

발행지

발행지는 어음에 발행된 지로 기재되어 있는 지를 말하며, 실제 발행지와 틀려도 상관없다. 약속어음이나 수표의 경우 지급지를 보충하는 의미를 지니지만 실질적 의의가 크지 않다.[345] 발행지는 발행인의 명칭에 부기한 지가 보충한다.

발행일

발행일은 어음에 발행된 날로 기재되어 있는 날이다. 발행일은 어음에 기재된 날을 기준으로 하는 것으로 실제 발행일과 차이가 나는 것으로 선일자어음(수표), 후일자어음(수표)이 있다. 그러나 어음행위능력이나 대리권의 문제는 실제로 발행된 날을 기준으로 한다. 발행일

---

344 다만 당좌계정거래약관 제8조에서는 수취인의 기재가 없어도 요건불비로 보지 않는다.
345 판례는 발행지 흠결의 국내어음을 유효로 보았다(대법원 1998.4.23. 선고, 95다36466 판결).

은 발행일자후정기출급의 경우에 만기를 결정하며, 일람출급, 일람후정기출급의 경우에 제시기간을 결정한다. 발행일은 단일해야 하며, 만기 후의 발행일은 무효이다.

발행인의 서명·기명날인

발행인의 서명·기명날인은 어음자체에 해야 한다. 배서와 달리 보전이나 등본에 할 수 없다.

2 유익적 기재사항

유익적 기재사항은 기재하면 기재된 대로 어음상의 효력이 발생하는 것으로, 어음법에 규정된 것뿐만 아니라 규정되지 않은 것도 합리적이면 인정된다.

이하는 법정의 유익적 기재사항에 관한 것이며, 법정 외의 유익적 기재사항으로 '어음채권에 담보를 설정하였다는 기재', '보증인의 책임을 일정한 어음금액에 한정한다는 기재' 등을 들 수 있다.

환어음·약속어음·수표에 공통적인 유익적 기재사항

1. 지급인의 명칭에 부기한 지

'지급인의 명칭에 부기한 지'는 어음요건이 아니므로 흠결되어도 어음의 효력에는 영향이 없다. '지급인의 명칭에 부기한 지'는 지급지를 보충한다(어음법 제2조 2호). 약속어음은 지급인이 없는 것으로 지급지는 발행지가 보충한다(어음법 제76조 2호).

2. 발행인의 명칭에 부기한 지

발행인의 명칭에 부기한 지는 발행지를 보충한다(어음법 제2조 3호).

3. 제3자방지급문구

제3자방지급문구에 대하여는 따로 설명한다.

4. 배서금지문구

배서금지문구의 기재가 있는 경우 지명채권양도의 방법에 의해서만 또 그 효력으로서만 양도할 수 있다(어음법 제11조 제2항). 배서금지문구는 발행인이 기재할 수 있다.

배서금지문구의 기재로 어음의 양도방식이 변경되어 양도의 의사표시와 대항요건을 갖추어야 한다. 다만 어음은 상환증권성과 제시증권성을 가지므로 어음의 교부는 있어야 한다.

배서금지문구의 기재가 있는 어음의 양도는 다음의 지명채권양도의 효력만을 가지게 된다. ① 인적항변의 절단이 인정되지 않는다. ② 양수인의 형식적 자격이 인정되지 않는다. 따라서 소지인이 정당한 권리자임을 증명해야 한다. ③ 선의취득이 인정되지 않는다. ④ 배서인의 담보책임이 인정되지 않는다.

5. 기타

기타 유익적 기재사항으로 환산율문구, 거절증서작성면제문구, 외국통화현실지급문구 등을 들 수 있다.

관련사항 **상환청구권의 요건으로서 거절증서**

환어음 : 인수거절증서, 지급거절증서
약속어음 : 지급거절증서
수표 : 지급거절증서나 지급인(은행)의 지급거절선언 또는 어음교환소의 지급거절선언

제3자방지급문구

1. 의의

제3자방지급문구란 지급인(약속어음은 발행인)의 영업소나 주소지가 아닌 곳에서 지급하도록 지급장소나 지급담당자를 기재한 것이다. 이것은 지급인(발행인)이 그 영업소나 주소지 외의 곳에서 지급하는 경우나 제3자에게 위탁하여 제3자가 그 주소·영업소에서 지급하는 경우를 포함한다.

제3자방이란 용어에는 지급장소의 개념과 지급담당자의 개념이 포괄되어 있다.

2. 필요

첫째, 타지출급어음의 경우 지급지내에 지급할 장소를 기재하여 그 장소에서 지급한다.

둘째, 동지출급어음의 경우에도 지급지내의 거래은행을 지급담당자로 지정하여 자기의 당좌예금에서 지급하는 것이 편리하다.

셋째, 어음의 결제절차가 편리하다. 환어음의 지급인이 자기의 채무자를 지급담당자로 지정하면, 두 채권관계가 동시에 해결된다.

넷째, 당좌어음의 경우 모두 은행을 지급담당자로 하는 제3자방지급어음으로 발행되고 있다. 그 이유로 다음을 들 수 있다.

① 은행이 지급장소가 아니면 어음교환소에서 결제를 하지 않는다.

② 은행이 지급담당자인 어음의 부도시 부실금융거래자가 된다.

③ 은행을 지급담당자로 할 때 어음의 신용이 높아지는 것으로, 수취인도 은행이 지급담당자여야 수취한다.

3. 기재

발행인이 제3자방지급문구를 기재할 수 있고, 환어음의 경우에 지급인도 인수를 함에 있어서 이를 기재할 수 있다.

지급장소는 지급지내에 있어야 한다.

수표에 있어서 제3자는 은행이어야 한다. 은행 외의 기재는 그 기재가 무효가 된다.

4. 해석

제3자방이 지급장소만 의미할 때에는 지급장소에서 지급인이 직접 지급하며, 인적요소를 포함할 때에는 지급장소에서 지급담당자가 지급하게 된다.

5. 효력

첫째, 제3자방이 단순한 지급장소만 의미할 때 지급인에 대해서 제시해야 하며, 인적 요소를 포함시에는 제3자의 주소 또는 영업소에서 그 제3자에게 지급제시해야 한다. 후자의 경우에 거절증서도 마찬가지로 제3자가 거절증서를 작성한다.

둘째, 제3자는 기명날인자가 아니므로 어음상의 채무를 지지 않는다. 지급인(발행인)과 제3자의 관계는 준자금관계로서 ① 지급인이 처분할 수 있는 자금이 제3자에 존재하고 ② 어음에 대해서 제3자가 그 자금으로 지급하는 계약이 존재한다. 이때 제3자가 지급을 하여도 준자금관계에 의한 지급으로서 어음상의 권리를 취득하지 못한다.

6. 지급제시기간경과 후의 제3자방지급문구의 효력

어음법은 만기에 지급이 있는 것을 예정하고 제3자방지급어음에 관한 규정을 두고 있으므로 제3자방지급문구의 기재는 지급제시기간의 경과 후는 그 효력을 상실하고, 또 지급지는 단지 지급장소를 탐지하기 위한 것이므로 제3자방지급문구의 기재가 효력을 상실하면 지급지의 기재도 그 효력을 상실한다.

지급제시기간이 경과하면 어음소지인은 지급지의 내외를 불문하고 주채무자의 영업소 또는 주소에서 지급제시하여 지급받을 수 있다. 지급지 및 제3자방지급문구는 지급제시기간내에 어음이 지급제시될 것을 전제로 하여 기재된 것으로 볼 수 있으므로 지급제시기간이 경과하면 그 의미를 잃는다.

환어음 · 약속어음에 공통적인 유익적 기재사항

1. 이자문구

수표의 경우 이자문구를 기재하여도 효력이 없다(수표법 제7조). 어음의 경우에는 일람출급과 일람후정기출급의 경우에만 이자문구의 기재가 인정된다. 확정일출급과 발행일자후정기출급의 경우 이자를 산정하여 가산한 금액을 어음금액으로 할 수 있다.

이자문구에는 이율의 기재가 있어야 한다. 이율의 기재는 만기까지 효력을 가지며, 만기이후에는 연6푼의 이율에 의한 이자가 발생한다(어음법 제48조).

2. 기타

첫째, 지급(인수)제시기간변경문구. 발행인은 지급(인수)제시기간의 단축 또는 연장, 배서인은 단축하는 뜻을 기재할 수 있다.

둘째, 지급제시일시금지문구. 환어음의 경우에는 인수제시금지문구도 포함한다.

셋째, 준거세력지정문구. 만기는 지급지의 세력이 원칙이다.

넷째, 역어음의 발행금지문구. 역어음이란 어음소지인이 상환청구권을 행사하는 대신에 상환금액에 중개료, 인지세 등을 가산한 금액을 어음금액으로 하고 상환의무자를 지급인으로 하는 일람출급의 환어음을 발행하여(어음법 제52조) 은행에서 할인받는 방법으로 상환청구권 행사와 동일한 경제적 효과를 거두는 것이다. 이렇게 함으로써 시일단축 등의 효과가 있지만 비용이 증가하게 된다.

환어음 · 수표에 공통적인 유익적 기재사항

1. 복본문구

복본이란 1개의 어음상의 권리를 표창하는 수통의 어음을 말한다. 복본은 지급인의 주소지와 소지인의 주소지가 멀리 떨어져 있는 경우에 1통은 인수·지급을 위하여 지급인에게 송부하고, 다른 1통은 유통시키기 위하여서나 분실에 대비하기 위하여 발행한다.

복본문구는 복본의 본문 중에 '복본번호'를 기재한다. 기재하지 않으면 복본은 각별의 어음으로 본다. 복본의 경우에 발행인 기준으로 역으로 순차적으로 청구하여 순차적으로 배서 후 교부한다.

2. 단일어음문구

발행인이 1통만으로 발행한다는 뜻을 기재한 것이다. 이때 소지인은 자기의 비용으로 복본 발행을 청구할 수 있다.

환어음에 특유한 기재사항

1. 인수무담보문구

발행인이 인수무담보문구를 기재한 경우 그 기재는 발행인에 대해서만 효력이 있다. 발행인이 기재한 지급무담보는 무익적 기재사항이다(어음법 제9조 제2항). 그러나 배서인은 인수와 지급무담보문구를 기재할 수 있다.

2. 인수제시명령문구

환어음의 경우 원칙적으로 인수제시는 자유이지만(어음법 제21조), 환어음의 발행인 또는 배서인은 인수제시기간을 정하거나 정하지 아니하고 인수제시를 하여야 할 뜻을 기재할 수 있다(어음법 제22조 제1항). 배서인은 발행인이 인수제시금지의 문구를 기재한 경우 그 기간이 경과한 후에 인수제시명령문구를 기재할 수 있다(어음법 제22조 제4항).

3. 인수제시금지문구

환어음의 발행인(배서인은 아님)은 인수제시를 금지하거나, 일정한 기간 전의 인수제시를 금지하는 뜻을 기재할 수 있다(어음법 제22조 제3항). 이때 소지인은 모든 상환의무자에 대해서 인수거절로 인한 상환청구권을 행사할 수 없다. 이 어음은 발행인의 신용으로 유통된다.

그러나 다음의 경우에는 인수제시의 금지가 허용되지 않는다(어음법 제22조).

첫째, 제3자방지급어음. 제3자방지급어음의 경우에 인수제시를 할 때 발행인이 제3자를 기재하도록 하여서 지급인에게 그 지급장소를 알려 준비를 하도록 하기 위해서 인수제시의 금지가 허용되지 않는다.

둘째, 타지지급. 이 경우 발행인이나 지급인의 주소지와 지급지가 차이가 나는 것으로, 대체로 발행인이 지급지내에 지급담당자를 기재하는 것이 보통이지만 발행인이 제3자를 기재하지 않은 경우에 지급인에게 지급담당자를 기재할 기회를 제공하기 위해서 인수제시의 금지가 허용되지 않는다. 지급인은 인수를 함에 있어서 제3자를 기재할 수 있다(어음법 제27조).

셋째, 일람후정기출급. 이때는 만기확정을 위해 인수제시가 필요하다.

4. 예비지급인지정문구

예비지급인은 어음에 미리 참가인수나 참가지급을 할 자로 기재된 자이다. 이는 인수거절이나 지급거절의 경우에 상환청구를 저지하기 위한 것이다. 예비지급인지정문구는 상환의무를 지는 환어음의 발행인, 배서인, 보증인 등이 기재할 수 있다. 상환청구권의 보전을 위해서는 예비지급인에 대한 거절증서작성이 요구된다.

지급지에 주소가 있는 예비지급인의 기재가 있는 경우에는 그자에 대해서 제시하고, 거절증서를 작성시킬 수 있는 최종일의 익일까지 참가지급거절증서를 작성시켜야 예비지급인을 기재한 자와 그 이후의 자에 대해서 상환청구권이 보전된다(어음법 제60조).

지급지에 주소가 있는 예비지급인의 기재가 있는 경우에는 그에 대한 제시와 인수거절증서를 작성하지 않으면 예비지급인을 기재한 자와 그 후의 자에 대해서 만기 전에 상환청구권을 행사할 수 없다(어음법 제56조).

관련사항

- 참가인수 : 만기 전의 상환청구를 저지하기 위해서 어음을 지급할 것을 약속하는 어음행위이다. 어음소지인은 원칙적으로 거절할 수 있지만, 예비지급인의 기재가 있는 경우는 거절할 수 없다.
- 참가지급 : 만기 전 또는 만기 후의 상환청구를 저지할 목적으로 하는 지급이다. 참가지급은 어음소지인이 거절할 수 없다.

수표에 특유한 기재사항

수표에 특유한 유익적 기재사항으로 첫째, 수취인의 명칭 둘째, 횡선을 들 수 있다. 그러나 실제 수표는 통일수표용지에 인쇄되어 모두 소지인출급식으로 발행되고 있다.

3 무익적 기재사항」

무익적 기재사항은 어음이나 수표에 기재해도 효력이 인정되지 않는 것으로서 다음을 들 수 있다.

첫째, 지시문구. 어음이나 수표는 법률상 당연한 지시증권성을 가지는 것으로 지시문구의 기재는 의미를 가지지 못한다.

둘째, 상환문구. 어음이나 수표는 당연한 상환증권성을 가지는 것으로 상환문구의 기재는 의미를 가지지 못한다.

셋째, 위탁어음문구. 발행인이 타인의 위탁에 의하여 타인의 계산으로 어음을 발행하는 경우에 위탁어음문구를 기재할 수 있는데, 예를 들어 "위의 금액을 갑의 자금에서 지급하여 주십시오"와 같은 경우, 이는 실질관계상의 문제이므로 어음상의 효력이 없다.

넷째, 환어음과 수표 발행인의 지급무담보문구.

다섯째, 확정일출급어음과 발행일자후정기출급어음에 있어서 이자문구.

여섯째, 일람출급어음, 일람후정기출급어음에 있어서 이율없는 이자문구.

4 유해적 기재사항

그 기재로 어음이나 수표가 무효가 되는 것으로서, 그 예로 법정의 만기와 다른 만기의 기재나 분할출급을 들 수 있다.

법정 외의 유해적 기재사항으로는 약속어음의 발행인이 기재한 지급무담보문구, 어음상의 권리를 원인관계에 관련시키는 기재, 지급에 조건을 붙이는 기재 등을 들 수 있다.

5 백지어음

1. 의의

백지어음은 어음요건의 전부 또는 일부를 기재하지 아니한 서면에 기명날인하여 그 기재하지 아니한 어음요건을 후일에 취득자로 하여금 보충시킬 의사로 교부한 미완성어음이다.

백지어음은 상관습법으로 존재하던 것을 입법화한 것이며, 불완전어음으로 무효어음과 구별된다.

2. 종류

어음행위의 종류에 따라 백지발행, 백지인수, 백지배서, 백지보증 등으로 나눌 수 있다. 그러나 백지발행이 일반적이다.

백지인수, 백지배서, 백지보증의 경우에는 첫째, 기존의 백지어음에 기명날인을 하거나 둘째, 발행인의 기명날인이 없는 어음(발행 전)에 기명날인하여 인수, 배서, 보증 등을 하는 것을 들 수 있다. 이들이 부속적 어음행위이지만 시간적으로 꼭 발행 이후에 행해야 하는 것은 아니다.

백지발행의 경우에 어음금액, 만기, 수취인, 발행일 등이 백지인 경우가 많을 것이다. 통일어음용지를 사용하는 경우에 지급지나 발행지 등은 고무인으로 찍혀져 있다. 수취인과 발행일이 백지인 경우에 지급은행에서 결제하는 상관습이 있다(당좌계정거래약관 제8조).

참조판례

"수취인은 어음요건의 하나로서 그 기재를 결한 어음은 완성된 어음으로서의 효력이 없어 어음상의 권리가 적법하게 성립되지 않으므로, 이러한 미완성어음으로 지급제시를 하였다고 하여도 적법한 지급제시의 효력이 없어 발행인을 이행지체에 빠뜨릴 수 없다."(대법원 1971.2.9. 선고 70다602 판결).

3. 성립요건

(1) 어음요건의 전부 또는 일부의 흠결

어음요건 외에 유익적 기재사항을 흠결한 경우에는 준백지어음으로 백지어음에 관한 규정을 준용한다(통설).

(2) 어음행위자의 기명날인

후일 어음요건이 보충될 때에 기명날인자가 어음상의 책임을 지므로 누군가의 기명날인이 있어야 한다. 이론상으로는 발행인 이외의 기명날인도 무방하다.

(3) 백지보충권의 존재

무효어음인가 혹은 요건 흠결을 다른 기재에 의해서 구제를 인정할 것인가 아니면 백지어음으로 볼 것인가의 여부는 백지보충권의 존재여부에 달려 있다. 그 구별에 대하여는 학설의 대립이 있다.

① 주관설 : 무효어음과 백지어음의 경우 객관적 외관이 동일하므로 당사자의 주관적인 의사에 의해서 구별할 수밖에 없다고 한다. 구체적인 보충권수여계약이 있으면 백지어음이고 그렇지 않으면 무효어음이라고 한다. 이 설에 의할 때 어음취득자가 보충권수여의 사실을 증명해야 하므로, 거래의 안전을 해치게 된다.

② 객관설 : 기명날인자의 주관적 의사를 불문하고 어음의 외관상 백지보충이 예정되어 있으면 백지어음이고, 그렇지 아니하면 무효어음이라고 한다. 어음이 부동문자로 인쇄된 경우에 어음요건의 일부가 백지인 경우 백지어음으로 본다. 객관설은 경우에 따라서

기명날인자의 의사를 무시하게 되고, 백지어음제도의 취지에 반하게 된다.

③ 절충설(주관적 절충설) : 백지어음이 인정되기 위해서는 기본적으로 백지보충권수여의 의사가 있어야 한다고 한다. 다만 주관설과 달리 일정한 경우, 외관상 보충이 예견된 경우에는 의사가 없어도 책임을 지는데, 절충설은 취득자보호와의 관계에서 인적항변설, 권리외관설, 추정설 등의 입장으로 나뉜다.

ⓐ 인적항변설(다수설) : 백지보충권이란 백지어음 외에 존재하는 인적항변사유에 불과하므로, 서면의 외관상 백지보충이 예정된 경우에는 기명날인자가 보충권수여의 사실이 없음을 증명한 경우에도 선의취득자에 대해서는 무효어음이라는 것을 항변으로 대항할 수 없다고 한다. 또는 요건흠결의 어음을 선의로 취득한 자에 대해서는 표현이론 내지 권리외관이론에 따라 기명날인자는 무효어음이라는 항변을 제출할 수 없다고도 한다. 이에 대하여 보충권수여의 사실이 없음을 증명한 경우에도 책임을 부과함은 백지어음을 인정한 취지에 반하고 기명날인자에게 너무 가혹하다는 비판이 제기된다.

ⓑ 권리외관설 : 외관이 있고, 기명날인자에게 외관의 야기에 귀책사유가 있고, 어음의 외관상 백지보충이 예정된 경우에 제3자가 과실없이 신뢰한 경우 기명날인자는 책임을 진다고 한다. 외관의 야기에 귀책사유가 요구된다는 점이 인적항변설과 차이가 나는 부분이다.

인적항변설이 제3자가 선의라는 사실만으로 보호하지만, 보충권수여의 의사가 없고 외관에 대한 행위자의 귀책사유도 없는 경우에도 보호하는 것은 무리라고 주장한다. 그러나 권리외관설에서는 부동문자로 된 어음에 기명날인이 있으면 귀책사유가 있다고 보는데, 이것으로 족하다고 하면 ⓐ설과 별다른 차이가 없다고도 볼 수 있다.

ⓒ 추정설(판례) : 서면의 외관상 흠결된 기재의 보충이 예정되어 있는 경우에는 백지어음으로 추정되고, 따라서 기명날인자가 선의의 취득자에 대항하기 위해서는 백지보충권을 수여하지 아니하였다는 것을 증명해야 한다고 한다.

④ 검토 : 이것은 증명책임의 문제로 접근할 수 있을 것이다. 첫째, 요건보충이 예기되지 않는 경우에는 주관설에 따라 백지어음이라고 주장하는 자가 보충권수여의 사실을 증명해야 하고, 둘째, 요건보충이 예기되는 경우에는 기명날인자가 보충권을 수여하지 아니하였다는 것을 증명해야 한다.

(4) 요건흠결인 채로 유통

요건흠결인 채로 유통이 이루어졌을 때 어음의 성립 여부는 어음이론에 의한다. 교부계약설이나 발행설에 의할 때는 백지어음이 성립하기 위해서 어음의 교부가 있어야 한다.

4. 법적 성질

① 어음설 : 백지어음도 어음의 일종으로 어음법에 관한 규정이 당연히 적용된다고 한다.

② 특수한 유가증권 : 백지어음을 특수한 유가증권으로 보는 견해는 첫째, 표창하는 권리가 백지보충권과 기대권으로 어음상의 권리가 아니다. 즉 금전채권이 표창된 어음이라고 할 수 없다고 한다. 둘째, 어음법 제10조는 백지어음이 부당 보충된 경우에 동어음의 취득자를 보호하기 위한 규정으로 어음의 일종으로 인정할 수 있는 근거가 되지 못한다고 한다. 따라서 백지어음은 단지 완성어음과 같은 유통이 인정될 뿐인데, 이에 대하여 ⓐ 완성어음에 관한 규정이 백지어음에도 적용된다고 보는 견해가 있다. 배서, 제권판결, 선의취득, 인적항변의 제한의 법리 등이 백지어음에도 적용된다는 것이다. 그러나 지급제시, 지급거절에 관한 규정은 적용되지 않으므로 백지어음으로 지급제시를 하여도 상환청구권이 보전되지 않는다고 한다. ⓑ 백지어음에 보통의 어음과 동일한 유통방법이 인정되는 것은 상관습에 의한 것이라는 견해가 있다.

5. 표창되는 권리

백지어음이 표창하는 권리는 기대권으로서 정지조건부 어음금지급청구권과 백지보충권이다.

(1) 보충권의 법적 성질

보충권의 효력이 권리자의 일방적 행사에 의해서 발생하므로 일종의 형성권이다.

(2) 보충권의 발생

① 어음외계약설(통설) : 보충권은 백지어음행위자와 그 상대방간의 어음관계 외의 일반사법상의 계약에 의하여 발생하여 어음에 부착되는 것이라고 한다.

② 백지어음행위설 : 보충권이 백지어음행위자의 백지어음의 작성과 교부에 의하여 발생하여 수취인에게 수여되는 것이라고 한다.

③ 검토 : 어음은 원인채권과 어음채권이 별개이지만 백지보충권은 동일한 권리이다. 그 권리는 어음 외 계약으로 이미 존재한다.

6. 백지어음의 유통

백지어음은 관습법에 의하여 어음의 양도방법과 동일한 양도방법으로 양도할 수 있다.

(1) 양도방법

백지어음은 배서·교부에 의해서 양도가 가능하다.

(2) 선의취득

백지어음의 선의취득자는 정지조건부 어음금지급청구권과 보충권을 선의취득한다. 보충권 발생에 대한 어음외계약설의 입장에 따를 때에도 어음 외의 보충권이 어음에 부착되어 있으므로 선의취득 할 수 있다.

(3) 인적항변의 절단

예를 들어 만기가 백지인 경우에 어음금액에 인적항변사유가 존재하는 경우에 그 항변의 절단이 인정된다. 이 경우 만기 자체는 보충권의 남용의 문제가 될 것이다.

(4) 제권판결

백지어음의 분실로 제권판결을 받은 때에 백지어음의 재발행이 안 될 것이므로 제권판결서에 백지보충의 의사를 기재한 서면을 첨부하여 어음상의 권리를 행사할 수 있다고 볼 것이다.

7. 백지어음의 효력

(1) 권리행사

백지어음으로 지급제시를 하여도 상환청구권은 보전되지 않는다. 또한 이행지체도 되지 않는다.

(2) 시효중단

백지어음인 상태에서도 시효는 진행되므로, 백지어음에 의한 청구는 비록 지급제시의 효력은 없지만 시효중단의 효력이 인정된다. 다만 재판상의 청구에는 시효중단을 부인하는 견해도 있다.

8. 백지보충권의 행사

(1) 시기

백지보충권 행사의 시기는 원칙으로 보충권수여계약에서 정한 바에 의할 것이나 정한 바가 없을 때에는 보충권이 소멸될 때까지 할 수 있다.

보충권의 소멸시기는 어음의 경우에 만기의 기재가 있는가에 따라, 수표는 발행일의 기재가 있는가에 따라 다르다.

(2) 어음의 경우

1) 만기의 기재가 있는 경우

첫째, 배서인에 대한 관계 : 배서인에 대하여는 상환청구권이 소멸하기 전까지 백지를 보충해야 할 것이다. 따라서 제시기간내에 보충을 해야 한다. 확정일출급, 발행일자후정기출급의 경우는 지급을 할 날에 이은 2거래일 내에, 일람출급어음의 경우는 지급제시기간내, 일람후정기출급의 경우는 인수(일람)제시기간내에 보충을 하여야 한다.

둘째, 주된 어음채무자에 대한 관계 : 주된 어음채무자에 대하여는 소멸시효기간안에 백지를 보충해야 할 것이다. 주된 권리가 소멸하면 보충권도 소멸한다. 인수인과 약속어음의 발행인에 대하여는 3년의 소멸시효기간내에 보충해야 한다. 확정일출급과 발행일자후정기출급의 경우에 만기로부터 3년, 일람출급의 경우에 1년의 지급제시기간경과 후 3년, 일람후정기출급의 경우에 1년의 인수(일람)제시기간경과 후 3년 내에 보충해야 한다.

2) 만기가 백지인 경우

보충권 자체가 소멸시효에 의해서 소멸할 때까지 보충권을 행사해야 한다.

(3) 수표의 경우

1) 발행일자의 기재가 있는 경우

상환청구권은 발행일자로부터 10일 내의 제시기간내에 지급제시를 하여야 한다. 보충권도 이때까지 행사해야 한다. 다만 지급인의 경우에 제시기간이 경과한 후에도 지급위탁의 취소가 없는 한 지급이 가능하다. 이때는 지급인에 대한 채권이 시효로 소멸할 때까지 보충이 가능하다고 하겠는데, 지급인에 대한 채권은 상사채권으로 그 소멸시효기간 즉 5년 내에 보충하면 된다(상법 제64조).

2) 발행일이 백지인 경우

발행일이 백지인 경우에 백지수표의 보충권의 소멸시효가 만료될 때까지 보충해야 한다.

(4) 보충권행사의 효력

백지가 보충되면 어음은 어음금지급청구권을 표창하게 되고, 여기에 기명날인한 자는 그 문언에 따라 어음상의 책임을 진다.

1) 보충권행사의 효력의 발생시기

① 소급설[346] : 백지가 보충되면 백지어음이 행위시에 소급하여 완전한 어음으로 된다고 한다.

② 불소급설(통설)[347] : 백지를 보충한 때로부터 백지어음이 완전한 어음으로 된다고 한다. 백지어음행위는 정지조건부 어음행위이다. 따라서 조건의 성취시로부터 장래에 향하여 효력을 발생한다고 본다.

③ 검토 : 불소급설이 타당하다고 본다. 불소급설에 따를 때 보충권행사 전에 어음을 제시해도 상환청구권이 보전되지 않는다.

2) 백지어음상에 한 어음행위의 성립시기

백지어음상에 한 어음행위의 성립 시기는 보충한 때가 아니고 그 어음행위를 한 때이다.[348] 권리능력, 행위능력, 대리권의 유무 등은 당해 백지어음행위시를 기준으로 판단한다.

(5) 보충권의 남용(부당보충)

보충권의 남용이란 미리 정해진 또는 예견되는 보충권의 제한에 위반하여 소지인이 보충하는 것이다.

1) 보충권남용의 효력

첫째, 백지어음행위자와 보충권남용자의 관계에서는 미리 정해진 또는 예견되는 범위에서만 어음상의 책임을 진다.

둘째, 백지어음행위자와 선의·무중과실 취득자의 관계에 대해서는 어음법 제10조에서 "선의의 소지인에게 대항하지 못한다."고 규정하고 있다.

참조판례

중대한 과실과 관련한 판례 : "가계수표 취득자가 발행인 이외의 자에 의하여 백지가계수표의 표면기재 한도액을 넘는 금액으로 보충된 점을 알면서도 그 보충권을 확인하지 아니한 채 그 가계수표를 취득하는 경우 중대한 과실에 의한 취득이다." (대법원 1995.12.8. 선고 94다18959 판결).

2) 보충권의 범위에 관한 선의자의 보호

백지어음이 보충되기 전에 본래의 보충권의 범위보다 넓은 범위의 보충권이 있는 줄 알고

---

346 최기원, (하)239면.

347 강위두, (어)339면 ; 정희철, (하)162면 ; 손주찬, (하)216면 ; 정동윤, (어)355면 ; 정찬형, (하)143면 ; 이론구성만 다를 뿐 소급설과 비소급설은 실질적인 차이가 없다는 견해도 있다(이철송, (어)287면).

348 정희철, (하)161면 ; 강위두, (어)338면 ; 정동윤, (어)418면 ; 정찬형, (어)149면,

백지어음을 취득한 자도 어음법 10조에 의해서 보호가 되는가도 문제이다. 보충권이 남용된 어음을 취득하는 경우 완전한 어음을 취득함에 반하여 여기서는 미완성의 어음을 취득한다는 점에서 차이가 난다.

① 적용긍정설(통설·판례)[349] : 어음법 제10조의 취지에 비추어 악의 또는 중대한 과실없이 일정한 범위의 보충권이 있다고 믿고 백지어음을 취득한 자에 대해서 백지어음행위자는 부당보충의 항변으로 대항할 수 없다고 한다. 백지어음의 유통을 인정하는 한 선의자보호의 요청으로서 당연한 것이라고 한다. 다만 이 견해에 따라도 어음금액 등 중요한 사실의 경우 중대한 과실을 인정하는 경우가 많을 것이다.

② 적용부정설[350] : 어음법 제10조의 법문상 "합의와 다른 보충을 한 경우"라 하고 있는데, 이는 보충된 후의 취득자를 상정하고 있고, 어음상에 나타나 있지 아니한 보충권의 범위에 관하여 양도인의 말을 믿었다고 하여 백지어음행위자의 희생 하에 그 취득자를 보호하는 것은 부당하다고 한다.

③ 검토: 백지보충권의 남용으로부터 선의의 제3자를 보호해야 할 필요성은 보충권이 이미 행사되었든지 아직 행사되지 않았든지 같을 것이므로 이때에도 그 적용을 인정할 것이다. 만일 적용부정설에 의한다면 중대한 과실이 없는 제3자는 어떻게 보호할 것인가의 문제가 남는다.

참조판례

"어음금액이 백지인 어음을 취득하면서 보충권한을 부여받은 자의 지시에 의하여 어음금액란을 보충하는 경우 보충권의 내용에 관하여 어음기명날인자에게 직접 조회하지 않았다면 특별한 사정이 없는 한 취득자에게 중대한 과실이 있다."(대법원 1978.3.14. 선고 77다2020 판결). 대법원은 백지수표의 경우에도 같은 원리를 적용하였다(대법원 1995.8.22. 선고 95다10945 판결).

9. 백지보충권의 소멸

(1) 보충권의 행사에 의한 소멸

(2) 보충권소멸의 합의와 백지어음의 회수에 의한 소멸 :

이때 백지어음을 회수하지 않으면 소멸의 합의는 당사자간의 인적항변사유가 된다.

(3) 어음상의 권리의 소멸에 의한 소멸

주된 채무자에 대한 어음상의 권리가 3년의 소멸시효에 의해서 소멸하거나, 배서인에 대한

349 정희철, (하)160면 ; 정동윤, (어)346면 ; 최기원, (하0237면 ; 이기수, (어)127면 ; 이철송, (어)281면.
350 강위두, (어)342면 ; 정찬형, (하)139면.

상환청구권이 제시기간의 경과로 소멸하면 그에 대한 보충권도 소멸된다.

(4) 보충권의 소멸시효에 의한 소멸

보충권의 소멸시효는 만기가 백지인 경우를 상정하며, 만기외가 백지인 경우에는 보충권의 행사기간의 문제가 될 것이다. 주된 채무자 혹은 상환의무자에 대해서 권리소멸 후 보충권행사는 무의미하다.

1) 어음

(가) 학설

① 20년설 : 백지보충권의 법적 성질이 형성권이므로 형성권의 소멸시효에 따른다.

② 10년설 : 보충권은 특정인에 대한 권리로서 채권과 같이 볼 수 있으므로 채권의 시효에 따른다. 예를 들면 계약해제권의 경우에 권리행사시 원상회복청구권 등은 10년, 불행사시 20년의 시효에 걸린다.

③ 10년 또는 5년 : 원인관계상의 채권이 민사채권인가 상사채권인가에 따라서 보충권의 시효기간도 그에 따른다.

④ 3년설 : 보충권 자체의 독자적인 소멸시효를 배척하고 어음상의 권리와 같이 3년으로 본다. 보충권에 대하여 보충권행사에 의하여 발생하는 어음상의 권리와 같이 본다.

⑤ 1년설 : 만기백지의 어음을 일람출급의 어음으로 보아 보충권을 일람제시기간내에 행사하여야 한다고 한다.

(나) 시효의 기산점

만기가 백지인 경우를 상정한다. 백지어음소지인은 언제든지 백지를 보충하여 어음상의 권리를 행사할 수 있으므로 이를 만기도래의 어음과 같이 취급하여 그 발행일을 기산점으로 보는 것이 타당하다. 이에 대하여 만기가 도래하지 않은 것을 도래한 것으로 취급하는 것은 부당하다면서 일람출급어음과 같이 취급하여 주된 채무자에 대해서 일람출급의 경우 1년 경과 후 3년의 시효에 걸린다고 한다.[351] 그러나 이것은 소멸시효의 일반이론에 배치되는 것으로, 권리발생일로부터 기산하는 것이 타당하다.

관련사항 어음·수표상의 권리의 소멸시효

시효기간: 어음(3년), 수표(6개월)
시효의 기산점: 어음·수표상의 권리행사가 가능한 때(발행일)

351 정찬형, (하)142면.

2) 수표

수표는 만기가 없으므로 발행일이 백지인 경우가 해당한다. 수표의 경우에 주된 채무자가 없으므로 제시기간내에 보충권을 행사해야 된다.

(가) 시효기간

발행일을 백지로 하여 발행된 수표의 백지보충권의 소멸시효는 특별한 사정이 없는 한 그 수표발행의 원인관계에 비추어 발행당사자 사이에 수표상의 권리행사가 법률적으로 가능하게 된 때부터 진행하고, 백지수표의 보충권행사에 의하여 생기는 채권이 수표금 채권이고 수표의 발행인에 대한 상환청구권의 소멸시효기간이 제시기간경과 후 6개월인 점 등에 비추어, 그 소멸시효기간은 백지보충권을 행사할 수 있는 때부터 6개월로 볼 것이다.[352]

(나) 기산점

소멸시효의 기산점은 수표의 발행일로 본다. 다만 수표면상 기준이 되는 일자가 없으므로 수표상의 권리를 행사하는 자가 실제로 발행한 날을 증명하여 기산하게 된다.

참조판례

"만기를 백지로 한 약속어음을 발행한 경우, 그 보충권의 소멸시효는 다른 특별한 사정이 없는 한 그 어음발행의 원인관계에 비추어 어음상의 권리를 행사하는 것이 법률적으로 가능하게 된 때부터 진행하고,[353] … 만기를 백지로 하여 발행된 약속어음의 백지보충권의 소멸시효기간은 백지보충권을 행사할 수 있는 때로부터 3년으로 봄이 상당하고(다만, 만기 이외의 어음요건이 백지인 경우 그 백지보충권을 행사할 수 있는 시기는 다른 특별한 사정이 없는 한 만기를 기준으로 할 것이다), 당사자 사이에 백지를 보충할 수 있는 시기에 관하여 명시적 또는 묵시적 합의가 있는 경우에는 그 합의된 시기부터 백지보충권의 소멸시효가 진행된다고 볼 것이다."(대법원 2003.5.30. 선고 2003다16214 판결).
"발행일을 백지로 하여 발행된 약속어음의 백지보충권의 소멸시효기간은 백지보충권을 행사할 수 있는 때로부터 3년으로 봄이 상당하다."(대법원 2002.2.22. 선고 2001다71507 판결).

Ⅱ. 어음상의 권리의 발생

어음의 발행

어음의 발행은 기본적 어음행위로서 어음을 작성하여 이를 교부함으로써 성립한다.

352 대법원 2001.10.23. 선고 99다64018 판결, 대법원 2002.1.11. 선고 2001도206 판결 등.
353 대법원 1997.5.28. 선고 96다25050 판결, 대법원 2001.10.23. 선고 99다64018 판결, 대법원 2002.2.22. 선고 2001다71507 판결.

1. 어음의 작성

어음의 작성은 서면에 어음요건을 기재하고 발행인이 기명날인하는 것이다.

(1) 재료

금융기관을 지급장소로 하는 어음은 반드시 통일어음용지를 사용해야 한다.

(2) 어음요건의 기재

어음요건은 어음용지에 기재한다. 어음요건을 보전에 기재한 경우에 어음의 효력 여부에 대하여는 유효하다는 견해도 있지만, 배서는 보전에 할 수 있는 것으로 규정하고 있으나(어음법 제13조 제1항) 발행에는 규정이 없다는 점에서 무효로 본다.

2. 환어음의 발행

(1) 법적 성질

환어음의 발행시 어음법상(어음법 제1조 2호)의 '조건없이 위탁'의 법적 성질이 무엇인가에 대하여 학설이 갈린다.

① 지급지시설(2중 수권설) : 지급인에 대하여 지급인의 명의로 발행인의 계산에서 어음금을 지급할 권한을 수여하고, 다른 한편으로는 수취인에 대하여 수취인의 명의로 발행인의 계산에서 어음금을 수령할 권한을 수여하는 의사표시로서 2중 수권적 성질을 가지는 것이라고 한다.

이에 대하여 환어음관계 외의 자금관계에 속하는 것을 환어음관계에 혼입시키므로 부당하다는 비판이 있다. 즉 어음관계에서 실질관계가 설명되는 문제점이 있다는 것이다. 그러나 실질관계는 어음금액을 지급할 권한을 단순히 수여하는데 불과한 것으로서 실질관계에 의해서 지급유무가 좌우되는 것이 아닌 것으로, 어음관계의 추상성을 해치는 것은 아니라고 본다.

② 수령권한수여설 : 발행인이 수취인에 대하여 어음금지급의 수령권한을 수여하는 의사표시라고 한다. 이 설은 어음관계로만 설명한다는 점에서 타당성이 있다, 그러나 지급위탁의 문언을 너무 무시한다는 점은 문제로 지적된다.

(2) 효력

1) 본질적 효력

환어음 발행의 본질적 효력은 의사표시상의 효력으로서, 첫째, 어음관계상의 효력은 지급지시설에 의할 때 수취인과 지급인이 2중의 권한을 취득하는 것이고, 수령권한수여설에 의할 때 수취인이 환어음에 표창된 택일적 관계에 있는 어음상의 권리를 취득한다고 한다. 환어음은 인수를 정지조건으로 하는 어음금지급청구권과 상환청구권이 선택적 관계에서 표창되었으므로 이를 택일적으로 취득하게 된다.

둘째, 자금관계상의 효력은 지급인이 발행인의 계산으로 지급할 권한을 가진다.

2) 부수적 효력

환어음 발행의 부수적 효력은 담보책임으로 이는 법률상의 효력으로서, 어음을 발행함으로써 인수와 지급을 담보할 책임을 지게 된다(어음법 제9조). 이는 정지조건부 상환청구권으로서 어음에 표창된다.

어음의 발행으로 만기 전에 상환청구의 원인이 생긴 경우에도 상환의무를 부담한다. 첫째, 인수인의 파산, 지급정지, 강제집행부주효 둘째, 발행인의 파산의 경우에 만기 전 상환의무를 지게 된다.

(3) 지급위탁의 철회

발행인의 지급인에 대한 지급위탁은 어음관계가 아니고 실질관계, 즉 어음 외의 민사법적 법률관계이다. 따라서 지급인이 지급할 때까지 언제든지 어음 외의 의사표시로 철회할 수 있다. 철회한 경우 지급인이 지급을 하여도 발행인의 계산으로 돌릴 수 없다, 지급위탁의 철회에 따라 지급인이 인수거절 또는 지급거절을 한 경우에는 발행인이 상환의무를 부담한다.

3. 약속어음의 발행

(1) 법적 성질

약속어음의 발행은 어음금지급채무의 부담을 목적으로 하는 단독행위이다.

(2) 효력

1) 의사표시상의 효력으로 약속어음의 발행인은 만기에 어음금지급의무를 부담한다.

2) 의무의 내용

첫째, 제1차적·무조건적 의무이다.

둘째, 절대적 의무이다. 약속어음의 발행인의 의무는 지급제시유무에 관계없이 소멸시효에 의하여 소멸되지 않는 한 면할 수 없는 절대적 의무이다.

셋째, 최종적 의무이다. 발행인이 어음금을 지급한 경우에 어음상의 권리가 소멸한다.

(3) 면책문구의 기재

발행인이 면책문구를 기재한 경우에 이는 유해적 기재사항으로 어음이 무효가 된다.

4. 수표의 발행

(1) 법적 성질

환어음과 같이 지급지시설과 수령권한수여설이 있으며, 후자에 의할 때 수취인은 지급인에 대한 기대이익과 발행인에 대한 상환청구권을 택일적 관계에서 가지게 된다. 지급인에 대한 기대이익이란 발행인과 지급인간의 수표계약에 의하여 지급인으로부터 수표금을 받을 것이라는 기대이익을 말한다. 수표에는 인수가 없으므로 지급인에 대한 기대이익만을 가지게 된다. 이것은 환어음의 경우에 정지조건부 어음금지급청구권이 표창되는 것과 차이가 나는 점이다.

관련사항

- 수표발행의 제한(수표법 제3조) : ① 발행인이 처분할 수 있는 자금이 있는 은행을 지급인(수표자금) ② 발행인이 그 자금을 수표에 의하여 처분할 수 있는 명시 또는 묵시의 계약(수표계약)
- 수표자금에 관한 계약(당좌예금 혹은 당좌대월) + 수표계약 및 상호계산계약 : 당좌거래계약에 의하여 동시에 해결

(2) 효력

수표의 경우에 주채무자가 부존재하고, 단지 발행인의 담보책임이 인정된다.

어음의 공동발행

1. 의의

어음의 공동발행으로 지급의 확실성이 커지고, 어음의 신용이 증대된다. 어음의 공동발행은 공동발행인 갑, 을, 발행인 갑 및 을 혹은 발행인 갑, 을, 병 … 등의 방법에 의한다.

2. 종류

어음의 공동발행은 일반적으로 중첩적 발행에 의하는데, 그 외 선택적 발행도 허용되는가에 대하여는 견해가 갈린다. ① 긍정설 : 선택권이 소지인에게 있어 소지인에게 유리하므로 이를 인정하며, 명백한 표시없이 수인의 발행인의 기명날인이 열기되어 있는 경우에는 소지

인에게 유리한 선택적 발행으로 보아야 한다는 입장이다. ② 부정설 : 선택적 기재는 어음관계의 단순성과 상환요건의 일정성에 반하므로 이를 인정할 수 없고, 수인의 발행인의 기명날인이 열기되어 있어 어떤 것인지 명백하지 않은 경우에는 중첩적 발행으로 보아야 한다는 입장이다. 이 입장이 타당하다고 본다.

참고로 공동지배인, 공동대표이사의 경우에도 어음행위를 공동으로 해야 하지만, 이때 어음채무자는 본인으로서 공동발행과는 차이가 난다.

3. 효력

① 연대책임설 : 공동발행의 경우 어음관계가 1개이고 어음상의 권리도 1개로서 어음행위도 1개로 보아야 하며, 또 공동발행인의 책임은 성질상 불가분적이므로 공동발행인은 연대책임을 진다고 한다. 공동발행에 대하여 1개의 발행행위로 보는 것이다. 그리고 내부적으로 구상권을 인정한다.

② 합동책임설 : 공동발행의 경우 각 공동발행인이 기본어음의 기재를 내용으로 하는 어음행위를 하고 각 어음행위자는 독립성·문언성·불가분성이 있으므로 각 공동발행인은 각자 어음금액 전부를 지급할 책임이 있는 합동책임을 진다고 한다. 공동발행에 대하여 수개의 발행행위로 본다. 그리고 공동발행의 경우 채무의 부담부분이 없는 것으로 원칙적으로 구상권을 부인한다. 다만 어음 외의 실질관계에서는 부담부분이 존재하는데, 이는 민법규정에 의해서 해결한다는 것이다.

	지급제시에 의한 지체책임	상환청구권 보전을 위한 지급제시	1인에 대한 소멸시효완성	1인에 대한 청구 : 소멸시효 중단	1인에 대한 변제
연대책임설	다른 공동발행인에 인정	다른 공동발행인에 효력인정	다른 공동발행인에 효력인정	다른 공동발행인에 인정	모든 공동발행인의 채무면제
합동책임설	불인정	불인정	불인정	불인정	상동

4. 공동발행과 어음보증

어음법 제31조 제3항에서 “환어음의 앞면에 단순한 기명날인 또는 서명이 있는 경우에는 보증을 한 것으로 본다. 그러나 지급인 또는 발행인의 기명날인 또는 서명의 경우에는 그러하지 아니하다.”고 규정하고 있다. 이 규정에 비추어 발행인의 기명날인이 행해질 장소에 자격표시 없이 여러 개의 기명날인이 있는 경우에 이를 어떻게 볼 것인가가 문제된다. 보전에 한 경우는 보증으로 본다.

① 공동발행인설 : 각 기명날인의 크기·배치·형태에 있어서 큰 차이가 없으면 공동발행으로 본다.

② 필두의 기명날인만 발행인으로 본다. 어음이 부도시 이 자만 거래정지처분을 당하게 된다. 수표법 제2조 1호의 "지급지가 적혀 있지 아니한 경우에 지급인의 명칭에 부기한 지(地)를 지급지로 본다. 지급인의 명칭에 여러 개의 지(地)를 부기한 경우에는 수표의 맨 앞에 적은 지(地)에서 지급할 것으로 한다."는 규정을 유추한 견해이다.

③ 지급장소은행과 당좌계정거래가 있으면 발행인으로 본다. 그러나 이것은 소지인이 조사해야 하므로 거래의 안전을 해치게 된다.

④ 검토 : 어음소지인을 보호한다는 입장에 따를 때 단순한 기명날인이 여러 개 있을 때 이를 공동발행으로 볼 것이다. 공동발행일 때의 효력으로는 첫째, 1개의 기명날인에 형식적 하자가 있는 경우에 다른 기명날인자의 책임에 영향이 없다. ②설의 경우 필두의 기명날인에 하자가 있는 경우에 어음 자체가 무효가 된다. 둘째, 어음이 부도난 경우에 모두 거래정지처분을 당하게 된다. 셋째, 1인의 지급시 다른 기명날인자에 대하여 민법상의 구상권을 가지게 된다. 이와 달리 어음보증이 될 때 보증인은 어음상의 권리취득을 하게 된다.

어음의 보증

1. 의의

어음의 보증이란 주된 어음행위에 의하여 생긴 어음채무를 담보하기 위하여 어음상에 하는 종된 어음행위이다. 어음보증은 어음채무를 담보하여 어음의 신용을 증대하기 위한 것이지만, 실제에 있어서는 어음보증을 하면 어음채무자가 신용이 없다는 것을 공표하게 되어 어음의 신용을 해하는 결과가 되므로 어음보증이 거의 이용되지 않고 있다. 이러한 어음보증 대신에 발행·배서 또는 환어음의 인수 등에 의하여 보증의 목적을 수행하고 있다. 이것을 특히 숨은 어음보증이라고 한다. 그러나 이것은 법률상으로는 어디까지나 발행·배서 또는 인수이므로 그 행위자는 발행인·배서인 또는 인수인으로서 어음상의 책임을 질 뿐이다. 다만 당사자간에는 보증의 목적으로 발행·배서 또는 인수하였다는 것을 인적항변으로 주장할 수 있다.

2. 원인관계상의 채무에 대한 보증 여부

어음행위는 원인관계에 기하여 행하여지지만 어음상의 권리는 원인관계상의 권리가 아니고 어음행위에 의하여 창조된 별개의 독립된 권리이다. 물론 경제적으로는 원인관계상의 권리와 어음상의 권리는 서로 목적과 수단의 관계에 있으나, 법률상으로는 어음상의 권리는 추상적이며 무인적인 권리로서 양자는 완전히 분리·독립되어 있다. 이러한 관계가 어음보증의 경우에는 어음보증의 독립성으로 나타나고 있다. 즉 어음보증은 주채무자의 어음행위와는 독립된 어음행위이므로 이에는 어음행위독립의 원칙이 적용된다. 이러한 관점에서 볼 때 보증의 의미로 배서를 할 때 그것은 배서의 담보적 효력에 의하여 책임을 지려는 어음상의 채무로서 그 원인관계상의 채무와는 전혀 분리하여 파악하여야 할 것이다. 따라서 원인채무도 보증한다는 별도의 합의나 이에 대한 증명사실이 나타나지 않는 한 보증의 의미로 한 배서는 단지 어음상의 보증책임만을 진다고 할 것이다.[354]

판례는 "민사상의 채무까지 보증하겠다는 뜻에서 배서한 것으로 볼 만한 특별한 사정이 있는 경우에는 발행인의 채권자에 대한 민사상 채무에 관하여도 보증책임을 부담한다고 할 것이고, 그러한 특별한 사정의 유무는 구체적인 경우에 있어서 원인채무의 발생근거가 된 법률관계로 인한 이익의 실질적 귀속, 원인채무의 채권자 및 채무자와 어음배서인의 관계, 배서에 이르게 된 경위와 배서 당시의 정황 등 관계된 제반 사정을 종합하여 판단하여야 할 것이다."고 하였다.[355]

그러나 이러한 판례의 태도에 대하여 어음보증인이 타인의 요구에 의하여 숨은 어음보증의 의사뿐만 아니라 어음채무의 원인인 민법상의 차용금채무에 대한 연대보증의 의사를 그 타인에게 명백히 표시하였더라도, 민법상 보증책임에 관한 의사가 어음에 화체되어 유통되는 것도 아니며 또 민법상 보증책임이 장래 발생하게 되는 모든 채권자(모든 어음소지인)에 대한 보증인의 의사표시만으로 발생하게 되는 것이 아닌 한(이를 인정하면 보증계약의 법리와 너무 괴리됨), 어음보증인의 의사표시의 직접 당사자가 아니고 단순한 어음소지인에 불과한 자에게 어음보증인에 대하여 민법상 보증책임을 물을 수 있다고 하는 것은 문제가 된다는 견해도 있다.[356]

보건대, 만일 민사상의 채무까지 보증하겠다는 의사를 명백히 한 경우에도 이는 원인관계상의 채무부담이 될 것이므로 어음관계상 어음금지급청구권만을 표창하는 어음과 같이 유통되

354 동지 대법원 1984.2.14. 선고 81다카979 판결, 대법원 1994.8.26. 선고 94다5397 판결, 대법원 1994.12.2. 선고 93다59922 판결, 대법원 1997.12.9. 선고 97다37005 판결, 대법원 1998.6.26. 선고 98다2051 판결, 대법원 2002.4.12. 선고 2001다55598 판결.

355 대법원 2004.9.24. 선고 2004다29538 판결, 대법원 2015.05.14. 선고 2013다49152 판결.

356 정찬형, "숨은 어음 보증인의 원인채무에 대한 보증책임", 법률신문 1741호, 1987.12., 11면.

는 것은 아니고, 따라서 제3취득자와의 사이에 별도의 민사상의 보증의 합의가 있는 경우에만 보증책임이 발생한다고 보겠다. 이것은 판례의 태도와도 일치하는 것으로, 이에 따를 때 직접 당사자가 아닌 단순한 어음소지인에 불과한 자는 민법상 보증책임을 물을 수 없다.

참조판례

"다른 사람이 발행한 약속어음에 보증의 취지로 배서를 한 경우에 배서인은 배서행위로 인한 어음상의 채무만을 부담하는 것이 원칙이고, 다만 어음이 차용증서에 갈음하여 발행된 것으로서 배서인이 그러한 사정을 알고 민사상의 원인채무를 보증하는 의미로 배서한 경우에 한하여 원인채무에 대한 보증책임을 부담한다."(대법원 1992.12.22. 선고 92다17457 판결).

3. 피보증인의 인적항변의 원용 여부

어음보증인이 피보증인의 인적항변을 원용할 수 있는가에 대하여 학설의 태도는 갈리고 있다.

① 부정설 : 어음보증의 독립성을 강조하여 어음보증인의 채무는 피보증인의 채무와는 별개·독립의 채무이므로, 어음보증인은 피보증인이 소지인에 대하여 가지는 인적항변으로써 그 소지인에 대하여 대항할 수 없다고 한다.357

② 긍정설 : 소지인이 피보증인의 직접의 상대방인 경우에는 어음보증인도 피보증인과 함께 그 상대방에 대하여 직접의 인적관계가 있는 것으로 하여 피보증인의 상대방에 대하여서는 피보증인에 대한 인적항변으로써 대항할 수 있다고 보는 것이 합리적이고, 부종성을 가지는 어음보증의 실질에도 적합하다고 한다.358

③ 검토 : 피보증인과 소지인간의 원인관계가 부존재하거나 무효·취소된 경우에 어음소지인이 어음금의 지급을 구하는 것은 권리남용으로서 허용되지 않는다고 볼 것이다. 따라서 긍정설이 타당하다고 본다. 판례는 아래에서 보는 바와 같이 원칙적으로 부정설을 취하면서도, 어음을 발행한 원인관계상의 채무가 존속하지 않기로 확정된 때에 어음보증인으로부터 어음금을 받으려고 하는 것은 신의성실의 원칙에 비추어 부당한 것으로서 권리의 남용이라고 하여 2중적 태도를 취하고 있다.359

---

357 강위두, (어)430면 ; 최기원, (하)424면.

358 정희철, (하)298면 ; 손주찬, (하)297면 ; 정동윤, (어)256면 ; 이철송, (어)402면 ; 정찬형, (하)394면) ; 정찬형교수는 "보증인에게 주채무자의 인적항변을 원용할 필요성은 주채무자에 대한 보증인의 구상권 행사가 부당한 결과를 초래하는 경우에 이를 방지하고자 할 때 생각해 볼 수 있을 것이다. 즉, 수표보증의 경우에 수표보증의 독립성 또는 수표보증의 종속성 제한이 법정되고 있으나, 피보증채무가 소멸하거나 피보증채무의 원인관계가 소멸하여 그 이행의 청구가 부당함에도 불구하고 보증인에게 청구된 경우에 그 청구를 배척하는 이유는 보증의 종속성을 전제로 할 때에만 인정될 수 있을 것이다. 보증의 종속성은 보증 일반을 통한 사법상의 원칙이므로 수표법 제27조 제2항(수표보증의 독립성)을 근거로 보증인은 주채무자의 인적항변을 주장하지 못한다고 할 것은 아니다."고 한다(정찬형, 앞의 논문, 11면).

Ⅲ. 어음상의 권리의 이전

1 총설

1. 일반적인 권리이전의 방법

상속, 합병, 포괄유증 등의 포괄승계나 경매, 전부명령, 변제로 인한 대위 등의 특정승계에 의하여 양도될 수 있고, 지명채권양도의 방법에 의해서도 양도될 수 있다. 배서금지어음이 아닌 경우에도 양수인이 불이익을 감수하는 경우에는 지명채권양도의 방법을 인정한다는 것이 다수설의 입장이다.

2. 어음에 특유한 이전방법

(1) 배서

어음은 법률상 당연한 지시증권성을 가지는 것으로, 일반적으로 양도배서에 의하여 어음의 양도가 이루어진다.

(2) 단수한 교부

1) 의의

최후의 배서가 백지식배서인 어음의 소지인, 소지인출급식수표(일반적)와 지명소지인출급식수표는 단순한 교부에 의해서 양도될 수 있다.

2) 효력

① 권리이전적 효력

② 자격수여적 효력 : 소지인은 적법한 소지인으로 추정된다. 권리의 추정, 면책력, 선의취득 등이 인정된다.

③ 인적항변의 절단

④ 담보적 효력의 불인정 : 배서가 아니고 기명날인이 없으므로 담보적 효력은 인정되지 않는다.

⑤ 소지인출급식수표의 배서의 효력 : 소지인출급식수표에 배서를 하여도 지시식수표로 되지 아니한다. 그러나 배서 자체에 교부가 포함되어 있으므로 수표상의 권리는 이전된다.

---

359 권리남용의 금지로 접근하는 판례의 태도를 소극적이라며, 항변원용의 가능성은 보증채무가 피보증채무에 종속한다는 보증의 일반론에서 근거를 찾는 것이 적절하다는 견해도 있다(이철송, (어)402면).

지시식수표로 되지 아니한다는 의미는 배서 다음에도 배서에 의해서가 아니라 단순한 교부에 의해서 양도할 수 있다는 것이다. 소지인출급식수표의 배서의 경우도 배서인에게 담보책임은 인정된다.

(3) 배서금지어음의 지명채권양도의 방법에 의한 양도(어음법 제11조, 수표법 제14조)

2 어음의 양도방법

양도배서

1. 의의

양도배서는 어음의 수취인 기타의 후자가 보통 어음의 이면에 일정한 사항을 기재하고 기명날인한 후 이를 타인에게 교부하는 어음행위이다. 여기서 교부는 배서가 성립하기 위한 하나의 표시행위이다.

양도배서의 법적 성질은 채권양도로 보는 것이 통설이다.

> **관련사항** **교부흠결의 경우**
>
> ① 배서 : 권리이전적 효력, 자격수여적 효력은 인정(이미 어음상의 권리는 완성). 제3자는 선의취득의 규정에 의해서 보호된다. 담보적 효력은 어음이론에 관한 학설에 따라 갈림(아직 어음상의 권리가 완성되지 않음)
>
> ② 발행 : 선의취득의 인정 여부는 어음이론에 관한 학설에 따라 갈림

2. 어음과 수표의 배서의 비교

어음과 수표는 둘 다 법률상 당연한 지시증권으로서 공통점을 가지지만 다음과 같은 차이점을 들 수 있다.

(1) 수취인의 양도방법

어음은 반드시 배서에 의해서 양도해야 하지만, 수표는 소지인출급식수표의 경우에는 단순한 교부에 의하여 양도할 수 있다.

(2) 지급인에 대한 배서

환어음에 있어서 지급인에 대한 배서를 할 수 있으나(환배서, 어음법 제11조 제3항), 수표의

경우 지급인에 대한 배서는 배서의 효력이 없고 영수증의 효력만 인정된다. 다만 지급인의 영업소가 수개인 경우에 그 수표가 지급될 것으로 된 영업소 이외의 영업소에 대한 배서는 배서의 효력이 있다(수표법 제15조 제5항). 그리고 수표에 있어서 지급인의 배서는 인수금지 규정을 잠탈할 가능성이 있으므로 무효이다(수표법 제15조 제3항).

(3) 기한후배서

어음의 경우에 기한후배서란 지급거절증서작성 후와 지급거절증서작성기간경과 후(지급을 할 날에 이은 2거래일 내)의 배서를 의미한다.

수표의 경우에 기한후배서란 지급거절증서작성 후나 지급거절선언(지급인 혹은 어음교환소) 작성 후 또는 지급제시기간경과 후의 배서를 의미한다. 지급거절증서작성기간은 ① 제시기간 ② 말일에 제시한 경우에는 그 익일에도 작성이 가능하다. 그러나 지급제시를 그 익일에 한 경우는 제시기간경과 후 제시한 것이 되므로 기한후배서가 된다.

(4) 입질배서

수표에는 입질배서가 허용되지 않는다.

(5) 담보책임

환어음은 인수와 지급담보책임을 지나, 약속어음과 수표의 경우에는 지급담보책임만을 진다.

(6) 등본에의 배서

등본에의 배서는 환어음의 인수시에 필요하다. 환어음의 인수시에 원본의 도난·분실에 대비하기 위해서 원본은 보관하고 등본을 교부하는 것이다. 이때 복본을 이용할 수 있지만 이는 번잡하므로 등본이 유용하다. 수표는 등본이 없으므로 등본에의 배서가 있을 수 없다.

3. 양도배서의 성립

(1) 의의

양도배서는 어음행위의 일반적 요건으로 실질적 요건과 형식적 요건을 갖추고, 배서의 고유한 요건을 갖추어야 한다. 배서에 고유한 요건은 배서문구와 피배서인의 명칭 등을 기재하고, 배서인이 기명날인하고, 이를 피배서인에게 교부하는 것이다.

(2) 장소

양도배서는 어음의 이면에 하는 것이 보통이나 표면에 해도 무방하고, 어음에 보전을 붙여서 하여도 된다. 어음의 경우에는 등본에의 배서도 가능하다.

그러나 표면의 단순한 기명날인은 보증으로 보기에(어음법 제31조), 배서문구의 기재가 없는 간략백지식배서는 반드시 어음의 이면이나 보전에 해야 한다.

(3) 방식

기명식배서는 배서문구, 피배서인의 명칭, 배서인의 기명날인의 세가지가 다 있는 경우이다. 배서문구는 지급인에 대한 지급위탁과 어음상의 권리의 양도를 나타낸다. 피배서인의 명칭은 피배서인의 동일성을 식별할 수 있으면 무방하며, 중첩적 또는 선택적 기재도 가능하다.

백지식배서

1. 의의

백지식배서란 피배서인의 명칭을 기재하지 아니한 것이다. 간략백지식배서는 배서문구의 기재도 없는 것으로 어음의 표면의 단순한 기명날인은 보증으로 보기 때문에(어음법 제31조 제3항), 어음의 표면에 할 수 없다.

어음의 소지인은 피배서인의 명칭의 기재를 보충하거나 보충하지 아니하고 어음상의 권리를 행사할 수 있다.

2. 피배서인의 명칭의 말소

피배서인의 명칭을 말소한 경우에 백시식배서로 볼 것인가 혹은 배서전부의 말소로 볼 것인가에 대하여 견해가 갈린다.

① 권한고려설 : 말소권한 있는 자가 말소한 경우에는 백지식배서가 되나, 권한없는 자가 말소한 경우에는 변조가 되고 변조 후의 기명날인자에 대해서만 백지식배서의 효력이 인정된다고 한다. 변조 전의 기명날인자에 대해서는 배서연속의 흠결이 될 것이다. 이에 대하여 어음면상 명백하지 않는 사항을 가지고 결정하는 것은 부당하다는 비판이 제기된다.

② 백지식배서설 : 피배서인의 명칭이 말소된 경우에는 외관상으로는 말소된 부분이 기재되지 아니한 것으로 인정하는 것이 합리적이므로 배서의 연속에 있어서 말소권한이 있는 자에 의한 말소인가를 불문하고 백지식배서로 보아야 한다는 견해이다. 백지식배서를

인정하고 있음을 볼 때 배서에 있어서 배서인의 기명날인이 요소이고 피배서인의 명칭은 요소라고 하기는 어려울 것이므로 타당성이 인정된다. 이 견해에 따른 때 배서의 연속이 인정되므로 어음의 유통성의 확보를 기할 수 있다,

③ 전부말소설 : 기명식배서에 있어서 피배서인의 명칭의 기재는 다음의 어음상의 권리자를 지정하는 것으로서 중요한 의미가 있으므로 피배서인의 말소는 배서전부의 말소와 동일시되는 것이라고 한다. 이에 따르면 형식적 자격과 관련하여 배서의 연속이 끊어질 가능성이 크다.

3. 경제적 효용

백지식배서 이후의 자는 단순한 교부만에 의해서 어음의 양도가 가능하므로 어음의 유통성이 증대된다. 이 경우 양도인의 기명날인이 없으므로 양도인은 담보책임을 지지 않게 되며, 이에 따라 상환금액의 증대를 방지할 수도 있다. 이외에 배서인이 담보책임을 지지 않기 위해서는 무담보배서도 가능하나 이 경우에는 어음이 신용이 없다는 것을 공표하게 되어 어음의 유통성을 해칠 우려가 있다.

4. 효력

(1) 권리이전적 효력

백지식배서의 양수인이 어음상의 권리자로 된다. 양수인은 이후 타인에게 양도가 가능하다. 그 양도방법은 첫째, 백지를 자기의 이름으로 보충하거나 보충하지 아니하고 타인에게 기명식 혹은 백지식배서를 할 수 있다. 둘째, 백지를 타인의 이름으로 보충하거나, 백지보충을 하지 아니하고 타인에게 단순히 교부할 수도 있다.

(2) 자격수여적 효력

백지식배서에 의해서 어음을 양수한 자도 그 어음의 배서가 연속되어 있으면 적법한 소지인으로 추정되어 어음상의 권리자라는 형식적 자격을 인정받는다. 그는 백지를 보충하거나 보충하지 아니하고 권리행사가 가능하다.

연속된 배서 중에 백지식배서가 있는 경우에는 배서가 연속된 것으로 인정된다.

(3) 담보적 효력

백지식배서를 한 배서인도 어음의 인수와 지급을 담보한다. 그러나 백지식배서의 양수인은 그가 기명날인을 하지 않는 한 담보책임이 없다.

(4) 백지식배서의 경우에도 선의취득이나 인적항변의 절단이 인정된다.

소지인출급식배서

소지인출급식배서는 피배서인의 명칭을 기재하지 아니하고 단순히 그 소지인에게 지급할 뜻을 기재한 배서이다. 소지인출급식배서는 백지식배서와 동일한 효력이 인정된다(어음법 제12조 제3항).

지명소지인출급식배서는 "갑 또는 소지인"과 같이 특정인 또는 소지인에게 지급할 뜻을 기재한 배서이다. 이에 대해서 어음법에는 별도의 규정이 없지만 소지인출급식배서와 동일한 효력이 있다.

양도배서의 효력

양도배서의 경우에 권리이전적 효력, 자격수여적 효력과 담보적 효력(어음·수표의 배서에만 인정)이 인정된다. 권리이선석 효력은 의사표시상의 효력으로서 양도배서의 본질적 효력이며, 자격수여적 효력과 담보적 효력은 어음법에서 특별히 인정되는 법정의 효력이다.

권리이전적 효력

1. 이전의 목적물

(1) 어음상의 권리

양도배서에 의하여 어음으로부터 생기는 모든 권리가 이전된다. 이는 어음에 표창되어 있는 어음상의 권리로서 어음법상의 권리와 구별된다. 어음법상의 권리는 어음관계의 원할한 진행을 위한 권리로서 복본교부청구권, 이득상환청구권 등과 같은 것이 있다.

(2) 종된 권리

종된 권리란 어음상의 권리에 대한 질권, 저당권, 보증채권, 위약금채권 등을 말하며, 이들 권리도 양도배서로 이전하는가가 문제된다.

① 긍정설 : 그 이유로 다음을 든다. 첫째, 어음유통의 조장을 위해서 종된 권리의 이전이 필요하다. 둘째, 배서를 채권양도로 볼 때 통상의 채권양도와 같이 담보물권의 수반성의 원칙이 적용되며, 따라서 종된 권리는 주된 권리의 처분에 따른다. 셋째, 배서에 의한 어음상의 권리의 양수인이 지명채권양도의 방법에 의한 어음상의 권리의 양수인보다

약한 지위에 있을 수 없다. 그러나 이에 대하여는 인적항변이 절단되므로 그 불리는 보충되고도 남는다는 비판이 제기된다.

② 부정설(통설·판례) : 배서는 어음상의 권리 자체만을 이전하는 것을 목적으로 하는 것으로서, 어음상의 권리에 부수된 종된 권리는 실질관계에서 발생한 것(별개의 의사표시에 의하여야 할 것)으로서 어음상의 권리가 아니므로 이전되지 않는다. 어음상의 권리는 그 성질상 종된 권리를 허용하지 않는다고도 한다.

③ 검토 : 종된 권리는 당사자간의 계약에 의한 권리이고 어음상에 화체된 것이라고 볼 수 없다. 따라서 양도배서에 의하여 양수인에게 이전하지 않는다. 또한 배서에 의해서 원인채권이 이전되지 않는 것은 당연하다.

2. 인적항변의 절단

인적항변의 절단은 어음의 유통성의 강화를 위해 정책적으로 규정한 것으로 양도배서의 경우에도 인정된다.

담보적 효력

1. 의의

배서인의 담보책임은 어음의 부도 등의 경우에 상환의무를 지는 것이다.

2. 성질

배서인의 담보책임은 어음의 유통을 확보하기 위해서 정책적으로 규정한 것으로 민법상의 지시증권의 배서인은 담보책임을 지지 않는다.

3. 발생요건

(1) 배서의 성립요건을 구비해야 한다.

배서의 실질적 요건과 형식적 요건을 갖추어야 하며, 이에 따라서 기재와 교부가 요구된다. 교부흠결의 경우에는 어음이론에 따라 해결할 것이다.

(2) 배서의 권리이전적 효력의 발생

배서인의 담보책임은 매도인의 하자담보책임을 어음법화 한 것으로, 배서의 권리이전적 효력이 있어야 한다. 다만 순수한 담보배서는 어음법상 배서가 아니고 권리이전적 효력이 없지만 담보적 효력을 인정한다.

> * 순수한 담보배서 : A(채무자) → B → C(채권자) : B는 담보의 의미로 배서의 기명날인만 하고 A는 C에게 바로 교부함

(3) 배서의 연속 또는 배서가 중단된 경우에 중단부분의 실질관계의 증명

배서의 연속이 있어야 배서인의 담보책임이 인정되지만, 배서가 중단된 경우에 중단부분의 실질관계를 증명한 경우에 배서의 연속이 가교되므로 배서인의 담보책임이 인정된다.

4. 내용

배서인의 담보책임은 상환의무를 지는 것으로 이는 각 배서인의 합동책임이다. 각 배서인은 상환금액(어음법 제48조)을 지급할 책임을 지지만 각 배서인간에 부담부분이 없다.

5. 담보적 효력의 배제

첫째, 무담보배서 : 무담보배서는 인수나 지급담보책임의 전부나 일부에 대해서 또 어음금액의 전부나 일부에 대해서 어음상의 담보책임을 지지 않는다는 뜻을 기재한 배서이다.

둘째, 배서금지배서 : 배서금지배서는 배서인이 배서를 금지하는 뜻을 기재한 배서로서 배서인은 그 피배서인에 대해서는 담보책임을 지나 그 후의 배서의 피배서인에 대해서는 담보책임을 지지 않는다(어음법 제15조 제2항).

셋째, 기한후배서 : 기한후배서는 지명채권양도의 효력만 인정한다(어음법 제20조 제1항).

넷째, 추심위임배서 : 피배서인에게 어음상의 권리를 행사할 대리권을 수여할 목적으로 하는 배서이다.

① 공연한 추심위임배서 : 권리이전적 효력이 없으므로 담보적 효력도 없다.

② 숨은 추심위임배서 : 통설인 신탁양도설(완전한 권리이전적 효력을 인정하며 추심위임관계는 양자간의 인적항변사유에 불과하다고 한다)에 따르면 담보책임에 대해서, 당사자간에는 추심위임계약에 기한 것으로 담보책임을 지지 않으나 제3자에 대하여는 담보책임을 진다. 그러나 자격수여설(배서인이 여전히 어음상의 권리자이며 피배서인은 자기의 명의로 권리를 행사할 수 있는 권한을 가질 뿐이라고 한다)에서는 권리이전적 효력이 없으므로 담보적 효력도 없다고 하며, 제3자가 선의취득을 해도 그것은 권리취득의 면이므로 채무부담의 면과는 차이가 나는 것으로 제3자에 대하여서도 담보책임을 지지 않는다고 한다.

자격수여적 효력

배서가 연속된 어음의 소지인은 권리추정력이 인정되며 적법한 소지인으로 추정되어 어음상의 권리자로 형식적 자격을 인정받는다. 그 외 선의지급의 면책(면책력)과 선의취득도 인정된다. 특히 권리추정력만을 배서의 자격수여적 효력이라고도 한다.

자격수여적 효력이 인정되기 위해서는 각 배서가 형식상 유효하여야 하고, 각 배서가 연속되어 있어야 한다.

자격수여적 효력은 어음상의 권리행사를 간편하게 하고, 어음유통의 신속을 위하여 인정된다. 그러나 진실한 권리관계와 상이한 경우에는 배서의 자격수여적 효력이 부정된다. 즉 반증에 의해서 추정은 깨어지며, 무권리자임을 알거나 알 수 있었을 때에는 면책력이 인정되지 않으며, 악의나 중대한 과실에 의해서 취득시 선의취득이 부정된다.

배서의 연속

1. 의의

배서의 연속이란 수취인이 제1배서의 배서인이 되고, 제1배서의 피배서인이 제2배서의 배서인으로 되어 순차로 최후의 배서에 이른 것을 말한다.

2. 요건

(1) 배서의 형식적 유효

배서가 형식적으로 무효인 경우에 배서의 연속에 있어서 그 배서가 존재하지 아니한 것으로 본다. 따라서 공동수취인의 경우에는 공동으로 배서를 해야 하며 아니면 그 배서는 존재하지 않은 것으로 된다.

배서의 연속에 있어서 배서의 실질적인 유효 여부는 불문한다. 위조된 배서, 무권대리인의 배서, 무능력자의 배서, 사기나 강박에 의한 배서, 실재하지 않는 회사의 배서 등의 경우도 외관상으로 보아 배서의 연속을 인정한다.

말소된 배서는 배서의 연속에 있어서 배서의 기재가 없는 것으로 본다(어음법 제16조 제1항).

(2) 어음의 기재에 있어서 배서의 연속

배서의 연속이 있기 위해서는 어음상의 기재에 있어서 배서의 순위를 결정할 수 있어야 한다. 또한 배서의 형식적 기재 즉 어음상의 배서의 기재에 있어서 전 배서의 피배서인과 후 배서인의 동일성이 인정되어야 한다. 다만 실질상의 동일성 여부는 불문한다.

배서의 동일성은 사회통념상으로 판단하며, 배서의 주요점에서 일치해야 한다. 법인과 개인은 별개로서 배서의 동일성이 인정되지 않는다. 법인의 어음행위는 법인의 대표기관이 법인을 위하여 하는 것임을 표시하고(법인을 위하여 하는 것임을 인식할 수 있는 정도이면 충분) 기명날인하는 방식으로 해야 한다. 즉 법인의 표시, 대표기관의 표시와 대표자의 기명날인이 있어야 한다. 만일 법인의 표시나 대표기관의 표시가 생략되면 개인의 어음행위가 되게 된다.

(3) 특수한 경우에 있어서 배서의 연속

1) 백지식배서

백지식배서도 배서의 연속을 인정한다. 최후의 배서가 백지식배서인 경우에 백지를 보충하지 않고도 권리행사가 가능하다. 백지식배서 다음에 다른 배서가 있는 경우에도 배서의 연속을 인정한다.

2) 피배서인의 명칭의 말소

피배서인의 명칭을 말소한 경우에 학설은 갈리지만 백지식배서설에 의할 때 배서의 연속을 인정한다.

3) 상속인 또는 합병회사의 배서가 있는 경우

상속인 또는 합병회사의 배서가 있는 경우에는 전 배서의 피배서인과의 관계에서 배서의 연속이 끊어진다. 그러나 어음의 소지인이 중단부분에 대한 실질관계를 증명하여 그 중단부분이 가교된 경우에는 어음상의 권리를 행사할 수 있다.

(4) 배서연속의 효력

배서가 연속된 어음의 소지인은 권리추정력, 면책력, 선의취득 등이 인정된다.

3. 배서의 불연속

(1) 의의

배서의 불연속이란 배서의 중간에 전 배서의 피배서인이 후 배서의 배서인으로 되는 관계에 있지 아니한 경우이다.

(2) 배서의 말소에 의한 배서의 불연속

말소한 배서(배서전체의 말소)는 배서의 연속에 있어서 배서의 기재가 없는 것으로 본다(어음법 제16조 제1항). 이때 권한의 유무를 불문한다. 이에 따라 나머지 배서만으로 배서의 연속 유무를 판단해야 한다.

(3) 효력

1) 권리이전적 효력

배서의 연속이 중단된 경우에 중단부분에 관하여 상속, 합병 또는 지명채권양도의 방법 등에 의하여 실질적으로 유효한 권리의 이전이 있었다는 것, 유효한 배서가 있었으나 그 배서가 과실에 의하여 말소되었다는 것, 배서가 무권한자에 의하여 말소되었다는 것, 전 배서의 피배서인과 후 배서의 배서인이 실질적으로 동일인이라는 것 등을 증명하여 그 중단부분이 가교된 경우에는 권리이전적 효력이 인정된다.

2) 자격수여적 효력

배서의 연속이 중단된 경우에 중단 전의 최후의 피배서인이 적법한 어음소지인으로 추정된다. 어음의 소지인이 배서의 중단부분에 대한 실질관계를 증명하여 그 중단부분이 가교된 경우에는 적법한 어음소지인으로 추정된다.

3) 담보적 효력

첫째, 배서가 중단되어도 그 중단부분이 실질관계의 증명에 의해서 가교된 경우에 실질적 권리를 가지는 자가 배서한 경우에는 그 배서는 배서로서의 효력이 있으므로 담보적 효력이 있다.

둘째, 배서가 중단되어 있고, 그 중단부분이 가교되지 아니한 경우에 배서를 하여도 그 배서는 담보적 효력이 없다. 담보적 효력은 원칙적으로 배서의 권리이전적 효력을 전제로 하기 때문이다.

3 특수한 배서

특수한 배서는 양도배서에 특수성이 부가된 것과 어음상의 권리의 양도가 아닌 특별한 목적을 위한 것이 있다.

무담보배서

1. 의의

무담보배서는 배서인이 인수담보책임과 지급담보책임의 전부 또는 일부에 대해서 또 어음금액 전부 또는 일부에 대해서 어음상의 담보책임을 지지 아니한다는 뜻의 문언을 기재한 배서이다.

무담보배서는 어음에 신용이 없다는 것을 드러내는 것이 되기 때문에, 무담보배서를 이용하기보다는 백지식배서를 받아 단순한 교부에 의해서 양도한다.

2. 효과

무담보배서인은 피배서인과 그 후자의 전원에 대해서 담보책임을 지지 않는다. 이 효과는 무담보배서를 한 배서인에 대해서만 발생한다. 그러나 권리이전적 효력과 자격수여적 효력은 발생한다.

배서금지배서

1. 의의

배서금지배서는 배서인이 배서하는 것을 금지하는 뜻을 기재한 배서이다.

2. 효력

배서금지배서도 권리이전적 효력, 자격수여적 효력 및 담보적 효력이 인정된다. 다만 담보적 효력은 제한된다.

(1) 권리이전적 효력

발행 당시 당연한 지시증권이었던 것이 배서인의 의사에 의해서 그 지시증권성을 상실하는 것은 부당하므로 배서금지배서 이후에도 배서에 의해서 양도할 수 있다.

(2) 담보적 효력

배서인은 그 피배서인에 대해서는 담보책임을 지나 그 후의 배서의 피배서인에 대해서는 담보책임을 지지 않는다(어음법 제15조 제2항). 여기서 담보책임을 지지 않는다는 의미는 제한적인 것으로, 상환청구권은 어음에 표창되어 있으므로 배서에 의해서 피배서인에게 이전되고 다만 이 경우에 인적항변이 절단되지 아니하여 그 후의 배서의 피배서인은 배서금지배서의 피배서인이 가진 상환청구권의 범위내에서만 상환청구권을 행사할 수 있다고 해석할 것이다. 이에 대하여 배서금지는 어음면상 명백하므로 물적항변으로 담보책임을 지지 않는다고 주장할 수도 있지만, 어음법 규정의 취지상 위와 같이 제한된 담보책임을 인정할 것이다.

기한후배서

1. 의의

기한 후에는 이미 상환청구단계에 있어 어음·수표로서의 유통성을 상실한 것으로서 기한후배서에는 어음·수표의 유통성의 확보를 위하여 특별히 부여된 강력한 효력을 인정할 필요가 없으므로 지명채권양도의 효력밖에 인정하지 아니한다(어음법 제20조 제1항).

2. 기한후배서 여부의 결정

기한후배서는 어음의 경우에 지급거절증서작성 후 또는 지급거절증서작성기간경과 후의 배서이며, 수표의 경우에 지급거절증서나 동일한 효력의 선언 작성 후 또는 지급제시기간경과 후(거절증서는 제시기간의 익일까지 가능)의 배서이다.

(1) 배서의 일자와 기한후배서

기한후배서 여부는 배서의 일자를 기준으로 정할 것이 아니고, 실제로 배서한 날을 기준으로 결정하여야 한다. 배서의 일자의 기재가 없으면 기한 전의 배서로 추정한다.

지급거절증서는 어음의 이면의 기재사항에 접속하여 기재되므로, 그 후에 기재된 배서는 당연히 기한후배서로 추정된다. 지급거절증서가 작성되지 아니한 경우에는 배서에 일자의 기재가 있으면 그날에 배서된 것으로 추정되고, 또 배서에 일자의 기재가 없으면 기한 전의 배서로 추정된다.

(2) 지급거절 후의 배서

어음에 있어서 만기 후(확정일출급 등) 지급거절증서작성기간경과 전이라도 지급제시기간 내에 제시되어 지급거절되었다는 것이 명백한 경우(은행의 부도 문언이 기재되어 있는 경우 등)에 기한후배서로 볼 것인가가 문제된다.

1) 거절증서를 작성하지 않은 경우(면제되지 않은 경우)

거절증서작성이 면제되지 않았는데 거절증서를 작성하지 않은 경우에 바로 상환청구권을 행사할 수 있는 것이 아니다. 어음법 제20조에서 "만기 후의 배서는 만기 전의 배서와 동일한 효력이 있다. 그러나 지급거절증서가 작성된 후에 한 배서 또는 지급거절증서작성기간이 지난 후에 한 배서는 지명채권양도의 효력만 있다."고 규정하고 있는데, 이 규정의 해석과 연관하여 지급거절 후의 배서를 기한후배서로 볼 것인가가 문제된다.

① 기한후배서로 보는 견해는 어음법 제20조 제1항 단서상의 '지급거절증서가 작성된 후에 한 배서'를 확대해석한다. 또한 은행의 부도선언은 지급거절증서와 동일한 효력을 가진다고 본다.[360]

② 만기후배서로 보는 견해(판례)는 어음법 제20조 제1항의 취지는 기한후배서의 기준시점을 형식적으로 명확히 하려는 것이라고 한다.

③ 검토 : 보건대, 수표법[361]과 달리 어음법에는 지급거절선언 후의 배서를 기한후배서로 규정하고 있지 않고, 어음법 제20조 제1항 단서에서 기한후배서에 대하여 "지급거절증서가 작성된 후에 한 배서 또는 지급거절증서작성기간이 지난 후에 한 배서"로 명시하고 있으므로 이를 기한후배서의 기준시점을 명확히 하려는 취지로 보아 위의 경우는 만기후배서로 볼 것이다.

2) 거절증서작성이 면제되어 있는 경우

이때는 지급거절 후에 바로 상환청구권행사가 가능하다. 지급거절의 사실과 지급거절 후에 배서한 사실을 증명하면 기한후배서로 볼 것이다. 이는 마치 거절증서작성 후의 배서와 마찬가지가 된다.

참조판례

"만기후배서도 그것이 지급거절증서작성 전 또는 지급거절증서작성기간경과 전에 이루어진 것이면 만기 전의 배서와 동일한 효력을 가지고, 비록 만기에 지급제시된 어음에 교환필이라는 스탬프가 압날되고 피사취 또는 예금부족 등의 사유로 지급거절한다는 취지의 지급은행의 부전이 첨부되어 있는 등 지급거절의 사실이 어음면에 명백하게 되어 있다 하더라도 이를 가지고 적법한 지급거절증서가 작성되었다고는 할 수 없으므로, 그러한 어음에 한 배서도 그것이 지급거절증서작성 전으로서 지급거절증서작성기간경과 전이기만 하면 이는 기한후배서가 아닌 만기후배서로서 만기 전의 배서와 동일한 효력이 있다."(대법원 2000.1.28. 선고 99다44250 판결).

---

360 최기원, (하)295면 ; 손주찬, (하)264면 ; 정찬형, (하)292면 ; 이철송, (어)363면 : 발행인이 도난계·사취계 등을 내거나 예금이 부족한 경우에는 어음교환소나 지급은행이 어음에 '지급거절'이라는 스탬프를 찍는다면서, 이런 경우에는 지급거절이 어음면상 명백하므로 기한후배서로 보는 것이 옳다고 한다.

361 수표법에는 지급인의 거절선언을 상환청구권의 발생사유로 하고 있다(수표법 제39조 2호).

(3) 인수거절 후의 배서

인수거절증서작성 후의 배서는 상환청구권행사가 가능하므로 기한후배서로 볼 것이다. 만일 거절증서작성이 면제된 경우에는 어음면에 나타나지 않은 사항을 가지고 소지인에게 불리하게 작용시킬 수 없을 것이므로 인수거절 후의 배서를 기한후배서로 보기 어렵다.

(4) 만기 전 상환청구가 가능한 어음에 한 배서와 기한후배서

지급정지되었거나 강제집행이 부주효한 경우에는 어음면에 그 사실이 나타나고, 상환청구권이 발생하므로 기한후배서로 볼 것이다. 파산의 경우에는 어음면에 파산개시의 사실이 나타나지 않으므로 어음의 소지인에게 불리한 기한후배서로 볼 수 없을 것이다.

3. 효력

기한후배서는 권리이전적효력과 자격수여적 효력은 인정하지만 담보적 효력과 인적항변의 절단과 선의취득은 인정되지 않는다.

자격수여적 효력과 관련하여, 배서금지어음의 경우는 지명채권양도의 방법과 효력으로만 권리가 이전되므로 형식적 자격이 인정되지 않는다. 기한후배서의 경우 지명채권양도의 효력만 있다는 문언에 따르면 기한후배서에는 자격수여적 효력이 인정될 수 없는 것으로 보이나 기한후배서도 양도배서로서 권리이전적 효력이 있으므로 배서의 연속이 있으면 자격수여적 효력을 인정할 것이다. 따라서 배서가 연속된 어음의 소지인은 권리추정력이 인정되어 실질적 권리를 증명하지 않고도 어음상의 권리를 행사할 수 있으며, 어음채무자의 선의지급의 면책도 인정된다.

참조판례

"피배서인이 어음의 지급거절증서작성기간경과 후에 피배서인의 명의로 된 배서인란의 기재를 말소하고 그 대신 수취인인 배서인 명의의 기명·날인을 받은 경우, 이는 지명채권양도의 효력만이 있어 어음채무자는 피배서인에 대하여 배서인에 대한 모든 인적항변으로 대항할 수 있다."(대법원 1997.7.22. 선고 96다12757 판결).

환배서

1. 의의

환배서는 어음채무자 즉 인수인, 발행인, 배서인, 보증인, 참가인수인 등에 대한 배서이다(어음법 제11조). 지급인에 대해서도 배서가 가능하지만 환배서로 볼 것은 아니다.

2. 법리구성

일반원칙에 의하면 환배서로 어음채무자가 동시에 어음채권자가 되므로 어음채권이 혼동에 의하여 소멸된다. 그러나 환배서의 경우에는 이 혼동의 법리가 적용되지 아니함에 특색이 있다.

어음의 경우 자격의 겸병이 가능하고, 어음의 지급이 되지 않는 한 어음의 목적이 달성된 것으로 볼 수 없으므로 어음채권의 존속을 인정할 필요가 있다. 따라서 환배서에 관한 규정을 주의적 규정으로 본다. 그러나 특별규정설에서는 이는 어음의 유통보호를 위해 정책적 이유에서 인정되는 것이므로 유통기간내에만 혼동의 법리가 적용되지 않는다고 한다.

3. 법적 성질

① 권리회복설 : 환배서로 피배서인이 자기의 배서 이전에 가지고 있던 지위를 회복하는 것이라고 한다.

② 권리재취득설 : 환배서로 피배서인이 법률의 규정에 의해서 어음상의 권리를 재취득하는 것이라고 한다.

③ 검토 : 배서를 채권양도로 보는 한 권리재취득설이 타당하다.

4. 효력

환배서의 경우에도 권리이전적 효력, 담보적 효력, 자격수여적 효력이 인정된다.

(1) 주된 어음채무자가 환배서를 받은 경우

1) 만기 전

주된 어음채무자가 환배서를 받은 경우 전자 누구에 대해서도 어음상의 권리를 행사할 수 없다. 일부 인수를 한 경우에는 인수하지 않은 잔액에 대해서 자기의 전자에 대해서 상환청구권의 행사가 가능하다. 또한 환배서를 받은 주채무자는 제3자에 다시 배서양도를 할 수 있다.

2) 만기 후

환배서로 어음상의 권리가 혼동에 의해서 소멸하는가가 문제된다.

① 특별규정설에서는 유통기간의 경과 후에는 혼동의 법리가 적용되어 환배서로 어음상의 권리가 소멸된다고 한다.

② 만기 후에도 환배서에 혼동의 법리가 적용되지 아니하고, 어음을 배서양수한 제3자도

어음상의 권리를 취득하고 다만 이 경우의 배서양도는 기한후배서의 효력이 있을 뿐이라는 견해도 있다.

③ 유통기간내에는 어음상의 권리가 소멸되지 아니하나 환배서를 받은 주된 어음채무자가 만기 후에 그 어음을 양도하는 것은 자기의 의사표시, 즉 만기에 지급하겠다는 것이 자기의 의사표시와 모순되므로 만기 후에는 양도할 수 없다는 견해도 있다(판례 : 일본).

④ 검토 : 주된 어음채무자는 만기에 지급할 의무가 있으므로 만기 후에 환배서로 어음을 소지하고 있는 주채무자의 경우에 혼동에 의하여 어음상의 권리가 소멸한다고 보는 것이 타당하다.

(2) 환어음·수표의 발행인이 환배서를 받은 경우

발행인이 환배서를 받은 경우에 중간배서인에 대해서는 상환청구를 할 수 없다. 발행인이 양도배서한 경우에 그 피배서인은 아무 제한없이 모든 어음상의 권리를 행사할 수 있다.

(3) 배서인이 환배서를 받은 경우

배서인이 환배서를 받은 경우에도 중간배서인에 대하여 상환청구를 할 수 없다. 인적항변의 경우는 환배서에 의해서 그 절단의 효력이 없어져 다시 그 직전 어음채무자로부터 인적항변의 대항을 받는다.

(4) 인수하지 않은 지급인이 환배서를 받은 경우

인수하지 않은 지급인이 양도배서를 받은 경우에는 보통의 소지인과 같이 어음상의 권리를 행사할 수 있다. 즉 상환청구권의 행사도 가능하고, 자기에게 거절증서의 작성도 가능하다. 그리고 어음을 다시 제3자에게 양도할 수 있다.

배서의 말소

종전의 어음소지인은 환배서에 의해서 어음상의 권리를 재취득하기도 하나, 전 배서 이후의 모든 배서를 말소한 어음을 반환 받음으로서 어음상의 권리를 재취득하기도 한다. 말소된 배서는 배서의 연속에 있어서 배서의 기재가 없는 것으로 본다(어음법 제16조 제1항).

추심위임배서

추심위임배서는 피배서인에게 어음상의 권리를 행사할 대리권을 수여할 것을 목적으로 하는 배서이다. 공연한 추심위임배서는 추심위임문구를 기재한 것이고, 숨은 추심위임배서는 양도배서의 형태를 취하는 것이다.

공연한 추심위임배서

1. 범위

배서금지어음의 경우는 인적항변의 절단과 상환금액의 증대를 방지하기 위한 것이다. 그러나 추심위임배서의 경우 위 효과가 없고, 수취인의 입장에서 추심위임배서를 하는 것이 편리하므로 배서금지어음의 경우에도 공연한 추심위임배서는 인정하는 것이 타당하다(통설).

추심위임배서에 대한 재추심위임배서도 가능하다.

2. 효력

공연한 추심위임배서는 권리이전적 효력과 담보적 효력은 없고 자격수여적 효력만 인정된다. 자격수여적 효력도 추심대리권의 범위에서만 인정된다. 즉 대리인의 자격만 수여된다.

3 피배서인의 지위

첫째, 피배서인은 어음으로부터 생기는 모든 권리를 행사할 대리권을 취득한다(어음법 제18조 제1항). 모든 권리에는 어음상의 권리와 어음법상의 권리가 포함되는데, 전자는 어음금의 직접지급을 목적으로 하는 권리로서 어음금지급청구권, 상환청구권 등이 있고, 후자는 어음관계의 원만한 진전을 위한 권리로서 복본교부청구권, 이득상환청구권, 어음반환청구권 등이 있다.

둘째, 인적항변이 절단되지 않아서 배서인에 대한 인적항변으로 피배서인에게 대항할 수 있다(어음법 제18조 제2항).

셋째, 피배서인의 자격수여적 효력이 인정된다. 피배서인에게 추심대리권자인 형식적 자격이 인정되고, 피배서인에 대한 선의지급의 면책이 인정된다. 다만 피배서인이 독립의 경제적 이익을 가지지 아니하므로 선의취득은 인정되지 않는다. 그리고 추심위임배서의 철회가 가능하나 추심위임배서를 말소하지 않는 한 선의의 지급자는 면책이 된다.

넷째, 피배서인은 재추심위임배서를 할 수 있는 권리를 취득한다(어음법 제18조 제1항 단서). 이 권리의 법적 성질에 대하여는 다음과 같은 견해가 있다. ① 대리권양도설 : 이 설에 의할 때 재추심위임배서를 한 배서인은 추심대리권을 상실한다. ② 복대리인선임설 : 이 설에 의할 때 재추심위임배서를 한 배서인이 추심대리권을 상실하지 않는다. 이때 본인의 허락없이 어음법의 규정에 의해서 당연히 복대리인을 선임할 수 있다는 점이 특색이다.

일반적으로 피배서인이 양도배서를 한 경우에는 재추심위임배서로 볼 것이다.

다섯째, 추심위임배서의 피배서인은 특별한 수권없이 어음상의 권리를 포기하거나 화해 등을 할 수 없다.

여섯째, 위임인인 배서인이 사망하거나 무능력자로 되어도 피배서인의 추심대리권이 소멸되지 않는다(어음법 제18조 제3항).

4. 배서인의 지위

첫째, 담보적 효력의 불인정으로 배서인은 이후의 자에 대하여 담보책임을 지지 않는다.

둘째, 배서인은 어음상의 권리자인 지위를 보유한다. 배서인은 어음상의 권리자인 형식적 자격을 보유하지만 어음을 회수하지 않는 한 어음상의 권리를 행사할 수 없다.

셋째, 배서인은 추심위임을 철회하고 어음을 회수한 경우에는 추심위임배서를 말소하지 아니하고 양도배서를 할 수 있다. 이때 추심위임배서를 말소하지 않아도 배서의 연속이 인정된다.

숨은 추심위임배서

1. 의의

숨은 추심위임배서는 형식적으로는 통상의 양도배서이나 실질상으로는 추심위임을 목적으로 하는 배서이다. 실제로 많이 이용되는 것으로서, 은행을 통하여 어음교환소에서 어음교환에 의해서 어음을 추심하려는 경우에는 보통 이 숨은 추심위임배서에 의한다.

2. 법적 성질

숨은 추심위임배서는 실질과 형식이 일치하지 않는데, 이 양자의 관계를 어떻게 볼 것인가에 대하여 견해가 갈린다.

① 신탁양도설(다수설)[362] : 숨은 추심위임배서의 경우에 완전한 권리이전적 효력을 인정하여 어음상의 권리가 당연히 피배서인에게 이전하고, 어음면에 나타나지 않은 배서인과 피배서인간의 추심위임관계는 인적항변사유에 불과하다고 한다.

② 자격수여설 : 숨은 추심위임배서의 실질이 피배서인에게 추심권한을 수여하는 것이라는 점을 중시하여 어음상의 권리가 피배서인에게 이전되지 아니하고 배서인이 여전히 어음

---

362 강위두, (어)403면 ; 정희철, (하)198면 ; 정동윤, (어)402면 ; 손주찬, (하)270면 ; 이기수 외, (어)244면 ; 정찬형, (하)299면 ; 이철송, (어)379면.

상의 권리자이며, 피배서인은 단지 자기의 명의로 어음상의 권리를 행사할 수 있는 권한을 가질 뿐이라고 한다.

③ 절충설[363] : 숨은 추심위임배서가 자격수여를 위한 배서인가 또는 신탁적 양도를 위한 배서인가는 당사자의 의사에 의해서 결정되는데 당사자의 의사가 불분명한 경우에는 자격수여를 위한 배서로 추정할 것이라고 한다.

④ 검토 : 자격수여설이나 절충설은 제3자가 알 수 없는 당사자간의 실질관계를 어음관계에 끌어들인 것으로서, 이것은 표시와 형식을 중시하는 어음관계의 본질에 반한다. 어음관계는 외관주의의 원칙상 형식과 표시가 중시되므로 신탁양도설이 타당하다.

3. 효력

자격수여설의 입장은 공연한 추심위임배서와 거의 같으므로 신탁양도설에 따른 효력을 중심으로 검토한다.

(1) 권리이전적 효력

신탁양도설의 입장에서는 권리이전적 효력이 있어 피배서인이 어음상의 권리자가 된다. 피배서인이 제3자에게 양도배서한 경우에 선의취득 여부가 문제되는데, 첫째, 자격수여설의 입장에서는 무권리자에 의한 배서가 되므로 제3자의 선의취득 여부가 문제된다. 둘째, 신탁양도설의 입장에서는 권리자에 의한 배서로 되고, 양수인은 선의·악의를 불문하고 어음상의 권리를 취득하며, 다만 악의의 양수인은 악의의 항변의 대항을 받게 된다.

(2) 인적항변

자격수여설은 배서인에 대한 인적항변으로 피배서인에 대항이 가능하다. 신탁양도설의 입장은 첫째, 피배서인이 어음채무자를 해할 의사로서 어음을 취득한 것으로 볼 수 있거나, 독립의 경제적 이익이 없다는 이유로 인적항변의 절단의 효력이 없다고 한다.[364] 둘째, 원칙적으로 인적항변의 절단의 효력이 있는데 예외적으로 어음채무자가 숨은 추심위임배서임을 증명하면 인적항변이 절단되지 않는다고 한다(다수설).[365]

보건대, 둘 다 숨은 추심위임임이 밝혀짐을 전제로 하고 있으므로 양자는 결과에 있어서 비슷하다. 숨은 추심위임임을 증명하기 전에는 양도배서이므로 그 단계에서는 인적항변이 절

---

363 최기원, (하)310면 : 실제에 있어서 대부분의 추심위임은 일반배서의 방법이 이용되고 있는데, 추심권한을 행사함에 있어서 어음채무자가 피배서인에 대한 항변으로 대항할 수 있게 되면 어음추심의 원할을 도모할 수 없을 것이기 때문이라고 한다.

364 이러한 주장은 외양은 양도배서이지만 양도배서가 아님이 밝혀져야 할 것이다.

365 정희철, (하)199면 ; 정동윤, (어)403면 ; 손주찬, (하)271면 ; 정찬형, (하)299면.

단된다고 하겠다.

참조판례

"숨은 추심위임배서도 유효하고 이 경우 어음법 제18조의 규정에 의해서 인적항변은 절단되지 않는다." (대법원 1990.4.13. 선고 89다카1084 판결).

(3) 담보적 효력

숨은 추심위임배서를 한 경우에 당사자간에 있어서는 모두 담보적 효력을 부인한다. 그런데 피배서인이 양도배서를 한 경우에 그 양수인에 대하여 배서인이 담보책임을 지는가에 대하여 첫째, 자격수여설의 입장에서는 숨은 추심위임배서에 권리이전적 효력이 없으므로 그 양수인에 대해서 담보책임을 지지 않는다고 한다. 그 양수인이 선의취득을 한 경우에도 그것은 권리취득의 면으로서 채무부담과는 구별해야 하는 것으로, 그에 대해서도 담보책임을 지지 않는다고 한다. 둘째, 신탁양도설의 입장에서는 그 양수인에 대해서 담보책임을 인정한다. 다만 악의의 자에 대하여는 항변이 가능하다고 한다.

(4) 자격수여적 효력

양설에서 모두 권리추정력과 선의지급의 면책을 인정한다. 여기서 권리는 대리권자의 자격을 말하며, 권리자의 자격을 말하는 것은 아니다.

(5) 추심위임의 해지

1) 어음을 반환받지 않은 경우

추심위임을 해지하였지만 어음을 반환받지 않은 경우에 어음채무자가 비록 이 사실을 아는 경우에도 피배서인은 여전히 형식적 자격을 가진다. 이때 어음채무자가 피배서인에 대하여 이 사실을 가지고 대항할 수 있는가가 문제된다.

첫째, 자격수여설의 입장에서는 어음채무자는 피배서인의 무권한을 주장하여 피배서인의 청구를 거절할 수 있다. 물론 선의지급은 면책이 된다고 볼 것이다.

둘째, 신탁양도설의 입장에서는 추심위임의 해지로 피배서인이 배서인에게 어음을 반환할 의무가 생길 뿐 어음을 반환할 때까지는 피배서인이 어음상의 권리자이므로 어음채무자는 피배서인의 무권한을 주장하여 피배서인의 청구를 거절할 수 없다고 한다.

그러나 이때에도 피배서인의 권리행사는 권리남용 또는 신의칙 위반이 된다거나, 또는 어음채무자가 추심위임이 해제된 것을 알면서 피배서인에게 지급하는 것은 배서인에 대해서 불법행위가 되어 피배서인은 어음상의 권리를 행사할 수 없다는 견해**366**가 있는데, 타당하다고 본다.

2) 어음을 반환받은 경우

어음을 반환받은 배서인의 지위를 어떻게 볼 것인가가 문제인데, 신탁양도설의 입장에서 배서인은 어음상의 권리를 취득하나, 배서인은 숨은 추심위임배서를 말소하거나 또는 피배서인으로부터 환배서를 받아야 형식적 자격을 취득하여 실질적 자격을 증명하지 않고도 어음상의 권리를 행사할 수 있다. 이러한 점은 숨은 추심위임배서가 양도배서의 형태이기 때문에 자격수여설도 마찬가지로 보아야 할 것이다. 이 점에서는 공연한 추심위임배서와 차이가 난다.

(6) 당사자가 파산한 경우

신탁양도설의 입장은 피배서인이 파산한 경우에는 그 어음상의 권리가 파산재단에 속하고 배서인이 환취권을 행사할 수 없다. 배서인이 파산한 경우에는 그 어음상의 권리가 파산재단에 속하지 않는다. 자격수여설은 반대가 될 것이다.

입질배서

1. 의의

입질배서는 어음상의 권리에 질권을 설정할 목적으로 하는 배서이다. 입질배서는 양도배서의 형식을 취한 숨은 입질배서(실제 더 이용)와 입질문구의 기재가 있는 공연한 입질배서가 있다. 입집배서는 수표에는 인정되지 않는다.

2. 공연한 입질배서

(1) 의의

공연한 입질배서의 경우에 질권설정의 효력과 담보적 효력과 자격수여적 효력이 있다. 그러나 권리이전적 효력은 인정되지 않는다.

(2) 질권설정의 효력

1) 질권의 취득

입질배서에 의하여 피배서인은 질권을 취득하는데, 이는 의사표시상의 효력이며 본질적 효력이다. 피배서인은 질권자로서 어음으로부터 생기는 모든 권리를 행사할 수 있다(어음법

---

366 정찬형, (하)300면.

제19조 제1항). 즉 지급제시, 지급의 수령, 상환청구, 추심소송의 제기(재판상, 재판외) 등을 할 수 있다. 이때 질권자의 우선변제권이 인정되어 어음상의 권리를 행사하여 자기 채권의 변제에 충당할 수 있다.

2) 질권의 행사

피배서인은 자기의 명의로 어음상의 권리행사를 하게 된다. 이때 "입질채권의 목적물이 금전인 경우에 질권자는 자기의 채권의 한도에서 직접 청구할 수 있고, 입질채권의 변제기가 피담보채권의 변제기보다 먼저 도래한 때에는 질권자는 제3채무자에 대하여 그 변제금액의 공탁을 청구할 수 있다."는 민법 제353조가 적용되는가 문제된다. 이에 대하여 통설은 이를 부정하여, 이러한 제한은 어음상에 나타나지 아니하여 어음거래의 신속한 결제의 요청에 반한다고 한다. 따라서 피배서인은 어음금액 전부에 대하여 어음상의 권리행사가 가능하며, 잔액을 배서인에게 반환하면 된다. 다만 어음의 만기가 먼저 도래한 경우에 피배서인은 어음상의 권리를 행사하여 추심한 금액을 공탁하여야 한다.

3) 인적항변의 절단

입질배서는 독립의 경제적 이익이 있으므로 인적항변의 절단이 인정된다(어음법 제19조 제2항). 다만 채무를 초과한 어음금액 부분에 대하여는 독립의 경제적 이익이 없으므로 어음채무자는 이를 증명하여 피배서인에게 대항이 가능하다.

4) 추심위임배서를 할 수 있는 권한의 취득

입질배서에 권리이전적 효력이 없으므로 피배서인은 양도배서나 입질배서는 할 수 없고 추심위임배서만 할 수 있다. 양도배서를 하여도 추심위임배서의 효력만 인정된다(어음법 제19조 제1항 단서).

5) 배서인의 권리행사

배서인이 권리행사를 하기 위해서는 피배서인으로부터 어음의 반환을 받아야 한다.

(2) 담보적 효력

① 긍정설 : 입질배서가 무담보 문구라고 볼 수 없고, 입질배서는 배서인이 만기에 어음금이 확실히 지급되어 피담보채권에 우선적으로 충당될 것을 보장하고 질권을 설정하는 것이므로 담보적 효력이 있다고 한다.

② 부정설 : 담보적 효력은 권리이전적 효력을 전제로 하므로 입질배서의 경우 담보적 효력이 부정된다고 한다. 입질배서의 배서인이 어음금의 지급에 대하여 책임을 지는 것은 어음상의 권리에 질권을 설정한 결과이지 어음법 제15조 제1항의 담보책임에 관한 규정에

의한 것은 아니라는 것이다.

③ 검토 : 어음법 제15조 제1항에서 "반대의 문언이 없으면 인수와 지급을 담보한다."고 규정하고 있는데, 입질문구를 반대의 문언으로 보기 어려우므로 담보책임을 인정할 것이다.

(3) 자격수여적 효력

입질배서의 경우에 자격수여적 효력이 인정되어, 자기가 진실한 권리자라는 것을 증명하지 않고도 권리행사가 가능하며, 선의지급의 면책이 인정되고, 배서인이 정당한 권리자라고 믿은 경우에는 그가 무권리자라 할지라도 질권을 선의취득하게 된다.

3. 숨은 입질배서

(1) 의의

입질의 목적으로 한 양도배서를 말하며, 이는 수표의 경우에도 사실상 가능할 것이다. 그 법적 성질은 어음의 신탁양도이다.

(2) 효력

1) 권리이전적 효력

숨은 입질배서의 법적 성질을 신탁양도로 보는 한 권리이전적 효력이 인정된다. 그러나 질권 행사에 따른 제한을 받게 되어 당사자간에 있어서는 잔액 반환과 변제기가 먼저 도래한 경우에 공탁의 제한 등이 적용되게 된다.

2) 인적항변의 절단

인적항변의 절단도 인정된다. 다만 피담보채권의 초과분은 어음채무자가 증명하여 배서인에 대한 항변으로 대항이 가능하다. 이때는 숨은 입질배서임을 증명해야 할 것이다.

3) 담보적 효력

숨은 입질배서에 있어서 배서인은 피배서인에게 담보책임을 진다.

4) 자격수여적 효력

피배서인의 자격수여적 효력이 인정되어, 권리추정력, 선의지급의 면책, 선의취득이 인정된다. 여기서 선의취득되는 권리가 문제되는데, 숨은 입질배서를 양도담보로 보면 피배서인은 어음상의 권리를 선의취득하고, 양도담보가 아니라고 보면 질권을 선의취득하게 된다.

5) 파산한 경우

배서인이 파산한 경우 어음상의 권리가 파산재단에 속하지 않는다. 피배서인의 경우는 반대가 될 것이다.

6) 피담보채권의 소멸과 어음상의 권리의 귀속

피담보채권에 대한 변제 등의 경우에 배서인과 피배서인간의 원인관계인 질권설정계약상의 피담보채권이 소멸되어도 어음행위의 무인성에 의하여 어음상의 권리가 배서인에게 복귀하지 않는다. 단지 피배서인은 배서인에게 어음을 반환해야 할 의무를 부담하게 된다.

3 선의취득

1. 의의

배서가 연속된 어음의 전자가 무권리자이어도 악의나 중대한 과실없이 증권을 양수한 자는 권리를 취득하게 된다(어음법 제16조 제2항). 이를 선의취득이라고 하는데, 선의취득은 어음의 유통성 강화를 위한 대표적인 제도이다. 민법상으로는 선의취득을 위해서 첫째, 선의·무과실이 요구되고 둘째, 도난·유실물에 대한 특례를 인정하지만 어음법상으로는 그 요건이 완화되어 있다.

2. 요건

(1) 적극적 요건

아래의 적극적 요건에 대한 증명책임이 청구자인 어음취득자에 있다.

1) 어음법적 유통방법에 의해서 취득

선의취득제도가 어음의 유통성 강화를 위한 제도이기 때문에 배서, 교부 등과 같이 어음법적 유통방법에 의해서 취득해야 한다. 상속, 합병, 포괄유증 등 포괄승계와 지명채권양도, 전부명령 등에 의한 특정승계의 경우에 선의취득은 인정되지 않는다.

기한후배서, 배서금지어음의 경우에 지명채권양도의 효력만 인정되는 것으로서 피배서인의 선의취득이 인정되지 않는다. 발행의 경우에는 어음상의 권리가 존재할 때 비로소 선의취득이 인정될 수 있는데, 권리의 존재 여부는 어음이론으로 해결한다. 백지어음도 선의취득의 대상이 된다.

2) 형식적 자격이 있는 자로부터 취득

형식적 자격이 있는 자로부터 취득해야 한다. 양도인이 배서의 연속이 있거나 이와 동일하다고 인정되는 형식, 즉 최후의 배서가 백지식배서인 어음이나 무기명식 또는 소지인출급식 어음을 소지해야 한다.

배서불연속의 경우 배서연속의 흠결부분에 대해서 권리이전의 사실을 증명하면 배서의 연속이 가교되어 선의취득을 할 수 있다(통설).

3) 무권리자로부터 취득

무권리자로부터 취득해야 하는데 이 해석을 어떻게 할 것인가가 문제된다. 이는 법조문상 "어떤 사유로든 점유를 잃은 자"와 연관된 것으로 학설은 갈린다.

① 무권리자한정설 : 법조문상의 "어떤 사유로든 점유를 잃은 자"를 양도인 이외의 자로 보는 견해로서, 선의취득은 양도인이 무권리자인데도 배서의 연속에 의하여 권리자인 외관을 가지고 있는 경우에 그것을 신뢰하여 어음을 취득한 양수인을 보호하기 위한 것으로서, 어음의 선의취득이 인정되기 위해서는 양도인의 양도행위가 완전히 유효하여야 한다고 주장한다.[367] 즉 선의취득은 양도인의 형식적 자격을 신뢰하여 그로부터 어음을 취득한 자를 보호하기 위한 것이고, 그 형식적 자격은 최종의 피배서인을 권리자로 추정할 뿐이지 그 외에 그의 행위능력이나 대리권의 존재 또는 최종의 피배서인과 어음소지인의 동일성까지 추정하는 것이 아니므로 양도인이 무권리자인 경우에 한정하여 선의취득을 인정한다.

② 무효·취소포함설 : "어떤 사유로든 점유를 잃은 자"에 양도인을 포함하는 견해로서, 배서가 양도인의 사유에 의해서 배서가 무효나 취소가 되는 모든 경우에 선의취득이 인정된다고 본다.[368] 양도인이 무권리자인 경우는 양도인의 사유에 의해서 배서가 무효가 되는 경우에 불과하고, 이외에 양도인이 무능력, 대리권의 흠결, 처분권의 흠결, 의사의 흠결, 하자있는 의사표시, 최종의 피배서인과 어음소지인의 동일성의 흠결의 경우(갑이 을명의로 배서하고 위조된 을의 신분증을 휴대하고 있는 경우)도 포함한다고 본다. 이 견해는 거래의 안전에 주안점을 두고 어음의 외형으로부터 알 수 없는 사유는 나중에 소극적 요건에 의해서 해결해야 할 것이라고 한다. 다만 선의취득을 인정해도 무능력자, 무권대리의 본인은 물적항변으로 어음상의 책임을 지지 않는다.

③ 양도인이 무능력자인 경우를 제외하고 무권대리와 무처분권자 등 극히 제한된 범위에서 추가로 선의취득을 인정한다. 이 견해는 권리취득에 관한 규정보다 능력에 관한 규정이 우선한다는 점을 내세운다. 그 외 교부계약의 흠결, 인적동일성의 흠결도 선의취득을 인정하지 않는다.[369]

---

367 강위두, (어)150면 ; 손주찬, (하)109면 ; 이철송, (어)349면.

368 정희철, (하)214면 ; 최기원, (하)324면 ; 양승규, (어)165면 ; 정찬형, (하)315면.

④ 판례 : 어음의 선의취득으로 인하여 치유되는 하자의 범위, 즉 양도인의 범위에 양도인이 무권리자인 경우뿐만 아니라 대리권의 흠결이나 하자 등이 있는 경우도 포함한다.[370]

⑤ 검토 : 어음의 선의취득은 배서의 연속에 의해 권리를 증명한 소지인을 보호하기 위한 것이다. 거래의 안전에 중점을 둘 때 어음의 외형으로부터 알 수 없는 사유를 가지고 대항하지는 못한다고 할 것이므로 무효·취소포함설의 입장이 타당하다. 다만 직접 당사자간에는 하자의 조사가 용이할 것이므로 양도인의 무능력의 경우 등에는 양수인의 악의나 중대한 과실이 인정되기가 쉬울 것이다. 따라서 양도행위가 무효나 취소될 경우에도 무효·취소포함설의 입장에 따라서 선의취득의 적극적 요건을 충족하는 것으로 보고, 선의취득을 부인하는 자가 증명책임을 져야 하는 소극적 요건 즉 '악의나 중과실에 의한 취득'의 요건을 적용하여 만일 이에 해당한다면 선의취득을 부인하는 태도를 취하는 것이 타당할 것이다.

관련사항

A → B(무능력자) → C → D(이후 B가 무능력에 의하여 어음행위를 취소)
① C는 둘째 견해가 아니면 선의취득이 안 된다.
② D는 어떤 견해에서든 선의취득이 가능하다.
③ D가 B, C에 책임추궁
· B는 무능력을 물적항변으로 대항이 가능하다.
· C의 배서는 어음행위독립의 원칙에 따라 유효하며 그에 따른 책임을 진다.

(2) 소극적 요건

소극적 요건의 충족 여부에 대하여는 어음채무자가 증명책임을 진다.

1) 악의 또는 중대한 과실이 없어야 한다.

배서연속의 어음의 취득자는 선의·무중과실로 어음을 취득한 것으로 추정된다. 이에 대한 결정시기는 어음을 취득한 당시를 기준으로 결정한다.

2) 독립의 경제적 이익이 있어야 한다.

추심위임배서의 경우에는 추심대리권을 부여한 것에 불과하므로 독립의 경제적 이익이 없다. 입질배서의 경우에는 어음상의 권리에 대한 질권을 선의취득한다. 다만 채권금액의 초과

369 정동윤, (어)180면.

370 "어음의 선의취득으로 인하여 치유되는 하자의 범위, 즉 양도인의 범위는 양도인이 무권리자인 경우뿐만 아니라 대리권의 흠결이나 하자 등의 경우도 포함된다."(대법원 1995.2.10. 선고 94다55217 판결). "주권의 선의취득은 양도인이 무권리자인 경우뿐만 아니라 무권대리인인 경우에도 인정된다."(대법원 1997.12.12. 선고 95다49646 판결).

분에 대하여는 경제적 이익이 없으므로 선의취득을 인정하지 않는다.

환배서의 경우도 선의취득이 인정된다.

3. 효과

어음상의 권리를 원시취득한다. 선의취득은 어음상의 권리의 귀속의 문제이고 인적항변은 채무의 범위의 문제이므로 별도로 결정되어야 한다. 인적항변이 부착되었음은 알았으나 무권리자임을 모른 경우에는 인적항변이 부착된 어음상의 권리를 선의취득하게 된다.

4. 제권판결취득자와의 관계

제권판결을 위해서는 공시최고의 공고가 요구되는데, 공시최고의 공고 후에도 상실된 어음에 대하여 선의취득이 가능하다. 이때 선의취득자가 공시최고기간 중에 권리의 신고를 하지 아니하여 제권판결이 선고된 경우에 선의취득자와 제권판결신청자간에 누가 우선하는가가 문제된다. 이에 대하여는 다음과 같은 견해의 대립이 있다.

① 선의취득자우선설 : 제권판결은 비송사건절차법에 따라 제권판결취득자의 형식적 자격을 회복시켜 줄 뿐이고, 그 실질적 권리를 변동시키는 것이 아니므로 선의취득자가 실질적 권리를 상실하는 것이 아니다. 따라서 선의취득자는 어음상의 권리자로서 제권판결의 정본을 반환받아 어음상의 권리를 행사할 수 있다고 한다.[371]

② 제권판결우선설 : 위의 경우 공시최고의 절차(3월 이상)가 실제상 무의미하게 되어 부당하다. 선의취득자라도 공시최고기간 중에 권리의 신고나 청구를 하지 않은 채 제권판결이 있는 경우에는 제권판결취득자가 어음상의 권리를 회복하여 이를 행사할 수 있다고 한다.[372]

③ 절충설 : 선의취득자가 과실로 공시최고의 사실을 알지 못하여 권리의 신고나 청구를 하지 못한 경우에만 유통보호를 위하여 선의취득자의 권리를 인정하여야 한다거나, 제권판결 전에 선의취득자가 권리를 행사한 경우에는 선의취득자가 우선한다고 한다.[373]

④ 판례 : 제권판결이 공시최고신청인의 실질적 권리를 인정하는 것이 아님을 인정하면서도 선의취득자가 권리를 행사하려면 불복의 소를 제기하여 제권판결취소의 판결을 받아야 한다고 하였다. 그런데 불복의 소를 제기하려면 권리 또는 청구의 신고가 있음에

371 정희철, (하)21면 ; 강위두, (어)156면 ; 손주찬, (하)111면 ; 정동윤, (어)210면 ; 최기원, (하)34면 ; 정찬형, (하)423면 : 최기원교수는 어음·수표와 달리 주권에 대하여는 제권판결취득자우선설의 입장을 취하고 있다.

372 서정갑, (어)233면 ; 이철송, (어)352면.

373 박우동, “제권판결취득자와 선의취득자와의 관계”, 「법조」, 제26권 8호, 76면.

도 법률에 위반한 판결(혹은 사기나 부정한 방법으로 제권판결을 받은 경우)을 하여야 하는데, 위 경우 권리의 신고나 청구를 하지 않아 불복의 소를 제기할 수 없으므로 권리행사를 하지 못하는 결과를 낳는다. 실제로 판례는 제권판결우선설과 같은 결과가 된다.

⑤ 검토 : 제권판결이란 그 신청인에게 증권을 소지한 것과 동일한 지위를 회복시키는데 그치고, 신청인을 어음상의 권리자로 확정하는 것은 아니다. 또 현재 공시최고에 있어서의 공고는 매우 불완전하므로 권리의 신고를 하지 아니하였다고 하여 어음소지인의 권리를 상실시키는 것은 너무 가혹하다. 따라서 다수설인 선의취득자우선설이 타당하다.

참조판례

① "약속어음에 관한 제권판결의 효력은 그 판결 이후에 있어서 당해 어음을 무효로 하고 공시최고신청인에게 어음을 소지함과 동일한 지위를 회복시키는 것에 그치는 것이고 공시최고신청인이 실질상의 권리자임을 확정하는 것은 아니나, 취득자가 소지하고 있는 약속어음은 제권판결의 소극적 효과로서 약속어음으로서의 효력이 상실되는 것이므로 약속어음의 소지인은 무효로 된 어음을 유효한 어음이라고 주장하여 어음금을 청구할 수 없다. 어음소지인이 공시최고 전에 선의취득하였다고 하여 이치를 달리 볼 것이 아니다."(대법원 1994.10.11. 선고 94다18614 판결).

② "약속어음에 관하여 제권판결이 선고되면 제권판결의 소극적 효력으로서 그 약속어음은 약속어음으로서의 효력을 상실하게 되어 약속어음의 정당한 소지인이라고 할지라도 그 약속어음상의 권리를 행사할 수 없게 되는 것이므로, 일단 제권판결이 선고된 이상 약속어음상의 실질적 권리자라고 하더라도 제권판결의 효력을 소멸시키기 위하여 제권판결에 대한 불복의 소를 제기하여 취소판결을 받지 아니하는 한 약속어음상의 권리를 주장할 수 없다."(대법원 1990.4.27 선고 89다카16215 판결).

5 어음항변

어음항변이란 어음에 의하여 청구를 받은 자가 청구자에 대하여 거절하기 위하여 주장할 수 있는 모든 사유를 말한다.

분류

어음항변은 전통적인 분류에 따르면 인적항변과 물적항변으로 나뉜다. 여기서 인적항변을 어음법 제17조에 해당하는 인적항변과 어음법 제17조에 해당하지 아니하는 인적항변으로 구분하기도 한다.

신어음항변론으로는 여러 주장이 있으나 권리외관이론에 따라 증권상의 항변, 귀책가능성에 관한 항변(위조, 변조 등), 어음채무의 유효성에 관한 항변(교부계약의 하자), 인적항변, 배제불요의 항변으로 구분하기도 한다.

물적항변

물적항변은 특정 또는 모든 어음채무자가 모든 어음소지인에 대해서 대항할 수 있는 항변이다.

1. 증권상의 기재에 기한 항변(증권상의 항변)

① 어음요건의 흠결의 항변
② 권리보전절차흠결의 항변
③ 배서연속흠결의 항변
④ 소멸시효완성의 항변
⑤ 만기미도래의 항변
⑥ 어음상 명백한 지급필, 일부지급필, 면제의 항변
⑦ 무담보배서의 항변
⑧ 배서금지배서의 항변
⑨ 배서금지어음의 항변
⑩ 제시장소 상이의 항변(제3자방지급문구의 기재 등)
⑪ 유해적 기재사항의 기재의 항변

2. 비증권상의 항변

비증권상의 항변은 외관의 성립에 어음채무자에게 귀책사유가 없어서 대항할 수 있는 항변인 귀책사유의 흠결로 인한 항변과 어음행위의 효력에 관한 항변이 있다.

① 의사능력흠결의 항변
② 무능력에 의한 취소의 항변
③ 무권대리의 항변
④ 위조·변조의 항변
⑤ 제권판결의 항변
⑥ 공탁의 항변 : 지급제시가 없는 경우에 어음채무자는 어음소지인의 비용과 위험부담으로 어음금액을 공탁하여 어음채무를 면할 수 있다.
⑦ 법령위반의 항변 : 법령에 위반하여 어음을 발행한 경우에 법령이 효력규정이면 물적항변, 단속규정(융통어음의 금지 등)이면 인적항변이라고 한다. 그러나 단속규정의 경우 효력에 영향이 없으므로 항변문제가 발생하지 않는다고 하겠다.

인적항변

인적항변은 특정 또는 모든 어음채무자가 특정의 어음소지인에 대해서 대항할 수 있는 항변이다.

1. 어음법 제17조에 해당하는 인적항변

1) 특정의 어음채무자가 특정의 어음소지인에게 대항할 수 있는 항변

① 원인관계의 불법, 부존재, 무효, 취소 또는 해제의 항변

② 법령위반의 항변 : 이자제한법 위반의 경우[374]

③ 지급유예의 항변

④ 어음개서의 항변 : 구 어음을 회수하지 아니한 경우

⑤ 어음상 명백하지 않은 지급필, 일부 지급필, 면제, 상계의 항변

⑥ 대가흠결의 항변

⑦ 할인금미수령의 항변

⑧ 숨은 추심위임배서의 항변 : 신탁양도설의 입장에서 권리는 이전하고 악의의 항변으로 대항할 수 있다.

⑨ 어음 외의 특약의 항변

2) 모든 어음채무자가 특정의 어음소지인에게 대항할 수 있는 항변

소지인이 파산선고를 받았거나 어음채권이 압류된 경우에 그 소지인의 변제수령능력흠결의 항변

2. 어음법 제17조에 해당하지 않는 인적항변

이를 유효성의 항변이라고도 하며, 어음법 제16조 제2항, 제10조에 의하여 제한을 받는다.

1) 교부흠결의 항변

어음이론에 관하여 권리외관론에 의하여 보충된 발행설 또는 권리외관설에 의하면 어음행위자는 교부흠결의 항변을 선의의 어음취득자에 대해서는 주장할 수 없고, 악의 또는 중과실에 의하여 어음을 취득한 자에 대해서만 주장할 수 있다.[375] 선의취득의 국면에서 대항할 수 있는 제3자는 어음법 제17조에서의 해의가 아니고 악의 또는 중과실이 있는 자이다.

---

374 대법원 1955.5.5. 선고 4287민상359 판결.

375 창조설의 경우에 교부흠결은 문제되지 않는다.

2) 의사의 흠결 또는 흠 있는 의사표시의 항변

원인관계가 아닌 어음행위 자체에 대한 흠이 문제되는 것으로서, 이 경우 민법의 일반원칙에 의하면 과실유무를 불문하고 선의의 제3자에 대항하지 못한다. 그러나 학설은 어음의 유통보호 및 어음법 제10조와의 균형상 제3자의 악의나 중대한 과실이 없으면 대항할 수 없다고 한다(다수설). 이에 대해서 판례는 이를 인적항변으로 본다. 판례의 입장에 따를 때 제3자가 어음채무자를 해할 의사로 취득하지 않는 한 보호가 되는 것으로 보호되는 제3자의 범위가 가장 넓다. 판례의 태도가 타당한 것으로 본다.

3) 백지보충권남용의 항변

어음채무자는 백지보충권이 남용된 경우에 악의나 중대한 과실로 취득한 자에 대해서 대항이 가능하다.

4) 이사회의 승인없는 이사의 자기거래, 민법 제124조 위반의 항변

이사회의 승인이나, 본인의 동의가 요구되는 거래에 어음이 포함된다는 것이 통설적 입장이다. 이에 위반한 경우의 효력에 대해서 무효설, 유효설, 상대적 무효설(판례)의 입장이 있다. 무효설에 의하면 물적항변사유가 될 것이고, 유효설에 의하면 항변과 무관하게 된다. 상대적 무효설의 입장에 의할 때 악의나 중과실이 있는 어음소지인에 대해서만 항변을 주장할 수 있다.

악의의 항변

1. 의의

악의의 항변이란 어음채무자가 인적항변의 절단으로 소지인에 대해서 그 전자에 대한 인적항변으로 대항할 수 없는 경우라도 그 소지인이 악의로 어음을 취득하였다면 어음채무자는 소지인에 대해서 그 전자에 대한 인적항변으로 대항할 수 있다는 것이다.

2. 악의의 내용

① 공모설 : 악의란 채무자를 해할 의사로서 공모가 있어야 한다는 입장이다. 헤이그 어음법 통일규칙과 영미법의 입장이다.
② 단순인식설 : 악의란 인적항변의 존재를 아는 것으로 본다.
③ 해의설 : 절충적인 입장으로 악의란 소지인이 어음을 취득함으로써 인적항변이 절단되고 따라서 “어음채무자가 해를 입는 것을 아는 것”이라고 한다. 제네바통일어음법회의에서 채택되고, 우리나라 어음법의 입장이다.

3. 채무자를 해함을 알고의 의의

우리나라 어음법은 악의의 항변에 대하여 해의설에 따라 규정하고 있다(어음법 제17조 단서). 여기서 해의란 소지인이 인적항변의 존재를 인식하는 것만으로는 부족하고 그 외에 자기가 어음을 취득함으로써 인적항변이 절단되어 어음채무자가 해를 입는다는 것을 알면서 어음을 취득하는 것을 말한다.[376] 예를 들면, 상품의 매매에 있어서 매도인이 매수인으로부터 약속어음을 발행받아 그 어음을 제3자에게 배서·양도하는 경우에, 제3자가 매매목적물인 상품에 흠이 있어서 매수인이 매도인에게 이에 대한 항변을 주장할 수 있을 것을 알았지만 그러한 항변사유는 매도인과 매수인간에 잘 해결될 것으로 믿고 배서를 양도받은 경우에는 해의가 존재하지 않는다고 한다.[377]

그런데 악의와 해의의 구별은 쉽지 않다. 따라서 인적항변이 존재함을 알면서 어음을 취득한 경우에는 특별한 사정이 없는 한 어음채무자를 해할 것을 알고 어음을 취득한 것으로 보아야 한다.

다만 항변사유의 존재를 중대한 과실로 모른 경우에는 해의가 될 수 없다(통설).

4. 악의의 존재시기

악의여부는 어음취득당시를 기준으로 결정하여야 한다.[378] 그러나 악의의 내용인 원인관계의 불법, 부존재, 무효, 취소 또는 해제와 같은 항변사유의 존부는 만기 또는 어음상의 권리의 행사시를 기준으로 결정하여야 한다. 따라서 어음을 취득한 때에는 항변사유가 존재하지 않더라도 만기나 어음상의 권리의 행사시에 항변사유가 존재할 것으로 예상한 경우에는 악의의 항변이 성립한다. 예를 들어 사취당한 어음이라는 것을 어음소지인이 예지하고 이것을 취득하였다면 취득 당시에는 그 계약이 아직 사기를 이유로 취소되지 아니하였다고 하더라도 악의의 항변이 성립할 수 있다.

---

376 대법원 1996.5.14. 선고 96다3449 판결.

377 이에 대하여 이를 나누어, 항변사유가 이미 발생한 후 이를 알면서 취득한 경우에는 특별한 사정이 없는 한 해의가 인정되며, 장차 항변사유가 발생할 수 있는 원인관계를 알고 있음에 불과한 경우에는 해의가 있다고 할 수 없고, 다만, 어음채무자가 만기에 항변할 수 있는 사실이 발생할 것이 거래통념상 확실한 경우에 한해서 해의가 있다고 보아야 한다는 견해도 있다(이철송, (어)158면).

378 정희철, (하)260면 ; 강위두, (어)173면 ; 손주찬, (하)119면 ; 최기원, (하)404면 ; 정동윤, (어)180면 ; 정찬형, (하)387면 ; 판례도 "현재의 어음소지인에게 어음을 양도한 자가 어음취득 당시 선의였기 때문에 그에게 대항할 수 없었던 사유에 대하여는 현재의 어음소지인이 비록 어음취득 당시 그 사유를 알고 있었다고 하여 그것으로써 현재의 어음소지인에게 대항할 수는 없다."고 판시하였다(대법원 1995.01.20. 선고 94다50489 판결).

배제불요의 항변

융통어음의 항변의 성질을 어떻게 볼 것인가는 견해가 갈린다. 융통어음은 인수인 또는 발행인이 수취인으로 하여금 할인 등의 방법으로 제3자로부터 금전의 융통을 받게 하려는 것으로서 이 어음은 수취인으로부터 양도될 운명에 있다. 융통어음의 발행자(발행인)는 피융통자(수취인)가 어음금의 지급을 청구한 때에는 대가흠결의 융통어음이라는 항변으로 대항할 수 있으나, 피융통자로부터 그 어음을 양수한 제3자에 대하여는 그가 선의이거나 악의이거나, 더욱이 그 취득이 기한후배서에 의한 것이라 하더라도 대가 없이 발행된 융통어음이라는 항변으로 대항할 수 없다.

이와 같이 융통어음의 융통자는 제3자에 대해서 융통어음의 항변으로 대항할 수 없다는 데는 학설·판례가 일치하고 있으나 그 이론구성에 있어서는, 인적항변설에서는 어음항변을 물적항변과 인적항변으로 구분하는 2분법에 기하여 융통어음의 항변은 인적항변이지만 어음법 제17조 단서(악의의 항변)의 악의로 되지 아니하여 절단되기 때문이라고 하고,[379] 배제불요항변설은 이른바 신어음항변론에 기하여 융통어음의 항변은 배제불요의 항변으로서 어음법 제17조 본문(인적항변의 절단)이 적용되지 아니하는 항변이기 때문이라고 한다.[380]

보건대, 융통어음은 유통될 것을 전제로 하고 있고, 만일 융통어음의 항변이 양수인에게 승계되어 융통자가 그 양수인에게 융통어음의 항변으로 대항할 수 있다면 융통자의 신용을 신뢰하여 융통어음을 할인해 준 제3자는 어음금의 지급을 받을 수 없어 금융이 실효를 거둘 수 없게 되므로 융통어음의 본래의 취지에 반한다. 따라서 융통어음의 항변은 배제불요의 항변으로 보는 것이 타당하다.

다만 제3자가 어음이 융통어음으로 발행되고 담보어음이 지급거절되었다는 사정을 알고 있었다면 제3자에 대해서도 대항이 가능하다. 일반적으로 융통어음을 발행하는 경우에는 보통 그 담보를 위하여 피융통자로 하여금 융통어음과 동일금액, 동일만기의 어음을 발행하게 하여 서로 교환하게 된다. 이때 담보어음이 부도가 되었다는 사실을 알고 있었다면 융통어음도 부도될 운명이라는 점을 알고 있다고 보아야 한다는 것이다.

---

379 판례는 일관되게 인적항변설을 취하고 있다(대법원 1979.10.30. 선고 79다479 판결, 대법원 1994.5.10. 선고 93다58721 판결).

380 강위두, (어)179면 ; 정동윤, (어)240면.

참조판례

대법원 1995.1.20. 선고 94다50489 판결
[1] 타인의 금융 또는 채무담보를 위하여 약속어음(소위 융통어음)을 발행한 자는 피융통자에 대하여 어음상의 책임을 부담하지 아니하지만, 그 어음을 양수한 제3자에 대하여는 선의·악의를 묻지 아니하고 대가 없이 발행된 융통어음이었다는 항변으로 대항할 수는 없다.
[2] 피융통자가 융통어음과 교환하여 그 액면금과 같은 금액의 약속어음을 융통자에게 담보로 교부한 경우에 있어서는 융통어음을 양수한 제3자가 양수 당시 그 어음이 융통어음으로 발행되었고 이와 교환으로 교부된 담보어음이 지급거절되었다는 사정을 알고 있었다면, 융통어음의 발행자는 그 제3자에 대하여도 융통어음의 항변으로 대항할 수 있다.

Ⅳ. 어음상의 권리의 행사

지급제시

1. 의의

지급제시란 어음소지인이 어음금의 지급을 청구하기 위하여 어음을 제시하는 것이다. 어음채무는 추심채무이므로 소지인이 지급받기 위해서는 어음의 제시가 필요하다.

2. 지급제시기간

(1) 상환청구권의 보전

전자에 대한 상환청구권을 보전하기 위해서는 확정일출급, 발행일자후정기출급 또는 일람후정기출급의 어음의 경우에는 지급을 할 날 또는 이에 이은 2거래일 내에 지급을 위한 제시를 하여야 한다(어음법 제 38조 제1항). 일람출급어음은 지급을 위하여 어음을 제시한 날에 만기가 도래하므로 발행일로부터 1년 내에 지급제시하도록 하였다(어음법 제34조 제1항).

수표의 경우에 지급제시기간은 발행일로부터 10일 내이다(수표법 제29조 제1항). 여기서의 발행일은 실제의 발행일을 의미하는 것이 아니고 수표에 발행일로 기재된 날을 말한다.

(2) 주채무자에 대한 지급제시

주채무자는 상환청구권의 유무에 상관없이 어음금 지급의 책임을 지므로, 환어음의 인수인, 약속어음의 발행인에 대해서는 지급제시에 상관없이 채무가 3년의 시효로 소멸하기까지는 어음금의 지급청구를 할 수 있다.

3. 지급제시의 장소

어음에 지급장소의 기재가 있는 때(제3자방지급어음)에는 그 장소에서 지급하여야 한다. 지급장소의 기재가 없는 때에는 원칙적으로 지급지 내에 있는 환어음의 지급인, 약속어음의 발행인의 영업소 또는 주소, 거소에서 지급제시하여야 한다(민법 제516조). 이 외에도 어음교환소에서의 어음의 제시는 지급장소의 유무, 지급담당자의 유무 및 지급지 내 어음교환소의 소재 여부에 관계없이 지급을 위한 제시로서의 효력이 있다(어음법 제38조 제2항).

4. 지급제시의 효력

환어음의 지급인, 약속어음의 발행인이 만기에 지급을 거절하는 경우에 어음소지인은 전자에 대하여 상환청구권을 행사할 수 있다. 이러한 상환청구권이 보전되기 위해서는 완전한 어음으로 지급제시를 하여야 하며, 백지어음의 경우에 백지미보충의 상태에서 어음을 제시한 경우에 상환청구권은 보전되지 않는다.

또한 환어음의 지급인, 약속어음의 발행인의 이행지체의 책임은 만기 이후가 아니라 지급제시 이후에 발생한다.

어음의 부도와 상환청구

어음의 부도

1. 의의

어음의 부도란 광의로는 어음을 적법하게 지급제시를 하였으나 지급거절된 것이고, 협의로는 어음교환소를 통하여 지급제시하였으나 지급거절된 것이다.

2. 어음소지인의 구제방법

(1) 상환청구권의 행사

이에 대해서는 따로 설명한다.

(2) 거래정지처분

어음교환소의 교환에 돌린 어음이 예금부족으로 부도가 된 경우에 거래정지처분을 당하게 된다. 최종부도는 지급의무자가 부도어음대금을 부도일의 다음 영업일의 영업시간까지 제시은행에 입금하지 아니한 때에 이루어지게 된다.

그 외 사고신고로 부도된 경우에 지급의무자가 사고신고담보금을 입금하지 아니한 때도 거래정지처분을 당하게 된다. 사고신고담보금은 지급의무자가 분실, 도난, 피사취 등의 사고신고를 하거나 위조, 변조의 신고를 하는 경우에 어음금액의 상당액을 지급은행에 예탁하는 것이다.

거래정지처분을 받은 자는 2년간 어음교환소의 가맹은행과 당좌예금거래, 가계종합예금거래 등을 할 수 없다(어음교환소 규약 제792조).

(3) 원인관계상의 채권의 행사

어음이 지급에 갈음하여 발행된 것이 아닌 한 원인관계상의 채권이 소멸한 것이 아니므로 어음이 부도가 난 경우에 원인관계상의 채권을 행사할 수 있다.

(4) 할인어음매수청구권

할인어음이 만기에 부도가 난 경우에 할인은행은 할인의뢰인에 대해서 그 할인어음의 환매를 청구할 수 있다.

(5) 모든 어음채무자에 대한 간편한 강제집행절차

어음소송에 대하여는 무담보가집행선고제도가 인정되고(민소법 제199조), 즉시 강제집행제도가 인정된다(민소법 제519조).

(6) 수표법 및 부정수표단속법에 의한 형사처벌

수표가 부도가 난 경우에 형사처벌의 대상이 된다.

관련사항 어음교환

- 어음교환의 효력발생에 의하여 그 교환에 편입되었던 개개의 어음도 지급의 효력이 발생한다고 볼 수 있으나, 다만 지급은행에 의한 부도처리를 해제조건으로 하여 지급이 효력을 발생한다고 볼 수 있다. 어음교환의 효력이 발생한 후에 개개의 어음교환이 지급은행으로부터 부도된 경우에는 다시 어음교환에 회부하지 않고 참가은행간에 개별적으로 부도어음을 반환하고 부도어음대전을 만든다.
- 어음교환소의 부도선언은 거의 이루어지지 않는다.
- 제시은행(어음의 표면에 특정횡선을 표시함)은 교환에 회부할 어음에 대해서 어음상에 교환인을 찍어야 하고, 지급은행은 부도어음에 대해서 어음 또는 부전에 부도사유를 부기하여 제시은행에 반환하여야 한다.
- 지역적 상호교환(당일어음교환) ↔ 서울은 추심

상환청구권의 행사

어음이 만기에 지급거절되었거나 만기 전이라도 지급이 현저하게 불확실한 사유가 발생한 때에 소지인이 배서인, 발행인, 그 밖의 어음채무자에 대하여 상환청구권을 행사할 수 있다(어음법 제43조). 상환청구는 소지인이 전자에 대해서 어음금액 기타의 비용의 변상을 청구하는 것이다.

1. 권리자

상환청구권 행사의 권리자는 부도어음의 소지인이나 그 양수인(기한후배서에 의하여 양수한 자)도 가능하다. 그리고 상환의무를 이행하고 어음을 환수한 자도 권리자이다.

2. 의무자

상환의무자는 발행인, 배서인 및 그 보증인, 참가인수인, 이들 상환의무자의 무권대리인(어음법 제8조)이다. 상환의무자는 합동책임을 진다.

3. 요건

(1) 만기 전 상환청구(어음법 제43조)

① 인수의 전부 또는 일부의 거절이 있는 경우 ② 지급인의 인수 여부와 관계없이 지급인이 파산한 경우, 그 지급이 정지된 경우 또는 그 재산에 대한 강제집행이 주효하지 아니한 경우 ③ 인수를 위한 어음의 제시를 금지한 어음의 발행인이 파산한 경우에 만기 전 상환청구가 가능하다. 인수거절의 경우에 일부나 전부의 인수에 대해서 지급인이 발행인에 대해서 조회하는 등의 조치를 취할 필요를 고려하여, 제1의 제시가 있은 때에 지급인은 그 익일에 제2의 제시를 할 것을 청구할 수 있다(어음법 제24조). 이때 제2의 제시를 해야 상환청구가 가능하다.

(2) 만기 후 상환청구

첫째, 지급제시기간내에 환어음의 지급인, 인수인, 약속어음의 발행인 또는 이들의 지급담당자에게 지급제시를 하여야 한다. 또 예비지급인이나 참가인수인 등이 있는 경우에는 지급제시기간의 익일까지 이들의 전원에게 지급제시를 하여야 한다(참가지급제시, 어음법 제60조). 참가인수인은 피참가인과 동일한 의무를 지게 되는데, 피참가인은 상환의무자에 한하고 지급지에 주소가 있어야 한다. 지급제시는 적법한 지급제시이어야 하므로 백지어음의 경우에는 백지보충을 하지 않고 지급제시를 하여도 상환청구권이 보전되지 않는다.

둘째, 지급거절이 있어야 한다.

셋째, 거절증서작성이 면제되지 않는 한 거절증서가 작성되어야 한다(어음법 제44조 제1항). 확정일출급, 발행일자 후 정기출급 또는 일람후정기출급 환어음의 지급거절증서는 지급을 할 날 이후의 2거래일 내에 작성시켜야 한다(어음법 제44조 제2항). 인수거절증서는 인수를 위한 제시기간 내에 작성시켜야 한다. 다만, 기간의 말일에 제시가 있으면 그 다음 날에도 거절증서를 작성시킬 수 있다(어음법 제44조 제3항). 수표의 경우에는 지급거절증서, 지급인의 지급거절선언, 어음교환소의 지급거절선언이 있어야 한다(수표법 제39조). 지급인의 지급거절선언은 반드시 수표 자체에 하여야 하지만, 나머지의 경우에 부전에 해도 된다.[381]

참조판례

"백지미보충어음은 그 지급제시기간내에 지급을 위한 제시가 있다 하더라도 적법한 지급제시로서의 효력이 없고 그로 인하여 소구권을 보전할 수는 없다."(대법원 1992.10.27. 선고 91다24724 판결).

4. 거절증서

거절증서작성이 면제되지 않는 한 거절증서를 작성하여야 한다. 거절증서작성이 면제된 경우에는 제시가 추정되므로 상환의무자가 제시사실이 없었다는 것을 증명해야 책임을 면할 수 있다.

거절증서의 작성기관은 공증인 또는 집달관이다. 거절증서의 기재사항은 거절자, 청구하였다는 뜻, 연월일 등이 있다. 거절증서는 어음 또는 이에 결합한 보전에 작성해야 한다. 거절증서의 작성장소는 청구를 한 장소이다.

거절증서작성기간은 첫째, 어음의 경우, 일람출급의 경우에는 1년 내, 나머지는 지급을 할 날에 이은 2거래일(어음법 제44조) 둘째, 수표의 경우에는 지급제시기간내 작성하여야 하며, 제시기간의 말일에 제시한 경우에는 이에 이은 1거래일 내에 작성하여야 한다(수표법 제40조). 불가항력의 경우에는 그 방해된 기간만큼 작성기간이 연장된다.

5. 상환청구의 통지

어음의 소지인 등은 자기의 배서인과 그 보증인에게 지급거절의 사실을 통지해야 한다. 지급거절의 사실을 알려 상환청구에 응할 준비를 할 수 있게 하고, 상환의무자가 어음을 신속히 환수하여 상환금액의 증대를 방지할 수 있게 하기 위해서 통지의무가 인정된다.

---

381 실제로 어음교환소에서 부도 처리되는 경우는 거의 없고, 대부분은 지급은행의 선언에 의하여 부도 처리되고 있다.

통지의무자는 소지인과 상환청구통지를 받은 배서인이다. 통지는 순차통지주의에 의한다. 전자가 처소를 기재하지 않았거나 그 기재가 분명하지 않은 경우에는 그 전자에 통지하면 된다. 환어음과 수표의 소지인은 직접의 전자 외에 발행인에 대해서도 통지해야 한다.

통지기간은 소지인은 거절증서의 작성일에 이은 4거래일 내, 면제의 경우는 제시일에 이은 4거래일 내, 배서인은 통지를 받은 날에 이은 2거래일 내에 통지하여야 한다(어음법 제45조). 이때 기간은 발송주의에 의한다.

통지의무에 위반한 경우에 상환청구권을 상실하는 것이 아니고, 과실로 통지의무해태시에는 어음금액의 범위내에서 손해배상책임을 진다. 손해란 상환을 하지 못하여 상환금액이 증대하거나, 자금준비를 하지 못해 급하게 자금준비를 하는 관계로 입은 손해 등을 말한다.

6. 상환청구의 방법

상환청구의 방법으로는 비약적 상환청구, 동시(전원에 대해) 또는 순차상환청구의 모두를 인정한다. 특정의 상환의무자에 대해서 상환청구한 후에 상환청구의 상대방을 변경하여 상환청구할 수 있다(상환청구의 변경권). 상환청구는 역어음의 발행의 방법에 의할 수도 있다. 역어음이란 상환의무자 중 1인을 지급인으로 한 일람출급의 환어음을 발행하는 것이다. 역어음금액에는 중개료, 인지세가 포함된다.

7. 상환금액

첫째, 만기 후의 상환금액(어음법 제48조) : 인수·지급되지 아니한 금액과 이자의 기재가 있으면 그 이자(만기까지), 년 6푼의 이율에 의한 만기 이후의 이자, 거절증서작성비용·통지비용 기타의 비용

둘째, 만기 전의 상환금액 : 어음금액에서 중간이자를 공제한 금액(어음법 제48조 제2항), 약정이자, 거절증서작성비용·통지비용 기타의 비용

셋째, 상환자의 재상환금액(어음법 제49조) : 지출한 총금액, 위의 금액에 대한 년 6푼의 이자에 의한 지급한 날 이후의 이자, 기타 지출한 비용

8. 상환권

상환의무자는 상환청구를 기다리지 않고 자진하여 상환하여 그의 상환의무를 면할 수 있다. 상환금액의 증대를 방지하고, 전자의 자력이 감소되는 경우에 대비하여 재상한을 빨리할 수 있도록 하기 위한 것이다.

9. 재상환청구

재상환청구시에도 비약적 상환청구, 동시 또는 순차상환청구가 가능하고, 재상환청구의 변경권도 인정된다.

재상환금액(어음법 제49조)은 지급한 총금액, 6% 이율로 계산된 지급일 이후의 이자, 기타 지급한 비용이다.

재상환청구권자의 지위에 대하여는 권리회복설과 권리재취득설로 입장이 나뉜다.

① 권리회복설 : 재상환청구권자는 배서이전에 가졌던 권리를 회복한다고 한다. 이 견해에서 배서란 어음환수를 해제조건으로 한 어음상의 권리이전이라고 한다. 재상환청구시 자기의 전자로부터 원래의 인적항변사유로써 당연히 대항을 받게 되며, 후자의 사유는 대항할 수 없다.[382]

② 권리재취득설 : 재상환청구권자는 법률의 규정에 의해서 어음상의 권리를 재취득한다고 한다.[383] 여기서 배서란 어음상의 권리가 확정적으로 이전하는 것으로 채권양도라고 한다. 재상환청구권자는 자기의 전자로부터 원래의 인적항변사유로서 대항을 받지 않게 되며,[384] 후자의 인적항변사유는 그가 악의이면 대항 받게 된다. 이에 대하여는 반대의 견해도 있어, 전자와의 관계에서는 원래 인적관계에 기한 사유를 내용으로 하고 있기 때문에 그 사유로서 대항받을 수 있고, 후자와의 관계에서는 어음을 환수하는 것이 상환의무의 이행에 의한 강제적 취득이므로 후자의 인적항변사유는 승계되지 않는다고 한다.[385]

③ 검토 : 재상환청구권의 법적 성질은 배서의 법적 성질과 관련되는 문제이다. 배서의 법적 성질에 대하여 채권양도라고 보는 한 권리재취득설이 타당다다. 상환의무이행자는 추가로 그가 지급한 금액뿐만 아니라 어음법 제49조 2호와 3호의 이자와 비용에 대한 청구권도 취득하게 되는데, 이는 어음법의 특수성에 기인하는 것으로서 이의 근거도 권리회복설로는 설명이 되지 않는다. 항변에 대해서 보면, 항변제한의 법리는 거래안전을 위한 것이므로 재상환청구권자는 전자와의 관계에서 인적항변사유로 대항을 받는다고 본다.

---

382 서돈각·정완용, (하)232면.

383 손주찬, (하)338면 ; 정동윤, (어)486면 ; 강위두, (어)498면 ; 최기원, (하)379면 ; 최기원, "어음의 재소구권과 배서의 말소권", 법률신문 제2012호, 1991, 11면 ; 이철송, (어)449면 ; 정찬형, (하)372면 ; 정찬형, "어음의 재소구권", 법률신문, 제2028호, 1991, 15면.

384 환배서는 이와 달리 해석한다.

385 정동윤, (어)444면 ; 정찬형, (하)372면.

참조판례

"상환의무를 부담하지 않는 자가 어음소지인의 상환요구에 응하여 어음금을 지급하고 어음을 취득한 경우에는 전 배서인에 대하여 재상환청구할 수 없다."(대법원 1990.10.26. 선고 90다카9435 판결).

이득상환청구권

1. 의의

이득상환청구권은 권리보전절차의 흠결 또는 소멸시효의 완성으로 어음상의 권리가 소멸된 경우에 어음소지인은 발행인·인수인 또는 배서인(수표의 경우 발행인·배서인 또는 지급보증인)에 대해서 받은 이익의 한도에서 상환할 것을 청구할 수 있는 권리이다(어음법 제79조).

이득상환청구권은 권리를 상실하기 쉬운 어음소지인과 어음채무자 사이의 공평을 기하기 위한 제도이다.

2. 법적 성질

① 잔존물설 : 이득상환청구권이 실질관계에서 이득한 어음채무자에 대해서 청구하는 권리로서 실질관계상의 어음상의 권리와 연결되어 있고 또 어음채무자의 책임이 실질관계상 이득을 한 한도에서 아직 남아 있다는 것을 전제로 하여 어음상의 권리의 소멸로 인한 실질관계상의 불균형을 시정하기 위하여 인정된 제도이므로 어음상의 권리의 잔존물이라고 한다.[386] 이에 대하여 이득상환청구권이 어음상의 권리가 소멸한 후에 발생하는 것이라는 비판이 있다.

② 변형물설 : 이득상환청구권은 어음상의 권리가 소멸되고 생기는 것이므로 어음상의 권리는 아니나 어음상의 권리가 소멸한 후에 이것이 실질관계에서 이득한 어음채무자에 대하여 또 그 이득의 한도에서만 청구할 수 있는 수량적·조건적으로 제한된 동질 내지 유사한 권리로 변형된 것이라고 한다.[387]

③ 지명채권설(통설·판례) : 이득상환청구권은 어음상의 권리를 상실한 자와 권리 소멸로 이익을 얻는 어음채무자 사이에 형평을 기하기 위해서 어음법이 특별히 인정한 권리로서 지명채권의 일종이라고 한다.[388]

---

386 정희철, (하)286면.
387 양승규, (어)202면.
388 강위두, (어)213면 ; 손주찬, (하)134면 ; 최기원, (하)451면 ; 정동윤, (어)224면 ; 정찬형, (하)410면 ;

④ 검토 : 이득상환청구권에 관한 어음법의 규정에 의할 때, 이는 어음상의 권리가 아니고 어음상의 권리가 소멸한 후에 인정되는 것으로 실질적으로 증권 외의 권리로서 이를 지명채권의 일종으로 볼 것이다. 잔존물설, 변형물설에 의할 때 이득상환청구권은 어음상의 권리가 되고 이득상환청구권이 발생한 후에는 어음은 이러한 권리를 표창한 유가증권이 된다. 이득상환청구권을 지명채권이라고 할 때 어음은 유가증권이 아니라 단순한 증거증권에 불과하게 된다.

3. 이득상환청구권의 당사자

(1) 권리자

이득상환청구권의 권리자는 상환청구권보전절차의 흠결 또는 소멸시효의 완성으로 어음상의 권리가 소멸할 당시의 어음소지인과 그 후에 어음소지인으로부터 이득상환청구권을 승계한 자이다. 이득상환청구권의 취득에 어음의 소지가 필요한가에 대하여 견해가 갈린다.

① 소지필요설 : 잔존물설과 변형물설의 입장으로 이득상환청구권의 발생 후의 어음을 유가증권으로 보므로 이득상환청구권의 취득에는 반드시 어음의 소지를 요한다고 한다.

② 지명채권설 : 이득상환청구권의 발생 후에 어음은 증거증권에 불과하므로 어음의 소지를 요하지 않는다고 한다. 다만 어음을 상실하여 어음을 소지하고 있지 아니한 때에는 그 어음의 선의취득자가 없다는 것과 청구자가 실질적 권리자라는 것을 증명하여야 한다.

(2) 의무자

이득상환의무자는 발행인, 배서인 또는 인수인으로서 실질관계에서 이득을 한 자이다.

4. 요건

(1) 완전한 어음상의 권리의 존재

권리보전절차의 흠결이나 소멸시효의 완성이 없었더라면 어음상의 권리를 행사할 수 있는 완전한 어음상의 권리가 존재했어야 한다. 다만 배서의 연속이 흠결된 경우에 불연속 부분에 대한 실질관계의 증명에 의한 가교가 있는 경우에 이득상환청구권을 인정한다.

백지어음의 경우에 이를 인정하는 견해와 부정하는 견해가 있는데, 백지어음의 경우에 백지보충을 정지조건으로 하는 어음상의 권리를 가지고 있으므로 실질관계에서 이득을 한 경우에는 이득상환청구권의 발생을 인정한다.

이철송, (어)204면.

관련사항 **수표상의 권리**

수표상의 권리로는 상환청구권만을 가진다는 상환청구권한정설[389]의 입장이 다수의 견해이다. 이에 대하여 수표금수령권한포함설의 입장은 제시기간이 경과하여도 지급위탁의 취소가 없는 한 지급인 지급할 수 있으므로 수표금수령권한을 수표상의 권리에 포함시키는 것이 타당하다는 견해가 있다.[390] 그러나 지급 여부는 지급인의 선택에 달린 것으로 이를 권리로 보기는 어렵다.

(2) 어음상의 권리의 소멸

권리보전절차의 흠결과 소멸시효의 완성에 의한 권리의 소멸이 요구된다.

(3) 권리의 소멸의 정도

이득상환청구권이 인정되기 위해서는 어음관계뿐만 아니라 원인관계상의 권리도 소멸해야 하는가에 대하여 견해가 갈리고 있다. 학설의 태도를 보면 다음과 같다.

① 이득상환청구권은 모든 어음채무자에 대해서 어음상의 권리가 소멸되었을 뿐만 아니라 원인관계상의 구제수단도 없어야 한다(판례).[391]

② 이득상환청구권은 어음의 엄격성을 완화하기 위한 것이므로 모든 어음채무자에 대한 어음상의 권리가 소멸되어 어음법상의 구제방법이 전부 없으면 된다(다수설).[392]

③ 어음채무는 독립성이 있으므로 다른 어음채무자에 대한 어음상의 권리가 소멸되었는가를 불문하고 이득상환청구를 하려는 상대방에 대한 어음상의 권리가 소멸하면 된다.[393]

④ 검토 : 이득상환청구권이란 어음상의 권리가 소멸된 경우에 인정되는 최후의 수단이고, 법문상으로도 "어음에서 생긴 권리가 절차의 흠결로 인하여 소멸한 때나 그 소멸시효가 완성한 때..."라고 규정하고 있으므로 ②의 견해가 타당하다고 본다.

참조판례

"어음법에 의한 이득상환청구권이 발생하기 위하여는 모든 어음상 또는 민법상의 채무자에 대하여 각 권리가 소멸되어야 하는 것인바, 원인관계에 있는 채권의 지급을 확보하기 위하여 발행된 약속어음이 전전양도되어 최후의 소지인이 어음상의 권리를 상실한 경우라도 원인채무는 그대로 존속하는 것이므로 발행인이 바로 어음금액 상당의 이득을 얻고 있다고는 할 수 없다."(대법원 1993.3.23. 선고 92다50942 판결).

---

389 정희철, (하)289면 ; 강위두, (어)217면 ; 정동윤, (어)223면 ; 정찬형, (하)416면.

390 양승규, (어)209면.

391 이철송, (어)208면.

392 강위두, (어)220면 ; 정희철, (하)289면 ; 정동윤, (어)193면 ; 최기원, (하)638면 ; 이기수 외, (어) 401면 ; 정찬형, (하)409면,

393 손주찬, (하)154면 ; 양승규, (어)205면.

(4) 어음채무자의 이득

어음채무자의 이득이란 어음수수의 실질관계에서 현실로 재산상의 이익을 얻는 것을 말한다. 어음상의 권리가 소멸됨으로써 어음채무를 면함으로 인한 이익을 말하는 것이 아니다.

5. 이득상환청구권의 양도

(1) 양도방법

이득상환청구권의 양도방법에 대해서는 지명채권양도방법설, 어음양도방법설(잔존물설, 변형물설)이 있나. 시명채권양도방법설(통설·판례394)은 이득상환청구권의 법적 성질에 대하여 지명채권설의 입장에 따르는 것으로서, 이득상환청구권은 지명채권양도의 방법에 의하여 양도해야 한다고 한다. 어음양도방법설은 잔존물설, 변형물설의 입장에 따르는 것으로서, 이득상환청구권은 어음의 양도방법인 배서·교부에 의하여 양도할 수 있다고 한다.395 이득상환청구권의 법적 성질을 지명채권으로 보았을 때, 지명채권양도의 방법에 의하여 양도할 수 있다고 하겠다.

(2) 선의취득

지명채권설에 따를 때 선의취득이 인정되지 않는다. 잔존물설, 변형물설에서는 선의취득을 인정한다.

6. 이득상환청구권의 행사

이득상환청구권의 행사와 관련하여, 첫째, 어음의 소지가 요구되는가 문제되는데, 지명채권설에 따를 때 어음을 소지하거나 제권판결을 받아야 하는 것은 아니다.

둘째, 이행장소에 대하여 지명채권설에서도 어음은 전전유통하여 이득상환의무자는 이득상환의무가 발생하였는지 누가 이득상환청구권자인지 알 수 없으므로 추심채무로 보아 이득상환의무자의 주소 또는 영업소로 본다.

셋째, 항변에 대하여 잔존물설, 변형물설에서는 이득상환의무자는 어음상의 권리소멸 전의 어음소지인에 대해서 대항할 수 있었던 모든 항변으로 이득상환청구권자에 대하여 대항할 수 있다고 한다. 지명채권설의 입장에서도 이득상환의무자가 자기와 관계없는 사유로 어음상

---

394 "이득상환청구권은 지명채권양도의 방법에 의하여 양도할 수 있고 약속어음상의 권리가 소멸된 이후 배서양도만으로서는 양도의 효력이 없다."(대법원 1970.3.10. 선고 69다1370 판결).

395 정희철, (하)292면 ; 양승규, (어)208면.

의 권리가 소멸되었는데도 종전보다 불리한 지위에 있게 되는 것은 부당하므로 위와 같이 본다.

7. 이득상환청구권의 소멸

지명채권설에 의하면 민법상의 소멸사유인 변제, 대물변제, 공탁, 상계, 경개, 면제, 혼동 등에 의하여 소멸한다. 잔존물설, 변형물설에 의하면 변제, 공탁, 혼동 등에 어음법이 적용되고 대물변제는 적용되지 않는다.

소멸시효는 지명채권설에서는 10년, 잔존물설, 변형물설에서는 3년으로 본다. 시효의 기산점은 어음상의 권리가 소멸된 때 즉 이득상환청구권이 발생한 때이다.

제5편 보험법

제1장 총 설

보험제도

1. 보험과 경제생활

현대는 각종 사고의 위험이 항상 존재하므로 사고로부터 경제생활의 안정을 위한 제도적 장치가 필요하다. 각종 사고로부터 생활을 보장하는 것이 경제보장으로, 경제보장을 위한 대책으로는 첫째, 사회보장제도가 있다. 이는 국민의 경제생활의 안정을 뒷받침한다. 둘째, 보험제도가 있다. 보험은 자기의 책임으로 위험에 대비하는 수단이다. 보험은 생명보험에서 보듯이 사회보장제도를 보충하는 역할을 한다.

2. 보험의 개념

보험은 위험을 많은 사람들이 힘을 합쳐서 대비하고자 하는 경제적 제도이다. 즉, 같은 위험에 놓여 있는 사람들이 하나의 위험단체를 구성하여 통계적 기초에 의하여 산출된 금액(보험료)을 내어 기금을 마련하고, 우연한 사고를 당한 사람에게 재산적 급여를 함으로써 경제생활의 불안을 없애거나 덜고자 하는 제도이다.

(1) 경제생활을 위협하는 각종의 위험에 대비하기 위한 것

위험이란 우연한 사고의 발생 가능성으로서 불확정적인 것이다. 그 발생여부, 발생시기 등이 불확정적인 것을 말한다.

(2) 같은 위험에 놓여 있는 다수인이 공동의 힘으로 위험에 대비하기 위한 것

보험은 위험의 동질성이 요구되고, 이들이 위험단체를 구성하여 위험단체안에서 그 위험을 전가시키고 분산시키는 제도이다.

여기서 위험단체는 같은 위험에 놓여 있는 사람들의 결합으로서 대수의 법칙이 적용될 만한 다수의 경제주체가 결합되어야 한다.

(3) 경제생활의 안정을 추구하는 제도

보험의 경우 다수의 집단 안에서 대수의 법칙을 통한 사고발생의 개연율을 산정하고 이를 통하여 통계적 기초위에서 보험료를 산출하게 된다. 보험은 이와 같이 산출된 보험료를 각 구성원이 부담하여 기금을 마련하고, 이 기금에서 우연한 사고가 발생했을 때 일정한 기금(보험금)을 지급함으로써 경제생활의 안정을 구하고자 하는 제도이다.

(4) 수지상등의 원칙의 적용

보험에 있어서 수지상등의 원칙이 적용되는데, 수지상등의 원칙이란 다수인에 의한 위험분산조직의 운영원리로서, 보험단체 내부에서 대수의 법칙을 사용하여 보험료 수입과 보험금 지급이 균형을 유지하도록 하는 것이다.

3. 보험과 구별되는 개념

(1) 저축

저축은 우연한 사고에 대비하기 위한 것이 아니며, 단체적 결합관계를 통해서 하는 것이 아니다.

(2) 자가보험

자가보험이란 어떤 자가 다수의 시설을 이용하고 있는 경우에, 일정기간내에 시설에 대한 손해의 발생을 예상하여 그 시설의 이용에서 생기는 이익의 일부를 적립하여 그 기간내에 시설에 대하여 생긴 손해로 인한 수요를 충족시키는 제도이다.

자가보험은 위험단체의 개념이 없다.

(3) 공제

공제는 같은 직장인 등이 조합을 만들어 조합원 또는 가족 등의 길흉사가 있을 때에 공제금을 지급하는 것으로서 상호구제를 목적으로 하는 제도이다. 이는 위험단체의 개념이 제한적이라는 점(일정한 직장, 직업 등) 외에는 보험과 유사하여, 유사보험 또는 조합보험이라고 한다.

공제의 예로 협동조합법(농업협동조합, 수산업협동조합)에 의해서 영위되는 공제사업 등을 들 수 있다.

참조판례

"상조비라는 명목으로 일정한 금액을 출연하고 사고가 발생할 때 상조부의금의 명목으로 일정한 금액을 지급하는 것을 목적으로 하는 상조사업은 보험사업에 해당한다."(대법원 1989.1.31. 선고 87도2172 판결).

(4) 도박·복권

도박·복권은 우연한 사건의 발생에 의해서 당사자간에 급여관계가 결정되는 계약이라는 점에서 사행계약성이 있다. 보험은 경제생활의 불안정을 극복하기 위한 것인데, 도박·복권은 우연한 사고의 발생으로 적극적인 경제적 이익을 도모하는 것이다. 다만 도박·복권도 통계적 기초·대수의 법칙을 이용한다는 점에서는 보험과 유사성을 가진다.

(5) 보증

보증은 채권담보제도(보증채무, 신원보증 등)로서 일반적으로 무상으로 제공된다. 또한 다수인의 결합이 아니다.

관련사항

보증보험 : 단체적 구조를 전제로 합리적인 위험측정에 의하여 유상으로 보증을 인수
↳ 손해보험의 성질(보증인 요구, 구상권 인정) ↔ 전통적 의미의 보험은 아님

4. 보험의 기능과 폐단

보험의 기능으로 다음을 들 수 있다.

첫째, 경제보장을 위한 제도로서 경제생활의 안정을 추구한다. 보험은 생명보험과 같은 경우에 사회보장적 기능도 한다.

둘째, 보험회사는 기관투자자로서 자금의 공급 기능을 가진다.

셋째, 신용이용기능이 있다. 예를 들어 해상적하보험증권은 화환어음에 첨부되어 어음할인에 이용된다.

넷째, 손해의 방지 역할을 한다. 보험자는 사고예방을 위한 적극적인 홍보활동 등을 하며, 나아가 화재보험과 같은 경우에 보험자는 화재의 원인 등을 조사·분석하여 화재예방을 위한 대책을 권고한다.

다섯째, 재보험을 통하여 위험분산의 국제화 기능을 한다.

이에 대하여 보험의 폐단으로는 주로 도덕적 위험을 든다. 즉, 고의로 사고를 일으킬 위험이 있다는 것이다.

5. 보험의 분류

(1) 공보험과 사보험

보험은 운영목적에 따라 공보험과 사보험으로 나눌 수 있다.

첫째, 공보험은 국가나 공공단체가 국민경제적인 입장에서 사회정책 또는 경제정책의 실현수단으로서 운영하는 보험이다.

공보험 중 사회보험은 사회정책적인 입장에서 시행하는 보험으로 산업재해보상보험, 의료보험, 실업보험 등이 있다. 다음으로 경제정책보험을 들 수 있는데, 이는 산업의 보호·육성을 목적으로 시행하는 보험으로 수출보험 등이 있다.

둘째, 사보험은 개인이 사경제적인 입장에서 영위하는 보험이다.

사보험 중 영리보험은 보험의 인수를 영업으로 하는 보험자(상법 제46조 제17호)가 운영하는 보험이다. 보험자는 주식회사인 보험업자이며, 상법상의 보험은 모두 보험자가 운영하는 영리보험이다. 영리보험의 경우에 보험계약자 상호간에는 법률적으로는 아무런 관계가 없다. 다만 간접적으로 보험자를 매개로 보험단체를 구성한다.

다음으로 상호보험을 들 수 있는데, 이는 사원상호의 이익을 위하여 영위하는 보험이다. 상호보험은 보험가입자가 동시에 보험자인 단체의 구성원이 되어 사단법인의 사원과 같은 관계를 형성하는 보험이다. 상호보험의 경우에 입사에 의해서 보험자와 직접적인 관계를 맺으며, 사원관계와 보험관계가 병존하게 된다.**396** 상호보험은 다수의 보험가입자간에 위험을 분산한다는 의미에서 보험과 같다. 따라서 영리보험에 관한 규정을 준용한다(상법 제664조).

영리보험과 상호보험간에 상호접근의 양상이 있는 것으로, 영리보험에서도 이익배당의 의미를 가지는 계약자배당**397**을 실시하고, 상호보험도 보험료를 한도로 유한책임을 진다(보험업법 제8조).

(2) 사회보험과 사보험

사회보험이란 사회적 위험을 분산하여 구성원의 최저 생활을 보호하기 위한 것으로, 일반적으로 사회보험은 강제보험이며 그 운영주체가 국가 또는 공공기관이다. 이에 반하여 사보험은 임의보험이며, 사인이 운영한다.

그러나 사회보험의 성격을 띠는 자동차손해배상책임보험(강제보험)은 사보험인 손해보험회사에서 영위하며, 체신보험은 임의보험이나 국가가 이를 영위하고 있어 위 공식은 깨어지고 있다.

(3) 손해보험과 인보험

상법전은 보험을 크게 손해보험(화재, 운송, 해상, 책임, 자동자보험)과 인보험으로 나누고

---

396 상호보험회사에 대하여 100인 이상 사원의 존재를 요건으로 하는데(보험업법 제44조), 우리나라에는 아직 존재하지 않는다.

397 다만 위험단체 안에서만 인정하고 보험회사 전체에 대해서 시행하는 것은 아니다.

있다. 그러나 인보험 중에도 생명보험을 제외하고 상해보험, 질병보험 등에서는 보험사고로 피보험자가 지출한 치료비 또는 휴업보상비 등을 지급하는 손해보험의 성질을 띠고 있는 것이 있어 그 구별이 타당한가에 대해서는 의문이 있다.

(4) 재산보험과 인보험

첫째, 재산(물건)보험은 보험사고로 말미암아 피보험자의 재산에 생긴 손해를 보상하기로 하는 보험이다. 그 중에서 물건보험은 피보험자의 특정한 물건에 생긴 직접적인 손해를 보상하는 것으로 화재보험, 운송보험, 해상보험 등이 있다. 재산보험은 피보험자가 보험사고로 생긴 비용이나 채무 등 간접손해를 보상하기로 하는 것으로 책임보험이며 소극보험의 성질을 가진다.

재산보험에서 피보험자는 보험금청구권자이다.

둘째, 인보험은 사람의 생명 또는 신체에 관하여 보험사고가 생길 경우에 보험계약의 정하는 바에 따라 보험금액(정액, 치료비 등) 기타의 급여(치료 등 현물)를 할 것을 목적으로 하는 보험이다.

인보험에서 피보험자는 생명, 신체에 관하여 보험이 붙여진 자이다.

(5) 손해보험과 정액보험

첫째, 손해보험은 보험사고로 인하여 재산에 대하여 생긴 손해액에 따라서 보험금을 지급하는 보험이다. 손해보험은 보험금액의 범위내에서 실손해를 보상한다. 다만 보증보험의 경우에 정액보상특약에 의해서 보험계약에서 정한 정액보상을 하는 경우도 있다.

둘째, 정액보험은 보험사고가 발생한 때에 계약에서 정한 보험금액을 지급하는 보험이다. 생명보험 즉, 사망, 생존, 양노(혼합)보험의 경우는 정액보험의 형태이다.

관련사항

- 보험가액 = 피보험이익의 평가액
- 보험금액 = 가입금액(급여의 최고한도, 때로는 보험사고발생시에 실제 지급하는 손해보상액(보험금)의 의미로도 쓰임) + 지급하기로 약정한 금액(정액보험)

(6) 해상보험·육상보험·항공보험

첫째, 해상보험은 근대보험의 효시로서, 해상사업에 관한 사고로 선박 또는 적하 등에 생긴 손해를 보상하기로 하는 보험이다. 해상보험에서 창고간약관 또는 운송약관(복합운송약관)에 의하여 화물이 수화인에게 인도하기까지 내륙에서의 위험을 인수하기도 한다.

둘째, 육상보험은 육상에서의 사고에 대비하기 위한 보험이다. 일반적으로 해상보험 이외의 것을 통칭하며, 통상의 손해보험, 신종보험, 생명보험 등이다.

셋째, 항공보험은 항공기와 항공에 관한 사고로 인한 손해를 보상하기로 하는 보험이다.[398] 그 예로 기체보험, 항공화물운송보험, 여객·승무원 상해보험, 항공배상책임보험 등이 있다.

(7) 개별보험·집합보험·단체보험

첫째, 개별보험은 개개의 물건 또는 사람을 보험의 목적으로 하는 것이다. 사람의 경우 단독보험이라고도 한다.

둘째, 집합보험은 집합된 물건을 보험의 목적으로 하는 것이다. 이 중 특정보험은 어떤 특정한 집합된 물건을 보험의 목적으로 하는 것이며, 총괄보험은 창고물건 등과 같이 집합된 물건이 수시로 교체될 것이 예상되는 것이다.

셋째, 단체보험은 사람의 단체, 예를 들어 어떤 직장에 속해 있는 사람들이 하나의 단체로 보험에 드는 경우이다. 이의 반대가 단독보험이다.

연생보험은 부부가 피보험자인 경우로서, 부부 중 어느 한 사람이 보험수익자로 보험금을 지급 받는다.

(8) 기업보험과 가계보험

첫째, 기업보험은 기업인이 기업경영에 따르는 위험에 대비하기 위하여 이용하는 보험이다. 해상, 항공, 재보험 등이 있다. 기업보험은 보험자와 보험계약자는 다 같이 기업인으로 대등한 지위를 가지므로 사적자치의 원칙을 인정할 필요가 있다. 이에 때라 상법 제663조 단서에서 재보험, 해상보험 기타 이와 유사한 보험의 경우에 계약자불이익변경금지의 원칙이 적용되지 않는다고 규정하고 있다.

둘째, 가계보험은 가계의 안정을 위하여 이용하는 보험이다. 그 예로 생명보험, 일반주택 등에 대한 화재보험 등을 들 수 있다. 가계보험의 경우에 보험계약자 등의 이익보호를 위한 법적 배려가 요구되어 계약자불이익변경금지의 원칙(상법 제663조) 등이 적용된다.

(9) 원보험과 재보험

보험금의 지급책임을 지는 보험자(원수보험자)가 자기의 보험계약상의 책임의 전부 또는 일부에 대하여 다시 제2의 보험자에게 보험을 인수시키는 경우가 있다. 이를 재보험이라 하며, 재보험자로 대표적인 것으로 로이드(LLoyd)보험인수업자조합[399]을 들 수 있다.

---

398 상법상 제6편 항공운송에 관한 규정이 도입되어 있으나, 항공보험에 대하여 별도의 규정을 두고 있지는 않다.

399 로이드보험업자협회와 로이드보험중개인협회가 중추를 이룬다.

(10) 임의보험과 강제보험

첫째, 임의보험은 보험가입이 강제되지 아니하는 보험이다. 영리보험의 대부분은 임의보험이다.

둘째, 강제보험은 법률상 보험가입이 강제되고, 보험자도 특별한 사유가 없는 한 가입을 거절할 수 없는 보험이다. 이처럼 강제보험의 경우에 적용대상자는 당연히 가입하는 것으로서, 그 예로 산업재해보상보험, 원자력손해배상책임보험, 자동차손해배상책임보험, 창고화재보험(창고업법), 의료보험법 등을 들 수 있다.

보험계약법의 특성

1. 의의

광의의 보험법은 보험공법과 보험사법으로 나눌 수 있다. 보험공법에는 ① 공보험법 ② 보험행정법(보험업법 중 보험사업의 규제·감독에 관한 법)이 있고, 보험사법에는 ① 보험기업조직법(보험업법) ② 보험행위법(보험계약법)이 있다. 협의의 보험법은 보험계약법이다.

보험계약은 영업적 상행위의 일종이지만, 보험제도가 위험단체안에서 대수의 법칙에 의해 공동비축금을 마련하여 우연한 사고에 대비하는 기술적 제도로서 일반적 상행위와 다른 특징이 있다.

2. 윤리성 · 선의성

보험계약은 사행계약으로 우연한 사건에 의해서 급여 관계가 결정되므로 도덕적 위험의 우려가 있다. 이에 따라서 각 당사자에게 고도의 선의를 요구하는 선의성의 원리를 그 기본이념으로 한다.

구체적 예로 고지의무위반에 고의·중과실의 주관적 요소를 두는 것(상법 제651조), 고의에 의한 보험사고에 보험자의 면책을 인정하는 것(상법 제659조), 사기로 인한 초과보험을 무효로 하는 것(상법 제669조 제4항) 등을 들 수 있다.

3. 기술성

보험은 위험단체를 기초로 대수의 법칙에 따라 그 위험을 효율적으로 분산시키는 기술적인 제도이다.

보험자가 보험을 인수함에 있어서도 기술적인 기초에 입각하며, 보험료율의 결정에도 수지상등의 원칙을 적용하고 보험료율 결정을 위한 위험측정에 있어서도 고지의무에 있어서 질문표를 이용하는 등 기술상의 특색을 가진다.

보험계약법은 이처럼 기술적인 기초에 바탕을 둔 보험관계를 규율하므로 기술법적인 성격을 띤다.

4. 단체성

보험은 위험단체 안에서 위험을 분산·전가시키기 위한 제도이다. 위험단체의 형성은 다수인의 위험을 종합평균화함으로써 위험을 분산한다는 보험의 기술적 요청에서 이끌어진 것이다. 단체성에서 보험자는 각 보험계약자를 평등하게 대우하여야 한다는 원칙이 제시되며, 특정한 보험계약자에게만 특별한 이익을 제공하는 행위는 허용되지 않는다.

구체적으로 고지의무제도에 의한 불량위험의 배제나 요율의 차등화, 위험변경증가통지의무에 따른 보험료증액의 청구나 계약해지의 가능(상법 제652조), 보험계약의 포괄적 이전의 인정(보험업법 제117조) 등이 단체성을 반영하고 있다.

5. 사회성 · 공공성

보험은 국민경제적으로 중요한 의미를 지니는 것으로 공공의 이익과 밀접한 연관을 가지며, 영리보험의 경우에도 준공기업의 성격을 지닌다.

이에 따라 보험 사업에 대하여 국가가 감독권을 행사한다. 보험자의 자격은 인보험이든 손해보험이든 최저자본금 300억원으로 제한된다. 그리고 보통보험약관에 대하여 행정적 감독을 하여 보험사업의 허가를 받을 때 기초서류로서 이를 첨부하며(보험업법 제5조), 금융위원회는 약관의 변경을 명할 수 있다(보험업법 제131조 제2항). 기타 불이익변경금지의 원칙(사업 제663조) 등도 공공성을 반영하고 있다.

6. 상대적 강행법성

보험은 기술성·단체성·사회성 등으로 인해서 사적 자치를 그대로 인정할 수 없다. 따라서 가계보험에 있어서 보험계약자를 보호하기 위한 법적 배려가 요구된다. 그러나 기업보험의 경우는 대등한 기업자간의 계약관계로서 사적자치의 원칙이 그대로 적용된다(상법 제663조 단서). 기업보험의 예로 재보험, 해상보험 기타 이와 유사한 보험으로 항공보험이나 기업을 대상으로 하는 보증보험 등을 들 수 있다.

보험법의 법원

보통보험약관

1. 의의

보통보험약관은 보험자가 다수의 보험계약을 체결하기 위해서 미리 작성한 당사자간 보험계약의 내용이 되는 정형적인 계약조항이다. 보통거래약관은 계속적·대량적 기업거래에 획일적으로 적용하기 위한 것으로 첫째, 간이·신속의 요청에 따르고, 둘째, 성문법의 불비를 보충한다. 보통거래약관에 의하여 거래가 획일적으로 처리됨으로써 위험단체안에서 보험계약자간에 동등한 취급이 이루어질 수 있다.

보통보험약관에 있어서 특별보통보험약관(부가약관)은 특수한 보험에 있어서 보통보험약관에 다시 상세한 약정을 한 때 작성되며, 보통보험약관의 일부를 이룬다. 그 예로 개인용자동차보험에 있어서 가족운전자한정운전특별약관을 들 수 있다.

이와 달리 특별보험약관은 해상보험 등 기업보험에서 보험계약체결시에 보통보험약관에 의하지 아니하고 개별적인 사정에 따라 계약의 내용을 정하는 경우에 해당되며, 특별계약조항으로 보통보험약관과 구별된다.

2. 규제

(1) 필요성

보험약관은 보험자가 일방적으로 작성하는 부합계약이므로 보험자의 일방적 이익을 추구할 가능성이 있다. 따라서 계약상대방인 소비자보호의 요청에 따라 이를 규제할 필요가 있다.

(2) 입법적 규제

보통보험약관은 보험계약자 등의 불이익변경금지의 원칙(상법 제663조)에 따르며, 약관규제법에 따른다. 그러나 약관규제법에서는 “특정한 거래 분야의 약관에 대해서 다른 법률에 특별한 규정이 있는 경우에는 이 법의 규정에 우선한다.”(약관규제법 제30조 제3항)고 규정하고 있는데, 이에 따라 상법과 보험업법의 규정이 우선한다.

또한 약관규제법에 따를 때, 회사법 분야에 적용되지 않고(약관규제법 제30조 제1항), 국제적으로 통용되는 보험약관에 대하여 제7조(면책조항의 금지), 제14조(소제기의 금지에 대한 무효 등)의 적용이 제한된다(약관규제법 제15조).

(3) 행정적 규제

보험약관의 작성·변경·사용에 있어서 금융위원회의 감독을 받는다. 보험사업의 허가를 받을 때 기초서류로서 보험약관을 첨부하며(보험업법 제5조), 금융위원회는 약관의 변경을 명할 수 있다(보험업법 제131조 제2항).

(4) 사법적 규제

보험약관의 유효성의 판단이나 해석에 의문이 있을 때 최종적으로 법원의 판단에 맡긴다.

3. 보통보험약관의 교부·설명

보험약관은 보험계약자가 그 내용을 알 수 있어야 한다. 이에 따라 약관규제법 제3조에서 "사업자는 계약을 체결할 때에 고객에게 약관의 내용을 계약의 종류에 따라 일반적으로 예상되는 방법으로 분명하게 밝히고, 고객이 요구할 경우 그 약관의 사본을 고객에게 내주어 고객이 약관의 내용을 알 수 있게 하여야 한다. 또한 약관의 중요한 내용을 고객이 이해할 수 있도록 설명해야 한다."고 규정하고 있으며, 제4항에서 이에 위반한 경우 계약의 내용으로 주장할 수 없다고 하고 있다.[400]

그런데 상법 제638조의 3에서 "보험자는 보험계약을 체결할 때에 보험계약자에게 보험약관을 교부하고 그 약관의 중요한 내용을 설명하여야 한다."고 하며, 이에 위반시 3개월 내에 계약의 취소가 가능하다고 규정하고 있다.

이처럼 두 규정의 내용에 상치되는 부분이 있는데, 일반적으로 상법의 특별규정이 약관규제법에 우선한다고 해석한다. 이에 대하여 판례는 3개월 내에 계약을 취소하지 않은 경우도 취소 여부가 의무가 아니라고 본다. 또한 양자가 배척하는 관계가 아니므로 상법 제638조 제3항이 적용되는 사항에 대하여 약관규제법 제3조 제4항이 적용될 수 있으며, 취소권을 행사하지 않은 경우에 약관규제법에 의하여 계약이 무효가 된다고 한다.[401]

관련사항 **변액보험**

일반의 생명보험회사의 자산운용기금(일반계정)과는 별도로 변액보험가입자가 납입한 보험료의 일부로 설정된 특별계정으로 주식 등의 유가증권에 투자함으로 인해 그 운용실적에 따라서 보험금액 및 해약환급금이 변동하는 구조를 가진 보험 → 설명의무위반 → 주의의무위반으로 불법행위를 구성한다.

---

400 고지의무나 통지의무 등에 관한 사항은 설명하지 않아도 설명의무위반이 되지 않는다고 한다(양승규, (보)113면).

401 대법원 1996.4.12. 선고 96다4893 판결, 대법원 1998.11.27. 선고 98다32564 판결.

4. 보통보험약관의 효력

보험약관의 구속력, 즉 계약당사자를 구속하는 효력의 근거에 대하여는 견해가 갈리고 있다.

(1) 의사설

보험약관은 보통의 계약과 같이 당사자가 약관의 조항을 알고 계약을 체결하였기 때문에 당사자를 구속한다는 견해이다.**402** 근거규정으로 교부·설명의무에 위반한 경우에 약관을 계약의 내용으로 주장할 수 없다는 약관규제법 제3조 제4항을 든다.

이에 대하여 당사자의 주관적 사정에 따라서 계약의 효력이 달라진다면서, 법률관계의 획일적 확정이라는 약관의 본래의 목적에 반한다는 비판이 제기된다.

판례는 일관되게 의사설을 취하고 있다. 다만 '보통보험약관에 따라 보험계약의 청약을 한다는 보험계약청약서를 작성한 이상 특별한 사정이 없는 한 그 약관의 구속력을 인정하는 것'으로서 의사의 추정설에 가깝다.

참조판례

"보통보험약관이 계약당사자에 대하여 구속력을 갖는 것은 그 자체가 법규범 또는 법규범적 성질을 가진 약속이기 때문이 아니라 보험계약 당사자 사이에서 약속내용에 포함시키기로 합의하였기 때문이라고 볼 것인바, 일반적으로 당사자 사이에서 보통보험약관을 계약내용에 포함시킨 보험계약서가 작성된 경우에는 계약자가 그 보험약관의 내용을 알지 못하는 경우에도 그 약관의 구속력을 배제할 수 없는 것이 원칙이나 다만 당사자 사이에서 설명적으로 약관에 관하여 달리 약정한 경우에는 위 약관의 구속력은 배제된다."(대법원 1985.11.26. 선고 84다카2543 판결).

(2) 규범설

보험계약의 단체적 구조를 강조하는 것으로서, 구속력의 근거를 보험약관 자체의 규범성에서 찾는다.**403**

근거규정으로 보험약관의 교부·설명의무 위반의 경우에 3월 내에 취소할 수 있다는 상법 제638조의 3을 든다. 이는 취소가 없는 한 의무를 위반해도 약관의 구속력을 인정한다는 것이다.**404**

규범설은 다음으로 나누어 볼 수 있다.

① 자치법설 : '사회있는 곳에는 법이 있다'는 법언을 원용하여 보험약관을 그 거래권 안의

---

402 이기수 외, (보)22면 ; 정찬형, (하)514면 ; 김성태, (보)144면 ; 한창희, (보)82면 ; 장덕조, (보)67면.
403 정희철, (하)357면 ; 양승규, (보)70면.
404 그러나 판례는 취소권은 권리일 뿐 의무가 아니므로 취소권을 행사하지 아니하여도 약관 내용을 주장할 수 없다고 하고 있다(대법원 1996.4.12. 선고 96다4893 판결).

자치법으로 본다. 즉 거래권이라는 부분사회의 법이라는 것이다. 다만 법이념의 지지를 받는 약관에 대해서 규범력을 인정하며, 독점기업의 일방적 이익을 위한 불공정약관의 경우는 규범력을 인정하지 않는다.

그러나 보험약관은 다수 거래의 간이·신속한 처리를 위한 것으로 자치법으로 보기에는 어렵다.

② 상관습법 : 약관 자체가 상관습이라는 견해가 있으나 신종보통보험약관을 채택한 경우 문제가 있다. 따라서 백지상관습법설이 주장되는데, '그 거래는 약관에 의한다'는 사실인 관습 또는 상관습법이 존재하는 결과 구속력을 가진다고 본다.

(3) 검토

보통보험약관은 다수의 계약을 간이·신속하게 처리하기 위한 제도로서 이를 법규범으로 보기는 어렵다. 일반적으로 보험약관은 보험자가 일방적으로 작성하는 것으로, 이를 규범으로 보아 계약당사자를 구속하는 것은 그 불리한 내용도 일반적으로 적용된다는 것으로 보험소비자보호를 위해서도 타당하지 않다. 따라서 의사설의 입장이 타당하다고 본다.

다만 오늘날에 있어서는 보통보험약관이 구속력을 가지기 위한 구체적 요건이 중시되는 것으로, ① 내용 적법 ② 교부·설명의무의 이행 ③ 인가기관의 규제의 충족 등이 요구된다.

5. 보험약관의 변경과 소급적용

(1) 변경

금융위원회는 보험회사의 업무 및 자산상황, 그 밖의 사정의 변경으로 공익 또는 보험계약자의 보호와 보험회사의 건전한 경영을 크게 해칠 우려가 있거나 보험회사의 기초서류에 법령을 위반하거나 보험계약자에게 불리한 내용이 있다고 인정되는 경우에는 청문을 거쳐 기초서류의 변경 또는 그 사용의 정지를 명할 수 있다(보험업법 제131조 제2항). 기초서류에는 보험약관도 포함되는 것으로 금융위원회는 보험약관의 변경을 명할 수 있다.

(2) 소급적용

보험약관은 원칙적으로 당사자간의 합의가 없는 한 기존의 보험계약에 대해서는 아무런 효력을 미치지 않는다.

그러나 보험업법 제131조 제3항에서 "금융위원회는 기초서류의 변경을 명하는 경우 보험계약자·피보험자 또는 보험금을 취득할 자의 이익을 보호하기 위하여 특히 필요하다고 인정하면 이미 체결된 보험계약에 대하여도 장래에 향하여 그 변경의 효력이 미치게 할 수 있다." 고 규정하고 있다.

6. 보통보험약관의 해석

첫째, 신의성실의 원칙 : "약관은 신의성실의 원칙에 따라 공정하게 해석되어야 하며 고객에 따라 다르게 해석되어서는 아니 된다."(약관규제법 제5조 제1항).

둘째, 목적론적 해석 : 보험계약의 단체성·기술성 등을 고려하여 각 규정의 뜻을 합리적으로 해석해야 한다.

셋째, 객관적 해석(평등해석) : 일반적인 법해석의 원칙에 의해서 해석되어야 한다. 예를 들어 배우자에 사실혼은 포함되지만 첩은 해당하지 않는다.

넷째, 개별약정우선의 원칙 : "약관에서 정하고 있는 사항에 관하여 사업자와 고객이 약관의 내용과 다르게 합의한 사항이 있을 때에는 그 합의사항은 약관보다 우선한다."(약관규제법 제4조).

다섯째, 작성자불이익의 원칙(불명확조항해석의 원칙) : "약관의 뜻이 명백하지 아니한 경우에는 고객에게 유리하게 해석되어야 한다."(약관규제법 제5조 제2항).

제2장 보험계약

보험계약의 개념

보험계약의 개념은 기본적으로 1원설과 2원설로 나눌 수 있다. 이에 대해서 보험계약의 개념을 규정하는 것을 부정하는 견해도 있다. 부정설은 모든 종류의 보험에 적합한 보험계약의 개념규정은 빛깔이 없는 평범한 것이 되므로 보험계약의 법적 한정은 매우 어렵다고 한다.

1. 손해보상계약설

보험계약은 일방의 당사자인 보험자가 상대방인 보험계약자로부터 대가를 징수하여 우연한 사고로 인하여 상대방 또는 제3자에게 생긴 손해를 보상할 것을 약속하는 계약이라고 한다. 즉 손해를 보상하는 계약이라는 것인데, 이는 손해보험만이 행해지던 시절에 통용되던 개념이다.

이에 따를 때 정액보험인 생명보험의 경우는 설명할 수 없다.

2. 경제수요충족설

보험계약에 대하여 보험가입자의 주관적인 보험이용의 목적의 견지에서 접근하는 것으로, 보험은 일정한 사고에 의하여 생기는 경제적 수요를 충족시킬 것을 목적으로 하는 계약이라고 한다.

이 견해는 수요의 뜻이 막연하여 다른 계약과 구별이 어렵다. 다만 보험 자체가 경제생활의 불안을 없애고자 하는 경제보장을 위한 제도라는 점에서 어느 정도의 타당성을 인정할 수 있다.

3. 기술설

보험계약은 대수의 법칙을 적용하여 보험자가 우연한 사고의 발생개연율에 따라 산출된 보험료로서 그 사고의 발생시에 일정한 금액을 상대방에게 지급할 것을 약정하는 계약이라고 한다.

이는 보험계약의 기술적 기초에 착안한 것으로 보험사업의 설명으로는 의의를 가진다.

4. 이원설

보험계약에 대하여 손해보험과 생명보험을 합쳐서 통일적인 정의를 내리는 것이 어렵다는 것을 전제로 양자를 따로 하여 이원적인 정의를 내리고자 하는 것이다. 보험계약이란 당사자의 일방이 약정한 불확정한 사고가 발생한 경우에 그 사고로 인하여 생긴 손해를 보상하거나 또는 약정한 금액을 지급할 것을 약정하는 유상의 독립계약이라고 한다.

5. 금액급여설

보험계약은 보험자가 대가를 받고 계약에서 정한 사고발생을 조건으로 일정한 금액을 지급할 것을 약속하는 계약이라고 한다. 보험계약당사자의 주관적인 목적 또는 동기를 문제로 삼지 아니하고 계약에서 요구되는 법률효과를 제시함으로 충분하다는 입장에 따른 것이다. 이 견해는 완전할 수는 없어도 손해보험과 인보험에 공통되는 요소를 찾아야 한다는 견지에서 주장된다.

이에 대해서 내용이 매우 추상적이어서 다른 비슷한 계약과 구별할 수 없다고 하며, 보험자가 손해를 보상함에 있어서 가령 유리보험과 같이 현물로 지급하는 경우가 생겨나므로 금액급여 대신에 재산급여라는 말을 쓰기도 한다. 여기서 재산급여는 일반적으로 손해보상 또는 일정한 금액이나 연금을 내용으로 하는 것이라고 한다.

6. 상법의 규정

상법 제638조에서 "보험계약은 당사자의 일방이 약정한 보험료를 지급하고 상대방이 재산 또는 생명이나 신체에 관하여 불확정한 사고가 생길 경우에 일정한 보험금액 기타의 급여를 지급할 것을 약정함으로써 효력이 생긴다."고 규정하고 있다. 이에 대하여 너무 추상적이라는 비판이 제기되기도 하는데, 상법의 태도는 다음과 같다.

첫째, '재산 또는 생명이나 신체'라고 하여 손해보험과 인보험을 이원적으로 파악한다.

둘째, '일정한 보험금액'이란 손해보험에서는 손해보상액, 정액보험에 있어서는 그 약정금액을 말하는 것이다.

셋째, 기타의 급여란 금액급여설의 결함을 보충한 것으로 유리보험에서 보는 바와 같은 현물급여 또는 치료 등과 같이 현금 이외의 급여를 의미한다.

보험계약의 요소

1. 보험자

보험자란 보험사업의 주체로서 보험을 인수하는 자이다.

(1) 자격

보험자는 주식회사로서 인보험이든 손해보험이든 최저자본금으로 300억이 요구된다(보험업법 제6조, 제9조 제1항).

(2) 수인의 보험자

1) 공동보험

공동보험은 수인의 보험자가 공동으로 보험을 인수하는 것이다.

첫째, 공연한 공동보험의 경우에 수인의 보험자가 그 인수비율을 정하는 것이 일반적이나 다른 약정이 없는 한 공동보험자는 연대하여 책임을 진다. 이는 보험자는 상인으로서 다수채무자의 연대책임의 규정에 의한 것이다(상법 제57조 제1항).

둘째, 숨은 공동보험의 경우에 몇몇 보험자가 보험풀을 조직하여 내부적으로 인수비율을 정하고 있다 하더라도 보험계약자는 하나의 보험자와 보험계약을 체결하게 되므로 형식적으로는 단일보험으로 된다.

2) 병존보험·중복보험

병존보험은 보험자 사이의 연결은 없이 보험계약자가 수인의 보험자와 보험계약을 체결한 것이다. 병존보험의 경우에 일부보험이 병존한 경우에 각 보험자는 그가 인수한 위험에 대해서만 책임을 진다.

중복보험은 피보험이익, 보험사고, 보험기간이 동일 또는 중복되고 보험금액의 합계가 보험가액을 초과하는 것인데, 각 보험자는 보험금액의 한도에서 연대책임을 지고, 각자의 보험금액의 비율에 따른다(상법 제672조 제1항).

2. 보험계약자

보험계약자는 보험자와 자기 이름으로 보험계약을 맺은 자이다. 보험계약자가 스스로 보험보호를 받는지 또는 타인을 위하여 그 계약을 체결하였는지는 상관이 없다. 보험계약자는 보험계약의 당사자가 되고, 보험료지급의무, 고지의무 등을 지며, 보험증권교부청구권 등 각종의 권리를 가진다. 해지환급금의 수령권한도 보험계약자에게 속한다.

3. 피보험자

피보험자란 손해보험에서는 보험수익자를 말하며, 인보험에서는 생명 또는 신체에 대해서 보험이 붙여진 자를 말한다. 생명보험의 경우 피보험자에 대한 제한이 따르는 것으로. 타인의 생명보험의 경우에 동의주의에 따르며(영미법은 피보험이익주의), 15세미만, 심신상실자 또는 심신박약자의 사망보험계약은 무효이다(상법 제732조).

4. 보험수익자

보험수익자는 인보험에서 보험금청구권을 가지는 자이다. 보험계약자가 보험수익자의 지정 · 변경권을 가진다(상법 제733조).

5. 보험자의 보조자

(1) 의의

보험자의 보조자로 보험대리상, 보험중개인, 보험설계사, 보험의 등을 들 수 있다.

(2) 보험중개인

보험중개인이란 보험자의 사용인이나 대리인이 아니면서 보험자와 보험계약자 사이의 보험계약의 체결을 중개하는 것을 영업으로 하는 독립의 상인이다(상법 제93조).

중개하는 점에서 보험중개대리상과 같다. 그러나 보험중개대리상과 달리 특정한 보험자의 위임을 받아 그 보험자를 위해서 중개하는 것이 아니다. 우리나라 거의 이용되지 않지만 영국의 경우 로이드보험처럼 중개가 일반적이다.

(3) 보험의

보험의는 생명보험회사에서 피보험자의 신체검사를 맡아 전문적인 소견을 보험자에게 제공하여 주는 의사로서 진단의라고도 한다. 보험자는 진단서를 기초로 위험을 인수할 것인가 여부를 결정하게 된다.

보험의는 고지수령권을 가지며, 일정한 경우 보험의의 과실은 보험자의 과실과 동일하게 된다. 이에 따라 고지의무위반으로 인한 계약해지권의 제한에 관한 규정인 "보험자가 중요사실을 알거나 알 수 있었을 때 해지할 수 없다."(상법 제651조 단서)의 조항은 보험의에 대해서도 적용되게 된다.

보험의는 보험영업에 관한 대리권이 주어져 있지 아니하므로 상업사용인은 아니다.

보험대리상

1. 의의

보험대리상은 일정한 보험자를 위하여 상시 그 영업부류에 속하는 보험계약의 체결을 대리하거나 중개하는 것을 영업으로 하는 독립된 상인이다(상법 제87조). 보험업법에서는 "보험대리점이란 보험회사를 위하여 보험계약의 체결을 대리하는 자(법인이 아닌 사단과 재단을 포함한다)로서 금융위원회에 등록된 자를 말한다."(보험업법 제2조 10호)고 하여 대리권을 가지는 자를 전제로 하고 있다.

개정 상법(2014년 개정) 제646조의 2에서 보험대리상에 관하여 최초로 규정하고 있는데, 이는 상법 제87조 상의 대리상 중 체약대리상에 대한 특칙이라고 볼 수 있다. 또한 보험업법상의 대리상은 이에 해당한다고 볼 수 있다.[405]

2. 보험체약대리상과 보험중개대리상

(1) 의의

보험대리상은 보험계약의 체결권을 가지는 보험체약대리상과 중개만을 하는 보험중개대리상으로 나눌 수 있다. 일반적으로 손해보험의 경우에는 보험체약대리상이 이용되고, 생명보험의 경우에는 보험인수에 있어서 특수한 성격으로 계약체결권을 보험자에게 집중시킬 필요에서 보험중개대리상이 이용되고 있다.[406]

상법 제646조의 2 제1항에 대하여 보험체약대리상에 대하여만 규정하였다고 볼 때, 상법 제646조의 2 제3항의 "보험대리상이 아니면서 특정한 보험자를 위하여 계속적으로 보험계약의 체결을 중개하는 자"는 보험중개대리상과 보험설계사를 포함하는 개념으로 보게 된다.[407]

개정 보험업법은 방카슈랑스의 허용에 따라 은행 등 금융기관의 보험대리점을 허용하고 있으며, 보험대리점으로 등록한 경우에 금융기관의 점포에서 보험모집을 할 수 있도록 하고 있다(보험업법 제91조).

---

405 이에 반하여 "개정 상법 제646조의 2 제1항의 보험대리상에는 체약대리상과 중개대리상이 포함되어 이는 상법 제87조에 대한 특별규정이 된다."는 견해도 있다(장덕조, "2014년 개정 상법 보험편의 해설 및 연구", 금융법연구, 제11권 2호, 2014, 25면).

406 양승규, (보)94면.

407 정찬형, (하)542면 ; 이와 달리 보험중개대리상은 제1항에서 규정하고 제3항은 보험설계사의 권한을 규정한 것으로 보는 견해도 있다 : 장덕조, 앞의 논문, 25~26면.

(2) 보험체약대리상

보험체약대리상은 보험계약의 체결권을 가지는 것으로, 신속히 계약을 체결할 필요에 따라 손해보험의 경우에 일반적으로 이용된다. 보험체약대리상은 보험자의 대리인으로서 보험계약 체결권을 가지므로 고지수령권은 물론 보험료의 수령, 보험계약의 변경·연기·해지 등에 관한 권한을 가지며 통지수령권도 가진다.[408] 통지수령권은 위험변경증가통지(상법 제652조) 등에 따른 그 수령권한을 말한다.

여기서 대리인에 의하여 보험계약을 체결한 경우에 대리인이 안 사유는 그 본인이 안 것과 동일한 것으로 한다(상법 제646조).

(3) 보험중개대리상

보험중개대리상은 보험계약의 중개만을 하는 것으로, 생명보험의 경우에 장기의 계약이고, 신체의 검사 등 계약의 성립에 시일이 걸리므로 계약체결권을 보험자에게 집중시킬 필요에서 일반적으로 보험중개대리상으로 하고 있다.

보험중개대리상은 이론적으로는 보험계약의 체결을 중개하는 권한을 가질 뿐 보험계약의 체결에 관한 대리권을 가지지 아니하므로 고지수령권은 물론 보험료수령권을 가지지 아니한다.[409] 그러나 개정 상법 제646조의 2 제3항을 보험중개대리상에 관한 규정으로 보는 견해에 따를 때, 보험자가 작성한 영수증을 보험계약자에게 교부하는 경우에만 ① 보험계약자로부터 보험료를 수령할 수 있는 권한 ② 보험자가 작성한 보험증권을 보험계약자에게 교부할 수 있는 권한을 가진다(상법 제646조의 2 제3항).

(4) 검토

위와 같이 보험중개대리상과 보험체약대리상은 차이가 나지만 실제는 상대방이 체약대리상인지 중개대리상인지 모르고 계약을 체결하는 경우가 많다. 이처럼 보험거래상대방은 중개대리상과 체약대리상의 차이를 알기 어려우므로 그 상대방을 보호할 필요가 있고, 상법에서 보험대리상의 권한에 대하여 광범위하게 규정하고 있으므로 중개대리상과 체약대리상의 차이를 두지 않고 동일한 권한을 가지는 것으로 보아야 할 것이라는 주장이 제기되었는데,[410] 같은

---

408 상법 제646조의 2(보험대리상 등의 권한) ① 보험대리상은 다음 각 호의 권한이 있다.
1. 보험계약자로부터 보험료를 수령할 수 있는 권한
2. 보험자가 작성한 보험증권을 보험계약자에게 교부할 수 있는 권한
3. 보험계약자로부터 청약, 고지, 통지, 해지, 취소 등 보험계약에 관한 의사표시를 수령할 수 있는 권한
4. 보험계약자에게 보험계약의 체결, 변경, 해지

409 보험증권의 교부, 보험료의 수령권한이 부여되는 일이 많지만(실제 가수증의 발급) 원래 대리권이 없는 까닭에 체약대리상처럼 광범한 권한이 없다.

410 정희철, (하)373면 ; 손주찬, (하)505면 ; 양승규, (보)95면 ; 이기수 외, (보)56면 ; 정찬형, (하)544면.

취지에서 보험중개대리상도 개정 상법 제646조의 2 제1항의 대리상에 포함되어 보험체약대리상과 같은 권한을 가지게 되었다는 견해도 있다.[411]

그러나 보험중개대리상에 대하여 넓은 권한을 부여할 때 보험설계사에서와 같이 불량위험의 인수라는 문제가 발생할 여지가 있게 되어 문제이다.

3. 대납약정의 효력

보험대리상의 경우 개정 상법에 의할 때 체약대리상이건, 중개대리상이건 보험료수령권한을 가진다(상법 제646조의 2 제1항). 그리고 보험자의 책임은 당사자간에 다른 약정이 없으면 최초의 보험료의 지급은 받은 때로부터 개시한다(상법 제656조). 이때 보험대리상이 대납약정을 한 경우에도 보험료지급의 효력을 인정하여 보험자의 책임개시를 인정할 것인가가 문제되는데, 이에 대하여 판례는 일관되게 "보험료대납약정을 하였다면 그것으로 곧바로 보험계약자가 보험회사에 대하여 보험료를 지급한 것과 동일한 법적 효과가 발생하는 것이고, 실제로 보험대리점이 보험회사에 대납을 하여야만 그 효과가 발생하는 것은 아니다."고 하고 있다.[412]

보험소비자보호의 취지에서 보험료대납약정에 대하여도 보험료납입효과를 인정하는 법원의 태도가 타당하다고 하겠다.

> **참조판례**
>
> "보험회사대리점이 평소 거래가 있는 자로부터 그 구입한 차량에 관한 자동차보험계약의 청약을 받으면서 그를 위하여 그 보험료를 대납하기로 전화상으로 약정하였고, 그 다음날 실제 보험료를 지급받으면서는 그 전날 이미 보험료를 납입받은 것으로 하여 보험약관에 따라 보험기간이 그 전날 24:00 이미 시작된 것으로 기재된 보험료영수증을 교부한 경우, 위 약정일에 보험계약이 체결되어 보험회사가 보험료를 영수한 것으로 보아야 할 것이다."(대법원 1991.12.10. 선고 90다10315 판결).

보험설계사(보험모집인)

1. 의의

보험설계사는 보험자에게 종속되어 보험자를 위하여 보험계약의 체결을 중개하는 자로서

---

411 장덕조, 앞의 논문, 25면 : 개정법은 명의대여자책임이나 표현지배인 등의 외관법리를 보험대리상에 도입한 것이라고 한다.

412 대법원 1995.5.26. 선고 94다60615 판결, 대법원 1991.12.10.선고 90다10315 판결, 대법원 1987.12.8. 선고 87다카1793 판결.

보험외무원이라고도 한다(보험업법 제2조 9호). 보험설계사는 독립된 상인은 아니며, 특정의 보험자에 종속하고 계약체결권 등 대리권이 인정되지 않는다.

2. 권한

보험설계사의 권한과 관련하여 먼저 계약체결권이나 고지수령권을 인정해야 할 것인가가 논의된다. 이에 대하여 보험설계사가 보험계약의 조건은 물론 보험약관의 내용을 설명할 뿐만 아니라 최초의 보험료까지 수령하고 나아가 보험계약을 체결·유지하는 데 거의 유일한 창구라며, 생명보험의 무진단보험의 경우 등 보험계약자가 보험자나 보험대리점과 직접 대할 수 없는 경우에는 보험계약자를 보호하기 위해서 고지수령권을 인정해야 한다는 견해도 있다.[413] 그러나 이 경우에 보험설계사가 실적을 위해서 일정한 사항을 숨기는 등 불량위험의 문제가 발생하므로 이를 인정하기는 어렵다(통설·판례[414]).

그런데 실제 보험설계사가 보험회사 자체나 기타 다양한 명칭을 사용함으로써 보험설계사에게 계약체결의 대리권이나 고지수령권이 있는 것으로 오인한 보험계약자의 이익이 부당하게 침해되기도 한다. 이에 대하여는 현재로서는 보험설계사에 의한 보험계약자의 손해에 대하여 보험회사의 사용자책임이나 표현법리에 의하여 해결할 수밖에 없다.[415]

다음으로 보험료의 수령권을 인정할 것인가의 문제가 있다. 실제 보험설계사도 보험자에 의한 수권에 의하여 보험료를 수령하고 보험료가수증을 발행하고 있다. 이에 학설과 판례는 보험설계사의 보험료수령권을 인정하고 있다.

개정 상법 제646조의 2 제3항을 일반적으로 보험설계사에 관한 규정으로 보는데, 이에 따를 때 보험자가 작성한 영수증을 보험계약자에게 교부하는 경우에만 ① 보험계약자로부터 보험료를 수령할 수 있는 권한 ② 보험자가 작성한 보험증권을 보험계약자에게 교부할 수 있는 권한을 가진다(상법 제646조의 2 제3항)고 하여 보험료수령권을 인정하고 있다.

---

413 서돈각·정완용, (하)362면.

414 "보험모집인은 특정 보험자를 위하여 보험계약의 체결을 중개하는 자일 뿐 보험자를 대리하여 보험계약을 체결할 권한이 없고 보험계약자 또는 피보험자가 보험자에 대하여 하는 고지나 통지를 수령할 권한도 없으므로, 보험모집인이 통지의무의 대상인 '보험사고발생의 위험이 현저하게 변경 또는 증가된 사실'을 알았다고 하더라도 이로써 곧 보험자가 위와 같은 사실을 알았다고 볼 수는 없다."(대법원 2006.6.30. 선고 2006다19672 판결, 대법원 1998.11.27. 선고 98다32564 판결).

415 보험업법 제158조에서 "보험사업자는 그 임원·직원·보험설계사 또는 보험대리점이 모집을 함에 있어서 보험계약자에게 가한 손해를 배상할 책임을 진다. 다만 위탁을 함에 있어서 상당한 주의를 하였고, 모집에 있어서 보험계약자에게 가한 손해의 방지에 노력한 때에는 그러하지 아니하다."고 규정하고 있다.

참조판례

"생명보험의 모집인이 그의 권유에 응한 청약의 의사표시를 한 보험계약자로부터 제1회 보험료로서 선일자수표를 발행받고 보험료가수증을 해준 경우에는, 비록 보험설계사가 소속 보험회사와의 고용계약이나 도급적 요소가 가미된 위임계약에 바탕을 둔 소속보험회사의 사용인으로서 보험계약의 체결대리권이나 고지수령권이 없는 중개인에 불과하다 하여도 오늘날의 보험업계의 실정에 비추어 제1회 보험료의 수령권이 있음을 부정할 수는 없으나, 그렇더라도 그가 선일자수표를 받은 날을 보험자의 책임발생시점이 되는 제1회 보험료의 수령일로 보아서는 안 된다."(대법원 1989.11.28. 선고 88다카33367 판결).

3. 개별약정성립의 문제

약관규제법 제4조에서 개별약정우선의 원칙에 관하여 규정하고 있다.[416] 이에 따라 법원은 체약대리권이 인정되는 보험대리점의 경우는 대납약정의 유효성도 인정하고, 개별약정의 성립을 인정하여 보험대리점의 잘못된 설명을 개별계약의 내용으로 인정하고 있다.[417] 그러나 보험설계사의 경우에는 체약대리권이 인정되지 않으므로 대납약정의 유효성은 인정하지 않지만, 보험설계사가 약관과 다른 설명을 한 경우에 개별약정우선의 원칙의 적용을 인정하여, 약관의 구속력을 배제하고 개별약정의 효력을 인정하고 있다.[418]

보건대, 보험설계사의 경우에 체약대리권이 인정되지 않으므로 대리권이 없는 자에 대하여 개별약정의 효력을 인정하여 계약변경권을 인정하는 것은 법논리에는 맞지 않다. 그러나 보험계약을 체결함에 있어서 보험설계사가 보험자 측의 거의 유일한 창구가 되는 경우가 많고 그에 따라 그 설명을 신뢰하게 되므로, 소비자보호를 위하여 보험설계사의 설명에 대해서 보험자에게 보다 엄격한 책임을 부과할 필요가 있다. 따라서 개별약정의 성립을 인정하는 판례의 태도는 타당하다고 본다.[419]

관련사항

보험대리점 : 계약체결권, 고지수령권, 통지수령권, 보험료수령권 인정
보험중개인 : 아무런 권리 인정하지 않음
보험설계사 : 보험료수령권만 인정
보험의 : 고지수령권만 인정

---

416 약관규제법 제4조 "약관에서 정하고 있는 사항에 관하여 당사자와 고객이 약관의 내용과 다르게 합의한 사항이 있을 때에는 당해 합의 사항은 약관에 우선한다."

417 대법원1989.3.28. 선고 88다4645 판결.

418 "일반적으로 당사자 사이에서 보통보험약관을 계약내용에 포함시킨 보험계약서가 작성된 경우에는 계약자가 그 보험약관의 내용을 알지 못하는 경우에도 그 약관의 구속력을 배제할 수 없는 것이 원칙이나, 당사자 사이에서 설명적으로 약관의 내용과 달리 약정한 경우에는 위 약관의 구속력은 배제된다." (대법원 1991.9.10. 선고 91다20432 판결 등).

419 그 외에도 보험회사의 사용자책임이나 표현법리에 의하여 보호를 받을 수 있다는 점은 앞에서 언급하였다.

보험의 목적

보험의 목적이란 보험사고의 대상이 되는 객체이다. 손해보험의 경우에 물건보험은 경제적 이익이 있는 재화, 건물, 운송물, 선박, 기계 등이며, 재산보험은 채권 또는 피보험자의 책임 등이다. 인보험의 경우에는 피보험자의 생명 또는 신체이다.

보험사고

1. 의의

보험사고란 보험계약에서 보험자의 보험금지급책임을 발생시키는 우연한 사고이다. 우리 상법에서는 이를 위험이라고도 하는데(상법 제647조 등), 위험이란 엄격하게 말하면 '보험사고의 발생가능성'이라고 할 수 있다.

2. 요건

보험사고는 첫째, 우연한 것이어야 한다. 보험사고는 불확정성이 요건으로, 발생여부와 발생시기가 불확정적이어야 한다.420 이를 반영하여 상법 제644조에서 "보험계약 당시에 보험사고가 이미 발생하였거나 또는 발생할 수 없는 것인 때에는 그 계약은 무효로 한다."고 규정하고 있다. 여기서 불확정성은 주관적으로 불확정적이면 된다. 그리하여 보험사고가 발생하였어도 당사자 쌍방과 피보험자가 이를 알지 못한 때에는 유효하게 된다(상법 제644조 단서).

또한 소급보험(상법 제643조)은 "보험계약의 성립 전의 어느 시기부터 보험기간이 시작되는 것으로 정한 보험"으로, 예를 들어 해상적하보험에서 출항 후 화물의 선적시부터 책임이 개시되는 것으로 정할 수 있다. 이 경우에 보험계약의 성립시에 이미 보험사고가 발생하였어도 당사자가 알지 못한 경우에는 보험자의 책임이 인정된다.

둘째, 발생가능성이 있어야 한다.

셋째, 일정한 목적에 대하여 일어나는 일정한 사고이어야 한다. 보험사고는 보험계약에서 정해진 보험의 목적에 생긴 것이어야 하고, 그 사고의 범위는 특정되어 있어야 한다. 예를 들어 화재와 홍수, 상해와 질병은 구분된다.

---

420 다만 사망이 보험사고인 생명보험에 있어서는 예외적으로 보험사고의 발생기기만이 불확정적이라는 특징이 있다.

보험사고에 대하여 계약에서 정함에 따라 보험사고의 범위를 넓히거나 제한하는 경우도 있다. 예를 들어 해상보험에서 창고간약관 등에 의해 육상위험을 인수하고, 생명보험에서 계약에서 정함에 따라 사망에 한정하든지 상해 또는 질병위험을 담보하는 경우도 있다.

3. 사고의 포괄성

보험사고의 포괄성이 인정되기도 하는데, 예를 들면 종합보험의 경우에 여러 개의 보험이 동시에 이루어지는 것으로서 이것도 보험의 특정성에 반하지 않는다. 보험사고의 포괄성이 인정되는 예로 운송보험의 경우에 운송 중의 각종의 사고를 담보하며(상법 제688조), 해상보험의 경우 '해상사업에 관한 사고'를 담보하는데(상법 제693조), 여기에는 침몰, 좌초, 악천후, 화재, 해적 등이 포함된다.

포괄적 보험사고의 책임에 대하여 다음의 입법주의가 있다. ① 한정책임주의 : 법률 또는 약관에 구체적으로 열거된 사고만 담보한다(영·미 해상보험법). ② 포괄책임주의 : 보험기간 중의 면책사유로 인한 사고를 제외한 일체의 사고를 담보한다(대륙계 해상보험법).

우리나라는 상법 제693조 등에서 포괄책임주의를 규정하고 있다.

보험료와 보험금액

보험료는 보험자의 보험금지급책임의 대가로 보험계약자가 지급하는 금액이다. 순보험료는 대수의 법칙에 따라 사고발생개연률에 의해서 산출되는 것이고, 영업보험료는 순보험료에 인건비 등 사업비로서 부가하는 부가보험료를 더한 것이다.

보험금액은 보험자가 보험사고가 발생한 때에 지급하여야 할 금액이다. 첫째, 손해보험은 피보험자의 재산상의 손해를 보상하므로, 보험계약에서 예정한 보험금액과 보험사고의 발생시에 보험자가 지급하는 보험금액이 반드시 일치하는 것은 아니다. 여기서 보험금액은 ① 보험자가 보험계약자와 합의하여 정한 손해보상책임의 한도액으로서의 의미를 가지기도 하고, ② 보험사고로 인한 손해보상액으로 쓰이기도 한다. 후자의 예로는 보험자대위에 관한 상법 제682조에서 "보험금액을 지급한 보험자는 지급한 금액의 한도에서 제3자에 대한 보험계약자나 피보험자의 권리를 취득한다."라고 규정한 것 등을 들 수 있다.

둘째, 정액보험에서 보험금액은 보험자가 보험사고발생시에 지급하기로 약정한 금액이다.

보험기간과 보험료기간

1. 보험기간

보험기간은 보험자의 책임이 시작되어 끝날 때까지의 기간으로서 이를 책임기간 또는 위험기간이라고도 한다. 원칙적으로 다른 약정이 없는 한 최초의 보험료를 받은 때로부터 보험자의 책임이 개시된다(상법 제656조).

보험료를 먼저 받은 경우에 상법 제638조의 2(책임소급조항)에서 "청약과 함께 보험료 상당액의 전부 또는 일부를 받은 경우에는 그 청약을 승낙하기 전에 보험계약에서 정한 보험사고가 생긴 때에는 그 청약을 거절할 사유가 없는 한 보험자는 보험계약상의 책임을 진다."고 규정하고 있다. 다만 인보험의 경우 신체검사를 받아야 할 경우에 검사를 받지 아니한 경우는 제외한다.

보험기간에 대하여 계약에서 보험기간의 시기와 종기의 기간까지를 밝히는 경우도 있다.

2. 보험계약기간

보험계약기간은 보험계약의 존속기간 또는 유효기간으로 보험계약의 성립시부터 종료시까지이다.

보험기간과 보험계약기간은 원칙적으로는 일치해야 할 것이다. 그러나 이 기준이 많이 깨어진다.

(1) 보험기간 〈 보험계약기간

첫째, 보험기간의 시기를 계약성립시점 이후의 일정시각으로 한 경우이다.

둘째, 예정보험(장래보험) : 보험계약의 성립시에 요소의 전부 또는 일부를 확정하지 아니한 보험계약으로, 예를 들면 선박미확정의 적하예정보험(상법 제704조)의 경우에 요소확정시에 추후 통지의무를 지게 된다.[421] 이때 보험기간은 요소확정 후에 개시된다.

셋째, 최초의 보험료 미지급에 따라 책임이 개시하지 않은 경우이다.

(2) 보험기간 〉 보험계약기간

첫째, 소급보험의 경우 : 소급보험은 보험계약의 성립 전의 어느 시기부터 보험기간이 시작되는 것으로 정한 보험으로, 예를 들면 해상적하보험에서 출항 후 화물의 선적시부터 책임이 개시된 것으로 정한 경우를 들 수 있다. 이를 인정하는 근거로 "보험사고의 불확정성은 주관

---

421 통지를 해태한 경우에는 보험자는 1개월 내에 계약의 해지가 가능하다(상법 제704조 제2항).

적으로 불확정이면 된다."(상법 제644조)는 조항을 들 수 있다. 다만 사고발생을 알고 소급보험계약을 체결시에는 계약이 무효이다.

둘째, 책임소급조항의 경우 : "보험자가 보험계약자로부터 보험계약의 청약과 함께 보험료 상당액의 전부 또는 일부를 받은 경우에 그 청약을 승낙하기 전에 보험계약에서 정한 보험사고가 생긴 때에는 그 청약을 거절할 사유가 없는 한 보험자는 보험계약상의 책임을 진다."(상법 제638조의 2 제3항).

(3) 운송·해상보험

첫째, 운송보험자의 책임 : "운송보험계약의 보험자는 다른 약정이 없으면 운송인이 운송물을 수령한 때로부터 수하인에게 인도할 때까지 생길 손해를 보상할 책임이 있다."(상법 제688조).

둘째, 해상보험의 보험기간 : 항해단위로 선박을 보험에 붙인 경우에는 보험기간은 하물 또는 저하의 선적에 착수한 때에 개시한다(상법 제699조 제1항). 적하를 보험에 붙인 경우에는 보험기간은 하물의 선적에 착수한 때에 개시한다. 그러나 출하지를 정한 경우에는 그곳에서 운송에 착수한 때에 개시한다(상법 제699조 제2항). 하물 또는 저하의 선적에 착수한 후에 보험계약이 체결된 경우에는 보험기간은 계약이 성립한 때에 개시한다(상법 제699조 제3항).

보험기간은 항해보험의 경우에는 도착항에서 하물 또는 저하를 양륙한 때에, 적하보험의 경우에는 양륙항 또는 도착지에서 하물을 인도한 때에 종료한다(상법 제700조).

2. 보험료기간

(1) 의의

보험료기간은 보험료를 산출하는 단위기간이다. 일정한 기간을 단위로 하여 그 기간 동안의 사고발생개연율을 산출하여 보험료를 산정하게 되는데, 보험료기간은 이처럼 보험료산출을 위한 위험측정의 단위가 되는 기간을 말한다.

대체로 보험료기간은 1년이다. 장기보험(생명보험)의 경우에는 보험기간이 몇 개의 보험료기간으로 나뉜다. 그리고 운송보험 등 보험기간이 보험료기간보다 짧을 수 있다(상법 제688조, 제699조 등 보험기간이 제시됨).

(2) 보험료불가분의 원칙

1) 의의

보험료불가분의 원칙은 보험료산출의 기준이 되는 보험료기간의 보험료는 관념적으로 하나로 보아야 한다는 원칙이다. 즉 보험자가 보험료기간의 일부에 대해서만 위험을 부담하였다 하여도 그 보험료의 전액을 취득할 수 있다는 원칙이다. 구체적으로 보험료기간의 중도에 보험계약이 장래에 대해서 해지되거나 실효한 경우에도 보험자는 그 보험료기간에 대응하는 보험료전액을 취득할 수 있게 된다.

2) 적용 예

보험료체납의 경우 "보험료의 지급을 받지 아니한 잔액이 있으면 그 지급기일이 이르지 아니한 때라도 보상할 금액에서 이를 공제할 수 있다."(상법 제677조)고 규정하고 있다. 예를 들어 보험금액 1000만원, 보험료 1만원, 계약 2개월 경과시 사고난 경우에 지급되는 보험금은 1000만원에서 10만원을 뺀 금액이 된다.

또한 상법 제649조 제3항에서 "계약자가 보험계약을 해지한 경우에는 미경과보험료의 반환을 청구할 수 있다."고 규정하고 있는데, 여기서 미경과보험료는 보험료기간 이후의 해당기간의 보험료로 해석한다. 즉 미리 여러 보험료기간의 보험료를 납부하는 것을 상정한 것이다.

상법 제647조(특별위험의 소멸), 제669조(초과보험)의 경우에 보험계약자는 '그 후'(상법 제647조), '장래'(상법 제669조)의 보험료감액청구가 가능한데, 이것도 보험료기간 이후로 해석한다.[422]

3) 예외

보험료불가분의 원칙에 대하여 보험자의 원용권의 포기가 인정되는데, 오늘날 보험거래에서 보험료의 분할지급이 허용되고 보험계약이 해지된 경우에도 경과하지 않은 기간에 대해서 일할로 계산한 보험료를 보험계약자에게 돌려주는 것이 실정이다.[423] 그 예로 화재보험약관 제33조 등을 들 수 있는데, 여기서는 보험기간 중 보험사고가 발생하여 보험금이 지급되어 보험가입금액이 감액된 경우에는 감액된 보험가입금액을 기준으로 환급금을 계산하여 돌려준다고 하고 있다(화보약관 제33조 제1항 단서).

보험계약의 성립

보험계약은 낙성계약으로 보험계약자와 보험자 사이의 청약과 승낙에 의해 의사가 합치되면 성립하는 것이고, 보험료의 납입이나 보험증권의 교부는 보험계약의 성립요건은 아니다.

---

422 양승규, (보)207면.
423 보험료불가분의 원칙이 해상보험에서나 적용되고 있다고도 한다.

1. 청약

보험계약에 일정한 방식이 있는 것은 아니나 일반적으로 보험계약청약서를 이용하고 있다. 보험계약청약서는 일반적으로 인수할 위험과 관련한 여러 가지 사항에 관한 질문란을 두고 있는 정형화된 서식이다.

보험계약의 체결에 있어서 청약의 구속력이 인정되어, 청약서의 필요사항을 기재하여 보험자에게 교부한 때에 보험계약을 청약한 것이 되며, 이를 임의로 철회하지 못한다(민법 제527조).

2. 승낙

보험자는 보험계약청약자가 고지한 사항을 검토하고, 위험의 인수 여부를 결정하여 승낙통지를 발송하면 계약이 성립한다(민법 제531조). 진단보험의 경우에는 신체검사의 결과도 검토하여야 한다.

3. 보험자의 낙부통지의무와 승낙의제

상법 제53조에서 상시거래관계에 있는 자에 대해서 청약에 대한 낙부통지의무를 부과하여 이를 해태시 승낙의제를 규정하고 있으며, 그 외는 승낙을 받지 못하면 청약의 효력이 상실하여 계약이 불성립한다(상법 제51조). 그러나 보험의 경우에는 이에 대한 예외로, 상시거래관계에 있지 않은 경우에도 상법 제638조의 2에서 승낙의제를 규정하여 "보험료 상당액의 전부 또는 일부의 지급을 받은 때에 … 30일 내에 상대방에 대해서 낙부의 통지를 발송해야 한다."며, "보험자가 그 기간내에 낙부의 통지를 해태한 때에는 승낙한 것으로 본다."고 규정하고 있다.

4. 승낙 전 보험사고와 보험자의 책임

상법 제638조의 2 제3항에서 책임소급조항에 대하여 규정하여 "청약과 함께 보험료 상당액의 전부 또는 일부를 받은 경우에 그 청약을 승낙하기 전에 보험계약에서 정한 보험사고가 생긴 때에는 그 청약을 거절할 수 있는 사유가 없는 한 보험자는 보험계약상의 책임을 진다."고 하고 있다. 청약을 거절할 수 있는 사유는 고지의무위반, 보험인수를 할 수 없는 사항 등이 될 것이다. 다만 인보험의 경우에 신체검사를 받아야 할 때는 검사를 받아야 한다.

보험약관의 교부·설명의무

1. 의의

보험계약을 체결할 때 보험계약자가 보험계약의 내용을 알 수 있어야 한다. 그런데 보험계약은 약관에 의하여 체결되는 것으로서 보험계약자가 알지 못하는 가운데 약관에 정하여진 중요한 사항이 계약 내용으로 되어 보험계약자가 예측하지 못한 불이익을 받을 우려가 있다. 따라서 보험계약자를 보호하기 위하여 상법 제638조의 3에서 보험약관의 교부·설명의무에 대하여 규정하여 "보험계약 체결시에 보험약관을 교부하고, 중요한 내용을 설명하여야 한다."고 하고 있다. 중요한 내용이란 보험의 종류에 따라 다르기는 하지만, 보험료와 그 지급방법, 보험금액, 보험기간 특히 보험자의 책임개시시기를 정한 경우에는 그 시기, 보험사고의 내용, 보험계약의 해지사유, 보험자의 면책사유 등이 해당한다.

교부·설명의무자에는 보험자뿐만 아니라 보험설계사, 보험대리점, 보험중개인 등도 포함된다.

2. 위반의 효과

교부·설명의무에 위반한 경우에 상법 제638조의 3에서 "보험계약이 성립한 날부터 3개월 내에 취소가 가능하다."고 규정하고 있다. 이에 반하여 약관규제법 제3조 제4항에서는 "약관을 계약의 내용으로 주장할 수 없다."고 규정하고 있다.

상법과 약관규제법의 관계가 문제되는데, 이에 대하여 견해가 갈리고 있다.

① 상법단독적용설 : 약관규제법 제30조 제2항에서 "특정한 거래분야의 약관에 대하여 다른 법률에 특별한 규정이 있는 경우에는 이 법의 규정에 우선한다."고 규정하고 있고, 상법 보험편의 규정은 약관규제법에 대한 특별규정이므로 상법 제638조의 3 제2항만이 적용된다고 본다.[424] 이는 약관의 구속력의 근거에 대하여 규범설을 취하는 학자들의 견해로서, 위 취소권을 행사하지 않은 경우에 그 약관의 내용이 보험계약자를 구속한다고 본다.

---

424 양승규, (보)114면 ; 김성태, (보)190면 ; 상법 규정에 의할 때 보험계약자는 계약성립일부터 3개월 내에 계약을 취소할 수 있게 되는데, 약관규제법의 규정에 의하면 고객이 계약성립 후 언제든지 당해 약관에 의한 계약의 무효를 주장할 수 있게 되어 상법의 규정과 부합되지 않아 약관규제법 제3조 제3항은 보험계약에는 적용될 수 없다고 보는 견해도 있다(손주찬, "보험약관의 명시의무 - 개정 상법과 약관규제법과의 관계 -", 보험조사월보 16권 6호(1993.6.), 3면) ; 취소권을 행사하지 않은 경우에 보험자는 그 약관을 그대로 보험계약의 내용으로 주장할 수 있는데, 이는 보험계약자의 평등 대우 요청, 수지상등의 규현을 통한 위험단체의 유지필요성, 계약존속의 필요성에 부합하고 실정법체계에도 합당하다고도 한다(장경환, "보험약관과 약관규제법", 「보험법연구2」, 보험연구회, 삼지원, 1998, 146~147면).

② 중첩적 적용설 : 약관규제법과 상법이 서로 배척하는 관계가 아니므로 상법 제638조 제3항이 적용되는 사항에 대하여 약관규제법 제3조 제4항이 적용될 수 있다고 한다.[425] 이는 약관의 구속력의 근거에 대하여 의사설을 취하는 학자들의 견해로서, 판례도 이에 따르고 있다.[426] 판례에 따를 때 "취소권은 권리이지 의무가 아니므로 설명의무위반의 하자가 치유되는 것은 아니다."고 한다. 따라서 이러한 약관의 내용을 보험계약의 내용으로 주장할 수 없다고 한다.[427]

③ 검토 : 약관의 구속력의 근거에 대하여 의사설이 타당하다고 보았으며, 이에 따라 중첩적 적용설에 따르고자 한다. 이에 의할 때 보험자 및 보험계약의 체결 또는 모집에 종사하는 자는 보험계약의 체결에 있어서 보험계약자 또는 피보험자에게 보험약관에 기재되어 있는 보험상품의 내용, 보험료율의 체계 및 보험청약서상 기재사항의 변동사항 등 보험계약의 중요한 내용에 대하여 구체적이고 상세한 교부·설명의무를 지게 되며, 보험자가 이러한 보험약관의 교부·설명의무에 위반하여 보험계약을 체결한 때에는 그 약관의 내용을 보험계약의 내용으로 주장할 수 없다.
다만 판례에 따르면 "보험약관의 기재 사항이 별도의 설명 없이 보험계약자가 충분히 예상할 수 있는 것이거나 이미 법령에 의하여 정하여진 것인 경우에는 보험자에게 교부·설명의무가 과하여지지 않는다."고 하고 있다.[428]

고지의무

1. 의의

보험계약자 또는 피보험자는 보험계약을 체결함에 있어서 보험자에게 중요한 사실을 고지하고, 부실의 사실을 고지하지 아니할 의무가 있다(상법 제651조). 이렇게 고지의무를 부과하는 것은 보험자가 보험사고의 발생가능성을 측정하는데 도움이 되도록 하기 위한 것이다. 그런데 오늘날 고지의무는 질문표에 의해 수동적인 의무로 진전되고 있다.

고지의무의 법적 성질은 간접의무로서 의무위반의 경우 보험계약의 해지권이 인정될 뿐이며 이행의 강제나 손해배상의 청구가 인정되지 않는다.

---

425 최기원, (하)623면 ; 이기수 외, (보)79면 ; 정찬형, (하)522면.
426 대법원 1998.11.27. 선고 98다32564 판결.
427 동지 대법원 1999.03.09. 선고 98다43342 판결 등.
428 대법원 2000.7.4. 선고 98다62909, 62916 판결, 대법원 2001.7.27.선고 99다55533 판결, 대법원 2003.5.30. 선고 2003다15556 판결, 대법원 2001.7.27.선고 99다55533 판결, 대법원 2003.5.30. 선고 2003다15556 판결, 대법원 2004.4.27.선고 2003다7302 판결 등.

2. 존재이유

(1) 위험측정설

고지의무가 인정되는 것은 보험사고발생의 개연율(위험률)을 측정하기 위하여 위험측정의 자료를 얻고자 하는데 있다고 한다.

위험에 관한 정보는 보험계약자가 지배하므로 이를 보험자도 앎으로 인해 다음의 의미를 가지게 된다. 첫째, 수지상등의 원칙과 관련하여 보험료율 산정의 기초로 삼는다. 둘째, 불량위험을 배제하여 도덕적 위험을 방지한다.

이러한 위험은 보험자가 원래 측정해야 하지만 보험자 측의 위험측정에 있어서 기술상의 한계를 보충하기 위해 위험측정에 필요한 정보를 알고 있는 보험가입자의 협력이 필요하다는 점에서 고지의무가 인정된다.

(2) 선의(사행)계약설

고지의무란 신의성실의 원칙에 비추어 상대방에 대해서 공정한 태도를 취해야 한다는 입장에서 주어진 의무라고 한다. 선의계약설에 기초하여 보험당사자는 거짓말을 하지 않아야 할 의무가 있게 되며, 고지의무에 있어서 고의·중과실의 요건이 부과되게 된다.

3. 당사자

(1) 의무자

고지의무자는 보험계약자 또는 피보험자(그 대리인)이다. 손해보험에 있어서 피보험자는 당사자가 아니므로 계약 여부를 모르고 고지의무를 이행할 수 없는 경우가 있다. 그러나 보증보험의 경우에 보험계약자와 피보험자의 이해가 대립되므로 피보험자에 대하여도 고지의무를 인정할 필요가 있다. 다만 보험수익자는 고지의무자가 아니다.

(2) 고지수령권자

고지수령권자는 보험자와 고지를 받을 대리권을 가지는 자(보험대리점, 보험의)이다. 보험설계사의 경우에 보험자나 보험대리점을 직접 대할 기회가 없는 경우 보험계약자 보호의 관점에서 인정할 필요가 있다는 견해가 있지만, 불량위험의 문제로 인정하기가 어렵다. 이때는 사용자책임인정, 표현대리의 법리에 의해 보험계약자를 보호할 수 있다.

4. 고지의무의 내용

(1) 시기

고지의무는 보험계약이 성립할 때까지 인정된다. 이에 따라 청약 이후에도 위험에 영향을 미치는 새로운 사실을 알려야 한다. 계약의 성립 이후는 위험변경증가통지의무가 된다.

(2) 고지사항과 질문표

고지의무의 대상은 중요한 사항으로, 첫째, 보험료율 산정에 영향을 미치는 사실, 둘째, 그 위험의 인수 여부에 영향을 미치는 사실이다.

판례는 "보험자가 그 사실을 안다면 그 계약을 체결하지 않든가 또는 적어도 동일한 조건으로 계약을 체결하지 않으리라고 생각되는 사항"이라고 하고 있다.[429] 예를 들면 '다른 보험에 가입 유무' 등은 고지사항이 된다. 그러나 어느 것이 고지사항인가의 판단은 어려울 수 있다. 이에 대응하기 위하여 질문표를 이용한다. 상법 제651조의 2에서 "보험자가 서면으로 질문한 사항은 중요한 사항으로 추정한다."고 규정하고 있다.

5. 고지의무위반의 요건

(1) 주관적 요건

고지의무위반이 인정되기 위해서는 고지의무자의 '고의 또는 중대한 과실'이 있어야 한다. 여기서 고의는 사기뿐만 아니라 단순히 숨기는 것도 포함된다. 중대한 과실은 예를 들면 질문표를 한번만 훑어보았으면 잘못 고지된 것임을 알 수 있음에도 불구하고 이를 게을리한 경우 등이 해당된다.

중대한 과실과 관련하여 보험계약자 등에 탐지의무를 지울 것인가가 문제된다. 즉 고지의무는 원래 알고 있는 사실을 고지하는 것인데, 중요한 사실을 알지 못한데 중대한 과실이 있는 경우 고지의무위반을 인정할 것인가이다. 보건대, 고지의무는 원래 보험자의 책임에서 조사해야 할 사항임에도 법이 특히 고지의무자 측에 그 의무를 인정한 제도인데 탐지의무를 인정하면 이러한 취지에 어긋나는 것이므로 이를 부정할 것이다. 다만 업무상의 사실은 피보험자가 알고 있는 것으로 추정할 것이다.

(2) 객관적 요건

고지의무위반의 객관적 요건으로 중요한 사항에 대한 부고지 또는 부실고지가 요구된다.

---

429 대법원 1996.12.23. 선고 96다27971 판결.

부고지는 묵비이며 부실고지는 거짓 진술을 말한다. 중요한 사항에 대하여 기술적으로 해결한 것이 질문표이다.

(3) 증명책임

보험자가 고지의무위반이 보험계약자 등의 고의나 중대한 과실에 의한 것임을 증명해야 한다.[430]

6. 고지의무위반의 효과

(1) 보험계약의 해지

고지의무위반시 보험자는 보험사고의 발생 전·후를 묻지 않고 그 계약을 해지할 수 있으며, 그 권리를 포기할 수도 있다(상법 제651조). 권리포기에 대하여 평등취급에 반하는 것 아닌가라는 의문이 있지만 소비자보호의 관점에서 인정할 것이다.

보험사고발생 후에 해지한 경우에도 보험자는 보험금액을 지급할 책임이 없고, 이미 지급한 보험금액의 반환을 청구할 수 있다. 다만 생명보험의 경우에 보험계약자를 위한 적립금을 반환해야 한다.[431] 보험계약해지나 보험금지급면책의 경우에 적립금반환에 관한 규정을 두고 있지만(상법 제736조), 보험계약자에 의한 인위적 사고는 예외로 하므로(상법 제736조 단서) 이때는 적립금을 반환할 필요가 없다. 그러나 피보험자나 보험수익자에 의한 인위적 사고는 적립금의 환급이 인정된다.

손해보험의 경우에도 약관에서 경과기간을 단기요율로 계산한 보험료를 뺀 잔액을 환급해 준다(화보약관 제19조, 자동차보험보통약관 제54조).

(2) 해지권이 제한

1) 제척기간의 경과

"보험자는 고지의무위반의 사실을 안 날로부터 1월 내에, 계약을 체결한 날로부터 3년 내에 한하여 계약을 해지할 수 있다."(상법 제651조).

여기서 '안 때'에는 체약대리권이 있는 자가 안 경우는 포함되지만, 영업소장이나 보험설계사가 안 것은 포함되지 않는다. 보험중개대리상에 대하여는 보험체약대리상과 같이 보는 견해와 고지수령권이 인정되지 않는다는 견해가 갈린다.[432]

---

430 대법원 1993.4.13. 선고 92다52085, 52092(반소) 판결.

431 손해보험의 경우도 약관에서 경과기간을 단기요율로 계산한 보험료를 뺀 잔액을 환급해 준다(화재보험약관 제33조, 자동차보험보통약관 제66조).

432 상세는 보험대리상 부분 참조.

2) 보험자가 안 때

"보험자가 계약 당시에 그 사실을 알았거나 중대한 과실로 인하여 알지 못한 때"(상법 제651조 단서)에는 계약의 해지권이 제한된다. 보험자의 범위에는 고지수령권자(보험대리점, 보험의 등)도 포함된다. 원래 고지의무제도는 보험자측의 위험측정기술상의 한계를 보충하는 것이므로 보험자가 안 경우 고지할 필요가 없다.

결국 이것은 '자기과실에 의한 위험선택'이 될 것인데, 다른 보험계약자보호라는 관점에서 볼 때 위험단체 안에서의 평등취급에 반한 것이 아닌가라는 문제가 제기될 수 있다. 그러나 소비자보호의 관점에서 보아, 계속해서 보험료를 내고 있으며, 보험자도 알면서 위험을 인수하였기에 그에게 책임부과의 필요가 있다.

3) 인과관계의 부존재

"고지의무위반이 보험사고의 발생에 영향을 미치지 아니했음이 증명된 때는 해지권이 제한된다."(상법 제655조 단서). 이 조항은 보험계약자를 보호할 필요에 따른 것이다. 그러나 판례는 이에 대하여 상당히 제한적으로 해석하고 있다. 또한 인과관계의 부존재에 대하여는 보험계약자 등이 증명해야 한다.

이에 대하여 고지의무제도는 불량위험을 배제하기 위한 것이라며 보험사고발생의 원인을 사후적으로 문제삼는 것은 모순이고, 올바로 고지되었다면 배제되었거나 다른 조건으로 계약이 이루어졌을 것이라며 비판하는 견해도 있다.[433]

참조판례

"고지의무위반 사실과 보험사고 발생과의 인과관계가 부존재하다는 점에 관한 입증책임은 보험계약자 측에 있다고 할 것이므로 만일 그 인과관계의 존재를 조금이라도 규지할 수 있는 여지가 있으면 위 단서는 적용되어서는 안 될 것이다."(대법원 1994.2.25. 선고, 93다52082 판결, 대법원 1997.10.28. 선고 97다33089 판결).

7. 착오·사기와의 관계

고지의무위반이 민법상의 착오·사기의 요건을 갖추고 있을 때 보험자는 해지권 외에 민법규정에 의한 취소권이 인정될 것인가가 문제된다.

(1) 학설

① 민·상법적용설 : 양자는 그 근거, 요건, 효과에 있어 전혀 다르므로 다 같이 적용된다고 한다. 양자는 일반법과 특별법의 관계를 가지는 각각 별개의 제도라는 것이다.

433 양승규, (보)126면.

② 상법적용설 : 고지의무를 인정하는 것은 보험계약의 단체성·기술적인 요청에 기인하여 고지의무에 위반할 경우에 보험계약이 그 체결 당시에 소급하여 무효로 되는 것을 피하기 위하여 일부러 해지할 수 있는 것으로 하였으므로 민법의 적용을 배제한다. 상법규정은 민법의 규정에 대한 특칙으로 본다.434

③ 절충설(착오·사기구별설) : 보험자에게 착오가 있는 경우에는 민법의 규정이 적용되지 않으며, 보험계약자에게 사기가 있는 경우에는 민법규정에 의한 취소권을 행사할 수 있다고 한다.435 판례의 태도로 착오는 당사자, 사기는 상대방이 취소권을 행사할 것이다.

④ 검토 : 고지의무위반이 있고 보험자가 착오에 의해 보험계약을 체결한 경우는 보험계약자 측을 보호하기 위해 상법만 적용된다고 보겠다.436 즉 보험자의 착오의 경우 보험계약자의 이익을 무시하면서까지 보험자를 보호할 필요가 없다. 이때 보험계약자는 선의라 할 것이다. 즉 선의로 잘못된 고지를 한 경우이고 만일 선의가 아니었다면 다음의 사기에 의한 보험계약이 될 것이다.

이와 달리 보험계약자가 사기인 경우는 보험자를 속여서 착오에 빠지게 하는 위법행위이므로, 이 경우에까지 보험계약자를 보호하는 것은 보험제도의 원리에 맞지 아니한다. 따라서 착오·사기구별설의 입장이 타당하다고 본다.

관련사항

- 착오 : A[잘못 알려줌 – 중과실의 경우를 상정(중과실이 없을 때 고지의무위반(고의·중과실 요구)은 안 될 것)] → B(착오에 빠짐) : A, B 둘 다 착오
- 사기 : A(알면서 잘못 알려줌) → B(기망에 빠짐)

(2) 효과

민법이 적용될 때 상법상의 제척기간 경과 후에도 민법상의 취소권을 행사할 수 있다. 민법 제146조에 따라 취소권은 추인할 수 있는 때부터 3년, 행위시로 부터 10년 내에 행사가 가능하다.

---

434 서돈각·정완용, (하)532면 ; 정희철, (하)389면.

435 손주찬, (하)532면 ; 최기원, (하)635면 ; 양승규, (보)129면 ; 정찬형, (하)575면 ; 김성태, (보)238면 ; 장덕조, (보)132면.

436 착오의 경우 상법 제651조가 민법 제109조 제1항을 특수화하여 규정한 것으로, 민법상 '중요부분의 착오'가 '고지의무자가 보험계약상의 중요한 사항을 부고지 또는 부실고지함으로 인하여(보험자가 이로 인하여 착오에 빠진 경우)'로 규정하였다고 볼 것이다. 그 착오가 표의자(보험자)의 중대한 과실로 인한 경우에는 취소(해지)할 수 없도록 한 점은 양자가 동일하다. 따라서 제651조가 적용되는 범위에서는 처음부터 민법 제109조가 적용될 여지가 없다고 한다(정찬형, (하)575면).

그런데 실제 사기로 인한 보험계약은 보통 약관에서 따로 취소사유로 규정하고 있다. 이 경우 민법을 원용할 필요없이 약관에 의해 취소권을 행사할 수 있을 것이다(화재보험약관 제17조437, 자동차보험약관 제50조 등438). 사기에 의한 보험계약을 취소하는 경우에도 그 사실을 안 때까지 보험료의 청구가 가능하다(상법 제669조 제4항 : 사기에 의한 초과보험).

보험자의 의무

1. 보험증권교부의무

(1) 의의

보험자는 보험계약이 성립한 때에는 지체없이 보험증권을 작성하여 보험계약자에게 교부하여야 한다(상법 제640조). 보험증권의 교부청구권자는 보험계약자이다.

(2) 보험증권의 의의

보험증권은 보험계약이 성립한 후에 보험계약의 내용을 증명하기 위해 보험자가 발행하는 일종의 증거증권이다. 그러나 계약의 성립요건은 아니다. 지시식 보험증권의 경우에는 유가증권성 여부가 다투어진다.

(3) 법적 성질

1) 요식증권성

보험증권은 일정한 사항을 기재하고 보험자가 기명날인 또는 서명하여야 한다.
그러나 엄격한 요식증권성을 띠지는 않는다.

2) 증거증권성

보험증권은 증거증권으로서 보험계약의 성립과 그 내용에 대해서 사실상의 추정력을 가진다. 그러나 증권의 내용과 실제 계약의 내용이 틀릴 때 추정은 증명에 의해서 깨어진다.

3) 면책증권성, 상환증권성

보험자는 보험금급여를 함에 있어서 제시자의 자격유무를 조사할 권리는 있으나 의무가 없다. 보험자가 보험증권소지자에게 악의나 중대한 과실없이 지급한 때에는 면책된다.

---

437 계약체결일로부터 5년 이내(사기 사실을 안 날부터 1개월 이내)에 계약을 취소할 수 있다.
438 보험기간이 시작된 날부터 6개월 이내(사기 사실을 안 날부터는 1개월 이내)에 계약을 취소할 수 있다.

보험증권의 상환증권성은 강한 의미를 가지지 않는다. 증권을 제출할 수 없을 때에는 다른 방법으로 권리 증명이 가능하다.

4) 지시식 보험증권의 유가증권성

보험증권의 지시식이나 무기명식의 발행은 운송보험증권이나 해상적하보험증권 등에서 이용되고 있다.

유가증권성 여부는 첫째, 증권에 의한 권리의 이전이 그 권리의 성질에 반하지 않는가? 둘째, 그 권리의 유통을 조장하는 것이 거래의 요구에 합치하는가를 고려하여 결정된다.

① 부정설: 보험증권의 유가증권성이 인정되면 보험금청구권을 표창한다고 하여야 하는데, 보험금청구권은 그 성질상 증권 이외의 사정, 즉 보험료의 지급 기타 여러 가지의 의무이행에 걸려 있다는 점과 손해보험에서 보험증권의 점유만의 이전으로 권리를 이전할 수 없고, 보험계약상의 권리·의무는 보험의 목적의 양도에 수반하여 이전된다는 점(상법 제679조)을 논거로 유가증권성을 부정한다.

또한 운송보험의 경우에 운송증권인 화물상환증 또는 선하증권의 인도에 의해서 운송물의 인도의 효력(물권적 효력)이 생겨나며, 이러한 보험목적의 양도에 따라 보험관계의 이전이 이루어진다. 물건의 양도와 별도로 지시식 또는 무기명식 보험증권의 이전에 의한 보험관계의 이전이 이루어지는 것은 아니라고 한다. 그러나 보험목적의 양도로 보험관계가 이전한다는 구성에 의할 때 보험목적의 양도에 일일이 통지의무를 이행해야 하는 불편이 따른다.

② 긍정설: 거래의 안전의 확보와 권리의 행사에 증권의 점유를 필요로 하는 것을 이유로 유가증권성을 전면적으로 인정한다. 지시식 또는 무기명식 보험증권은 보험사고의 발생으로 생길 보험금청구권을 나타내고 있으므로 유가증권으로서의 보험증권소지인으로 하여금 그 청구권을 취득하여 행사할 수 있도록 한 것이라고 한다.

그러나 타인의 생명보험의 경우 권리의 양도에는 피보험자의 동의가 요구되고(상법 제731조), 화재보험 등 피보험자가 입은 재산상의 손해를 보상한다는 보험계약의 성질상 손해보상청구권만이 전전 유통할 성질의 것이 아니라는 비판이 제기된다.

③ 일부긍정설: 운송보험증권과 해상보험증권, 특히 적하보험증권 등에 유가증권성을 인정한다.

④ 검토: 화물상환증, 선하증권과 같은 유통증권과 부수하여 유통성이 인정되는 지시식 또는 무기명식 보험증권에 대해서는 유가증권의 효력을 인정하는 것이 타당하다. 이때는 권리를 증권에 화체화시켜 유통성을 인정할 경제적 필요가 있게 된다. 즉 보험의 목적인 적하 자체가 선하증권 등에 의해서 거래의 대상이 되고 유통성을 가지며, 따라서

그것의 경제적 가치의 보충을 목적으로 하는 보험에 의한 보상청구권도 당연히 이에 수반시킬 필요가 있다. 만일 이때 보험증권의 유가증권성을 인정하지 않으면 적하는 유통[439]하는데 그를 보충하는 보험증권은 따로 양도해야 하는 문제가 있게 된다. 그리고 보험의 목적 자체도 운전자가 점유하므로 보험관계자가 고의로 사고를 유발할 가능성이 없다.

다만 유가증권성이 인정되어도 권리이전적, 자격수여적, 면책적 효력이 인정되지만, 보험증권은 문언증권이나 무인증권이 아니므로 보험자는 보험계약에 기한 항변으로 대항이 가능하고, 보험증권상의 권리의 발생은 우연한 사고에 의해서 정해지는 것으로서 불완전한 유가증권이라고 할 수 있다.

(4) 이의신청

"증권상의 기재내용이 실제계약과 다를 때 증권의 교부로부터 1개월을 내리지 않는 기간안에 그 증권내용의 정부에 관한 이의를 할 수 있음을 약정할 수 있다."(상법 제641조). 이처럼 이의약관에 의한 이의신청이 가능하며, 이 약정이 없을 때 민법의 규정에 의한 이의를 제기할 수 있을 것이다.

2. 보험금지급의무

보험자는 보험기간 안에 보험사고가 발생한 때에는 피보험자 또는 보험수익자에게 보험금을 지급할 의무를 진다(상법 제638조)

보험금지급면책사유

1. 의의

보험사고가 발생하여도 일정한 경우에 보험자의 보험금지급책임이 면제된다. 보험금지급면책사유가 존재하는 이유는 첫째, 도덕적 위험의 방지하고, 둘째, 보험단체의 유지를 위한 것이다. 즉 보험사업의 합리적 관리를 위해서 필요하다.

보험금지급면책사유의 종류로는 법률상 인정되는 것과 약관상 인정되는 것이 있다. 약관상 인정되는 경우 책임면제사유와 담보위험제외사유로 나누어 볼 수 있다. 전자는 보험사고의 원인과 관련하여 보험자의 책임을 면제하는 것으로 '고의나 중대한 과실로 인한 사고'를 예로

---

439 적하의 유통으로 보험관계의 이전이 추정되는 것으로 볼 수도 있다.

들 수 있다. 후자는 보험계약에서 정한 보험사고의 범위에서 제외하는 것으로 산재보상을 받을 수 있는 경우에 자동차보험에서 업무상 재해사고를 면책사유로 정하는 것을 예로 들 수 있다.[440] 그러나 양자가 엄격하게 구분되는 것은 아니다.

이에 대해서 판례는 원인에 의한 면책사유 외에 상황에 의한 면책사유를 인정한다. 예를 들어 무면허나 음주운전의 경우에 사고발생과 인과관계를 요구하지 않는다.[441]

관련사항

- 무면허나 음주운전 : 책임보험이나 자손사고의 경우에 고의로 인한 손해만 면책을 인정한다.
- 책임초과분 : 무면허나/음주운전(대인(200만원). 대물(50만원))의 면책을 인정한다.

2. 인위적 보험사고

(1) 의의

"보험사고가 보험계약자 또는 피보험자나 보험수익자의 고의 또는 중대한 과실로 인하여 생긴 때에는 보험자는 보험금액을 지급할 책임이 없다."(상법 제659조)고 하여, 고의·중과실로 인한 보험사고에 대하여 보험자의 면책을 인정한다.

그러나 생명보험이나 상해보험의 경우에는 "사망을 보험사고로 한 보험계약에서는 사고가 보험계약자 또는 피보험자나 보험수익자의 중대한 과실로 인하여 발생한 경우에도 보험자는 보험금을 지급할 책임을 면하지 못한다."(상법 제732조의 2 제1항, 제739조)고 하여, 고의로 인한 보험사고만 면책사유로 인정하고 있다.

참조판례

"보증보험의 성질상 보험계약자의 고의 또는 중과실로 인한 보험사고의 경우 보험자의 면책을 규정한 상법 제659조 제1항은 특별한 사정이 없는 한 보증보험에는 적용되지 않는다."(대법원 1997.1.24. 선고 95다12613 판결).

(2) 면책사유로 한 이유

인위적 보험사고를 면책사유로 한 것은 기본적으로는 도덕적 위험을 방지하기 위한 것인데, 기타 다음을 이유로 들 수 있다.

---

440 양승규, (보)140면.

441 "무면허운전면책조항은 사고발생의 원인이 무면허운전에 있음을 이유로 한 것이 아니라 사고발생시에 무면허운전 중이었다는 법규위반상황을 중시하여 이를 보험자의 보상대상에서 제외하는 사유로 규정한 것이므로 상법 제659조 제1항이 적용된다고 보기 어렵다."(대법원 1991.12.24. 선고 90다카23899 판결).

첫째, 보험사고의 우연성을 결하여 보험사고성이 상실된다.

둘째, 보험사고로 하는 것은 신의칙에 반한다.

셋째, 사고는 도덕적 위험으로 인한 것으로서 손해발생의 결과를 초래한 자의 책임으로 하는 것이 당연하다.

넷째, 보험정책적인 관점에서 빈번하게 인위적 사고가 발생함으로서 사회적 불안이 조성되고 막대한 경제적 손실이 초래될 수 있다.

(3) 고의·중과실

1) 고의

고의의 예로 피보험자의 자살(책임개시 후 2년 경과시 보험금 지급), 자해행위, 보험수익자에 의한 피보험자의 살해 또는 방화 등을 들 수 있다. 고의에는 보험금 취득에 대한 고의까지 요구하는 것은 아니다.

2) 중과실

중과실에 의한 면책은 손해보험의 경우만 인정된다. 그 예로 창고에 인화성 물건이 있는데 그 안에서 난로불을 다루는 행위, 음주운전 등을 들 수 있다.

다만 중과실은 보험 자체가 사고발생에 대비해서 안심을 주려는 제도임에 비추어 도덕적이나 사회적으로 비난할 수 있는 상황에서 일어난 경우로 한정할 필요가 있다.

3) 증명책임

고의나 중과실에 대한 증명책임은 보험자가 진다. 다만 보험자는 추정적 증거를 제시함으로서 충분하다고 하겠다.

(4) 특약의 효력

위 규정상의 면책사유에 어긋나는 특약의 경우 그 효력은 보험계약의 선의계약성 또는 공익에 어긋나느냐 여부에 따라 결정한다. 중과실의 책임인정 등 보험자의 책임범위를 확장하여 보험계약자의 이익을 보호하는 특약은 유효하다고 할 것이다. 그러나 보험계약자 등의 고의 또는 악의로 인한 사고까지 책임을 인정하는 특약은 무효이다.

대표자책임이론

대표자책임이론은 독일에서 주장된 것으로, 보험사고가 보험계약자 등이 민사상 배상책임을 지는 자, 가령 가족이나 사용인의 고의나 중대한 과실로 발생한 때에도 보험자의 면책이 인정된다는 것이다. 즉 대표자의 고의·중과실을 보험계약자의 그것과 같이 보는 것이다.

대표자책임이론의 적용에 대하여 부정적인 견해는 보험계약자 등에게 고의 또는 중과실이 없으면 보험자가 당연히 면책되는 것은 아니라고 하거나,[442] 보험계약자나 보험수익자의 법정대리인 또는 보험계약자나 피보험자의 영업에 관한 포괄적인 대리권을 가지고 있는 지배인과 같이 특수한 지위에 있는 자의 고의·중과실로 생긴 경우를 제외하고는 보험자의 면책을 인정할 수 없다고 한다.[443]

절충적인 입장에서 보험계약자 등과 밀접한 생활관계에 있는 가족이나 고용인 등에 의한 보험사고의 발생에 보험계약자 등의 공모, 교사 또는 방조와 같은 책임이 있는 사유가 있는 경우에만 면책을 인정할 것이라는 견해도 있다.[444]

이와 달리 대표자책임이론은 해석상의 이론이므로 우리나라의 경우에 적용하더라도 무리가 없다는 견해도 있다.[445]

판례는 보험사고의 발생에 피보험자의 고의나 중대한 과실이 개재된 것으로 추정한다는 취지에 불과하다면서, 피보험자 등의 고의나 중대한 과실이 개재되지 아니했음이 증명된 때에는 추정은 깨어지며 면책조항은 적용되지 않는다고 한다.[446] 그러나 제3자에 대한 청구권대위와 관련된 사건에서는 가족에 대한 청구권대위를 허용하지 않음으로서 결과적으로 대표자책임이론을 부인하는 태도를 보이고 있다.[447]

보건대, 대표자책임이론이란 보험계약자 등에 의한 사고는 아니지만 그들과 관계에 있는 자에 의한 보험사고의 경우에 보험계약자 등의 사고 개입을 추정할 수 있다는 입장에서 인정된 것이므로 그 범위를 제한할 필요가 있다. 따라서 그 친족이나 고용인의 범위를 세대를 같이하는 자로 제한하는 태도가 타당하다.

3. 전쟁위험 등으로 생긴 보험사고

첫째, '전쟁 기타 변란'으로 인한 사고의 경우에 당사자 사이의 특약(전쟁위험보험)이 없는 한 보험자는 면책된다(상법 제660조). 이때는 통상의 보험료로서 위험을 인수할 수 없기 때문이다.

---

442 정희철, (하) 395면 ; 정찬형, (하)588면 ; "입증책임을 전환하는 면책약관은 상법 제663조에 위반되어 무효"라는 견해도 있다(장덕조, (보)152면).

443 양승규, (보)144면 : 대표자책임이론은 독일판례상 확립되어 있지만 독일에서도 대표자의 범위를 엄격하게 해석하는 경향이 있다고 한다.

444 양승규, (보)144면(그러나 대위권 행사는 제한한다) ; 김성태, (보)279면.

445 최기원, (하)642면.

446 대법원 1984.1.17. 선고 83다카1940 판결.

447 "운전자 연령 한정운전 특별약관부 보험계약에서 연령 미달의 동거가족의 경우 특별한 사정이 없는 한 상법 제682조 소정의 제3자의 범위에 포함되지 않는다고 봄이 타당하다."(대법원 2000.06.23. 선고 2000다9116 판결).

둘째, 보험의 목적의 성질, 하자 또는 자연소모로 인한 손해는 면책된다(상법 제678조).

셋째, 해상보험에 있어 감항능력의 결여 등으로 인한 사고의 경우에 면책된다(상법 제706조 제1항). 감항능력의 결여로 인한 사고란 안전하게 항해를 하기에 필요한 준비를 하지 아니하여 생긴 사고를 말한다.

4. 면책약관

면책약관에서는 보험계약법에 정한 사유 외에 보험의 특성에 따라 보험금지급면책사유를 열거하고 있다. 예를 들어 화재보험의 경우에 보험의 목적의 발효 등에 의한 손해, 화재로 기인되지 아니한 수도관 등의 파열로 인한 손해, 지진 등으로 인한 화재, 핵연료물질 등에 의한 손해에 대하여 면책사유로 정하고 있다.[448] 이런 경우에 면책약관의 내용이 손해발생원인에 대한 책임조건을 경감하는 것 등과 같이 상법 제663조에 저촉되는 것이 아닌 한 유효하다고 하겠다. 다만 소비자보호의 관점에서 이를 제한할 필요가 있는데, 판례도 "면책조항은 보험자가 책임질 사고에 대하여 예외적으로 책임을 면하게 하는 것이므로 이를 엄격하게 해석하여야 한다."고 판시하고 있다.[449]

보험료반환의무

보험계약자 등의 책임없는 사유로 보험계약이 무효, 종료, 변경되었을 때 보험료반환의무가 인정된다.

보험료반환의무가 인정되는 경우로 다음을 들 수 있다.

첫째, 보험약관이 교부·설명의무에 위반하여 취소된 때(상법 제638조의 3).

둘째, 보험계약이 무효인 경우에 "보험계약자와 피보험자 또는 보험수익자가 선의이며 중대한 과실이 없는 경우"(상법 제648조). 예로서 도시계획으로 보험의 목적인 건물이 철거되는 경우를 들 수 있다.

셋째, 보험사고발생 전의 보험계약해지의 경우. 이때 미경과보험료반환의무가 인정된다(상법 제649조 제3항). 미경과보험료란 보험료기간경과 후의 보험료를 의미하지만, 실제로는 보험료기간을 일할로 계산하여 나머지 기간에 대한 보험료를 반환하고 있다.

생명보험의 경우 보험계약이 보험계약자 등의 책임있는 사유로 해지가 되어도 보험적립금반환의무가 인정된다. 이는 해약환급금으로 "보험수익자를 위하여 적립한 금액을 보험계약자

448 화재보험약관 제4조.
449 대법원 1991.11.26. 선고 91다18682 판결.

에게 지급하여야 한다."(상법 제736조). 그러나 보험계약자가 고의로 사고를 일으킨 경우에는 지급의무가 없다.

보험계약자·피보험자·보험수익자의 의무

1. 보험료지급의무

보험계약이 성립하면 보험계약자는 보험자에게 보험료를 지급하여야 한다. 보험계약이 성립하여도 제1회 보험료의 지급이 없으면 당사자간에 다른 약정이 없으면 보험사고가 발생하여도 보험자는 책임을 지지 않는다(상법 제656조).

(1) 보험료의 액

보험료는 계약체결 전에 기준요율에 의하여 결정한다.

(2) 의무자

보험료지급의무를 지는 자는 보험계약자이다. 타인을 위한 보험계약의 경우에 피보험자 또는 보험수익자는 보험계약자가 파산선고를 받거나 보험료의 지급을 지체한 때에 그 권리를 포기하지 않는 한 제2차적으로 보험료지급의무를 지게 된다(상법 제639조).

(3) 특별위험소멸에 의한 보험료감액청구

보험계약의 당사자가 특별한 위험을 예기하여 보험료의 액을 정한 경우에 보험기간 중 그 예기한 위험이 소멸한 때에는 보험계약자는 그 후의 보험료의 감액을 청구할 수 있다(상법 제647조). 보험료감액의 효과는 장래에 향해서 미친다. 이때도 보험료불가분의 원칙이 적용되어 그 다음 보험기간부터 감액이 된다고 해석할 것이다.

(4) 지급시기

보험계약의 성립 후 지체없이 보험료를 지급하여야 한다(상법 제650조 제1항). 그러나 실제로는 보험계약의 청약시에 보험료의 전부 또는 1회 보험료의 상당액을 지급하는 실정이다.

(5) 보험료의 지급방법

보험료는 계약이 정하는 바에 따라 일시지급이나 분할지급도 가능하다.

2. 최초의 보험료지급과 보험자책임

보험자의 책임은 당사자간에 다른 약정이 없으면 최초의 보험료의 지급을 받은 때로부터 개시한다(상법 제656조). 이때 어음·수표로 보험료를 지급한 경우에도 어음·수표의 지급이 있을 것을 조건으로 위험을 인수한 것으로 보고 보험자의 책임은 인정할 것이다. 만일 어음·수표의 지급이 거절된 때에는 그때부터 책임을 지지 않는다(해제조건). 다만 이때는 그 위험을 담보한 기간까지의 보험료를 청구할 수 있다.

판례는 상법 제638조의 2 제3항(책임소급조항)이 적용되는 때에는 보험료지급에 대하여 엄격하게 해석하여 현실적 지급을 요구한다고 하지만,**450** 책임소급조항은 보험계약자보호를 위한 것이므로 보험료지급에 대하여 다른 경우와 달리 엄격하게 해석할 필요는 없다고 본다.

어음·수표로 보험료지급시의 효과

1. 학설

보험료를 어음·수표로 지급한 때의 효과에 대한 학설을 보면 다음과 같다.

① 정지조건설 : 어음·수표법 일반이론에 의하여 해석하여야 한다는 입장으로, 어음·수표를 교부한 경우에 결제를 정지조건으로 한 보험료지급이 있다고 한다.**451** 따라서 그 결제 전 보험사고에 대하여는 원칙적으로 보험자는 책임이 없다. 다만 보험자가 어음·수표를 받고 보험계약자에게 보험기간이 설명된 보험증권을 교부한 경우에는 어음을 보험료지급에 갈음한다는 묵시적 합의가 있는 것으로 추정하거나 또는 보험료를 지급받기 전에 보험기간이 개시하는 것으로 특약을 한 것으로 보아(상법 제656조), 그 책임을 인정한다.

② 해제조건부 대물변제설 : 어음·수표가 교부되면 그 부지급을 해제조건으로 한 대물변제가 행해진 것이라고 한다.**452** 대물변제가 되기 때문에 보험료채무는 소멸한다. 다만 부도가 나면 해제조건의 성취로 대물변제는 증권의 교부시에 소급하여 당연히 성립하지 않았던 것이 되고, 보험료지급에 따른 일체의 효과는 처음부터 발생하지 않은 것으로 된다. 따라서 보험자의 책임이 없다. 일본의 학설·판례의 태도이다.

그런데 해제조건부 법률행위에 대해서 민법 제147조 제2항에서 '조건성취 시로부터 효

---

450 대법원 1989.11.28. 선고 88다카33367 판결 ; 양승규, (보)153면도 같은 입장이다.
451 정찬형, (하)597면.
452 채이식, (하)495면.

력을 상실한다'고 규정하고 있는데, 조건성취 전에 사고가 나면 보험자의 책임 있는 것이 아닌가라는 의문이 제기된다. 그런데 제3항에서 소급의사도 인정하므로 이에 따른 소급효과를 인정할 여지는 있다.

③ 유예설: 어음·수표를 보험자가 수령한 경우에는 보험료지급을 유예한 것이라고 보며,[453] 보험자의 책임은 어음·수표를 교부한 때부터 생긴다고 한다. 그리고 어음·수표의 부지급을 해제조건으로 한 유예이지만 그 효과는 장래에 향해서 발생하므로, 보험사고발생 후 부도가 나도 사고발생시에 보험금청구권이 확정적으로 생긴다고 한다.
이 설은 대물변제설과 달리 어음·수표채무와 보험료채무가 병존하는 것으로 본다. 또한 해제조건부 대물변제설에서는 보험료채무가 소멸되었기 때문에 보험자가 상법 제677조(보험료체납과 보상액의 공제)에 따라 보험금에서 당해 보험료를 공제할 수 없게 되지만, 유예설에서는 공제할 수 있게 된다.
독일 판례의 태도이며 우리나라 다수설의 입장이다.

④ 어음·수표 구분설: 어음의 경우에는 신용증권이므로 어음의 지급기일까지 보험료의 지급을 유예하여 어음의 지급이 있을 때에 보험료를 지급한 것으로 한다는 조건부지급으로 볼 수 있고(선일자수표도 발행일자까지), 수표의 경우에는 지급증권이므로 지급이 거절되는 것을 해제조건으로 하는 대물변제(소급효 제한하는)로 볼 수 있다고 한다.[454]

⑤ 검토: 어음·수표로 보험료를 지급했을 때도 보험보호를 받는다고 기대하는 거래관행에 따르고, 보험계약자 등의 보호를 위해서 어음·수표의 교부시에도 보험자의 책임을 인정할 필요가 있다. 따라서 어음·수표의 지급이 거절될 것을 해제조건으로 위험을 인수한 것으로 볼 것이다(유예설). 다만 어음·수표의 지급이 거절된 때에는 보험자는 그때부터 책임을 지지 않는다(해제조건). 이때에는 그 위험을 담보한 기간까지의 보험료를 청구할 수 있다.

참조판례

"선일자수표를 받은 날을 보험자의 책임발생시점이 되는 제1회 보험료의 수령일로 볼 수 없다."(대법원 1989.11.28. 선고 88다카33367 판결). 이 판례에서 밝히고 있지는 않지만, 발행일을 보험료 수령일로 보는 것으로 추측해 볼 수 있다.

---

453 최기원, (하)652면 ; 장덕조, (보)169면.
454 양승규, (보)153면 ; 손주찬, (하)550면 ; 김성태, (보)302면 ; 한창희, (보)268면.

보험료지급의무해태의 효과

1. 제1회 보험료지급의 해태

제1회 보험료를 지급하지 않은 경우에 다른 약정이 없는 한(외상보험 등) 2개월 경과시 보험계약은 해제된 것으로 간주한다(상법 제650조). 다만 타인을 위한 보험계약에서는 타인에 최고 후 해제할 수 있으며(상법 제650조 제3항), 타인도 보험료지급권한을 가진다(상법 제639조 제3항).

2. 계속보험료지급의 해태

계속보험료미지급의 경우에도 해지하지 않으면 그 기간동안 생긴 사고에 대해서 책임을 진다. 따라서 빨리 해지할 필요가 있다.

(1) 해지의 절차

계속보험료가 약정한 시기에 지급되지 아니한 때에는 보험자는 상당한 기간을 정하여 보험계약자에게 최고하고, 그 기간내에 지급되지 아니한 때에는 그 계약을 해지할 수 있다(상법 제650조 제2항). 특정한 타인을 위한 보험의 경우에 보험계약자가 보험료의 지급을 지체한 때에는 보험자는 그 타인에게도 상당한 기간을 정하여 보험료의 지급을 최고한 후가 아니면 그 계약을 해제 또는 해지하지 못한다(상법 제650조 제3항).

상당한 기간은 2주 정도로 보고 최고를 하는데, 그 증명책임은 보험자가 진다. 최고 후에도 보험료미지급시 해지가 가능하며, 계약해지의 통지를 발송하고 통지가 도달시에 보험자의 책임은 소멸한다. 이때 해지예고부최고가 인정되며, 최고를 하면서 최고기간경과시까지 보험료의 지급이 없으면 보험계약은 당연히 해지된 것으로 본다는 의사표시를 할 수 있다. 이는 해지의 의사표시를 미리 함으로써 별도의 해지통지를 발송해야 하는 과정을 생략하는 것이다.

위에서 상당기간안의 사고는 실효약관과 비교해 볼 때 보험자의 책임을 인정할 것이다.

(2) 해지의 효과

보험계약의 해지시 장래에 대해서 보험계약은 그 효력을 상실한다. 또한 사고발생 후에도 해지하면 보험금지급책임이 발생하지 않는다(상법 제655조). 그리고 이미 지급한 보험금은 반환청구가 가능하다.

실효약관

실효약관이란 보험료를 분할하여 지급하는 경우 제2회 이후의 계속보험료의 지급기일로부터 일정한 기간의 유예기간을 두고 그 기간 안에 보험료의 지급이 없을 때에는 별도의 최고나 해지의 의사표시 없이 곧바로 계약의 효력을 상실한다는 내용의 규정이다. 그 유예기간 안의 사고에 대해서는 보험자가 책임을 진다. 예를 들어 자동차보험의 경우에 30일간의 납입최고기간을 두며 그 기간경과시 별도의 의사표시 없이 계약의 효력은 상실한다.

실효약관이 계약자불이익변경금지(상법 제663조)에 위배하지 않는가의 문제가 있다. 이는 상법 제650조 제2항이 상대적 강행규정이 되었음을 중시할 것인가 아니면 위험단체의 유지·관리라는 보험제도의 특성을 중시할 것인가의 대립된 이해와 관계를 가진다.

다수설은 2월이 경과하면 계약해제가 의제되는 규정(상법 제650조 제1항)을 둔 취지는 계약해지의 사유가 있음에도 불구하고 무한정 해지권을 행사하지 않는 경우에 그 법률관계를 명확하게 하기 위한 것이라며, 일정한 유예기간을 두고 그 기간이 경과하면 보험계약이 실효한다는 약관은 유효하다고 본다.[455]

보건대, 계속 보험료의 지급을 게을리한 것은 보험단체에는 이익이 되지 않는다. 분할지급을 인정한 것은 보험료불가분의 원칙을 적용하지 않고 혜택을 준 것이다. 따라서 약정기간안에 보험료를 지급하지 않은 경우에 스스로 책임지는 것이 마땅하므로 실효약관에 따라 보험계약은 효력을 상실한다고 할 것이다.

그러나 판례는 실효약관에 대하여 상법 제663조에 위배되어 무효라는 입장을 취한다.[456] 이 판결에 따라 계속보험료지급을 게을리한 경우에도 최고 및 해지의 의사표시를 적법하게 하지 않는 한 보험자는 계속해서 보험금지급책임을 부담하게 된다.[457]

3. 보험계약의 부활

계속보험료지급해태시 보험계약의 부활을 인정하는데, 계속보험료지급해태로 보험계약이 해지되고 해지환급금이 지급되지 아니한 경우에 보험계약자는 일정한 기간내에 연체보험료에 약정이자를 붙여 보험자에게 지급하고 그 계약의 부활을 청구할 수 있다(상법 제650조의 2). 낙부통지의무, 승낙의제 등에 관한 상법 제638조의 2의 규정은 이 경우에 준용한다.

---

455 정희철, (하)398면 ; 양승규, (보)158면 ; 이기수 외, (보)107면 ; 정찬형, (하)599면.
456 대법원 95.11.16. 선고 94다56852 판결(전원합의부).
457 위 판결로 실효약관이 유효함을 전제로 한 종전의 실무약관과 관행은 크게 바뀌게 되어, 일반적으로 약관에는 '해지예고부최고'에 관한 규정을 두게 되었다.

위험변경증가의 통지의무

1. 의의

보험기간 중에 보험계약자 또는 피보험자가 사고발생의 위험이 현저하게 변경 또는 증가된 사실을 안 때에는 지체없이 보험자에게 통지하여야 한다(상법 제652조 제1항). 위험변경증가의 통지의무를 인정하는 근거는 보험계약자 등이 모험의 목적을 지배·관리하고 있으므로 상황을 잘 알 수 있기 때문이다.

이는 간접의무(자기의무)로서 의무불이행시 보험자의 해지권행사에 의한 불이익을 받게 된다.

2. 발생요건

첫째, 위험의 변경·증가는 보험기간안에 생긴 것이어야 한다. 계약성립 전에 있은 위험의 상태는 고지의무의 대상이며, 안 좋은 형편을 뒤에 안 때에는 위험변경증가통지의무의 대상이 된다고 볼 것이다.

둘째, 변경·증가가 현저한 것이어야 한다. 객관적인 위험의 변경 또는 증가가 있어야 하며, 위험의 변경·증가가 보험계약자 또는 피보험자의 행위로 말미암은 것이 아니어야 한다. '위험의 현저한 변경 또는 증가'라 함은 그 정도의 위험이 계약체결 당시에 존재하였다고 한다면 보험자가 계약을 체결하지 아니하였거나 또는 적어도 동일한 조건으로는 그 계약을 체결하지 아니하였으리라고 생각되는 정도의 위험의 변경 또는 증가를 말한다.[458] 만일 보험계약자 또는 피보험자의 고의나 중대한 과실로 인하여 사고발생의 위험이 현저하게 변경 또는 증가된 때에는 위험유지의무에 위반한 것이 된다(상법 제653조).

셋째, 보험계약자 또는 피보험자가 그 위험의 현저한 변경이나 증가의 사실을 알아야 한다. 만일 보험자가 이미 알고 있는 때에는 통지의무가 없다. 그리고 보험계약자 또는 피보험자가 적극적으로 그러한 위험의 변경·증가의 사실을 탐지할 의무는 없다.

통지는 사실을 안 때에 지체없이 발송하여야 하며, 발송사실에 대한 증명책임은 보험계약자 또는 피보험자가 진다

---

458 대법원 1996.7.26. 선고 95다52505 판결, 대법원 1997.9.5. 선고 95다25268 판결, 대법원 1998.11.27. 선고 98다32564 판결 등. 상해보험계약 체결 후 다른 상해보험에 다수 가입하였다는 사정만으로 사고발생의 위험이 현저하게 변경 또는 증가된 경우에 해당한다고 할 수 없다(대법원 2004.6.11. 선고 2003다18494 판결).

참조판례

① "'사고발생의 위험이 현저하게 변경 또는 증가된 사실'이란 그 변경 또는 증가된 위험이 보험계약의 체결 당시에 존재하고 있었다면 보험자가 보험계약을 체결하지 않았거나 적어도 그 보험료로는 보험을 인수하지 않았을 것으로 인정되는 사실을 말한다."(대법원 2000.7.4. 선고 98다62909 판결).

② 근로자들의 점거·농성사실을 보험자에게 알리지 아니한 보험계약자의 행위가 "보험사고발생의 가능성이 증가한 경우 그 사실을 보험자에게 서면 통지하여 승인을 받도록 규정한 보험약관에 위반하여 보험계약이 실효되었다."고 보았다(대법원 1992.7.10. 선고 92다13301,13318 판결).

3. 의무해태의 효과

(1) 계약해지권의 발생

보험자는 사실을 안 때부터 1개월(제척기간) 내에 계약을 해지할 수 있다(상법 제652조 제1항). 해지권을 행사하기 위해서는 위험의 변경·증가가 현저한 것임을 증명해야 한다.

(2) 해지의 효과

보험계약을 해지함으로써 보험계약관계가 종결된다. 이때 해지한 때까지의 기간에 대한 보험료의 청구를 할 수 있다. 보험사고의 발생 후에 해지한 경우에도 보험사고가 위험변경증가와 인과관계가 없다는 증명이 없는 한 보험금지급책임을 지지 않는다(상법 제655조).

4. 통지의무의 이행과 보험계약관계

보험자는 통지 받은 후 1월 내에 보험료의 증액을 청구하거나 계약을 해지(상법 제655조 적용)할 수 있다(상법 제652조 제2항). 결과적으로 위험변경증가의 통지의무를 이행하였거나 하지 않았거나 소급효 있는 계약해지권을 행사할 수 있다는 점은 동일하다. 다만 해지가능기간이 의무해태시 보험자가 사실을 안 때까지로 늘어난다.

위험유지의무

보험계약자 등의 고의 또는 중대한 과실에 의해 사고발생의 위험이 현저하게 변경 또는 증가한 경우에 보험자는 보험료의 증액청구나 계약해지권을 행사할 수 있다(상법 제653조). 예를 들어 위험업종으로 변경, 위험한 장소로 이사 등이 이에 해당한다.

위험유지의무의 근거는 보험계약의 사행계약성에서 찾을 수 있으며, 보험계약자 등은 보험자가 인수한 위험을 임의로 변경해서는 안된다는데 있다. 예를 들면 위험업종으로 변경,

위험한 장소로 이사 등의 경우에 기존 보험료율산정의 기초가 깨어지게 되므로 인정되지 않는다.

위험유지의무에 위반한 경우에 1개월 내에 보험료의 증액청구나 계약해지권이 인정된다(상법 제653조). 계약해지권의 인정은 보험사고발생 전·후를 묻지 않는다. 다만 위험이 이전 상태로 회복되었거나, 인과관계가 없음을 증명한 때에는 해지권이 제한된다(상법 제655조).

계약해지권을 행사하여도, 위험이 현저하게 변경 또는 증가된 사실이 보험사고의 발생에 영향을 미치지 아니하였음을 증명한 때에는 보험자는 보험금을 지급할 책임이 있다(상법 제655조).

보험사고발생의 통지의무

1. 의의

보험계약자, 피보험자나 보험수익자는 보험사고의 발생을 안 때에는 지체없이 보험자에게 그 통지를 발송하여야 한다(상법 제657조 제1항). 이는 보험자로 하여금 사고의 원인조사, 손해의 범위·정도 등을 조사하고 그에 대한 적절한 조치를 취할 수 있도록 하고자 하는 것이다.

통지의무는 사고의 상황 등을 설명하고, 원인의 조사에 협조할 의무를 포함한다.

2. 법적 성질

보험사고발생의 통지의무는 고지의무 등과 같이 보험자의 책임을 묻기 위한 전제조건이기는 하지만, 의무위반으로 인한 손해배상청구(현실적으로 보험금의 감액)를 할 수 있다는 점에서 진정한 의무라고 볼 수 있다. 다만 계약해지권이 발생하는 것은 아니다.

3. 통지의무자와 상대방

통지의무자는 보험계약자와 피보험자, 인보험의 경우 보험계약자와 보험수익자이며, 상대방은 보험자와 보험대리점이다.

4. 시기와 방법

보험사고발생 후 지체없이 통지를 해야 하는데, 보험사고는 책임을 지는 사고의 발생을 의미하며 예를 들어 화재보험의 목적이 화재 이외의 사유로 멸실·훼손된 경우 등은 아니다.

5. 위반의 효과

통지의무의 해태로 손해가 증가된 때에는 그 증가된 손해를 보상할 책임이 없다(상법 제657조 제2항). 가중된 손해나 대위권행사 등으로 구상할 수 있으리라고 예견된 금액이 있는 때에 이를 구상할 수 없게 됨으로써 입은 손해 등에 대해서는 배상청구를 하거나 보험금에서 공제할 수 있다. 다만 보험자가 보험사고의 발생을 안 때에는 예외라고 볼 것이다.

통지의무를 지체하고 증거를 인멸한 경우에는 보험자는 보험금지급책임을 지지 않는다.

보험사고발생의 통지를 할 때까지 보험금지급책임은 지체에 빠지지 않는다. 보험금지급시기는 약정기간이 없을 때, 통지받은 후 지체없이 지급할 보험금액을 정하고, 그로부터 10일 내에 지급하여야 한다(상법 제658조).

제3장 손해보험계약

I. 통칙

1. 손해보험계약의 의미

손해보험계약은 당사자의 한쪽이 약정한 보험료를 지급하고 상대방이 우연한 사고로 인하여 생길 피보험자의 재산상의 손해를 보상할 것을 약정함으로써 효력이 생기는 보험계약이다.

2. 손해보상의 원칙

손해보험은 피보험자의 재산상의 손해를 보상하는 것을 목적으로 한다. 이러한 손해보상의 원칙이 절대적인 원칙인가가 문제된다.

손해보상의 원칙에서 이득금지의 원칙이 유출되는데, 이득금지의 원칙은 피보험자가 사고로 인한 손해보다 더 큰 이익을 얻을 수 없다는 것으로 이는 절대적인 강행법 원리이며, 손해보험의 도박화를 방지하고 인위적으로 사고를 일으킬 주관적인 위험을 줄여준다. 이에 비추어 손해보상의 원칙도 그 절대성을 인정할 수 있을 것이다.

다만 다음과 같은 정책상의 예외는 인정된다.

첫째, 기평가보험(상법 제670조)에 의하여 그 평가된 보험가액에 따라 보상하는 경우. 기평가보험의 경우에 ⓐ 당사자간의 협정에 의한 보험가액을 ⓑ 사고발생시의 가액으로 정한 것으로 추정하며, ⓐ가 ⓑ를 현저히 초과시 ⓑ를 보험가액으로 한다. 여기서 현저하게 초과하지 않으면 당사자간에 협정에 의한 가액만큼의 보상을 인정한다.

둘째, 이익보험에 의하여 상실이익(상법 제667조)이나 특별비용을 보상하기도 한다. 상실이익이란 상실된 피보험자가 얻을 이익이나 보수로서 특별약정이 없으면 손해액에 산정되지 않는다.

셋째, 기계보험 등에서 신가보험(신품가격을 보상)이 영위된다.

3. 종류

손해보험의 종류로는 화재, 운송, 해상, 책임, 자동자보험 등이 있다.

각종의 위험을 종합적으로 담보하는 보험도 있는데, 가정생활보험의 경우에 화재, 도난, 폭발, 파열로 인한 손해는 물론 피보험자와 그 가족의 교통사고로 인한 상해 등을 담보하며, 자동자종합보험의 경우에 대인, 대물, 자손, 무보험자동차에 의한 상해, 자기차량손해를 담보한다. 이러한 종합보험은 여러 개의 보험이 동시에 이루어지는 것이다.

피보험이익

1. 의의

피보험이익은 손해보험에 관한 상법 제668조에서 보험계약의 목적이라고 표현하고 금전으로 산정할 수 있는 이익으로 한정하고 있다. '이익이 없으면 보험도 없다'라는 말처럼 피보험이익이 손해보험에 있어서 보험계약의 중심요소이며, 사행계약으로서 보험계약을 도박 등과 구별하는 중요한 의미를 가진다.

그러나 보험의 종류에 따라 피보험이익이 가지는 지위는 차이가 나는 것으로, 피보험이익은 손해보험의 중심요소이지만(통설), 재산보험의 경우에는 보험가액의 관념은 없다. 그리고 인보험의 경우에는 주로 타인의 생명보험에서 피보험이익이 문제가 된다. 영미법계에서는 이익주의에 따라 타인의 피보험이익을 요구하고 있다. 그러나 우리나라는 타인의 동의를 요하는 동의주의를 취하고 있다. 또한 생명은 금전적으로 평가할 수 없고, 초과, 중복, 일부보험의 문제도 생기지 않는다.

2. 개념

① 관계설 : 피보험이익은 피보험자가 일정한 목적에 대하여 보험사고가 발생하면 손해를 입게 되는 경우에 피보험자와 그 목적과의 관계라고 한다. 이 설은 손해의 개념을 전제로 이익을 설명하는 순환론적인 문제가 있다.

② 이익설 : 피보험이익은 피보험자가 보험의 목적에 대해서 가지는 경제상의 이익이라고 한다.

③ 검토 : 어떤 설이든 차이는 없고, 피보험이익의 요건을 충분히 함으로써 족하다고 하겠다, 혼합해서 정리한다면 피보험이익이란 '보험의 목적에 대하여 보험사고가 발생함으로써 피보험자가 손해를 입게 되는 경우에 그 목적에 피보험자가 가지는 경제적 이해관계'라고 할 수 있다.[459]

---

459 양승규, (보)195면.

3. 보험의 목적과 구별

보험의 목적은 보험계약의 대상이 되는 재화를 말하며, 동일한 목적에 대해서 경제적 이해관계가 다른 경우에 수개의 피보험이익이 있을 수 있다.

보험의 목적과의 경제적 이해관계의 내용에 의한 분류로 ① 소유이익 ② 사용이익 ③ 수익이익 ④ 담보이익 ⑤ 비용이익 ⑥ 책임이익을 들 수 있다. 예를 들면 동일한 화물에 대해서 송하인은 소유자로서 이익, 운송인은 배상책임에 대한 소극적 이익을 가질 수 있다.

재산의 태양에 의한 분류로 ① 적극재산에 대한 피보험이익 : 소유, 사용, 수익, 담보이익 ② 소극재산에 대한 피보험이익 : 책임, 비용이익으로 나눌 수 있다.

4. 피보험이익의 지위

① 절대설(다수설) : 피보험이익은 손해보험계약의 중심요소로 절대적인 지위를 차지한다. 손해의 보상을 목적으로 하는 손해보험계약에서 '이익이 없으면 보험도 없다'는 말과 같이 피보험이익이 없으면 보험계약의 성립이나 존속을 인정할 수 없다고 한다.
수정절대설도 주장되는데, 피보험이익은 적극보험에서만 인정되는 요소이며. 소극보험의 경우 피보험이익의 관념을 인정할 여지가 없다고 한다.

② 상대설 : 피보험이익은 보험계약의 도박화를 방지하기 위하여 정책적으로 인정되는 것이라고 한다. 피보험이익은 선량한 사회질서에 어긋나지 않는 하나의 징표로서 기능함에 불과하고, 이는 소극적 유효요건의 하나라고 한다. 이에 의하면 상법이 예외적으로 피보험이익이 없는 계약을 인정하고 있는 것을 설명할 수 있다고 한다. 예를 들면 상법 제644조 단서에서 '보험사고가 이미 발생시'에도 보험자의 책임을 인정한다. 그러나 위 규정은 선의의 당사자를 보호하고자 하는 예외규정이지 피보험이익이 존재하지 않더라도 보험계약의 효력을 인정하려는 것은 아니다.[460]

5. 피보험이익의 요건

(1) 이익의 적법성

선량한 풍속이나 사회질서에 위반하거나 법률에 사용이나 유통을 규제하고 있는 이익을 피보험이익으로 하였을 때는 무효이다. 예를 들면 무기류 등의 판매 희망이익, 절도·도박에 의해 얻은 이익 등은 인정되지 않는다.

---

460 양승규, (보)196면.

(2) 산출가능한 경제적 이익

피보험이익에 대하여 상법 제668조에서 '금전으로 산출할 수 있는 이익'으로 규정하고 있다. 책임보험의 경우도 피보험자의 제3자에 대한 손해배상책임과 관련하여 경제적인 이해관계가 있으므로 경제적인 이익을 물건보험의 피보험이익으로 국한할 것은 아니다. 다만 책임보험의 경우에 보험가액의 관념은 없다.

피보험이익은 경제적 가치를 지녀야 하며, 도덕적, 종교적, 감정적, 정신적인 가치 등은 안 된다. 그렇지 않으면 손해의 산정이 불가능하고 이로 인해 실손해액 이상의 손해보상을 받을 염려가 있기 때문이다.

피보험이익은 보험의 목적에 대한 경제적 이해관계이다. 이는 목적에 대한 소유권, 채권 등과 같이 당사자의 법률상의 관계를 요구하는 것은 아니다. 화재로 인하여 영업 불능으로 된 기간동안에 얻으리라는 희망이익과 같은 사실상의 관계도 경제적 이익이 있으면 가능하다.

(3) 확정가능성

보험계약체결 당시 그 존재 및 소속이 확정되어 있거나 적어도 사고발생시까지 확정할 수 있는 것이어야 한다. 이익이 확정되지 않으면 손해도 확정되지 않아 손해를 보상할 수 없기 때문이다. 확정만 할 수 있으면 현재의 이익뿐만 아니라 장래의 이익, 조건부 이익도 가능하다. 그 예로 총괄보험(상법 제687조), 희망이익보험(상법 제689조, 제698조) 등을 들 수 있다.

관련사항

- 희망이익보험 : 적하의 도착으로 인하여 얻을 이익 또는 보수 → 선적지에 있어서 적하의 가액의 10% 상당으로 정하는 것이 보통 → 정하지 않은 때 보험금액을 보험가액으로 한 것으로 추정(상법 제698조)
- 운송물의 도착으로 인하여 얻을 이익(도착지 가액 − [발송지가액 + 운임 + 기타비용])은 희망이익으로 약정이 있는 때에 한하여 보험가액에 산정

6. 피보험이익의 개념의 효용

(1) 보험자의 책임범위의 결정

손해보험에서 피보험이익은 보험자의 보상책임의 최고한도액을 정하는 기준이 된다. 보험자의 보상책임은 보험가액을 한도로 한다.

(2) 도박보험·초과보험 등의 방지

보험은 사행계약성이지만 피보험이익을 전제로 하기에 이익을 취할 수 없다. 이 점에서 도박과 구별된다.

보험가액은 초과·중복보험 등의 판정 기준이 된다.

(3) 인위적 위험초래의 방지

도박은 이익을 가지므로 인위적 조작의 가능성이 있지만, 보험은 피보험이익을 가지고 손해액 이상으로 보상받을 수 없으므로 인위적 위험초래를 방지한다.

(4) 보험계약의 동일성을 구별하는 표준

동일한 목적물에 대해서도 동일인 또는 다수인이 그 경제적 이해관계에 따라 독립한 보험계약을 체결할 수 있다.

보험가액

1. 의의

보험가액은 보험계약의 목적의 가액으로서 그 피보험이익의 평가액이다. 물건보험의 경우에 인정되며, 비한정적이고 산정이 불가한 책임보험과 같은 재산보험에 있어서는 그 관념이 없다.

보험가액은 보험자의 보상책임의 법률상의 최고한도가 되어 보험자가 보상할 손해액의 최대한을 이루며, 일부보험, 전부보험, 초과보험 등의 판정을 위한 기준이 된다.

2. 보험가액의 평가

보험가액은 피보험이익의 평가액으로서 항상 변동하는 것으로 그 평가의 시기와 장소에 따라 달라지는데, 상법은 이에 대해서 당사자간에 합의에 의하는 기평가보험과 아무런 약정을 하지 않는 미평가보험에 관하여 규정하고 있다.[461]

(1) 기평가보험

기평가보험은 보험계약을 체결함에 있어서 당사자간에 미리 피보험이익의 가액에 대하여

461 이론상으로는 어떻든 실제상으로는 보험가액을 평가하지 않고 보험금액으로 갈음하여 보험료와 손해보상액의 산정기준으로 하는 경우가 많다.

합의가 이루어진 보험이다. 손해보험에 있어서 보상액의 결정은 약정에 의한 보험금액과 보험사고발생시의 객관적인 보험가액을 기준으로 한다. 그러나 이에 대하여 당사자간에 분쟁의 우려가 있으므로 그 증명을 쉽게 하기 위해서 협정에 의해 미리 보험가액을 평가하는 것을 인정한다. 이는 민법상의 손해보상액의 예정(민법 제398조)과 유사하다.

기평가보험에 있어서 보험가액은 보험증권에 기재하게 된다.

기평가보험에 있어서도 협정에 의한 보험가액이 객관적인 진정한 보험가액과 다른 경우에는 당사자는 그 반증을 들어 변경할 수 있다. 그렇지만 협정보험가액을 인정하는 취지는 분쟁의 방지에 있으므로 상법은 첫째, 보험사고발생시의 가액으로 정한 것으로 추정하고, 둘째, 보험가액이 보험사고발생시의 가액을 현정하게 초과할 때에는 사고발생시의 보험가액으로 한다(상법 제670조). 여기서 현저한 초과의 증명책임은 보험자가 진다.

보험가액이 현저하게 초과하고 보험계약의 체결이 보험계약자의 사기에 의한 경우에는 보험계약의 무효를 주장할 수 있다(상법 제669조 4항). 이때도 그 증명책임은 보험자가 진다.

참조판례

대법원 1988.2.9. 선고 86다카2933 판결

[1] "기평가보험에 있어서도 당사자는 추가보험계약으로 평가액을 감액 또는 증가할 수 있다."

[2] "초과보험이란 사유를 들어 보험가액의 제한 또는 무효를 주장하는 경우 그 입증책임은 보험자가 진다."

(2) 미평가보험의 경우

미평가보험은 보험가액에 대한 아무런 협정이 없는 경우이다.

1) 가액산정의 일반원칙

미평가보험의 경우에 보험가액가변의 원칙이 적용되어 보험사고발생시의 가액을 보험가액으로 한다(상법 제671조). 시가보험은 실손해보상의 원칙에 근거하며 보험가액변경주의가 적용된다.

그러나 보험사고가 발생하기 전이라도 초과보험, 중복보험, 일부보험의 문제가 생길 때와 같이 때때로 변하는 보험가액을 산정할 필요가 생길 수 있다. 따라서 예외적 경우가 많이 발생한다. 예를 들어 초과보험에 관하여 보면, 보험가액은 원칙은 계약당시의 가액에 의하지만(상법 제669조 제2항), 보험가액이 보험기간 중에 현저하게 감소된 때에 보험기간 중에도 평가하여 초과보험 여부 등을 결정하게 된다(상법 제669조 제3항).

보험가액산정의 장소는 보험사고발생시의 장소로 한다.

2) 특칙

보험기간이 짧아 시간적으로 보험가액의 변동이 비교적 적고, 또한 손해발생의 때와 곳을 결정하기가 어려운 보험의 경우에 특칙이 적용된다. 이때는 보험가액불변경주의에 의하게 되는데, 이는 평가가 쉬운 시점의 보험가액을 표준으로 전보험기간을 통하는 보험가액으로 하는 것이다.

예를 들면, 첫째, 운송보험의 경우에 발송한 때와 곳의 가액 + 도착지까지의 운임 기타의 비용에 의하며, 이익은 약정이 있을 때 포함된다(상법 제689조). 둘째, 선박보험의 경우에 보험자의 책임이 개시될 때의 선박가액에 의한다(상법 제696조). 셋째, 적하보험의 경우에 선적한 때와 곳의 적하가액 + 선적 및 보험에 관한 비용에 의한다(상법 제697조). 넷째, 희망이익보험의 경우에 적하의 도착으로 인하여 얻을 이익 또는 보수의 보험으로, 보험가액에 대한 약정이 없을 때 보험금액을 보험가액으로 한다(상법 제698조).

보험금액과 보험가액

보험금액은 약정에 의한 보상책임의 최고한도이고, 보험가액은 법률에 의한 보상책임의 최고한도이다. 손해발생시 지급할 보험금은 보험가액의 범위내에서 보험금액을 한도로 구체적인 손해액에 따라 결정된다.

초과보험

1. 의의

초과보험은 보험금액이 보험가액을 현저히 초과한 보험이다. 손해보험에서 아무리 보험금액이 높아도 실손해만큼 보상이 이루어진다. 그러나 초과보험을 인정하면 보험금액만큼 보상을 받는 것으로 오인하여 보험이 도박화하거나 인위적 사고의 우려가 있으므로 상법상 이를 제한한다.

초과보험은 단순한 초과보험과 사기에 의한 초과보험으로 나누어 볼 수 있다.

2. 요건

초과보험은 보험금액이 보험가액을 현저히 초과하여야 한다. 보험가액의 산정기준은 보험계약 당시의 가액에 의한다((상법 제669조 제2항). 다만 보험가액이 보험기간 중에 현저히 감소된 때에는 그때의 가액을 기준으로 하여야 한다(상법 제669조 제3항). 이는 가변주의에 의한 예외를 인정한 것으로 사고발생시의 가액 등 판정시를 기준으로 한다.

예를 들어 기평가보험의 경우에도 보험가액의 협정 당시를 기준으로 결정하지만, 협정보험가액보다 초과하는 보험금액을 약정하는 것은 있을 수 없을 것이다. 협정보험가액이 사고발생시의 가액을 현저히 초과시 초과보험의 문제가 발생하며(상법 제670조), 실제로 사고발생시 가액을 증명하여 초과보험이면 보험금액의 감액청구가 가능하게 된다.

3. 효력

(1) 입법주의

초과보험을 인정하면 보험을 투기의 목적으로 이용하거나 인위적인 사고를 일으킬 가능성이 있다. 따라서 이를 규제하는 것으로 주관주의는 단순초과보험의 경우에는 보험금액과 보험료의 감액청구권을 인정하며, 사기에 의한 초과보험의 경우에는 보험계약 자체를 무효로 한다. 객관주의는 초과부분을 당연히 무효로 한다.

(2) 단순한 초과보험의 경우

초과보험에 대하여 당사자가 선의인 경우 계약당사자(보험자 또는 보험계약자)는 장래에 향해서 보험료와 보험금액의 감액을 청구할 수 있다(상법 제669조 제1항). 보험사고시 실손해의 보상을 위해서 손해액을 산정하면 될 것이다. 그런데 실제 전손이면 보험금액을 기준으로 지급할 가능성이 있으므로 보험금액보다 적은 보험가액을 증명하는 경우에 보험가액을 기준으로 감액이 필요하다. 기평가보험의 경우에도 대체로 합의된 보험가액을 기준으로 손해액이 산정될 것이지만 보험가액이 현저하게 하락한 것을 증명하면 역시 감액청구가 가능하다.

감액청구권은 형성권이다. 현저한 초과의 증명책임은 주장하는 쪽에서 지게 된다.

보험료는 장래에 향해서 감액의 청구가 가능한데(보험료불가분의 원칙), 보험료의 경우 사고발생 후 손해실사과정에서 초과보험을 알게 되어도 소급해서 보험료감액을 청구할 수 없다. 보험료 등의 감액청구유무는 임의인데, 감액청구를 하지 않아도 보험자는 실손해만 보상하면 되고 보험계약자는 높은 보험료 내게 되므로, 결과적으로 보험계약자에 불리하게 된다.

(3) 사기에 의한 초과보험

보험가액을 부당하게 평가하여 재산상의 이익을 얻을 목적으로 초과보험을 한 경우에는 보험계약이 무효이다. 이에 대하여는 보험자가 증명책임을 진다. 보험계약자는 보험자가 그 사실을 안 때까지의 보험료를 지급하여야 한다(상법 제669조 제4항).

중복보험

1. 의의

중복보험은 물건보험에 있어서 보험계약자가 수인의 보험자와 동일한 피보험이익에 대하여 보험계약을 체결하고 그 보험금액의 총액이 보험가액을 초과하는 보험이다(상법 제672조). 한 보험자의 자력만으로 불안한 경우 등에 이용된다.

중복보험은 물건보험의 경우에 인정된다. 책임보험의 경우는 보험가액의 관념이 없어 중복보험을 인정할 수 없지만, 여러 책임보험에 가입함으로써 보험금액의 총액이 피보험자의 제3자에 대한 손해보상액을 초과시 중복보험과 마찬가지로 취급한다(상법 제725조의 2).

중복보험에는 동시중복보험과 이시중복보험이 있다.

중복보험과 구별되는 것으로 공동보험은 수인의 보험자가 위험을 공동으로 인수하는 것으로서 이때 보험자는 연대책임을 진다(상법 제57조). 병존보험은 보험자 사이에 서로 연결없이 보험가액의 한도에서 보험을 인수하는 것이다.

2. 요건

첫째, 피보험이익이 동일해야 한다. 예를 들면 동일한 보험의 목적 즉 창고에 있는 물건에 대해서 소유자가 화재보험을 가입하고, 창고업자가 보관자의 책임보험계약을 체결한 경우는 피보험이익이 틀린 경우로서 중복보험의 문제가 발생하지 않는다.

둘째, 보험사고가 동일해야 한다. 예를 들면 동일한 물건에 대해서 소유권이란 동일한 피보험이익에 대하여 화재보험계약을 체결하고, 다른 보험자와 도난보험계약을 맺은 경우는 중복보험의 문제가 발생하지 않는다.

셋째, 보험기간이 동일 또는 중복되어 있어야 한다.

넷째, 수개의 보험계약을 2인 이상의 보험자와 체결하고, 그 보험금액의 합계액이 보험가액을 초과하여야 한다.

다만 판례는 이를 엄격하게 보지 않고, 보험의 목적, 즉 피보험이익과 보험사고의 내용 및 범위가 전부 공통되지는 않으나 상당 부분 중복되고, 발생한 사고가 그 중복되는 피보험이익에 관련된 보험사고에 해당된다면, 피보험자, 피보험이익과 보험사고 및 보험기간이 중복되는 범위 내에서 상법 제725조의 2에 정한 중복보험에 해당하는 것으로 본다.[462]

---

462 대법원 2005.4.29. 선고 2004다57687 판결.

3. 효력

중복보험도 초과보험과 마찬가지로 인위적 사고를 일으킬 위험이 있으므로 이에 대하여 규제할 필요가 있다. 그러나 충분한 보상을 받고자 중복보험에 가입할 필요도 있으므로 사기적 의사로 한 경우에는 모든 보험계약을 무효로 하지만, 그렇지 않으면 각 보험계약의 효력을 인정한다.

(1) 입법주의

① 우선책임주의 : 동시중복보험의 경우 각 보험자의 부담은 각 보험금액의 총보험금액에 대한 비율에 따르고, 이시중복보험의 경우에는 먼저 보험계약을 맺은 보험자가 우선적으로 손해를 보상하고, 뒤에 체결한 보험자는 부족분에 대해서만 부담하는 것이다.

② 비례보상주의 : 모든 보험자가 그 보험금액의 비율에 따라 피보험자에 대한 손해보상책임을 지기로 하는 것이다.

③ 연대책임주의 : 보험자 각자의 보험금액의 한도에서 피보험자의 손해에 대해서 연대책임을 지기로 하는 것이다.

(2) 보험계약자가 선의인 경우

첫째, 우리나라는 연대비례보상책임주의에 의한다. "각 보험자는 각자의 보험금액의 한도에서 연대책임을 지고, 각 보험자의 보상책임은 각자의 보험금액의 비율에 따른다."(상법 제672조 제1항).

둘째, 보험자 1인에 대한 권리의 포기는 다른 보험자의 권리·의무에 영향을 미치지 않는다(상법 제673조). 이는 각 보험관계의 독립성을 인정하는 것으로, 예를 들어 갑과 을이 중복보험의 관계에 있는 경우에 을에 대한 권리를 포기하더라도 갑은 여전히 전체금액에 대하여 책임을 지며, 그 책임도 을이 존재하였던 때와 동일한 비율에 따른 책임을 진다. 민법은 면제의 절대적 효력이 인정되지만 여기서는 적용되지 않는다. 다만 자기의 부담부분을 제외한 부분은 다른 상대방에 대하여 구상이 가능하다.

셋째, 보험계약자의 통지의무가 인정되어, 각 보험자에 대해서 각 보험계약의 내용을 통지하여야 한다(상법 제672조). 병존보험의 경우도 통지의무를 지는데, 다른 보험계약의 존재는 중요한 사항으로 계약체결 전에는 고지의무의 대상이고, 계약체결 후에는 통지의무를 진다.

통지의무에 위반한 경우에 약관에서 계약해지권을 인정한 것이 있다(화보약관 제14조). 특히 다른 보험계약을 숨기기 위해서 통지의무해태시는 사기에 의한 보험계약으로 볼 것이다.

넷째, 보험금액과 보험료의 감액청구가 인정된다. 보험계약자는 현저한 보험금액의 초과의 경우에는 해석상 보험금액과 보험료의 감액을 청구할 수 있다(상법 제669조). 그러나 보험자의 경우에 보험금액과 보험료의 감액청구는 인정되지 않는다. 이를 인정하면 보험자의 부실에 대비하여 충분한 보상을 받고자 하는 중복보험의 취지에 반하게 될 것이기 때문이다. 보험금액과 보험료의 감액은 임의의 보험계약전부 또는 일부의 해지에 의할 것이다(상법 제649조).

(3) 보험계약자의 사기에 의한 경우

보험계약자의 사기에 의한 중복보험은 모두 무효이고, 보험계약자는 각 보험자가 그 사실을 안 때까지의 보험료를 지급하여야 한다(상법 제672조 제3항, 제669조 제1항).

일부보험

1. 의의

일부보험은 보험금액이 보험가액에 미달하는 것이다. 일부보험은 보험료 절약을 위한 의식적 일부보험과 물가상승 등에 의한 자연적 일부보험이 있다.

일부보험의 경우에 추가로 보험가입 여부는 자유이지만, 계약에 의한 자기부담이 있을 때에는 다른 보험에 붙일 수 없다. 이러한 자가보험은 인위적인 사고에 대한 방지 효과를 가진다.

2. 요건

보험가액의 산정은 첫째, 기평가보험의 경우에는 당사자간에 정한 가액에 의한다(상법 제670조). 미평가보험의 경우에 의식적 일부보험은 보험계약 당시의 가액을 기준으로 하며(상법 제669조 제2항), 자연적 일부보험의 경우에는 그것을 판정하는 때를 기준으로 한다(상법 제669조 제3항). 후자의 경우는 보험가액이 보험기간 중 현저히 증가하고, 보험사고가 발생하여 손해액을 산정하는 과정에서 일부보험의 문제가 제기될 때 사고발생시의 가액을 기준으로 평가하게 된다는 것이다.

3. 효과

(1) 비례부담의 원칙

일부보험의 경우에 보험금액의 보험가액에 대한 비율에 따라 보상한다(상법 제674조).

(2) 제1차위험보험

일부보험에서 특약으로 보험금액의 범위내에서 손해액의 전액을 지급할 것을 정하는 경우에 그 금액을 지급한다(상법 제674조 단서).

(3) 비율보험

비율보험은 보험자의 손해보상한도를 보험가액의 일정한 비율로 정하는 보험이다. 예를 들어 보험가액이 100000원, 70%의 비율보험이 이루어진 경우에 70000원까지 보상받을 수 있다. 이것은 보험가액이 변경시 위 1차위험보험과 차이가 난다.

손해의 보상

1. 손해액의 산정

(1) 원칙

손해액은 원칙적으로 그 손해가 발생한 때와 곳의 가액에 의하여 산정된다(상법 제676조). 이 원칙은 미평가보험의 경우에 적용된다.

(2) 예외

첫째, 기평가보험의 경우는 이미 합의한 보험가액에 의한다(상법 제670조). 그러나 합의한 보험가액이 사고발생시의 가액을 현저하게 초과한 경우는 사고발생시의 가액에 의한다(상법 제670조 단서). 이렇게 보면 궁극적으로는 앞에서의 원칙에 따르는 것이 된다.

둘째, 보험가액불변경주의에 의하는 운송보험(상법 제689조), 해상보험(상법 제696조~제698조) 등의 경우는 상법이 규정하고 있는 보험가액에 의한다.

셋째, 특약에 의한 신가보험의 경우는 신품가액에 의한다(상법 제676조).

(3) 산정비용

손해액의 산정은 실제로 손해사정인 또는 감정인에 의하여 이루어지는 것이 보통이다. 그 산정비용은 보험자가 부담한다(상법 제676조). 그러나 손해액의 산정에 이의가 있어서 평가인의 평가 또는 중재인의 판정에 의하는 경우 등에는 그 비용을 분담할 수 있다. 일부보험의 경우에도 분담할 수 있다.

2. 손해보상의 방법

손해보상은 금전보상의 원칙에 의한다. 그러나 유리보험 등과 같이 현물보상을 정한 경우는 현물보상이 가능하다.

3. 손해보상의 범위

(1) 원칙

보험사고시 보험금액의 한도 안에서 피보험자가 입은 실손해액을 보상한다. 그러나 예외적으로 신가보험의 경우나 보험자가 손해방지비용을 부담하는 경우(상법 제680조)에 보험금액의 한도를 벗어날 수 있다. 역으로 보험료의 지급을 받지 아니한 잔액이 있을 때에는 그 지급기일이 도래하지 아니한 때라도 보상액에서 이를 공제할 수 있다(상법 제677조). 이때는 손해보상이 실손해보다 부족할 것이다.

(2) 전부보험

전부보험에 있어서 전손의 경우에는 약정한 보험금액 전액을 보상한다. 그러나 기평가보험에 있어서 협정보험가액이 사고발생시의 가액을 현저하게 초과할 때에는 보험자는 사고발생시의 보험가액을 증명하여 그 보상액의 감액을 청구할 수 있다(상법 제669조).

분손의 경우에는 보험가액과 잔존가액과의 차액이 손해보상액이 된다.

(3) 초과·중복보험의 경우

초과보험의 경우 손해보상은 전손의 경우는 보험가액을 한도로 하며(상법 제669조), 분손의 경우 실손해액을 보상한다. 초과보험의 경우에는 보험금의 감액청구가 가능하다.

중복보험의 경우에 손해보상은 연대비례보상책임주의에 의한다(상법 제672조).

(4) 일부보험

$$\text{손해보상액} = \text{손해액} \times \frac{\text{보험금액}}{\text{보험가액}}$$

(5) 외화표시보험

외화표시보험은 보험계약에서 보험료와 보험금액을 외국통화로 표시된 보험계약으로 해상보험 등에서 이용된다.

일반적으로 보험계약자는 보험료지급 당시의 환율에 따라 우리나라 통화로 보험료를 지급하고, 보험사고가 발생한 때에는 사고발생 당시의 환율에 따른 보험금액의 한도 안에서 보험자에게 손해보상청구를 하게 된다. 손해액을 외국통화로 청구하는 것이 아니고 우리나라 통화를 기준으로 청구한다.

손해액은 손해가 발생한 때와 곳의 가액에 의하여 정하므로(상법 제676조), 현실로 지급할 때가 아닌 손해가 확정된 때(이행기)에 그 외국통화를 우리나라 통화로 환산하여야 한다고 풀이할 것이다.

이에 비추어 보면 이를 외화채권으로 보기는 어렵다. 외화채권의 환산시기는 현실로 이행하는 때, 즉 지급할 때로 규정하고 있다(민법 제378조).

4. 보험금의 지급시기

보험자는 보험금액의 지급에 관하여 약정기간이 있는 경우에는 그 기간내에 약정기간이 없는 경우에는 보험사고발생의 통지를 받은 후 지체없이 지급할 보험금액을 정하고 그 정하여진 날부터 10일 내에 피보험자 또는 보험수익자에게 보험금액을 지급하여야 한다(상법 제658조).

보험계약자·피보험자의 손해방지의무

1. 의의

손해방지의무는 손해보험계약에서 보험사고가 발생했을 때에 보험계약자와 피보험자가 손해의 방지와 경감을 위하여 노력하여야 할 의무이다(상법 제680조).

손해방지의무가 인정되는 근거는 보험계약이 일종의 사행계약으로서 실질적으로 보험이 도덕적 위험을 일으키기 쉬우므로 보험자에 대한 신의성실의 원칙상 요구되고, 공익보호의 요청상으로도 인정된다. 손해의 확대는 보험단체의 이익을 해치므로 보험자에 대한 신의칙에 반하고 사회경제적으로도 손해이다. 즉 재물보호의 공익적 요청에 반한다.

2. 법적 성질

손해방지의무는 보험계약에 의해서 지워진 의무가 아니라, 보험계약의 사행계약적 성질에 비추어 형평의 견지에서 상법이 특히 인정한 의무이다. 이는 법적 의무로서 의무위반에 대한 손해배상청구를 하거나 보험사고로 보상할 손해액과의 상계가 인정된다.

3. 손해방지의무자

손해방지의무자는 보험계약자와 피보험자이며, 그 대리인, 가령 지배인이나 선장과 같은 포괄적인 대리권을 가진 자도 해당한다.

4. 의무의 내용

(1) 의무의 개시시기

손해방지의무는 보험사고가 생긴 때부터 개시된다. 사고발생의 위험이 있을 때의 방지의무는 포함되지 않는다. 다만 보험사고의 발생과 같게 볼 수 있는 상태가 생겼을 때에는 그때부터 피보험자의 손해방지의무가 생겨난다. 예를 들면 옆집에 화재가 발생한 경우에 손해방지를 위해서 필요한 조치를 취해야 한다.

(2) 범위

손해방지행위에는 사고발생에 의한 손해의 발생을 방지할 뿐만 아니라 발생한 손해의 확대를 방지하는 행위도 포함한다. 첫째, 직접적으로 화재가 발생한 경우 보험의 목적을 안전한 곳으로 옮기거나, 불을 꺼서 손해의 확대를 막는 행위를 들 수 있다. 둘째, 간접적으로 피보험자가 보험사고와 관련하여 제3자에 대하여 가지는 청구권을 확보하거나 보험자의 대위권행사를 용이하게 하는 행위를 들 수 있다.

손해의 방지와 경감의 노력은 행위의 목적으로 있으면 되고 보험자를 위한 것임을 의식할 필요도 없으며, 그 효과가 반드시 생겨야 하는 것은 아니다. 손해방지행위의 정도는 보험사고의 종류, 상태와 사고발생 당시에 있어서의 보험계약자 등의 상태를 참작하여 결정할 문제이며, 보험계약자 등이 신의칙에 따라 자신의 일을 처리하는 정도의 주의를 기울이면 된다.

5. 의무해태의 효과

손해방지의무를 해태한 효과에 대하여 상법에 규정이 없지만, 해석상 보험계약자 또는 피보험자가 고의·중과실로 손해방지의무를 위반한 때에는 방지 또는 경감할 수 있으리라고 인정되는 손해액에 대해서 배상청구를 하거나, 보험자가 지급할 보험금에서 상계·공제하여 나머지를 손해보상액으로 지급할 수 있다.

그 책임의 발생원인은 채무불이행이나 불법행위가 아니라 상법이 인정하는 법정의무의 위반에 있다. 손해배상청구 등을 함에 있어서 보험자는 의무를 게을리했음을 보여주는 객관적인 사실을 증명하면 되고, 보험계약자 등이 의무위반이 자신의 고의나 중과실에 의한 것이 아님을 증명해야 한다.

6. 방지비용의 부담

손해방지비용은 보험계약자 등이 보험사고로 인한 손해의 방지 또는 경감을 위하여 지급한 필요하고도 유익한 비용이다. 손해방지비용과 보험보상액의 합계가 보험금액을 초과하는 경우라도 이를 보험자가 부담하는데(상법 제680조), 그 근거로 다음을 들 수 있다. 첫째, 손해방지의무를 장려하는 공익적 견지에서 필요하다. 둘째, 이 비용은 보험사고의 발생으로 인한 손해이면서 보험자의 이익을 위해서도 필요하다. 셋째, 손해방지의무 등을 보험계약자 등에게 부담시킨 것과 균형을 이루게 된다.

일부보험의 경우에는 보험자가 손해보상액의 비율에 따라 부담하고 나머지 부분은 보험계약자 등이 부담한다.

보험자대위

1. 의의

보험자대위는 보험자가 보험사고로 인한 손실을 피보험자에게 보상하여 주고, 그 피보험자 또는 보험계약자가 보험의 목적이나 제3자에 대하여 가지는 권리를 법률상 당연히 취득하는 것을 말한다.

인보험에서는 이를 금지하는 것이 원칙이지만, 상해보험의 경우에는 약정에 의해 피보험자의 권리를 해하지 않는 범위에서 보험자대위권의 행사가 가능하다(상법 제729조).

2. 근거

손해보험계약은 일종의 손해보상계약으로서 보험사고로 인하여 피보험자에게 어떤 이익을 주려는 것이 아니라 단순히 손해의 보상만을 목적으로 하므로 당연히 보험자대위가 인정된다.

즉 손해보험에서 손해보상의 원칙은 절대적 원칙이다. 이러한 손해보상계약성에서 이득금지의 원칙이 도출되는데, 보험사고로 말미암아 손해보상을 받은 다음 피보험자가 제3자에 대한 청구권을 행사하도록 하는 것은 이득을 허용하는 것이 된다. 반면에 제3자의 배상책임을 면제하는 것도 형평의 견지에서 불합리하다. 이에 따라 보험자가 피보험자 등의 권리를 취득하는 보험자대위가 인정되는 것이다. 이때 보험자는 이익이 아닌가라는 생각을 할 수 있지만, 수지상등의 원칙에 입각해서 보면 보험자대위권을 행사한 만큼 전체적으로 보험료가 감액되는 효과를 가져오므로 보험자의 일방적 이익은 아니게 된다.

3. 법적 성질

보험자대위에 있어서 보험자의 권리는 법률의 규정에 의해 당연히 발생한다. 민법상의 손해배상자의 대위(민법 제399조)와 같은 성질이다.

법률의 규정에 의한 권리의 이전이므로, 보험의 목적에 대한 대위(잔존물대위)의 경우 물권변동에 관한 일반원칙(민법 제186조, 제188조)에 의하지 않고 권리가 이전하며, 제3자에 대한 대위(청구권대위)도 민법상의 대항요건(민법 제450조)을 밟지 않고도 행사할 수 있다,

4. 재보험자의 대위

원수보험자가 제3자에 대한 보험자대위권을 가지고 있는 경우에 재보험자가 원수보험자에게 보험금액을 지급하면 그 지급한 금액의 한도에서 그 대위권은 다시 재보험자에게 이전한다. 그런데 재보험자는 보험계약자나 피보험자와 직접적인 관계를 맺고 있지 않다. 이에 따라 재보험자가 스스로 대위권행사가 불편하거나 불가능한 경우에 보험자대위에 의한 권리의 귀속과 권리의 행사를 분리하는 관습이 있다. 즉 제3자에 대한 권리의 행사는 원보험자가 자기의 이름으로 재보험자의 수탁자적 지위에서 행하게 되고, 그 회수한 금액을 재보험자에게 교부한다(통설·판례463).

보험의 목적에 대한 보험자대위

1. 의의

보험의 목적의 전부가 멸실한 경우에 보험금액의 전부를 지급한 보험자는 그 목적에 대한 피보험자의 권리를 취득한다(상법 제681조). 이를 잔존물대위라고도 한다. 이는 물건보험에서 보험의 목적이 훼손되어 그 본래의 경제적 기능을 전부 잃은 경우에 그 잔존물의 가액을 평가하지 아니하고 전손으로 취급하여 보험금액의 전부를 지급한 경우에 그 잔존물에 대한 피보험자의 권리를 보험자에게 이전시키는 제도이다. 손해액 산정에 있어서 잔존가액 평가의 곤란과 같은 기술상의 어려움을 반영하였다고도 볼 수 있다.

육상보험의 경우에는 불터의 석재, 기계보험에서 파손된 기계 등을 예로 들 수 있으나, 손해액은 잔존물의 가액을 공제하고 평가하는 것이 일반적으로 실제 그 예가 많지 않다. 해상보험에서는 침몰선의 난파물과 같이 잔존물대위의 필요성이 인정된다.

2. 보험위부와의 차이

잔존물대위는 현실전손이 있을 때 보험금을 지급하고 법률상 당연히 잔존물에 대한 권리가 이전하는 것임에 반하여, 보험위부는 추정전손이 있을 때 피보험자의 특별한 의사표시에

---

463 서울민사지법 1981.12.16. 선고 80가합5524 판결.

의하여 보험의 목적에 대한 권리를 보험자에게 이전시키고 보험금을 청구하는 제도이다. 상법은 보험위부의 원인으로 '선박·적하의 점유상실, 선박의 수선비용이 과다한 때, 적하의 수선비용·운송비용이 과다한 때'와 같이 손해의 증명이 어려운 경우를 제시하고 있다(상법 제710조).

보험위부에 있어서는 위부된 목적물이 지급한 보험금액보다 큰 것이 증명되어도 보험자는 그 전부의 과실을 소유할 수 있다. 그러나 제3자대위의 경우에는 지급한 보험금액 이상 회복 시에는 피보험자에게 반환해야 한다.

3. 요건

첫째, 보험목적 전부의 멸실 : 보험의 목적이 가진 경제적 가치가 전부 멸실한 것으로서 전손과 같은 말이다. 전부멸실이란 잔존물의 일부가 남아 있는 경우에도 경제적인 관념에서 그 이용이 불가능한 경우를 포함한다. 상법에서는 선박의 수선불능으로 '수선비가 선박가액의 4분의 3이상 일 때'를 들고 있다(상법 제778조). 이때 특약으로 보험목적의 4분의 3이상 손해를 전손으로 보는 것도 유효하다고 하겠다.

둘째, 보험금액의 전부 지급 : 보험금액의 지급액에는 보험의 목적에 대한 손해액뿐만 아니라 손해방지비용 등을 포함한다. 전부 지급하여야 한다는 점에서 제3자에 대한 보험자대위와 구별된다.

4. 효과

(1) 보험의 목적에 대한 권리의 당연한 이전

보험의 목적에 대한 권리의 이전은 법률의 규정에 의한 이전이다. 소유권만이 아니고 경제적인 이익이 있는 이상 그 목적물에 대한 모든 권리가 이전한다. 권리이전의 시기는 보험금액을 전부 지급한 때이다. 보험금의 지급을 받기 전에 그 목적물을 임의로 처분하였으면 보험금에서 그 대가를 공제할 수 있고, 보험금의 지급을 받은 후에 이를 처분한 때에는 그로 인한 손해배상을 청구할 수 있다.

(2) 일부보험의 경우

일부보험에 있어서 보험자가 보험금액의 전부를 지급한 때에는 보험금액의 보험가액에 대한 비율에 따라 피보험자가 보험의 목적에 대하여 가지는 권리를 취득하게 된다(상법 제681조). 이때는 잔존물에 대하여 보험자가 지분적 공유를 하게 된다.

(3) 피보험자의 협조의무

보험자대위권의 대상이 되는 목적물을 피보험자가 점유하고 있으므로 피보험자는 신의칙상 협조의무를 부담한다. 따라서 손해의 감소를 위한 조처 등을 하여야 한다. 피보험자는 사고발생 후 손해방지의무를 지는데, 보험금지급 후에는 보험자대위권이 발생하므로 이에 대한 신의칙상 협조의무를 진다.

(4) 목적물에 대한 부담과 대위권의 포기

목적에 대한 소유권을 취득함으로써 그 부수의무를 부담해야 할 경우도 있다. 예를 들면 선박보험에서 보험의 목적인 선박이 내항에서 침몰한 경우에 선박의 소유자는 침몰선과 잔존물을 제거해야 할 의무를 질 수 있다. 이때 보험자는 그 대위권을 포기하고 보험의 목적에 따른 공법상 또는 사법상의 부담을 피보험자에게 귀속시킬 수 있다고 해석한다(통설).

제3자에 대한 보험자대위

1. 의의

손해가 제3자의 행위로 인하여 생긴 경우에 보험금액을 지급한 보험자는 그 지급한 금액의 한도에서 그 제3자에 대한 보험계약자 또는 피보험자의 권리를 취득한다(상법 제682조). 이를 청구권대위라고도 한다.

2. 요건

(1) 제3자의 행위로 인한 보험사고의 발생

1) 제3자의 행위

제3자의 행위는 방화와 같은 불법행위뿐만 아니라 임차인의 실화 등을 이유로 한 채무불이행은 물론 선장의 공동해손으로 인한 경우와 같은 적법행위도 포함한다.

참조판례

"상법 제682조 소정의 제3자의 행위는 '피보험이익에 대해서 손해를 일으키는 행위'를 뜻하는 것으로서 고의·과실에 의한 행위만 이에 해당하는 것이 아니다."면서, 임차건물실화의 경우에 임차건물보전에 대해서 임차인이 선량한 관리자의 주의의무를 다하였다고 볼 증거가 없으므로 임차물반환채무의 이행불능으로 인한 손해배상책임을 진다고 하였다. 이때 피보험자가 그 손해에 관하여 제3자에게 손해배상청구권을 갖게 되면 보험자가 제3자에게 귀책사유가 있음을 입증할 필요가 없이 법률의 규정에 의하여 당연히 그 손해배상청구권을 취득하게 된다고 하였다."(대법원 1995.11.14. 선고 95다33092 판결).

2) 제3자의 범위

첫째, 제3자는 보험계약자 또는 피보험자 이외의 자이다. 손해를 일으킨 자와 채무를 부담하는 자가 반드시 같아야 하는 것은 아니다. 예를 들어 선장의 공동해손처분행위로 생겨난 손해에 대해서 그 위험을 면한 선박 또는 적하이해관계인이 이를 분담하는 것도 포함된다.

둘째, 화재보험에서 임대인이 건물을 보험에 붙인 경우 임차인은 제3자에 속한다.464 판례는 피보험자의 피용운전사의 경우 자동차보험표준약관 제7조에 의하여 피보험자에 해당하므로 제3자에 해당하지 않는다고 하였다.465

셋째, 타인을 위한 보험계약에서 보험계약자의 귀책사유로 보험사고가 발생한 경우에 그 보험계약자는 제3자에 해당하는가? 예를 들면, 건물의 임차인이 소유주인 임대인을 위해서 화재보험계약을 체결한 경우, 운송인이 화주를 위하여 운송보험을 체결한 경우, 창고업자가 임치인을 위하여 화재보험계약을 체결한 경우 등이다. 이때 책임보험의 경우는 자기를 위한 보험이므로 제3자가 아니다.

① 제외설 : 논거로 다음을 제시한다.466 ⓐ 보험계약자가 보험료지급의무 등을 지고 있다. ⓑ 그의 고의·중과실에 의한 사고발생시 보험자는 면책된다. ⓒ 상법 제639조 제2항 단서에서(타인을 위한 보험의 경우) 피보험자에게 배상한 경우에는 그의 권리를 해하지 않는 범위에서 보험금액의 청구가 가능하다고 규정하고 있다. 이것은 간접적으로 대위권을 배제하려는 것이다. 다만 보증보험의 경우 그 특성에 의해서 대위권행사를 인정한다.467

② 긍정설 : 보험료의 지급은 타인의 계산으로 지급하는 것이며, 기타의 의무도 보험자의 상대방인 형식적인 자격에서 지는 것에 불과하다고 한다.468

③ 판례 : 보험계약자는 피보험이익의 주체가 아니라는 지위에 비추어 제3자에 포함시킨다. 판례는 보험계약자와 보험계약자 아닌 제3자를 구별할 법률상의 이유가 없다고 한다. 다만 보증보험의 경우에는 기본적으로 민법 제441조(수탁보증인의 구상권)에 따라 보험계약자에게 구상할 수 있다는 태도이다.469

---

464 대법원 95.11.14. 선고 95다33092 판결, 대법원 2015.1.29. 선고 2013다214529 판결.

465 대법원 1991.11.26. 선고 90다10063 판결.

466 양승규, "보험계약자에 대한 운송보험자의 대위", 법률신문, 1872호, 11면 ; 정동윤, "타인을 위한 보험에서 보험자의 보험계약자에 대한 청구권대위의 가부", 「고려법학」, 제41호, 2003, 14면 ; 손주찬, (하)593면 ; 정찬형, (하)650면 ; 한창희, (보)380면 ; 장덕조, (보)244면.

467 이행보증보험약관 제10조 제1항에서 구상권과 대위권을 인정한다.

468 최기원, "보험자대위와 제3자의 범위", 법률신문, 1887호, 11면 ; 이기수 외, (보)145면 ; 채이식, (하)551면 ; 김성태, (보)452면.

469 대법원 1989.4.25. 선고 87다카1669 판결, 대법원 1990.2.9. 선고 89다카21965 판결, 판례는 또한 변제자의 법정대위에 관한 규정(민법 제481조)도 유추적용된다는 입장이다 : 대법원 1997.11.14. 선고 95다11009 판결, 대법원 2000.1.21. 선고 97다1013 판결, 대법원 2009.2.26. 선고 2005다32418 판결.

④ 검토 : 청구권대위를 인정하지 않으면 피보험자가 보험사고를 일으킨 보험계약자에게 손해배상청구를 하여 2중의 이득을 얻을 염려가 있으나, 보험금을 지급받음으로써 손해가 상계되므로 2중으로 지급되지는 않을 것이고, 그 보험금의 지급은 보험계약자의 보험료 지급으로 인한 것이므로 보험계약자를 보호할 필요가 있다. 또한 보험계약자도 제3자에 포함하게 되면, 보험계약자의 고의·중과실에 의한 보험사고의 경우에는 보험자는 면책되고 경과실에 의한 보험사고의 경우에만 보험자의 면책이 인정되지 않는데, 경과실의 경우에도 청구권대위의 대상이 되게 되므로 보험료를 지급하는 보험계약자에게 너무 부담이 과중하게 된다. 따라서 보험계약자는 제3자에 해당하지 않는다고 보겠다.

넷째, 보험계약자의 친족 등도 문제 되는데, 보험계약자 또는 피보험자와 공동생활을 하는 가족이나 사용인은 제3자에 포함되지 않는다(상법 제682조 제2항). 제3자에 포함시키면 결국 피보험자에게 그 책임이 돌아갈 것으로 피보험자는 보험계약에서 아무런 효용을 얻을 수 없다. 다만 손해가 그 가족의 고의로 인하여 발생한 경우에는 제3자에 포함되게 되어(상법 제682조 제2항 단서) 청구권대위가 가능하다. 이는 대표자책임이론과 다른 각도에서 접근한 것이며, 대표자책임이론은 오늘날 잘 인정되지 않는다.

참조판례

"타인을 위한 손해보험계약은 타인의 이익을 위한 계약으로서 그 타인(피보험자)의 이익이 보험의 목적이지 여기에 당연히(특약없이) 보험계약자의 보험이익이 포함되거나 예정되어 있는 것은 아니므로 피보험이익의 주체가 아닌 보험계약자는 비록 보험자와의 사이에서는 계약당사자이고 약정된 보험료를 지급할 의무자이지만, 그 지위의 성격과 보험자대위 규정의 취지에 비추어 보면 보험자대위에 있어서 보험계약자와 제3자를 구별하여 취급할 법률상의 이유는 없는 것이며, 따라서 타인을 위한 손해보험계약자가 당연히 제3자의 범주에서 제외되는 것은 아니다."(대법원 1989.4.25. 선고 87다카1669 판결).

(2) 보험금의 지급

보험자대위권의 발생시기는 보험금액을 지급한 때이다. 이때 지급은 적법한 지급이어야 하고, 무면허운전 등과 같이 면책이 인정되는 데 지급한 경우 등은 임의지급으로서 대위권 행사가 불가능하다. 일부지급의 경우에도 지급한 범위안에서 그 대위권을 행사할 수 있다.

(3) 제3자에 대한 보험계약자·피보험자의 권리의 존재

보통은 피보험자가 제3자에 대해서 가지는 불법행위 또는 채무불이행에 의한 손해배상청구권이 대위의 대상이 된다. 또한 보험계약자가 제3자에 대해서 가지는 권리도 보험자대위권에 포함된다. 예를 들어 물건의 보관자가 소유자를 위해서 보험계약을 체결한 경우에 제3자의 행위로 목적물이 멸실한 경우 보관자는 제3자에 대해서 손해배상청구권을 가지게 되고, 이는 청구권대위의 대상이 된다.

보험자는 보험금을 지급할 때까지는 대위권을 확정적으로 가지지는 못하지만 조건부권리를 가진다고 볼 것이다. 따라서 피보험자가 보험자의 동의 없이 그 제3자에 대한 권리를 행사 또는 처분함으로써 보험자의 권리를 침해한 경우에는 보험자에 대한 권리를 상실한다. 피보험자의 손해방지의무에는 제3자에 대한 청구권을 확보하고 대위권행사를 용이하게 하는 것도 포함된다. 피보험자가 제3자에 대한 권리를 행사하거나 처분한 때에는 보험자대위권도 존재하지 않는다.[470]

3. 제3자에 대한 보험자대위의 효과

(1) 피보험자의 권리의 이전

보험자의 보험금지급에 의하여 보험계약자 또는 피보험자가 가지는 제3자에 대한 권리가 당연히 보험자에게 이전한다. 권리의 이전은 법률상 당연히 생기는 것이므로 그 권리이전의 통지 또는 승낙을 필요로 하지 아니한다. 제3자는 피보험자에 대한 항변으로 보험자에게 대항할 수 있으며, 소멸시효도 그대로 진행된다.

(2) 대위권행사의 범위

보험자는 피보험자가 제3자에 대해서 가지는 권리의 범위내에서 대위권행사가 가능하다. 예를 들어 자동차충돌의 경우 과실상계를 하게 된다. 그리고 수인이 공동의 불법행위로 피보험자에게 손해를 가한 경우에는 연대책임을 지게 되는데, 그 가운데 가족과 같이 보험자대위를 배제해야 할 자가 포함되었을 때는 그 부담부문을 공제한 액을 한도로 한다.

보험금액의 한도안에서 제3자에 대한 대위권을 행사할 수 있으므로 그 권리는 지급한 보험금액을 초과할 수 없다. 그 이상 회복시 초과액을 피보험자에게 반환해야 한다. 예를 들면 기평가보험에서 보험가액전액을 지급한 후 손해배상소송(손해액전부배상)에서 목적물의 실질가액에 따라 산정한 배상을 받은 경우에 초과회복의 가능성이 있다.

(3) 피보험자의 협조의무

보험금의 지급 후 피보험자의 협조의무가 인정된다. 이는 신의칙상 의무로, 피보험자가 제3자에 대한 권리의 내용, 보전 방법 등에 관하여 잘 알고 있으므로 그의 협조의무가 인정된다. 따라서 피보험자는 손해배상청구권을 행사하는데 필요한 정보를 보험자에게 제공하여 주거나, 그 권리의 증거가 되는 서류를 제출할 의무 등이 인정된다.

---

470 대법원 1981.7.7. 선고 80다1643 판결.

(4) 피보험자에 의한 권리의 처분

보험자대위의 효과가 발생한 후 피보험자가 권리를 처분한 경우에 그 법적 효과를 보면, 첫째, 제3자에 대한 관계에서 권리는 이미 보험자에게 이전하였으므로, 제3자가 피보험자에게 손해배상채무를 이행하였을 때에는 권한이 없는 자에 대한 변제가 되어 원칙적으로 무효이다(민법 제472조). 다만 제3자가 선의·무과실이면 채권의 준점유자에 대한 변제로서 유효할 수 있다(민법 제470조 유추적용).

둘째, 보험자에 대한 관계에서 피보험자 등은 보험자의 채권을 침해한 것이 되어 불법행위가 성립한다. 따라서 손해배상청구가 가능하다. 예를 들어 피보험자가 제3자로부터 다시 변제를 받은 경우에는 부당이득이 되어 보험자에게 반환하여야 하고, 그 권리를 포기 또는 제3자에게 양도한 때에는 그로 인한 손해배상책임을 지게 된다.

(5) 대위권행사의 제한

1) 보험금 일부를 지급한 경우

"보험자가 보상할 보험금액의 일부를 지급한 때에는 피보험자의 권리를 해하지 않는 범위 내에서만 그 권리를 행사할 수 있다."(상법 제682조). 예를 들어 500만원의 목적물이 제3자의 과실로 전부 소실되고 보험자가 300만원만 지급한 때, 피보험자는 200만원의 청구권을 보유하며, 제3자의 자금력이 300만원이면 피보험자의 200만원 청구권이 우선한다.

또한 제3자의 행위로 손해가 발생한 때에 피보험자가 보험자로부터 보험금액의 전액을 지급받아도 그 손해가 남는 경우, 예를 들어 건물에 대해서 화재보험에 가입했는데 가재 등이 소실된 경우에도 피보험자의 청구권이 우선한다(통설).

참조판례

"보험사고가 피보험자와 제3자의 과실이 경합되어 발생한 경우 피보험자가 제3자에 대하여 그 과실분에 상응하여 청구할 수 있는 손해배상청구권 중 피보험자의 전체 손해액에서 보험자로부터 지급받은 보험금을 공제한 금액만큼은 여전히 피보험자의 권리로 남는 것이고, 그것을 초과하는 부분의 청구권만이 보험자가 보험자대위에 의하여 제3자에게 직접 청구할 수 있게 된다."(대법원 2012.8.30. 선고 2011다100312 판결).

2) 일부보험의 경우

이에 대한 명문 규정이 없고 학설은 나뉜다.

① 절대설: 보험자는 보험금액을 지급한 한도에서 우선적으로 배정을 받고 나머지가 있을 때에만 피보험자에게 돌려준다고 한다. 보험자에게 배정우선권을 인정한다.[471]

---

471 이전의 절대설에 의한 판례는 대법원 2009.4.9. 선고 2008다27721 판결 이후 변경됨.

② 상대설 : 보험자와 피보험자가 그 손해보상액 대비 손해액과 손해보상액의 차액의 비율에 따라 분배한다는 견해이다. 보험의 목적에 대한 대위 규정(상법 제681조 단서 : 일부보험의 경우이다)을 유추하여 보험금액의 보험가액에 대한 비율에 따라서 대위한다는 것이다.[472]

③ 차액설(통설 · 판례[473]) : 상법 제682조 단서의 취지(일부지급의 경우이다)에 따라서 보험자는 피보험자의 손해액을 충당한 나머지의 손해배상액 즉 그 차액에 대해서만 청구권을 행사할 수 있다고 한다. 피보험자에게 배정우선권을 인정한다.[474]

④ 검토 : 제3자에 대한 대위를 보험의 목적에 대한 대위와 동일시 할 수 없고, 상법 제682조 단서의 취지에서 피보험자의 이익을 우선 고려하여야 한다는 점과 보험자대위란 원래 피보험자의 이중의 이득을 방지하기 위해서 인정되는 것임을 고려할 때 차액설이 타당하다.

이는 피보험자에게 과실이 있거나 제3자가 배상능력이 없을 때 의미를 가진다.

관련사항

갑은 시가 500만원 자동차를 100만원은 자기부담, 나머지 400만원에 대해서 자차보험에 가입하였는데, 갑, 을이 충돌 쌍방과실이 반반이거나 을의 전부 과실인데 배상능력이 200만원 밖에 없는 경우.
〈사고 후 보험금 400만원 전액 지급시 손해배상액 200만원 분배 방법〉
① 설: 보험자가 200만원 차지 ② 설: 보험자 150만원, 피보험자 50만원 차지 ③ 설: 피보험자 100만원 우선적으로 차지

보험목적의 양도

1. 의의 및 인정이유

(1) 의의

보험목적의 양도는 피보험자가 보험의 대상인 목적물을 개별적으로 양도하는 것으로 양수인은 보험계약상의 권리·의무를 승계한 것으로 추정한다(상법 제679조). 이는 의사표시에 의한 권리의 이전의 경우를 말하며, 상속이나 합병 등과 같이 권리·의무가 포괄적으로 승계되는 경우는 보험계약도 당연히 이전하는 것으로서 이에 포함되지 않는다.

---

472 채이식, (하)552면 ; 이범찬, (상법강의)490면 ; 김성태, (보)481면.
473 대법원 2015.1.22. 선고 2014다46211 판결 등.
474 손주찬, (하)602면 ; 양승규, (보)257면 ; 최기원, (하)701면 ; 이기수 외, (보)151면 ; 정찬형, (하)658면 ; 한창희, (보)390면 ; 장덕조, (보)251면.

(2) 인정이유

이론적으로 볼 때 보험의 목적이 양도되면 양도인이 그 목적에 관하여 가진 피보험이익은 소멸하고, 양수인은 보험자와 아무런 관계가 없으므로 원칙으로 그 보험관계가 종료된다. 그러나 이렇게 되면 양도인이 지급한 보험료가 헛일이 되고 일시적으로 무보험상태가 되므로 보험계약을 승계시킬 필요가 있게 되며, 당사자의 의사도 보험관계는 보험목적의 부속물로써 보험목적의 양도와 함께 승계된다고 보고 있다.

이와 달리 상호보험의 경우 사원관계와 보험관계가 결합된 것으로 사원이 보험의 목적을 양도한 경우에 양수인이 회사의 승낙을 얻어야 권리와 의무를 승계할 수 있다(보험업법 제51조).

2. 권리·의무승계 추정의 요건

(1) 보험관계의 존재

보험계약의 해지사유 또는 면책사유가 있으면 보험자는 이로써 양수인에 대해서도 주장할 수 있다.

(2) 보험의 목적이 물건일 것

물건은 특정 또는 개별화되어 있어야 한다. 집합보험(특정보험의 경우도)에 있어서 그 물건의 일부를 양도하는 경우에는 보험계약의 승계가 추정되지 않는다.

책임보험의 경우도 보험목적의 양도에 관한 규정을 준용할 수 있다고 본다. 물론 특정한 보험의 목적물을 대상으로 하지 않는 책임보험은 적용이 없지만, 가옥 등과 관련된 책임보험에 있어서 임차인의 전대라든지, 영업책임보험(자동차, 생산물배상책임보험, 승강기책임보험 등)에 있어서 영업양도 등의 경우에 보험목적의 이전이 있게 되는데, 이때는 규정이 적용된다.

그러나 선박의 양도는 보험자의 동의가 있어야 하고(상법 제703조의 2), 자동차의 양도는 보험자의 승낙을 얻은 경우에 한하여 보험계약상의 권리와 의무를 승계하도록 하고 있으므로 (상법 제726조의 4) 상법 제679조를 적용할 여지가 없다.

(3) 보험의 목적이 양도되었을 것

보험목적의 양도는 채권계약만으로는 부족하고 물권적 양도이어야 한다. 소유자가 단순히 목적물을 임대하거나 담보권을 설정하는 것은 포함되지 않는다. 다만 소유권의 이전을 가져오는 것만을 의미하지는 않고, 임차인의 전대의 경우 등도 포함된다.

3. 보험목적의 양도의 효과

(1) 보험계약상의 권리·의무의 이전

1) 권리

양수인이 보험계약상의 권리를 취득한다는 의미는 양수인이 보험금청구권을 갖는다는 의미이다. 이때 타인을 위한 보험계약에서는 피보험자인 타인만의 변경이 있으므로 보험계약의 성질에 변함이 없다. 예를 들어 운송인이 하주를 위해 보험에 가입하는 경우에 하주가 변경되어도 보험계약의 성질이 바뀌는 것이 아니다. 이것은 운송인이 자기를 위한 보험인 책임보험에 가입한 경우와는 구별된다.

자기를 위한 보험계약의 경우에는 보험목적의 양도로 보험계약자의 지위도 이전한다고 본다(통설). 양수인이 보험계약자로서 보험료반환청구권, 보험계약해지권 등을 가지며, 보험료 지급의무 등을 진다.

2) 의무

양수인은 위험변경증가의 통지의무, 위험유지의무, 보험사고발생통지의무, 손해방지의무 등을 지게 된다.

3) 이전의 추정

권리·의무의 이전은 추정에 불과하므로 반대의 증명을 한 경우, 즉 이전하지 않는다는 명시적 합의가 있는 경우 등에는 이전의 효력이 생기지 않는다. 이때는 피보험이익의 소멸에 의해 보험계약이 실효하게 된다.

(2) 보험자 및 기타 제3자에 대한 효과

1) 통지의무

보험목적의 양도의 경우에 양도인 또는 양수인은 보험자에 대하여 지체없이 그 사실을 통지해야 한다.

(가) 통지의 성질

① 대항요건설 : 통지를 보험자 기타 제3자에 대한 대항요건으로 본다. 통지를 해야 보험계약상의 권리·의무의 승계를 보험자 등에 대항할 수 있다고 한다.[475]

② 비대항요건설(통설) : 통지를 대항요건이 아니라 단순히 보험자의 보호를 위한 것으로 본다.[476] 따라서 별도의 대항요건을 갖출 필요 없이 보험계약상의 권리·의무의 승계를

475 정희철, (하)431면.

보험자 및 그 밖의 제3자에게도 대항할 수 있다고 한다.

③ 검토 : 상법 제679조의 권리·의무승계의 추정의 효력은 양도인과 양수인의 당사자 사이에만 미치는 것이 아니라 보험자 기타 제3자에도 그 효력이 미친다고 보아야 실익이 있다는 점에서 볼 때, 양도인 또는 양수인의 통지의무를 민법 제450조와 같은 대항요건으로 볼 수는 없다. 통지하지 않았다 하더라도 보험목적의 양도로 권리·의무의 승계는 추정되므로, 양수인은 보험목적의 양수 사실을 증명하여 보험금의 청구가 가능하다고 할 것이다.

(나) 통지해태시 : 상법의 규정이 없다.

① 설 : 통지해태시 양수인은 보험자에 대해서 보험금청구권을 행사할 수 없다고 본다.[477] 보험목적의 양도로 보험계약상의 권리·의무가 양수인에게 승계되는 것은 보험계약 내지는 위험이 변경된 것으로 볼 것이며, 상법 제652조(위험변경증가통지의무)를 유추하여 사실을 안 때로부터 1개월 내에 계약의 해지가 가능하다고 한다.

② 설 : 통지해태시에도 양수인은 보험목적의 양수사실을 증명하여 보험금청구권을 행사할 수 있다고 한다.[478] 다만 보험자가 보험목적의 양도사실을 모르고 보험금을 양도인에게 지급하여도 양수인은 이의를 제기할 수 없으며, 이로 인하여 보험자가 손해를 입은 경우에는 통지의무자는 이를 배상하여야 한다고 본다.

③ 검토 : ①설은 단순히 보험목적의 양도만이 있었는데 현저한 위험변경증가에 있어서의 통지의무를 유추함은 보험양수인에게 너무 가혹하다. 따라서 단순히 통지의무의 해태사실만으로는 보험금청구권의 행사를 거절할 수 없다고 본다. 특히 해상적하보험 등에서 지시식 보험증권이 발행된 경우에는 그 유가증권성이 인정되고, 보험자에 대한 양도의 통지는 필요하지 않고 보험증권에 배서만 있으면 보험목적의 양도와 보험계약상의 권리·의무의 승계가 추정된다.[479]

참조판례

"화재보험의 목적물이 양도된 경우 그 양도로 인하여 현저한 위험의 변경 또는 증가가 있고 동시에 보험계약자 또는 피보험자가 양도의 통지를 하지 않는 경우에는 보험자는 통지의무위반을 이유로 당해 보험계약을 해지할 수 있으나, 보험목적의 양도로 인하여 현저한 위험의 변경 또는 증가가 없는 경우에는 양도의 통지를 하지 않더라도 통지의무 위반을 이유로 당해 보험계약을 해지할 수 없다."(대법원 1996. 7.26. 선고 95다52505 판결).

---

476 손주찬, (하)606면 ; 양승규, (보)267면 ; 정찬형, (하)665면 ; 한창희, (보)356면 ; 장덕조, (보)259면.
477 정희철, (하)431면.
478 손주찬, (하)606면 ; 최기원, (하)707면 ; 양승규, (보)268면 ; 정찬형, (하)665면 ; 장덕조, (보)261면.
479 유가증권성에 대해서 일부긍정설의 입장.

2) 위험의 변경·증가

보험목적의 양도로 위험이 현저하게 변경·증가된 경우에는 상법 제653조를 유추하여 보험자는 보험료증액의 청구나 계약해지가 가능하다(통설).

Ⅱ. 각칙

화재보험계약

1. 의의

화재보험은 화재로 인하여 보험의 목적에 생긴 손해를 보상하기 위한 손해보험계약이다. '화재로 인한 재해보상과 보험가입에 관한 법률' 제5조는 특수한 건물에 대하여는 '신체손해배상특약부 화재보험'의 가입을 강제하고 있다. 대상이 되는 것은 '국유건물, 교육시설, 백화점, 시장, 의료시설, 흥행장, 숙박업소, 공장, 공동주택, 기타 다수인이 출입 또는 근무하거나 거주하는 건물로서 대통령령이 정하는 건물'이다(제2조 제3항).

화재보험계약을 체결하는 경우에 도난위험담보특약을 하는 경우도 있다. 그러나 이것은 도난보험이지 화재보험에 흡수되는 것도 아니다.

2. 보험사고

보험사고로서 화재는 보통의 용법에 의하지 아니하고 독립한 연소력을 가진 연소작용으로 인한 재해 또는 사회통념상 화재로 볼 수 있는 성질과 규모를 가진 화력의 연소작용이다. 그러나 화재로 번지지 아니한 열의 작용이나 불 또는 백열물질의 접촉으로 인한 것은 포함되지 아니한다. 예를 들어 보험의 목적인 귀중품을 잘못하여 쓰레기 소각장에 버리고 쓰레기와 함께 불태운 경우, 보일러의 자동급수조절장치가 파손되어 과열로 말미암아 그 기계가 고장난 경우, 난로불의 복사열로 가구가 누른 경우, 담배 불똥이 떨어져 흠이 생긴 경우 등은 보험사고에 해당하지 않는다.

3. 화재보험의 목적

화재보험은 건물과 동산이 대상이며(상법 제685조), 그 외에도 불에 탈 수 있는 다리, 입목, 삼림, 원료, 가구 등 유체물은 동산이든 부동산이든 그 목적이 될 수 있다. 개별보험뿐만 아니라 집합보험(특정보험, 총괄보험)도 포함된다.

동산의 경우는 주택화재보험의 경우 그 집에 있는 가구, 집기 등을 통틀어 보험에 붙이거나 공장에 수용하고 있는 제품, 반제품, 원료 등을 일괄하여 보험에 붙이기도 한다.

화재보험계약에서 구체적으로 보험의 목적범위를 정하고 보험증권에 기재하게 되는데, 이는 대상이 되었는가 여부에 대한 당사자간의 다툼을 막기 위한 것이다. 화재보험약관 제3조에서는 '통화나 귀금속, 원고, 야적의 동산 등'은 보험증권에 기재하여야만 보험의 목적이 된다고 규정하고 있다.

4. 피보험이익

피보험이익으로 소유자, 임차인, 저당권자, 기타 소극적 이익 등이 있다. 소극적 이익의 예로는 창고업자가 보관 중인 물건에 화재로 인하여 손해가 발생한 때의 손해배상책임을 담보하는 경우를 들 수 있다.

5. 화재보험자의 손해보상책임

(1) 위험보편의 원칙

상법에서는 '화재로 인하여 생긴 손해'라고 규정하여(상법 제683조) 화재의 원인을 묻지 않는다. 가스의 폭발, 파열, 지진 또는 벼락 등에 의하여 화재가 발생한 때에는 그것의 원인으로 직접 입은 손해를 제외하고 화재로 인한 모든 손해를 보험자는 보상할 책임을 진다.

(2) 화재보험자의 면책사유

화재보험에 있어서 고의 또는 중과실(상법 제659조), 전쟁 기타의 변란(상법 제660조) 및 보험목적의 성질, 흠으로 생긴 자연발화(상법 제678조)로 생긴 사고의 경우에 보험자의 면책을 인정한다.

그 외 약관에 의한 면책사유도 인정된다.[480]

---

480 화재보험보통약관(제12조)에서 다음을 들고 있다.

① 보험계약자, 피보험자(법인의 경우에는 이사 또는 법인의 업무를 집행하는 그 밖의 기관) 또는 이들의 법정대리인의 고의 또는 중대한 과실로 생긴 손해

② 화재가 났을 때 도난 또는 분실로 생긴 손해. 다만 도난위험담보특약에 가입시에는 책임을 진다.

③ 보험의 목적이 발효, 자연발열 또는 자연발화로 생긴 손해. 그러나 자연발열 또는 자연발화로 연소된 다른 보험의 목적에 생긴 손해는 보상하여 드립니다.

④ 화재로 기인되지 아니한 수도관, 수관 또는 수압기 등의 파열로 생긴 손해

⑤ 발전기, 여자기(정류기 포함), 변류기, 변압기, 전압조정기, 축전기, 개폐기, 차단기, 피뢰기, 배전반 및 그 밖의 전기기기 또는 장치의 전기적 사고로 생긴 손해. 그러나 그 결과로 인한 화재 손해는 보상

참조판례

대법원 1993.4.13. 선고 92다45261(본소), 45278(반소) 판결 :
"폭발은 화재와 구별되는 개념이므로 폭발이 있고 이로 인해 화재가 야기된 경우에는 폭발 자체에 의한 손해는 화재보험에 의하여 담보되지 않지만, 화재가 발생하고 이로 인하여 폭발이 야기된 경우에는 특약이 없는 한 폭발 자체에 의한 손해도 화재와 상당인과관계가 있는 것이어서 화재보험에 의하여 담보된다."
이 사안의 경우 폭발담보특약을 하지 아니하였으므로 화재보험약관상의 폭발면책조항에 따라 화재가 폭발에 선행하였는지 여부에 관계없이 폭발에 의한 손해는 보험자가 보상할 책임이 없다고 하였다. ↔ 그러나 화재로 인한 손해는 모두 보상

운송보험

1. 의의

운송보험은 육상운송의 목적인 운송물에 관하여 그 운송에 관한 사고로 인하여 생길 손해의 보상을 목적으로 하는 손해보험계약이다. 상법에 따를 때 운송보험계약의 보험자는 다른 약정이 없으면 운송인이 운송물을 수령한 때로부터 수하인에게 인도할 때까지 생길 손해를 보상할 책임이 있다(상법 제688조).

상법상 물건운송이라고 할 때에는 육상 또는 호천·항만에서의 물건의 운송에 국한한다(상법 제125조). 운송보험에서 해상·항공운송은 제외하는데, 일반적으로 항만에서의 사고는 해상보험에서 담보하고 있다.[481]

2. 보험의 목적

운송보험에서 보험의 목적은 운송물이며, 차량 등은 제외한다. 차량은 자동차보험에서 담보한다.

---

⑥ 원인의 직접, 간접을 묻지 아니하고 지진, 분화 또는 전쟁, 혁명, 내란, 사변, 폭동, 소요, 노동쟁의, 기타 이들과 유사한 사태로 생긴 화재 및 연소 또는 그 밖의 손해
⑦ 핵연료물질 또는 핵연료물질에 의하여 오염된 물질, 방사성·폭발성 그 밖의 유해한 특성 또는 이들의 특성에 의한 사고로 생긴 손해. 이 경우에는 예측이 어렵고, 손해가 대형화되므로 핵연료물질에 의하여 화재가 발생하여도 보험자의 보상책임이 없다. 이때는 원자력보험에 의하여 담보된다.
⑧ ⑦ 이외의 방사선을 쬐는 것 또는 방사선오염으로 인한 손해
⑧ 국가 및 지방자치단체의 명령에 의한 재산의 소각 및 이와 유사한 손해

481 운송보험약관 제1조는 육상에 호천을 포함시키고 있다.

3. 피보험이익

운송보험에서 피보험이익은 운송물에 대하여 가지는 이해관계로서, 소유자로서 피보험이익과 희망이익[도착지가액 - (발송지가액+운임+기타비용)]도 포함할 수 있다(상법 제689조 제2항). 운송인이 피보험자인 경우에는 운임손해(운임보험), 수하인에게 손해배상책임을 지게 되는 경우의 손해(책임보험) 등이 피보험이익이 된다.

4. 보험가액

기평가보험(상법 제670조)에 의하거나, 협정이 없으면 운송물을 발송한 때와 곳의 가액과 도착지까지의 운임 기타의 비용을 보험가액으로 한다(상법 제689조). 이는 보험가액불변경주의에 의하는 것으로, 이에 따를 때 "그 가액이 사고발생시의 가액을 현저하게 초과할 때에는 사고발생시의 가액을 보험가액으로 한다."(상법 제670조 단서)는 규정은 적용되지 않는다.

5. 면책사유

보험사고가 고의·중과실(상법 제659조), 전쟁(상법 제660조), 성질, 하자, 자연소모(상법 제678조)에 의한 사고와 같은 일반면책사유 외에 보험사고가 비록 보험계약자나 피보험자가 아니어도 송하인 또는 수하인의 고의 또는 중대한 과실로 인하여 발생한 때에는 이로 인한 손해를 보상할 책임이 없다(상법 제692조). 송하인 등은 운송의 중지, 운송물의 반환 기타의 처분을 청구할 수 있으므로(상법 제139조~제141조), 이들의 고의·중과실을 보험계약자 또는 피보험자에 의한 것과 같이 취급하는 것이다. 그 외에 약관에 의한 면책사유도 인정된다.[482]

운송인이 보험계약자가 아니면 운송인의 고의 또는 중대한 과실로 보험사고가 생긴 때에도 보험자는 그 보상책임을 지고, 다만 그 운송인에 대하여 대위권을 행사할 수 있을 뿐이다.[483]

---

482 운송보험약관 제4조상의 면책사유 : ① 운송지연 ② 핵연료물질 또는 핵연료물질에 의해서 오염된 물질, 방사능, 폭발성 그 밖의 해로운 특성 또는 이들의 특성에 의한 사고 ③ 방사선조사 또는 방사능오염으로 인한 손해 ④ 동맹파업, 태업, 작업장폐쇄, 쟁의행위, 폭동, 소요 또는 이와 비슷한 사건 ⑤ 억류, 압류 또는 이와 비슷한 행위 ⑥ 지진, 분화 또는 이와 비슷한 사고 ⑦ 보험의 목적이 무개화차에 적재되거나 야적된 경우(다만 완전히 덮여진 운송용구에 적재하였더라도 발생하였을 손해는 보험자의 보상책임을 인정).

483 판례는 비록 운송인이 보험계약자여도 대위권행사가 가능하다는 입장이다. 앞의 청구권대위 부분 참조.

해상보험

1. 의의

해상보험은 해상사업에 관한 사고로 인하여 생길 손해를 보상할 것을 목적으로 하는 보험이다(상법 제693조). 해상사업과 관련된 사고로 인한 선박이나 적하의 손해를 담보한다.

해상사업에 관한 사고란 항해의 결과 또는 항해에 부수하여 생기는 모든 위험으로서 해상에서 예측하지 않은 우연한 사고를 의미한다. 해상보험은 포괄책임주의에 의하는 것으로, 침몰, 좌초, 충돌, 악천후 등 해상 고유의 위험뿐 아니라 화재, 해적, 도난, 포획, 억류, 투하, 선원의 악행 등도 포함된다.

해상적하보험에 있어서는 콘테이너복합운송과 같이 창고간약관 또는 운송약관에 의하여 그 항해에 부수되는 내수 또는 육상에서의 위험까지도 함께 담보하는 일이 있다.

2. 기능

해상보험은 현대보험의 효시로서의 의미를 가진다. 국제무역거래에 있어서 그 대금의 결제와 관련하여 매수인의 거래은행이 발행하는 상업신용장은 그 조건의 하나로 해상보험증권을 첨부하도록 요구하고 있는 것이 거래의 실정이다.

해상보험은 해상기업을 대상으로 하는 것으로서 어느 정도 사적 자치의 원칙이 요구된다.

3. 법적 규제

해상보험에 있어서도 그 보험계약의 내용은 보통보험약관에 의하여 정하여지고 있다. 해상보험은 국제적 성격이 큰 것으로, 국제매매에서 해상적하보험의 경우 영국의 런던보험협회의 협회적하보험약관의 조항에 따른다.[484] 이 약관에는 "이 보험계약상의 모든 책임의 문제는 영국의 법과 관습에 의한다."는 준거법조항을 두고 있는데, 판례는 이 준거법조항의 효력을 인정하고 있다.[485] 이처럼 영국해상보험법은 해상보험에 관한 가장 중요한 법전의 하나가 되고 있다.

---

484 영국의 해상보험약관에는 런던보험협회의 협회적하보험약관, 협회기간선박보험약관이 있다. 옛날에는 Lloyd's S.G. Policy를 이용했다.

485 대법원 1977.1.11. 선고 71다2116 판결.

4. 종류

해상보험은 피보험이익에 의해서 다음과 같이 분류할 수 있다.

(1) 선박보험

선박보험은 보험의 목적인 선박의 소유자로서의 피보험이익에 관한 보험이다. 여기서 선박 자체 이외에 선박의 속구, 연료, 양식, 기타 항해에 필요한 모든 물건은 보험의 목적에 포함된 것으로 한다(상법 제696조 제2항).

(2) 적하보험

적하보험은 해상물건운송의 대상인 운송물을 보험의 목적으로 하여 그 적하에 대한 이익을 피보험이익으로 한 보험이다(상법 제697조).

(3) 운임보험

운임보험은 해상위험으로 해상운송인이 받을 수 없는 운임(상법 제134조)을 피보험이익으로 한 보험이다. 운송물이 해상위험으로 멸실한 때, 송하인의 책임없는 사유로 멸실한 경우에는 운임을 지급하지 않는다.

(4) 희망이익보험

희망이익이란 적하가 목적지에 무사히 도착하면 수하인이 얻으리라고 기대되는 이익을 말하고, 이러한 희망이익에 관한 보험이 희망이익보험이다(상법 제698조).

(5) 선비보험

선비보험은 선박의 의장 기타 선박의 운항에 요하는 모든 비용에 대하여 가지는 피보험이익에 관한 보험이다. 선비는 운임의 취득에 의하여 회수된다. 따라서 선비에 대한 피보험이익은 운임보험에 포함시키는 것이 일반적이다.

예정보험

1. 의의

예정보험이란 보험계약의 내용의 일부 또는 전부가 보험계약을 맺을 때에 확정되어 있지 아니한 보험계약이다. 보험계약의 내용이 앞으로 확정될 것이 예정될 때 미리 피보험이익에 대한 보험계약을 미리 맺고 나중에 요소가 확정될 때 보험 보호를 받게 하는 것이다. 이것은 보험계약의 예약이 아니고 독립된 보험계약으로 통지의무 등을 발생시킨다.

개별예정보험 외에 포괄예정보험도 이용되는 것으로, 계속적인 해외무역에 종사하는 상인들은 하물의 운송마다 개별적으로 보험에 드는 것은 매우 불편하여 하물의 종류, 항로, 조건 등을 미리 정하여 그 범주에 들어가는 모든 적하를 보험에 붙인다는 뜻을 약정하는 장기적하보험계약의 형식의 예정보험을 이용하기도 한다.

예정보험은 해상보험뿐만 아니라 운송보험, 재보험 등에도 이용되나 실제 적하, 희망이익보험에서 가장 많이 이용된다.

2. 선박미확정의 적하예정보험

선박미확정의 적하예정보험은 보험계약체결 당시에 하물을 적재할 선박을 지정하지 아니한 보험으로, 보험의 목적인 하물을 적재하여 운송할 선박을 특정하지 아니하고 선박특정 후의 적하에 대한 손해를 보험자가 담보하는 해상보험계약이다.

3. 선박미확정의 적하예정보험의 효과

선박이 확정된 경우에 선박확정의 통지의무를 지며, 선박의 미확정이라는 점을 제외하고는 일반해상보험과 동일하다. 보험계약자 또는 피보험자가 그 하물이 선적되었음을 안 때에는 지체없이 보험자에 대하여 그 선박의 명칭, 국적과 하물의 종류, 수량과 가액의 통지를 발송하여야 한다(상법 제704조 제1항). 확정통지의 시기는 보험계약자 또는 피보험자가 하물의 선적사실을 안 때이며, 보험사고의 발생 전·후를 묻지 않는다.

통지의무를 인정하는 근거는 운송용구인 선박은 각각의 특성에 따라 보험사고발생의 개연율이 상이하다는 점을 들 수 있다. 따라서 적하예정보험계약을 체결함에 있어서 적하를 운송할 선박은 중요한 사항으로 원래는 고지의무의 대상이지만, 거래의 편의를 위해서 선박미확정의 예정보험을 인정하므로 사후적으로 선박이 확정된 경우에 이를 보험자에게 통지해야 할 의무가 인정된다.

통지의무의 법적 성질은 간접의무로서 의무를 게을리한 때에는 보험자는 그 사실을 안 날로부터 1월 내에 계약을 해지할 수 있다(상법 제704조 제2항). 이때는 보험사고의 발생 전·후를 묻지 않는다.

해상보험계약에 있어서 보험가액

1. 기평가보험

기평가보험의 경우에 보험가액은 당사자간의 합의에 따른다.

2. 선박보험

선박보험에 있어서 보험가액은 보험자의 책임이 개시될 때의 선박의 가액으로 한다(상법 제696조 제1항). 책임이 개시될 때는 기간보험의 경우에는 보험기간의 시기이며, 항해보험의 경우에는 하물 또는 저하의 선적에 착수한 때이다(상법 제699조).

선박보험의 경우에 적하보험과 달리 가액의 평가 장소에 대한 규정이 없는데, 예를 들어 공해 등에 있을 때 산정이 어려우므로 책임이 개시될 때의 장소로 할 수 없다. 장소가 특정되지 않는 선박가액의 평가는 시장가액(거래가액)을 기준으로 할 것이 아니고 영업용 고정자산의 평가방법에 따를 것으로, 이는 취득가액에서 상당한 감가상각을 한 가격이다.

선박가액에는 선박의 속구, 연료, 양식 기타 항해에 필요한 모든 물건의 가액이 포함된다.

3. 적하보험

적하보험의 보험가액에는 선적한 때와 곳의 적하의 가액(거래가액)과 선적(포장비, 통관수수료, 관세 등) 및 보험(보험료, 중개료 등)에 관한 비용이 포함된다(상법 제697조). 이 규정에 따를 때 운임을 포함시키지 않는데, 이는 F.O.B. 가액에 보험료를 더한 가액이다. 오히려 운임을 포함하는 C.I.F. 가액을 기준으로 하고 운임을 지급하지 않아도 될 때 운임을 공제하는 것이 옳을 수도 있지만, 사고가 나면 거의 운임을 지급하지 않을 것이므로 상법규정은 이를 반영한 것으로 보인다.

4. 운임보험

운임보험에 있어서 보험가액은 피보험자가 그 운송에서 받을 수 있는 운임의 총액에 보험에 관한 비용을 합친 금액이다.

5. 희망이익보험

희망이익보험에 있어서 보험가액은 당사자 사이에 그 가액을 정하는 것이 보통이나, 그것을 정하지 아니한 때에는 보험금액을 보험가액으로 한 것으로 추정한다(상법 제698조).

해상보험자의 손해보상책임

1. 보상하는 손해

보험자는 해상사업에 관한 사고로 보험의 목적에 생긴 피보험자의 손해를 보상할 책임을 진다(상법 제693조). 이때 보험의 목적에 생긴 직접손해를 보상할 책임을 지고 간접손해에 대하여서는 그 책임을 지지 않는 것이 원칙이다. 다만 간접손해의 경우에도 공동해손으로 인한 손해와 선박충돌로 인한 손해는 보상하도록 규정하고 있다.

2. 공동해손으로 인한 손해

(1) 공동해손

선장이 선박과 적하의 공동위험을 면하기 위하여 선박이나 적하에 대한 처분으로 인하여 생긴 손해와 비용 또는 이러한 손해와 비용을 이해관계인에게 분담시키려는 제도이다.

(2) 공동해손으로 인한 직접손해

선장의 처분으로 말미암아 피보험자가 보험의 목적에 직접 손해를 입은 때에는 보험자는 그 손해를 보상하여 주고 공동해손분담의무자에 대하여 피보험자가 가지는 공동해손분담청구권을 대위하여 행사할 수 있다.

(3) 공동해손분담금

공동해손분담금은 York Antwerp Rule(1974)에 따르는 것으로, 공동해손은 그 위험을 면한 선박 또는 적하의 가액과 운임의 반액(계산의 번잡을 막음)과 공동해손의 액과의 비율에 따라 각 이해관계인이 이를 분담한다(상법 제833조).

상법에서는 간접손해인 피보험자가 지급할 공동해손분담액에 대하여도 보험자의 보상책임을 인정하고, 다만 보험의 목적의 공동해손분담가액이 보험가액을 초과할 때에는 그 초과액에 대한 분담액은 보상하지 않도록 하고 있다(상법 제694조). 일부보험의 경우에는 보험자의 부담액은 보험금액의 보험가액에 대한 비율에 따라 이를 정한다(상법 제674조). 예를 들어 배가 파손되어 그 비용이 물건값을 넘을 때, 분담기준액은 선주는 선박가액에 운임을 더한 것이지만, 하주는 적하의 가액이 된다.

3. 해난구조료

해난구조는 해난에 부딪친 선박 또는 적하를 구조하는 것으로, 의무없이 구조하는 경우를 주로 의미한다(좁은 의미의 해난구조). 해난구조시 그 결과에 대하여 상당한 보수를 청구할 수 있다(상법 제849조).

보험자는 피보험자가 보험사고로 인하여 발생하는 손해를 방지하기 위하여 지급할 구조료를 보상할 책임이 있다. 그러나 보험의 목적물의 구조료분담가액이 보험가액을 초과할 때에는 그 초과액에 대한 분담액은 보상하지 아니한다(상법 제694조).

4. 특별비용

특별비용의 예로 보험의 목적인 선박이 사고로 파손된 경우에 그 선박을 수선할 수 있는 항구로 회항하거나 예인하는데 드는 비용 등을 들 수 있다.

보험의 목적의 안전이나 보존을 위하여 지급할 특별비용도 보험사고와 관련하여 생긴 비용이라 할 수 있으므로, 보험자는 보험금액의 한도내에서 보상할 책임을 진다(상법 제694조의 3).

5. 선박충돌로 인한 손해

선박의 충돌로 말미암아 보험의 목적에 생긴 피보험자의 직접손해에 대하여는 보험자가 이를 보상할 책임을 지게 된다. 문제는 이로 말미암아 생긴 피보험자의 손해배상의무에 대하여도 보험자의 보상책임을 인정할 것인가인데, 이는 책임보험부분이 된다. 이에 대한 특별규정이 없으므로 이것을 포함하는 특약이 없는 한 보험자의 책임이 없다고 보아야 할 것이다.

해상보험자의 손해보상범위

해상보험자의 손해보상범위를 법정보상책임의 범위와 약관에 의한 보상책임의 범위로 나누어볼 수 있다.

1. 법정보상책임의 범위

(1) 전손의 경우

보험기간 중의 보험사고로 피보험이익의 전부가 손해를 입은 때에는 전부보험의 경우에는 보험가액의 전액이 손해액이 되므로 그 금액이 보상액이 된다. 여기서 보험가액은 기평가보험의 경우에는 당사자간에 합의로 정한 가액이고(상법 제670조), 미평가보험의 경우에는 보험자의 책임이 개시될 때의 가액이다(상법 제696조, 제670조).

(2) 분손의 경우

1) 선박의 분손

상법에서는 선박의 일부가 훼손된 경우에 수선 여부 및 정도에 따라 다음과 같이 세가지로 나누어 규정하고 있다(상법 제707조의 2). ① 선박의 일부가 훼손되어 그 훼손된 부분의 전부를 수선한 경우에는 보험자는 수선에 따른 비용을 1회의 사고에 대하여 보험금액을 한도로 보상할 책임이 있다. ② 선박의 일부가 훼손되어 그 훼손된 부분의 일부를 수선한 경우에는 보험자는 수선에 따른 비용과 수선을 하지 아니함으로써 생긴 감가액을 보상할 책임이 있다. ③ 선박의 일부가 훼손되었으나 이를 수선하지 아니한 경우에는 보험자는 그로 인한 감가액을 보상할 책임이 있다.

2) 적하의 분손

보험의 목적인 적하가 훼손되어 양륙항에 도착한 때에는 보험자는 그 훼손된 상태의 가액과 훼손되지 아니한 상태의 가액과의 비율에 따라 보험가액의 일부에 대한 손해를 보상할 책임이 있다(상법 제708조). 상법은 적하의 훼손에 대해서만 규정하고 있지만, 적하의 일부멸실로 수량이나 중량이 감소된 경우도 동일하게 보아야 할 것이다.486

3) 적하를 매각한 경우

항해 도중에 불가항력으로 보험의 목적인 적하를 매각한 때에는 보험자는 그 대금에서 운임 기타 필요한 비용을 공제한 금액과 보험가액과의 차액을 보상하여야 한다(상법 제709조 제1항). 이 경우에 매수인이 대금을 지급하지 아니한 때에는 보험자는 그 금액을 지급하여야 한다. 보험자가 그 금액을 지급한 때에는 피보험자의 매수인에 대한 권리를 취득한다(상법 제709조 제2항).

이것은 불가항력으로 적하를 매각한 경우에도 적하의 훼손과 마찬가지로 보험보호를 하고자 하는 것이다.

2. 약관에 의한 보상책임의 범위

해상보험계약에서 보험사고로 인한 피보험자의 손해는 단독해손·공동해손, 직접손해·간접손해, 전손·분손 등 여러 가지로 나뉘고, 보험자가 어떠한 손해를 보상하느냐는 보험계약에서 당사자가 자유롭게 정할 수 있다. 해상보험거래에서는 해상사업과 관련된 사고가 광범위하

486 양승규, (보)311면.

기 때문에, 일반적으로 선박과 적하의 종류에 따라 보험자의 보상책임의 범위를 정하는 보험약관을 이용하게 된다.[487]

이는 다음과 같이 나누어 볼 수 있다. 첫째, 전손만을 담보하는 경우를 들 수 있다. 이것은 보험의 목적이 전손으로 된 경우에만 보험자가 보상책임을 지고 공동해손·단독해손·손해방지비용 기타 전존 이외의 모든 손해와 비용에 대해서는 책임을 지지 않는 것이다. 둘째, 분손부담보로 전손 이외에는 원칙으로 공동해손에 대해서만 보험자가 책임을 지고, 단독해손, 즉 선박 또는 적하의 일방에만 생긴 손해에 관하여 책임을 지지 않는 것이다. 셋째, 분손담보로 전손뿐만 아니라 공동해손이든 단독해손이든 모든 분손에 대해서 보험자가 보상책임을 지는 것이다.

해상보험자의 면책사유

1. 법정면책사유

(1) 감항능력주의의무해태로 인한 손해

선박 또는 운임을 보험에 붙인 경우에는 발항당시 안전하게 항해를 하기에 필요한 준비를 하지 아니하거나 필요한 서류를 비치하지 아니함으로 인하여 생긴 손해에 대해서는 보험자는 보상책임을 지지 아니한다(상법 제706조 제1호).

(2) 송하인 등의 고의·중과실로 인한 손해

적하를 보험에 붙인 경우에는 용선자, 송하인 또는 수하인의 고의 또는 중대한 과실로 인하여 생긴 손해에 대해서는 보험자는 보상책임을 지지 아니한다(상법 제706조 제2호). 이들은 보험계약의 당사자는 아니지만 운송계약의 당사자이거나 운송물을 수령할 권리를 가지는 자이므로, 이들의 고의·중과실을 보험계약자의 그것과 동일하게 본 것이다.

(3) 항해 중의 통상비용

도선료, 입항료, 등대료, 검역료, 기타 선박 또는 적하에 관한 항해 중의 통상비용은 보험자가 보상하지 아니한다(상법 제706조 제3호). 통상비용은 우연한 사고로 인해 발생한 손해라고 볼 수 없어 면책사유로 규정하고 있다.

---

487 양승규, (보)313면.

2. 약관상의 면책사유

해상사업으로 인한 손해는 다른 위험으로 인한 손해보다 그 범위가 광범위하므로 상법에서는 해상사업자의 면책사유를 따로 두고 있을 뿐만 아니라, 약관상으로도 해상사업자의 광범위한 면책사유를 규정하고 있다.[488]

해상보험계약에 있어서 위험변경

1. 의의

해상사업의 특색을 반영하여 상법은 항해의 변경이나 선박의 변경과 같이 보험자가 인수한 위험의 내용이 달라지는 경우나 발항이나 항해의 지연이나 이로와 같이 위험의 현저한 변경 또는 증가의 경우에 위험유지의무위반의 경우(상법 제653조)와 다르게 이를 따로 규정하여 효력을 달리하고 있다.

2. 항해의 변경

항해의 변경은 '발항항 또는 도착항을 변경하는 것'을 말한다. 항해단위로 보험에 붙인 선박보험이나 적하보험의 경우에 보험자는 발항항과 도착항을 정하여 그 구간의 항해에서 생긴 보험사고로 인한 손해를 보상하므로, 보험계약자 또는 피보험자가 임의로 그 항해를 변경한 경우에는 보험자의 책임이 면해진다.

첫째, 발항항의 변경의 경우에 "선박이 보험계약에서 정하여진 발항항이 아닌 다른 항에서 출항한 때에는 보험자는 책임을 지지 아니한다."(상법 제701조 제1항).

둘째, 도착항의 변경으로 "선박이 보험계약에서 정하여진 도착항이 아닌 다른 항을 향하여 출항한 때에도 보험자는 책임을 지지 아니한다."(상법 제701조 제2항). 다만 "보험자의 책임이 개시된 후에 보험계약에서 정하여진 도착항이 변경된 경우에는 보험자는 그 항해의 변경이 결정된 때부터 책임을 지지 아니한다."(상법 제701조 제3항).

3. 이로

선박이 정당한 사유없이 보험계약에서 정하여진 항로를 이탈한 경우에는 보험자는 그때부터 책임을 지지 아니한다. 선박이 손해발생 전에 원항로로 돌아온 경우에도 같다(상법 제701조의

---

488 예를 들어 선박보험약관 제4조.

2). 이로는 항해를 지연시킬 뿐만 아니라 항해에 따른 위험을 현저하게 변경시키는 것이므로 이를 규제하는 것이다. 다만 정당한 사유에 의한 이로의 경우에는 보험자의 책임이 인정되는 것으로, 예를 들어 악천후로 항로를 벗어난 경우 등에는 보험자의 책임이 인정된다.

4. 발항 또는 항해의 지연의 효과

피보험자가 정당한 사유없이 발항 또는 항해를 지연한 때에는 보험자는 발항 또는 항해를 지체한 이후의 사고에 대하여 책임을 지지 아니한다(상법 제702조).

5. 선박변경의 효과

적하를 보험에 붙인 경우에 보험계약자 또는 피보험자의 책임있는 사유로 인하여 선박을 변경한 때에는 그 변경 후의 사고에 대하여 책임을 지지 아니한다(상법 제703조). 해상보험에 있어서 선박은 그 개성에 따라 보험사고 발생률에 차이가 나는 것으로 보험계약상 중요사항에 해당하므로 그 변경에 대한 규제조항을 두게 되었다.

6. 선박의 양도 등의 효과

선박을 보험에 붙인 경우에 ① 선박을 양도할 때 ② 선박의 선급을 변경한 때 ③ 선박을 새로운 관리로 옮긴 때에는 보험계약은 종료한다. 그러나 보험자의 동의가 있는 때에는 그러하지 아니하다(상법 제703조의 2).

이것은 선박보험계약에서 피보험자와 선박과의 관계를 중시하고 있는 거래의 실정을 반영한 것이다.

보험위부

1. 의의

보험위부는 보험의 목적이 전부 멸실한 것과 동일시할 수 있는 일정한 사유가 있는 경우에, 피보험자가 그 보험의 목적에 대한 모든 권리를 보험자에게 위부하고 보험자에 대하여 보험금액의 전부를 청구할 수 있는 해상보험법상의 제도이다. 손해보험의 일반원칙에 따를 때 보험금지급을 위해서는 보험사고로 인한 피보험자의 손해를 증명해야 한다. 보험위부는 손해의 증명이 어려운 때 효용을 가지는 것으로, 전손과 동일시할 정도의 손해가 생긴 경우 또는 전손이 생긴 것으로 추정되나 그 증명이 곤란한 경우에 법률상 전손과 같이하고 보험금청구가 가능하도록 한 것이다.

보험위부는 피보험자의 일방적 의사표시에 의하여 법적 효과를 가져오는 것으로 형성권의 일종이다.

연혁적으로 전손의 추정주의에 의할 때 반대의 증명 등이 있는 경우에는 보험금을 반환해야 하지만 위부주의로 발전함으로써 이때에도 보험금을 반환하지 않게 되었다.

2. 원인

(1) 의의

현실전손이 아닌 추정전손의 경우에 위부를 하게 된다. 구 상법에는 보험위부의 대상이 되는 추정전손의 예로 선박이 침몰한 때, 행방불명인 때, 수선할 수 없게 된 때, 선박 또는 적하가 포획된 때 및 선박 또는 적하가 관공서에 압수되어 6월 이상 환부되지 아니한 때로 규정하였다(구 상법 제710조). 그러나 '선박이 침몰한 때'는 그 자체가 보험사고이며, 선박의 존부가 2월간 분명하지 아니한 때에는 그 선박의 행방이 불명한 것으로 하는데, 행방불명의 경우에 전손으로 추정하므로(상법 제711조 제2항) 이를 보험사고로 보고 피보험자의 보험금 청구권을 인정하고 있다.

개정 상법 제710조에서는 아래의 3가지 사유를 보험위부의 원인으로 보고 있다.

(2) 선박·적하의 점유상실

피보험자가 보험사고로 인하여 자기의 선박 또는 적하의 점유를 상실하여 이를 회복할 가능성이 없거나, 회복하기 위한 비용이 회복하였을 때의 가액을 초과하리라고 예상될 경우에는 이를 위부할 수 있다(상법 제710조 1호). 점유상실의 원인은 묻지 않으며, 포획(장포라고도 함: 교전국이 전쟁의 목적으로 점유를 빼앗는 것)이나 압수 등의 경우도 포함한다.

장포는 전쟁위험의 일종이므로 전쟁면책약관이나 포획·장포면책약관이 있는 경우에는 장포되어도 위부할 수 없다. 또 장포의 원인이 선박서류를 비치하지 않거나 항행금지구역을 항행하는 것과 같이 피보험자의 고의 또는 중대한 과실에 기인한 경우에도 위부를 할 수 없다(상법 제659조).

(3) 선박의 수선비용이 과다한 때

선박이 보험사고로 인하여 심하게 훼손되어 이를 수선하기 위한 비용이 수선하였을 때의 가액을 초과하리라고 예상될 경우에 피보험자는 그 선박을 위부할 수 있다(상법 제710조 2호). 선박의 수선비용이 과다한 때를 선박의 수선불능으로 보고 이를 위부의 원인으로 인정하는 것이다.

구 상법은 '수선할 수 없게 된 때' 즉 수선불능을 위부의 원인으로 하였는데(구 상법 제710조 3호), 수선불능의 경우는 첫째, 선박이 그 현재지에서 수선을 받을 수 없으며 또 수선을 할 수 있는 곳에 도달하기 불능한 때, 둘째, 수선비가 선박의 가액(발항시의 가액, 훼손 전의 가액)의 4분의 3을 초과한 때이다(구 상법 제778조). 개정 상법[489]에서는 이 경우는 보험사고로 보게 된다.

여러 번의 보험사고로 인한 분손에 대한 수선비용을 합칠 수는 없다. 다만 동일한 사고를 원인으로 뒤이어 계속하여 일어난 사고는 동일한 사고에서 생긴 일련의 손해와 비용으로 풀이할 것이다.

선박이 수선불능(상법 제710조 2호)으로 된 때에는 원칙으로 이에 적재한 적하를 위부할 수 있다. 그러나 이 경우 선장이 지체없이 다른 선박으로 적하의 운송을 계속한 때에는 피보험자는 그 적하를 위부할 수 없다(상법 제712조).

참조판례

"선박이 좌초 후 선원의 이선으로 원주민의 약탈이 있은 경우, 그 약탈은 선행의 주된 보험사고라 할 수 있는 좌초의 기회에, 좌초에 기인하여 발생한 것이라는 점에서 좌초와 약탈은 단일사고 특히 동일한 사고로부터 생기는 일련의 손해에 해당한다고 보아야 할 것이다."(대법원 1989.9.12. 선고 87다카3070 판결).

(3) 적하의 수선비용·운송비용이 과다한 때

적하가 보험사고로 인하여 심하게 훼손되어서 이를 수선하기 위한 비용과 그 적하를 목적지까지 운송하기 위한 비용과의 합계액이 도착하는 때의 적하의 가액을 초과하리라고 예상될 경우에는 피보험자는 그 적하를 위부할 수 있다(상법 제710조 3호).

3. 보험위부의 요건

(1) 보험위부의 통지

피보험자가 위부를 하고자 할 때에는 상당한 기간내에 보험자에게 통지하여야 한다(상법 제713조). 여기서 상당한 기간은 피보험자가 위부의 원인을 증명하고 위부권을 행사할 수

---

489 상법 제754조(선박의 수선불능) ① 다음 각 호의 경우에는 선박은 수선하기 불가능하게 된 것으로 본다.
1. 선박이 그 현재지에서 수선을 받을 수 없으며 또 그 수선을 할 수 있는 곳에 도달하기 불가능한 때
2. 수선비가 선박의 가액의 4분의 3을 초과할 때
② 제1항 제2호의 가액은 선박이 항해 중 훼손된 경우에는 그 발항한 때의 가액으로 하고 그 밖의 경우에는 그 훼손 전의 가액으로 한다.

있는 합리적인 기간을 말한다.

보험자에게 위부의 통지를 발송하지 않으면 피보험자는 위부권을 잃게 된다. 이때 피보험자는 통상의 방법에 따라 손해를 증명하여 보험금을 청구할 수 있을 뿐이다.

(2) 보험위부의 무조건성

피보험자는 보험위부에 있어서 조건이나 기한을 붙여서는 아니 된다(상법 제714조 제1항).

(3) 보험위부의 범위

보험위부는 전손과 동일시할 손해가 있는 경우에 인정되는 것으로서, 보험위부는 보험의 목적의 전부에 대하여 하여야 한다. 그러나 보험위부의 원인이 보험의 목석의 일부에 대하여 생긴 때에는 그 부분에 대하여만 위부할 수 있다(상법 제714조 제2항).

보험가액의 일부를 보험에 붙인 경우에는 보험위부는 보험금액의 보험가액에 대한 비율에 따라서만 할 수 있다(상법 제714조 제3항). 위부권을 행사하게 되면 그 목적물에 대하여 보험자와 피보험자는 공유관계에 서게 된다.

(4) 보험의 목적에 관한 사항의 통지

보험자에게 보험의 목적에 관한 다른 보험계약과 그 부담에 속한 채무의 유무와 그 종류 및 내용을 통지하여야 한다(상법 제715조 제1항). 이는 보험자에게 중복보험의 유무를 알리고 또 담보물권자의 권리행사에 대비하기 위한 것이다.

여기서의 통지의무는 보험위부의 통지의 기간안에 해야 되는 것은 아니고, 다만 보험금의 지급과 관련이 있을 뿐이다. 보험자는 이 통지를 받을 때까지 보험금액의 지급을 거부할 수 있고, 또 보험금액의 지급에 관한 기간의 약정이 있는 때에는 그 기간은 보험자가 위의 통지를 받은 날로부터 기산한다(상법 제715조 제3항).

4. 보험위부의 승인·불승인

보험위부는 피보험자의 일방적 의사표시에 의하여 효력이 발생하는 단독행위에 속하므로 보험자의 승인은 위부의 요건이 아니다. 다만 보험자가 승인한 경우에 원인의 대한 증명을 더 요구하지 않는다는 뜻으로 새겨야 한다.

보험자가 위부를 승인한 후에는 그 위부에 대하여 이의를 하지 못한다(상법 제716조). 보험자가 위부를 승인하면 피보험자는 위부의 원인을 구체적으로 증명할 필요없이 보험금을 청구할 수 있다.

보험자가 위부를 승인하지 않으면 피보험자는 위부의 원인을 증명하지 아니하면 위부권의 행사가 불가한 것으로 보험금액의 지급을 청구하지 못한다.

5. 보험위부의 효과

(1) 의의

보험위부가 이루어지면 피보험자의 보험금청구권과 보험자에게 보험목적의 권리이전이라는 두 가지 효과가 생긴다. 이것은 위부라는 일방적 의사표시에 의해서 효력을 발생하는 의사표시상의 효과이다. 다만 보험금청구권에 대하여는 법률이 인정하는 간접효과라는 견해도 있다.490

관련사항 **잔존물대위와 차이**

① 현실전속과 보험금지급 ↔ 추정전손과 위부통지
② 보험금지급과 권리이전 ↔ 권리이전과 보험금지급

(2) 피보험자의 권리와 의무

보험위부의 경우에 피보험자의 보험금청구권이 인정되며, 손해액에 대한 증명이 없어도 보험자는 보험금액의 전액을 지급할 의무를 진다. 보험금은 다른 특약이 없는 한 피보험자가 위부를 함에 있어서 보험자에게 보험의 목적에 관한 다른 보험계약의 유무 등을 통지한 때로부터 기산하여 10일 안에 피보험자에게 지급해야 한다.

피보험자는 보험위부를 한 때에는 보험금액의 수령 여부를 묻지 않고 보험의 목적에 관한 모든 서류를 보험자에게 교부하여야 한다(상법 제718조 제2항). 이에 따라 적하의 선적서류 등을 보험자에게 교부하거나, 등기선박의 소유권이전등기를 보험자가 요구할 때에 이에 협력해야 한다. 또한 피보험자는 손해방지의무도 진다.

(3) 보험자의 권리

1) 보험의 목적에 관한 모든 권리

보험위부로 인하여 보험자는 피보험자가 보험의 목적에 관하여 가지고 있는 모든 권리를 취득한다(상법 제718조 제1항). 일부보험의 경우에는 보험금액의 보험가액에 대한 비율에 따라서 권리를 취득하게 된다.

보험의 목적에 관한 피보험자의 모든 권리는 보험의 목적물이 현존하거나 잔존물이 있을

490 정희철, (하)449면 ; 최기원, (하)727면.

때 그 소유권 기타 피보험자가 가지고 있는 직접의 권리 등을 포함한다.

2) 피보험자가 제3자에 대하여 취득하는 권리

손해가 제3자의 행위에 의하여 생긴 경우에 피보험자가 제3자에 대하여 취득하는 권리, 예를 들면 선박의 충돌에 의한 손해배상청구권이나 공동해손분담청구권이 보험위부에 의하여 보험자에게 이전하는가가 문제된다.

① 적극설(다수설) : 보험위부는 보험의 목적물에 대한 완전한 손해의 보상을 손해의 증명 없이 받고자 하는 제도이므로, 보험자는 위부된 물건에 관하여 피보험자와 동일한 지위에 서서 피보험자가 제3자에 대하여 가지는 권리도 취득한다고 본다.491

② 소극설 : 이것은 위부에 의하여 이선하는 것이 아니고, 보험자가 보험금을 지급한 때에 보험자대위에 관한 일반규정에 의하여 이전하는 것이라고 한다.492

3) 권리이전의 시기

위부의 의사표시가 보험자에게 도달한 때에 그 권리가 이전한다(통설). 보험자가 보험금액을 지급하였는가 여부는 묻지 않는다.

4) 보험의 목적에 부수하는 부담과 보험자의 지위

침몰선 제거와 같은 보험의 목적에 따르는 공법상 또는 사법상의 의무의 경우, 피보험자가 위부권을 행사할 경우에 보험자는 보험의 목적에 관한 소유권을 행사하는 것이 바람직하지 아니하다고 판단되는 때에는 보험의 목적에 대한 권리를 포기함으로써 그에 따르는 의무도 면할 수 있다고 해석한다(선박보험약관 제17조).

책임보험

1. 의의

책임보험은 피보험자가 보험기간 중의 사고로 인하여 제3자에게 손해배상책임을 질 경우에 보험자가 이로 인한 손해를 보상할 것을 목적으로 하는 손해보험계약이다(상법 제719조). 피보험자의 간접손해를 보상하는 보험이다.

491 양승규, (보)345면 ; 정희철, (하)449면 ; 손주찬, (하)628면 ; 최기원, (하)727면 ; 정찬형, (하)698면.
492 이범찬, (상법강의)420면.

2. 성질

첫째, 손해보험성을 가진다. 피보험자의 제3자에 대한 배상책임으로 인한 손해의 보상을 목적으로 하는 보험이다.

둘째, 재산보험성을 가진다. 피보험자가 타인의 생명·신체 또는 재산에 대하여 가한 손해를 자기의 모든 재산으로써 배상하는 책임을 담보하는 보험이다. 이와 달리 물건보험의 경우에는 보험사고의 객체가 되고 있는 특정한 물건에 대하여 피보험자가 입은 손해를 보상한다.

셋째, 소극보험성을 지닌다. 특정재산에 대한 피보험자의 손해를 보상하는 것이 아니고 피보험자가 제3자에 대하여 배상책임을 짐으로써 일어난 손해를 보상하는 것을 목적으로 한다.

3. 종류

(1) 배상책임의 객체에 따른 분류

첫째, 대인배상책임보험은 피보험자가 타인의 인적 손해, 즉 사망 또는 신체의 손상에 대하여 손해배상책임을 짐으로써 입은 손해를 보상하는 책임보험이다.

둘째, 대물배상책임보험은 피보험자가 타인의 물건 그 밖의 재산상의 손해에 대한 배상책임을 짐으로써 입은 손해를 보상하는 책임보험이다.

(2) 피보험자의 대상에 따른 분류

첫째, 영업책임보험은 피보험자의 영업으로 말미암아 타인에게 배상책임을 짐으로써 입은 손해를 보상하는 책임보험이다. 자동차책임보험(영업), 생산물배상책임보험, 승강기책임보험 등이 있다.

둘째, 직업인책임보험은 일정한 직업에 종사하는 사람이 피보험자로서 그 직업과 관련하여 타인에게 손해배상책임을 짐으로써 입은 손해를 보상하는 책임보험이다. 의사책임보험, 공인회계사책임보험, 임원배상책임보험 등이 있다.

셋째, 개인책임보험은 피보험자가 개인적인 책임으로 타인에게 손해배상책임을 지는 경우에 이를 보상하는 책임보험이다. 그 예로 자가용자동차의 운전자책임보험을 들 수 있다.

(3) 보험금액한도액의 유무에 따른 분류

첫째, 유한배상책임보험은 피해자의 1인 또는 사고를 기준으로 보험자의 보상책임의 한도액이 정하여진 책임보험이다.

둘째, 무한배상책임보험은 보험자의 보상책임의 한도액을 정하지 아니하고 피보험자가 일정한 사고로 말미암아 제3자에게 손해배상책임을 짐으로써 입은 모든 손해를 보상하는 책임보험이다. 자동차종합보험에서 대인배상책임보험(유한, 무한 가능)의 경우를 들 수 있다.

(4) 보험가입의 강제성 여부에 따른 분류

보험가입의 강제성 여부에 따라 임의보험과 강제책임보험으로 나눌 수 있다. 강제책임보험에는 자동차손해배상책임보험(자동차손해보상보장법), 산업재해보상보험, 신체손해배상특약부화재보험 등이 있다.

4. 책임보험에서 보험사고

① 손해사고설 : 피보험자가 제3자에 대하여 배상책임을 지게 되는 원인이 되는 사고가 발생한 것을 보험사고로 본다.[493] 이 견해에 따를 때 손해배상청구권을 포기하는 경우에 문제가 된다.

② 손해배상청구설 : 피보험자가 피해자인 제3자로부터 일정한 사고를 원인으로 배상청구를 받은 것을 보험사고로 본다.[494] 그 근거로 "피보험자가 제3자로부터 배상의 청구를 받은 때에는 지체없이 그 통지를 발송하여야 한다."(상법 제722조)는 규정을 든다. 이 견해는 피해자인 제3자의 배상청구가 이유없는 경우에도 그 방어비용을 보험자가 부담하는 상법(제720조)의 태도에 부합한다.

③ 책임부담설 : 피보험자가 법률상의 배상책임을 부담한 것을 보험사고로 본다.[495] 그 근거로 상법 제719조의 "보험기간 중의 사고로 인하여 제3자에게 배상할 책임을 진 경우"로 규정한 것을 든다. 이 견해는 보험자가 피보험자의 책임이 없는 경우에도 소송비용 등을 부담하도록 하는 것을 설명할 수 없다(상법 제720조).

④ 채무확정설 : 피보험자가 제3자에 대하여 부담할 채무가 확정된 것을 보험사고로 본다. 그 근거로 상법 제723조의 "피보험자가 제3자에 대하여 변제, 승인, 화해 또는 재판으로 인하여 채무가 확정된 때에는 지체없이 보험자에게 그 통지를 발송하여야 한다."를 든다. 이를 상법 제657조의 보험사고발생의 통지의무와 같은 것으로 본다.

⑤ 배상의무이행설 : 피보험자가 피해자에게 손해배상의무를 이행한 것을 보험사고로 본다. 그 근거로 상법 724조의 "보험자는 피해자인 제3자가 그 배상을 받기 전에는 보험금액의 전부 또는 일부를 피보험자에게 지급하지 못한다."를 든다. 그러나 이는 피해자의 보호를 위한 장치이고, 피해자에게 보험자에 대한 보험금청구권을 인정하는 것이다.

⑥ 검토 : 손해사고설의 입장이 다수설의 입장으로, 보험사고의 발생시점을 객관적으로 확

---

493 양승규, (보)360면 ; 정희철, (하)455면 ; 이기수(외), 222면.
494 최기원, (하)733면.
495 손주찬, (하)641면 ; 이범찬, (상법강의)507면.

정할 수 있다는 점에서 그 타당성이 인정된다. 보다 기본적으로는 보험계약법상 책임보험의 보험사고를 피보험자가 제3자에게 가한 손해사고와 구별하여야 할 필요는 없을 것이다. 손해배상청구권설 등에 따르면, 사고가 보험기간 안에 발생하고 피해자인 제3자가 보험기간이 경과한 후에 피보험자에게 배상청구를 하거나 손해가 확정된 경우에는 보험사고는 보험기간경과 후에 발생한 것이 된다.

5. 보험자의 의무

(1) 보험자의 손해보상책임의 범위

보험자의 손해보상책임의 범위에 따라 유한책임보험과 무한책임보험으로 나눌 수 있다. 유한책임보험은 보험금액의 한도 안에서 보상한다.

상법은 보험자의 책임범위는 피보험자가 제3자에 대하여 변제, 승인, 화해 또는 재판으로 인하여 확정된 채무(상법 제723조 제1항) 외에 피보험자가 지출한 방어비용, 담보의 제공 또는 공탁비용을 부담하도록 하고 있다(상법 제720조). 피보험자가 제3자의 청구를 방어하기 위하여 지출한 재판상 또는 재판 외의 필요비용은 방어비용으로 보험의 목적에 포함된 것으로 한다(상법 제720조 제1항). 방어비용은 손해방지비용과는 달리 비용을 미리 지급하여 줄 것을 청구할 수 있고 또한 그것이 보험자의 지시에 의한 것인 때에는 그 비용과 손해액을 가산한 금액이 보험금액을 초과하는 때에도 보험자는 이를 부담하여야 한다(상법 제720조 제1항, 제3항).

피보험자가 담보의 제공 또는 공탁으로써 재판의 집행을 면할 수 있는 경우에는 보험자에 대하여 보험금액의 한도에서 그 담보의 제공 또는 공탁을 청구할 수 있으며, 이것이 보험자의 지시에 의한 것인 경우에는 그 금액에 손해액을 가산한 금액이 보험금액을 초과하는 때에도 보험자가 이를 부담하여야 한다(상법 제720조 제2항, 제3항).

(2) 방어의무

방어의무란 피해자인 제3자가 보험계약에서 정한 사고로 인적 손해 또는 물적 손해를 입고 피보험자를 상대로 소를 제기한 경우에 보험자가 이를 방어하여야 할 의무를 말한다. 책임보험의 피보험자의 권리보호기능에서 유출된다.

제3자의 청구를 방어하기 위한 재판상 또는 재판 외의 필요비용은 보험자가 부담하며(상법 제720조 제1항), 약관에서 소송대행의 특약 등을 정한다(배상책임보험약관 제13조 제1항, 자동차보험표준약관 제36조).

6. 피보험자의 의무

(1) 보험사고가 발생한 때에 지체없이 통지해야 할 의무

1) 보험사고발생통지의무

보험사고에 대하여 손해사고설에 의할 때 피보험자가 제3자에 대하여 배상책임을 지게 되는 원인이 되는 사고가 발생한 때에는 이를 지체없이 보험자에게 그 통지를 발송하여야 한다(상법 제657조).

2) 배상청구통지의무

피보험자가 보험기간 중의 사고로 제3자로부터 배상의 청구를 받은 때에는 지체없이 보험자에게 그 통지를 발송하여야 한다(상법 제722조 제1항). 피보험자가 통지를 게을리하여 손해가 증가된 경우 보험자는 그 증가된 손해를 보상할 책임이 없다(상법 제722조 제2항).

3) 채무확정통지의무

피보험자가 제3자에 대하여 변제, 승인, 화해 또는 재판으로 인하여 채무가 확정된 때에는 지체없이 보험자에게 그 통지를 발송하여야 한다(상법 제723조). 보험자는 제3자에 대한 채무가 확정되어야 비로소 보험자의 보상책임의 범위가 정하여지게 된다.

(2) 보험자에 대한 협조의무

피보험자가 보험사고로 말미암아 제3자에게 배상책임을 지는 경우에 그 분쟁의 해결에 보험자와 협조해야 할 의무이다. 이는 사고발생과 더불어 생겨난다.

배상책임보험약관 제13조에서도 "피보험자는 피해자의 손해배상청구에 대한 조사를 하거나 방어하는데 보험자에게 협조하여야 한다."고 규정하고 있다.

1) 내용

첫째, 피보험자는 피해자의 배상청구의 원인이 되는 사실에 관하여 보험자에게 정확히 알리고 그 조사에 협조하여야 한다.

둘째, 보험자가 제3자의 청구를 방어하는데 있어서도 협조하여야 한다. 피보험자는 보험자의 요구가 있을 때에는 필요한 서류, 증거의 제출, 증언 또는 증인의 출석에 협조하여야 한다(상법 제724조 제4항).

셋째, 피보험자는 손해사고가 생긴 경우에 피해자에 대한 응급치료, 호송 그 밖의 긴급조치를 취하는 경우를 제외하고는 제3자에 대한 변제, 승인, 화해 등으로 채무를 확정함에 있어서는 보험자와 협의를 거칠 것이 요구된다(상법 제723조 제3항).

2) 비용부담

협조의무의 이행을 위한 비용은 보험자가 부담한다. 상법 제720조 제1항에서 "보험자가 제3자의 청구를 방어하기 위하여 지출한 재판상 또는 재판 외의 필요비용은 보험의 목적에 포함된 것으로 한다."고 규정하고 있다.

3) 위반의 효과

중대한 협조의무위반으로 보험자의 권리를 침해한 때에는 피보험자는 보험자에 대하여 보험계약에 따른 보상을 청구할 수 없다고 해석한다. 그러나 그 행위가 현저히 부당한 것이 아니면 보험금의 지급을 거절할 수는 없다(상법 제723조 제3항).

피해자의 직접청구권

1. 의의

책임보험은 타인을 위한 보험이 아니므로 피해자는 보험자에 대하여 직접 아무런 권리도 가지지 않는 것이 계약법의 원칙이다. 그러나 책임보험계약의 이익이 궁극적으로 피해자에게 귀속되게 되므로 상법은 피해자의 직접청구권을 인정하여 "제3자는 피보험자가 책임을 질 사고로 입은 손해에 대하여 보험금액의 한도 내에서 보험자에게 직접 보상을 청구할 수 있다."(상법 제724조 제2항)고 규정하고 있다. 또한 피해자를 위한 장치로서 "보험자는 피보험자가 책임을 질 사고로 인하여 생긴 손해에 대하여 제3자가 그 배상을 받기 전에는 보험금액의 전부 또는 일부를 피보험자에게 지급하지 못한다."고 규정하고 있다((상법 제724조 제1항).

이렇게 직접청구권을 인정하는 근거에 대하여 법규정에 의한 효과로 이해하여, 책임보험계약은 보험자·보험계약자간의 채권계약이므로 제3자의 권리가 당연히 발생할 여지는 없고, 어디까지나 피해자보호라는 정책적 관점에서 법이 특별히 인정한 것이라고 한다(법정책임설).**496**

2. 법적 성질

① 손해배상청구권설(통설·판례) : 책임보험에서 보험자는 피보험자의 피해자에 대한 채무를 인수하여 그 손해배상책임을 담보하는 것이므로 피해자의 직접청구권은 보험자에 대한 피해자의 손해배상청구권이라고 한다.**497** 판례는 보험자가 피보험자의 피해자에 대한

---

496 양승규, (보)378면 ; 최기원, (하)411면 ; 정찬형, (하)627면 ; 김성태, (보)618면 ; 장덕조, (보)328면.

손해배상채무를 병존적으로 인수한 것으로 본다.

② 보험금청구권설 : 피해자의 직접청구권은 법률의 규정에 의하여 피해자에게 인정된 보험금청구권이라고 한다.498 보험금직접청구권은 손해보상청구권이지 손해배상청구권은 아니라는 것이다.

③ 검토 : 손해배상청구권설에 대하여 보험자는 피보험자가 배상책임을 질 사고로 입은 손해를 보상할 것을 약정한 것이지 제3자에 대한 채무를 인수한 것은 아니며, 또 피보험자의 고의로 사고가 발생하여 보험자가 보험금지급책임을 면하는 경우에도 피해자에 대한 관계에서는 보험금지급을 거절할 수 없어 부당하다는 비판이 제기되기도 한다.499 그러나 피해자는 보험관계 당사자는 아니며, 피해자를 보호한다는 입장에서 보험자에 대하여 병존적 채무인수에 의한 연대책임을 인정하는 손해배상청구권설이 타당하다고 본다.500

참조판례

"상법 제724조 제2항에 의하여 피해자에게 인정되는 직접청구권의 법적 성질은 보험자가 피보험자의 피해자에 대한 손해배상채무를 병존적으로 인수한 것으로서 피해자가 보험자에 대하여 가지는 손해배상청구권이고 피보험자의 보험자에 대한 보험금청구권의 변형 내지는 이에 준하는 권리가 아니다."(대법원 2000.6.9. 선고 98다54397 판결).

3. 직접청구권의 행사

첫째, 피해자의 손해 : 제3자인 피해자가 보험자에게 직접 보험금을 청구하기 위하여는 먼저 보험기간 중에 피보험자가 책임을 질 사고로 손해를 입어야 한다(상법 제724조).

둘째, 보험금의 한도 : 보험자가 제3자의 청구에 대하여 지급할 보험금의 한도는 그 책임보험계약에서 정하여지고 있다. 예를 들어 유한배상책임보험계약의 경우에는 그 계약에서 정한 보험금액을 한도로 피해자가 입은 손해를 보상하여야 한다.

셋째, 피보험자에 대한 통지 : 보험자는 피해자인 제3자로부터 직접 보험금지급의 청구를 받은 때에는 지체없이 이를 피보험자에게 통지하여야 한다(상법 제724조 제3항). 보험자는 피보험자가 제3자에게 지급할 손해배상액을 대신 지급하는 것이므로, 그 사정을 피보험자에게 알리고 보험금의 책정 등에 협조를 얻을 필요가 있기 때문에 피보험자에 대한 통지의무를

497 정찬형, (하)716면 ; 김성태, (보)623면 ; 장덕조, (보)330면.

498 양승규, (보)377면.

499 양승규, (보)376면.

500 피해자가 보험자에 대하여 가지는 손해배상청구권으로서 손해액을 산정함에 있어서 약관상의 지급기준에까지 구속되지 않는다고 한다(대법원 1994.05.27. 선고 94다6819 판결).

인정한다.

넷째, 피보험자의 협조의무 : 피해자가 보험자에게 손해보상을 청구한 경우에 보험자의 요구가 있을 때에는 필요한 서류, 증거의 제출, 증언 또는 증인의 출석에 협조하여야 한다(상법 제724조 제4항).

4. 보험자의 항변권

피해자의 직접청구권은 책임보험계약에 의한 피보험자의 권리에 바탕을 두고 있으므로 보험자는 보험계약자 또는 피보험자에 대한 보험계약상의 항변사유로써 피해자에게 대항할 수 있다. 그러나 피해자보호를 우선하는 의무적 책임보험에 있어서는 보험자의 항변권을 제한한다. 예를 들어 자동차손해배상책임보험에서 대인배상(Ⅰ)의 경우에 피보험자의 고의에 의한 사고의 경우에도 피해자에 대한 보험자의 책임을 인정한다.[501]. 이때 보험자가 피해자에게 손해배상액을 지급한 때에는 피보험자에게 그 금액의 지급을 청구할 수 있다.

보험자는 피보험자가 그 사고에 관하여 가지는 항변으로써 제3자에게 대항할 수 있다(상법 제724조 제2항).

5. 소멸시효

피해자의 직접청구권은 피보험자의 권리를 전제로 하므로 피보험자의 권리가 소멸하기 전에 행사하여야 한다. 상법상 보험금청구권의 소멸시효는 3년이다(상법 제662조). 따라서 직접청구권의 소멸시효기간도 3년으로 보아, 가해자인 피보험자와 피해자인 제3자 사이에 채무가 확정된 때로부터 3년이 지나면 시효로 소멸한다. 이를 반영하여 자동차손해배상보장법에서도 "피해자의 직접청구권에 따른 청구권은 3년간 행사하지 아니하면 시효로 소멸한다."고 규정하고 있다(자배 제41조). 다만 배상청구권이 시효로 소멸한 때에는 직접청구권도 소멸한다고 풀이한다. 예를 들어 임치물의 멸실· 훼손으로 창고업자의 책임은 1년의 시효로 소멸하며(상법 제166조), 이때 직접청구권도 소멸한다.

판례도 피해자의 직접청구권은 상법 제662조 상의 보험금청구권과 다르지 않으므로 2년(개정 후 3년)간 행사하지 않으면 소멸시효가 완성한다고 하였으며, 이때 소멸시효의 기산점에 대하여 피해자가 직접 소송을 제기한 경우에 "직접청구권의 소멸시효는 확정판결이 있은 때로부터 기산된다."고 하였다.[502]

---

501 자동차보험표준약관 제14조.

502 대법원 1993.4.13. 선고 93다3622 판결, 대법원 1997.11.11. 선고 97다36521 판결.

자동차보험

1. 의의

자동차보험은 보험자가 자동차를 소유, 사용 또는 관리하는 동안에 발생한 사고로 인하여 생길 피보험자의 손해의 보상을 목적으로 하는 손해보험계약이다. 자동차책임보험이 중심이며, 흔히 말하는 자동차종합보험은 대인배상, 대물배상, 자손사고, 차량손해, 무보험자동차에 의한 상해를 단일 보험증권으로 종합상품화한 보험이다.

2. 자동차보험의 종류

(1) 자기차량보험

자기차량보험은 보험자가 우연한 사고로 피보험자의 자동차에 생긴 손해를 보상하는 보험이다. 보험의 목적은 자동차와 그 부속품, 부속기계장치를 포함한다(자동차보험표준약관 제21조).

(2) 대인배상책임보험

대인배상책임보험은 보험자가 자동차의 운행 또는 소유, 사용, 관리 중에 제3자의 사망 또는 상해를 입힌 사고로 말미암아 피보험자가 제3자에게 배상책임을 짐으로써 입은 손해를 보상하는 책임보험이다. 강제보험인 자동차대인배상책임보험(Ⅰ)과 임의책임보험으로 나뉜다.

다만 자동차 대인사고에서 부모, 배우자, 자녀, 본인은 제외한다. 이들은 자손사고에서 처리한다.

(3) 대물배상책임보험

대물배상책임보험은 보험자가 자동차의 사고로 타인의 재화에 대한 손해를 일으켜 피보험자가 제3자에게 배상책임을 짐으로써 입은 손해를 보상하는 책임보험이다. 운송 중 운송물에 생긴 손해를 보상하는 운송보험과는 구별된다.

(4) 자기신체사고보험

자기신체사고보험은 자동차의 보유자, 그 가족, 운전자 등 피보험자가 자동차의 사고로 상해를 입었을 때에 보험금을 지급하기로 하는 인보험이다. 여기에는 사망보험금, 부상보험금, 후유장해보험금 등이 포함된다.

(5) 무보험자동차에 의한 상해보험

무보험자동차에 의한 상해보험은 자동차책임보험에 들지 아니한 자동차의 사고로 상해를 입은 피보험자를 보호하기 위한 보험이다. 피보험자가 무보험자동차에 의하여 생긴 사고로 사망하거나 다쳤을 경우에 보상한다.

3. 피보험자

자동자보험약관상 피보험자는 다음의 5가지 피보험자 군으로 나눌 수 있다.

① 기명피보험자 : 기명피보험자는 피보험자동차를 소유, 사용, 관리하는 자 중에서 보험계약자가 지정하여 보험증권의 피보험자란에 기재되어 있는 피보험자를 말한다. 기명피보험자는 보험보호의 주된 대상이 되는 자로 피보험자동차를 사용·관리 중인지 여부를 불문하고 항상 배상책임의 위험으로부터 보호된다.

② 친족피보험자 : 친족피보험자는 기명피보험자와 같이 살거나 살림을 같이 하는 친족으로서 피보험자동차를 사용 또는 관리 중인 자를 말한다. 여기에는 동거친족은 물론 생계를 같이하는 친족도 포함되며, 동거친족은 그 특수한 신분으로 인하여 피보험자동차를 사용하는 일이 많기 때문에 피보험자의 범위에 포함시킨 것이다.

이들 친족이 피보험자동차를 사용 또는 관리 중인 때에는 기명피보험자의 승낙의 유무를 불문하고 피보험자가 되게 된다는 점에서 승낙피보험자와는 구분된다.

③ 승낙피보험자 : 승낙피보험자는 기명피보험자의 승낙을 얻어 피보험자동차를 사용하거나 관리 중인 자를 말한다. 승낙피보험자는 반드시 기명피보험자로부터 승낙을 얻은 자에 한하며, 기명피보험자 이외의 자로부터 다시 자동차의 사용 승낙을 받은 경우에는 승낙피보험자가 되지 못한다.

그러나 기명피보험자 이외의 피보험자로부터 다시 허락받은 경우라도 기명피보험자의 승낙이 있는 것과 동일시 할 수 있거나, 기명피보험자의 사후 승낙가능성이 있으면 승낙피보험자의 범위에 포함된다고 해석된다. 다만, 대인배상Ⅱ나 대물배상의 경우 자동차취급업자**503**가 업무상 위탁받은 피보험자동차를 사용하거나 관리하는 경우에는 승낙피보험자의 범위에서 제외된다.

④ 사용피보험자 : 사용피보험자는 기명피보험자가 자동차를 사용자의 업무에 사용하고 있는 때에 그 기명피보험자의 사용자 또는 계약에 의하여 기명피보험자의 사용자에 준하는

---

503 자동차정비업, 주차장업, 급유업, 세차업, 자동차판매업, 자동차탁송업 등 자동차를 취급하는 것을 업으로 하는 자를 말하며, 이들의 피용자가 법인인 경우에는 그 법인의 이사와 감사를 포함한다(자동차보험표준약관 제1조 12호).

지위를 얻은 자를 말한다.[504] 다만, 기명피보험자가 피보험자동차를 사용자의 업무에 사용하고 있는 때에 한한다. 사용자와 피용자의 관계는 직접적인 고용관계에 한하지 않고 실질적인 지휘·감독관계에 있으면 족하다.

사용피보험자를 둔 취지는 기명피보험자가 피보험자동차를 사용자의 업무에 사용하던 중 자동차사고를 일으킨 경우에 그 사용자가 자동차배상보장법 제3조상의 운행자책임 및 민법 제756조에 의한 사용자책임을 부담함으로써 입은 손해에 대해서도 보상하기 위함이다.

⑤ 운전피보험자 : 운전피보험자는 위 각항의 피보험자를 위하여 피보험자동차를 운전 중인 자(운전보조자 포함)를 말한다. 이들은 통상 기명피보험자에 의하여 고용되어 피보험자동차를 운전하는 자이다. 운전피보험자의 경우에는 승낙피보험자와는 달리 당해 운행에 있어서 구체적이고 개별적인 승낙이 없더라도 위 각 피보험자를 위하여 피보험자동차를 운전하는 자는 운전피보험자에 해당할 수 있다. 여기서 승낙은 반드시 명시적일 필요는 없고 묵시적 또는 포괄적인 승낙도 가능하다.[505]

피보험자의 제3자에게 대한 법률상의 손해배상책임은 민법 제750조 이하의 불법행위에 관한 규정이 적용된다. 과실책임주의가 적용되며, 다만 자동차손해배상보장법 제3조는 무과실책임에 가깝다.

4. 자동차의 양도

자동차의 양도라 함은 매매 또는 증여로 인하여 양도인이 양수인에게 소유권을 이전하는 것을 뜻하고, 그 소유권의 이전은 등록하여야 그 효력이 생긴다. 그리고 자동차의 임대차에 의하여 자동차의 운행지배와 운행이익을 완전히 임차인에게 이전하는 경우에는 여기에서 자동차의 양도에 포함된다.

피보험자가 보험기간 중에 자동차를 양도한 때에는 양수인은 보험자의 승낙을 얻은 경우에 한하여 보험계약으로 인하여 생긴 권리와 의무를 승계한다(상법 제726조의 4 제1항). 이는 운전자중심요율체계에 따라 자동차와 피보험자와의 관계를 중시한 데서 오는 것이다.

다만 의무보험의 경우 그 자동차의 양도일로부터 자동차관리법 제12조의 규정에 의한 자동차소유권의 이전등록신청기간이 만료되는 날까지의 기간 동안은 자동차 양수인이 의무보험계

504 회사와 고용관계에 있는 직원(기명피보험자)이 자기 소유의 자동차를 회사업무를 위해 운행하다가 사고를 일으킨 경우 사용자는 자배법 제3조 내지 민법 제756조에 의한 사용자배상책임을 지게 되는데, 본 조항에 의하여 사용자도 보험의 보호를 받을 수 있게 된다.

505 우리 대법원은 일관되게 고용운전자의 경우에는 그가 자신을 위하여 운전하였더라도 운전피보험자에 해당하는 것으로 판단하고 있다(대법원 2005.9.15. 선고 2005다10531 판결 등).

약에 관한 양도인의 권리·의무를 승계한다.

보험자는 양수인으로부터 양수 사실을 통지받은 때에는 지체없이 낙부의 통지를 하여야 하고, 그 통지를 받은 날부터 10일 내에 낙부의 통지가 없을 때에는 승낙한 것으로 본다(상법 제726조의 4 제2항).

5. 자동차책임보험

(1) 의의

자동차책임보험에는 자동차대인배상책임보험과 자동차대물배상책임보험이 있다. 또한 자동차강제책임보험과 자동차임의책임보험, 자동차유한배상책임보험과 자동차무한배상책임보험으로 나누어 볼 수 있다.

자동차손해배상보장법에 의한 자동차대인배상책임보험(Ⅰ)은 대인배상책임을 담보하는 강제책임보험으로 자동차손해배상보장법 시행령에서 정하는 보험금액**506**을 한도로 보상책임을 지는 유한배상책임보험이다. 임의책임보험의 경우에는 보험계약자의 선택에 따라 유한 또는 무한으로 담보할 수 있다. 또한 2003년 개정 자동차손해배상보장법 제5조 제2항은 2천만원을 한도로 하는 대물배상책임보험을 강제보험으로 하고 있다.

자동차책임보험은 자동차의 보유자나 운전자 등 피보험자의 이익을 보호하는 자위적 기능뿐만 아니라 피해자를 보호하는 사회적 기능을 가진다.

(2) 자동차대인배상책임보험(Ⅰ)

1) 의의

자동차대인배상책임보험(Ⅰ)은 피보험자가 보험기간 중 자동차의 운행으로 다른 사람이 사망하거나 부상당함으로써 피해자에게 배상책임을 지는 경우에 보험자가 일정한 보험금을 지급하기로 하는 책임보험이다. 이는 강제보험으로 피해자에 대한 손해배상의 문제가 그 중심을 이룬다.

이 보험은 사회보험의 성질을 가져 자동차사고로 인한 사회적 위험을 분산시켜 피해자를 보호하여 사회보장제도의 확립을 꾀하고 있다고 할 수 있다. 여기서는 원칙적으로 보험자에 대한 계약강제가 인정된다. 다만 검사받지 않은 차, 고지의무위반의 경우 등과 같이 대통령령에 의한 일정한 예외가 인정된다.

---

506 예를 들어 사망의 경우 1억5천만원을 한도로 한다(자배법 시행령 제3조 제1항).

2) 피보험자의 제3자에 대한 배상책임

자동차대인배상책임보험(Ⅰ)에서 보험자의 보상책임은 피보험자가 자동차를 운행하다가 제3자에게 인적손해를 일으켜 자배법상 손해배상책임을 지는 것이 전제가 된다.

3) 제3자의 범위

첫째, 제3자는 자동차의 운행으로 사망 또는 부상을 입은 자 또는 그의 상속인으로서 피보험자에게 손해배상청구를 할 수 있는 자이다. 상속인은 직계존속, 직계비속 및 배우자 등이 포함된다.

둘째, 동거가족은 제외된다. 예를 들어 남편이 운전하는 차에 동승했던 아내가 운행사고로 사상한 경우 등이다.

4) 제3자의 지위

제3자는 보험금직접청구권이 인정되며(자배법 제10조), 가불금의 청구도 가능하다(자배법 제11조).

5) 자기를 위하여 자동차를 운행하는 자의 자동차대인배상책임의 면책사유

(가) 승객 아닌 자의 사상

승객 아닌 자의 사상은 다음 3가지를 모두 증명하여야 면책이 된다(자배법 제3조 1호). 첫째, 자기와 운전자가 자동차의 운행에 관하여 주의를 게을리하지 않은 사실, 둘째, 피해자 또는 자기 및 운전자 외의 제3자에게 고의 또는 과실이 있다는 사실, 셋째, 자동차의 구조상의 결함 또는 기능에 장해가 없었다는 사실

(나) 승객의 사상

승객의 사상의 경우에 면책을 위해서는 승객의 사망이나 부상이 그 승객의 고의나 자살행위로 인한 것임을 증명하여야 한다(자배법 제3조 2호).

(다) 면책사유

보험계약자 또는 피보험자의 고의로 인한 손해는 면책된다. 단 자동차손해배상보장법 제9조의 규정에 따라 보험회사가 피해자에게 손해배상액을 지급한 때(피해자의 직접청구권)에는 보험회사는 피보험자에게 그 금액의 지급을 청구할 수 있다(자배법 제10조 제2항).

관련사항

도난차량 : 도난차량은 운행지배나 운행이익을 상실하여 자동차손해배상보장법상[507] 운행자성을 상실한다(자동차손해배상보장법 제3조). 약관에서는 대체로 "도난당한 차량의 경우 그 도난시로부터 발견시까지의 피보험차량의 사고로 인하여 피보험자가 손해배상책임을 짐으로써 입는 손해에 대해서는 보상한다."고 규정하고 있다.

① "가족운전자한정운전 특별약관 단서조항 소정의 '피보험차량이 도난당하였을 경우'라 함은 피보험자의 설명적이거나 묵시적인 의사에 기하지 아니한 채 제3자가 피보험차량을 운전한 경우를 말하는 것이다."(대법원 1996.2.23. 선고 95다50431 판결).

② "소유자의 사후 승낙 가능성을 전적으로 배제할 수 없는 사정이 있는 경우 등에는 소유자가 운행지배나 운행이익을 전적으로 상실하였다고 단정할 수는 없다."(대법원 1996.7.26. 선고 96다13194 판결).

(3) 자동차손해배상보장사업

1) 의의

교통사고로 사상을 당해도 뺑소니의 경우 가해자와 가해자동차를 확인할 수 없어 손해배상청구를 할 수 없게 된다. 자동차손해배상보장사업은 이처럼 보험보호를 받을 수 없는 피해자에게 손해보상을 보장하는 것이다.

2) 보장기금의 지급과 대상

보장사업의 주체는 정부이고 국토교통부장관이 그 업무를 관장한다. 자동차손해배상보장사업에서는 보유자를 알 수 없는 자동차의 운행으로 말미암아 사망하거나 부상한 경우 또는 자동차손해배상책임보험이나 자동차책임공제에 들지 아니한 자, 즉 보장자가 아닌 자가 자동차의 운행으로 배상책임을 지게 되는 경우에도 피해자의 청구에 따라 책임보험금의 한도 안에서 그가 입은 손해를 보상하도록 하고 있다.[508] 피해자가 배상책임자로부터 그 손해의 배상을 받은 때에는 정부는 그가 배상받은 금액의 범위안에서 그 보상책임을 면한다.

---

507 자배법 제3조(자동차손해배상책임) 자기를 위하여 자동차를 운행하는 자는 그 운행으로 다른 사람을 사망하게 하거나 부상하게 한 경우에는 그 손해를 배상할 책임을 진다. 다만, 다음 각호의 어느 하나에 해당하면 그러하지 아니하다.

1. 승객이 아닌 자가 사망하거나 부상한 경우에 자기와 운전자가 자동차의 운행에 주의를 게을리하지 아니하였고, 피해자 또는 자기 및 운전자 외의 제3자에게 고의 또는 과실이 있으며, 자동차의 구조상의 결함이나 기능상의 장해가 없었다는 것을 증명한 경우
2. 승객이 고의나 자살행위로 사망하거나 부상한 경우

508 자배법 제30조 ① 정부는 다음 각 호의 어느 하나에 해당하는 경우에는 피해자의 청구에 따라 책임보험의 보험금 한도에서 그가 입은 피해를 보상한다. 다만, 정부는 피해자가 청구하지 아니한 경우에도 직권으로 조사하여 책임보험의 보험금 한도에서 그가 입은 피해를 보상할 수 있다

1. 자동차보유자를 알 수 없는 자동차의 운행으로 사망하거나 부상한 경우
2. 보험가입자 등이 아닌 자가 제3조에 따라 손해배상의 책임을 지게 되는 경우. 다만, 제5조 제4항에 따른 자동차의 운행으로 인한 경우는 제외한다.

보상이 이루어진 경우에 정부는 피해자의 손해배상청구권을 대위한다.

이 사업은 교통사고로 인한 손해보상을 받지 못한 피해자를 보호하는 것을 목적으로 하므로 그 대상을 소유자불명인 차 또는 무보험차의 운행 외에 무단운전이나 보험자의 면책사유로 피해자가 보호받을 수 없는 모든 경우를 그 대상으로 하는 것이 마땅하다.

(4) 자동차임의책임보험

1) 자동차대인배상책임보험(Ⅱ)

(가) 의의

자동차대인배싱책임보험(Ⅱ)은 피보험자가 자동자의 사고로 남을 죽게 하서나 다치게 하여 법률상 손해배상책임을 짐으로써 입은 손해를 보상받기 위하여 임의로 보험에 든 책임보험이다.

보험자는 피보험자가 제3자에게 배상책임을 짐으로써 입은 손해 가운데 강제보험인 자동차손해배상책임보험에 의하여 지급되거나 지급될 수 있는 금액을 넘는 손해를 보상한다.

(나) 보상책임

가) 요건

첫째, 타인의 사망 또는 상해가 보험기간 중에 보험에 든 자동차의 사고로 생긴 것이어야 한다. 피보험자는 소유자뿐만 아니라 임차인 또는 소유자의 동의를 얻어 그 자동차의 사용·관리 중에 있는 자도 포함한다.

둘째, 피보험자가 자동차사고로 제3자에게 법률상 배상책임을 지는 것이어야 한다.

나) 피해자의 범위와 지위

피해자라 함은 자동차의 사고로 사상을 입은 자, 또는 그 상속인으로서 피보험자에게 손해배상을 청구할 수 있는 사람이다.

자동차보험보통약관에서 다음의 경우 보상범위에서 제외한다. ① 피보험자 또는 그 부모, 배우자 및 자녀 ② 배상책임의무가 있는 피보험자의 피용자로서 산업재해보상보험법에 의한 재해보상을 받을 수 있는 사람. 다만, 그 사람이 입은 손해가 같은 법에 의한 보상범위를 넘어서는 경우 그 초과손해를 보상한다. ③ 피보험자가 피보험자동차를 사용자의 업무에 사용하는 경우 그 사용자의 업무에 종사 중인 다른 피용자로서 산업재해보상보험법에 의한 재해보상을 받을 수 있는 사람. 다만, 그 사람이 입은 손해가 같은 법에 의한 보상범위를 넘어서는 경우 그 초과손해를 보상한다.

참조판례

"자동차종합보험약관 제10조 제2항 제4호의 면책조항을 노사관계에서 발생하는 재해보상에 대하여는 산업재해보상보험에 의하여 전보 받도록 하고 제3자에 대한 배상책임을 전보하는 것을 목적으로 하는 자동차보험의 대인배상범위에서는 이를 제외한 취지라고 보는 것이 타당하다."(대법원 1990.4.24. 선고 89다카24070 판결).
"산재보험법에 의한 보상범위를 넘어서는 손해가 발생한 경우에도 보상하지 아니한다."는 면책조항의 '괄호 안 기재 부분'은 위 같은 법률의 각 조항에 의하여 효력이 없다."(대법원 2005.11.10. 선고 2005다39884 판결).

다) 면책사유

자동차보험보통약관에서 다음의 경우를 면책사유로 규정하고 있다.

① 보험계약자 또는 기명피보험자의 고의로 인한 손해 ② 기명피보험자 이외의 피보험자의 고의로 인한 손해 ③ 전쟁, 혁명, 내란, 사변, 폭동, 소요 또는 이와 유사한 사태로 인한 손해 ④ 지진, 분화, 태풍, 홍수, 해일 등 천재지변으로 인한 손해 ⑥ 핵연료물질의 직접 또는 간접적인 영향으로 인한 손해 ⑦ 영리를 목적으로 요금이나 대가를 목적으로 반복적으로 자동차를 사용하거나 빌려준 때에 생긴 사고로 인한 손해 ⑧ 피보험자가 손해배상에 관하여 제3자와의 사이에 다른 계약을 맺고 있을 때에 그 계약으로 말미암아 늘어난 손해 ⑨ 피보험자 본인이 무면허운전을 하였거나, 피보험자의 설명적·묵시적 승인하에서 피보험자동차의 운전자가 무면허운전을 하였을 때에 생긴 사고로 인한 손해 ⑩ 피보험자동차를 시험용, 경기용 또는 경기를 위해 연습용으로 사용하던 중 생긴 손해. 다만, 운전면허시험을 위한 도로주행시험용으로 사용하던 중 생긴 손해는 보상한다.

그리고 음주운전의 경우에는 보험자의 보상책임을 인정하고 피보험자에게 200만원의 부담금을 물도록 하고 있다.

참조판례

"자가운전자동차종합보험과 같은 책임보험계약에 있어서의 약관 소정의 '자동차의 운전자가 무면허운전을 하였을 때에 생긴 사고로 인한 손해에 대하여는 보상하지 아니한다.'는 무면허운전면책조항이 상법 제659조 제2항 및 제663조에 위반되어 무효라 할 수 없다."(대법원 1992.1.21. 선고 90다카20654 판결).

라) 보상책임의 범위

보험자는 피보험자가 제3자에 대하여 변제, 승인, 화해 또는 재판으로 인하여 확정된 채무 외에 피보험자가 지출한 방어비용, 담보의 제공 또는 공탁비용 가운데서 자동차대인배상책임보험(Ⅰ)에 의하여 보상되는 금액을 공제하고 보상책임을 진다.

마) 보험금의 지급

피보험자의 보험금청구가 있는 때에는 피해자에게 손해배상금을 지급하였음을 확인한 후 지급한다(상법 제724조 제1항). 피해자가 직접청구시에도 보험자는 그 손해를 조사하고, 피보험자가 손해배상채무를 이행하지 아니하였음을 확인하고 보험금을 지급한다.

이때 가지급보험금의 지급도 인정된다.

2) 대물배상책임보험

(가) 의의

대물배상책임보험은 피보험자가 자동차사고로 타인의 재물을 멸실 또는 훼손하여 그 타인에게 생긴 손해에 대하여 법률상 손해배상책임을 짐으로써 입은 손해를 보상하는 책임보험이다. 자동차손해배상보장법 제5조 제2항은 2천만원을 한도로 하는 대물배상책임보험을 의무적으로 가입하도록 했으므로 이 금액을 넘어가는 부분은 임의보험이 된다.

여기서 법률상 손해배상책임이란 민법상 불법행위에 의한 손해배상책임을 말한다.

(나) 면책사유

면책사유는 앞에서의 자동차대인배상책임보험(Ⅱ)과 유사하다. 다만 무면허운전의 경우에 자동차손해보상보장법 제5조 제2항의 규정에 따라 자동차보유자가 의무적으로 가입하여야 하는 대물배상보험가입금액 한도[509]에서는 보상한다. 이때 무면허운전 사고부담금은 50만원이다. 그리고 음주운전면책에 있어서 자기부담금이 50만원이며, 업무상재해면책사유가 없다.

자동차보험보통약관에서 다음의 경우에 또한 보상범위에서 제외하고 있다. ① 피보험자 또는 그 부모, 배우자 및 자녀가 소유, 사용 또는 관리하는 재물에 생긴 손해 ② 피보험자가 사용자의 업무에 종사하고 있을 때 피보험자의 사용자가 소유, 사용 또는 관리하는 재물에 생긴 손해. 이러한 규정을 둔 것은, 이때 배상책임을 지는 피보험자가 실제 그 가해자이거나 가해자를 지휘·감독하는 자일 경우에 그 재물에 대하여 생긴 손해와의 관계에서 그 피보험자는 그 재물의 피해자인 동시에 그 재물의 가해자가 되어 결국 피해받을 권리와 피해를 배상해 주어야 할 의무가 함께 발생하는, 즉 권리의 혼동과 비슷한 현상이 생겨 그 권리가 소멸하게 되어 책임보험으로써 보호되어야 할 보험이익이 크게 줄어들게 되고, 또 그와 같은 관계에서도 보상을 허용하게 되면 피보험자가 그 피해를 과장하여 과도한 피해보상을 받게 되는 도덕적 위험이 있으므로 이를 방지하기 위한 것이라 할 것이다.[510]

그 외 보상범위에서 제외하는 사유로 다음을 들고 있다. ③ 피보험차량에 싣고 있거나 운송

509 2000만원을 한도로 한다.
510 대법원 1998.4.23. 선고 97다19403 판결.

중인 물품에 생긴 손해 ④ 다른 사람의 서화, 골동품, 조각물, 그 밖에 미술품과 탑승자와 통행인의 의류나 휴대품에 생긴 손해 ⑤ 탑승자와 통행인의 분실 또는 도난으로 인한 소지품에 생긴 손해. 그러나 훼손된 소지품에 한하여 피해자 1인당 200만원의 한도에서 실제 손해를 보상한다.

관련사항 **사고부담금**

	200만원	50만원
음주운전	대인배상 Ⅰ, Ⅱ	대물배상
무면허운전	대인배상 Ⅰ	대물배상

6. 기타의 보험

(1) 자기차량보험

1) 의의

자기차량보험은 보험자가 보험의 목적인 자동차에 우연한 사고로 생긴 피보험자의 손해를 보상하는 손해보험이다. 자동차의 운행 중에 생길 수 있는 충돌 등 사고뿐만 아니라 도난, 화재, 낙뢰 등 모든 위험을 포괄하여 담보한다.

2) 자기차량보험의 목적

보험의 목적은 자동차와 그 부속품과 부속기계장치이다. 통상 붙어 있거나 장치되어 있는 것이 아닌 것은 보험증권에 기재한 것에 한한다(자동차보험보통약관 제21조).

3) 손해의 보상

손해는 사고가 생긴 때와 곳의 자동차의 가액에 의하여 산정하여 보상한다.

(2) 자기신체사고보험

자동차의 보유자, 그 가족, 운전자 등 피보험자가 자동차의 사고로 상해를 입었을 때에 보험금을 지급하기로 하는 인보험이다. 여기에는 사망보험금, 부상보험금, 후유장해보험금 등이 포함된다. 자손사고보험의 경우에는 피보험자의 가족이나 근로기준법상 재해보상을 받을 수 있는 피보험자의 피용자도 피보험자의 범위에 포함된다.

면책사유와 관련하여 판례는 무면허운전과 음주운전 면책약관의 효력에 대하여 한정무효의 입장을 취하고 있다.

참조판례

"인보험에 있어서의 무면허운전이나 음주운전 면책약관의 해석이 책임보험에 있어서의 그것과 반드시 같아야 할 이유가 없다."(대법원 1998.4.28. 선고 98다4330 판결).
"무면허운전이 고의적인 범죄행위이기는 하나 그 고의는 특별한 사정이 없는 한 무면허운전 자체에 관한 것이고 직접적으로 사망이나 상해에 관한 것이 아니어서 그 정도가 결코 그로 인한 손해보상을 가지고 보험계약에 있어서의 당사자의 신의성, 윤리성에 반한다고는 할 수 없을 것이므로, 보험계약 약관 중 피보험자의 무면허운전이라는 사유로 생긴 손해는 보상하지 아니한다고 규정한 면책약관이 보험사고가 전체적으로 보아 고의로 평가되는 행위로 인한 경우뿐만 아니라 과실(중과실 포함)로 평가되는 행위로 인한 경우까지 보상하지 아니한다는 취지라면 과실로 평가되는 행위로 인한 사고에 관한 한 무효이다."(대법원 1998.7.14. 선고 98다19349 판결).

(3) 무보험자동차에 의한 상해보험

이는 자동차책임보험에 들지 아니한 자동차의 사고로 상해를 입은 피보험자를 보호하기 위한 보험이다. 피보험자가 무보험자동차에 의하여 생긴 사고로 죽거나 다쳤을 경우에 보상한다.

여기서 무보험자동차라고 함은 자동차대인배상책임보험(Ⅱ)나 공제계약이 없는 자동차, 자동차대인배상책임보험(Ⅱ)나 공제계약에서 보상하지 아니하는 경우에 해당하는 자동차, 피보험자를 죽게 하거나 다치게 한 자동차가 명확히 밝혀지지 않은 경우에 그 자동차 등을 의미한다.[511]

판례는 이 보험의 성격을 손해보험으로서의 성격과 함께 상해보험으로서의 성격을 동시에 지니는 손해보험형 상해보험이라고 한다.[512] 이때도 상해보험의 성격을 지니므로 앞에서의 자손보험과 같이 무보험운전이나 음주운전 면책조항은 제한된다.[513]

보증보험

1. 의의

보증보험은 채무자의 채무불이행으로 인하여 채권자가 입게 되는 손해의 전보를 보험자가 인수하는 것을 내용으로 하는 손해보험으로서 형식적으로는 채무자의 채무불이행을 보험사고로 하는 보험계약이나 실질적으로는 보증의 성격을 가지고 보증계약과 같은 효과를 목적으로 한다. 이처럼 보증보험은 보험계약자가 채권자에게 인적 또는 물적담보를 제공하는 대신에 보험에 가입하여 보험자로 하여금 채무불이행의 위험을 인수하여 그로부터 생기는 손해를 담보하도록 하는 일종의 손해담보계약의 형태를 띠고 있다.

---

511 대법원 2003.12.26. 선고 2002다61958 판결
512 대법원 2003.12.26. 선고 2002다61958 판결.
513 대법원 1999.2.12. 선고 98다26910 판결 : 이 보험의 법적 성격을 인보험으로 보았다.

보증보험에 있어서 보증보험계약의 내용이 종래의 보험계약내용을 기본으로 하여 조성되어 있으나, 전통적 보험계약법 일반원칙을 그대로 적용함이 타당하지 않은 것도 있으며, 보험계약자가 상인인 이른바 기업보험인 경우가 많아 계약자보호라는 논리만으로는 설명하기 어려운 부분이 있다.

2. 보험보험의 법적 성질

(1) 손해보험성

보증보험계약은 언제나 타인을 위한 손해보험계약이다. 즉 채무자가 보험계약자로서 보험료를 부담하고, 채권자를 피보험자로 하여 가입하는 방식을 취하게 된다.

2014년 개정 상법에서 보증보험을 손해보험의 하나로 규정하면서, 보증보험의 성질상 보증보험계약에 맞지 않는 보험편의 일부규정에 대한 적용배제를 인정하고 있다(상법 제726조의 6).[514]

참조판례

"보증보험이란 피보험자와 어떠한 법률관계를 가진 보험계약자(주계약상의 채무자)의 채무불이행으로 인하여 피보험자(주계약상의 채권자)가 입게 될 손해의 전보를 보험자가 인수하는 것을 내용으로 하는 손해보험으로 형식으로는 채무자의 채무불이행을 보험사고로 하는 보험계약이나 실질적으로는 보증의 성격을 가지고 보증계약과 같은 효과를 목적으로 하는 것이므로 보증보험계약은 주계약 등의 법률관계를 전제로 하고 보험계약자가 주계약에 따른 채무를 이행하지 아니함으로써 피보험자가 입게 되는 손해를 보험약관의 정하는 바에 따라 그리고 그 보험계약금액의 범위내에서 보상하는 것이다."(대법원 1990.5.8. 선고 89다카25912 판결 등).

(2) 보증계약으로서의 보증보험

보증보험은 민법상의 보증과는 그 계약의 형태에서 차이가 있으나, 경제적 기능면에서 보면 보증보험은 민법 제428조 이하의 보증과 거의 동일한 역할을 담당하고 있으며, 연혁적으로 보더라도 민법상의 보증에 유사한 영미의 본드에서 유래하는 것이고, 또한 양자는 다 같이 주채무의 이행이 없을 때에 보증인 또는 보험자가 그 담보책임을 진다는 점에서는 같은 성질을 띠고 있다.[515]

---

514 예를 들어 상법 제639조 제2항 단서 "손해보험계약의 경우에 보험계약자가 그 타인에게 보험사고의 발생으로 생긴 손해의 배상을 한 때에는 보험계약자는 그 타인의 권리를 해하지 아니하는 범위안에서 보험자에게 보험금액의 지급을 청구할 수 있다."는 적용이 제외된다.

515 판례도 보증보험이 실질적으로 보증의 성격을 지니고, 따라서 보증보험에 대하여는 민법의 보증에 관한 규정이 준용된다고 한다 : 대법원 1997.10.10. 선고 95다46265 판결, 대법원 2001.11.09. 선고 99다45628 판결 등.

다만 민법상의 보증에 있어서는 보증인이 대가를 받지 않고 주채무자의 종된 채무자로서 그 채무의 이행을 담보하는 것으로서 주채무에 대한 부종성 또는 보충성을 가지는 채무이지만 보증보험의 보험자는 대가를 받고 그 보험을 인수하여 독립된 채무를 부담한다는 점에서 차이가 난다. 이에 따라 민법상 보증인이 보증채무를 이행하면 주채무는 소멸하지만, 보증보험자가 보험금을 지급하여 채권자가 손해의 전보를 받더라도 주채무가 소멸하는 것은 아니다.

(3) 타인을 위한 보험계약으로서의 보증보험

보증보험은 보험자와 보험계약자 사이에 채무자가 채무불이행 또는 그 밖의 사유로 채권자에게 입힌 손해를 보상하기 위하여 채권자를 피보험자로 하는 보험이므로 타인을 위한 보험(상법 제639조)에 해당하며, 이 점이 자기를 위한 보험인 신용보험과 구별된다.

보증보험계약은 민법상의 제3자를 위한 계약(민법 제539조)의 법적 성질을 가진다.[516] 그러나 피보험자는 보험사고가 나면 별도의 의사표시(민법 제539조 제2항)없이 자기 고유의 권리로서 보험자에 대하여 직접 보험금청구권을 취득한다. 다만 피보험자가 취득하는 권리의 내용은 손해보상청구권이며, 그 이상의 부수적 권리[517]를 취득하지 못할 뿐이다.

3. 보험자의 대위권인정 여부

보증보험에 있어서 보험금을 지급한 보험자의 보험계약자에 대한 대위권이 인정되는가 여부가 문제된다. 이에 대하여 부정설은 보증보험의 경우에 있어서 민법 제441조(수탁보증인의 구상권)에 의한 보험자의 보험계약자에 대한 구상권은 인정하되, 보험사고가 보험계약자에 의하여 발생되는데 보험계약자는 계약의 당사자로서 상법 제682조에서 말하는 제3자에 포함되지 않는다는 이유로 보험자대위를 부인한다.[518]

반면 긍정설은 보증보험계약도 타인을 위한 계약의 형식으로 이루어지고 '타인을 위한 보험계약'의 경우에 보험계약자는 '자기를 위한 보험계약'에 있어서 보험계약자와는 다르고 보험자대위의 입법취지가 보험사고로 인하여 이중의 이득을 보는 것을 방지하고 보험사고에 대하여 책임을 지는 자가 책임을 면할 수 없도록 하는 데 있다는 점에서 보아도 '타인을 위한 보험계약'인 보증보험의 경우에 보험계약자도 보험자대위의 대상이 되는 상법 제682조의 제3자에 포함된다고 한다.[519]

---

516 양승규, (보)424면 ; "이행보증보험은 민법상의 제3자를 위한 계약의 법적 성질을 가지고 있다."(대법원 1974.12.10. 선고 73다1591 판결).

517 보험증권교부청구권, 계약해제권이나 보험료감액·반환청구권 등의 권리를 말한다.

518 정희철, (하)469면 ; 양승규, (보)433면 ; 이기수 외, (보)324면 ; 정찬형, (하)770면 ; 김성태, (보)789면.

519 최기원, (하)760면.

판례는 기본적으로 민법 제441조(수탁보증인의 구상권)에 따라 보험계약자에게 구상할 수 있다는 태도이다.[520]

보건대, 보험금을 지급한 보증보험자는 보험사고를 야기한 보험계약자에 대하여 보험자대위의 법리에 따라 구상할 수 있다고 본다. 만일 보험계약자에 대한 보험자대위를 부정한다면 소액의 보험료만 지급한 보험계약자가 의도적으로 채무를 이행하지 않을 우려도 있으므로 보험계약자는 대위권의 대상이 되는 제3자에 포함된다고 하겠다. 그런데 부정설에서도 민법에 따른 구상권을 인정하므로 결과에서는 차이가 없게 된다.

4. 면책사유

보증보험계약에 관하여는 보험계약자의 사기, 고의 또는 중대한 과실이 있는 경우에도 이에 대하여 피보험자에게 책임이 있는 사유가 없으면 인위적 보험사고에 대하여 보험자의 면책을 규정한 상법 제659조 제1항을 적용하지 아니한다(상법 제726조의 6 제2항). 보증보험은 보험계약자의 채무불이행을 보험사고로 하고 있으므로 보험계약자에 의한 인위적 사고를 면책대상에서 제외하는 것이다.

그 외에도 보증보험약관은 면책사유로 다음을 들고 있다(약관 제2조). ① 천재지변, 전쟁, 내란 기타 이와 비슷한 변란으로 생긴 손해 ② 피보험자가 보험사고발생의 통지 등을 게을리 하거나 보험자의 손해조사에 협조하지 아니함으로써 증가된 손해

520 대법원 1989.4.25. 선고 87다카1669 판결, 대법원 1990.2.9. 선고 89다카21965 판결 ; 판례는 또한 변제자의 법정대위에 관한 규정(민법 제481조)도 유추적용된다는 입장이다. 대법원 1997.11.14. 선고 95다11009 판결, 대법원 2000.1.21. 선고 97다1013 판결, 대법원 2009.2.26. 선고 2005다32418 판결.

제4장 인보험

I. 총설

1. 인보험계약의 뜻

인보험계약은 보험자가 보험계약자로부터 보험료를 받고 피보험자의 생명이나 신체에 관하여 우연한 사고가 생길 경우에 계약의 정하는 바에 따라 보험금액 그 밖의 급여를 지급하기로 하는 보험계약이다(상법 제727조).

인보험은 사람의 생명·신체에 관한 사고를 보험사고로 하는 보험으로서 생명보험, 상해보험, 질병보험(건강보험) 등이 이에 속한다. 의료보험법에 의한 의료보험은 인보험에 해당하는 것으로 사회보험에 속한다.

2. 인보험의 특성

(1) 인보험의 목적과 보험사고

인보험의 목적은 사람이고, 사람의 생명·신체에 관한 사고를 보험사고로 한다. 인보험의 보험사고는 사람의 생존, 사망, 상해 및 질병 등이다.

(2) 정액보험과 부정액보험

인보험은 원칙적으로 보험사고가 발생시 일정한 보험금액을 지급하는 정액보험에 속한다. 그러나 상해나 질병보험의 경우에는 부정액보험에 속한다.

(3) 피보험이익

인보험에서는 피보험이익의 관념을 인정할 수 없다고 보는 것이 일반적이다.[521] 이에 대하여 피보험이익의 관념을 인정하여 보험계약자 또는 보험수익자는 피보험자와의 사이에 혈연 또는 경제적 이해관계를 요건으로 하는 것이 타당하다는 견해도 있다.[522] 영미법에서는 피보험이익주의에 의한다.

---

521 서돈각·정완용, (하)474면 ; 손주찬, (하)566면.
522 양승규, (보)438면.

인보험계약에서 피보험이익을 인정한다면 피보험자에 대한 보험사고로 불이익을 받게 되는 자가 가지는 이해관계가 피보험이익이라고 할 수 있다. 이는 보험수익자와 피보험자의 혈연관계, 부양관계 그 밖의 실제적인 경제적 이익을 전제로 한다.

인보험은 사람의 생명 또는 신체에 관한 보험이므로 금전적 평가는 있을 수 없다.

Ⅱ. 생명보험

1. 의의

생명보험계약은 보험자가 보험계약자로부터 보험료를 받고 피보험자의 생명에 관한 보험사고가 생길 경우에 약정한 보험금액을 지급하기로 하는 인보험계약이다(상법 제730조). 그리고 정액보험에 속한다.

2. 생명보험의 기능

생명보험은 국민의 경제생활의 안정을 위한 것으로 사회보장제도를 보충하는 역할을 하며, 경제생활의 사적 보장의 중심을 이룬다.

(1) 저축적 기능

생명보험의 보험계약자는 보험기간 동안 보험료를 지급하고, 피보험자가 만기까지 생존하게 되면 보험자는 만기보험금을 지급한다.

(2) 보장적 기능

생명보험의 보험기간 중에 사망한 때에는 보험자는 보험수익자에게 약정한 보험금액을 지급하여 경제생활의 안정을 꾀한다. 보장성을 더욱 강화하기도 하는데, 재해 사망시 만기보험금의 2배를 지급한다든지, 재해담보특약에 의하여 추가담보금을 지급하기도 한다.

3. 종류

(1) 보험사고에 따른 분류

1) 사망보험

사망보험은 피보험자의 사망을 보험사고로 하여 보험금을 지급하기로 하는 생명보험이다. 실종선고나 재해로 인한 사망으로 정부기관이 인정한 경우도 보험사고에 포함된다.

사망보험은 종신보험과 정기보험으로 나뉜다. 사망보험의 경우에 15세미만자·심신상실자 또는 심신박약자를 피보험자로 한 경우에는 그 보험계약은 무효로 한다(상법 제732조).

2) 생존보험

생존보험은 피보험자가 보험기간이 끝날 때까지 생존한 때에 보험금을 지급하기로 하는 생명보험이다.

생존보험의 특수한 형태로 생명연금보험이 주로 이용된다. 이는 피보험자가 생존하는 동안 매년 일정한 보험금을 연금으로 지급하는 것이다.

3) 생사혼합보험

생사혼합보험은 일정한 기간까지 생존하면 생존보험금을 사망하면 사망보험금을 지급하기로 하는 보험이다. 그 예로 양로보험을 들 수 있다.

(2) 피보험자의 수에 따른 분류

1) 개인보험(단독보험)

개인보험은 피보험자 1인의 생존과 사망을 보험사고로 한다.

2) 연생보험

연생보험은 피보험자 2인 가운데 1인의 사망을 보험사고로 하여 다른 1인이 보험금액을 지급받기로 하는 생명보험이다.

3) 단체보험

단체보험은 직장이나 단체에 속하는 자를 포괄적으로 피보험자로 하여 그 생사를 보험사고로 하는 생명보험이다. 단체의 대표자가 보험계약자로서 그 구성원을 일괄하여 피보험자로 하기 때문에 보험자는 개별적인 조사를 거치지 아니하고 그 단체에서 실시한 신체검사 등을 토대로 보험을 인수하는 것이 보통이다.

단체가 규약에 따라 구성원의 전부 또는 일부를 피보험자로 하는 생명보험계약을 체결하는 경우에는 개별적인 피보험자의 동의를 요하지 아니하고, 보험증권은 보험계약자에 대해서만 교부한다(상법 제735조의 3). 단체생명보험에서 보험계약자가 보험수익자로 되기 위해서는 그 규약에 명시적인 규정이 있거나 피보험자의 개별적인 동의가 있어야 한다.

(3) 신체검사의 유·무에 따른 분류

생명보험은 진단보험과 무진단보험으로 나눌 수 있다. 오늘날 생명보험의 위험선택에 있어서는 일정액 이상의 고액보험의 경우에만 피보험자의 신체검사를 실시하고, 그 밖에는 보험계약자 등의 고지의무에 의존하고 있는 것이 일반적이다.

(4) 보험금액의 지급방법에 따른 분류

1) 자금보험(일시금보험)

자금보험은 보험사고가 발생한 때에 보험자가 보험금액의 전부를 한꺼번에 지급하는 보험이다.

2) 연금보험

연금보험은 보험사고가 발생한 때에 보험금액을 한꺼번에 지급하는 것이 아니라 약정에 따라 보험금액을 연금으로 분할하여 지급하는 보험이다. 여기에는 종신연금보험과 기간연금보험이 있다.

3) 변액보험

변액생명보험은 보험자가 보험자산의 일부를 주식·사채 등 유가증권에 투자하여 그 실적에 따라 보험금액을 지급하여 주는 것이다.

(5) 이익배당의 유·무에 따른 분류

보험계약자에게 이익배당이 행하여지는가 여부에 따라 이익배당부보험과 무배당보험으로 나누어진다.

장기생명보험에서는 보험계약자배당이 예정되는 것이 일반적이나 단기생명보험 또는 보장성이 강한 생명보험에서는 무배당보험으로 영위되고 있다.

(6) 추가담보보험

추가담보보험은 생명보험계약에서 질병이나 상해사고를 담보하는 특약을 붙인 보험이다. 질병이나 상해로 병원에 입원하였을 때에 일정한 입원급부금을 지급하거나 장해의 등급에 따라 보험금을 지급하기로 하는 특약을 붙인다.

타인의 생명보험

1. 의의

생명보험에서 보험계약자가 자기 이외의 제3자를 피보험자로 하는 보험을 타인의 생명보험이라고 한다. 좁은 의미로는 타인의 사망을 보험사고로 하는 것이다.

2. 제한

타인의 생명보험에 대하여 제한을 가하는 것은 첫째, 도박의 목적으로 악용될 우려가 있고, 둘째, 고의로 피보험자의 생명을 해할 우려도 있기 때문이다.

(1) 이익주의

이익주의는 피보험자인 타인의 생사에 관하여 어떠한 이익을 가지는 자만이 그 보험계약을 체결할 수 있다는 주의이다. 영미법계가 취하고 있다.

(2) 동의주의

동의주의는 보험계약자가 타인의 사망을 보험사고로 하는 보험계약을 체결하는 경우에는 피보험자인 타인의 동의를 요한다는 주의이다. 우리나라는 동의를 요건으로 하고, 15세 미만자, 심신상실자 또는 심신박약자 등의 사망보험은 허용하지 않고 있다.

3. 타인의 생명보험과 피보험자의 동의

(1) 동의를 요하는 경우

첫째, 타인의 생명보험. 보험계약자가 타인의 사망을 보험사고로 한 경우에는 보험계약의 체결시에 피보험자의 서면에 의한 동의를 얻어야 한다(상법 제731조 제1항). 타인의 생존보험의 경우는 그렇지 않다.

둘째, 보험계약으로 생긴 권리의 양도. 보험수익자가 가지는 보험계약상의 권리, 즉 보험금청구권을 피보험자가 아닌 제3자에게 양도하는 경우에도 피보험자의 동의를 얻어야 한다(상법 제731조 제2항).

셋째, 보험수익자의 지정·변경. 보험계약자가 보험수익자를 지정·변경하는 경우에도 피보험자를 보험수익자로 하지 않는 한 피보험자의 동의를 얻어야 한다(상법 제734조 제2항).

(2) 동의의 성질

동의는 준법률행위로서 강행법적 성질을 가진다. 동의가 있을 때 비로소 보험계약의 효력이 생기는 효력발생요건이다. 보험계약은 원래 낙성계약이다.

참조판례

"타인의 사망을 보험사고로 하는 보험계약에는 보험계약체결시에 그 타인의 서면에 의한 동의를 얻어야 한다는 상법 제731조 제1항의 규정은 강행법규로서 이에 위반하여 체결된 보험계약은 무효이다."(대법원 1996.11.22. 선고 96다37084 판결).

(3) 피보험자의 동의의 상대방과 방식·시기

1) 상대방

동의는 계약당사자의 어느 쪽에 하든지 상관이 없다.

2) 방식

동의는 서면에 의한다. 개별적인 동의가 요구되며 포괄적인 동의는 그 효력을 인정할 수 없다.

3) 시기

동의는 보험계약의 성립 전 또는 성립시까지 이루어져야 한다. 보험계약성립 후에 한 피보험자의 동의는 효력이 생기지 않는다. 보험기간 중에 보험계약으로 인한 권리의 양도와 보험수익자의 지정·변경의 경우에도 그 행위가 있을 때에 피보험자의 동의가 있어야 한다.

4) 철회

동의에 의하여 그 계약의 효력이 생긴 때에는 보험수익자나 보험계약자의 동의없이 임의로 철회할 수 없다.

5) 피보험자의 동의와 능력

15세미만자, 심신상실자 또는 심신박약자의 사망을 보험사고로 한 보험계약에 있어서 이들의 동의가 있어도 무효이다(상법 제732조).[523]

타인을 위한 생명보험

1. 의의

타인을 위한 생명보험은 보험계약자가 타인을 보험수익자로 하여 맺은 보험계약이다. 타인을 위한 생명보험에서는 보험수익자를 지정하여야 한다. 보험수익자를 지정하지 아니하면 자기를 위한 생명보험이 된다.

타인의 생명보험에서 피보험자 이외의 제3자를 보험수익자로 지정하는 경우에는 그 피보험자의 동의를 얻어야 한다(상법 제734조 제2항). 타인의 생명보험에서 보험수익자를 지정하지 아니한 때에는 보험계약자를 위한 보험으로 볼 수는 없고, 피보험자를 위한 보험으로 보아야

523 다만 심신박약자가 보험계약을 체결하거나 제735조의 3에 따른 단체보험의 피보험자가 될 때에 의사능력이 있는 경우에는 그러하지 아니하다(상법 제732조 단서).

한다.

2. 법적 성질

타인을 위한 보험계약의 법적 성질에 대하여 '민법상 제3자를 위한 계약의 일종'으로 보는 것이 다수[524]·판례[525]의 입장이다. 이에 대하여 '제3자를 위한 특수한 계약'으로 보는 견해도 있다.[526] 민법상의 제3자를 위한 계약에서는 제3자가 채무자에 대하여 수익의 의사표시를 함으로써 비로소 제3자의 권리가 발생하는데 반하여 피보험자 또는 보험수익자는 민법과 달리 수익의 의사표시를 요하지 않고 당연히 보험계약상의 이익을 취득(상법 제693조 제2항)한다는 점 등에서 민법상의 제3자를 위한 계약과는 구별된다고 한다.

그러나 개별계약관계인 민법과 달리 보험계약은 다수계약으로서 특별히 수익자의 의사를 문제 삼을 필요가 없다는 점에서 차이가 날 뿐, 양자는 본질적으로 구별되는 것은 아니라고 본다.

3. 보험계약자의 지위

(1) 보험계약자의 권리

보험계약자는 보험금청구권을 가지지 않으나, 보험계약자가 가지는 보험계약상의 부수적인 권리, 예를 들면 보험증권교부청구권(상법 제640조), 보험료감액청구권(상법 제647조), 보험료반환청구권(상법 제648조), 보험사고발생 전의 계약해지권(상법 제649조)[527] 등을 가진다. 타인을 위한 생명보험계약의 경우에 보험계약자는 보험수익자의 지정·변경권을 가진다(상법 제733조).

타인을 위한 보험계약에서 보험계약자가 보험사고로 생긴 손해를 타인에게 배상한 때에는 타인의 권리를 해치지 않는 범위에서 보험자에게 보험금액의 지급을 청구할 수 있다(상법 제639조 제2항). 이는 피보험자의 이중이득을 방지하기 위한 것이다 .

(2) 보험계약자의 의무

보험계약자는 보험계약의 당사자로서 보험자에 대하여 가지는 계약상의 모든 의무를 부담

---

524 정희철, (하)405면 ; 최기원 (하)667면 ; 이기수 외, (보)116면 ; 정찬형, (하)617면.

525 "이행보증보험은 민법상의 제3자를 위한 계약의 법적 성질을 가지고 있다."(대법원 1974.12.10. 선고 73다1591 판결).

526 양승규, (보)183면 ; 이를 '상법상 특수한 보험계약'이라고 하는 견해도 있다(손주찬, (하)508면) ; 김성태, (보)343면 ; 한창희, (보)314면 ; 장덕조, (보)190면.

527 타인의 동의를 얻거나 보험증권을 소지한 경우에 한하여 이를 행사할 수 있다.

한다. 즉 보험료지급의무(상법 제650조), 고지의무(상법 제651조), 위험변경증가통지의무(상법 제652조), 보험사고발생의 통지의무(상법 제657조), 손해방지의무(상법 제680조) 등의 의무를 진다.

(3) 제3자에 대한 보험자대위의 대상이 되는지 여부

제3자에 대한 보험자대위에 있어서 타인을 위한 보험계약상 보험계약자의 귀책사유로 보험사고가 발생한 경우에 그 보험계약자는 제3자에 해당하는가가 문제된다.

이에 대하여는 제외설와 긍정설의 학설 대립이 있고, 판례는 보험계약자는 피보험이익의 주체가 아니라면서 제3자에 포함한다.[528]

4. 피보험자(보험수익자)의 지위

(1) 권리

피보험자는 보험사고가 발생하면 직접 보험자에 대하여 보험금 그 밖의 급여를 청구할 수 있다. 피보험자 또는 보험수익자는 그 계약의 이익을 향유할 의사표시를 하지 아니하고도 당연히 그 계약상의 이익을 받으므로(상법 제639조 제2항) 보험사고발생시에 보험금청구권을 가지게 된다. 다만 여러 의무이행을 전제로 하며, 보험료부지급으로 인한 계약해지(상법 제650조), 고지의무위반으로 인한 계약해지(상법 제651조), 또는 보험자의 면책사유(상법 제659조(인위적 보험사고), 제660조(전쟁위험 등의 면책)) 등에 의하여 보험자의 책임이 면해질 수 있다.

보험사고발생 전에도 인보험에 있어서 보험계약자가 보험수익자의 지정·변경권을 가지므로(상법 제733조), 보험수익자는 제한된 권리를 가짐에 불과하다.

(2) 의무

피보험자는 보험료지급의무를 부담하지 않지만, 보험계약자가 파산선고를 받거나 보험료의 지급을 지체한 때에는 그 계약상의 권리를 포기하지 않는 한 보험료를 지급하여야 한다(상법 제639조 제3항 단서).

또한 보험계약자와 동일하게 고지의무, 보험사고발생통지의무, 객관적 위험변경증가의 통지의무, 손해방지의무 등을 부담한다.

---

528 상세는 "제3자에 대한 보험자대위" 부분 참조.

5. 보험계약자의 보험수익자지정 · 변경

(1) 의의

생명보험계약은 보통 장기간에 걸치는 계약이므로 보험계약자가 계약 당시의 사정의 변경에 따라 보험수익자를 지정 또는 변경을 원하는 경우가 생긴다. 이에 따른 권리가 보험수익자의 지정 · 변경권이다.

(2) 성질

보험수익자의 지정 · 변경권은 형성권이며, 상대방의 수령을 요하지 않는 단독행위이다.

(3) 보험수익자의 지정 · 변경과 대항요건

1) 보험수익자의 지정 · 변경

(가) 보험수익자의 지정

보험수익자의 성명을 밝혀서 특정인을 지정하거나, 피보험자의 배우자 또는 상속인이라고 추상적으로 표시할 수도 있다. 배우자 또는 상속인의 경우 보험사고발생시의 배우자 또는 상속인이 권리를 가진다.

보험수익자를 수인으로 지정하였을 때, 보험계약자가 보험수익자의 몫을 지정하지 않은 때에는 각자는 균등한 비율로 보험금을 받을 권리를 가진다.

상속인은 상속분의 비율에 따라 보험금청구권을 행사할 수 있고, 상속인은 상속을 포기한 때에도 보험금청구권의 행사에는 영향을 미치지 않는다. 상속인은 보험계약에서 보험수익자로 지정되었기 때문에 그의 고유한 권리로서 보험금청구권을 행사한다.

(나) 보험수익자의 변경

보험계약자는 보험수익자의 변경을 유보하였거나 보험수익자가 보험사고의 발생 전에 사망한 경우에는 임의로 그 변경을 할 수 있으나, 그 밖의 경우에는 이미 지정된 보험수익자의 동의를 얻어서만 변경할 수 있다. 이는 보험수익자의 지정에 의해서 수익의 의사표시를 기다리지 않고 당연히 그 이익을 받고 있기 때문이다.

2) 대항요건

보험계약자가 보험수익자의 지정 · 변경권을 행사한 때에는 보험자에 대해서 그 통지를 하지 않으면 보험자에게 대항할 수 없다(상법 제734조). 이는 보험자의 이중지급의 위험을 방지하기 위한 것이다.

생명보험약관상의 '보험자의 승낙을 얻어 보험수익자를 변경할 수 있다'는 취지는 보험자에 대해서 대항요건으로서 그 지정·변경에 대한 통지를 하고 보험자의 확인을 받는 것으로 충분하다고 해석한다.

(4) 보험수익자의 지정·변경과 그 지위

1) 보험수익자의 지정·변경권을 유보한 경우

(가) 보험계약자가 사망한 경우

보험계약자가 보험수익자의 지정·변경권을 유보한 경우 보험수익자는 확정되지 않는다. 보험계약자가 사망한 경우에 보험계약자가 지정권을 행사하지 아니하였으면 피보험자가 보험수익자로 되고, 변경권을 행사하지 아니하였으면 그 보험수익지의 지위는 그대로 확정된다. 그러나 보험계약자가 사망한 경우 그 승계인이 그 지정·변경권을 행사할 수 있다는 약정이 있는 때에는 보험수익자의 지위는 그 승계인의 지정·변경에 따른다(상법 제733조 제2항).

(나) 권리행사 전에 보험사고가 발생한 경우

지정·변경권을 행사하기 전에 보험사고가 발생한 경우에 보험계약자의 지정·변경권도 없어져 피보험자 또는 보험수익자의 지위가 그대로 인정된다. 보험수익자의 지정권을 행사하기 전에 피보험자가 사망한 경우에는 피보험자의 상속인이 보험수익자로 되고, 그 변경권을 행사하기 전에 보험사고가 발생한 경우에는 보험수익자는 보험금청구권을 가지게 된다.

2) 보험수익자의 지정·변경권을 유보하지 아니한 경우

보험수익자의 지위의 불안정을 제거하기 위해서 보험계약자와 보험수익자간에 지정·변경권을 유보하지 않는다는 합의는 가능하다. 이때에는 보험계약자가 위 지정·변경권을 포기한 것으로 보아야 한다.

(가) 보험수익자가 사망한 경우

보험수익자가 피보험자 이외의 제3자로서 보험 존속 중에 사망한 경우에는 보험계약자는 다시 보험수익자를 지정할 수 있다. 보험금청구권은 상속재산이 되지만 보험수익자를 정하는 데는 그 사람의 개성이 중시되기 때문에 보험계약자의 재지정권을 인정한다. 다만 보험계약자도 그 지정권을 행사하지 아니하고 사망하면 보험수익자의 상속인이 보험수익자로 된다(상법 제733조 제3항). 이때에도 승계인이 지정권을 가지는 것으로 하는 약정이 있으면 그에 따른다고 해석한다.

(나) 재지정권행사 전에 보험사고가 발생한 경우

재지정권행사 전에 보험사고가 발생한 경우에 보험금청구권은 보험수익자의 상속인에게 귀속된다(상법 제733조 제4항). 보험금청구권은 채권으로서 그 상속재산을 구성하는 것이다.

3) 보험수익자의 권리성 여부

보험수익자의 권리는 보험사고의 발생을 전제로 하는 것이며, 보험수익자의 지정·변경권이 보험계약자에게 주어지고 있으므로 보험계약자가 그 지정·변경권을 유보하고 있는 경우에는 보험수익자의 권리는 단순한 기대에 지나지 않고, 그렇지 않은 경우에는 보험사고의 발생을 조건으로 하는 추상적 또는 조건부의 권리라고 칭하는 것이 타당하다고도 볼 수 있다.

그러나 타인을 위한 생명보험은 그 성질상 민법상의 제3자를 위한 계약의 일종으로 보이며, 다만 보험수익자는 민법과 달리 수익의 의사표시를 요하지 않고 당연히 권리를 취득하므로 우리 상법의 해석상 보험수익자의 권리를 보험사고발생 후에 취득한다고 할 이유는 없다. 비록 변경권에 의하여 그 권리가 박탈당할 불안정한 지위에 있으나 그 불확실성으로 재산적 가치의 감소를 가져올 뿐 이때에도 여전히 권리를 가진다고 봄이 타당하다.

(5) 보험수익자의 지정·변경의 시기와 피보험자의 동의

1) 시기

보험수익자의 지정·변경권은 보험기간 중에 행사할 수 있으나, 일단 보험사고가 발생하면 그 권리를 행사할 수 없다. 이때는 이미 보험금청구권의 귀속이 확정되었기 때문이다.

2) 피보험자의 동의

타인의 생명보험의 경우 그 지정·변경권을 행사함에 있어서는 피보험자의 서면에 의한 동의를 얻어야 한다(상법 제734조 제2항).

생명보험자의 의무

1. 보험자의 보험금지급의무

(1) 의의

보험기간 중에 피보험자의 생명에 관한 보험사고가 생긴 경우에 약정한 보험금액을 지급할 의무를 진다. 생명보험은 정액보험이며, 사망, 생존, 생사혼합 등 보험의 성질에 따라 보험금을 지급한다.

(2) 생명보험자의 책임과 승낙 전 사고

1) 보험자의 책임개시시기

보험자의 책임은 보험계약의 청약에 대하여 승낙한 후 다른 약정이 없으면 최초의 보험료의 지급을 받은 때로부터 개시한다(상법 제656조).

생명보험표준약관에서는 보험계약자가 보험계약이 성립하기 전에 청약과 함께 제1회 보험료를 받은 후 승낙한 경우에도 제1회 보험료를 받은 때로부터 보험자의 책임이 개시된다는 것을 밝히고 있다(생명보험표준약관 제23조).

2) 승낙 전 사고와 보험자의 책임

첫째, 보험계약자가 보험료 상당액을 지급하고, 둘째, 신체검사를 받아야 하는 보험의 경우에는 신체검사를 마치고, 셋째, 피보험자가 피보험적격체로서 보험인수를 거절할 사유가 없을 것. 이러한 요건이 충족될 때 보험자의 승낙이 있기 전에 청약피보험자가 사망한 경우에 보험자의 책임을 인정하는 것이다(상법 제638조의 2 제3항). 이는 소비자보호의 관점에서 인정한다.

(3) 재해로 인한 보험사고

생명보험에 있어서 재해로 인한 보험사고에 대하여 특약으로 추가보험금을 지급하기도 하는데, 이는 보험이 뜻밖의 위험에 대비하는 제도라는 점에서 생명보험의 보장적 기능을 최대한 살리고자 하는 것이다.

재해로 인한 사망은 갑자기 외부로부터 생긴 뜻밖의 사고로 피보험자가 사망한 경우를 뜻하고, 외부적인 작용없이 내출혈이나 지병으로 사망한 것은 재해사망이라 할 수 없다.

판례를 보면, 재해사고로 인정하지 않은 경우로 "피보험자가 욕실에서 페인트칠 작업을 하다가 뇌교(腦橋) 출혈을 일으켜 장애를 입게 되었으나, 뇌교출혈이 페인트나 시너의 흡입으로 발생한 것이 아니라 피보험자가 평소 가지고 있던 고혈압 증세로 인하여 발생한 것으로 보아 보험계약에서 정한 우발적인 외래의 사고가 아니라고 한 사례."가 있고,[529] 재해사고로 인정한 경우로 "술을 마시고 잠을 자다 구토를 하여 기도폐색으로 질식 사망한 경우",[530] "평소 주벽이 심한 피공제자가 술에 취한 상태에서 다리 아래로 뛰어내려 익사한 경우",[531] "피보험자가 술에 취한 상태에서 출입이 금지된 지하철역 승강장의 선로로 내려가 지하철역을 통과하는 전동열차에 부딪혀 사망한 경우"[532]가 있다.

---

529 대법원 2001.7.24. 선고 2000다25965 판결.
530 대법원 1998.10.13. 선고 98다28114 판결.
531 대법원 1998.10.27. 선고 98다16043 판결.
532 대법원 2001.11.9. 선고 2001다55499 판결 : 피보험자에게 판단능력을 상실 내지 미약하게 할 정도로 과음을 한 중과실이 있더라도 보험약관상의 보험사고인 우발적인 사고에 해당한다고 하였다.

참조판례

"생명보험계약상의 보험약관에 특약보험금의 지급사유인 재해를 "우발적인 외래의 사고"라고 정의하고 질병, 또는 체질적 요인이 있는 자로서 경미한 외인에 의하여 발병하거나 그 증상이 더욱 악화되었을 때에는 그 경미한 외인은 우발적인 외래의 사고로 보지 아니한다고 규정하고 있는바, 여기서 말하는 외인이란 피보험자의 질병이나 체질적 요인이 아닌 사유를 의미한다고 볼 것이므로, 소외 망인이 술에 만취된 것과 선풍기를 틀고 잔 사유는 모두 외인에 해당한다 할 것이다."(대법원 1991.6.25. 선고 90다12373 판결).

(4) 보험계약자의 중과실로 인한 보험사고

생명보험에서 보험수익자를 보호하기 위해서 사고가 보험계약자 또는 피보험자나 보험수익자의 중대한 과실로 인하여 생긴 경우에도 보험금지급책임을 인정하고 있다(상법 제732조의 2). 이때는 고의로 인한 사고만 보험자가 면책이 되는데, 보험자가 고의를 증명하기 어려운 문제가 있다.

2. 보험료적립금반환의무

(1) 의의

보험자는 보험계약자가 보험사고의 발생 전에 보험계약을 해지한 때에는 다른 약정이 없으면 미경과보험료를 반환하여야 한다(상법 제649조). 그러나 보험자가 보험계약자의 보험료부지급, 고지의무위반 등을 이유로 보험계약을 해지한 때에는 보험료의 반환의무를 지는 것이 아니다(상법 제655조).

생명보험에서 보험자는 또한 보험료적립금반환의무를 진다(상법 제736조 제1항). 생명보험계약은 장기보험계약으로서 저축성을 띠고 있는 것으로 생명보험계약이 해지된 때에는 보험자는 보험계약자에게 보험료적립금을 지급하도록 하고 있다. 즉 보험자는 보험계약이 해지된 때에 해지환급금으로서 보험계약자에게 보험료적립금을 지급하여야 한다.

(2) 보험료적립금의 반환의무를 지는 경우

상법상 보험료적립금의 반환의무를 지는 경우로 보험사고발생 전의 보험계약자에 의한 보험계약의 임의해지, 보험료부지급으로 인한 계약해지, 고지의무위반으로 인한 계약해지, 위험의 변경·증가로 인한 계약해지, 보험자의 파산으로 인한 계약해지 및 보험자의 면책사유로 보험금액의 지급책임이 면제된 때를 들고 있다(상법 제736조 제1항).

(3) 반환의무가 없는 경우

보험계약자가 고의 또는 중대한 과실로 보험사고를 일으킨 경우에는 보험자는 보험료적립금반환의무를 지지 아니한다(상법 제736조 제1항 단서). 해석상 보험계약자의 사기로 인한 고지의무위반의 경우에도 보험료적립금의 반환의무가 없다고 하겠다.

(4) 소멸시효

보험료적립금반환의무의 소멸시효는 3년이다(상법 제622조).

Ⅲ. 상해보험

1. 의의

상해보험계약이라 함은 보험자가 피보험자의 신체의 상해에 관한 보험사고가 생길 경우에 보험금액 기타의 급여를 할 책임을 지기로 하는 인보험계약이다. 피보험자가 급격하고도 우연한 외래의 사고로 말미암아 신체에 상해를 입은 경우에 보험금액 기타의 급여를 하는 것이다.

2. 상해보험의 성질

(1) 인보험

보험의 객체가 사람이라는 점에서 생명보험과 더불어 인보험에 속한다. 따라서 생명보험에 관한 규정을 준용한다. 상해보험은 발생여부 및 발생시기 등이 모두 불확정이라는 특색을 가진다. 상해를 대상으로 하기에 질병과 구별되지만, 상법은 질병보험에 관한 조항을 추가하여 질병보험에 대해서는 원칙적으로 생명보험 및 상해보험에 관한 규정을 준용하도록 하고 있다(상법 제739조의 3).

(2) 정액보험과 손해보험의 이중성

상해보험계약에서 보험자가 정액보상책임을 지느냐 부정액보상책임을 지느냐는 상해라는 보험사고의 결과에 따라 정해지는 것으로, 상해보험은 정액보험과 손해보험의 중간적인 성질을 가지는 것이다. 상해보험은 보험금지급의 태양에 따라 다음의 세가지로 나누어 볼 수 있다.

1) 순정액보험

상해로 말미암아 사망한 경우에는(상해사망), 생명보험과 마찬가지로 보험자는 약정한 보험금액을 지급하여야 한다.

2) 준정액보험

준정액보험의 성격을 가지는 것은 상해의 태양과 부위에 따라 차등보험금을 지급하는 경우이다. 약관에서 상해의 부위나 정도에 따라 등급을 정하고, 각각 계약에서 정한 보험금액의 비율에 따라 지급할 것을 약정하고 있다.

3) 손해보상 및 비용보상보험

상해로 말미암아 소요되는 의료비와 약품대 등을 지급하는 경우에 보험자가 손해보상 및 비용지급책임을 진다. 이는 피보험자가 상해의 결과로 일정한 기간 치료 또는 입원 등을 필요로 하는 경우에 그 치료비 또는 입원비 등을 부담하는 것으로 일종의 손해보험의 성질을 띠는 것이다.

3. 상해보험의 종류

(1) 보통상해보험

보통상해보험은 보험기간 중에 피보험자의 일상생활에서 상해를 입은 때에 보험금을 지급하기로 하는 보험이다.

(2) 교통상해보험

교통상해보험은 피보험자가 교통사고로 상해를 입었을 때에 보험금을 지급하기로 하는 보험이다. 자동차보험에서 자기신체사고보험은 교통상해보험의 일종이다.

(3) 단체상해보험

단체상해보험은 단체구성원을 피보험자로 하여 그 단체활동과 관련하여 생긴 상해를 담보하는 보험이다. 선박승무원단체상해보험, 스포츠단체상해보험, 스카우트단체상해보험 등이 있다.

(4) 여행상해보험

여행상해보험은 피보험자가 여행 중에 일어난 사고로 상해를 입은 경우에 보험금을 지급하기로 하는 보험이다.

상해보험계약의 요소

1. 피보험자

피보험자는 보험사고의 객체가 되는 사람이다. 보험사고인 상해는 피보험자의 상해사망을 포함하고 있지만 피보험자의 연령 등에는 제한이 없다(상법 제737조). 15세 미만자, 심신상실자 또는 심신박약자도 가능하다.

상해보험의 종류에 따른 피보험자의 자격제한은 가능하다. 그 예로 운전자상해보험의 경우 피보험자는 운전자로 제한하고, 보통상해보험에서 전문적인 등산, 글라이더 조종, 스키, 다이빙 등 특수한 행위를 하는 동안에 생긴 상해사고에 대해서 보험자가 담보하지 않는 것 등(상해보험약관 제5조)을 들 수 있다. 모터보트, 자동차 또는 오토바이 경기, 항로 항공기 아닌 항공기 조종 등도 면책의 예가 된다.

타인의 상해보험의 경우 타인의 동의를 얻어야 한다(상법 제739조, 제731조).

2. 보험금액

상해보험에서 보험가액의 관념이 없으므로 보험금액은 계약당사자의 합의에 의하여 정하여지고, 그 보험금은 사망보험금, 후유장해보험금 및 의료보험금으로 구분된다.

3. 보험사고

상해보험에서 보험사고로서 상해는 급격하고도 우연한 외래의 사고에 의한 피보험자의 신체의 손상이다.

(1) 급격성

피보험자가 예견하지 아니하거나 예견할 수 없는 순간에 사고가 생긴 것을 말한다. 시간적으로 빠름을 의미하지 않는다.

(2) 우연성

피보험자의 고의로 인한 것이 아니고 뜻하지 않게 상해를 입은 것을 요건으로 하는 것이다. 유독가스나 물질을 우연하게 일시에 흡입, 흡수 또는 섭취함으로써 중독되었을 때에는 상해이나, 세균성 음식물중독과 상습적으로 흡입, 흡수 또는 섭취함으로써 생긴 중독증상이 있을 때에는 우연성이 없다(상해보험약관 제3조).

(3) 외래성

상해가 신체의 결함과는 달리 명백히 볼 수 있는 외부적인 사고에 기인한 것이어야 한다. 외래성은 상해의 원인 또는 매개를 의미하는 것이므로, 그 상해의 원인이 외래적인 것이면 상해 자체가 몸 밖에서 나야 하는 것은 아니다. 예를 들어 무거운 짐을 들어 올리다가 허리를 삔 경우, 갑자기 유독가스를 흡입하여 질식한 경우는 상해이지만 고혈압으로 갑자기 넘어져 다친 경우는 상해가 아니다.

(4) 신체의 손상

신체의 손상은 질병이나 자연발생적인 것 및 정신적 충동에 기인한 것이 아님을 밝힌 것이다. 일사병으로 인한 사망 등은 상해사망이 아니다. 신체의 상해는 급격하고도 우연한 외래의 사고와 상당인관관계가 있어야 한다. 다쳐서 입원 중 이웃 환자로부터 병이 감염되어 사망한 경우 상해의 결과로 인한 사망으로 볼 수 없다. 이때는 입원치료비만 보상할 것이다.

참조판례

보험사고로 상해보험의 경우에는 '급격한 외부적인 우연의 사고로 인하여 신체에 손상을 입는 것'을 요구한다.

① "피보험자가 겨드랑 밑의 악취제거를 위한 수술 중에 급성 심부전증으로 사망한 경우…갑자기 신체의 외부에서 생긴 사고로 뜻하지 않게 신체상의 손상을 입었다는 상해보험사고의 범주에 속하지 않는다."고 판시하였다(대법원 1980.11.26. 선고 80다1109 판결).

② "농작업 중 과로로 지병인 고혈압이 악화되어 뇌졸증으로 사망한 경우 약관상 공제금 지급대상인 "외부의 급격하고도 우발적인 사고"에 해당한다고 볼 수 없고, 재해사고의 제외항목인 "과로 및 격렬한 운동으로 인한 것"에 해당되어 위 약관 규정에 따른 공제금 지급대상에서 제외된다."(대법원 1992.2.25. 선고 91다30088 판결).

상해보험자의 보험금지급의무

1. 사망보험금

상해사망의 경우에는 보험계약에서 정한 보험금액 전부를 보험수익자 또는 피보험자의 상속인에게 지급한다. 약관에서는 피보험자의 상해사망에 대해서 상해를 입은 날로부터 180일 안에 사망한 경우로 한정하고 있다(상해보험약관 제13조 1호).

피보험자가 탄 항공기 또는 선박이 조난이나 행방불명된 날로부터 90일이 지나도록 피보험자가 발견되지 아니한 때에는 사망으로 추정하여 사망보험금을 지급한다(상해보험약관 제13조 2호).

2. 후유장해보험금

피보험자가 상해를 입고 그 직접적인 결과로 180일 안에 신체의 장해가 생긴 때에는 보험자는 그 장해의 등급에 따라 그에 해당하는 보험금을 지급한다. 180일을 넘는 때에는 180일을 기준으로 피보험자의 상태에 따라 그 장해등급을 판정하여 그에 상응하는 보험금을 지급한다(상해보험약관 제14조).

3. 의료보험금

상해의 직접적인 결과로 치료를 요하는 때에는 보험계약에서 정한 의료보험가입금액을 한도로 의료실비를 지급한다. 이 경우에도 치료일수는 180일을 한도로 하고 있다(상해보험약관 제15조).

4. 경합하는 경우

위 사항들이 경합하는 경우에 보험금액의 한도에서 지급책임을 진다.

5. 수개의 상해보험계약이 있는 경우

상해보험계약에서 동일한 피보험자의 상해를 담보하는 보험금액의 최고한도를 정하고 있는 것이 일반적이다. 피보험자가 수인의 보험자와 상해보험계약을 체결함으로써 그 한도액을 초과하는 경우 또는 의료실비를 초과하는 경우 중복보험에 준하여 보상책임을 진다고 해석한다.[533]

---

533 양승규, (보)492면 ; 준용을 부정하는 견해는 장덕조, (보)476면.

사항색인

【ㅅ】

【ㅇ】

【ㅈ】

【ㅊ】

저자 **김 택 주**

- 서울대학교 법과대학(법학과) 졸업
- 서울대학교 대학원(법학석사)
- 부산대학교 대학원(법학박사)
- 미국 듀크대학교, 보스톤 칼리지 법과대학에서 연구(Visiting Scholar)
- 동아대학교 법과대학 교수 역임
- 사법시험, 행정고시, 공인회계사 시험위원
- 현 국민대학교 법과대학 교수

상법강의 가격 36,000원

초판발행일	2020년 02월 24일
저 자	김 택 주
발 행 인	임 홍 재
발 행 처	국민대학교 출판부
주 소	서울시 성북구 정릉로 77
전 화	02-910-4242
팩 스	02-910-4240
등록년월일	1975. 6. 17
등록 번호	제6-33호
인 쇄	삼아인쇄사

 ISBN 978-89-7812-457-7 부가기호 93360

국립중앙도서관 출판예정도서목록(CIP)

이 도서의 국립중앙도서관 출판예정도서목록(CIP)은 서지정보유통지원시스템 홈페이지(http://seoji.nl.go.kr)와 국가자료종합목록 구축시스템(http://kolis-net.nl.go.kr)에서 이용하실 수 있습니다.

(CIP제어번호 : CIP2020006116)